suhrkamp taschenbuch
wissenschaft 1653

»Joachim Ritter war einer der prägenden Philosophen der beginnenden und entwickelten Bundesrepublik Deutschland«, schreibt Odo Marquard in seinem Nachwort zu diesem Band. Dieser Einfluß beruhte zunächst auf der akademischen Lehre Ritters, der in Münster von 1946 bis zu seiner Emeritierung 1968 einen großen, bald selber einflußreichen Schülerkreis um sich sammelte. *Metaphysik und Politik* faßt den Kernbestand seiner Philosophie zusammen. Die Aneignung der Tradition der von Griechenland ausgehenden Metaphysik steht in diesen »Studien zu Aristoteles und Hegel« im Zeichen einer von Hegel herkommenden Interpretation der modernen Gesellschaft. Die systematische These, die diese Pole verbindet, wird in einer Hermeneutik der Vermittlung von Tradition und Fortschritt entfaltet. Im Mittelpunkt steht eine Theorie des bürgerlichen Lebens, das in seiner modernen, durch die Französische Revolution begründeten Gestalt Herkunft und Zukunft miteinander zu vermitteln hat. Die Neuausgabe, die zum hundertsten Geburtstag des 1974 verstorbenen Philosophen am 3. April erscheint, wird aus diesem Anlaß erweitert durch drei thematisch zugehörige Stücke, die dem Band »Subjektivität« entnommen sind: »Subjektivität und industrielle Gesellschaft«, »Die Aufgabe der Geisteswissenschaften in der modernen Gesellschaft« und »Landschaft. Zur Funktion des Ästhetischen in der moderenen Gesellschaft«. Damit sind die wichtigsten Arbeiten Joachim Ritters zur Philosophie der modernen Gesellschaft erstmals in einem Band vereinigt.

Joachim Ritter
Metaphysik und Politik

Studien zu Aristoteles und Hegel

Erweiterte Neuausgabe
Mit einem Nachwort
von Odo Marquard

Suhrkamp

Bibliografische Information der Deutschen Nationalbibliothek
Die Deutsche Nationalbibliothek verzeichnet diese Publikation in der Deutschen Nationalbibliografie; detaillierte bibliografische Daten sind im Internet über http://dnb.d-nb.de abrufbar.

2. Auflage 2018

Erste Auflage 2003
suhrkamp taschenbuch wissenschaft 1653

Printed in Germany
Umschlag nach Entwürfen von
Willy Fleckhaus und Rolf Staudt
ISBN 978-3-518-29253-2

Inhalt

Zu Aristoteles

Die Lehre vom Ursprung und Sinn der Theorie bei Aristoteles
(1953)

I

1. Der Ursprung und Anfang der Wissenschaft fällt in Griechenland mit dem Ursprung und Anfang der Philosophie zusammen. Mit den »ersten Philosophen« (Met. I, 3. 983 b 6) tritt auch die Wissenschaft und das Beobachten, Sammeln und Begreifen des Staunenswerten der Natur als Welt in die Geschichte ein. Aristoteles nennt die ersten Philosophen daher auch die »Physiker« (Met. XII, 6. 1071 b 27) oder die »Physiologen« (Met. I, 5. 986 b 14): Männer, die von der Natur reden. Was ist der ursprüngliche Sinn der mit der Philosophie heraufkommenden Wissenschaft, und was ist der Grund, der sie hervortreibt? Schon für Aristoteles haben die Lehren der »Alten«, obwohl er sie zuerst aufzeichnet und sammelt, inhaltlich keine gegenwärtige Bedeutung mehr. Sie haben als die »Anfänglichen« »mit stammelndem Munde« gesprochen (Met. I, 10. 993 a 15). Dennoch werden sie die »Göttlichen«, die »Ehrwürdigen«, die »Väter« genannt, weil durch sie das göttliche und ehrwürdige Anliegen der Philosophie und Wissenschaft selbst offenbar geworden ist. Die doxographische Aufzeichnung entspringt nicht aus historischem oder antiquarischem Interesse; Aristoteles zieht die »Alten« als »Zeugen« (Met. XII, 1. 1069 a 25) und als »Ratgeber« (Met. I, 3. 983 b 1) zum Werke der eigenen Philosophie hinzu. Ihr Rat und ihre Zeugenschaft helfen, den anfänglich eingeschlagenen Weg des Gedankens innezuhalten und zu wahren. Es gilt, ein Wissen von den Ursachen und Gründen vom Anfang her und aus dem Ursprung zu gewinnen (Met. I, 3. 983 a 24), um »zu dem, was jetzt zu sagen ist, mehr Vertrauen zu haben« (Met. I, 3. 983 b 5).

2. Der Begriff, mit dem Aristoteles das Wesen der Philosophie und Wissenschaft in seinem Grund und in der Einheit ihrer mit den »Alten« beginnenden Tradition begreift, ist der Begriff der »theoretischen Wissenschaft« (ἐπιστήμη θεωρητική). Die erste Philosophie wird als die »theoretische Wissenschaft von den ersten Gründen und Ursachen« definiert (Met. I, 2. 982 b 7 seq.).

Metaphysik VI, 1 fügt Mathematik und Physik hinzu. Auch sie sind als Philosophie »theoretische Wissenschaften«.[1] Die Philosophie und diese Wissenschaften sind »theoretisch«, weil sie sich im Anschauen, Betrachten und genauen Zusehen den Dingen zuwenden, um ihr Wesen und ihre Gründe und Ursachen zu begreifen. Die Aufgabe der Wissenschaften ist es, die »Theorie über etwas aufzustellen«.[2] So spricht Aristoteles von der Theorie der Pflanzen oder der Ernährungsvorgänge (539 a 20; 653 b 14), wobei Theorie die Lehre ist, die aus solchem Betrachten hervorgeht.

So wird das ursprüngliche Wesen der Wissenschaft von Aristoteles als Theorie verstanden. Wissenschaft ist da gegeben, wo es um theoretische Erkenntnis geht. Diese Bestimmung ist bis heute geläufig geblieben. Mit ihr steht die Zeit (ohne dies zu beachten) in der von Aristoteles ausgehenden Tradition der Theorie. Es gibt keine theoretische Erkenntnis von Gegenständen, die nicht wissenschaftliche Erkenntnis ist.

3. Aber das, was heute als Selbstverständlichkeit gilt, gehört bei Aristoteles zu einer auf den Ursprung und Anfang der Philosophie zurückgreifenden Auseinandersetzung um das Wesen wissenschaftlicher Erkenntnis. Die Gleichsetzung von Theorie und Wissenschaft ist allererst das Resultat, das aus ihr hervorgeht. Der Begriff der theoretischen Wissenschaft setzt voraus, daß es neben ihr und vor ihr Wissenschaften gibt, die nicht theoretisch sind. Aristoteles bildet den Begriff der Theorie (oder nimmt ihn auf), um die mit der Philosophie aufkommende Wissenschaft von den Wissenschaften zu unterscheiden, die zum praktischen Lebensvollzug gehören oder im Dienst des Schaffens und Herstellens von Dingen des Gebrauchs und der Nutzung stehen. Diese Wissenschaften heißen die praktischen und die poietischen Wissenschaften (ἐπιστήμη πρακτική, ἐπιστήμη ποιητική). Wissenschaft ist daher nicht überhaupt und immer theoretisch. Die mit der Philosophie aufkommende theoretische Wissenschaft tritt vielmehr als ein Neues zu den (schon vorgegebenen) praktischen und poietischen Wissenschaften hinzu. Wissenschaft ist zunächst diejenige Einsicht, die bestimmt ist, einem außerhalb des Erken-

1 1026 a 6 seq.: ἡ φυσικὴ θεωρητική ... καὶ ἡ μαθηματικὴ θεωρητική ... τρεῖς φιλοσοφίαι θεωρητικαί.

2 539 a 6; 1073 b 6: ποιεῖσθαι τὴν θεωρίαν.

nens selbst liegenden und von ihm verschiedenen Zweck zu dienen. Die Herrschaft im Staat, die Ökonomie, die Führung des Hauses, die Künste des Handwerks (τέχναι) fordern jeweils die Wissenschaft, die sie trägt und das Können des Handelnden ermöglicht. »Theoretisch« ist also nicht jede Wissenschaft und jedes Betrachten der Dinge schlechthin, sondern diejenige Betrachtung der Dinge, die sich von den praktischen und poietischen Wissenschaften dadurch unterscheidet, daß sie aus ihrer Zweckdienlichkeit herausgelöst wird und »nicht Mittel zu etwas anderem«, sondern »allein um ihrer selbst willen da« ist.[3] Die theoretische Wissenschaft ist »Selbstzweck«. Sie hat ihren Sinn und ihre Aufgabe ausschließlich darin, den Gegenstand selbst als ihn selbst und als »Seiendes« (ὄν) sehen zu lassen, ohne daß dabei irgendwie seine Nutzbarkeit mitspielt. Ihr Grund liegt daher auch nicht wie bei den praktischen und poietischen Wissenschaften in einem »Vorsatz« (προαίρεσις) und so im Menschen selbst, sondern allein im Gegenstand. Er wird zur Erkenntnis gebracht ohne jeden von seiner Erkenntnis verschiedenen Nutzen.[4]

»Theorie« ist daher nur diejenige wissenschaftliche Betrachtung, die auf dieser Ablösung von der Notdurft und Notwendigkeit des Lebensvollzuges beruht. Aristoteles nennt sie »nicht notwendig« (Met. I, 1. 981 b 21) und »frei« (Met. I, 2. 982 b 27), da frei ist, was um seiner selbst und nicht um eines anderen willen ist. In dieser Nicht-Notwendigkeit und Freiheit hat die theoretische Wissenschaft ihr Wesen. Sie tritt da hervor, wo sich ein Erkennender aus den praktischen Aufgaben und Zwecken zu freier Betrachtung des Seienden erhebt. Theoretische Wissenschaft und freie Wissenschaft sind dasselbe.

4. Hinter der heute selbstverständlich gewordenen Gleichsetzung von Theorie und Wissenschaft bleibt so verborgen, daß mit ihr der Begriff jener Freiheit in die Geschichte getreten ist, auf dem bis heute die Stellung der Wissenschaft und der wissenschaftlichen Bildung in der geistigen Welt beruht, sofern es in ihr nicht um die Ausbildung des Fachmannes für die Praxis, sondern um Bildung des Menschen zum Menschen durch Teilhabe an freier Erkenntnis geht.

3 Met. I, 2. 982 b 27: μόνη γὰρ αὕτη αὑτῆς ἕνεκέν ἐστιν.

4 cf. Met. VI, 1; I, 2. 982 b 24: δι' οὐδεμίαν ... χρείαν ἑτέραν.

Weiß aber die Gegenwart um den Grund, warum es freie Wissenschaft und Theorie gibt und worin ihr Sinn und ihre Aufgabe liegt? Weil die moderne Gesellschaft die Anwendung der Wissenschaft, ihrer Methoden und ihrer Resultate voraussetzt, fordert und fördert sie Wissenschaft zunächst und zuerst, weil ihr eigener Fortbestand und Fortschritt den Dienst der Forschung und die Anwendung ihrer Entdeckungen einschließt. Gegen die Tradition der aristotelischen Theorie hat sich die gesellschaftliche Bestimmung der Wissenschaft gesetzt. Das überlieferte Geistige ist nicht mehr selbstverständlich. Die Freiheit der Erkenntnis wird von der Notwendigkeit bedrängt. Die Spannung zwischen Zweckfreiheit und Zweckgebundenheit ist die Unruhe der geistigen Bildung geworden; Forschung, Universität und höhere Bildung sind von ihr erfüllt. Der Drang nach Reformen, der nicht zur Ruhe kommt und über das jeweils Erreichte zu immer neuen Versuchen fortgetrieben wird, ist das Symptom der Bewegung im Grunde. Die freie Theorie hat die Würde des von alters Überlieferten und des klassischen Ursprungs. Zugleich besteht – unaufhebbar und notwendig – der Anspruch der Gesellschaft auf Nutzung und Anwendung der Wissenschaft. Er kann nicht außer acht gelassen oder weggeredet werden. – In dieser Spannung ist die Freiheit der Wissenschaft und der wissenschaftlichen Bildung fragwürdig und unbestimmt geworden. Was ist ihr Sinn und Grund? Was bedeutet andererseits der Anspruch der Gesellschaft für die Wissenschaft selbst? Sind in ihm geistfremde Mächte am Werk, die mit der Neuzeit heraufkommen, um die Substanz der klassischen Tradition zu zerstören? Oder ist die Spannung von Zweckfreiheit und Zweckgebundenheit auf verborgene Weise im Wesen der Wissenschaft selbst begründet, so daß es grundsätzliche Bedeutung hat, wenn die freie Wissenschaft schon da, wo sie als Theorie aufkommt, in der Unterscheidung von den vorgegebenen praktischen und poietischen Wissenschaften steht und so der Begriff der Wissenschaft die theoretische und die praktische Erkenntnis umgreift?

Wo in solcher Weise gefragt werden muß, ist es an der Zeit, sich dem ursprünglichen Sinn des Ererbten zuzuwenden. Was immer seine Zukunft und sein in der Gegenwart beschlossenes Geschick sein mag, es ist notwendig, um die Dinge zu wissen, die im Spiel sind und auf dem Spiel stehen.

5. So ist zu fragen, worin nach Aristoteles die theoretische und freie Wissenschaft begründet ist. Aristoteles bildet (dies hat sich ergeben) ihren Begriff in der Unterscheidung von der vorgegebenen Wissenschaft. Diese steht im Dienste des praktischen und schaffenden Lebens. Die freie Wissenschaft, die Aristoteles durch den Begriff der Theorie bestimmt, ist daher von Anbeginn an problematisch. Ihr Problem ist ihre »Nutzlosigkeit«. Zu ihr gehört von Anbeginn, daß sie als ein Treiben erscheint, das mit der Wirklichkeit des Lebens und seinen Notwendigkeiten nichts zu tun hat. Der Vorwurf dieser Beziehungslosigkeit begleitet die Philosophie als theoretische Wissenschaft von ihren Anfängen an. Er bestimmt ihr Geschick und drängt sie zurück in die Absonderung des Unnützen und des Unklugen. Aristoteles hat das ausgesprochen. Die theoretische Wissenschaft ist unverständlich, weil sie frei ist: »Von einem Anaxagoras, Thales und anderen Männern dieser Art sagt man, daß sie wohl weise seien; klug aber nennt man sie nicht ... Man spricht von dem, was sie wissen, als einem Außerordentlichen, Wunderbaren, Schwierigen, Dämonischen, nennt aber zugleich dieses Wissen unnütz (ἄχρηστα), weil in ihm nicht das für den Menschen Gute gesucht wird.« (Eth. Nic. VI, 7. 1141 b 4 seq.)[5]

5 Der Gegensatz zur praktischen Welt, der zur Absonderung der Philosophen führt, hat vor allem in den Philosophen-Anekdoten Ausdruck gefunden. Sie sind in der Doxographie und Biographie ein wesentlicher Bestandteil der Lehre selbst. Zwar ist die zur Theorie gehörige »Nutzlosigkeit« vor allem seit Platon und Aristoteles für den Begriff und das Problem der Philosophie selbst entscheidend geworden (cf. Brunnensturz des Thales bei Platon, Theaetet 174 A; seinen Ölmühlenkauf bei Aristoteles, Pol. I, 11. 1259 a 6 seq.; zur »Untauglichkeit« der Philosophie überhaupt Platon, Resp. 489 A seq.), doch nehmen auf sie und die in ihr begründete Unverständlichkeit der Philosophie bereits die Vorsokratiker ständig Bezug. Aus ihr werden die Absonderung, Einsamkeit und Austreibung des Philosophen verstanden (cf. Xenophanes B 8, B 2; Heraklit B 1, B 34, B 108, B 104; cf. Diog. Laert. IX 3). Die Zurückweisung aller Versuche, den Philosophen als »Erfinder« und »Entdecker« zu deuten, gehört nach Platon und Aristoteles vor allem in der Stoa zum festen und konventionellen Bestand der Lehre vom Philosophen (cf. Seneca, Ep. Mor. ad Luc. 90, 7; 90, 25-26: Sapientia altius sedet nec manus educet, animorum magistra est ...; non est, inquam, instrumentorum ad usus necessarios opifex). Zur »Theorie« des Aristoteles vgl. vor allem W. Jaeger, Aristoteles, Grundlegung einer Geschichte seiner Entwicklung, Berlin 1923, S. 65 ff., 416 ff.,

Was ist der Grund, der eine Erkenntnis fordert, die im Gegensatz zur Praxis steht und den Philosophen und Theoretiker zwingt, die Freiheit seiner Erkenntnis gegen den Vorwurf der Unklugheit und Nutzlosigkeit zu behaupten?

Erst die neuere Forschung zum Problem der θεωρία (contemplatio) und ihrer geistigen Herkunft und Bedeutung hat den Zugang zum Verständnis dieser ursprünglich und wesentlich zur Philosophie und zur theoretischen Wissenschaft gehörigen Entgegensetzung zur praktischen Welt eröffnet. Sie lösen sich aus ihr und erheben sich zur Freiheit des Nicht-Notwendigen, weil sie ihrem Ursprung und Sinn nach »Theologie« sind: Sagen des Gottes und der göttlichen Ordnung der Dinge.[6] Der Grund der freien Erkenntnis ist »das Göttliche«[7]; Aristoteles nennt sie theoretisch, weil Theorie Anschauung des Göttlichen ist.

Die Philosophiehistorie und die Philologie haben lange die aufkommende Philosophie und Wissenschaft in Griechenland als »Aufklärung« und so als Emanzipation aus den überlieferten religiösen Bindungen verstanden. In der Vorsokratik soll sich der »Erkenntnistrieb« verselbständigen; sie ist die »Vorbereitungszeit« der autonomen Wissenschaft; der Weg führt »vom Mythos zum Logos«; auf ihm kommt die menschliche Vernunft zu sich selbst. Männer wie Xenophanes werden »Sturmvögel der Aufklärung« genannt (Burnet, Windelband, Dühring, Hoffmann, Capelle u. a.). Aber diese Gleichsetzung von Philosophie und Wissenschaft mit religiöser Emanzipation wird durch die aristotelische Deutung der Wissenschaft als Theorie in Frage gestellt, weil mit ihr die Philosophie und die aufkommende freie Erkenntnis aus der Zuwendung zu Gott und zum Göttlichen begründet werden. Nachdem Boll zuerst wegweisend und bahnbrechend den geistigen Zusammenhang neu erschlossen hat, in dem die Theorie und das theoretische Leben (βίος θεωρητικός, vita contemplativa) stehen[8], hat jetzt auch Werner Jaeger die frühe

424 ff. Wichtiges und Grundlegendes auch bei Schilling, Aristoteles' Gedanke der Philosophie, München 1928, vor allem S. 13 ff.

6 Met. I, 2. 983 a 7: τῶν θείων

7 Zum θεῖον vgl. jetzt vor allem Werner Jaeger, The Theology of the Early Greek Philosophers, The Gifford Lectures 1936, Oxford 1947, repr. 1948, S. 203 ff., ferner R. Mugnier, Les sens du mot θεῖον chez Platon, Paris 1930.

8 Vita Contemplativa, Festrede zum zehnjährigen Stiftungsfest der Heidel-

griechische Philosophie als »Theologie« gedeutet.[9] Dies ist »ungebührlicherweise von den Gelehrten der positivistischen Schule außer acht gelassen oder als unwesentlich behandelt worden, weil sie in der frühen griechischen Philosophie der Natur ihr eigenes Anliegen sahen« (a. a. O. Vorwort). Dem steht aber die positive und grundlegende Bedeutung dessen entgegen, was die frühen Denker »Gott« und das »Göttliche« nannten (a. a. O. Vorwort). Im gleichen theologischen Zusammenhang steht nach Festugière[10] auch die platonische Philosophie als »Theorie«. Theorie im platonischen Sinn ist mehr als »positivistische« Wissenschaft. Sie wird von einem Gefühl der Gegenwart des Göttlichen getragen. Es geht ihr um die Verbindung mit Sein. Das in ihr Anstehende übersteigt die Sprache und die vernünftige Einsicht (a. a. O. p. 14).

Das Göttliche ist so von Anbeginn der Grund, der die freie Erkenntnis erfordert. Wenn in der spätantiken und christlichen Philosophie Kontemplation wesentlich religiöses Anschauen Gottes bedeutet, so ist das in der freien theoretischen Wissenschaft der frühen und klassischen Zeit angelegt und vorgezeichnet. Contemplatio als Übersetzungsbegriff der Theorie setzt die Himmelsbetrachtung des Auguren voraus, der an einem ausgegrenzten und heiligen Bezirk des Himmels (templum) den Vogelflug als Zeichen der Götter anschaut. Der philosophische Begriff lebt aus der Gleichsetzung von Himmel, Weltordnung und Tempel.[11] Das bleibt noch im Mittelalter bewußt: »Der Contemplator weilt nicht an einem beliebigen Ort, sondern im Tempel«[12]. Dem entspricht im Hochmittelalter die Theorie als »spekulative Erkenntnis« (cognitio speculativa): »Theoria ducit ad Dei cognitionem« (Albertus Magnus, S. Th. I 15, 3). Thomas definiert sie als »divina ... quia est de rebus divinis« (in Met. Arist. Expos. I Nr. 64). Diese Definition stützt und beruft sich auf Aristoteles.

berger Akademie d. Wissenschaften, Stiftung Heinrich Lanz v. 24. 4. 1920, Heidelberg, 2. Aufl. 1922.

9 The Theology of the early Greek Philosophers, The Gifford Lectures 1936, Oxford 1947, repr. 1948.

10 Contemplation et vie contemplative selon Platon, Paris, 2. Aufl. 1950.

11 cf. Boll a. a. O. S. 28.

12 Bernhard v. Clairvaux, Tract. de Jesu 29, III 867 C: Invenitur ... contemplator non in quolibet loco, sed in templo.

Boll hat wahrscheinlich gemacht, daß im gleichen Sinn auch die Einführung der Theorie selbst als Begriff philosophischer Erkenntnis auf eine ursprünglich religiöse Bedeutung des Begriffs zurückgeht. Theorie ist vorphilosophisch die Festgesandtschaft zu den heiligen Spielen; das »griechische Volksempfinden« sah in den Bestandteilen des zusammengesetzten Wortes θεωρός das Wort für Gott. Bei dem Grundwort θεωρητικός geht die Erinnerung an das festliche Anschauen der panhellenischen Kampfspiele mit. Daher ist mit ihm immer ein »religiöser Oberton« verbunden gewesen (a. a. O. S. 7). Sicher ist, daß die Doxographie – in unmittelbarem Anschluß an Aristoteles – mit der philosophischen Theorie die Vorstellung vom Feiern des Gottes im Anschauen des Göttlichen verbunden hat. Pythagoras soll, gefragt nach dem Wesen der Philosophie, die Antwort gegeben haben, daß der Mensch durch die Geburt in die Weltordnung als in ein Fest Gottes kommt. Während die Einen auf diesem Fest ihrem Vergnügen nachgehen und andere die Gelegenheit nutzen, ihre Waren feilzubieten und zu handeln, ist der Philosoph derjenige, der in der Theorie den Sinn des Festes begreift.[13] Diese Verbindung der Theorie mit dem Feiern des Gottes und des göttlichen Festes wird ein fester Bestand der Überlieferung. Philon spricht von dem Kreislauf des Jahres, der sich für den Jünger der Weisheit in ein Fest verwandelt. Im Feiern des göttlichen Festes liegt der Sinn ihres freien Erkennens, das sie vom Markt und von der Versammlung der Vielen absondert (Nom. II, 33.249 M).[14]

13 cf. Cicero Tusc. V 8 f.

14 Angemerkt sei, daß noch Hegel die Philosophie den »Sonntag des Lebens« nennt, an dem sich der Mensch über die Werktagsgeschäfte erheben soll (Philosophie der Geschichte, Einl., Lasson S. 19). Vgl. auch die Gleichsetzung von Philosophie und »Gottesdienst«: »Denn auch die Philosophie hat keinen anderen Gegenstand als Gott und ist so wesentlich rationelle Theologie und als im Dienst der Wahrheit fortdauernder Gottesdienst« (Vorl. ü. d. Aesthetik I, Ww. Glockner XII, 147 f.). Zur Tradition finden sich weitere Belege bei Boll a. a. O. s. 19. J. Pieper hat diese Zusammenhänge in den Mittelpunkt der Deutung der Theorie gestellt (cf. Muße und Kult, München 1948). Zum Fortleben der aristotelischen theoretischen Wissenschaft und ihrer theologischen Begründung sowohl in der spätantiken und christlichen cognitio contemplativa wie in der hochmittelalterlichen cognitio speculativa insbesondere bei Thomas von Aquin vgl. L. Kerstiens, Cognitio speculativa. Untersuchungen zur Ge-

6. Aber diese weitreichende und die Zeiten übergreifende theologische Tradition der Theorie hat ihren geistigen und philosophischen Mittelpunkt in Aristoteles. Er hat die sie tragende Lehre von der theoretischen Wissenschaft begrifflich ausgebildet und zusammengefaßt. Der Gegenstand, der die Theorie erfordert, ist »das Göttliche«; die Philosophie als theoretische Wissenschaft heißt daher auch »theologische Wissenschaft«[15]. Weil sie dies ist, liegt ihr Grund nicht im Menschen selbst und in seinen Ziel- und Zwecksetzungen. Hierin ist ihre Unverständlichkeit begründet, so daß sie geradezu als eine Erkenntnis erscheinen kann, deren

schichte und Bedeutung des Begriffes vor und bei Thomas von Aquin. Diss. phil. Münster 1951.

Zur platonischen Theologie vgl. außer Festugière auch F. Solmsen, Plato's Theology (Cornell Studies in Classical Philology 27), Ithaca 1942. Vgl. ferner Festugière a. a. O. S. 58 in Anknüpfung an Platon Leg. XII 950 D-E. Zum θεωρός der Festgesandtschaft tritt der θεωρός, der fremde Länder bereist, um die Sitten und Gesetze anderer Menschen zu erforschen. Aber auch seine Theorie ist nicht als Forschung im modernen Sinn zu interpretieren. Er reist, weil er größere Muße hat. Die Muße ist (Met. I, 1. 981 b 24) auch für die Philosophie grundlegend (vgl. Pieper a. a. O. S. 13 ff.). An diesen Reisen soll ihn der Gesetzgeber nicht hindern; denn die aus ihr gewonnene Erkenntnis und Einsicht ist wichtig für eine Wahrung der Gesetze, die sich auf Einsicht und nicht nur auf Gewohnheit gründet. Der Grund und das Ziel dieser Theorie werden von Platon also im Gesetz (νόμος) gesehen. Sie dient seiner Bewahrung. Damit greift er auf denselben Zusammenhang zurück, in dem sowohl die Dichtung als »älteste Theologie« (cf. Met. XII, 8. 1074 b 1 seq.) wie die Philosophie von Anbeginn steht (cf. ferner Hesiod Th. 44, 65 ff., W. T. 706). Wie der Dichter hat auch der Philosoph die große Aufgabe, in seiner »Theorie« das göttliche Gesetz und die göttliche Ordnung zu weisen, weil sie der Grund des menschlichen Lebens in der Polis sind (cf. Xenophanes B 2, Heraklit B 30, B 114: τρέφονται γὰρ πάντες οἱ ἀνθρώπειοι νόμοι ὑπὸ ἑνὸς τοῦ θείου). Die philosophische Lehre und Weisung geht auf das, was das Gesetz der Stadt gründet und bestimmt (cf. Diog. Laert. IX 4). So ist der Grund, der die platonischen θεωροί aus der Stadt führt, mit dem Grund identisch, der die philosophische Theorie erfordert. Weil die göttliche Ordnung der Grund ist, in den das menschliche Dasein gestellt ist, wendet sich die Theorie ihm zu als dem umgreifenden Ganzen, als Himmel und Ordnung. So hat Aristoteles (Eth. Eudem. I, 5. 1216 a 11) die Theorie des Anaxagoras gedeutet (θεωρῆσαι τὸν οὐρανὸν καὶ τὴν περὶ τὸν ὅλον κόσμον τάξιν). Zum θαυμάζειν als Grund und Ursprung der Theorie bei Aristoteles (Met. I, 2. 982 b 12) gehört der geschichtliche Tatbestand, daß die Wissenschaft selbst bei den Ioniern anfängt als Lehre von den θαυμαστά. Vgl. noch Herodot I, 30. 4-6 zu Solons Theorie.

15 ἐπιστήμη θεολογική; cf. Met. VI, 1. 1026 a 19.

Besitz dem Menschen versagt ist[16] und wie eine Ehrengabe allein dem Gott zukommt.[17] Diese Zugehörigkeit zu Gott ist für den aristotelischen Sinn der Theorie grundlegend. Er bestimmt sie als diejenige Erkenntnis, die zuerst und »am meisten der Gott selbst hat«[18]; in ihr wendet sich der Gott dem Ganzen der Welt und des Seienden als dem Göttlichen zu, so daß das Wesen theoretischer Wissenschaft von Aristoteles aus dem Wesen der göttlichen Theorie abgeleitet und verstanden wird. Weil das Ganze als Sein und Welt das Göttliche ist, dem sich Gott selbst erkennend zuwendet, hat die Philosophie als »Erhebung zum Ganzen«[19] den gleichen Gegenstand wie die Theorie Gottes selbst. »Die Alten« haben den »Grund« (ἀρχή) von allem gesucht, weil »alles entweder Grund oder aus dem Grund ist«; der Grund aber ist »das Alles Umgreifende und Steuernde« und »dies ist das Göttliche nach der Meinung des Anaximander und der meisten Physiologen«[20]. So ist die Natur als das Ganze Gegenstand der Philosophie, weil sie das Göttliche ist und so auf den Gott weist. Die Göttlichkeit des Grundes begründet die theoretische Wissenschaft. Das schließt für Aristoteles zugleich eine entscheidende Aussage über die Herkunft der Philosophie ein. Sie entdeckt, indem sie sich der Natur, dem Grund, dem Sein und dem Ganzen zuwendet, keinen neuen Gegenstand, sondern nimmt mit ihm auf, was vor ihr die Dichter und die Mythologen als die »ältesten und ersten Theologen« gewiesen haben: »Es ist von den Anfänglichen und ganz Alten in der Gestalt des Mythos den Späteren überliefert worden, daß ... das Göttliche die ganze Natur umgreift.«[21] Mythische Theologie und Philosophie haben so den

16 982 b 28: οὐκ ἀνθρωπίνη νομίζοιτο αὐτῆς ἡ κτῆσις; cf. Thomas a. a. O. Nr. 60: non humana.

17 982 b 30: θεὸς ἂν μόνος τοῦτ' ἔχοι γέρας; cf. Simonides, Frg. 3 Hiller, gegen den Aristoteles sich hier wendet.

18 983 a 6: ἥν τε γὰρ μάλιστ' ἂν ὁ θεὸς ἔχοι.

19 De Mundo 1, 391 a 3; Met. XII, 1. 1069 a 18.

20 Phys. III, 4. 203 b 6; cf. 203 b 11: δοκεῖ καὶ περιέχειν ἅπαντα καὶ πάντα κυβερνᾶν. 13: καὶ τοῦτ' εἶναι τὸ θεῖον; cf. Jaeger a. a. O. S. 202 (44 B) und S. 31: »The substantivization of the adjective with the definite article shows rather that this is introduced as an independent concept, essentially religious in character.«

21 Met. XII, 8. 1074 a 38-b 3: περιέχει τὸ θεῖον τὴν ὅλην φύσιν.

gleichen Ursprung; der Freund des Mythos und der Philosoph gehören zusammen, weil beide von dem Staunenswerten der Dinge und der in ihnen gegenwärtigen göttlichen Ordnung ergriffen sind.[22] Im gleichen Sinn sagt Aristoteles, daß die Mathematik in Ägypten zuerst von den Priestern gefunden wird (Met. I, 1. 981 b 23).

So hat die Deutung der Philosophie als Theorie zugleich die Aufgabe zu erweisen, daß sie das Erbe des ursprünglichen und von alters gegebenen Wissens um das Göttliche zu wahren hat.[23] Weil die ersten Philosophen dieses Erbe aufnahmen, nennt Aristoteles sie die »Göttlichen«. Die theoretische Wissenschaft ist mit dem Mythos durch ihren theologischen Gegenstand verbunden. Weil die Theorie auf das Göttliche geht, ist sie selbst die »göttlichste und ehrwürdigste«[24] unter den Wissenschaften; sie ist legitimiert durch ihre Zugehörigkeit zur theologischen Überlieferung. Die Göttlichkeit ihres Gegenstandes macht das Recht ihrer Freiheit und ihrer Nicht-Notwendigkeit verständlich: »Notwendiger als diese sind alle (anderen Wissenschaften), besser aber ist keine.«[25] Thomas hat in diesem Sinne die zusammenfassende Bestimmung der theoretischen Wissenschaft (cognitio speculativa) gegeben: Sie ist nicht notwendig und frei, weil sie nicht menschlich ist; sie ist göttlich, weil sie auf das Göttliche geht.[26]

7. Im Zuge dieser Bestimmungen steht dann bei Aristoteles auch die für die Spätantike und das Christentum entscheidende Lehre vom »theoretischen Leben« (βίος θεωρητικός). Sie zeichnet das Bild der Lebensführung, zu der der Mensch dann kommt, wenn er sich von der Theorie des Göttlichen und der göttlichen Ordnung

22 Met. I, 2. 982 b 18: διὸ καὶ ὁ φιλόμυθος φιλόσοφός πώς ἐστιν· ὁ γὰρ μῦθος σύγκειται ἐκ θαυμασίων.

23 Die Traditionsaufgabe der Philosophie steht zugleich mit der Lehre von einer der Philosophie selbst als Voraussetzung vorhergehenden Offenbarung im Zusammenhang. Sie ist unter Bezug auf Platon, Philebos 16 C zu interpretieren. Der Gedanke einer Uroffenbarung ward dann mit Augustin (Retr. I. 13. 3) zum Grundsatz christlicher Theologie.

24 Met. I, 2. 983 a 5: ἡ γὰρ θειοτάτη καὶ τιμιωτάτη.

25 Met. I, 2. 983 a 10: ἀναγκαιότεραι μὲν οὖν πᾶσαι ταύτης, ἀμείνων δ' οὐδεμία.

26 Thomas a. a. O. Nr. 57, 58, 60, 64: non necessaria, libera, non humana, divina quia est de rebus divinis.

leiten läßt. Der präzise theologische Sinn der Theorie und der theoretischen Wissenschaft macht aber nun zugleich deutlich, daß »das theoretische Leben« bei Aristoteles nicht neben seiner Wissenschaft und seiner Wissenschaftslehre als ein von ihnen unterschiedenes »ethisches« Motiv hergeht, sondern daß in der Lehre vom theoretischen Leben nur die Folgerungen gezogen werden, die sich aus der theoretischen (und so theologischen) Wissenschaft selbst für das Leben desjenigen ergeben, der sich ihr hingibt und in ihr sein Leben findet. Weil der Weise sich in der Theorie an das Göttliche hält, führt er ein Leben, das diesem gemäß ist; sein Leben wird durch seinen göttlichen Grund selbst göttlich im Verhältnis zum menschlichen Leben, das durch die Bedürftigkeit und die Zwecke des Menschen bestimmt ist.[27] Sein unterscheidendes Prinzip ist also der Grund, auf den sich das Leben des Erkennenden durch die Vermittlung der Theorie stellt und in dem es sein Sein und sein Maß findet. Das philosophische Leben heißt nicht göttlich, weil der Weise selbst wie ein Gott ist, sondern weil er nicht aus sich selbst, sondern aus Gott lebt. Aristoteles nennt ihn daher auch denjenigen, der Gott am nächsten ist.[28] Er sucht seine Bestimmung im Göttlichen und macht es zum Grunde seines Lebens (ὑπάρχει). Die zu ihm gehörige Absonderung vom gewöhnlichen Leben und der im Menschen gründenden Tüchtigkeit[29] entspricht so genau der Freiheit der theoretischen Wissenschaft selbst, sofern auch sie ihren Grund nicht im Menschen, sondern im Göttlichen hat. Der Weise erhebt sich daher nicht aus sich selbst zu einer göttlichen Vollendung. Da die Theorie wie eine »Gabe« dem Menschen verliehen ist (und da die Götter nicht – wie Simonides meint – neidisch sind), kann er mittels der Theorie über »das Sterbliche« hinausgehen und »im Unsterblichen« leben. Darin aber liegt der Sinn der theoretischen Wissenschaft selbst. Sie denkt das Göttliche und wendet sich ihm zu, »weil man als Mensch nicht nur Menschliches bedenken muß und als Sterblicher nur Sterbliches«, sondern weil »man (soweit dies gegeben ist) ein Leben im Unsterblichen führen soll« (Eth. Nic. X, 7. 1177 b 32 seq.).

27 Eth. Nic. X, 7. 1177 b 31: ὁ κατὰ τοῦτον βίος θεῖος πρὸς τὸν ἀνθρώπινον βίον.
28 Eth. Nic. X, 9. 1179 a 30: θεοφιλέστατος.
29 cf. Eth. Nic. X, 7.

Nicht die Sterblichkeit selbst als Bedingung des menschlichen Daseins wird also von der Theorie durchbrochen oder aufgehoben; indem der Erkennende sich dem Unsterblichen zuwendet und an ihm anschauend teilhat, lebt er in derselben Weise »in« ihm wie der Genußsüchtige »in« dem Genuß und Vergnügen und der Praktiker »in« seinen praktischen Aufgaben lebt. So setzt die aristotelische Lehre vom »theoretischen Leben« den theologischen Ursprung und Sinn der theoretischen Wissenschaft selbst voraus. Seine Seligkeit wird darum aus der Teilhabe an der Seligkeit der göttlichen Theorie verstanden. Der Theoretiker hat an ihr Anteil, weil er im Sein das gleiche Göttliche denkt und als Maß ergreift, das auch der Inhalt des göttlichen Denkens ist: »Für die Götter ist das ganze Leben selig, für den Menschen aber (ist es selig), soweit sein Leben Ähnlichkeit mit ihrer Wirklichkeit hat.« (Eth. Nic. X, 8. 1178 b 26 seq.) Dies aber ist möglich, weil die theoretische Wissenschaft im Sein »das Bleibende, das sich bewahrt«[30] zum Gegenstand hat, »das jetzt und von alters und immer gesucht worden ist und immer von neuem in Frage gestellt wird«[31].
So ist für Aristoteles die theologische Deutung der Wissenschaft auch das tragende Prinzip ihrer sittlichen Bedeutung; indem sie das Göttliche zum Gegenstand hat, wird ihre Freiheit zur Grundlage einer im Göttlichen wurzelnden Lebensführung. Wo der Gott und das Göttliche preisgegeben werden, da wird auch die freie Wissenschaft und die Bildung des Menschen durch theoretische Erkenntnis sinnlos. Ihre Autonomie und ihre Zweckfreiheit sind nicht mehr gerechtfertigt; Wissenschaft und wissenschaftliche Bildung sind nur noch Mittel im Dienste der gesellschaftlichen Praxis. Wenn der sanktionierende Gott fehlt (so hat Nietzsche gesagt), dann müssen auch die auf ihn gegründeten höchsten Werte und Normen fallen.(cf. WW Mus. XVIII 188; 11). Die theologische Begründung der Theorie bei Aristoteles ist nicht ein historisches Lehrstück, das der Vergangenheit angehört und allenfalls antiquarisches Interesse erwecken kann. Sie spricht den Grund aus, der vorausgesetzt sein muß, wenn freie Wissenschaft als Selbstzweck zum menschlichen Dasein und zur menschlichen Bildung gehören soll.

30 cf. Met. I, 3. 983 b 10: οὐσία ὑπομενούσῃ.
31 Met. VII, 1. 1028 b 2: καὶ δὴ καὶ τὸ πάλαι τε καὶ νῦν καὶ ἀεὶ ζητούμενον καὶ ἀεὶ ἀπορούμενον, τί τὸ ὄν.

II

1. Als erstes Resultat hat sich ergeben, daß Aristoteles die theoretische Wissenschaft (ἐπιστήμη θεωρητική) als »Theologie« einführt. Sie ist Begreifen der göttlichen Ordnung und Gottes. Aber damit ist zugleich eine neue Frage gestellt. Am theologischen Ursprungssinn der Theorie scheitert die Vorstellung vom Aufkommen der Wissenschaft als Emanzipation des Geistes aus der Macht der Tradition und der religiösen Bindung. Was bedeutet aber dann der »Übergang vom Mythos zum Logos«, wenn Wissenschaft nicht Auflösung der religiösen Bindung bedeutet, sondern die Aufgabe übernimmt, die »Theologie von alters« zu wahren und fortzupflanzen? Was ereignet sich damit, daß die Theologie selbst die Form des Mythos abwirft, um »theoretische Wissenschaft« zu werden?

2. Das Problem dieses Übergangs tritt unmittelbar am aristotelischen Begriff der theoretischen Wissenschaft selbst in voller Schärfe hervor. Denn Wissenschaft gehört für Aristoteles zunächst nicht zur Theorie, sondern zur praktischen Welt und zu den Künsten des schaffenden Lebens. Sie ist vorgegeben als die Einsicht, über die der Meister verfügt, der sich auf die Dinge, die er zu besorgen und zu gestalten hat, verstehen muß, so daß sie mit seinem Fachwissen zusammenfällt und mit den praktischen und poietischen Künsten gleichzusetzen ist, bevor sie sich mit der Theorie verbindet und zur theoretischen Wissenschaft wird.[32] Hinter dem geläufig gewordenen Begriff der theoretischen Wissenschaft steht so ein zunächst paradoxer Vorgang. In ihm kommen durchaus heterogene Momente zusammen. Die theologische Theorie verbindet sich, indem sie Wissenschaft wird, mit der Form des Wissens, die zur praktischen Lebenswelt gehört und ursprünglich nichts mit der Anschauung des Göttlichen und der Theologie zu tun hat. Der Übergang vom Mythos zur Wissenschaft ist inhaltlich eine Bewegung, die das Wissen des Göttlichen

32 ἐπιστήμη und τέχνη gehören für Aristoteles formelhaft zusammen: cf. Met. I, 1. 981 a 3; Polit. III, 12. 1282 b 14; VII, 13. 1331 b 37; Rhet. II, 19. 1392 a 25. Zur Gleichsetzung von ἐπιστήμη und τέχνη cf. 981 b 8: τὴν τέχνην τῆς εμπειριας ἡγούμεθα μᾶλλον ἐπιστήμην εἶναι. Sie ist mehr Wissenschaft als Erfahrung.

aus dem abgesonderten Bereich des feiernden Dichtens und des Mythos in die Welt des Praktischen und des Notwendigen hinüberführt und in ihm ansiedelt. Dieser Ortswechsel der Theorie kommt bei Aristoteles selbst in eindeutiger Weise zur Sprache. Im ersten Kapitel der Metaphysik wird der Begriff der Philosophie und der theoretischen Wissenschaft eingeführt und verständlich gemacht. Aber hierbei geht Aristoteles nicht von der Theorie, sondern von der Wesensbestimmung der praktischen Wissenschaft aus, um an ihr zunächst den allgemeinen Begriff von Wissenschaft und damit dann auch die Definition der theoretischen Wissenschaft zu gewinnen. Als Einsicht des Meisters in der Kunst ist sie vom Wahrnehmen und vom beobachtenden und sammelnden Erfahren zu unterscheiden. Während Erfahrung nur das »Daß« der Dinge begreift, ist die Einsicht des Meisters Wissenschaft, weil sie die Dinge im Ganzen und aus Ursachen und Gründen begreift.[33] Daraus aber folgt, daß auch die Theorie, wenn sie Wissenschaft wird, Einsicht in das Ganze der Dinge aus Gründen und Ursachen sein muß. Die Philosophie wird als »theoretische Wissenschaft der ersten Gründe und Ursachen« (Met. I, 2. 982 b 9) definiert. »Das Erste« ist das zugrunde liegende Ganze und Göttliche und also der Gegenstand der »Theorie von alters«. Aber dieser Gegenstand wird nicht mehr in der Form des Mythos, sondern in der Weise der Wissenschaft vorgestellt, wenn seine Erkenntnis die Form der Frage nach Ursachen und Gründen annimmt.[34] Die Theorie wird Wissenschaft, indem sie zur praktischen und poietischen Wissenschaft in Beziehung tritt und selbst Einsicht in die Ursachen und Gründe der Dinge wird.

Denselben Weg geht Aristoteles auch in der Wesensbestimmung der theoretischen Weisheit. Auch hier wird die Weisheit des praktischen Lebens vorausgesetzt, um an sie den Begriff der theo-

33 cf. Met. I, 1. 981 a 15 seq.

34 Den gleichen Gedanken nimmt Met. VI, 1 wieder auf. Cf. 1025 b 3 seq. Das Beispiel für die Wissenschaft ist Met. I, 1 die Heilkunst. Sie ist von dem Wissen des im Umgang mit Krankkeit Erfahrenen durch Einsicht in den Begriff der Krankheit und so durch Einsicht in die Gründe und Ursachen einer Erkrankung unterschieden. Gerade dies Beispiel zeigt, in welch hohem Maße Aristoteles mit dieser Orientierung an der praktischen Wissenschaft von Platon abhängig bleibt.

retischen Weisheit anzuknüpfen. Wie die Wissenschaft ist die Weisheit (σοφία) ursprünglich das Wissen des Meisters in der Kunst und in der Werkstatt; Polyklet und Pheidias sind »weise«, weil sie in ihrer Kunst über ein meisterliches Wissen verfügen. Fünf Momente sind dabei für die Weisheit des Meisters bestimmend: sie ist Einsicht in das Ganze, das jeweils ansteht (1), und so Kenntnis und Beherrschung des Schwierigen (2). Sie ist Wissenschaft als Einsicht in die Gründe und Ursachen (3), so daß der Meister, weil er die Wissenschaft hat, lehren und anlernen kann (4) und der Erste und der Leitende in der Werkstatt ist (5).[35] Hiermit ist dann aber auch vorgezeichnet, was philosophische und theoretische Weisheit sein muß. Alle diese Momente werden von Aristoteles sinngemäß auf sie übertragen[36], so daß zu ihr in entsprechender Weise das Wissen des Ganzen und des Schwierigen, die Einsicht in die Gründe und Ursachen der Dinge, die Lehre und die Ausbildung des Lernenden sowie die Leitung und Führung im menschlichen Dasein gehören. Wenn man (so heißt es ausdrücklich) an diesen Begriff der (meisterlichen) Weisheit anknüpft und ihn aufnimmt, dann wird aus diesem auch klar, was das Wesen der Weisheit (als theoretischer Wissenschaft) ist und auf welche Ursachen und Gründe sie geht (Met. I, 2. 982 a 6).

So wird die Theorie bei Aristoteles Wissenschaft, indem sie die Form des Wissens annimmt, die vor ihr den Meister in den Künsten zum Meister macht. Der Begriff der theoretischen Wissenschaft und Weisheit setzt den Begriff der praktischen und poietischen Wissenschaften und Weisheit voraus. Zu ihm gehört der Übergang der Theorie in die Welt des praktischen und schaffenden Lebens. Als *Theorie* bleibt sie das freie Anschauen des Göttlichen und der göttlichen Ordnung; dies unterscheidet sie von allem praktischen Wissen. Indem sie aber *Wissenschaft* wird, nimmt sie die Form der das praktische Dasein leitenden Einsicht an und wird so »Wissen der Gründe und Ursachen der Dinge« (Met. VI, 1. 1025 b 3). Die allgemeine Definition der Weisheit lautet: »Die Weisheit ist Einsicht (ἐπιστήμη), die auf die Gründe und Ursachen geht« (Met. I, 1. 982 a 2). Da die Theorie das Göttliche

35 cf. Met. I, 1. 981 a 30 seq.
36 cf. Met. I, 2. 982 a 6 seq.

zum Gegenstand hat und da das Göttliche das Erste ist, wird sie Wissenschaft, indem sie »Erkenntnis der ersten Gründe und Ursachen« wird (Met. I, 2. 982 b 9).

3. So wird der Übergang der Theologie zur Wissenschaft von Aristoteles in der Ableitung der theoretischen Wissenschaft als Übergang der Theorie in das praktisch-tätige Leben verstanden. Was ist der Grund und Sinn dieser Bewegung?

Der Schlüssel zu ihrem Verständnis liegt in der konstitutiven Bedeutung, welche den zu den Künsten gehörigen Wissenschaften für das Dasein des Menschen und seine Welt zukommt. Weil Einsicht als Wissenschaft schon auf dem Boden des praktisch-tätigen Lebens in den zu ihm gehörigen und verfügbaren Dingen und ihren Gründen und Ursachen die Welt erschließt und weiß, bedeutet der Übergang der Theorie zur Wissenschaft, daß sie die göttliche und in der Theologie von alters gewiesene Ordnung als die Ordnung und als das Sein derselben Welt zu begreifen sucht, die schon in den Wissenschaften des praktischen Daseins und seiner Künste gewußt und erschlossen wird. Das Göttliche ist bereits vor der theoretischen Wissenschaft in der Vermittlung der die Künste leitenden und gründenden Einsicht gegenwärtig. Diese Einsicht aber ist – wie die Künste selbst – als individuelle und gesellschaftliche Gegebenheit die grundlegende und allgemeine Form, in welcher der Mensch handelnd und schaffend sein Leben und sein menschliches Sein verwirklicht. »Praxis« ist bei Aristoteles mehr als eine von anderen Verhaltungsweisen unterschiedene Tätigkeit; sie meint das Leben des Lebendigen überhaupt, weil es sich im Tun und Wirken vollzieht und »Praxis« so die Form seiner Bewegung ist.[37] »Praxis« ist daher auch synonym mit den bestimmten Formen lebendigen Verhaltens (βίος), so daß die Verschiedenheit der Lebewesen selbst sich in der Verschiedenheit ihrer Praxis darstellt und zu Tage tritt.[38] In der Zugehörigkeit zur menschlichen Praxis ist daher Wissenschaft diejenige Form, durch die sich der menschliche Lebensvollzug vom Lebensvollzug der übrigen Lebewesen unterscheidet, so daß

37 De part. anim. II, 1. 646 b 15: πολυμόρφων δὲ τῶν πράξεων καὶ τῶν κινήσεων ὑπαρχουσῶν τοῖς ζῴοις.

38 De hist. an. I, 1. 487 a 12, cf. 15: αἱ διαφοραὶ τῶν ζῴων εἰσὶ κατά τε τοὺς βίους καὶ τὰς πράξεις. cf. 487 b 34.

sie in einem konstitutiven Sinn das Leben des Menschen zum menschlichen Leben macht. Der Mensch lebt als Mensch, indem er auf Grund von Einsicht und Wissenschaft handelt, während das Tun der Tiere ohne eigene Einsicht »von der Natur« (φύσει) gelenkt wird. Das Gleiche gilt für die Kunst (τέχνη). Im Zusammenhang mit der Wissenschaft ist sie die Form, in der sich das menschliche Schaffen und Werken vollzieht, sofern der Mensch das Gerät und die Dinge, die er gebraucht, nicht »zufällig« (τύχῃ) oder »von Natur« (φύσει) zustande bringt, sondern dadurch, daß er sein Schaffen zum Können einer Kunst gebildet hat. So wird der Mensch Mensch durch die Kunst und ihre Wissenschaft; er kommt zum Sein, indem er lernend das Können erwirbt, das eine Kunst ihm vermittelt; sie gibt ihm Stand und Sein in der Gemeinschaft. Die Wissenschaft gehört mit der Kunst daher zum Menschen als Menschen; er lebt, indem er sein Sein in den Künsten und in den sie tragenden Wissenschaften findet. Er ist ohne sie nichts; wer nichts gelernt hat und nicht in einer Kunst und ihrer Wissenschaft gebildet ist, hat keinen Stand in der Gemeinschaft und bleibt ohne menschliche Geltung.[39]

4. An diese ursprünglich zum menschlichen Dasein als »Praxis« gehörige Bildung durch Kunst und Wissenschaft knüpft also Aristoteles die Theorie der göttlichen Ordnung als Wissenschaft an. Das aber besagt, daß das Göttliche als Ordnung und »Welt« nicht erst da ansteht, wo es theoretische Wissenschaft gibt. Die göttliche Ordnung, die die Theorie anschaut, ist die Ordnung der Welt, in welche der in einer praktischen Kunst und ihrer Wissenschaft gebildete Mensch als ein sie Wissender eingestellt ist. Diesen durch Kunst und Wissenschaft (ἐπιστήμη καὶ τέχνη) vermittelten Instand des Menschen in der Welt macht die Theorie zur Grundlage ihrer theologischen Weisung, indem sie Wissenschaft der Dinge in ihren Ursachen und Gründen wird.

Damit ergibt sich, daß für Aristoteles der Übergang vom Mythos zur Wissenschaft erfolgt, um das Göttliche in seiner Zugehörigkeit zum menschlichen Dasein zu begreifen. Diese Zugehörigkeit bringt der Mythos nicht zur Aussage; er versteht es nicht als die

39 Vgl. zum Problem der τέχνη bei Platon John Wild, Plato's Theory of τέχνη: A Phenomenological Interpretation. Philos. and Phenom. Research, 1941 (1).

Wahrheit, in der das menschliche Dasein seinen Grund in sich selbst findet. Der Dichter und die Mythologen erzählen von den Göttern Geschichten. In diesen Geschichten hält sich der Mensch zwar einerseits an das Göttliche; das ist das Positive des Mythos. Indem aber diese Geschichten andererseits das Göttliche nur vorstellen und dichten, wird es zugleich von der Wirklichkeit des menschlichen Daseins und seiner Welt abgetrennt. Es hat keine Beziehung zu ihr, so wie das Unsterbliche, wenn es (wie im Mythos) durch das Kosten von Nektar und Ambrosia dichterisch vorgestellt wird, keinen Bezug zu der Wirklichkeit der Welt und des sterblichen Lebens in ihr hat. Daher sagt Aristoteles auch, daß die Mythologen mit ihrer Dichtung »über uns hinweggesprochen haben«[40], sofern das Göttliche von ihnen nicht als der Grund begriffen wird, in dem der Mensch mit seinem praktischen und tätigen Dasein selbst gründet und steht. Dem entspricht die Zurückweisung des Dichters Simonides durch Aristoteles. Er hat die Einsicht des Menschen auf das »Sterbliche« beschränkt. Aber die Dichter lügen, wenn sie lehren, daß dem Menschen das Unsterbliche verschlossen ist[41], und dies mit dem Neid der Götter begründen. Denn damit wird genau in dem gleichen Sinne wie in den Götterdichtungen das Göttliche als das Andere und Ferne vorgestellt, mit dem die Wirklichkeit des Sterblichen nichts verbindet. Dem tritt die Theorie als Wissenschaft entgegen. Die Theologie geht vom Mythos zur Wissenschaft über, um das Göttliche als die zum Dasein gehörige und in ihm gegenwärtige Ordnung zu begreifen. Das Leben im Unsterblichen kommt dem Menschen zu, weil er schon mit seinem praktisch-tätigen Dasein im Göttlichen gründet und weil es so das »Mächtigste in ihm« ist, dem gemäß er sein Leben zu führen hat.[42]

Indem die Theorie Wissenschaft wird, macht sie die göttliche Weltordnung (κόσμος) als die Wahrheit und den Grund kund, deren Zugehörigkeit zum praktischen und schaffenden Dasein des Menschen in seiner Bildung durch Wissenschaft und Kunst vermittelt ist.

5. So hat Aristoteles den Sinn des sich mit der Philosophie voll-

40 cf. Met. III, 1000 a 10.
41 cf. Met. I, 2. 982 b 32 seq.
42 cf. Eth. Nic. X, 7. 1177 b 3.

ziehenden Übergangs der Theorie zur Wissenschaft aus der Zugehörigkeit der in ihr gesuchten Wahrheit zum gesellschaftlichen und praktischen Dasein des Menschen verstanden. Der Gegenstand der Theorie steht schon in dem Wissen der Praxis und des gewöhnlichen Lebens an. Die Metaphysik beginnt mit dem Satz, daß »alle Menschen von Natur nach Wissen streben«[43]. Dies bedeutet nicht, daß alle auf die Theorie im Sinne der freien, nicht notwendigen Erkenntnis aus sind; es bedeutet aber, daß der Gegenstand, dem die Theorie sich zuwendet, schon in dem zum Lebensvollzug aller Menschen gehörigen Wissen anliegt. Zeichen dafür ist die einfache »Lust am Sehen«[44]; in ihr ist – wie ein verborgenes und unentfaltetes Moment – das freie Anschauen und Erkennen am Werk; denn dieses Sehen wird geliebt, auch im Absehen vom Nutzen: »Nicht nur, damit wir handeln, sondern auch, wenn wir nichts vorhaben zu tun, ziehen wir das Sehen allem anderen vor« (980 a 24 seq.). Bereits in der »Augenweide« und »Schaulust« des gewöhnlichen Lebens ruft die Welt zur Theorie. Aber dieses, in allem Wissen von den Dingen enthaltene theoretische Moment tritt dann voll in den Künsten und ihrer Weisheit hervor; der Meister weiß die Dinge, die er beherrscht, als sie selbst in ihrem Wesen. Sein praktisches Wissen enthält Theorie; denn »derjenige, der irgendeine neue Kunst fand, wurde von den Menschen nicht nur darum bewundert, weil das Gefundene nützlich war; man bewundert ihn auch als einen Weisen, den (sein Wissen) aus den anderen heraushebt« (Met. I, 1. 981 b 13 seq.).

6. Das aber bedeutet, daß die freie theoretische Erkenntnis das Wissen der Welt heraushebt und freisetzt, das schon in allem praktischen und poietischen Wissen eingeschlossen und angelegt ist. Das Göttliche als das in allem Seienden gegenwärtige Ganze der Weltordnung ist der Gegenstand, den die Theologie von je angeschaut und gewiesen hat. Dies »Ganze« als das alles Umgreifende und Steuernde heißt philosophisch »Sein«. Daher gilt: »Die Theorie geht auf das Sein«[45].

43 Met. I, 1. 980 a 21. πάντες ἄνθρωποι τοῦ εἰδέναι ὀρέγονιαι φύσει; cf. Thomas a. a. O. Nr. 4.

44 Met. I, 1. 980 a 21: ἡ τῶν αἰσιθήσεων ἀγάπησις.

45 Met. XII, 1. 1069 a 18: περὶ τῆς οὐσίας ἡ θεωρία.

Indem aber die Theorie Wissenschaft wird, wendet sie sich dem »Sein« zu, sofern es in den Dingen gegenwärtig ist, die zum praktischen Dasein in ihren Ursachen und Gründen gehören. Die Theorie des »Seins« wird Wissenschaft, indem sie Lehre vom »Seienden« (τὰ ὄντα) wird. Das Seiende aber sind die Dinge selbst, deren »Gründe und Ursachen« auch die Bildung des tätigen Lebens der Einzelnen und der Gemeinschaft erschließt und weiß.

Aristoteles hat so das Aufkommen der Philosophie und der theoretischen Wissenschaft in der Überwindung des Mythos als die Zuwendung zum Göttlichen der Weltordnung gedeutet, sofern sie nicht ein abstraktes Jenseits, sondern die Welt ist, die schon dem praktischen Dasein vertraut und für es gegenwärtig ist. Mit der Philosophie geht die dichtende mythische Vorstellung des Göttlichen zu Ende; an ihre Stelle tritt die theoretische Wissenschaft. Wenn Thales den Grund und Ursprung der Dinge als »Wasser« denkt, so nimmt er damit – nach Aristoteles – zunächst nur auf, was die mythische Theologie vom göttlichen Grund gesagt hat, indem sie ihn als Okeanos und als das »Älteste« und »Ehrwürdigste« vorstellt, »bei dem die Götter schwören« (Met. I, 3. 983 b 27 seq.). Indem er aber dieses »Älteste« aus dem Zusammenhang der sinnfälligen Dinge und ihrer Ursachen und Gründe und »aus dem Sehen«[46] begreift, denkt er das Göttliche so, wie es sich den Menschen »immer schon« zeigt; die Theorie des Göttlichen ist Wissenschaft geworden und begreift den göttlichen Grund als den Grund der Welt, in welche das menschliche Dasein – um die Dinge wissend und so nach der Theorie verlangend – »immer schon« eingestellt ist. In dieser Zuwendung zum Göttlichen im Zusammenhang mit den zum Dasein des Menschen gehörigen und sinnfälligen Dingen hat Thomas von Aquin die entscheidende Bedeutung »des Philosophen« gesehen. Er hat gelehrt, »nicht von dem abzugehen, was vor Augen liegt«[47]. Zugleich weist Thomas (wiederum im Rückgriff auf Aristoteles) die Unterscheidung des theoretischen und praktischen Erkennens dem Gegenstand nach zurück. Was sie unterscheidet, ist nicht ihr Gegenstand, sondern ihr Ziel. Während die Wissenschaft der

46 Met. I, 3. 983 b 22: ἐκ τοῦ ὁρᾶν.

47 Quaest. Disp. de Spirit. Creaturis Art. 5: a manifestis non discedere.

Praxis die Dinge erkennt, um sie zu nutzen, begreift die theoretische Wissenschaft die Dinge als sie selbst und als das Seiende, um im Seienden dem Sein des Ganzen und in diesem Gott als Grund und Herrn von allem, was ist, zu begegnen.[48]

Aristoteles selbst nennt das Seiende, welches die philosophische Theorie als das Staunenswerte hervorruft, das »vor der Hand Liegende« (Met. I, 2. 982 b 13). Im gleichen Sinn sagt er, daß der Weg der Philosophie von dem »für uns Ersten« zu dem hinführt, was »der Natur nach das Erste« ist.

7. So ist im Wesen der die Dinge in ihren Ursachen begreifenden und erkennenden praktischen Wissenschaft selbst der Sinn enthalten, den der Übergang der Theologie vom Mythos zur theoretischen Wissenschaft hat. Das Wissen des Göttlichen wird zum Wissen der Gründe und Ursachen der Dinge, weil die göttliche Weltordnung die Welt des Menschen in seinem geschichtlichen und gesellschaftlichen Dasein ist. Dieses Dasein ist für die Stellung des Menschen in der göttlichen Ordnung nicht gleichgültig. In ihm ist der Mensch bereits in seiner Bedürftigkeit und in der Notwendigkeit seiner praktischen Erkenntnis auf das Göttliche bezogen, das die freie Theorie zum Gegenstand macht. Sie wendet sich damit in der Form der theoretischen Wissenschaft der Wahrheit zu, die schon in der Weisheit des tätigen Daseins gesucht und erschlossen wird. Dies hat Aristoteles mit einer Bestimmtheit ausgesprochen, die unmißverständlich ist. Die Theorie erschließt das Wahre als Wahres; aber dieses Wahre ist nicht überhaupt unbekannt, es ist schon im praktischen und tätigen Dasein erschlossen. Die Wahrheitserschließung der Theorie setzt die Wahrheitserschließung des tätigen Daseins und ihrer Wissenschaft voraus und hängt mit ihr wesentlich zusammen: »Das, wodurch die Seele das Wahre erschließt (ἀληθεύει), sind fünf Betätigungen: die Künste, das Wissen der Gründe, die praktische Einsicht, die

48 Vgl. hierzu Kerstiens a. a. O. vor allem S. 30 ff., S. 55 ff. Zum Problem Theorie und Praxis bei Thomas und in seiner Aristoteles-Auslegung vgl. ferner die Arbeiten von M. M. Labourdette, OP, Note sur les diversifications du savoir. Connaissance spéculative et connaissance practique (in: Revue Thomiste 44 [1938] 564-568) und L. Thiry, OSB, Speculativum-Practicum secundum S. Thomam quomodo se habeant in actu humano, Stud. Anselm. 9, Rom 1939.

theoretische Wissenschaft und die Vernunft« (Eth. Nic. VI, 3. 1139 b 15 seq.).[49] Die Theorie als Wissenschaft macht so in freier Erkenntnis das Wahre als es selbst zum Gegenstand, das sich auch den Künsten und ihrer praktischen Wissenschaft und Einsicht erschließt, ohne daß sich das der Notwendigkeit des Lebens dienende Erkennen ihm ausdrücklich und unmittelbar zuwendet und zuwenden kann. Diese Zuwendung fällt der theoretischen und freien Wissenschaft als Aufgabe zu, so wie sie von alters die Aufgabe der Theologie gewesen ist. Im gleichen Sinn hat Aristoteles gesagt, daß die Gesellschaft und ihre praktischen Künste und Wissenschaften auch geschichtlich die Voraussetzung der theoretischen Weisheit sind. Erst da, wo in ihr die Welt schon erschlossen ist, wird auch die Theorie des Göttlichen als freie Wissenschaft möglich: »Nachdem alles dieses (die Künste der Notdurft und der Lebensbefriedigung) schon geschaffen war, erst da wurden die Wissenschaften gefunden, die weder der Erleichterung des Lebens (ἡδονή) noch der Notdurft (τἀναγκαῖα) dienen« (Met. I, 1. 981 b 20 seq.).

8. So ist nach Aristoteles die freie Theorie ihrem Ursprung und Sinn nach »Theologie«. Aber zugleich steht sie damit, daß sie zur theoretischen Wissenschaft wird, nicht mehr im Gegensatz zur praktischen Welt und ihrem dienenden Wissen. Vielmehr gilt, daß die »reine« Vernunft der theoretischen Wissenschaft in der »praktischen« Vernunft des Einzelnen und der Gesellschaft angelegt ist. Die theoretische Wissenschaft schließt daher die angewandte Wissenschaft nicht aus. Beide gehören zusammen, und beide sind im Wesen des Menschen und seiner Vernunft angelegt, so daß erst da, wo es durch Wissenschaft geleitete vernünftige Praxis gibt, auch die Theorie ihre ursprünglich theoretische Aufgabe als Wissenschaft zu erfüllen hat.

9. Hier liegt die Lehre, die Aristoteles der Zeit gibt oder doch geben kann. Der Geist, der in der Entgegensetzung von Gesellschaft und Bildung, von Praxis und Theorie umgetrieben wird, ist ein Geist, der die Kraft zur substantiellen Einheit des Ursprungs verloren hat. Er vermag die Einheit nicht zu begreifen, die das im Vollzug Unterschiedene verbindet.

49 Vgl. K. Schilling, Aristoteles' Gedanke der Philosophie, München 1928, S. 13 ff.

Daß aber dieser Geist der Einheit, aus dem die theoretische Wissenschaft hervorgegangen ist, im Theologischen wurzelt und aus ihm entspringt, mag die Beschränktheit des mit sich selbst entzweiten Geistes sichtbar machen und zugleich lehren, daß in der Tradition der von den Griechen herkommenden philosophischen Wissenschaftslehre Aussagen bereit liegen, die an die Möglichkeit der Versöhnung und der Verbindung des äußerlich Geschiedenen erinnern.

Zusammenfassung der Diskussion

In der auf den Vortrag folgenden Diskussion wurde eingewandt, daß die wissenschaftliche Theorie und die Theorie als Erkenntnis des Göttlichen auseinander zu halten seien. Besonders *H. Kroll* machte geltend, daß man nicht von einer religiösen Bestimmung der θεωρία ausgehen könne, und führte im einzelnen etwa Folgendes aus: Θεωρεῖν ›anschauen, zuschauen, beobachten, betrachten, erwägen‹ habe vielfache Bedeutung, demzufolge auch θεωρία. Ob θεωρία als Zuschauen beim Festspiel und dann als Festgesandtschaft jemals einen auf den religiösen Ursinn des festlichen Vorgangs bezogenen, in irgendeiner relevanten Bedeutung religiösen Sinn gehabt habe, sei mehr als fraglich. Das forscherische θεωρεῖν ist in Ionien erwachsen (Thales, Demokrit, Anaxagoras), aber ohne Religion, eher müßte man sagen: gegen die religiöse Tradition. Und wenn Euripides in einem bekannten Fragment (910) den Forscher selig preist, so ist er dabei vom Religiösen weit entfernt. Nach der doxographischen Überlieferung sollen schon die älteren, vorsokratischen Philosophen das der Erkenntnis geweihte Leben, die reine θεωρίη, als Ideal dem praktischen, im bürgerlichen Handeln aufgehenden Leben entgegengestellt haben. Das dürfte aber eine Spiegelung der platonisch-aristotelischen Zeit sein. Der theoretische Mensch als ethisches Problem, das Ideal des der Erkenntnis geweihten Lebens: das ist gewiß erst platonisch. Bei Platon nimmt das θεωρεῖν den Weg ins Metaphysische, ins Religiöse (Anschauung der Idee des Guten). Wo immer wir seitdem in der Welt eine Hinrichtung des βίος θεωρητικός auf das Religiöse antreffen, greifen wir platonisches Erbe. Schon bei Aristoteles. Aristoteles treibt die auf einzelwissenschaftliche Forschung gerichteten Ansätze der Akademie weiter und entwickelt sich dabei zum rein empirischen Forscher in unserem modernen Sinne. Aber er ist anscheinend doch auch immer – für uns schwer zu fassen, wie er das hat vereinen können – Platoniker, platonisierender Metaphysiker geblieben. Man kann sich das gut an De anima, einem Spätwerke, klarmachen: die beiden ersten Bücher mit ihrem reinen Empirismus werden vom dritten Buche mit der aus dem bisherigen Rahmen völlig herausfallenden Lehre vom praeexistenten, göttlichen, unsterblichen Nus gekrönt. In der Nikomachischen Ethik untersucht er als Phänomenologe und strenger, nüchterner Empiriker die dianoetischen und ethischen Tugenden, im 10. Buche jedoch, wo er das theoretische Leben, Glück des φρόνησις und σοφία vereinenden Denkers und Weisen schildert, verläßt er den Boden der sachlichen, man darf sagen positivistischen Forschung, wendet er sich, völlig Platoniker, dem unsterblichen, göttlichen Leben zu. Für Aristoteles hat jedenfalls die σοφία und der βίος θεωρητικός den Vorrang vor dem Leben des praktischen Handelns. Im Peripatos tritt aber ein starker Wandel ein. Für Dikaiarch (im Gegensatz zu Theophrast) ist die φρόνησις statt der σοφία die herrschende Macht in der menschlichen Seele, liegt die Bestimmung des Menschen im πράττειν, nicht im θεωρεῖν. Seitdem meint βίος θεωρητικός stets die bloße (nicht spekulative) Wissenschaft im Gegensatz zum praktischen Leben. So auch für Philon. Er sieht den βίος θεωρητικός als wissenschaftliche, rationalistische Betätigung. Aber dahinein bringt er den ἀνὴρ ὁρατικός. Dieser Begriff ist dem der γνωστικοὶ ἄνδρες verwandt, die sich in der Schau übernatürlicher, metaphysischer Wahrheiten über das Irdische erheben. Da die Begründung der Religion in die Aufgaben der Philosophie einbezogen wird, nähert sich der streng wissenschaftliche Sinn der θεωρία der γνῶσις. Für Philon fließen ἐπιστήμη und ὅρασις zusammen. Aber die wissenschaftliche Erkenntnis tritt doch hinter dem metaphysischen Schauen, hinter der γνῶσις zurück. Die Naturbetrachtung des ὁρατικός erschaut kraft seiner Gottverwandtschaft Gott nicht nur in der Natur, sondern im Aufschwung der Seele jenseits des Natürlichen. Bei Platon und auch noch bei Aristoteles war das Wirken des θεωρητικός auf die Polis bezogen geblieben, die Kyniker hatten den Menschen zum Kosmopoliten gemacht. Den letzteren Begriff wandelt Philon um, indem er, κόσμος als Himmel verstehend, in den Bahnen Platons weitergeht. So entsteht ihm das Idealbild des Menschen, der nur mit dem Körper auf Erden weilt, in seiner vita contemplativa aber mit Sonne, Mond und Sternen mitschwingt und dabei in der Anschauung des Göttlichen versinkt. Damit bereitet Philon – er selbst noch ohne die absolute Weltflucht und die strenge Askese – das mönchische Ideal des Uranopoliten vor. Die Therapeuten Philons sind Wissenschaftler und zugleich Mystiker. Woher die Konzeptionen Philons stammen, ist noch nicht genügend geklärt. Gewiß wirkt Poseidonios und durch ihn Platon ein, aber es sind doch auch ganz andere Elemente offenkundig. Die vita contemplativa des späteren Altertums ist religiös bestimmt. Die geistesgeschichtlichen Vorgänge im einzelnen sind noch nicht geklärt. Sicher geht die religiöse Tradition letzten Endes auf Platon zurück. Das metaphysische Element in der θεωρία des Aristoteles gehört dem Platoniker Aristoteles an, nicht dem »Aristoteliker«, den wir für gewöhnlich sehen, wie denn überhaupt ein religiöses Element im Begriff der θεωρία vor Platon nicht greifbar und später an ihm Platon immer irgendwie beteiligt ist.

H. Jachmann hebt in ähnlichem Sinne hervor, daß das eigentliche Interesse des Aristoteles dem gilt, was heute noch reine Wissenschaft heißt.

Aristoteles und die Vorsokratiker
(1954)

I

1. Seit Diels hat es sich allgemein eingebürgert, die kleinasiatisch ionischen und die unteritalischen Philosophen des 6. und 5. Jahrhunderts als »Vorsokratiker« zu bezeichnen. Was dies aber eigentlich inhaltlich meint, daß diese frühen Philosophen erstens die Wegbereiter der klassischen attischen Philosophie gewesen sind, und daß zweitens die klassische Philosophie selbst vollendet, was mit den Ioniern in die Geschichte eingetreten ist, das ist vielleicht zum letzten Mal in Hegels »Vorlesungen über die Geschichte der Philosophie« (zuletzt 1829/30 in Berlin vorgetragen) das tragende substantielle Prinzip der geschichtlichen Deutung. Hegel hat den Begriff Vorsokratiker nicht gebraucht; weil aber für ihn die platonische und die aristotelische Philosophie die griechische Philosophie überhaupt vollendet und ihre klassische Gestalt ist, deswegen begreift er auch ihren Ursprung und Anfang in Ionien aus dem inneren Zusammenhang mit ihr. Vor allem die aristotelische Philosophie faßt die ganze bisherige Entwicklung in sich zusammen; Hegel nennt sie ihre »Vollendung zur Wissenschaft«; sie ist »Vereinigung des Bisherigen«. Das eigene Denken ist für Aristoteles durch die »Notwendigkeit und Wahrheit« der früheren Lehren bestimmt. Es trägt die Probleme aus, die mit den ersten Philosophen in die Welt gekommen sind.

Dazu gehört ein Zweites. Hegels Darstellung der vorsokratischen Philosophie zieht ausgiebig die erhaltenen Fragmente heran. Während aber die spätere Forschung sich von der doxographischen Tradition und ihrer Deutung freizumachen sucht, bleibt diese für Hegel maßgebend. Sie ist von Aristoteles ausgegangen; er hat zuerst die Alten »ausdrücklich und gründlich studiert«. Es gilt, daß wir uns »auf ihn verlassen« können: »Für die griechische Philosophie ist nichts Besseres zu tun als das erste Buch seiner Metaphysik vorzunehmen«.[1] So hält Hegel in der Deutung der

1 Vgl. z. Ganzen Hegel, Gesch. d. Phil. I, Jub. Ausg. Bd. XVII, S. 205 ff.

Vorsokratiker bewußt an der Autorität des Aristoteles fest. Er wendet sich gegen »einen gelehrt sein sollenden Scharfsinn«, der behauptet, Aristoteles (»dieser tiefe und gründliche Geist«) habe »nicht richtig« aufgefaßt (a. a. O.). So bleibt für Hegel die Autorität des Aristoteles unbestritten; was ihn an ihr festhalten läßt, ist die Überzeugung von der inneren, durch Platon und Aristoteles vollendeten Einheit der Philosophie. Hegel hat die Geschichte der Philosophie nicht als Historiker vorgetragen; es geht ihm darum, den Gedanken der Einen (von Griechenland herkommenden) Philosophie noch einmal in einer Epoche zu vergegenwärtigen, welche sich anschickt, diese Eine Philosophie preiszugeben und sich aus dem Zusammenhang ihrer zwei Jahrtausende übergreifenden Tradition zu lösen. Der kritische Scharfsinn, der sich gegen Aristoteles wendet, ist für Hegel das Symptom dieser Loslösung. Er vermag die geschichtliche Einheit der Philosophie nicht mehr zu begreifen, weil für ihn das sie konstituierende geistige Prinzip bedeutungslos geworden ist. Zwei Generationen später spricht Wilhelm Dilthey aus, daß der Historiker der Philosophie auf die Systeme der Vergangenheit als auf ein Trümmerfeld zurücksieht. Die Einheit des Geistes, von der Hegel noch ausging, hat sich aufgelöst.

2. Damit wird auch die Vorsokratik zum historischen und philosophischen Problem. Es geht in der Forschung äußerlich darum, aus den erhaltenen Fragmenten und in kritischer Unabhängigkeit von der aristotelischen und nacharistotelischen Lehrüberlieferung den ursprünglichen Gehalt ihrer Lehren zu rekonstruieren. Aber die treibende Unruhe der historischen Vorsokratikforschung ist die Auflösung der klassischen Tradition; aus ihr entspringt die Frage nach dem Wesen der abendländischen Philosophie in ihrem Ursprung. Was ist das Griechische der griechischen Philosophie dann, wenn Platon und Aristoteles nicht mehr als die klassischen griechischen Philosophen gelten können, die in ihrer Lehre die bisherige Entwicklung des philosophischen Gedankens zusammenfassen und vollenden? 1873 entsteht (im Zusammenhang mit der »Geburt der Tragödie«) Friedrich Nietzsches »Philosophie im tragischen Zeitalter der Griechen«. Noch schreibt Nietzsche als Philologe. Er will kritisch über die schlechte Überlieferung hinwegkommen; das Bild der Philosophen von Thales bis Demo-

kritos soll deutlich gemacht werden, das in dieser Überlieferung nur schwer erkennbar ist. Dahinter steht die Wendung gegen die klassische Tradition und damit gegen die Autorität des Aristoteles: »Aristoteles zumal scheint seine Augen nicht im Kopfe zu haben, wenn er vor den Bezeichneten (sc. den älteren Typen) steht. Und so scheint es, als ob diese herrlichen Philosophen umsonst gelebt hätten.«[2] Die von Aristoteles ausgehende Doxographie hat die Lehren der Alten nicht bewahrt, sondern verstellt. In der Form historisch philologischer Kritik kommt das grundsätzliche philosophische Anliegen Nietzsches zur Sprache. Es gilt, die klassische »sokratische« Philosophie und ihre Tradition zu destruieren, um das verschüttete ursprüngliche Wesen griechischer Philosophie freizulegen und als Möglichkeit geistigen Lebens für die Gegenwart zurückzugewinnen.

So wird bei Nietzsche klar, daß in den vier Jahrzehnten seit Hegels Tod mit der Auseinandersetzung um das klassische Erbe die Vorsokratik zum Problem des ursprünglichen Wesens griechischer und damit abendländischer Philosophie geworden ist. Der Begriff der Vorsokratik setzt voraus, daß die Sokratiker, Platon und Aristoteles die Vollender griechischer Philosophie gewesen sind. Aber für Nietzsche hat dies keine Gültigkeit mehr. Bereits in dieser Schrift finden sich alle die Wendungen des Hasses und der Umwertung, in denen Nietzsche dann bis zu seinem Zusammenbruch gegen die »Sokratiker« und ihre zuerst von den Eleaten präludierte Philosophie des Seins[3] gekämpft hat. Mit der Fiktion des Seins verfällt der ursprüngliche Sinn von Philosophie; eine Wahrheit kommt herauf, die »blutlos wie eine Abstraktion«[4] ist und »Kampf gegen das Phantastische«[5]. Daher gilt es, zum Ursprung zurückzukehren, um das Unglück zu korrigieren, daß der griechische Geist in seiner entstellten, attischen Form zur geistigen Grundlage der abendländischen Kultur geworden ist. Hierzu beruft Nietzsche die Alten, Heraklit vor allem, wie Propheten

2 Menschl. allzu Menschl. V. Hptst. 261.
3 Phil. im trag. Zeitalter (Kr. T. Ausg.) S. 308.
4 a. a. O. S. 307; vgl. furchtbare Abstraktionen wie das Seiende und das Nichtseiende sind a. a. O. 302, 305; starre Todesruhe des kältesten, nichtsagenden Begriffs des Seins 307; vollkommen leer 308.
5 Wiss. u. Weish. im Kampfe (Kr. T. Ausg. S. 360).

der Erneuerung und Wiedergeburt. Das Verdeckte muß als Möglichkeit wiederentdeckt werden: »Das sechste und fünfte Jahrhundert scheint aber ... noch mehr und Höheres zu verheißen, als es selber hervorgebracht hat; aber es blieb bei dem Verheißen und Ankündigen. Und doch gibt es kaum einen schwereren Verlust als den Verlust eines Typus, einer neuen bis dahin unentdeckt gebliebenen höchsten Möglichkeit des philosophischen Lebens«[6]. Nietzsche ist in der sachlichen Lehrinterpretation der Ionier und der italischen Philosophen kaum zu neuen Ergebnissen gekommen. Die Begriffe, durch die er das Wesen der ursprünglichen Philosophen zu beschreiben versucht, tragen das Zeichen ihrer modernen romantischen Herkunft an der Stirn.[7] Geschichtlich entscheidend ist, daß durch Nietzsche auch die griechische Philosophie in die auf Herder, auf Rousseau und die Romantik (Schlegel, Novalis) zurückgehende Bewegung hineingezogen wird, die entschwindende Substanz des gegenwärtigen Lebens in der Rück-

6 Menschl. allzu Menschl. V. Hptst. 261. Vgl. Wiss. u. Weish. 11 (Kr. T. Ausg.) S. 352: Nichtzustandekommen der höchsten Lebenstypen. So etwas ist damals geschehen. Deswegen nennt Nietzsche das Zeitalter »tragisch« a. a. O. 7 S. 348. Die Späteren verdecken und vergessen die ursprüngliche Größe; vgl. a. a. O. (S. 358): Es scheint mir, daß die späteren Griechen das Beste davon vergessen haben; cf. 4 (S. 343): verdeckt. Auf dieser Verdeckung beruht es, daß »uns Unsägliches verloren gegangen« ist (Wiss. u. Weish. 12 S. 354). Zur negativen Einschätzung des Sokrates und der Sokratiker gehört in dieser Zeit für Nietzsche die allgemeine kritische Wertung der Rolle und der Bedeutung Athens für die Ausbildung der »griechischen Möglichkeiten«. Mit der Herrschaft von Athen auf geistigem Gebiet sind eine Menge Kräfte erdrückt worden. Empedokles, Heraklit wären als Athener nicht möglich gewesen (Wiss. u. Weish. 10 S. 351). Das tritt später zurück, und es bleibt allein Sokrates derjenige, auf den alles Übel und der Verlust der Größe zurückgeht. Hier weist Nietzsche noch allgemein auf Athen hin: »Die geistige Herrschaft Athens war die Verhinderung jeder Reformation ... Milet war z. B. viel begabter, Agrigent auch.« (ibid.)

7 Die Alten bildeten eine »Genialenrepublik« (Phil. tr. Zeitalter S. 266) unter Berufung auf Schopenhauer. Sie waren »Riesen in großartiger Einsamkeit« (S. 266), ästhetische Menschen, Künstler (S. 292), Weltbaumeister (zu Anaxagoras); vgl. Wiss. u. Weish. 8 S. 348; vgl. Phil. tr. Zeitalter S. 334: Anaxagoras ist ein Künstler, und zwar das gewaltigste Genie der Mechanik und Baukunst. Sie sind getragen von genialischem Gefühl (S. 273) und leben aus der Willkür, die in der Tiefe des Künstlers liegt (S. 334). Sie waren »Menschen im eigenen Sonnensystem« (S. 295), »Propheten der Wahrheit« (S. 297). In ihnen verkörpert sich das »Eigentümlich Hellenische« (S. 266).

kehr zum Ursprung und zum Ursprünglichen wiederzugewinnen. So wird auch die Vorsokratik philosophisch das Feld, auf dem der von der klassischen Metaphysik preisgegebene und verlorene Schatz der ursprünglichen philosophischen Wahrheit wieder ausgegraben werden soll. Das wirkt bis in die Gegenwart weiter; auch für Heidegger[8] hat die griechische Metaphysik, die einerseits den Menschen in das Sein hineingestellt hat, andererseits dieses Sein »verdeckt«; mit ihr beginnt zugleich die Geschichte der »Seinsvergessenheit«. Der »Nihilismus« des Endes ist von Anbeginn in der Geschichte der Metaphysik angelegt. Daher geht es darum, die Geschichte der Metaphysik und ihre Überlieferung zu destruieren, um von der Philosophie der Frühe und des Anfangs her das Verlorene in die Gegenwart einzuholen.

3. In dieser Situation scheint es nützlich (und vielleicht heilsam) zu sein, nach den eigenen Voraussetzungen der so radikal in Frage gestellten doxographischen Tradition zu fragen. Ihr Urheber ist Aristoteles. Was hat ihn dazu geführt, die Lehren der »Alten« zu sammeln? Wie begreift er im Rückgriff auf diejenigen, die »zuerst philosophierten«[9], auf die »Anfänglichen« und die »Alten«, das Wesen der in Ionien entstandenen Philosophie? Wenn man so fragt, dann zeigt sich bald, daß in der leidenschaftlichen Auseinandersetzung mit der Tradition diese Tradition selbst und ihr Anliegen kaum noch beachtet und gehört werden.

II

4. Es ist üblich geworden, das Sammeln der schon vergessenen Lehren der Alten bei Aristoteles als den Anfang einer ersten philosophiegeschichtlichen Forschung zu verstehen und hinter ihr als Antrieb ein Bedürfnis nach »urkundlicher Sammlung« und »kritischer Sichtung« zu vermuten.[10] Das mag für Theophrastos

8 Vgl. Heidegger Holzwege S. 300 f. in der Abgrenzung gegen Hegels Überzeugung vom klassischen Charakter der platonischen und aristotelischen Philosophie; sie ist der Grund dafür, daß Hegel die vorsokratischen Philosophen als »Voraristoteliker« auffaßt. Zum Zusammenhang von Nihilismus und Metaphysik vgl. z. B. Holzwege S. 200 ff.

9 Met. I, 3 983 b6.

10 Überweg Prächter I S. 19.

und die Späteren zutreffen, für die Doxographie, Biographie und Schulgeschichte selbständige Disziplinen gelehrter Forschung werden. Bei Aristoteles selbst geht es um Anderes, und zwar um etwas, das für uns ungleich befremdlicher ist und doch auf eine sehr substantielle Art mit dem Wesen aristotelischer und griechischer Philosophie zusammenzuhängen scheint.

Zunächst gilt, daß die Aufzeichnung der philosophischen Lehren der Früheren ihren Ort im ersten Buch der Metaphysik und d. h. sachlich im Zusammenhang der metaphysischen Grundlegung hat.[11] Die Grundlegung nennt Aristoteles »Suchen« der Wissenschaft, die begründet werden soll.[12] Er sagt ferner, daß es darum geht, die eigene »Methodos« zu bestimmen. Μέθοδος wird nur ungenau mit »Methode« übersetzt. Das Wort hat für Aristoteles noch den vollen anschaulichen Sinn des Weges. Philosophie ist Weg, der zur Teilhabe an der durch sie erkennbaren Wahrheit und zu der dieser gemäßen philosophischen Lebensweise hinführt. Diese Wegvorstellung gehört von Anbeginn zur Philosophie; Xenophanes nennt sie »Weisen des Pfades«. Parmenides unterscheidet den »Pfad der Überzeugung«, welcher »der Wahrheit folgt«, von dem unerforschbaren Pfad, der zum Nichtsein führt. Auf einem Weg, auf dem es für alles auch den gegenläufigen Weg gibt, treiben die Ratlosen dahin, stumm zugleich und blind, ein urteilsloser Haufen.[13] Das nimmt Aristoteles im Begriff der Methode auf; es geht darum, den Weg abzustecken und seine Richtung festzulegen. Dies geschieht so, daß zuerst das Ziel bestimmt wird; das Ziel theoretischer Erkenntnis ist der Gegenstand, an dem der Erkennende und Suchende teilhaben soll. Wo die Erkenntnis ein großes Gewicht hat, da muß man zuerst, wie

11 Met. I, 3-10.

12 Met. I, 2 982 a2.

13 Met. I, 3 983 b3, cf. Xenophanes Diels B 7. Parmenides Diels B 4 Z. 4, Z. 6 f., B 6 Z. 6 f., Z. 9. cf. Heraklit Diels B 60. Der Weg der Philosophie ist für Empedokles abseits von der Straße und vom irrenden Umhertreiben der Pfad des Denkens, Diels B 2 Z. 5 ff., B 4 Z. 12. Die Vorstellung vom Weg und Pfad und von der Wegweisung geht zurück auf die Dichter. Vgl. Hesiod, Werke und Tage 286 f. Der Dichter weist den Weg der Tugend und des rechten im Maße der göttlichen Ordnung geführten Lebens; dieser Pfad ist lang, steil und rauh; er wird nicht ohne Mühe gegangen. Wer aber diesen Pfad wählt, ist der Beste.

es die Bogenschützen tun, auf das Ziel hinsehen, damit man dann trifft, was getroffen werden soll.[14]

Zu diesem Anzielen des Zieles gehört die Zuwendung zu den Alten. Es wird mit ihr nicht ein »historischer« Abschnitt (wie eine Atempause) in die Grundlegung eingeschoben, sondern die Anfänglichen werden hinzugezogen, um sich durch sie zur Bestimmung des Gegenstandes und damit des philosophischen Weges führen zu lassen. Aristoteles selbst sagt hierzu zweierlei: »Wir wollen diejenigen zur Beratung hinzuziehen, die vor uns zu einer genauen Betrachtung des Seienden gekommen sind und sich philosophierend um die Wahrheit gesammelt haben«. Das ist das Erste. Das Zweite ist die Begründung, warum solche Beratung mit den Alten gesucht wird. Sie soll das eigene Unternehmen sichern, indem sie uns »mehr Vertrauen« zu dem gibt, was wir jetzt vorhaben, zu unserer gegenwärtigen Methodos.[15] Das ist aber für den Gang der Untersuchung nichts Beiläufiges und Äußerliches. In der Schrift »Über die Seele« sagt Aristoteles ausdrücklich, daß »in jeder Hinsicht die eigentliche Schwierigkeit darin liegt, zur Untersuchung Vertrauen zu gewinnen«[16].

5. Worum geht es? Es geht darum, den eigenen Weg vertrauenswürdig zu machen und zu sichern, indem gewährleistet wird, daß er zu der gleichen Wahrheit hinführt, um die sich schon die Alten philosophierend gesammelt haben. Met. XII, 1 werden im gleichen Sinn die ersten Philosophen als »Zeugen« berufen. Sie sollen durch ihr Werk bezeugen, daß die eigene Philosophie den gleichen Weg einschlägt wie sie und aufnimmt und fortführt, was sie begonnen haben.[17] Zum modernen Begriff von Wissenschaft und Philosophie gehört das Prinzip der Voraussetzungslosigkeit; man denkt voraussetzungslos dann, wenn man im Anfang und im Ansatz sich von allen Vorurteilen und allen vorgegebenen und überkommenen Anschauungen frei macht, so wie Descartes die Methode gewisser Erkenntnis dadurch gewonnen hat, daß er zuvor und im Anfang mit den einer möglichen Täuschung unterworfenen Setzungen auch die »opinio vetus«, die überlieferten

14 Eth. Nic. I, 1.
15 983 b 4 ff.
16 De An. 402 b 11.
17 Met. XII, 1 1069 a 25.

und von alters gültigen Lehren und Meinungen, ausklammert. Aristoteles aber übt das umgekehrte Verfahren. Auch er sucht eine sichere Grundlegung zu gewinnen, aber so, daß er den eigenen Weg gerade durch den Rückgriff auf die »opinio vetus«, auf die überlieferte Lehre, festlegt. Dazu gehört, daß Aristoteles die ersten Philosophen die »Alten« oder die »von Alters« nennt.[18] Für Descartes ist die alte Meinung das bloß Überkommene, das an sich Vergangene und Ungesicherte, durch welches das Denken in sich selbst getrübt und in die Gefahr gebracht wird, von dem in ihm selbst angelegten Wege abgelenkt zu werden. Bei Aristoteles aber sind die Alten die »Väter«; sie verkörpern das Herkommen und das von alters Gültige, das es zu bewahren und gegenwärtig zu halten gilt. Das Wort gehört zu den Lebensordnungen, die sich auf die Überlieferung des väterlichen Gesetzes gründen und ihr Maß in der Wahrung der väterlichen Sitte haben.[19] Wenn Platon den Sokrates eine grundlegende Weisheit und Einsicht einführen läßt, dann geschieht dies häufig in der Form, daß Sokrates sich für sie auf alte und geheiligte Überlieferungen beruft. Er hat die Lehre nicht aus sich selbst, sondern von Männern, die in altes Wissen eingeweiht sind; er hat sie gehört und übernommen von Priesterinnen und greift auf einen Spruch der Vorzeit zurück.[20] Im gleichen Sinn beruft sich Aristoteles in

18 Der Ausdruck wird nahezu formelhaft von Aristoteles gebraucht. Die ersten Philosophen sind die Alten; ihre Lehre die Lehre von Alters z. B. Met I, 3 984 a 1; 1069 a 28 f. im Gegensatz zu den »Neuen«.

19 Die Lehre der Ersten ist die Lehre der Väter vgl. Met. XII, 8 1074 b 13; ἡ μὲν οὖν πάτριος δόξα καὶ ἡ παρὰ τῶν πρώτων. Ἔθη sind auf Überlieferung beruhende Ordnungen, zu ihnen gehören im Haus die väterlichen Worte, cf. Eth. Nic. X, 10 1180 b. Das Traditionsprinzip, das hier zur Sprache kommt, ist v. a. auch pythagoreisch. Das philosophische Leben ist »Bleiben in den Gesetzen und Sitten der Väter«, vgl. Jambl. Vita Pythag. 174 f. Das gilt selbst dann, wenn sie um ein weniges schlechter sind als andere. Der Abfall von ihnen ist leichtfertig. Ohne das Traditionsprinzip ist Platons Auseinandersetzung mit der sophistischen Theorie der Freiheit als Satzung überhaupt nicht zu begreifen. Der 7. Brief weist ausdrücklich auf den Zusammenhang hin, in dem die philosophische Begründung der politischen Ordnung mit der Wahrung der Sitte der Väter steht, vgl. Ep. VII 325 d.

20 Immer, wenn es darum geht, die Philosophie selbst und ihren Sinn und Grund verständlich zu machen, werden alte Überlieferungen berufen als von Alters bewahrte und nicht verlorene Weisung z. B. Pol. 621 c. Zu dieser

der Grundlegung der Metaphysik auf die Alten. Er nennt die ionischen Philosophen als die Alten auch die »Göttlichen«, die »Ehrwürdigen«, die »Erstaunlichen«.[21] So kommt in dieser Berufung auf die ersten Philosophen und in ihrer Hinzuziehung zur Grundlegung eine für die klassische Philosophie selbst konstitutive Bestimmung zur Sprache, die aber keineswegs nur für Platon und Aristoteles Gültigkeit hat. Erkennen im Sinn von Philosophie ist Bewahrung einer schon immer und von alters zum Menschen und seinen Lebensordnungen gehörigen Wahrheit. Der Philosoph hat von Anbeginn seinen Ort in der »Stadt« (polis). Was er lehrt und weist, steht im Zusammenhang mit ihrem Gesetz und ihrer überlieferten, d. h. ethischen Ordnung. Der Ruhm des Thales in der griechischen Welt beruht nicht so sehr auf seiner Naturlehre als auf dem, was er als Weiser für Milet und seine politische Ordnung und sein Geschick bedeutet hat. Er gehörte als »Staatsmann« zum Kreis der sieben Weisen. Aber noch Eins muß gesagt werden. Der Philosoph gehört in die Stadt nicht in der Stunde ihres Glücks, sondern da und dann, wenn sich der Untergang ankündigt, der Verfall der alten Ordnungen eingesetzt hat, und wenn (wie Platon sagt) das Unheil heillos ist, so daß ihn bei seinem Anblick Schwindel ergreift.[22] Das Schicksal des Heraklit, des Xenophanes, des Sokrates, die Geschichte des pythagoreischen Bundes, vor allem aber die Dialoge und der 7. Brief Platons sind der düstere Hintergrund, vor dem die Berufung auf die »Alten« und auf das »Väterliche« gesehen werden muß. Das, was so berufen wird, ist die vom Verfall bedrohte und schon verfallende gründende Ordnung; die Aufgabe der philosophischen Theorie ist es, das in der Geschichte Vergehende und im praktisch politischen Leben Preisgegebene philosophisch in der Lehre und in der durch sie getragenen Bildung zu bewahren und gegenwärtig zu

Berufung gehört die Autorität der Alten, die Träger einer Weisheitsüberlieferung von Alters sind, vgl. Pol. 619 b Phaidr. 241: μαρτυροῦσιν οἱ παλαιοὶ. Gorg. 510 b: Οἱ παλαιοὶ καὶ σοφοὶ Phileb. 16 c. Was für die Sophisten nur »alte Geschichten« sind, das hat für Sokrates die Geltung des Wahren, auf das er sich berufen kann, cf. Gorg. 523 a. Auf solche Weisung von Alters gründet sich das Wagnis der Philosophie und die sie tragende Hoffnung. Phaid. 114 d u. 114 c.

21 cf. Eth. Nic. VI, 7.

22 Ep. VII 325 e.

halten. In diesem politischen Sinn hat Platon das scheinbar weltferne Leben der Akademie verstanden; es ist »Zurüstung« zur Wiederherstellung im Warten auf die »rechte Stunde«.[23] Die Philosophie hält in der Bildung der Philosophierenden den Zusammenhang mit dem Grunde fest, der im Verfall der Polis seinen Ort und seinen Träger verloren hat.[24]

6. Dies alles steht hinter der aristotelischen Berufung auf die »Alten«; sie setzt das allgemeine Traditionsprinzip der Philosophie voraus. Aristoteles hat dies ausdrücklich ausgesprochen. Auch die »Alten« als die ersten Philosophen haben keinen neuen Gegenstand und keine neue Wahrheit entdeckt oder gesetzt. Auch sie übernehmen philosophierend die Überlieferung einer Wahrheit, die immer schon und von alters zum Dasein des Menschen und zur Polis gehört hat. Met. VII, 1. 1028b 4ff. wird die Frage der Philosophie als die Frage: »Was ist das Seiende und d.i. was ist das Sein?« bestimmt. Das ist die eleatisch platonische Definition des Gegenstandes der Philosophie. Sie ist Wissenschaft des Seins oder des Seienden als des Seienden.[25] Auch den Alten wendet Aristoteles sich zu, weil sie auf das Seiende in genauer Betrachtung gesehen haben (s.o.). Der Gegenstand aber, den die Philosophie als »das Sein« oder als »das Seiende« zu begreifen sucht, wird als solcher nicht erst von der Philosophie entdeckt. Aristoteles nennt ihn »das schon von alters und jetzt und immer Gesuchte und immer (wieder) in Frage Gestellte«.[26] Das besagt, daß die Philosophie ihrerseits eine Überlieferung voraussetzt und aufnimmt, die älter ist als sie selbst. Das immer Gesuchte, das sie als Sein zu begreifen sucht, nennt Aristoteles auch das »umgreifende Göttliche«, und es wird dann ausdrücklich gesagt, daß die Philosophie die Überlieferung des Wissens um dies Göttliche übernimmt, das ihr als der »Späteren« in mythischer Form von den »ganz Alten« übergeben worden ist: »Es ist aber von den Frühen und von den ganz Alten in der Gestalt des Mythos über-

23 ib. 326 a.

24 Vgl. z.B. auch Heraklit Diels B 114: Man muß sich rüsten mit dem allen Gemeinsamen, wie eine Stadt mit dem Gesetz, doch viel stärker. Denn es nähren sich alle menschlichen Gesetze aus dem Einen, dem Göttlichen. Denn es herrscht, soweit es nur will, und tut allen Genüge und ist allem überlegen.

25 Met. VI, 1026 a 31, cf. Met. XII, c. 1.

26 Met. VII c. 1.

liefert und den Späteren übergeben worden, daß... das *Göttliche* die ganze Natur umgreift[27]«. Die ersten Philosophen als die »Alten« sind schon die »Späteren«, welche die Überlieferung der göttlichen Weisheit von den »ganz Alten« übernehmen. Die »ganz Alten« sind aber bei Aristoteles – und dies ist ebenfalls bei ihm fester Sprachgebrauch – die Dichter; sie sind die ursprünglichen »Theologen«, weil sie das umgreifende Göttliche gesagt haben. Die Tradition, deren Wahrung und Fortpflanzung die Alten zuerst philosophisch übernehmen, ist die von den Dichtern getragene Tradition der göttlichen Ordnung.

Die gleiche Begründung der Philosophie aus einer älteren und über Sage und Mythos schließlich auf eine Uroffenbarung und »göttliche Gabe« zurückgehenden Überlieferung findet sich bei Platon im »Philebos« (16c). Eine »Gabe« wurde von den Göttern durch Prometheus zu den Menschen herabgebracht. Die Alten, die noch stärker waren als wir und den Göttern näher wohnten[28], haben diese als »Sage« weitergegeben, daß aus Einem und aus Vielem das immer Seiende sei. Und dann heißt es – nun im Hinblick auf die Philosophie – weiter: »Da aber dies nun so verordnet ist, müssen wir immer suchen, eine Idee jedes Mal bei allem setzend (sc.: Idee ist das Eine des Vielen), und wir werden so finden, daß sie (dem Seienden) innewohnt.«

Diesen den dichtenden Mythos und die Philosophie übergreifenden Traditionszusammenhang macht Aristoteles mit der Berufung auf die Alten zum Prinzip der metaphysischen Grundlegung.

Das Gleiche besagt es, wenn Aristoteles – ebenfalls in der Grundlegung (Met. I, 2) – die philosophische Erkenntnis als »Theorie« oder als »theoretische Wissenschaft« einführt. Theorie heißt die philosophische Erkenntnis zunächst, um sie von der praktischen Erkenntnis und von den Wissenschaften im Zusammenhang der Künste zu unterscheiden. Während die praktische Erkenntnis und die Wissenschaften der Künste im Dienst der Bedürfnisse und der Notwendigkeit stehen und sich den Dingen unter dem Gesichtspunkt ihrer Nutzbarkeit und Anwendbarkeit zuwenden, ist »Theorie« die zweckfreie und aus dem Dienst der Notwendigkeit

27 Met. 1074 b 1.
28 Hieran knüpft G. Battista Vico (Principi di una scienza nuova, 1725) an.

gelöste Anschauung. Sie fragt nicht nach dem, was die Dinge »für uns«, sondern nach dem, was sie »an sich selbst« und im Ganzen des Seins und der Weltordnung und d.h. als »Seiende« (onta) sind. Aristoteles sagt daher, daß die Theorie »freie« und »nicht-notwendige« Erkenntnis ist. Dieser Begriff hat geistesgeschichtlich in erster Linie weitergewirkt; auf ihm beruht bis heute die Vorstellung, daß akademische, d.h. philosophische Wissenschaft mit ihren Institutionen durch Freiheit definiert ist und Freiheit voraussetzt. Für Aristoteles selbst aber hängt die Bezeichnung der freien Erkenntnis als »Theorie« mit der Übernahme der Tradition des Göttlichen durch die Philosophie zusammen. Theorie ist ursprünglich und ihrem ersten Begriff nach die Zuwendung des Gottes zum Göttlichen und d.i. zum Seienden im Ganzen der es umgreifenden und auf Gott weisenden Weltordnung. Weil dies Göttliche als das Seiende auch der Inhalt philosophischer Erkenntnis ist, und diese sich so dem Gleichen zuwendet wie die Theorie Gottes, darum heißt auch sie Theorie und Aristoteles nennt sie die »göttlichste und ehrwürdigste« Erkenntnis.[29] Dahinter steht die ursprüngliche Zugehörigkeit des Wortes zum Umkreis des Festes und der Feier zu Ehren der Götter. Theorie ist das Zuschauen bei den Spielen, die zu Ehren der Götter veranstaltet werden. Die spätere Doxographie hat ebenfalls auf diese Bedeutung von Theorie ausdrücklich Bezug genommen und die Übertragung dieses Begriffs in der Bedeutung des feiernden Anschauens des Kosmos auf die Philosophie Pythagoras zugeschrieben.

Der Begriff schließt so bei Aristoteles ein, daß die Philosophie in der Zuwendung zum Sein bei dem Göttlichen der vorphilosophischen Dichtungstradition bleibt. Sie wird daher selbst »Theologie« oder »theologische Wissenschaft«[30] genannt. In der Grundlegung weist Aristoteles darauf hin, daß zuerst ägyptische Priester Theorie geübt haben.[31] Ebenso gilt, daß Mythos und Philosophie den gleichen Ursprung haben; der »Freund« der philosophischen Weisheit und der mythischen Dichtung gehören zusammen.[32]

Hinter diesen Zusammenhängen steht geschichtlich der (wie Pla-

29 983 a 5.

30 Met. VI, 1 1026 a 19.

31 Met. I, 2 982 b 18.

32 Zur aristotelischen »Theorie« vgl. J. Ritter, Die Lehre vom Ursprung und

ton sagt) »langwährende Streit« zwischen Dichtung (Mythos) und Philosophie von Xenophanes und Heraklit bis zu Platons Dichteraustreibung. In diesem Streit ist es nicht um die Loslösung eines sogenannten rationalen Denkens aus einem sogenannten mythischen Denken gegangen. Er entbrennt, weil die Frage geschichtlich und politisch gestellt ist, ob Dichtung und Mythos fernerhin in der Lage sind, die Bildung zu tragen und das Wissen um die Grundlagen der politischen Ordnung, d.i. um das gründende göttliche Gesetz (Nomos) in einer lebendigen und tragfähigen Form zu überliefern. Das wird von den Philosophen verneint; aber dazu gehört – und das ist entscheidend –, daß die Philosophie selbst sich als Trägerin und Wahrerin der gleichen Wahrheit erweisen muß, die vorher die Dichter als die »Lehrer der Meisten« (Heraklit) gelehrt haben. Das steht geschichtlich und politisch hinter dem (viel geschmähten und viel mißverstandenen) Satz von den Philosophenkönigen bei Platon. Der Philosoph hat das Amt zu übernehmen, das einst dem Dichter als Gesetzeshüter zugefallen ist. Bei Hesiod gehört der Dichter zum König; er weist das Gesetz, das der König rechtsprechend wahrt. Nun ist an den Ort der Herrschaft oder zum König für den Dichter der Philosoph getreten.

Diese Auseinandersetzung ist für Aristoteles endgültig abgeschlossen. Nachdem die Philosophie die Tradition des umgreifenden Göttlichen übernommen hat, lohnt es sich nicht mehr, ernsthaft beim Mythos anzufragen.[33] Die in den Mythos eingeschlossene ursprüngliche Wahrheit hat die Philosophie aus der Hülle des Mythos gelöst. Aber tiefer vielleicht und großartiger als bei Platon wird bei Aristoteles die Übernahme der »theologischen« Tradition durch die Philosophie und ihr Sinn gedeutet. Der Mythos ist selbst schon die späte Form einer ursprünglichen Wahrheit; er ist wie ein Überbleibsel, das bis zur Gegenwart hinübergerettet worden ist. Aber jede Kunst und Weisheit wird wahrscheinlich wiederholt gefunden und wieder verloren.[34] Das

Sinn der Theorie bei Aristoteles (in diesem Band S. 9 ff.). Dort auch die Literatur und die Einzelnachweise. Zur Fortbildung der Theorie vgl. Ritter, Mundus Intelligibilis, Frankfurt 1937, c. 5 S. 121 ff.

33 Met. III, 4 1000 a 18.

34 Met. XII, 8 1074 b 10 f.

besagt, daß die an sich seiende Wahrheit sich immer wieder durchsetzt und sich vernehmen läßt. Hier liegt für Aristoteles der positive und substantielle Sinn des Übergangs der Tradition vom Mythos zur Philosophie. Was die Dichter dichterisch und erzählend in Bildern vorgestellt haben, die menschliche Maße in das Göttliche hineingetragen haben[35], das wird von der Philosophie wieder als Wahrheit, d.i. als das im Seienden selbst gegenwärtige Sein gedacht, als das Ganze, das in dem, was ist, erscheint und als sein Wesen vernommen werden kann.

III

7. »Wir wollen diejenigen, die vor uns zu einer genauen Betrachtung des Seienden gekommen sind und sich philosophierend um die Wahrheit gesammelt haben, zur Beratung hinzuziehen.« Worum geht es in dieser Beratung? Es geht darum zu erweisen, was es heißt, nach dem »umgreifenden Göttlichen« nicht mehr mythisch, sondern philosophisch zu fragen, um so die Kontinuität der Tradition sicherzustellen, deren Fortpflanzung und Wahrung die ersten Philosophen als die »Alten« von den »ganz Alten« übernommen haben. Es geht um den philosophischen Weg und um die Vergewisserung, daß sein Ziel nicht aus dem Auge verloren wird. Der Rückgriff auf die »Alten« hat den Sinn der Vergegenwärtigung; die zu bewahrende Wahrheit ist nicht das historisch Vergangene. Ihre Erkenntnis wird jetzt und in der Gegenwart gesucht. Damit wird noch Eins verständlich. Es gibt für Aristoteles keine Diskussion darüber, ob die Philosophie selbst über die Lehren der Alten als solche hinausgewachsen ist. Die jetzt Philosophierenden – Aristoteles spricht von den »Neuen« – haben gelernt, das Sein in der Form des Begriffs[36] als das Allgemeine zu denken. Hiervon haben die Alten noch nichts gewußt; sie sind nicht über das Einzelne und Sinnfällige hinaus-

35 Met. XII, 8 1074 b 5 f: Man legt ihnen menschliche Gestalt und Ähnlichkeit mit den anderen Lebewesen bei. Aristoteles nimmt hier das Argument auf, das im Mittelpunkt der Auseinandersetzung mit der Dichtung von Xenophanes bis Platon steht.

36 Met. XII, 1 1069 a 28.

gekommen und haben daher das Ganze nur »in der Gestalt des Stoffes«[37] als das »Woraus« (so wie ein Haus aus Stein und eine Bildsäule aus Erz ist) begreifen können.[38] Das hat zur Folge, daß ihre Lehren im Einzelnen überholt sind. Sie gehören zum Anfang und zum Durchbruch des philosophischen Denkens: »Stammelnd scheint die Philosophie über alles zu sprechen, als sie noch jung und im Anfang war.«[39] Die Größe der Ionier liegt darin, daß sie die Philosophie auf den Weg gebracht haben. Um das Weitere aber haben sie sich nicht gekümmert. Das gilt auch für die jüngeren Naturphilosophen, ihre Nachfolger. Auch sie sind nicht zur Klarheit des Begriffs vorgedrungen. Sie gleichen Fechtern, die gelegentlich einen guten Hieb führen, doch so wie Ungeübte es tun, ohne wirkliche Einsicht.[40]

Heraklit denkt als Erster den großen Gedanken der Einheit von Sein und Werden. Aristoteles unterscheidet zuerst wieder (im Unterschied zu Platon) die ursprüngliche Lehre Heraklits von dem, was die – sophistischen – Herakliteer, Kratylos vor allem, aus ihr gemacht haben.[41] Niemand hat das durch die Philosophie gestellte Problem so tief aufgefaßt wie Heraklit. Aber auch er trägt es nicht aus. Um der Einheit von Sein und Werden willen gibt er die Positivität der Unterschiedenheit preis und erliegt so der Schwierigkeit der Aufgabe. Es wird für ihn alles Eins, so daß sich die Dinge, Mensch und Pferd, Gut und Schlecht, Seiendes und Nichtseiendes nur noch wie Synonyma, wie Gewand und Kleid zueinander verhalten, und ihr Unterschied wesenlos wird.[42] In der Lehre von Liebe und Streit bei Empedokles deutet sich zuerst das grundlegende und für die klassische Philosophie entscheidende Formprinzip an; aber dieses Prinzip selbst hat Empedokles begrifflich nicht zu fassen vermocht: »Auf ausdrückliche Weise hat er es nicht gesagt.«[43] Anaxagoras spricht zuerst von dem Prinzip der Vernunft; das hebt ihn für Aristoteles über andere hinaus und läßt ihn wie einen »Nüchternen unter Trun-

37 Met. 983 b 7: ἐν ὕλης εἴδει, cf. Phys. II, 1 u. 2.
38 Met. XII, 1 1069 a 29.
39 Met. I, 10 993 a 15.
40 988 a 22, 985 a 13.
41 vgl. E. Weerts, Heraklit und die Herakliteer, Kl. Philol. Stud. H. 7, 1926.
42 Phys. I, 2, cf. Met. XI, 5 1062 a 31 ff.
43 Met. 983 a 18.

kenen« erscheinen.[44] Aber sobald er diesen Begriff anwendet, dann zeigt sich, daß er ihn nur wie »einen Kunstgriff« da gebraucht, wo er mit den üblichen Vorstellungen vom Werden nicht weiterkommt.[45] So gilt für die Philosophie der Alten auch in ihrer Fortbildung durch die nachfolgenden Naturphilosophen insgesamt, daß sie noch ohne wirkliche Einsicht in das durch sie selbst gestellte Problem spricht.[46]

Aber alles, was Aristoteles kritisch gegen die Alten zu sagen hat, ist für ihn kein Einwand gegen ihre gegenwärtige Bedeutung. Sie haben den Anfang gemacht und die Wende vollzogen. Der Anfang ist das Schwerste und entscheidet zugleich über den ganzen Weg. Alles Weitere hängt von ihm ab, denn mit ihm setzt sich allererst das Denken in Beziehung zu der Sache, um die es geht. Die Alten haben den ersten Schritt getan, sie haben die Philosophie auf den Weg gebracht, der zum »Wissen und Vernehmen des von Natur Ehrwürdigsten« hinführt.[47] So unterstreichen gerade die kritischen Vorbehalte, worin für Aristoteles die positive und bleibende Bedeutung der Alten liegt, nicht in ihren Lehren, sondern in der Bestimmung der philosophischen Traditionsaufgabe und des Weges, auf dem ihre Erfüllung gesucht werden muß. Tradition als Wahrung und Vergegenwärtigung des Erbes bedeutet weder für Aristoteles noch überhaupt in der Philosophie, daß der Geist aus der Gegenwart fliehen und in die Vergangenheit zurückkehren will, um durch die Destruktion und das Opfer des Gewordenen im Ursprung eine zur Gegenwart beziehungslose Erneuerung zu suchen. Tradition ist philosophisch die »Weitergabe«; sie ist die Mnemosyne, das erinnernde Behalten, das nicht zuläßt, daß Gegenwart und Zukunft die Fülle des Wesens verlieren. Die Lehren der »Alten« gehören zum Anfang mit allen Begrenztheiten und Unvollkommenheiten, die das Beginnen kennzeichnen. Das ist das Eine; das Andere aber ist, daß das Ende den Anfang des Weges in sich bewahren und Vollendung des im Anfang Begonnenen sein muß. Darum ist es Aristoteles zu tun.

44 Met. 984 b 17.
45 Aristoteles bezieht sich hier auf die sokratische Auseinandersetzung mit Anaxagoras im »Phaidon« 96 ff.
46 Phys. I, 4; I, 8.
47 Eth. Nic. 1141 b 6.

Was ist also das von den Alten gefundene Prinzip, durch das die Wende vom Mythos zur Philosophie bestimmt ist? Dieses Prinzip hat Aristoteles im Begriff des *Grundes* (ἀρχή, principium) gesehen. Die Philosophie hat den Mythos dadurch überwunden, daß sie Wissenschaft von den »Gründen und Ursachen der Dinge« geworden ist. Sie begreift das »umgreifende Göttliche« oder das Ganze als Sein, wenn sie es als Grund alles Seienden begreift und so nach den Gründen und Ursachen alles Seienden und d.i. nach den »ersten Gründen und Ursachen« alles Seienden fragt.[48] Das ist die Definition des philosophischen Gegenstandes, die Aristoteles durch die Hinzuziehung der Alten sichert und in seine Grundlegung der Metaphysik oder ersten Philosophie hineinnimmt. Mit den Milesiern beginnt die philosophische Theorie des Seins, weil sie das Göttliche als den »Grund von allem«[49] und als den »Grund des Seienden«[50] zu denken versuchten. Sie sind auch in dem Sinn die ἀρχαῖοι für Aristoteles, daß sie zuerst das Göttliche als ἀρχή begriffen haben.

8. Was heißt es, das Ganze oder das Sein als »Grund« begreifen? Was Grund meint, kommt zuerst darin zur Sprache, daß sich die Philosophie im Anfang dem Göttlichen als »Natur« (φύσις) zuwendet. Die Alten sind »Physiker« oder »Physiologen« gewesen; sie reden vom Göttlichen als von der Natur. Die Natur schließt den Begriff des Ganzen ein; sie ist die Eine Natur, die ganze Natur, dieselbige und die bleibende.[51] Aristoteles kennzeichnet sie durch Begriffe, die im wesentlichen aus den Lehrschriften der Alten selbst entnommen sein dürften; sie ist ungeworden, unvergänglich, unsterblich; sie ist Einheit, die umgreift und alles wie ein Steuermann lenkt.[52] Sie ist das Göttliche und wird von Aristoteles mit dem Gott zusammen genannt. Die Bestimmungen,

48 Met. 982 b 9: τῶν πρώτων ἀρχῶν καὶ αἰτιῶν, cf. 983 a 24 f. Die Berufung auf die ersten Philosophen erfolgt, weil »auch sie gewisse Gründe und Ursachen zur Sprache gebracht haben«, cf. 983 b 2.

49 983 b 7: ἀρχὰς πάντων, cf. 1087 a 31.

50 983 b 11: ἀρχὴν τῶν ὄντων.

51 φυσιόλογοι 986 b 14 und sonst., vgl. 988 b 27: περὶ πάντων φυσιολογοῦντες. »Natur« ist »Grund«, vgl. Met. V, 1 1013 a 20; Phys. II, 1 193 a (Natur als das Zugrundeliegende). Die Natur als Ganzes vgl. 987 b 2 (Sokrates hat nicht wie die Physiker über das Ganze als Natur gesprochen).

52 vgl. hierzu Anm. 60, 61 und die im Text angeführten aristotelischen Sätze.

die er in der Besprechung der Vorsokratiker aufnimmt, weisen so auf den Zusammenhang mit dem hin, was bei ihnen auch das göttliche Gesetz (Heraklit), Heimarmene (Heraklit), Dike (Parmenides), das Notwendige (Anaximander), der Gott (Xenophanes), das von den Göttern Erfüllte (Thales) heißt. Alles dies bedeutet zunächst, daß die Physiker bei der gleichen Wahrheit bleiben, die vor ihnen die Dichter überliefert haben; auch sie sind für Aristoteles »Theologen«; sie sprechen vom Göttlichen. Was heißt es dann, daß sie dies Göttliche als »Natur« verstehen? Natur ist auch der Inbegriff alles von Natur Seienden.[53] Das von Natur Seiende sind die »Tiere und ihre Teile und die Pflanzen und die einfachen Körper, wie z.B. Erde und Feuer und Luft und Wasser«[54]. Das gemeinsame Kennzeichen des »von Natur Seienden« liegt darin, daß es »in sich selbst den Grund der Bewegung und der Ruhe« hat; dadurch unterscheidet es sich grundsätzlich von allem Seienden, das der Mensch durch seine Kunst herstellt (Ein Stuhl oder ein Kleid werden nicht von Natur)[55]. Die Natur ist so das Ganze, das dem von Natur Seienden zugrunde liegt, und ist als dieses Zugrundeliegende zugleich der Inbegriff des von Natur Seienden, das in diesem Zugrundeliegenden ist.[56] Die Natur kann daher einmal als der Grund verstanden werden, aus welchem etwas von den von Natur Seienden ist oder entsteht[57], oder aber auch als ihr »Wesen«[58]. Die Frage, wie sich dann die Natur als »Woraus« zur Natur als »Wesen« verhält, haben die Alten nicht ausgetragen; sie haben vielmehr die Natur wohl überhaupt nur im ersten Sinn verstanden.[59] In der mangelnden Entfaltung des Naturbegriffs zeigt sich wieder die Grenze, die der Theoriebildung der Alten überhaupt gezogen war. Was ist das Positive? Das Positive ist die Überwindung der

53 Das von Natur Seiende (z. B. 1014 b 19 u. passim) wird auch das »gemäß der Natur Seiende« (986 b 12) genannt, cf. Phys. II, 1.
54 Phys. II, 1 192 b.
55 ibid.
56 Phys. II, 1.
57 Met. V, 4 1014 b 26; Phys. II, 1 (ὕλη).
58 Met. V, 1014 b 36, cf. 993 b 2 1003 a 27 u. a.
59 Phys. II, 2: Wenn man auf die Anfänglichen sieht, dann kann man meinen, daß für sie die Natur zum Stoff gehört. Andeutungsweise haben Empedokles und Demokrit den Form- und Wesensbegriff berührt.

mythischen Vorstellung des Göttlichen. Indem die Alten es als Natur denken, kehren sie zum Begriff seiner Gegenwart und seiner gegenwärtigen Wahrheit zurück; sie begreifen es als das Ganze, das als Grund in den von Natur Seienden gegenwärtig ist und sich in ihnen als ihr Grund und Wesen manifestiert. Damit ist die Wende vom dichtenden Vorstellen des Göttlichen zu seiner Erkenntnis vollzogen; indem es als Natur begriffen wird, wird es da gesucht, wo es sich selbst in seiner Gegenwart zu erkennen gibt und sich vernehmen läßt. Über den Naturbegriff der Alten ist später die klassische Philosophie in der Theorie des Ganzen als Sein hinausgegangen; die Auseinandersetzung des Sokrates mit der Naturphilosophie im »Phaidon« setzt Aristoteles auch in der Bestimmung seiner eigenen Position voraus.[60] Aufgang und Anfang der Philosophie aber sind die ionischen Lehren über die Natur, weil in ihnen das bis dahin mythisch vorgestellte Ganze als der Grund und d.h. als das in allem Zugrundeliegende begriffen wird. Nicht der Naturbegriff als solcher, sondern das in ihm enthaltene Prinzip des Grundes konstituiert die Philosophie. Die lateinische Übersetzung von οὐσία ist daher substantia. Dieser Begriff der Substanz bleibt von Aristoteles an der leitende Gegenstandsbegriff der Metaphysik. Er ist mit der Naturlehre der Alten in die Geschichte eingetreten. In der Berufung auf sie soll im Zusammenhang der Grundlegung der im Sein als Substanz vorausgesetzte Gedanke des Grundes erinnert und vergegenwärtigt werden. Denn mit ihm und aus ihm ist die Philosophie als Theorie des Seins hervorgetreten:

»Denn das, woraus alles Seiende ist und woraus es als Erstem wird und wohinein es vergeht am Ende, indem das Sein das Zugrundeliegende bleibt... das ist (wie sie sagen) der Grund von dem, was ist – denn immer ist Eine Natur – aus ihr hat alles Übrige das Entstehen; sie selbst aber bewahrt sich. Thales aber, das Haupt und der Chorführer solcher Philosophie, sagt, sie (die Eine Natur) sei Wasser.«[61]

Im gleichen Sinn deutet Aristoteles das »Apeiron« des Anaximander und sein »Unvergänglich, Ungeworden« als Grund, der alles umgreift und lenkt, um dann ausdrücklich darauf hinzu-

60 vgl. Met. I, 6 987 b 1 ff.
61 Met. I, 3 983 b 6 ff.

weisen, daß mit diesem Begriff in philosophischer Form die dichterische Tradition des Göttlichen aufgenommen wird: »Dies aber, so sagen die Meisten der Physiologen, ist das Göttliche«[62].
Die Philosophie wird dann den durch die Überlieferung vorgezeichneten Weg einhalten, wenn sie das Sein als »Grund« zu begreifen sucht.
Es ist neuerdings in der Philosophie Mode geworden, vom Grunde in einer gleichsam feierlichen und gehobenen Sprache zu sprechen. Es kommt aber darauf an zu sehen, daß die ionische wie die klassische Philosophie durch den Begriff des Grundes das Göttliche gerade mit dem »Gewöhnlichen« und Alltäglichen, nämlich mit dem von Natur Seienden verknüpft und so das Ganze als die Welt deutet, in welcher der Mensch auch mit seinem werkenden und praktischen Dasein und in seinen politischen Ordnungen steht.[63] Der Begriff der ἀρχή wird von Aristoteles im 5. Buch an erster Stelle behandelt. Er ist der erste Begriff der Philosophie. Dieses 5. Buch und seine Erörterung von leitenden Begriffen wird oft als »Begriffskatalog«, als eine bloße Zusammenstellung von Wortbedeutungen verstanden. Die tragenden philosophischen Begriffe werden aber bei Aristoteles nicht gesetzt. Die Philosophie nimmt sie »hypoleptisch« aus dem vorgegebenen Sprachgebrauch auf. Die Zusammenhänge, mit denen Philosophie zu tun hat, sind schon in der Art und Weise ausgelegt, wie von ihnen vorphilosophisch die Rede ist.[64] Diese vorgegebene Auslegung wird für die wichtigsten Begriffe im 5. Buch durchgenommen und entwickelt, um so ihren philosophischen Sinn in der Anknüpfung an sie zu umreißen. So wird auch der philosophische Begriff der ἀρχή hypoleptisch begründet. Mit »Grund« hat der Mensch immer schon – erkennend und handelnd – zu tun, wenn es darum geht, eine Sache, ein Geschehen, ein Ereignis in ihrer »wesentlichen« oder (wie wir heute noch mit dem lateinischen Übersetzungsbegriff von arché zu sagen pflegen) in ihrer »prinzipiellen« Bedeutung zu verstehen. Ἀρχή ist beim

62 Phys. III, 4 203 b 6 ff.
63 vgl. in diesem Band S. 22 ff. Der Bewegung vom Göttlichen zum Grunde entspricht die Bewegung vom Mythos zur Wissenschaft.
64 Daher beginnen die Kapitel des 5. Buchs je mit dem λέγεται; die Rede enthält die vorgegebene Auslegung.

Weg der Anfang, beim Haus das Fundament, beim Schiff der Kiel, beim Beweis die Hypothese, beim Sohn der Vater, beim Krieg die Schmährede, in der Gesellschaft die Herrschaft.
Das »immer Gesuchte« (wenn es in der Weise der Philosophie gesucht wird) verhält sich zum Seienden, wie sich sonst und im Zusammenhang des gewöhnlichen Lebens der Grund zum Begründeten verhält. Es wird nicht mehr als das Ferne verstanden, das nur im dichtenden Vorstellen erreichbar ist, sondern gerade als das Nahe, das im Sinnfälligen des gewöhnlichen Daseins zum Menschen und zu seiner Welt gehört. So hat Aristoteles die für ihn als solche kaum noch nachvollziehbare Lehre des Thales vom Wasser als Grund gedeutet. In ihr übernimmt er zunächst, was vor ihm bereits die Mythologen gesagt haben: »Es gibt einige, welche meinen, daß auch die ganz Alten, die lange vor unserer Zeit gelebt haben und zuerst den göttlichen Dingen nachgegangen sind, ... den Okeanos und die Thetis zu Urhebern des Wandels machten. Bei ihnen schwören die Götter. Am ehrwürdigsten ist das Älteste; der Eidschwur aber ist das Ehrwürdigste.«[65] Indem aber für Thales der Okeanos zum Wasser wird, vollzieht sich die entscheidende Wende. Er knüpft das Göttliche als den »Grund« an die Erscheinungen an; er begreift das vorher mythisch Vorgestellte jetzt – wie Aristoteles sagt – »aus dem Sehen«[66]. Das Sehen sieht das sinnfällig Sichtbare. Thales sucht das »Älteste« im Sichtbaren und begreift es so als seinen Grund, der in ihm erscheint. Das Göttliche der Dichter ist zum *Grund* der Philosophen geworden.
9. Als Aristoteles die Lehren der Alten zusammentrug, da waren sie bereits weitgehend vergessen und die Lehrschriften verloren. Aber das ist kein Zufall. Aristoteles unterscheidet in der Traditionsgeschichte drei Gruppen: die Dichter als die »ganz Alten«, die Ionier als die »Alten« und die »Neuen«. Die »Neuen« aber sind Platon und die Platoniker und die italischen Schulen der Eleaten und der Pythagoreer, an die diese angeknüpft haben.

65 Met. I, 3 983 b 27 ff.
66 Met. I, 3 983 b 22: λαϑὼν ἴσως τὴν ὑπόληψιν ταύτην ἐκ τοῦ ... ὁρᾷν. Entscheidend ist also für Aristoteles die Anknüpfung der alten Vorstellung an das Sinnfällige; diese Anknüpfung wird im Begriff des Grundes zusammengefaßt.

Während die Alten – die Ionier – das Ganze als den im sinnfällig Einzelnen erscheinenden Grund und so in der Weise des Stoffs als Feuer, als Wasser, als Luft verstanden haben, gilt den Neuen unter Nichtachtung des Sinnfälligen nur das nichtsinnliche Allgemeine des reinen, nur dem reinen Denken erreichbaren Begriffs und der mathematischen Beziehung als Sein. Für die Gegenwart ist die Philosophie zur Mathematik geworden; das bringt die Gefahr der Formalisierung mit sich; das Sein wird von dem Sinnfälligen und dem im Einzelnen des Werdens Gegenwärtigen getrennt. Dies wird für das Sein und seine formalen Beziehungsbegriffe unwesentlich, so wie es bereits die Eleaten in der Einseitigkeit des reinen Denkens aus der Theorie der Wahrheit ausgeschlossen und zum Nichtsein gemacht haben.[67] Damit geht der ursprüngliche Sinn der Wendung zur Philosophie, wie sie die »Alten« vollzogen haben, verloren. Platon hat zwar versucht zwischen Sein und Nichtsein zu vermitteln und hat in Nachfolge der pythagoreischen Nachahmung die »Teilhabe« als Vermittelungsbegriff eingeführt. Aber die Vermittelung durch Teilhabe überwindet nicht die von ihr vorausgesetzte Trennung von Sein und Werden, von Begriff und Einzelsein, und daher sagt Aristoteles, daß Platon und die Pythagoreer uns als ein offenes Problem

67 Am deutlichsten als Problem der inneren Aufspaltung der Philosophie Met. XII c. 1. In Italien kommt es für Aristoteles in gewissem Sinn zu einem neuen Ansatz der Philosophie, der kaum mit dem Prinzip der Alten zusammenhängt. Die Eleaten sprechen auf eine andere Weise; ihre Leben gehören nicht eigentlich in die Untersuchung, die sich mit den »Alten« befaßt, vgl. Met. I, 5 986 b 12 ff., Phys. I, 2 rechnet Aristoteles außerordentlich scharf mit den Eleaten ab. Die ursprüngliche Aporie der Philosophie geht bei ihnen verloren; sie setzen das Seiende als Eins und unbewegt und lösen es damit aus seinem substanziellen Zusammenhang. So bestimmt hat der Grund keinen Sinn, denn er ist allein nicht Grund, sondern nur im Verhältnis zu dem, dessen Grund er ist. Ihre Lehre hat daher auch nichts mit »Natur« zu tun. Von Melissos, den Aristoteles »grob« nennt, heißt es, daß er die Aporie nicht mehr hat. So geht es im Rückgriff auf die Ionier um die Korrektur der Formalisierung und d. h. für Aristoteles auch um den positiven Austrag des Formproblems, das die Alten noch nicht kannten. Gleichwohl sind sie für Aristoteles da, wo es um die Bestimmung des Philosophierens geht, die eigentlichen Lehrer. Die Beratung mit ihnen erschließt allererst den Sinn der Frage nach Sein, vgl. v. a. Phys. I, c. 3. Ihre Lehre von der arché bleibt die Grundlage. Wenn sie ihren Naturbegriff voll entfaltet hätten, dann hätte sich ihr Nichtwissen aufgelöst, vgl. Phys. I, 8.

hinterlassen haben, was Teilhabe und Nachahmung denn sagen sollen.[68]

Dies offene Problem ist die Einheit von Sein und Werden, als die Einheit des Allgemeinen und des sinnfällig Einzelnen. Das bedeutet aber nun auch, daß es Aristoteles im Austrag dieses Problems um die Einheit der Philosophie und d.h. um die Versöhnung des italischen und des ionischen Prinzips geht. Indem er die Alten zur Grundlegung seiner Philosophie hinzuzieht, nimmt er ihren in das Sinnfällige gestellten Grund in die Theorie des Allgemeinen und der Form auf und korrigiert so die neue Philosophie durch die »Alten«. Er versöhnt das italische Prinzip mit dem ionischen. Diese Versöhnung aber ist geschichtlich und sachlich die Voraussetzung dafür geworden, daß mit den Eleaten und den Pythagoreern auch die Ionier zu den Wegbereitern der klassischen Philosophie gehören, und so die früheren Philosophen insgesamt als »Vorsokratiker« gelten können. Das ist erst durch Aristoteles möglich geworden.

Es zeigt sich damit aber auch, wie weit die Vorstellung, Aristoteles habe die ursprüngliche Philosophie im Sinn seines Systems umgedeutet und sie so verdorben, sich von dem entfernt, was wirklich geschehen ist. Die innere Einheit der Philosophie von Thales bis zu den Sokratikern beruht darauf, daß Aristoteles in die von den Eleaten und den Pythagoreern ausgehende Philosophie des reinen Denkens den ionischen Begriff des Grundes hineingenommen und so die gesamte bisherige Entwickelung des philosophischen Gedankens zu innerer Einheit zusammengefaßt hat.

10. Hinter dieser Einheit steht das elementare und mit dem Geschick der politischen Ordnung verbundene Bedürfnis des Bewahrens, des Rettens und des überliefernden Fortpflanzens. Die attische Philosophie ist klassisch geworden, weil das Erkennen für sie nur dann philosophisches Erkennen ist, wenn es das immer schon und von alters gewußte Wahre in sich aufnimmt und so selbst zur Überlieferung wird.

68 Cf. 987 b. 14 f. Die Platon-Kritik ist ohne den Rückgriff auf die jonische Theorie des Grundes nicht zu verstehen. In der Beratung mit den Alten gewinnt Aristoteles die begrifflichen Voraussetzungen, auf denen dann seine Platonkritik aufbaut.

Das bürgerliche Leben
Zur aristotelischen Theorie des Glücks
(1956)

1. Aristoteles fragt in der Nikomachischen Ethik nach dem »höchsten Gut für den Menschen«; die Antwort, die er auf diese Frage gibt, besagt, daß dieses höchste Gut das »Glück« (εὐδαιμονία) sei. So stellen die Menschen es vor, so jagen sie ihm nach. Sie wollen das höchste Gut als Glück (Eth. Nic. I, 2. 1095 a 18-19). Verstehen wir noch, was es heißt, nach dem höchsten Gut des Menschen zu fragen, und was diese Frage mit dem Dasein des Menschen und mit dem zu tun hat, was Gegenstand einer philosophischen Ethik ist? Die Verlegenheit wird mit seiner inhaltlichen Bestimmung als »Glück« nicht geringer. Die Entwicklung der neueren Ethik seit Kant wird als die Bewegung gedeutet, in der sie sich vom »Eudämonismus« und seiner Einsenkung des Sittlichen in die Affekte und Strebungen der Subjektivität befreit und zum Begriff reiner, an sich geltender Werte und Normen erhoben hat. Wer das Glück zum sittlichen Maßstab macht, setzt die sittliche Norm mit dem Nützlichen gleich. Er gibt ihre Autonomie preis und löst ihre Verbindlichkeit auf.[1] Man könnte versuchen, Aristoteles dadurch aus der Nachbarschaft zum Eudämonismus herauszubringen, daß man die Übersetzung von εὐδαιμονία mit Glück vermeidet und statt dessen Heil oder Seligkeit sagt. Aber das wird durch Aristoteles selbst unmöglich gemacht. Seligkeit und Heil als Stand des göttlichen Lebens und der Teilhabe an ihm heißen griechisch μακαριότης und werden so von dem unterschieden, was εὐδαιμονία meint. Aber an diesem Sprachgebrauch hält Aristoteles nicht fest; er kann eine Stadt oder einen Mann »selig« und den Gott »glücklich« nennen; die Begriffe der Seligkeit und des Glücks verschmelzen bei ihm[2];

1 So behandelt noch N. Hartmann Eudämonismus und Utilitarismus unter einem gemeinsamen Obertitel als »Irrwege der Ethik«, vgl. Ethik S. 64 ff. Mit der εὐδαιμονία des Aristoteles setzt sich Hartmann nicht auseinander.

2 Μακάριος im Sinne von Seligkeit im Zusammenhang des Lebens, das in anschauender Teilhabe am Göttlichen Teil hat, z. B. Eth. Nic. X, 8. 1178 b 9,

dahinter steht die Anknüpfung an die üblichen Vorstellungen vom Glück; sie sind unbestimmt und vieldeutig, die Menschen nennen mit Glück sowohl den handgreiflichen sinnlichen Genuß wie das Leben in Haus und Beruf, sowohl Reichtum und Ehre, wie die anschauende Teilhabe am Göttlichen; in dieser Breite wird vom Glück gesprochen, der Gebildete denkt bei Glück an etwas anderes als die Masse (Eth. Nic. I, 2. 1095 a 20-22).
Über diese Vieldeutigkeit kann man nicht hinweggehen; sie ist für den Sinn von Glück konstitutiv. So muß auch in der deutschen Übersetzung »Glück« stehen bleiben. Die Frage ist dann, was die Gleichsetzung des höchsten menschlichen Guts mit Glück meint. Geht man ihr nach, dann zeigt sich bald, daß hierbei Probleme zum Austrag kommen, die die moderne Ethik weitgehend aus ihrem Gesichtskreis verloren hat. Sie ist in der Erhabenheit ihrer reinen Norm- und Wertbegriffe vornehmer als die klassische Ethik, aber sie hat diese Vornehmheit dadurch erkauft, daß sie den Kontakt mit den Zusammenhängen menschlichen Daseins preisgegeben hat, aus denen die klassische Ethik hervorgegangen ist.

I

2. Während die neuere Ethik die Sittlichkeit dadurch zu begründen sucht, daß sie zu dem Begriff von Normen vordringt, die sowohl von der menschlichen Setzung wie von der Natur des Menschen unabhängig sind, geht es bei Aristoteles darum, nach den Gründen zu fragen, die das menschliche Dasein in sich selbst begründen und bestimmen. Das höchste Gut – Aristoteles nennt es auch in Anknüpfung an Platon »das Beste«, das »Gute selbst« und das »Mächtigste unter den Gütern«[3] – gehört zum menschlichen Leben, weil zu jeder Form von Praxis ein Gutes gehört,

aber z. B. Eth. Nic. X, 5. 1176 a 27 ist von einem μακάριος ἀνήρ, Pol. VII, 13. 1331 b 25 von einer πόλις μακαρίη die Rede. Μακάριος und εὐδαίμων werden zusammen angewendet, um die Seligkeit Gottes zu bezeichnen, so Pol. VII, 1. 1323 b 24. Μακάριος bezeichnet aber ebenso die Verfassung von Menschen, die im Stande der zur Praxis gehörigen εὐδαιμονία sind, so Eth. Nic. I, 11. 1101 a 19 seq.

3 Eth. Nic. I, 1. 1094 a 22; Eth. Nic. I, 2. 1095 a 16.

auf das sie sich richtet[4], und weil es so im Gesamt menschlicher Praxis ein Gut geben muß, um dessentwillen alle einzelnen Güter in ihrer Mannigfaltigkeit und Verschiedenheit erstrebt werden. Der Begriff des höchsten menschlichen Guts hat daher, wenigstens zunächst, nichts mit Norm oder Wert zu tun; es meint einen Verhalt, der im Bereich praktischen Verfügens liegt und den der Mensch selbst erwirken und besitzen kann.[5] Über die Praxis steht das höchste Gut in Beziehung zur »Natur« und zum Wesen des Menschen: Diese Beziehung wiederum ist darin begründet, daß Praxis nach Aristoteles zum Wesen alles Lebendigen und nicht nur des Menschen gehört, weil alles Lebendige seine Natur und das, was es von Natur sein kann, im tätigen Lebensvollzug verwirklicht. Das aktuale Leben des Lebendigen ist »Praxis«, Tätigkeit und Betätigung von Möglichkeiten und Anlagen, so daß der Begriff der Praxis allgemein mit dem Begriff der Lebensweise (βίος) zusammenfällt und synonym ist. Demgemäß bestimmt Aristoteles die Methode der Biologie; sie erkennt die Unterschiede im Wesen des Lebendigen, indem sie von der Verschiedenheit ihrer »Praxis und Lebensweise« ausgeht.[6] Praxis des Menschen ist so die tätige Lebensführung des Menschen, sofern sie sich von der aller übrigen Lebewesen unterscheidet, so daß die Frage nach dem höchsten menschlichen Gut den konkreten Sinn hat, den Stand menschlicher Praxis zu bestimmen, in welchem der Mensch als Mensch zur lebendig tätigen Verwirklichung seines menschlichen Seins und seiner Möglichkeiten im eigenen Können und Wirken zu kommen vermag. In dieser Zugehörigkeit zur Praxis ist das Gute für Aristoteles mit dem »Umwillen« des Handelns und mit seinem »Telos« identisch.[7] Telos bedeutet zunächst einfach »Ende«. Ende ist der Stand einer Bewegung, eines Werdens und so (wo Lebendes wird) einer »Praxis«, in dem sie zum Abschluß kommen und zu Ende sind. Dies Ende kann zufällig sein, durch äußere Umstände und Ereignisse herbeigeführt, so wie das Ende der Reise der Unfall und das Ende der Blüte der Hagel-

4 Eth. Nic. I, 1. 1094 a 1-2: πᾶσα ... πρᾶξις ... ἀγαθοῦ τινὸς ἐφίεσθαι.
5 Eth. Nic. I, 4. 1096 b 34: πρακτὸν ... κτητὸν ἀνθρώπῳ.
6 Vgl. de hist. anim. I, 1. 487 a 14-15; vgl. de part. anim. II, 1. 646 b 15.
7 Eth. Nic. I, 1. 1094 a 1-2 u. pass. Zur Identität von τέλος, οὗ ἕνεκα und ἄριστον vgl. Pol. I, 2. 1252 b 32 u. 34,

schlag sein kann. Aber neben diesem zufälligen Ende gibt es das Ende, in dem das Werden und die Praxis darum zum Abschluß kommen, weil geworden ist, was sein kann, und weil erreicht ist, was erreicht werden sollte. Dieses Ende ist für das Werden und das Tun selbst wesentlich; es gehört zu ihnen in einem konstitutiven Sinn, weil sie selbst von Anbeginn auf es gerichtet sind und auf es zugehen. Es ist ihr »Umwillen« und ihr »Zweck«. Das Ende als Zweck steht daher nicht nur am Abschluß einer Bewegung, sondern es begründet und treibt die Bewegung des Werdens und Handelns von Anbeginn an; es begründet sie so wie Gesundheit als der Zweck des Spazierengehens zugleich auch sein Grund ist (Met. V, 2. 1013 a 33-34).

Diesen Grund der Praxis, der so identisch mit ihrem Umwillen und ihrem Zweck oder Gut ist, nennt Aristoteles die Natur eines Seienden, weil in der auf das Ende gerichteten Tätigkeit und Betätigung – Praxis – die Anlagen und Möglichkeiten verwirklicht werden und zu ihrer Verwirklichung drängen, die dem Lebewesen von Natur und als seine Natur zugehören. Mit Natur meint Aristoteles also einmal die Möglichkeiten und Anlagen selbst, die ein lebendes Wesen kennzeichnen; weil diese Möglichkeiten aber in der Betätigung zur Verwirklichung kommen und erst dann aktuales Sein haben, wenn sie in der Betätigung entfaltet werden, darum gibt sich die Natur in der Beschaffenheit zu erkennen, die etwas beim Abschluß seines Werdens hat. Die Natur als Möglichkeit wird in ihrer Aktualisierung und als aktuale Natur begriffen. Der Begriff der Natur schließt die Bewegung von der Möglichkeit zur Wirklichkeit und so die Bestimmtheit des als Zweck wirkenden Endes ein, in dem sie zum Abschluß kommt; sie wird von Aristoteles die Beschaffenheit eines Seienden am Ende des Werdens genannt; sie ist mit dem »Zweck« identisch; ihre Aktualität ist das »Umwillen« oder »das Beste«.[8]

In diesen allgemeinen Bestimmungen liegen die Voraussetzungen, die es begründen, warum Aristoteles in der »Nikomachischen Ethik« nach dem höchsten menschlichen Gut fragt. Das höchste Gut ist mit dem Zweck identisch, auf den die menschliche Natur

8 Pol. I, 2. 1252 b 32-34: ἡ δὲ φύσις τέλος ἐστίν οἷον γὰρ ἕκαστόν ἐστι τῆς γενέσεως τελεσθείσης, ταύτην φαμὲν τὴν φύσιν εἶναι ἑκάστου, ὥσπερ ἀνθρώπου, ἵππου, οἰκίας.

als Inbegriff der menschlichen Möglichkeiten und Anlagen in ihrer Betätigung und im Werden und Handeln bezogen ist. Gibt es einen Stand im Bereich menschlichen Handelns, in dem der Mensch so leben und bestehen kann, daß alles, was er als Mensch sein kann, in seinem eigenen Tun und Leben zur vollen Verwirklichung kommt?

Nach diesem Stand als »Zweck« und »Umwillen« menschlicher Praxis muß man aber darum fragen, weil die menschliche Praxis nicht wie die der Tiere und Pflanzen »von Natur« (φύσει) auf ihn hingelenkt wird. Der Mensch lebt und handelt so, daß sich seine Praxis nicht »von Natur«, sondern in Einsicht, im Wollen und in der Vornahme (προαίρεσις) je auf das Gute richtet, um das es ihm geht. Ihn führt und leitet die Natur als Zweck nicht unmittelbar; er lebt und handelt auf Ziele hin, aber diese Ziele entspringen nicht unmittelbar aus seiner Natur und in der Unschuld des Werdens, die die anderen Lebewesen kennzeichnet. Sie werden von seiner Einsicht gesetzt, sie formen sich aus dem Stoff der Begierden und Wünsche; Wille und Vorsatz entwerfen sie, bedingt von den Umständen, beeinflußt von Zufällen, dem Fehl des Irrtums unterworfen, vom Blitz der Vernunft entzündet. Es gibt viele Tätigkeiten in der Gesellschaft, und deswegen gibt es auch viele Ziele (Eth. Nic. I, 1. 1094 a 7-8). Sie sind in der Homonymität des Gewollten untereinander ungleich, und jedes der Ziele kann dem, der von ihnen hingerissen wird, als das Höchste und als das Beste erscheinen. Diese Vieldeutigkeit des Wollens und seiner Ziele ist für die Wirklichkeit menschlichen Daseins konstitutiv; das Schöne und Rechte, nach dem die Ethik ausschaut, läßt daher so große Unterschiede zu, es wird so sehr von Irrtum und Fehl überschattet, daß man meinen könnte, es sei nichts als von Menschen gesetzte Vorstellung ohne Zusammenhang mit seiner Natur und seinem Wesen (vgl. Eth. Nic. I, 2. 1095 b 20-25).

Das bedeutet zunächst, daß das Beste als die Natur und als ihr Zweck in der Vielheit und Vieldeutigkeit der Ziele gerade verborgen bleibt, es kann verfehlt werden; seine Fragwürdigkeit ist so groß, daß man den Gedanken eines durch die Natur des Menschen selbst vorgezeichneten Zwecks überhaupt als eine Illusion abtun kann.

Aristoteles hat in der ganzen »Nikomachischen Ethik« diese Fragwürdigkeit ständig im Auge; die Wirklichkeit der menschlichen Verhältnisse drängt sie auf; man kann über sie nicht hinwegsehen. Aber es nützt auch nichts, ein höchstes Gut zu postulieren und den Menschen ein Ziel zu setzen, das sie der Unbestimmtheit und Veränderlichkeit ihres Wollens zwar entreißt, ohne daß es jedoch mit ihrem Leben und ihrer Praxis zusammenhängt und in ihnen selbst wurzelt. Die Erfüllung und Vollendung einer Praxis wird durch ihr eigenes Seinkönnen vorgezeichnet; was lebendig wird, will es selbst werden; was es in sich sein kann, drängt zur Verwirklichung. Daher sagt Aristoteles auch, daß es in der Ethik »nicht um Theorie, sondern um Praxis geht« (Eth. Nic. I, 1. 1095 a 5-6): Was sie zu erkennen sucht, hat »großes Gewicht für die Lebensführung, wie etwas, das zur Entscheidung und zur Wende führt«. Aber es ist zugleich schwer erkennbar, und deswegen müssen wir »wie Bogenschützen das Ziel, das Notwendige auf das Korn nehmen, damit wir es treffen«[9].

3. Wie kann Aristoteles gleichwohl von der Natur des Menschen ausgehen, um auf ihren Begriff die Lehre von einem höchsten Gut des Menschen zu begründen? Man hat gesagt, die aristotelische Teleologie der Natur beruhe darauf, daß Aristoteles Verhältnisse, die für den Menschen gelten, dogmatisch und ungeprüft auf die Natur und alles von Natur Seiende übertragen habe; finale, zweckbestimmte Handlungen gebe es im menschlichen Bereich, aber nicht in der Natur (N. Hartmann). Demgegenüber muß mit aller Eindringlichkeit geltend gemacht werden, daß Aristoteles nach dem Gesagten gerade die durch Vorsatz, Wille und Einsicht gesetzten Ziele des Menschen von der Natur als Zweck unterscheidet. Weil die menschliche Praxis durch Ziele bestimmt und geleitet wird, kann es fraglich werden, ob es überhaupt möglich ist, im Verhältnis zu den menschlichen Handlungen von einem sie begründenden und leitenden Naturzweck zu sprechen. Nicht von der Zielhaftigkeit der menschlichen Handlungen geht Aristoteles aus, sondern von dem allgemeinen Prinzip seiner Philosophie, daß die Betätigung alles Lebendigen die Aktualisierung naturgegebener Möglichkeiten ist, und daß so die Natur in ihrer

9 Eth. Nic. I, 1. 1094 a 22-24. Das Notwendige ist im Verhältnis zu den vielen Zielen der Praxis der ihr als Ziel durch die Natur gesetzte Zweck.

Betätigung zugleich als Zweck zu dem Ende hindrängt, das ihnen Verwirklichung und Erfüllung gibt. Was für alles Lebendige gilt, das muß auch für den Menschen gelten; auch ihn treibt seine Natur als Zweck in der Macht seiner naturgegebenen Anlagen und seines Seinkönnens, aber sie tut dies nicht so, daß sie wie bei den übrigen Lebewesen sein Handeln unmittelbar führt, sondern so, daß sie verborgen und hintergründig in den gewollten und gesetzten Zielen treibt; dem Wollenden und Handelnden eigentümlich fremd, drängt sie im Spiel seiner Ziele; die Natur, die ihn nicht unmittelbar bestimmt, zieht ihn als das in seinen Möglichkeiten und Anlagen vorgezeichnete Gute und als Zweck in den Vorstellungen, in denen er sich selbst sein Ziel und das Bild des höchsten Guts entwirft, dem er nachjagt: »Alle tun alles wegen eines Guten, das ihnen das höchste Gut vorstellt« (Pol. I, 1. 1252 a 2-3). Weil der Mensch in diesen Zielvorstellungen lebt, darum kann er das ihm durch seine Natur vorgezeichnete Beste nicht ohne die Hilfe einer Einsicht erkennen, die ihn hierauf hinweist. Sie ist die Bedingung dafür, daß er seinen Zweck auch zu seinem Ziel machen kann, und das bestimmt für Aristoteles die Aufgabe der Ethik. Aber andererseits ist das Beste als die Aktualität seiner eigenen Natur für ihn kein absolut Fremdes und Anderes, das ihn – man weiß nicht warum – fordert und zu seinem Träger macht. Er selbst ist seine Natur, sie wirkt als die Substanz seiner Praxis in dem, was er meint und will, erstrebt und vorstellt. Daher muß man den Begriff dieses Zwecks auch aus diesen Vorstellungen herauslesen können; er muß sich in ihnen spiegeln. Sie tragen die Zeichen dessen, was als Grund und als Zweck in ihnen wirkt und treibt.

Hier liegt der Grund dafür, daß Aristoteles die Frage nach dem höchsten Gut (als Naturzweck) mit der Frage nach dem verbindet, was Glück sei und meine. Diese Verbindung ist von höchster methodischer Genauigkeit; sie ist beispielhaft für eine Philosophie, die sich im Verhältnis zu dem, was ist, jede Konstruktion und Deduktion aus reinen Begriffen versagt, um nichts als wahr zu setzen, was nicht in dem Sinne wahr ist, daß in ihm das im Seienden selbst eingeschlossene Wesen und Sein an das Licht kommt. Wo es um die Zusammenhänge des menschlichen Lebens und seiner Praxis geht, da genügt der reine Begriff nicht; was es ist und was es sein kann, muß sich an ihm selbst zeigen und in seinem Zusammenhang zur Sprache kommen. Man könnte versucht sein, »die Einsicht nur aus den Schlußfolgerungen und aus dem, was der vernünftige Begriff selbst faßt, zu gewinnen«. Aber dies genügt hier nicht, und so sagt Aristoteles, daß man zugleich von dem ausgehen muß, »was über dieses (höchste Gut) gesagt wird«[10]. Die ethische Theorie muß hermeneutisch an die Vieldeutigkeit und Mehrsinnigkeit des menschlichen Daseins anknüpfen, weil nur so Begriffe gewonnen werden können, deren Gültigkeit sich auf das, was ist, bezieht, dies zugleich voraussetzt und stehen läßt. Wir besitzen vollendet ausgebaute ethische Systeme, sieht man aber von ihrer Höhe zurück auf die Wirklichkeit des Menschen, wie sie ist, dann fragt man sich, was die Begriffe des Systems mit ihr zu tun haben.

Aus solcher Beziehungslosigkeit ruft die »Nikomachische Ethik« in einem beispielhaften Sinn zurück. Ihre hermeneutische Methode führt sie auf den Weg der hypoleptischen Anknüpfung an das, »was gesagt wird«. Glück hat darum mit dem höchsten Gut zu tun, weil Glück die Vorstellung ist, in der sich alle Menschen auf das beziehen, was ihnen als die höchste Erfüllung ihres Lebens erscheint; »es wird übereinstimmend mit einem Namen genannt; sie sagen, daß dies das Glück sei«[11]. Das Nennen ist nicht Begreifen, aber es ist auch nicht leeres Vorstellen und Reden; in dem, was alle meinen, nennen und sagen, muß sich das anzeigen, was in ihnen allen nach Erfüllung und Verwirklichung drängt: die Natur selbst als Grund und Zweck, der Stand des Lebens, in dem diese Natur in ihren Möglichkeiten zu dem Ende kommt, auf das sie angelegt ist. In den Vorstellungen vom Glück

10 Eth. Nic. I, 8. 1098 b 9-11: σκεπτέον δὴ περὶ αὐτῆς οὐ μόνον ἐκ τοῦ συμπεράσματος καὶ ἐξ ὧν ὁ λόγος, ἀλλὰ καὶ ἐκ τῶν λεγομένων περὶ αὐτῆς. Zu diesem Konsens gehört für Aristoteles mit allem anderen, was formend wirkt, auch die Überlieferung von alters. Wenn man der Meinung folgt, die schon alt ist, dann kommt das Wesentliche »in schöner Weise« zur Sprache, vgl. Eth. Nic. I, 8. 1098 b 16-18. Hierdurch unterscheidet sich der aristotelische Konsens wesentlich vom modernen; bei ihm wird gerade an das voraussetzungslose, unverbildete und »natürliche« verständige Denken des »Mannes auf der Straße« appelliert. Dahinter steht die schon im Spätmittelalter wirkende Theologie und Philosophie des Laien.

11 Eth. Nic. I, 2. 1095 a 17-19: ὀνόματι μὲν οὖν σχεδὸν ὑπὸ τῶν πλείστων ὁμολογεῖται· τὴν γὰρ εὐδαιμονίαν καὶ οἱ πολλοὶ καὶ οἱ χαρίεντες λέγουσιν.

treibt sie die Menschen, sie deutet sich in dem an, was die Menschen übereinstimmend das Glück nennen.

Zu diesem Nennen und Meinen gehört die Verschiedenheit dessen, was Glück inhaltlich für die Einzelnen bedeutet. Die Menge nennt anderes als die Kundigen; die einen halten Glück für etwas, das in den Bereich des sinnlich Greifbaren gehört, Lebensgenuß, Ehre, Reichtum, andere für anderes und zuweilen auch dieselben bald für dieses und bald für jenes, je nachdem wie sich ihr Lebensgeschick gestaltet und verändert. Der Kranke hält die Gesundheit für das Glück, der Notleidende den Besitz (Eth. Nic. I, 2. 1095 a 20-25). Aber über diese Verschiedenheit kann die Theorie nicht wie über ein Äußerliches und über einen Irrtum hinweggehen; in ihr spiegelt sich die Verschiedenheit des Lebens und seiner Praxis wider; die Theorie muß sie stehenlassen; es geht darum, hypoleptisch das begrifflich herauszuheben, was in allen diesen Vorstellungen und Meinungen als ihre gemeinsame Natur wirkt und als der in ihnen allen treibende Zweck in ihrem Nennen zu Wort kommt.[12] So geht Aristoteles vor, und der Be-

12 Die allgemeine Begründung für diese Gültigkeit des Gemeinsamen ist ontologisch. Was wahr ist, kann nicht für das Dasein, dessen Wahres es ist, schlechthin verborgen bleiben. Es kommt in ihm – unbestimmt – zur Sprache. Darin liegt die Begründung für die Anknüpfung an das »Es wird gesagt« (Met. V.). Was übereinstimmend von allen gesagt wird, muß selbst in gewisser Weise wahr sein und auf das Wahre hinweisen. »Denn mit dem Wahren singt alles zugrunde Liegende mit, mit dem Falschen aber geht es schnell auseinander« (Eth. Nic. I, 8. 1098 b 11-12). Eth. Nic. I, 11. 1100 b 30 wird (in anderem Zusammenhang) gesagt, daß »das Schöne durchscheint« (διαλάμπει). Das, was ist, kann nicht im Verhältnis zum menschlichen Vorstellen und Sagen so ohnmächtig sein, daß dieses das Wahre absolut und auf die Dauer verbergen kann. Diese aristotelische Überzeugung wird in Hegels Satz wieder aufgenommen, daß das Wirkliche vernünftig ist. Für beide, für Aristoteles wie für Hegel, gilt die gleiche Affirmation des Seins im Seienden, so daß die Neigung, das »Man« als Verhüllung und Verbergung des »eigentlichen« Seins schlechthin zu verwerfen, von Aristoteles (wie von Hegel) her als die Preisgabe der Positivität des Seienden und des Geschehenden selbst erscheint. Diese Positivität bringt es für Aristoteles mit sich, daß die Philosophie nicht so herausgehoben aus dem gewöhnlichen Denken und Sagen ist, daß sich allein ihr das Wahre öffnet und allein sie wie der Gesandte des Seins in die Nacht der Zeit und des allgemeinen Bewußtseins das Licht der Wahrheit und die Wende bringt. Auch dies gilt für Hegel und hat seinen Kampf gegen die romantische Originalitätssucht bestimmt.

griff des Glücks, den er dann gewinnt, ist nichts als das Resultat der hermeneutischen Hypolepsis. Er bringt zur Bestimmtheit, was in der Vielzahl der Glücksvorstellungen als ihr Gemeinsames unbestimmt und vieldeutig überlagert wirkt. Aristoteles denkt das Glück so, daß er nur das Gemeinsame des allgemeinen Denkens denkt und sich das Denken des Eigenen versagt, so wie dies vor ihm Heraklit getan hatte (Diels 22 B 2).

Was ist das Ergebnis? Gemeinsam ist erstens, daß alle mit Glück so etwas wie »auf gute Weise leben« und »gut gehen« meinen, wobei im Griechischen der Sinn von Tätigkeit und »gut von der Hand gehen« anklingt.[13] Gemeinsam ist zweitens, daß alle dem Glück als einem Lebensstand nachjagen, der ihnen als ein »Vollendetes und Endgültiges« (τέλειον) erscheint. Hat man es erreicht, dann ist man da, wohin man immer gewollt hat, Glück meint den Stand, der nicht flüchtig vorübergeht, sondern dauert und in der Beständigkeit nicht mehr über sich hinaus zu anderen und neuen Zielen hindrängt. Mit dem Glück soll nach der Vorstellung der meisten das Streben zu Ende kommen. Daher gehört für alle zum Glück »Selbständigkeit«; es soll leiblich wie geistig zur Verfügung stehen, was vorhanden sein muß, wenn der Mensch von keinem abhängen soll, was außerhalb des Bereichs seines Verfügens und Habens liegt.[14]

13 Eth. Nic. I, 2. 1095 a 19-20: τὸ δ' εὖ ζῆν καὶ τὸ εὖ πράττειν ταὐτὸν ὑπολαμβάνουσι τῷ εὐδαιμονεῖν.

14 Eth. Nic. I, 5. 1097 a 28 wird daher das »Beste« τέλειον genannt. Es geht um eine Lebensführung, die alle Ziele in sich hält und in diesem Sinn »vollendet« ist (vgl. Eth. Nic. I, 10. 1100 a 5: βίος τέλειος); daher kann man ein Kind noch nicht glücklich nennen (ibid). Aus dem gleichen Grunde kommt es zur Frage, ob ein Mensch vor seinem Tode glücklich genannt werden kann (vgl. Eth. Nic. I, 11. 1100 a 10 seq.). Τέλειος gehört allgemein mit dem »Ganzen« und mit »Alles« in einen Zusammenhang; Aristoteles sagt, daß sie sich »nach ihrem Begriff« nicht unterscheiden (vgl. de caelo I, 1. 268 a 21). Τέλειος hat daher auch die Bedeutung von »vollständig«, wenn kein Teil aus dem Ganzen herausfällt. So nennt Aristoteles diejenigen Wissenschaften und Künste »vollständig«, die sich nicht auf isolierte Teilgegenstände beziehen, sondern eine Gattung als Ganzes zum Gegenstand haben (vgl. Pol. IV, 1. 1288 b 11). Diese Bedeutungen hält das lateinische Übersetzungswort perfectus fest. Im deutschen »Vollendet«, »Vollkommen« geht dagegen das Außerordentliche und Ungewöhnliche, auch das Idealische mit. Davon muß man absehen, um den präzisen Sinn des griechischen τέλειος nicht zu verfehlen.

Gemeinsam ist schließlich allen Glücksvorstellungen, daß sie zwar auch Dinge, die man haben und besitzen kann, wie Reichtum, Ehre, Macht, Freiheit, Glück nennen; sieht man aber genau zu, dann bedeuten sie Glück, weil ihr Besitz das Mittel ist, durch das man in den Stand der Selbständigkeit und Vollendung kommt: »Das Glück wollen wir immer seiner selbst wegen, während wir Ehre, Lust, vernünftige Einsicht zwar auch um ihrer selbst willen wollen (denn auch dann, wenn wir weiter nichts von ihnen hätten, wollen wir doch jedes von ihnen haben). Aber wir wollen sie um des Glücks willen, denn wir meinen, daß wir durch sie zum glücklichen Leben kommen« (Eth. Nic. I, 5. 1097 b 1-5).
So läßt sich aus den verschiedenen Glücksvorstellungen ein gemeinsamer Begriff herausheben, der sich wie ein Kern in der Schale des Meinens und Vorstellens verbirgt. Immer geht es den Menschen darum, zu einem Lebensstand zu kommen, in dem sie bei sich selbst sind und alles, was sie brauchen, so zu ihrem Leben gehört, daß nichts über das Erreichte hinausdrängt und keine Bedürfnisse bestehen, die nicht mit dem befriedigt werden können, was im Bereich des eigenen Verfügens liegt. Diesen einheit-

Αὐτάρκης gehört unmittelbar zu τέλειον ἀγαθόν (vgl. Eth. Nic. I, 5. 1097 b 8). Seine allgemeine Bedeutung wird von Aristoteles negativ als »nicht bedürftig sein« bestimmt, und zwar in dem positiven Sinn, daß alles Notwendige zur Verfügung steht (vgl. Pol. I, 2. 1253 a 28). In diesem positiven Sinn ist Autarkie ein konstitutiver Begriff der Polis. Aristoteles hält ihn fest, rechnet dann aber zu seinen Bedingungen auch die innere, sittlich begründete Unbedürftigkeit; sie ist die beste Garantie eines Standes, der sich als τέλειος behaupten kann. Erst später hat die asketische Auffassung der Autarkie als Unbedürftigkeit den ursprünglich konkreten aristotelischen Sinn des Begriffs überdeckt, vor allem in der Stoa. Dieser aristotelische Begriff schließt auch Bedeutungen ein, die keinesfalls aus der asketischen Unbedürftigkeit verstanden werden können. So nennt Aristoteles Tiere, die ihre notwendige Nahrung in sich (?) haben, autark (de gen. anim. IV, 8. 776 b 8-9). Es gibt Autarkie des Besitzes (Pol. I, 8. 1256 b 31-32). Es gibt Stufen der Autarkie. Das Haus ist autarker als der Einzelne, die Stadt autarker als das Haus (vgl. Pol. II, 2. 1261 b 11-12). Dagegen ist ein Sklave seinem Wesen nach nicht autark (so Pol. IV, 4. 1291 a 10). Entscheidend bleibt für alle diese Begriffe, daß sie in verschiedene Zusammenhänge gehören und so ihrem Inhalt nach Verschiedenes bedeuten. Sie weisen daher bei Aristoteles nicht auf einen ausgesonderten und von dem, was Leben sonst ist, abgetrennten Stand hin. Das bleibt bei allen Bestimmungen des Glücks und des Guten für Aristoteles – gegen die Platoniker – wichtig. (Vgl. Met. IV, 16. 1021 b 12 seq.)

lichen Sinn der Glücksvorstellungen faßt Aristoteles in einer Definition des Glücks zusammen: »Ein vollendeter und ein selbständiger Stand ist, so zeigt sich, das Glück, Ziel alles Tuns und alles Lebens«[15]. Zu diesem Stand gehört notwendig Dauer: »Denn wie eine Schwalbe noch keinen Frühling und ein Tag noch keinen Sommer macht, so macht auch ein Tag und eine flüchtige Zeit noch niemanden glücklich« (Eth. Nic. I, 6. 1098 a 18-20).
Mit diesem hermeneutischen und hypoleptischen Begriff des Glücks ist dann auch das Ende vorgezeichnet, auf das die menschliche Natur selbst als auf ihren Zweck und ihr höchstes Gut hinweist. Die Natur drängt – in den Vorstellungen vom Glück die Praxis bewegend – zu dem Stand des Menschen hin, in dem er selbständig und auf die Dauer als er selbst bestehen kann. In diesem Stand des Selbstseins des Menschen will – enthalten im Wollen und in seinen Zielen – die Natur des Menschen selber verwirklicht werden. Im Namen des Glücks wird der Zweck genannt, der die Natur selber ist. In den Zielen, die sich die Menschen setzen, wird die menschliche Praxis auf den Weg gebracht, den ihr das Seinkönnen des Menschen und seine naturgegebenen Möglichkeiten vorschreiben.

II

4. Als erstes Resultat läßt sich festhalten, daß die aristotelische Ethik mit dem höchsten menschlichen Gut den Lebensstand meint, in dem die Natur des Menschen als sein Seinkönnen in seiner Praxis und Lebensführung (βίος) zur Verwirklichung kommt. Das sagen die Glücksvorstellungen aus, wenn man ihren gemeinsamen Kern herausschält; sie machen kund, wohin die Natur selbst den Menschen weist.
Was bedeutet das inhaltlich? Wie wird dieser Lebensstand von Aristoteles zur Bestimmtheit gebracht, so daß der handelnde Mensch ihn als die Wahrheit seiner Ziele begreifen und das, was ihm seine menschliche Natur als Zweck setzt, auch zum Ziel seines Lebens machen kann? Die Antwort, die Aristoteles auf diese

15 Eth. Nic. I, 5. 1097 b 20-21: τέλειον δή τι φαίνεται καὶ αὔταρκες ἡ εὐδαιμονία, τῶν πρακτῶν οὖσα τέλος.

Frage gibt, ist ebenso überraschend wie schwierig. Er geht nämlich nun gar nicht von der menschlichen Natur aus, um zuerst zu bestimmen, was sie sei, und um dann von diesem Begriff des Menschen her festzulegen, wie die Verwirklichung seiner Natur in der menschlichen Praxis aussehen muß. Vielmehr verweist Aristoteles auf die Gesellschaft und die politische Ordnung; die Ethik selbst wird eine »politische Wissenschaft« genannt und der »Staatskunst« zugeordnet[16]; weil diese die Gesellschaft leitet, das Gesetz gibt und festsetzt, was in der politischen Gemeinschaft zu tun und nicht zu tun ist, gehört in ihren Bereich auch das höchste menschliche Gut. Denn das Ziel allen menschlichen Handelns im Ganzen übergreift alle anderen Ziele; es sammelt sie als das Ziel in sich, das »wir nicht um eines anderen willen«, sondern »um seiner selbst willen« wollen.[17]

Diese Zuordnung besagt, daß für Aristoteles der Ort des Besten als des naturgegebenen Zwecks menschlichen Seins und des Glücks Staat und Gesellschaft sind. Warum ist das so? Legt Aristoteles einer Theorie zwar die menschliche Natur zugrunde, um dann nach der formalen Bestimmung des durch sie gewiesenen Endes alle inhaltlichen Aussagen nicht mehr aus der Natur, sondern aus der politisch gesellschaftlichen Wirklichkeit abzunehmen? Die Frage, was dieser Übergang von der Natur zur Gesellschaft bedeutet, ist darum so schwierig, weil die Rechtstheorie der Neuzeit (u. a.) mit dem Argument, daß Aristoteles und die auf ihn zurückgehende Naturrechtstradition so verfahre, den Einfluß der aristotelischen Theorie für Jahrhunderte zum Erlöschen gebracht hat. Dies Argument hat kürzlich Welzel[18] zusammenfassend formuliert: Mit dem aristotelischen Naturbegriff »wird der Anschein erweckt, als würde durch den Begriff des Naturgemäßen etwas Selbständiges und Neuartiges ausgesagt und als wäre die Inhaltsbestimmung des Wertbegriffs eine Funktion des Naturbegriffs«. In Wahrheit aber gerät man mit ihm »in einen Zirkel« so zwar, daß »man das, was man für gut hält, für das Naturgemäße erklärt, um dann hinterher das Gute aus diesem Naturgemäßen herauszuholen«. Dies Argument hat dazu geführt, daß

16 Eth. Nic. I, 1; bes. 1094 b 11: μέθοδος πολιτική.

17 Eth. Nic. I, 1. 1094 a 19: ὃ δι' αὐτὸ βουλόμεθα, τἆλλα δὲ διὰ τοῦτο.

18 H. Welzel, Naturrecht und materiale Gerechtigkeit, Göttingen 1951, S. 30 f.

man entweder – um die Naturgrundlage der Rechtsordnungen festzuhalten – nach einem (im Unterschied zu Aristoteles) »voraussetzungslosen«, nicht »dogmatischen« Begriff der menschlichen Natur gesucht (Hobbes, Grotius u. a.) oder daß man – wie in vielen neueren Theorien – auf die Fundierung von Recht und Sittlichkeit in der Natur des Menschen verzichtet hat. Zu diesem Verzicht gehört in der Philosophie die Werttheorie. Wo weder ein Sein noch eine menschliche Natur zugrunde gelegt werden kann, da sucht sie die Autonomie und Würde des Sittlichen dadurch zu retten, daß sie das Gute als »Wert« einem Reich seinsfreier und idealer Geltung zuordnet.

Bestätigt sich dieses Zirkelargument bei Aristoteles in dem Übergang von der Natur des Menschen zur Gesellschaft? Wird die Ethik für ihn darum zu einer politischen Theorie, weil sie die inhaltlichen Bestimmungen aus der gesellschaftlichen Welt hernehmen muß, die sie dem Begriff einer menschlichen Natur nicht abgewinnen kann?

Wenn das zuträfe, dann handelte es sich bei dem aristotelischen Verfahren, das wir hermeneutisch nannten, in Wahrheit nicht um Auslegung dessen, was ist, auf die in ihm selber vorausgesetzten Gründe seiner Bestimmung hin, sondern darum, daß die Philosophie die Geschichtlichkeit und Zeitbedingtheit der ihr vorgegebenen positiven politischen Ordnungen weginterpretierte, um sie auf diesem Wege zu bleibenden Naturordnungen zu hypostasieren. Sie würde zur Sanktion des Bestehenden; sie verliehe ihm durch ihre Interpretation den Glanz und die Verbindlichkeit eines Bleibenden, und der Begriff der Natur wäre der – fiktive – Grund, mit dem diese Interpretation begründet wird.

Wer diese Konsequenzen des kritischen Arguments vor Augen hat, wird entweder die klassische Theorie in dem historischen Museum lassen, in dem sie aufbewahrt wird, und ihre Klassizität als das Grabmal nehmen, das über ihrem vergangenen Ruhm errichtet ist, – oder er wird sich fragen, wie sich die Natur und das Politische bei Aristoteles selbst zueinander verhalten. Dann aber zeigt sich ihm bald, daß Aristoteles nicht einerseits von der Natur des Menschen handelt, um sie dann andererseits auf die Gesellschaft zu beziehen und so zur Bestimmtheit zu bringen; sondern hinter der Verbindung von Natur und Gesellschaft steht eine Theorie, eine Einsicht: Sie besagt inhaltlich, daß die Begründung der politischen Ordnungen darum den Rückgriff auf die Natur des Menschen fordert, weil mit der Polis zuerst eine Gesellschaftsform in die Geschichte eingetreten ist, deren Subjekt der Mensch als Mensch ist. Die Philosophie hat von Anbeginn an nach dem Sein und den ersten Gründen und Ursachen des Seienden in der göttlichen Ordnung des Ganzen gefragt, weil für sie der Mensch seiner Natur nach das Wesen ist, das in der Ordnung des Ganzen innesteht und in diesem Innestehen sein Sein hat. Aber diese Theorie des Menschen im Sein entsteht nicht zufällig auf dem Boden der Polis; die Polis fordert sie selbst als ihre Vernunft; in der Partikularität und Kleinheit ihrer geschichtlichen Wirklichkeit verbirgt sich ein universales Prinzip; sie ist Gesellschaft, die das Menschsein des Menschen – zum ersten Male in der Geschichte – zum Inhalt hat; die Philosophie hat ihre universale Substanz entdeckt; ihr Begriff hat den in der Schale des Besonderen und Geschichtlichen verborgenen Kern freigelegt; sie ist die Theorie der Polis als menschlicher Gesellschaft des Menschen; alles, was die Philosophie auf dem Boden der Polis erlitten hat, ihr Ruhm und ihre Tragik, sind die Erscheinung der Spannung zwischen dem universalen Begriff der Polis, den sie gewonnen hatte, und der beschränkten politischen Wirklichkeit wie dem Bewußtsein, das sich an dieser beschränkten Wirklichkeit gebildet hatte.

5. Um zu verstehen, warum für Aristoteles die Theorie des höchsten menschlichen Gutes zur politischen Theorie wird, muß man also zunächst den Begriff des Politischen genau fassen. »Politik« und »Politisch« meinen weder bei Platon noch bei Aristoteles das staatliche und gesellschaftliche Handeln überhaupt und schlechthin. Die asiatischen Großreiche ihrer Zeit gehören nicht in den Bereich ihrer Theorie, weil sie nicht den Menschen als Menschen zum Subjekt haben. Vielmehr sind alle politischen Begriffe positiv auf die Polis bezogen. Die Polis ist der griechische »Stadtstaat« (Burckhardt), nicht jeder als Stadt gebaute Ort, sondern die Stadtgemeinde und Gemeinschaft von Bürgern. Sie ist darin als Stadt ebenso von der Königsburg, vom Heerlager und von der Karawanserei Asiens verschieden, wie sie politisch nichts mit der Herrschaft des Großkönigs oder der Despotie zu tun hat.

Aristoteles wendet sich ausdrücklich gegen jede Form der politischen Theorie, die die Unterschiede des Prinzips und der Substanz außer acht läßt und so alle Formen von Herrschaft in der formalen Identität des Herrschens gleichsetzt; eine Theorie, für die alle Formen der Herrschaft »dasselbe« sind, ist im Unrecht.[19] Zwar sind der Herr über Freie und der Herr über Sklaven und Unfreie beide »Herren«, aber ihr Herrsein ist seinem Wesen nach nicht weniger tief voneinander unterschieden als die Freien und Unfreien selbst.[20] Das Prinzip einer politischen Ordnung ist so für Aristoteles positiv das Sein derer, die in ihr und unter ihr leben. Die Herrschaftsformen der Polis können wechseln und sich ändern. Ihr politisches Prinzip wird durch solchen Wechsel nicht aufgehoben; es liegt darin, daß sie sich aus Bürgern zusammensetzt; sie ist ein bürgerlicher Staat, weil ihre Teile und Glieder Bürger sind.[21] Bürger (πολίτης) ist derjenige, der als politisch vollberechtigtes Mitglied zur Stadt gehört, nicht einfachhin jeder, der in ihr wohnt; jemanden »zum Bürger machen« bedeutet, ihm das Bürgerrecht verleihen. »Politeia (als Titel der platonischen Hauptschrift) wird daher mißverständlich mit »Staat« übersetzt, weil so seine Bestimmtheit, Bürger zum Subjekt zu haben, ausgelassen wird. Da der Bürgerstand wesentlich in der aktiven Teilnahme an Verwaltung, Rechtsprechung und Gesetzgebung besteht, ist »Politeia« zunächst Teilnahme des Bürgers an ihnen und erst dann die Ordnung oder »Verfassung« (τάξις), die diese Teilnahme rechtlich regelt. Erst später, und zwar mit der Ausbildung der philosophischen Theorie (darauf hat Aristoteles hingewiesen)[22] wird Politeia auch zum allgemeinen Begriff von Verfassung und Staat, der sich nicht mehr allein auf die Stadt, sondern auf alle Staats- und Gesellschaftsformen bezieht. »Politik treiben« (πολιτεύειν) heißt »als Bürger handeln«. Das »politische Leben« (βίος πολιτικός) ist die Lebensweise des Bürgers; der »Politiker« (πολιτικός) ist der »Bürger-

19 Pol. I, 1. 1252 a 7-9: πολιτικὸν καὶ βασιλικὸν καὶ οἰκονομικὸν καὶ δεσποτικὸν εἶναι τὸν αὐτόν.

20 Pol. VII, 3. 1325 a 28-30: οὐ γὰρ ἔλαττον διέστηκεν ἡ τῶν ἐλευθέρων ἀρχὴ τῆς τῶν δούλων ἢ αὐτὸ τὸ φύσει ἐλεύθερον τοῦ φύσει δούλου.

21 Zur Methode, politische Einheiten als Zusammengesetztes aus ihren Teilen zu bestimmen, vgl. Pol. I, 1. 1252 a 18-23.

22 Vgl. Pol. III, 7.

liche« und daher – weil in der Stadt die Herrschenden und die Beherrschten als Bürger identisch sind – auch der Staatsmann. Aristoteles selbst hat die politische Theorie in das Allgemeine gewendet und, um dies zu ermöglichen, in seiner Schule eine Sammlung von Verfassungen zusammengebracht, die schließlich 158 Politien umfaßte. Seine »Politik« behandelt die (praktisch gemeinte) Frage nach der besten Verfassung, die am meisten Aussicht bietet »für eine lange Zeit« beständige soziale Verhältnisse zu schaffen.[23] Aber die Möglichkeit dieser allgemeinen Theorie bleibt das Prinzip, das mit der Polis in die Geschichte getreten ist. Aristoteles bestimmt es als Freiheit[24]; die Stadt als staatliche Gemeinschaft von Bürgern ist »Gemeinschaft der Freien«. Das bedeutet politisch, daß die verfassungsmäßige rechtliche Ordnung der Stadt die Teilnahme der Bürger am staatlichen Leben zu sichern hat.

Aber dieser politische Sinn der Freiheit ist selbst nicht wieder politisch begründet. Er folgt vielmehr daraus, daß es in der Stadt darum geht, das Freisein der Bürger in seinem eigenen Leben zu ermöglichen und zu sichern. Dieses Freisein unterscheidet sie grundsätzlich und wesentlich vom Sklaven und Unfreien. Der Unfreie ist der Mensch, dessen Bestimmung nicht in seinem eigenen Leben und Selbstsein liegt; er hat sein Sein nicht in sich, son-

23 Pol. IV, 1. 1288 b 21 seq. Hier wird die Methode festgelegt, mit der man die »beste Verfassung« bestimmen kann. Es gibt vier Möglichkeiten. Man kann erstens die Theorie der besten Verfassung überhaupt und ohne Rücksicht auf die gegebenen Verhältnisse aufstellen, »welches sie sei und wie beschaffen sie sein könnte, wenn man sie wünschen und erbitten dürfte« (κατ' εὐχήν). Die zweite Möglichkeit besteht darin, zu untersuchen, welche Verfassung unter gegebenen Umständen (τὴν ἐκ τῶν ὑποκειμένων) die beste ist. Das Dritte ist die Frage, wie eine gegebene Verfassung (τὴν δοθεῖσαν) so gestaltet und verbessert werden kann, daß man sie »lange Zeit aufbewahren« wird. Schließlich und viertens läßt sich prüfen, welche Formen der Verfassung »im Durchschnitt und für alle Staaten« von der Art der Polis am ehesten geeignet sind. Diese beste Verfassung ist für Aristoteles da möglich, wo es gelingt, die gesellschaftlichen Extreme, Reichtum und Armut, in einem starken Mittelstand zu vermitteln. Diese Vermittlung wird am besten in einer gemischten Verfassung gesichert, da Aristokratie und Oligarchie als solche der Herrschaft der Reichen dienen, während die reine Demokratie die Herrschaft der Besitzlosen ist.

24 Pol. VI, 2. 1317 a 40-41: ὑπόθεσις μὲν οὖν τῆς δημοκρατικῆς πολιτείας ἐλευθερία.

dern in dem Anderen, der sein Herr ist. Der Bürger als der Freie ist daher der Mensch, der »nicht um eines Anderen, sondern um seiner selbst willen« ist (Met. I, 2. 982 b 26); er lebt aus eigenem Willen.[25]

So enthalten alle politischen Begriffe bei Platon und Aristoteles nicht nur den Bezug auf den Bürger im politischen Sinn, sondern auch auf die (wenn man so will) vorpolitische Substanz seines eigenen Daseins und Seins, weil er der Freie und so zum Selbstsein bestimmt ist. Seinem politischen Begriff nach läßt sich der Bürger als Teil und Glied der Stadt begreifen; was er als Teil ist, folgt politisch aus dem Ganzen, zu dem er gehört. Aber Herrschaft, Staat, politische Ordnung sind in ihrem Wesen ihrerseits durch ihr Subjekt und sein Sein bestimmt. In der Despotie haben die in ihr Lebenden keinen eigenen Willen und darum auch kein eigenes Sein; es gibt in ihr allein den Willen des Herren; er macht den ganzen und einzigen Inhalt des Staates aus. Aber in der bürgerlichen, durch die »Hypothesis« der Freiheit definierten Gesellschaft weisen die politischen Begriffe über sich selbst hinaus; sie haben die Freiheit der Freien zum Inhalt; diese Freiheit besteht im Selbstseinkönnen derjenigen, die frei sind. Dieses Selbstseinkönnen ist an die politische Gemeinschaft gebunden und bestimmt ihre Form, wird aber nicht durch sie in seinem Inhalt bestimmt, der das Sein des Selbst und nichts sonst ist.

Damit zeigt sich, daß die Begriffe des Politischen (nicht überhaupt und immer, sondern da, wo sie sich auf die Polis als bürgerliche und freie Gesellschaft beziehen) in sich und aus sich auf das Sein derjenigen in ihrem eigenen Dasein hinweisen, die in der Polis zusammen leben. Die Frage nach den Prinzipien der politischen Ordnung treibt auf dem Boden der Polis die Frage nach dem Wesen und Sein der Bürger hervor. Isoliert man das Politische, dann muß jeder Übergang zu Begriffen, die nicht in seinem Feld liegen, als Konstruktion erscheinen, die miteinander verknüpft, was an sich ohne Beziehung ist. Für Aristoteles aber führt solche

25 Pol. VI, 2. 1317 b 11 seq. Darauf, daß die politische Theorie des Aristoteles nicht vom »Staat«, sondern von dem handelt, was wir »bürgerliche Gesellschaft« nennen, hat O. Gierke (Die Staats- und Korporationslehre des Alterthums und des Mittelalters. Das deutsche Genossenschaftsrecht, Bd. III, Berlin 1881, S. 17) hingewiesen.

Isolierung da, wo es sich um die Polis als bürgerliche Gemeinschaft handelt, notwendig dazu, daß die politischen Begriffe selbst abstrakt gefaßt und von ihrem eigenen substantiellen Inhalt getrennt werden. Die politische Theorie hat für ihn immer mit zwei Gefahren zu rechnen; die eine besteht darin, daß man irgendein Prinzip setzt, um aus ihm die Idee eines seinsollenden Staates zu deduzieren, »wie man ihn sich nach seinen Wünschen ausmalt«[26]. Die andere Gefahr ist die Formalisierung des Politischen; so wird es von seinem Inhalt isoliert. Die aristotelische Theorie ist demgegenüber die gedankliche Bewegung, die dem Zusammenhang nachfolgt, der im Politischen selbst die Form mit dem zu ihr gehörigen Inhalt verbindet. Daher muß auch die philosophische Theorie der Polis hermeneutisch verfahren; sie kann nicht deduktiv wie die Mathematik von Prinzipien ausgehen; sie hat »aus ihr (der Polis) heraus zu sprechen und in ihr das Notwendige aufzuzeigen«[27].

6. Diese allgemeinen Voraussetzungen machen jetzt verständlich, warum Aristoteles nach dem von der Natur des Menschen vorgezeichneten höchsten Gut fragt und seine Bestimmung dann in einer politischen Theorie gewinnt. Der Grund hierfür liegt darin, daß (nicht jede Gesellschaft, sondern) die durch die Freiheit des Bürgers konstituierte Polis das Menschsein des Menschen zum Inhalt hat. Weil sie das Menschsein zum Inhalt hat, deswegen wird ihr Umwillen in der von der Natur des Menschen als Zweck vorgezeichneten Bestimmung des Menschen gefunden. Pol. I, 2. steht der Satz: »Es liegt aber nun zu Tage, daß die Stadt zu dem gehört, was von Natur ist, und daß der Mensch von Natur das in der Stadt lebende Wesen ist«[28]. Man hat gesagt, daß Aristoteles hier den Menschen als in der Gesellschaft lebendes oder staatsbildendes Wesen definiere; er finde in der Natur des Menschen u. a. auch die Anlage zum gesellschaftlichen und staatlichen Leben und setze so die Gesellschaft und die Natur des Menschen in Beziehung. Aber alle diese Interpretationen treffen nicht den Kern.

26 Pol. IV, 11. 1295 a 28-29: πολιτείαν τὴν κατ' εὐχὴν γινομένην.
27 Eth. Nic. I, 1. 1094 b 19-21: περὶ τοιούτων καί ἐκ τοιούτων λέγοντας ... τἀληθὲς ἐνδείκνυσθαι.
28 Pol. I, 2. 1253 a 2-3: φανερὸν ὅτι τῶν φύσει ἡ πόλις ἐστί, καὶ ὅτι ἄνθρωπος φύσει πολιτικὸν ζῷον.

Es handelt sich bei diesem Satz überhaupt nicht um eine allgemeine Definition des Menschen, sondern um die Aussage (die in Wahrheit eine für die eigenen Zeitgenossen kaum begreifliche These ist), daß die Stadt das Menschsein des Menschen zum Inhalt hat, und daß so das Menschsein des Menschen ihre Natur und Substanz ist. Dem entspricht die nicht weniger kühne Folgerung, daß so der Mensch auf die Stadt als freie bürgerliche Gesellschaft verwiesen ist, wenn seine Natur als Möglichkeit und als Seinkönnen zur Aktualität des Seins kommen soll. »Gesellig lebendes Wesen« ist kein spezifisches Kennzeichen des Menschen; die Bienen sind es, die Kraniche, die Ameisen, die Wespen und überhaupt alle Tiere, die in Herden und Schwärmen leben.[29] Aber die Tiere sind darauf beschränkt, daß sie sich untereinander »Zeichen« geben; sie haben »Stimme und Laut«[30]. Diese Beschränktheit hat allein der Mensch durchbrochen: »Einzig der Mensch unter allen Lebewesen ist mit Sprache und Vernunft begabt«[31]. Hier nennt Aristoteles das Prinzip, das auf die Stadt weist; sie ist dadurch von allen anderen Formen geselligen Lebens unterschieden, daß sie auf der Vernunft beruht. Dieselbe Vernunft, durch die sich die menschliche Natur von der Natur aller übrigen Lebewesen unterscheidet, unterscheidet auch die bürgerliche Gesellschaft als Stadt von allen übrigen Formen der Vergesellschaftung. Aristoteles gibt also nicht einen allgemeinen Hinweis auf die gesellige Natur des Menschen, sondern sagt etwas sehr Bestimmtes: Die Stadt hat die Natur des Menschen darum zu ihrer Substanz, weil in ihr die Vernunft des Menschen zum Zuge kommt. Sie ist der Ort des Menschseins, weil sie selbst auf der Vernunft beruht und vernünftige gesellschaftliche Ordnung ist. Als Aktualität der Vernunft ist die Stadt selbst »von Natur«.

Das Verfahren, das Aristoteles hier übt, besteht also nicht darin, daß er zuerst die Natur des Menschen durch Vernunft definiert, um dann aus ihr die Polis zu deduzieren. Der Begriff des Menschen als vernünftigen Wesens läßt sich vielmehr erst dann finden und bilden, wenn es die Polis gibt. Würden alle Staaten nur aus Unfreien bestehen, so wäre auch dann die Natur des Menschen

29 ibid. 7-9; vgl. de hist. anim. I, 1. 488 a 7-8.

30 Pol. I, 2. 1253 a 10, 11: φωνή, σημεῖον.

31 ibid. 9-10: λόγον δὲ μόνον ἄνθρωπος ἔχει τῶν ζῴων.

vernünftig, aber nur »an sich selbst« und der Möglichkeit nach, nicht aber actu und nicht so, daß das »an sich Erkennbare« auch »für uns« erkennbar wäre. Die Theorie kann im Verhältnis zu dem, was ist, keinen Begriff des Wesens und der Natur hervorbringen, der nicht actu geworden ist. Darum muß sie in jedem ihrer Schritte hermeneutisch verfahren als die Reflexion dessen, was geworden ist; sie muß »aus ihm heraus sprechen«. Die vernünftige Natur des Menschen wird als diese erst erkennbar, wenn mit der Polis die vernünftige Gesellschaft in die Geschichte getreten ist. Sie kann nicht deduziert werden, sie muß als ein Gewordenes vorgegeben sein; aus ihm wird der Begriff hervorgebracht.

Ist die vernünftige Natur des Menschen aber einmal – wie in der Polis – wirklich geworden, dann muß aus ihr auch das Wesen aller Gesellschaftsformen begriffen werden, so daß fortan Gesellschaftsordnungen, die dem Menschsein des Menschen widersprechen, nur noch in einem homonymen Sinn als menschliche Ordnungen gelten können.

Aristoteles nennt daher die Stadt die »vollendete Gemeinschaft«; sie wird damit nicht idealisiert, aber es wird gesagt, daß mit ihr das an sich bestehende Prinzip menschlicher Gesellschaft actu hervorgetreten und damit erkennbar geworden ist. In diesem Sinn handelt es sich also gar nicht um einen »Übergang« von der Natur des Menschen zur Stadt; vielmehr wird die Stadt selbst auf ihr Wesen und ihre Natur hin ausgelegt. Das Ergebnis ist die Bestimmung, daß die Stadt so wie es der allgemeine Naturbegriff des Aristoteles meint, die Aktualität der menschlichen Natur und ihres Seinkönnens ist. Indem die Stadt wird, bewegt sich die Natur des Menschen selbst von der Möglichkeit des Seinkönnens zum aktualen Sein fort. Die Stadt wird als die Aktualität der menschlichen Natur begriffen.

7. Die Frage ist daher zu stellen, warum sie für Aristoteles auf der Vernunft beruht und so die Aktualität der vernünftigen Natur des Menschen ist. Indem man so fragt, zeigt sich, daß diese Frage mit der anderen identisch ist, warum Aristoteles die inhaltliche Bestimmung des höchsten Guts auf den politischen Zusammenhang verweist.

Zunächst zur ersten Frage: Wenn man alle die Gründe zusammennimmt, die Aristoteles dafür anführt, daß es sich bei der Stadt um eine vernünftige Ordnung handelt, ihre gesetzliche auf Einsicht und Satzung gegründete Ordnung, ihre Freiheit, das Rechtsprinzip, die Bedeutung der sittlichen Überlieferungen und der auf sie gegründete Sinn für die Unterschiede des Rechten und Unrechten, dann ergibt sich, daß alles dies von hoher Bedeutung für die ausgezeichnete Stellung der Stadt ist, aber doch nicht die Begründung dafür enthält, warum sie als Aktualisierung gerade der menschlichen Vernunft begriffen werden muß. Diese Vernunft wird in der Form ihrer Praxis wirksam; sie wird dies aber, weil ihre Praxis die Form der Kunst (τέχνη) hat.

Von dieser Bestimmung geht die »Nikomachische Ethik« aus und übernimmt damit zugleich das Lehrstück, das auch im Mittelpunkt der platonischen Theorie der Polis steht. Praxis ist Lebensvollzug; als Praxis entfalten sich die von Natur gegebenen Möglichkeiten und Anlagen beim Menschen ebenso wie bei allen Lebewesen. Praxis ist die Befriedigung der Lebensbedürfnisse, das Besorgen und Herstellen des Notwendigen, das Tun von allem, was der Mensch tun muß, um zu leben und um zu verwirklichen, was er sein kann und was als Möglichkeit in ihm bereit liegt.

Was sind die Künste?[32] Sie sind die Form, in der dieses menschliche Herstellen, Gebrauchen und Verfügen gesellschaftlich auf dem Boden der Stadt im »Miteinanderhandeln« (Platon) vollzogen werden. Den Arten und Möglichkeiten menschlicher Praxis entsprechend unterscheidet Aristoteles drei Klassen von Künsten. Es gibt die Künste des Herstellens, des Gebrauchens und schließlich des verfügenden Leitens und Führens. Künste in diesem Sinne sind alle Handwerke, Ackerbau, Schiffahrt, Kriegführung, die Verwaltung des Hauses wie des Staates, die Heilkunst, die schönen Künste, die Politik als Staatskunst in allen ihren Bereichen.[33]

32 Es sei nachdrücklich auf die ausgezeichnete monographische Untersuchung hingewiesen, die K. Ulmer jetzt über die Kunst-Theorie des Aristoteles vorgelegt hat: K. Ulmer, Wahrheit, Kunst und Natur bei Aristoteles. Ein Beitrag zur Aufklärung der metaphysischen Herkunft der modernen Technik, Tübingen 1953.

33 τέχνη ποιητική, χρωμένη, ἀρχιτεκτονική.

Das bedeutet zunächst, daß in der Stadt nicht jeder alles selbst tut; was getan wird, wird nicht so getan, daß jeder Einzelne es in unvermittelter Betätigung selbst besorgt. Eine Gesellschaft, die wie die Polis das Notwendige in den Künsten besorgt, ist daher eine arbeitsteilige Gesellschaft. Die Bedürfnisse der Einzelnen werden in der Weise befriedigt, daß jedem Bedürfnis und seiner Befriedigung eine bestimmte Kunst zugeordnet ist, durch welche alle Einzelnen in der Stadt das in der Verfügung der jeweiligen Kunst Liegende erhalten.[34] Die Künste insgesamt vermitteln arbeitsteilig den Einzelnen das »ihnen Zuträgliche« und Nützliche. Würde dies nicht so sein, dann müßte jeder alles selbst besorgen; es müßte zur Stadt (so sagt Platon) ein Gesetz gehören, »welches gebietet, daß jeder sein eigenes Kleid webt und wäscht, seine Schuhe selber herstellt und alles übrige in der gleichen Weise« (Charmides 161 E). Aber ein solches Gesetz gibt es nicht und kann es nicht geben, weil damit die Stadt ihre arbeitsteilige Praxis und so sich selbst aufgeben würde.

So ist die Form der Praxis in der Stadt Kunst. Es gibt auch Handeln, das nicht kunstgerecht ist; aber solches Handeln ist für die Stadt unwesentlich, es geht in ihr mit, ohne daß es die gesellschaftliche Praxis konstituiert. Diese Kunstform der für die Stadt konstitutiven arbeitsteiligen Praxis begründet nun für Aristoteles, warum die Stadt selbst als Aktualität der vernünftigen Natur des Menschen begriffen werden muß. Denn Kunst ist zunächst dadurch vom nicht kunstgerechten Handeln unterschieden, daß sie μέθοδος (vgl. Eth. Nic. I, 1. 1094 a 1 seq.), d. i. ein geregeltes und in seinen einzelnen Schritten festgelegtes Verfahren, ist; ihre Ausübung ist an die Methode gebunden. Wer die Methode beherrscht und gelernt hat, ist der legitime Träger der Kunst und als »Fachmann« von dem unterschieden, der »Laie« im Verhältnis zur Kunst geblieben ist. Diese die Kunst begründende Methode beruht aber dann ihrerseits auf Einsicht, und zwar auf der bestimmten Form von Einsicht, die Aristoteles wie Platon als »Wissenschaft« (ἐπιστήμη) von der Erfahrung und von der Wahrnehmung unterscheiden (vgl. Met. I, 1 pass.). Das bedeutet nicht, daß Kunst nichts mit Wahrnehmung und Erfahrung zu tun hat. Wahrnehmung ist das Auffassen des Dieses, Erfahrung das

34 Platon, Rep. 341 D.

zusammenfassende Sammeln des Dieses in seinem allgemeinen, aus dem wiederholten Wahrnehmen des Gleichen resultierenden Begriff. Beides gehört notwendig auch zu den Künsten, und Aristoteles sagt ausdrücklich, daß die »Erfahrung die Kunst hervorgebracht hat«[35]. Aber Kunst im vollen Sinne gibt es erst dann, wenn ihre leitende Einsicht »Wissenschaft« ist als die Einsicht in das Wesen der Dinge, die dadurch auch über die Erfahrung hinausgeht, daß sie dies Wesen aus Gründen und Ursachen begreift; »die Kunst ist, so meinen wir, mehr Wissenschaft als Erfahrung« (Met. I, 1. 981 b 8); Kunst und Wissenschaften gehören daher bei Aristoteles so grundsätzlich zusammen, daß ihre Verbindung bei ihm zu einer festen Sprachfigur wird.[36] Weil die Wissenschaft die Kunst zur Kunst macht, kann die »Tüchtigkeit« der Kunst auch »Weisheit« heißen und der Meister in der Kunst »weise« genannt werden.[37] In der Meisterschaft und in ihrer Weisheit liegt die Vollendung der Kunst; sie sind die Voraussetzung ihrer Methode. Wenn auch die Handlanger und Helfer sie mechanisch und ohne eigene Einsicht gemäß den eingeübten Regeln ausüben können, so lebt sie doch aus der immer neu geübten Einsicht des Meisters, aus seinem Abwägen und Planen, aus seinem Prüfen und Entwerfen; Aristoteles hat diese geistige Spontaneität der Kunst und ihrer Weisheit dadurch hervorgehoben, daß er ihren Gegenstand das Schwierige und das Ganze nennt; sie bewährt sich in der Erkenntnis der Ursachen und Gründe; sie muß die Zweckzusammenhänge des Werkes wissen und sich auf die Erkenntnis der Gründe und Hintergründe des Werkmaterials in seinem Naturzusammenhang einlassen. Nicht die Regel, sondern diese vernünftige Einsicht ist für sie konstitutiv.

In diesem genau bestimmten Sinn liegt der Stadt die Vernunft zugrunde; sie ist die Möglichkeit der Kunst und damit ihrer gesellschaftlichen Praxis; diese sind selbst ihre Betätigung und Aktualisierung. Während das kunstlose Tun der Einzelheit und Zufälligkeit ausgeliefert bleibt, abhängig von einer Welt, deren Zusammenhänge ihm verschlossen bleiben, wird mit der Kunst

35 Met. I, 1. 981 a 3-4: ἡ . . . ἐμπειρία τέχνην ἐποίησεν.

36 Vgl. Met. I, 2. 983 a 3; vgl. Ritter, Die Lehre vom Ursprung und Sinn der Theorie bei Aristoteles, in diesem Band S. 9 ff. u. Anm. 28.

37 Eth. Nic. VI, 7. 1141 a 12: σοφία . . . ἀρετὴ τέχνης.

und ihrer vernünftigen Praxis das menschliche Dasein selbst aus solcher Vereinzelung und Zufälligkeit herausgehoben; die Vernunft der Künste bringt die Allgemeinheit hervor, in der die Einzelheit der Dinge, der Bedürfnisse und der Zwecke durchbrochen und in den vernünftigen Zusammenhang einer gemeinsamen Welt aufgehoben wird.

Dies also bedeutet es, daß sich für Aristoteles die Stadt auf die vernünftige Natur des Menschen gründet und ihre Aktualität ist. Ihre gesellschaftliche Praxis verwirklicht als Kunst und in der sie konstituierenden vernünftigen Einsicht als Wissenschaft die Vernunft als Naturanlage und als Seinkönnen des Menschen. Weil ihre gesellschaftliche Praxis vernünftig ist, kann die Philosophie ihre Substanz als das Menschsein des Menschen begreifen. Auch dieses Menschsein hat für Aristoteles einen genau und begrifflich ausweisbaren Sinn, weil Vernunft in der Allgemeinheit ihres Begriffs und ihres Begriffenen jenseits aller Partikularität und Besonderheit sich auf den Menschen als Gattung bezieht. Die Welt, die die Vernunft erschließt, ist die Welt, die alle Menschen umgreift und die alle Menschen begreifen können; auf dieser Allgemeinheit beruht die Mittelstellung, die der Vernunft in der Geistesgeschichte des Abendlandes auf ihrem Wege zu Ordnungen zugefallen ist, deren Universalität allem Besonderen den Bezug auf den Menschen verleihen und es in den Zusammenhang einer Welt einbeziehen kann, deren Subjekt alle Menschen oder die Menschheit sein können.[38] Die klassische Theorie der vernünftigen Praxis hat das Fundament geschaffen, auf dem die Jahrhunderte weitergebaut haben.

38 Diesen Zusammenhang setzt Hegel voraus und macht ihn zum Prinzip sowohl der Weltgeschichte der Vernunft wie der Theorie der bürgerlichen Gesellschaft. Bereits die Anknüpfung des jungen Hegel an die Polis ist inhaltlich in diesem Zusammenhang von Vernunft, Staat und Menschsein begründet. Die klassische Theorie bringt das Allgemeine und Substantielle zum Begriff, das als das »Bewußtsein und die Tätigkeit fürs Ganze« (Glockner XVIII, 400) in der »modernen Zeit« verflüchtigt ist. Es ist die Bedingung für das Aufgehen der höheren Freiheit. Die Grenze der klassischen Theorie ist für Hegel die Grenze der griechischen Welt, die Beschränkung des Bürgerseins auf die Freien als eines Standes, der neben sich die Unfreien als die Bedingung seines Bestehens hat. Hierauf bezieht sich die berüchtigt-berühmte Formel der Philosophie der Geschichte, daß zuerst einer, dann einige, dann alle frei werden, und daß in der Ausbildung der universalen Freiheit der Sinn der Welt-

8. Nik. Ethik I, 1 setzt diesen Zusammenhang für die Theorie des höchsten Guts und des Glücks voraus. Wir haben gesehen, daß die Natur als Zweck in den Glücksvorstellungen der Menschen treibt und ihre Praxis auf den Stand hinlenkt, in dem der Mensch als er selbst in Selbständigkeit bestehen und leben kann. Zu diesen Glücksvorstellungen gehört die Unbestimmtheit und Verschiedenheit, in der sich die Subjektivität der Antriebe und

geschichte liegt. Diese allgemeine Bestimmung macht im Verhältnis zur klassischen Theorie und der politischen Wirklichkeit, zu der sie gehört, geltend, daß das Bestehen der Sklaverei ihrem Prinzip an sich widerspricht. Was mit ihr in die Weltgeschichte tritt, die Freiheit als Menschsein des Menschen kommt als sie selbst unter der faktischen Bedingung der gesellschaftlichen Verfassung nur eingeschränkt zur Verwirklichung. Der Bestand der Sklaverei ist so für Hegel die Schranke der klassischen Philosophie der Freiheit; auch Aristoteles ist mit ihrer Anerkennung belastet; er soll dazu die Sklaverei philosophisch gerechtfertigt haben, da er sie als ein von Natur Bestehendes und von Natur Gesetztes begriff. φύσις ist einmal die Möglichkeit des Seinkönnens, zweitens seine Aktualität (s. o.). Was nicht in sich selbst und um seiner selbst willen ist, ist im Verhältnis zur Natur daher nur ihre homonyme Verwirklichung. Der Freie ist von Natur Mensch, sofern und weil er es dazu bringt, er selbst zu sein. Diese Möglichkeit aber ist dem Sklaven verschlossen, weil er nicht nur »Sklave des Herrn, sondern überhaupt sein Eigentum ist« (Pol. I, 4. 1254 a 11), so daß Eigentum die zwei Seiten, Herr und Sklave, hat (ibid. I, 6. 1277 a 8). Die erste Bestimmung ist also, daß der Sklave als Eigentum nicht dazu gelangt, das zu sein, was er der Möglichkeit nach sein kann. Seine Natur hat keine Aktualität. Das Zweite ist der allgemeine Begriff des Sklaven, in dem der Barbar mit ihm identifiziert wird (z. B. Pol. I, 2. 1252 b 9). Das besagt allgemein, daß Barbaren diejenigen sind, die nicht zur Freiheit der Polis gekommen sind und so auch nicht zur Aktualisierung des Menschseins, das an die Polis gebunden ist. Daher ist die Verfassung ihres Daseins Unfreiheit, und d. h. sklavisch. Die grundlegende Bestimmung liegt in dem Satz, daß »es für Sklaven keine Polis gibt« (Pol. III, 9. 1280 a 32). Aristoteles setzt so den rechtlichen Gegensatz von Bürger und Sklaven nicht absolut, sondern er sagt, daß mit der Rechtsstellung des Bürgers das Selbstsein des Menschen wirklich wird, und daß deswegen die Unfreiheit als Inaktualität des Menschseins das Kennzeichen der Barbaren ist, weil sie ohne Polis sind. Aristoteles bleibt an die Grenzen seiner Zeit gebunden; er überspringt sie nicht. Das ist die geschichtliche Grenze auch seiner Theorie. Die genauere Interpretation dessen, was er zum Sklaven sagt, ergibt aber, daß es ihm um die Feststellung zu tun ist, was Unfreiheit als Verfassung im Verhältnis zur Natur des Menschen und ihrer Verwirklichung bedeutet. Nur der Bürger als der Freie steht in der Verwirklichung des Menschseins. Das ist der positive und von der geschichtlichen Situation unabhängige Sinn der aristotelischen Theorie.

Leidenschaften und die Besonderheit des Lebensgeschicks und seines Wechsels bekunden. Die Frage war, wie diese Unbestimmtheit zur Bestimmtheit kommen kann; sie führte auf den politischen Zusammenhang. Warum sie dies tut, ist nun aufgezeigt worden. In der »Nikomachischen Ethik« wird indes dieser ganze für uns schwierige und andererseits für das Verständnis der aristotelischen Theorie so entscheidende Fragenkomplex nicht ausdrücklich behandelt, Aristoteles setzt die Lehre von der Kunst und ihrer vernünftigen Praxis voraus, und er kann dies tun, weil sie von Platon systematisch bis ins Einzelne entwickelt worden ist.[39] Er baut auf ihr die Theorie des höchsten Gutes und des Glücks auf; sie wird darum für ihn zur politischen Theorie, weil die Praxis als menschliche Praxis sich in der durch Kunst definierten gesellschaftlichen Praxis entfaltet. Überall, wo der Mensch die Dinge besorgt und herstellt, ist auch immer schon Vernunft im Spiel, denn der Mensch bringt sein Werk nicht wie das Tier »von Natur« hervor und auch nicht so, daß ihm das Werk durch »Zufall« wie ein zufälliger Treffer oder »von selbst« gelingt.[40] Das vom Menschen Geschaffene ist immer »Artefakt« und damit grundsätzlich von allem unterschieden, was »von Natur« wird oder von den anderen Lebewesen zustande gebracht wird.[41] Aber menschlich in dem Sinne, daß der Mensch als Mensch Subjekt der Praxis ist, wird das Schaffen erst in der Form der Kunst und auf dem Boden der durch die Künste konstituierten Stadt. Erst mit ihr kommt die menschliche Praxis zur Vernunft. Das bedeutet aber auch, daß das durch den Menschen definierte höchste Gut erst mit der Stadt und ihrer gesellschaftlichen Praxis in den Bereich des menschlichen Verfügens tritt. Nicht die zufällige, unmethodische und unvernünftige Praxis des sich behelfenden Einzelnen, sondern die gesellschaftliche Praxis als Kunst ist sein Ort. Daher geht Aristoteles von der durch Kunst und Methode definierten Praxis aus. Die Frage nach der Natur des Menschen als

39 Vgl. Ulmer a. a. O., S. 9.

40 Aristoteles unterscheidet, daß etwas »durch Zufall«, »von selbst« (αὐτομάτῳ) und »durch Kunst« zustande gebracht wird. Vgl. Eth. Nic. VI, 4. 1140 a 18; Met. XII, 3. 1070 a 6.

41 Vgl. Phys. II, 8. 199 a 17 die Unterscheidung der ὑπὸ τῆς τέχνης γινόμενα von τὰ φύσει γινόμενα.

Zweck ist auf die Polis verwiesen; das höchste Gut gehört in den Bereich der Künste und der durch sie gesetzten Ziele; sie sind einander zu- und untergeordnet und weisen so in ihrem eigenen Verweisungszusammenhang auf den Zweck der sich in ihnen aktualisierenden menschlichen Natur als Ziel hin: »Da es viele Formen der Praxis und viele Künste und Wissenschaften gibt, gibt es auch viele Ziele; das der Heilkunst ist die Gesundheit, das der Schiffsbaukunst das Fahrzeug, der Sieg gehört zur Feldherrnkunst, der Reichtum zur Kunst des Wirtschaftens. Viele von diesen stehen unter einer bestimmten Kunst und ihrer Wirksamkeit, so wie unter der Reitkunst die Sattlerkunst und alle diejenigen Künste stehen, die im Dienst des Reitens sind; diese wieder und die ganze auf den Krieg bezogene Praxis steht unter der Feldherrnkunst; und auf die gleiche Weise andere unter anderen ... Wenn etwas so das Ziel von allem ist, was wir tun, daß wir es um seiner selbst willen wollen, das Andere aber um seinetwillen ... dann dürfte dies offenbar das Gute selbst und das Beste sein« (Eth. Nic. I, 1. 1094 a 6-22). Hier wird also das höchste Gut als das Ende der Praxis von vornherein an die Künste und an die durch sie bestimmte gesellschaftliche Praxis gebunden. Sie ist die Aktualität der menschlichen Natur und die Verwirklichung des menschlichen Seinkönnens. Der Mensch besteht in der Allgemeinheit des vernünftigen Menschseins als Stadt. Deshalb hat Platon die Stadt den Menschen im Großen genannt; sie ist die große Schrift, in welcher gelesen werden kann, was der Mensch in sich und in seiner Seele ist (Rep. 368 C). Aristoteles nimmt das grundsätzlich auf; der Mensch ist das Wesen, das darauf angelegt ist, in der Stadt zu seinem Sein zu kommen.

Was folgt für die Theorie des Glücks und des höchsten Gutes? Weil Praxis wesentlich als gesellschaftliche Praxis besteht, darum muß für den Einzelnen, der in die bloße Subjektivität seines Wollens und Wünschens verstrickt bleibt, das, was er mit Glück meint, unbestimmt, vieldeutig und den Schwankungen des Augenblicks unterworfen bleiben. Aus dieser Verstrickung nimmt ihn die Kunst der gesellschaftlichen Praxis heraus, denn in ihr lebt und wirkt die Natur des Menschen als Menschen nicht unbestimmt, sondern in der Macht der allgemeinen und über die Zufälligkeit und Einzelheit hinausgehobenen Vernunft. Wir leben in einer Gesellschaft, zu deren Selbstbewußtsein die Trennung des Einzelnen in seinem Dasein von der Objektivität und der ihm gegenüber verselbständigten Sachlichkeit der gesellschaftlichen Praxis als Arbeit gehört. Daher hat sich die Philosophie daran gewöhnt, von den Akten des Menschen in der Unmittelbarkeit des je eigenen Denkens, Erkennens, Wahrnehmens, Wollens und Fühlens zu sprechen; ich denke, ich fühle, ich will etwas, während im Verhältnis zu dieser Unmittelbarkeit der Akte die objektive Erkenntnis als Wissenschaft oder die objektive gesellschaftliche Praxis als ein Anderes gelten, zu dem sich die Subjektivität wie zu einem von ihr getrennten Objekt verhält.

Die Bedeutung der klassischen Theorie liegt nicht darin, daß sie von dieser Selbständigkeit der Subjektivität weglenkt und gegen sie die Objektivität der gesellschaftlichen Praxis stellt; auch sie kennt die Subjektivität, die das »Ihre« will (Platon) und in der Gesellschaft nicht das Allgemeine, sondern das ihr selbst »Nutz- und Gewinnbringende«[42] sucht; aus der Auseinandersetzung mit ihr und der sie absolut setzenden und so das Allgemeine negierenden sophistischen Theorie ist sie hervorgegangen. Das positive Recht des Selbstseins muß von Aristoteles im Verhältnis zur Polis schon darum voll anerkannt werden, weil die Polis politisch Freiheit und d. h. das Selbstseinkönnen der Einzelnen zum Inhalt hat. Wo es um Glück geht, da geht es um den Einzelnen als diesen, weil nicht ein Allgemeines, der Mensch oder der Staat, glücklich sein kann, sondern immer und notwendig nur dieser Mensch.

Aber diese Anerkennung bedeutet nicht Trennung und Entgegensetzung, sondern Vermittlung. In dieser Vermittlung liegt das Leben der aristotelischen Theorie, das auch die moderne Ethik aus ihrer abstrakten Erstarrung zu neuem Leben wecken könnte, in die sie die Entfremdung des Einzelnen und der Gesellschaft und d. h. der Verlust der Vermittlung gebracht hat. Die Praxis als Tun ist immer das Tun des Einzelnen – nicht der Mensch, sondern dieser Mensch handelt –, aber dieses Tun des Einzelnen besteht nicht als das zufällige, behelfsmäßige Tun des Laien, sondern als das zur Kunst gebildete Tun im Zusammenhang der Stadt. Der Einzelne besorgt in seinem Handeln das Seine so, daß sein Handeln zur Form der Kunst gebildet ist. Die Kunst ande-

42 Platon, z. B. Rep. 332 C: ὀφειλόμενον καὶ προσῆκον.

rerseits besorgt das Allgemeine, nicht indem sie selbst handelt, sondern so, daß sich ihr Handeln im Tun der Einzelnen vollzieht. Werden die gesellschaftliche Praxis der Künste und das Dasein der Einzelnen gegeneinander isoliert, so sind beide, die gesellschaftliche Praxis in ihrem Allgemeinen und der Einzelne in seinem Fürsichsein, abstrakt bestimmt. Ihre konkrete Vermittlung aber liegt darin, daß die Kunst die Form ist, in der sich die Praxis der Einzelnen verwirklicht, während diese ihrerseits das Allgemeine der Kunst actu vollzieht und ihr wirklicher Vollzug ist. Das Erkennenkönnen des Einzelnen ist wirklich in der Wissenschaft und ihrer allgemeinen Erkenntnis (scientia est actualitas cognitionis), und das gilt allgemein. Die Vernunft der Künste ist die Vernunft der Praxis, aber sie besteht als das vernünftige Denken derer, die hier und jetzt entscheiden und handeln. In den Vorstellungen vom Glück hält sich die Subjektivität des Einzelnen, aber der Stand des menschlichen Selbstseins, auf den sie in sich hinweisen, wird vom Einzelnen dann erreicht, wenn er seine Anlagen und Möglichkeiten zum Können einer Kunst bildet und so dazu kommt, als er selbst nicht in der Zufälligkeit der Einzelheit, sondern im Stande des Bürgers zu leben.

Das ist durch die allgemeine Struktur von Möglichkeit und Wirklichkeit als Natur vorgezeichnet. Das Menschsein als Möglichkeit und Anlage gehört von Natur und von Geburt den Einzelnen, aber das, was so dieser Einzelne sein kann, wird wirklich, wenn es zu der Form der vernünftigen gesellschaftlichen Praxis gebildet und in ihr wirksam wird. Was der Einzelne sein kann, bleibt in der isolierten Subjektivität bloße Möglichkeit, es wird wirklich im bürgerlichen Stand und in seiner Bildung zur Kunst. Platon und Aristoteles haben dieses bis ins einzelne immer wieder behandelt und erörtert. Der Einzelne wird, i· dem er lernt; er kommt zum Sein, indem er sein Können zu einer Kunst bildet; er ist er selber geworden, wenn er zum Stand einer Kunst gekommen ist. Dem entspricht, daß in den allgemeinen Dingen nur derjenige Zuständigkeit hat, der im Stande der Kunst steht und der »Gebildete« und der »Wissende« ist; sein Wort gilt da, wo es um die Dinge des menschlichen Lebens auf eine ernste und substantielle Weise geht.[43] Wer nichts gelernt hat, ist nichts und gilt

43 Zum Lernen vgl. Met. IX, 3. 1046 b 37; IX, 5. 1047 b 33; zur Zuständig-

nichts. Weil der »Laie« »ohne Kunst« ist, gehört er nicht zu den Wissenden; seine Meinung ist ohne Gewicht; er hat nur gelegentlich und zufällig an dem teil, was an sich Sache und Werk der Kunst und ihrer vernünftigen Einsicht ist.[44] Er kommt nicht zu seinem eigenen Sein; ohne Kunst und ohne bürgerlichen Stand bleibt er in der bloßen Möglichkeit hängen. Er betritt nicht den Boden, auf dem es um den Menschen und sein menschliches Dasein geht und die rechte Entscheidung und die rechte Tat gefordert werden: »In Olympia werden nicht die mit dem Lorbeer bekränzt, die ihrer Möglichkeit nach die Schönsten und Stärksten sind, sondern diejenigen, die im Wettkampf stehen« (Eth. Nic. I, 9. 1099 a 3-5).

So ist die Praxis, in der sich das Menschsein verwirklicht, nicht unbestimmt, sondern die bestimmte Praxis der Kunst. Man kann den Menschen und sein Dasein nicht von dem trennen, was die Wirklichkeit seiner Praxis ist. Das bürgerliche Leben im Stand der Gesellschaft ist die konkrete Wirklichkeit der menschlichen Praxis und so auch des Seins der Natur des Menschen. Im bürgerlichen Leben wird das Seinkönnen des Menschen wirklich. Was der Subjektivität als das ihr Äußerliche erscheint, ist in Wahrheit der Stand, in dem das Selbst zu seinem Sein kommt.

Das bedeutet, daß alles das, was im Glück erstrebt wird, nicht dem isolierten Fürsichsein des Einzelnen und seiner verschlossenen Innerlichkeit angehört; es wird im Stande des Bürgers und der ihn konstituierenden Kunst, in ihrem vernünftigen Wissen und Können wirklich.

Der Begriff der Stadt als Aktualität der menschlichen Natur und ihrer Vernunft macht daher für Aristoteles die Antwort auf die Frage möglich, was der im Glück gemeinte Stand des Selbstseins inhaltlich ist.

Die Definition des Glücks lautet: »Wer hindert uns, glücklich denjenigen zu nennen, der gemäß einer vollendeten Tüchtigkeit wirkend tätig ist und über die äußeren Güter in ausreichendem

keit des in der Kunst Gebildeten (πεπαιδευμένος περὶ τὴν τέχνην) vgl. Pol. III, 11. 1282 a 4; 1282 a 5-7: ἀποδίδομεν δὲ τὸ κρίνειν οὐδὲν ἧττον τοῖς πεπαιδευμένοις ἢ τοῖς εἰδόσιν.

44 Der »ἰδιώτα« wird grundsätzlich von dem Wissenden in allen Bereichen unterschieden; vgl. Pol. II, 7. 1266 a 31; III, 11. 1282 a 10-12.

Maße verfügt, nicht eine flüchtige Zeit, sondern ein ganzes Leben«[45]. Soweit in dieser Definition Momente zur Sprache kommen, die wie die Bedeutung des Wirkens und des Menschseins schon besprochen sind, bedarf sie keiner weiteren Erläuterung. Eine besondere Erörterung macht aber die Rede vom »κατ' ἀρετήν« notwendig. Sie ist für uns neu, und sie hat dazu geführt, daß man die aristotelische Theorie als den Versuch verstanden hat, das Glück mit dem zu seinem Begriff an sich beziehungslosen Begriff ethischer Tugend zu verknüpfen. 'Αρετή wird, so wie Aristoteles das Wort gebraucht, am besten mit Tüchtigkeit übersetzt. Erst dann bedeutet es auch »Tugend« im ethischen Sinn, so wie im deutschen Wort Tugend das Taugen zu etwas steckt.

In solchem Sinn von Tüchtigkeit macht das »κατ' ἀρετήν« in dieser Definition des Glücks seine Zugehörigkeit zum bürgerlichen Leben geltend. Tüchtigkeit gehört konstitutiv zur Kunst und zu dem, der im Stande der Kunst steht, weil die Kunst – das ist nach allem verständlich – erstens die Tüchtigkeit des Einzelnen und seiner Praxis ist, und weil zweitens Tüchtigkeit zum Können gehört, das sich nicht auf das Durchschnittliche beschränkt, sondern als das Können in guter Form der eigentliche Gegenspieler des Nichtskönnens und des Schlechtmachens und damit des menschlichen Nichtseins ist. Tüchtigkeit gehört zum Wirken selbst, weil zu ihm die Möglichkeit des guten und schlechten Vollzugs gehört. In diesem Sinn sprechen Platon und Aristoteles auch von der Tüchtigkeit der Werkzeuge und der Organe. Das Werkzeug ist gut, wenn es gut wirkt, die Tüchtigkeit des Auges ist das Gutsehen. Aber die menschliche Tüchtigkeit setzt zuerst das Können der Kunst voraus. Erst muß dieses Können vorhanden sein und eine Kunst beherrscht werden, ehe sich dann die Unterschiede des »Gut« und des »Schlecht« von dem Durchschnitt abheben können. Daher sagt Aristoteles, daß »das Werk eines Tätigen und eines auf tüchtige Weise Tätigen der Gattung nach dasselbe« ist (Eth. Nic. I, 6. 1098 a 8-9). Man muß zuvor die Flöte spielen

45 Eth. Nic. I, 11. 1101 a 14-16. Vgl. I, 10. 1099 b 26: ψυχῆς ἐνέργεια κατ' ἀρετήν; die gleiche Definition gilt so auch für das »menschliche höchste Gut«; vgl. I, 6. 1098 a 16: τὸ ἀνθρώπινον ἀγαθὸν ψυχῆς ἐνέργεια γίνεται κατ' ἀρετήν.

können, ehe man ein guter Flötenspieler werden kann. Man kommt zum Stande des Glücks und des Selbstseins, heißt dies, erst im bürgerlichen Stande, wenn in ihm die eigenen Möglichkeiten zur Tüchtigkeit des guten und meisterlichen Könnens gebildet sind. Das hat nun auch ethische Bedeutung im geläufigen Sinne, sofern der Tüchtige und derjenige, der in seinem Stande taugt, das Rechte zu treffen vermag; das seinen Händen anvertraute Allgemeine ist bei ihm in guten Händen; es kommt zu seinem Recht; deshalb hat Tüchtigkeit als solche sittliche Bedeutung; sie ist die Tugend der Kunst (ἀρετὴ τεκτονική) und des bürgerlichen Standes, weil sie Gediegenheit, Verantwortung, Verläßlichkeit und die Fähigkeit zu rechter Entscheidung und zum rechten Handeln einschließt. Der Tüchtige wird in seinem Werk dem Gemeinsamen gerecht; es kommt durch ihn auf gute Weise zustande. Aber diese Tüchtigkeit des Standes bringt dann auch die allgemeinen sittlichen Tugenden, Gerechtigkeit, Besonnenheit, Tapferkeit, Frömmigkeit zur vollen Wirkung. In der Tüchtigkeit des Standes werden sie zu ihrem eigenen Werk tüchtig. Was in der reinen Innerlichkeit verhaltene Möglichkeit ist, das Unerprobte und Unversuchte, wird da, wo der Mensch verantwortlich im Element des Allgemeinen handeln muß, wirkliche Tat und wirkliche Entscheidung. Das Sittliche hat seinen Ort da, wo der Mensch mit seinem Handeln und seinen geistigen Gaben in der Welt steht, in der das Gute und Rechte im Zusammenhang des gemeinsamen menschlichen Seins gefordert werden. Wenn die sittlichen Normen unmittelbar auf die Subjektivität bezogen werden, dann stehen sie ihr als Postulate gegenüber und als ein Sollen, abgetrennt von dem, was ist; es fehlt die Mitte, in der das Allgemeine und das Eigene des Einzelnen einander durchdringen. Um diese Mitte geht es Aristoteles; sie ist das bürgerliche Leben mit allem, was zu ihm gehört; in ihm hängen die sittliche Tugend und die bürgerliche Tüchtigkeit mit dem aktualen Menschsein zusammen. Die philosophische Theorie schafft keine neuen Ordnungen; sie würde sich im Leeren verlieren, wenn sie über das, was ist, hinausgeht. Ihre Größe aber bewährt sich darin, daß sie das, was an sich allen vertraut ist, durchdringt und den Menschen lehrt, die Fülle und den Reichtum des Daseins zu begreifen, das immer schon das seine ist. Das gilt auch für die aristotelische

Theorie des Besten und des Glücks. Was die Subjektivität in unbestimmten Vorstellungen sucht, das liegt in der Erfüllung ihres bürgerlichen Lebens beschlossen. Das Glück, das der Mensch sich schaffen kann, ist die Selbständigkeit und die Festigkeit des bürgerlichen Lebens. In ihm vermag das eigene Leben zu gedeihen, es trägt die Voraussetzungen zum Gelingen in sich.[46] In diesem bürgerlichen Glück hat die vernünftige Natur des Menschen Bestand; sie kommt in der Ordnung der Polis zur Wirklichkeit und verleiht dem Dasein des Einzelnen jene Selbständigkeit, die seine Vorstellungen vom Glück unbestimmt meinen. Glück und Unglück sind uns auch Mächte, über die wir nicht verfügen. Wir suchen das Glück zu finden und dem Unglück zu entgehen und sind dabei von dem Gefühl erfüllt, daß über solchem Suchen ein Geschick waltet, über das wir nicht verfügen. Die Sicherheit ist fraglich, der Bestand gefährdet, die Zeit reißt hin, was wir zu halten suchen. Alles dies kommt nun auch bei Aristoteles da, wo er vom Glück und vom Besten handelt, zur Sprache. Das »Schöne und Gute« ist der Macht des Irrtums ausgesetzt (Eth. Nic. I, 1. 1094 b 14-16). Die Masse lebt wie das Vieh (I, 3. 1095 b 19-20); die Großen und Mächtigen empfinden und denken wie Sardanapal (ibid. 21-22). Wandlungen und Schicksalsschläge treffen das Leben; sie schlagen auch den im Alter noch, der in gedeihlichen Verhältnissen sein ganzes Leben verbringen konnte, wie die Heldenlieder es von Priamos berichten (I, 10. 1100 a 5-9). Die Zukunft ist dunkel und bleibt uns verschlossen. Solon hat darum gesagt, daß man für Glück und Unglück auf das Ende zu sehen hat (I, 11. 1100 a 10-11). Die Überlieferung nennt das Glück »Gabe Gottes«; es wird geschenkt, und das ist »wohlgesagt«[47]. Hierzu gehört, daß sich für Aristoteles die Bestimmung des Menschen nicht auf den Bereich des Verfügbaren beschränkt: »Man muß als Mensch nicht nur Menschliches und als Sterblicher nicht nur Sterbliches bedenken« (X, 7. 1177 b 31-33). Im Anschauen des Göttlichen ist das »philosophische Leben« über das Glück des bürgerlichen Lebens hinaus (ibid. 30-31).

46 Pol. VII, 1. 1323 b 40 – 1324 a 2: βίος . . . ἄριστος, καὶ χωρὶς ἑκάστῳ καὶ κοινῇ ταῖς πόλεσιν, ὁ μετὰ ἀρετῆς, κεχορηγημένης ἐπὶ τοσοῦτον ὥστε μετέχειν τῶν κατ' ἀρετὴν πράξεων.

47 Eth. Nic. I, 10. 1099 b 11-12: θεῶν δώρημα . . . θεόσδοτον.

Alles dies bleibt im Hintergrund stehen und gehört zur aristotelischen Bestimmung des Glücks in seinem praktischen Sinn. Geschick und Glück als Stand des Lebens sind so nicht dasselbe. Aber dieser Stand des Lebens in der Festigkeit und Beständigkeit des bürgerlichen Lebens ist die Voraussetzung dafür, daß der Mensch in seinem Geschick nicht von Innen her dem Ungefähr und dem Zufall ausgeliefert bleibt, denen derjenige überantwortet ist, der sich von der Stadt isoliert und der Positivität des bürgerlichen Lebens und seiner Tüchtigkeit verschließt. Ihm fehlt die Kraft des Bestehens; er ist in sich selbst ohne Halt und treibt in den Wellen des Zufalls. Daher sagt Aristoteles, daß ein Wesen, das außerhalb der bürgerlichen Ordnung und ohne die Stadt besteht, entweder weniger als der Mensch und so das Tier oder mehr als der Mensch und so der Gott ist. Der Mensch aber, der ohne von widrigen Umständen gezwungen zu sein und gemäß der inneren Verfassung seines eigenen Daseins ohne »Gesetz und Recht« lebt, heißt bei ihm der »Schlechteste von allen«. Er fordert mit seinem eigenen Nichtsein den Krieg und die Zwietracht heraus; er ist das »Wildeste«, da er nicht einmal wie das Tier ist, das von Natur in seinen Ordnungen lebt und sich in sie einfügt.[48] Das »Gutgehen« ist denen verschlossen, die nicht das Gute tun.[49] Der Mensch dagegen, der in der Tüchtigkeit des bürgerlichen Standes zu seiner Vernunft kommt, vermag als Mensch und in menschlicher Weise sein eigenes Geschick anzunehmen; er weiß es verständig zu meistern. Wir »sind zu der Überzeugung gekommen, daß vom Glück jedem Einzelnen nur soviel zufällt, als ihm Tugend und vernünftige Einsicht und Besonnenheit und so ein Wirken eigen sind, das ihnen folgt« (Pol. VII, 1. 1323 b 21-23). Der Mensch bleibt auch im Stande des Glücks den Mächten des Geschicks ausgesetzt; was ihm aber in die Hand gegeben ist, das ist die Tüchtigkeit des bürgerlichen Lebens. Sie bringt ihn innerlich wie äußerlich in den Stand, in dem er er selbst sein kann; er besitzt die Vernunft, sein Geschick zu bestehen und sein eigenes Leben auf menschliche Weise zu führen.

Voraussetzung dieses Bestehens ist die vernünftige Ordnung der

48 Pol. I, 2. 1253 a 2-7. Zum »ἄπολις« vgl. Pol. VII, 1. 1323 a 27 seq.

49 Pol. VII, 1. 1323 b 31-32: ἀδύνατον δὲ καλῶς πράττειν τοῖς μὴ τὰ καλὰ πράττουσιν.

Polis; sie ist der Ort des Menschen und seines menschlichen Glücks, weil sie die Aktualität der menschlichen Natur ist. Das nicht zum bürgerlichen Dasein und seiner Vernunft gekommene Dasein aber bleibt der Ohnmacht der Möglichkeit und des Nichtseins ausgeliefert. In der Theorie des Glücks preist Aristoteles die Stadt; sie ist selber das Glück für den Menschen, weil sie der menschlichen Natur und ihrer Vernunft Wirklichkeit gibt. Sie macht den Menschen in der Tüchtigkeit des bürgerlichen Lebens von den Mächten der inneren Haltlosigkeit und des Zufalls frei; sie gibt ihm das Glück, als Mensch sein Geschick zu bestehen und vernünftig zu meistern.

III

9. In allen diesen Zusammenhängen handelt Aristoteles mit jedem Schritt vom Dasein und Sein des Einzelnen und zugleich vom bürgerlichen Staat.[50] Das politische Prinzip der Freiheit meint das Selbstsein des Einzelnen; die politischen Begriffe und Prinzipien weisen in sich selbst über sich hinaus auf den substantiellen Grund menschlichen Seins, dessen Verwirklichung sich in ihnen formiert. Die aristotelische Lehre vom Glück bricht die Verschlossenheit der Subjektivität auf; sie wird dazu gebracht, die Stadt als die Bedingung und den Grund ihres eigenen Beste-

50 Aristoteles spricht nicht vom Staat, sondern von der Staatskunst; die Stadt ist sowohl Staat wie Gesellschaft, die moderne Trennung von Staat und Gesellschaft ist noch unbekannt, und das ist sachlich in der Identität der Herrschenden und Beherrschten als Bürger begründet. Alles, was für uns Staat heißt, politische Führung nach innen und außen, Verwaltung, Gesetzgebung, Rechtsatzung und Rechtsprechung, wird daher in dem Begriff der Staatskunst als des mit ihm befaßten Handelns zusammengefaßt. Das hängt zugleich mit dem Aktualitätsprinzip des Aristoteles zusammen. Denn wie alles Allgemeine, so sind auch Gesetze, Rechte, Verfassungen nicht in der Allgemeinheit ihres Begriffs – so wie sie niedergeschrieben sind – sondern im politischen Vollzug und d. h. im Handeln der Einzelnen wirklich, die handeln: »Das Herrschende ist überall für den Staat der politische Vollzug, die Verfassung ist actu Vollzug« (πολίτευμα, vgl. Pol. III, 6. 1278 b 10-11). Im Text übersetzen wir Stadt und gelegentlich auch Staat, wenn dieser Begriff sich besser eignet, das Allgemeine des Gedankens zum Ausdruck zu bringen; aber es geschieht immer mit dem Vorbehalt, daß »Polis« sowohl Staat wie Gesellschaft ist.

hens zu begreifen; in der allgemeinen Wirklichkeit des Menschen kommen die menschlichen Möglichkeiten der Einzelnen zur Entfaltung. Aber hierin wird zugleich das Umwillen einer durch Freiheit gesetzten politischen Ordnung bestimmt. In der Stadt und in ihrer gesellschaftlichen Praxis will sich die vernünftige Natur des Menschen verwirklichen; sie ist als ihr Grund auch ihr Zweck. Aber dieser Zweck wird nicht in der abstrakten Allgemeinheit des Politischen erreicht; er schließt die Freiheit ein; er fordert das Glück der Einzelnen; die Stadt erfüllt ihren menschlichen Sinn, wenn sie den Einzelnen als ihren Bürgern die Freiheit des Selbstseins auftut.

Die Bewegung, in welcher das Einzelne zu seiner Bestimmung kommt, ist zugleich die Bewegung, in der sich das Allgemeine verwirklicht. Diese Doppelheit der Bewegung steht im Mittelpunkt der aristotelischen Philosophie. Das Allgemeine ohne das Dieses hat keine Wirklichkeit, das Dieses ohne das Allgemeine hat kein Sein; wer diese Dialektik der Einheit nicht begreift, verfällt der Dialektik der Trennung; er sucht ein Ganzes zu halten, aber er muß, um dieses zu können, das Allgemeine oder das Einzelne preisgeben; er erkauft den Begriff des Ganzen mit dem Verlust seiner lebendigen Fülle.

So ist für Aristoteles die Lehre von der Bestimmung des Einzelnen zugleich die Lehre von der Bestimmung der politischen Ordnung, und man kann geradezu sagen, daß Aristoteles die Frage nach dem höchsten Gut des Menschen methodisch an die Vorstellungen vom Glück angeknüpft hat, weil so das allgemeine Menschsein der Stadt vor der Gefahr der abstrakten Isolierung geschützt und das Recht der Individualität in der Zugehörigkeit zu ihm geltend gemacht wird. Nicht »der« Mensch handelt, sondern »dieser« Mensch; nicht »der« Mensch, sondern »dieser« Mensch steht im Stande des Glücks. Wer das Wesen der Stadt denkt, kann hieran nicht vorübergehen, wenn sein Begriff der Stadt und der staatlichen und gesellschaftlichen Ordnung nicht abstrakt und leer bleiben soll.

Die Lehre vom Glück des Einzelnen gibt so zugleich das Umwillen der politischen Ordnung an die Hand. Dem hat Aristoteles sowohl in der »Nikomachischen Ethik« wie in der »Politik« durch den Grundsatz von der Identität des politischen und des individuellen Glücks Rechnung getragen: »Das Glück für jeden Einzelnen der Menschen und für die Stadt ist dasselbe«[51]. Auch für diese Identität kann man sich auf den Konsens berufen; wer Reichtum und Macht für das Glück hält, der nennt auch die reiche und mächtige Stadt glücklich. Wer die Tugend und die sittliche Tüchtigkeit liebt, dem gilt die Stadt als glücklich, die die Tugenden und die sittlichen Ordnungen im Leben ihrer Bürger zu wahren weiß.[52]

Auf dieser Identität beruht die Positivität und der sittliche Sinn der politischen Ordnung. Aristoteles hat sich deshalb besonders eindringlich mit allen Theorien auseinandergesetzt, die Staat und Gesellschaft nur als Noteinrichtung und als eine Notwendigkeit begreifen, die zwar durch die Bedürftigkeit des Menschen gefordert wird, aber für ihr eigenes Sein keine positive Bedeutung hat. Auch dieser Bedürftigkeit muß der Staat Genüge tun; er gewährleistet Schutz nach außen und innen, er regelt das Zusammenwohnen und sichert den Handel. Ein Staat, der alles dies nicht vermag, ist auch für Aristoteles kein Staat; die Ohnmacht verurteilt ihn zum Nichtsein. Was aber die Polis, den bürgerlichen Staat, von allen anderen Staaten unterscheidet, ist die Gemeinschaft der Bürger in ihrer Freiheit; auf sie bleibt der Sinn allen politischen Handelns bezogen; die Aufgaben sind mannigfaltig; die Wirtschaft, die Sicherheit, die Macht verlangen ihr Recht, aber aus dem Grunde der Freiheit erwächst das erste Ziel des Staates; das Menschsein will im Selbstsein der Einzelnen wirklich werden; die Natur als Zweck bestimmt alle Bereiche des politischen Lebens; sie sammelt alle Ziele – sie umgreifend – in sich. Dem werden weder die negativen Theorien des Notstandes noch auch solche Theorien gerecht, die den Staat aus bestimmten partikularen Bedürfnissen und Notwendigkeiten begründen. Die Positivität der Freiheit schließt aber die Positivität des Staatszwekkes in sich. Sein Begriff bestimmt sich daher an dem Begriff des besten Lebens, das die Stadt als Staat dem Einzelnen als Bürger ermöglicht, so daß die Definition des individuellen Glücks zugleich die positive Bestimmung des Umwillens bürgerlicher Staaten einschließt: »Die Stadt ist keine Gemeinschaft nur dem Orte

51 Eth. Nic. I, 1. 1094 b 7-8; vgl. Pol. VII, 2. 1324 a 5-8.
52 Vgl. Pol. VII, 2. 1324 a 7-8.

nach oder nur zum Schutze gegen wechselseitige Benachteiligungen und zur Pflege des Handelsverkehrs. Alles dies muß zwar auch sein, wenn die Stadt sein soll. Aber auch wenn alles dies gegeben ist, ist damit noch nicht die Stadt. Als solche aber hat zu gelten die Gemeinschaft in einem guten Leben unter Häusern und Geschlechtern mit der Bestimmung des in sich vollendeten und selbständigen Lebens« (Pol. III, 9. 1280 b 30–35).

Aristoteles hat diese positive Bestimmung der Polis mit besonderem Nachdruck gegen die Notstandstheorien festgehalten. Auch wenn ein solcher Notstand einst wirklich zur Gründung der Stadt geführt hat, so ist doch mit ihm nicht auch der Grund und Zweck der in sich vollendeten Stadt gegeben: »Die Stadt ist ein Seiendes, das in sich seinen Zweck hat, die Gemeinschaft, die, wie man sagen möchte, das Maß und das Ziel jeder Form eines selbständigen Daseins in sich trägt, entstanden um des Lebens willen, bestehend aber um des rechten und guten Lebens willen« (Pol. I, 2. 1252 b 28–30).

Der Satz von der Identität des Glücks für den Einzelnen und für die Stadt läßt an sich und formal auch die Auslegung zu, daß mit ihm die gesellschaftliche Einheit zum Ganzen gemacht wird, in welcher das Allgemeine alles und der Einzelne nichts ist. Aber diese Auslegung wird durch die inhaltliche Bestimmung des Glücks ausgeschlossen. Durch sie wird zugleich festgelegt, worin der Zweck und der Sinn politischer Ordnung gesucht werden muß.

10. Wie mit der Theorie des Notstandes muß sich Aristoteles in diesem Zusammenhang nun auch mit Platon und seiner Lehre vom Staat auseinandersetzen. Die platonische Theorie der Kunst und des Standes bildet das Kernstück auch der aristotelischen Theorie des Glücks. Die Polis und ihre Ordnung ist von Anbeginn der Ort der Philosophie; sie hat sich immer als Vernunft ihrer gründenden Ordnung verstanden. Platon aber ist von der Allgemeinheit des Gesetzes der Stadt zur Freilegung dessen weitergegangen, was sie für das Selbstsein des Einzelnen bedeutet. Er hat in der ständigen Auseinandersetzung mit der Sophistik die abstrakte Verkehrung der Position aufgedeckt, in welcher der Einzelne sich selbst und seinen Willen gegen das Allgemeine der Stadt setzt, um sich als Macht ihrer Negation gegen das Gesetz

und seine Tradition zu erheben. Aber in dieser Abwehr hat Platon seinerseits die Positivität des Selbstseins und damit die Substanz der Freiheit aus dem Auge verloren: Er hat zuerst die Bedeutung des Standes und der Kunst für das Sein des Einzelnen erkannt, aber er hat hieraus geschlossen, daß der Stand für den Einzelnen alles und er selber in seinem eigenen Sein für den Stand und für die Stadt nichts ist. »Wenn der von Natur zum Schustern Geschickte schustert und der zum Zimmern Geschickte zimmert, und beide nichts anderes tun« (Rep. 443 C), dann ist die rechte Ordnung gewährleistet, das Sein der Einzelnen wird in ihrem Stand und durch ihn vollständig bestimmt. Gegen diese Aufhebung des Einzelnen und seines eigenen Seins wendet sich Aristoteles. Was einerseits auch für ihn die Grundlage menschlichen Seins bleibt, wird andererseits von Platon abstrakt gefaßt. Die Positivität des Dieses verdampft im Allgemeinen, so wie für die Sophistik die Positivität des Allgemeinen im Dieses untergeht. Wenn die platonische Gleichsetzung des Einzelnen mit seinem Stande gilt, dann ist alles das, was für Aristoteles zum eigenen Leben des Einzelnen gehört und seine positive Substanz ist, für die Stadt und ihren Staat ohne Bedeutung. Der Einzelne kommt in der Stadt zu sich selbst, aber dieses Selbst trägt als Selbst nichts zum Allgemeinen der politischen Ordnung bei. Auch für Aristoteles bleibt gültig, daß der Mensch als Stadt wirklich wird; wenn aber der Einzelne wie bei Platon mit seinem eigenen Sein ganz in diesem allgemeinen Menschen aufgeht und so nichts außerhalb seines Standes ist, dann wird auch dem »Menschen als Stadt« mit »diesen Menschen« seine konkrete Wirklichkeit entzogen.

Für Platon ist der Mensch nur als die Stadt und als ihre Ordnung der Stände wirklich; er hat darum die Seele – das Menschsein des Menschen – geteilt und ihre Teile unmittelbar den verschiedenen Ständen zugeordnet. Nicht die Einzelnen als solche, sondern die Stände sind ihre Einkörperung, so daß die Einzelnen nur insoweit an dem Menschsein teilhaben, als diese ihnen innerhalb ihres Standes zukommt. Das Menschsein als solches und im Ganzen ist nur im Ganzen der Stadt wirklich; es wird vom Dasein der Einzelnen abgetrennt und ist in dieser Abtrennung allein die Sache der Staatskunst und ihrer Träger, der Philosophen, die darum für Platon auch als einzige zum ganzen Menschen gebildet werden sollen.

In dieser Abtrennung des »Menschen selbst« von »diesen« Menschen und so auch des »Guten selbst« von »diesem Guten«[53] liegt für Aristoteles die Abstraktheit der platonischen Theorie; ihre Überwindung ist das Anliegen, das seine Philosophie in allen ihren Bereichen auszutragen versucht hat. Diese Trennung bedingt auch die Abstraktheit des platonischen Staates. Was die aristotelische Stadt ermöglicht und was ihre Substanz ist, das Glück des Bürgers und das Selbstsein des Freien, das ist für den Staat Platons ohne Bedeutung; er löst das Allgemeine vom persönlichen Leben der Bürger ab. Das hat aber dann Konsequenzen für die Theorie des Politischen, die Aristoteles gemäß seinem Grundsatz von der Identität des individuellen und des staatlichen Glücks zurückweisen muß.[54]

Die verhängnisvolle Gleichgültigkeit gegen das individuelle Leben des Bürgers zeigt sich darin, daß Platon für die Herrschenden Eigentumslosigkeit und Familienlosigkeit fordert, um sie so in der Abtrennung von allem Persönlichen dem allgemeinen, im Staat verkörperten Menschsein anzugleichen. Aber damit wird für die Spitze der Stadt gerade das aufgehoben, was ihre bürgerliche Gemeinschaft und ihre Freiheit begründet und fordert.

Aristoteles macht hiergegen die grundsätzliche Abstraktheit des Allgemeinen ohne das Dieses geltend. Die gemeinsamen Angelegenheiten der Stadt leben nur im Element des persönlichen Interesses: »An die allgemeinen Angelegenheiten denkt man nur, soweit sie den Einzelnen angehen«[55]. Wo aber das »Meine« wegfällt, da hört auch das Allgemeine auf, für mich das Meine zu sein. Es besteht nur noch in der abstrakten Unmittelbarkeit des

53 Eth. Nic. I, 4. 1096 b 25: τὸ ἀγαθὸν κοινόν; 1096 a 35-b 1: ὁ αὐτάνθρωπος.

54 Im Unterschied zu Eth. Nic. I, 4 spricht Aristoteles in der »Politik« und in der Auseinandersetzung mit dem platonischen Staat nicht von Platon, sondern von Sokrates, obwohl eindeutig auf den »Staat« und auch auf die »Gesetze« Bezug genommen wird. Wie ist das zu verstehen? Sollte nach der Meinung des Aristoteles die Theorie Platons in ihren politischen Forderungen Sokrates gehören?

55 Pol. II, 3. 1261 b 34-35: τῶν ... ἰδίων μάλιστα φροντίζουσιν, τῶν δὲ κοινῶν ἧττον, ἢ ὅσον ἑκάστῳ ἐπιβάλλει.

Begriffs und ist ohne Beziehung zum konkreten Dasein des Menschen. Der positive Zusammenhang mit dem Leben und Interesse der Einzelnen entfällt, auf dem das Leben der politischen Ordnung beruht. Das »Meine« wird dem Allgemeinen entzogen, und Aristoteles beruft das Recht der Ordnungen, wie sie geworden sind, gegen die Konsequenz und Reinheit des Begriffs: »Ist es besser, das ›Mein‹ so zu gebrauchen, daß man dies ›Mein‹ mit zweitausend oder zehntausend Anderen teilt, oder ist es vielleicht besser, das ›Mein‹ so zu gebrauchen, wie es jetzt in den Städten üblich ist?« (Pol. II, 3. 1262 a 6-9).

So geht es Aristoteles in dieser Auseinandersetzung mit Platon um das Recht des individuellen Lebens, aber dies nicht nur, weil er sein Glück vor dem abstrakten Staat retten will. Ebenso wichtig ist das Andere: Wenn das Glück der Einzelnen preisgegeben wird, dann wird auch dem Allgemeinen der politischen Ordnung der Boden entzogen, aus dem es lebt. Indem Platon die Herrschenden auf den Inhalt ihres Herrschens und die Bürger auf ihren besonderen Stand einschränkt, will er die Verwirklichung des Menschseins durch den Staat in reiner Vollendung erreichen. Aber mit dieser Vollendung wird der Staat selber in seiner bürgerlichen Form und damit auch seine menschliche Bestimmung in Frage gestellt. Mit der in reiner Form verwirklichten Einheit wird dem Menschsein des Menschen das wirkliche Dasein entzogen. »Dieser« Mensch wird um sein Sein gebracht, damit »der« Mensch sei.

»Nach Sokrates soll ... es am besten sein, wenn der ganze Staat möglichst einer ist; denn das nimmt er zur Voraussetzung. Es ist andererseits aber klar, daß der Staat, je weiter er zur Einheit fortschreitet, desto mehr aufhören muß, noch Staat zu sein.«[56] Denn seine Wirklichkeit ist die Gemeinschaft der Bürger, diese Gemeinschaft aber bilden die Einzelnen in ihrem eigenen Leben. Dies eigene Leben opfert Platon der abstrakten Vollendung des Staates und des in ihm verkörperten Menschen. Dagegen stellt Aristoteles den Grundsatz, daß der Staat nicht reine Einheit, sondern wesentlich »Menge« sei.[57] Er besteht als Einheit der Vielheit;

56 Pol. II, 2. 1261 a 14-18: ὡς προϊοῦσα καὶ γινομένη μία μᾶλλον οὐδὲ πόλις ἔσται.

57 Pol. II, 2. 1261 a 18: πλῆθος γάρ τι ... ἐστὶν ἡ πόλις.

er birgt die positive Fülle und den Reichtum des individuellen Lebens in sich. Dieser Reichtum ist als Glück seine Bestimmung. So gewinnt Aristoteles durch die methodische Anknüpfung an die Vorstellung vom Glück die Füllle des bürgerlichen Lebens zurück, über die Platons Theorie hinweggegangen war. Im Begriff des höchsten menschlichen Gutes und in seiner Bindung an die Stadt gehen die platonische und die aristotelische Theorie zusammen. Indem Aristoteles aber die Bestimmung des höchsten Gutes hermeneutisch aus den Glücksvorstellungen entwickelt, macht er gegen Platon das Recht des individuellen Lebens und seine konstitutive Bedeutung für die Stadt geltend. Ihr Glück fällt mit dem Glück des Einzelnen zusammen.

Der Einzelne kommt im bürgerlichen Stande zu seinem Menschsein und zu seiner Vernunft. Aber das bedeutet nicht – und dies ist der Sinn der Auseinandersetzung mit Platon –, daß er außerhalb seines bürgerlichen Standes nichts ist. Platon hat sich um das, was er für sich selbst ist, nicht gekümmert, so daß der Einzelne für ihn nur Träger des Standes und seines Werkes bleibt; er hat »nichts anderes zu tun«; und was er außerdem tut, hat vom Standpunkt des Allgemeinen keine Bedeutung. Aber dieser Begriff des Einzelnen ist abstrakt. Das Subjekt des bürgerlichen Lebens ist nicht der Einzelne, der isoliert für sich als ein Einzelgänger lebt und wie »ein Stein im Brettspiele« aus allen Zusammenhängen gelöst ein Leben der Vereinzelung führt.[58]

Einem solchen gehört nicht das Glück des bürgerlichen Standes, sondern dem, der »mit Ahnen und Kindern und mit seinem Weibe und überhaupt mit Freunden, Nachbarn und Mitbürgern lebt« (Eth. Nic. I, 5. 1097 b 8-11). Diese Zusammenhänge der Verwandtschaft und Freundschaft machen das Leben des Einzelnen aus; er lebt als »Tisch- und als Herdgenosse« (Charondas, Epimenides; vgl. Pol. 1, 2. 1252 b 14-15) im »Hause« als der Gemeinschaft seines täglichen Lebens.[59] Die Freundschaften, die Genossenschaften und Bünde des Krieges und des Kultes, der Totenbestattung und Totenehrung sind sein eigenes Leben; sie geben ihm seine Fülle. Aber sie sind damit auch für die Stadt

58 Pol. I, 2. 1253 a 7: ἄζυξ ὢν ὥσπερ ἐν πεττοῖς.

59 Pol. I, 2. 1252 b 13-14: ἡ μὲν οὖν εἰς πᾶσαν ἡμέραν συνεστηκυῖα κοινωνία κατὰ φύσιν οἰκός ἐστιν.

selbst nichts Äußerliches, das sie durch ihre ständische Ordnung ersetzen und überflüssig machen könnte. Das Leben des Einzelnen, der im bürgerlichen Stande zum Glück seiner vernünftigen Wirksamkeit und seines Menschseins kommt, ist durch die Fülle dieser persönlichen Beziehungen bestimmt. Sie ist für Aristoteles auch der Nährboden, der das Allgemeine der Stadt nährt und trägt; es lebt, indem es von Einzelnen besorgt und getan wird, aus ihrem substantiellen persönlichen Reichtum. Daher kann Aristoteles sagen, daß die Freundschaft dieselbe Bedeutung für die Stadt hat wie die Gerechtigkeit: »Es scheint auch die Städte die Freundschaft zusammenzuhalten, und deswegen wenden sich die Gesetzgeber ihr mit ernsterem Eifer zu als selbst der Gerechtigkeit« (Eth. Nic. VIII, 1. 1155 a 22–24). In der »Politik« hat Aristoteles die Zugehörigkeit dieser vorpolitischen Gemeinschaften zur Stadt und ihrem Staat eindringlich dargestellt. Es ist grundsätzlich falsch, wenn man alle die Formen der Gemeinschaft, aus denen die Stadt und ihre vernünftigen Ordnungen als ein Höheres hervorgehen, von ihrem Begriff ausschließt und sie im Verhältnis zu ihnen als ein Vergangenes behandelt, das mit ihnen vergeht oder seine Bedeutung verloren hat. In dieser Vorstellung wird außer acht gelassen, daß in der Stadt als der höheren Ordnung auch diese vorstädtischen Gemeinschaften zu höherer Erfüllung kommen. Die Stadt hebt sie in sich auf und bringt damit ihre eigene Substanz auch für sie selbst zur Entfaltung. Deswegen nennt Aristoteles die Stadt die »vollendete und am Ende stehende Gemeinschaft«[60]; auf sie drängen alle Gemeinschaften wie auf ihre eigene Erfüllung und Vollendung hin.[61] Demgemäß wird die Stadt als ein »zusammengesetztes Ganzes« verstanden; sie ist als das Ganze »früher als der Einzelne und das Haus« (Pol. I, 2. 1253 a 19). Aber zu diesem »Früher« gehört, daß der Zeit nach und im Gang der Entwicklung die Stadt zuletzt kommt und das Erste das Haus ist; »zuerst das Haus« und dann »aus mehreren Häusern das Dorf« und zuletzt die aus diesen gebildete und sich zusammenfügende Stadt, die vollendete Gemeinschaft.[62] Damit

60 Pol. I, 2. 1252 b 28: κοινωνία τέλειος πόλις.

61 Pol. I, 2. 1253 a 29-30: φύσει μὲν οὖν ἡ ὁρμὴ ἐν πᾶσιν ἐπὶ τὴν τοιαύτην κοινωνίαν.

62 Vgl. Pol. I, 1. 1252 b 10 seq.

aber meint Aristoteles keine vorübergehenden Stadien einer historischen Entwicklung; das der Zeit nach Frühere geht in die Stadt ein; es wird selbst in ihr zur Vollendung der in ihm liegenden Möglichkeiten gebracht. Was in der Stadt zur Wirksamkeit kommt, ist im Haus und in den Freundschaften und im Dorf angelegt. Dieselbe (vernünftige) Natur wie in der Stadt macht auch schon das Haus (Pol. I, 2. 1253 a 18). Eine solche Bemerkung hat grundsätzliche Bedeutung; sie dient dazu, alle Abstraktionen und jede Form der Isolierung sowohl für die Stadt wie für die Vernunft abzuwehren, weil durch sie die Substanzen ausgeklammert würden, die mit der Stadt zu ihrer Entfaltung kommen.

Läßt man aus der Bestimmung der Stadt diese Zusammenhänge heraus, dann hat man zwar einen reinen Staat gewonnen, aber dieser Staat hat die Fülle des menschlichen Lebens verloren, dessen Natur die Stadt hervorgebracht hat, um sich praktische Wirklichkeit zu geben.

In der Theorie des Glücks macht Aristoteles so auch die Grenze des Staates geltend. Die bürgerliche Gesellschaft macht das Glück für den Einzelnen möglich; das ist das Eine. Aber damit wird zugleich gesagt, daß dieses Glück als die rechte Verfassung des Einzelnen in den Zusammenhängen seines eigenen Lebens auch die Voraussetzung und Bedingung für den Bestand der Stadt und ihres Gedeihens sind. Der rechte Staatsmann wird daher darauf sehen, die Bürger gut zu machen und die Tugend in ihrem Leben zu wecken.[63] Damit trägt Aristoteles nicht eine unreale, wirklichkeitsfremde, moralische Forderung an die Stadt heran; es handelt sich vielmehr um die sehr nüchterne Feststellung, daß die gleiche Gesellschaft, die einerseits dem Einzelnen zu seiner Vernunft verhilft, andererseits selbst darauf angewiesen bleibt, daß er sich zum Träger und Hüter ihrer Ordnungen macht.

Und man wird noch einen Schritt weitergehen müssen. Der Zweck der Stadt und ihrer politischen Ordnung ist die Aktualisierung des Menschseins. Aber die Verwirklichung dieses Zwecks kann nicht im abstrakten Element des Allgemeinen erfolgen. Die Politik kann nicht selbst das Glück schaffen, das sie herbeiführen und sichern soll; dies bleibt die Sache der Einzelnen und ihres

63 Eth. Nic. I, 13. 1102 a 8-9: durch das »πολίτας ἀγαθοῦς ποιεῖν« und die Sorge hierum wird ὁ κατ' ἀλήθειαν πολιτικός gekennzeichnet.

persönlichen Lebens. So weist der Zweck der Politik und der politischen Ordnung über ihren eigenen Bereich hinaus auf das Wirken und die sittliche Tüchtigkeit des Einzelnen. Aristoteles hat diese Grenze der politischen Wirksamkeit am Verhältnis des philosophischen zum bürgerlichen Leben aufgezeigt. Die Platoniker haben es darum, weil es in der Teilhabe am Göttlichen über die politische Ordnung hinausführt, von der Stadt und ihrem bürgerlichen Leben abgetrennt. Es soll mit ihnen nichts gemeinsam haben; es ist im Verhältnis zu ihnen ein Anderes. Aber dieser Abtrennung stimmt Aristoteles nicht zu. Das Leben in der Theorie verhält sich auch für ihn so zum bürgerlichen Leben, wie sich das Göttliche selbst zum Menschlichen verhält (z. B. Eth. Nic. X, 7. 1177 b 31). Aber das rechtfertigt nicht, sie voneinander zu trennen. Denn diese Trennung würde bedeuten, daß die Stadt und ihre politische Ordnung ihrer eigenen Bestimmung entfremdet würden. In der Aussonderung des philosophischen Lebens wird vielmehr manifest, wie sich grundsätzlich die Erfüllung des individuellen Lebens in der Stadt zum Politischen verhält. Das philosophische Leben ist »kein Anderes«, sondern »das Beste«; das Selbstsein des Menschen, das die Stadt zu verwirklichen hat, weist in sich selbst über die Stadt hinaus. Der Zweck, der der Stadt von Natur gesetzt ist, wird nicht von ihr selbst, sondern von denen verwirklicht, die als Bürger durch sie zu ihrem Sein kommen. Die aristotelische Theorie des Glücks überwindet so den abstrakten platonischen Begriff des Staates, um ihn von neuem an seine konkrete Substanz zu binden. Durch sie wird auch sein Zweck gesetzt; sein Begriff wird aus dem Begriff des Glücks entwickelt: er ist »die Gemeinschaft in einem guten Leben unter Häusern und Geschlechtern mit der Bestimmung des in sich vollendeten und selbständigen Lebens« (Pol. III, 9. 1280 b 30-35). Die menschliche Substanz politischer Ordnungen läßt sich nicht wieder in politische Begriffe fassen; dies Sein des Menschen, das der Inhalt der Stadt ist, steht im Zusammenhang der Seinsordnung, die mit allem Seienden auch die Stadt umgreift.

Die Stadt ist rationale Gesellschaft; zu ihr gehört – dies ist eines ihrer Prinzipien –, daß ihre Gesetze und ihr Recht auf Satzung beruhen; Gesetzgeber haben sie zu allen Zeiten geschaffen; die großen Gesetzeswerke tragen die Namen ihrer Schöpfer. Aber diese Satzungen leben aus den überlieferten »ethischen« Ordnungen, und die Frage ist, wer in der Stadt sie weiterzutragen und fortzupflanzen vermag. Aristoteles hat zu dieser Frage, vor allem in der »Politik« Stellung genommen. Überlieferung, Sitte und Brauch haben von alters ihren Ort im Hause und in der Welt des persönlichen Lebens, in Sippe und Freundschaft. Im Hause »herrschen die Ältesten«; sie wahren die rechte Ordnung und ehren »Themis«, die göttliche Ordnung, über die Zeus wacht (Pol. I, 2. 1252 b 21-23). In diese Ordnung ist das tägliche Leben der Einzelnen in seinem Lauf eingefügt; zu ihr gehören Gottesdienst, Gebet und Opfer, die Sitte und das Geziemende im Verhältnis der Menschen untereinander, die Ordnung des Besitzes, das Verhältnis von Mann und Weib, Eltern und Kindern, von Herr und Gesinde.[64] So tragen die »Häuser und Geschlechter« die auf Herkommen, Überlieferung und Brauch gegründete sittliche Ordnung weiter; sie bewahren sie in der Stadt und pflanzen sie fort. In einem hintergründigen Zusammenhang mit dem Problem der politischen Rechtssatzung heißt es dann bei Aristoteles, daß die reine Tüchtigkeit des Standes für die Gesellschaft nicht ausreicht; sie lebt als menschliche Ordnung davon, daß sich die ethische Tugend in ihr hält; sie fordert das Wirken des Menschen als Menschen: »Soll nun der Zimmermann und der Schuster ein bestimmtes Werk und ein bestimmtes Wirken haben, der Mensch aber nicht, so als sei er ohne Werk. Oder soll man nicht wie beim Auge oder bei der Hand oder beim Fuß ... auch für den Menschen neben diesem allen ein eigenes Werk setzen?« (Eth. Nic. I, 6. 1097 b 25-34).

Von dieser menschlichen Tugend und von ihrem Werk leben auch die Satzungsordnungen der Stadt, und so sind das Haus und die ihm verwandten Gemeinschaften des persönlichen Lebens mit ihren sittlichen Überlieferungen auch ihre unabdingbare Voraussetzung. Das Recht und die Satzung leben aus ihnen; sie können sie nicht ersetzen. Sie fordern die Einzelnen, die im Haus und in

64 Daher beginnt die aristotelische »Politik« mit der Erörterung dieser Ordnungen des persönlichen Lebens. Vgl. Pol. I, 2. 1252 a 24 seq. Aus ihnen kommt die politische Ordnung der Polis; das zeigt sich an ihrer ursprünglichen Verfassung. Im Königtum besteht die Herrschaft der Sippenältesten fort.

der Freundschaft die ethischen Ordnungen wahren und sie aus ihrem persönlichen Leben in die Gesellschaft und ihre politische Ordnung einbringen.

Daher ist das sittliche bürgerliche Leben auch für die Stadt das »höchste Gut«. Es ist die Substanz ihrer politischen und rechtlichen Ordnung. Sie vermag nicht ohne sein Glück zu bestehen; Gesetz und Recht werden von denen getragen, die in »Häusern und Geschlechtern« und in ihren Überlieferungen des Rechten und der Sitte leben. Das beste Leben der Einzelnen, das die Stadt als die aktuale Natur des Menschen einerseits ermöglicht, ist andererseits auch der Grund, auf dem ihre eigene Ordnung aufbaut. Das Glück für den Einzelnen und für den Staat sind daher für Aristoteles identisch.

Diese aristotelische Lehre von der Sittlichkeit und Vernunft des bürgerlichen Standes wird in der Zeit ausgebildet, als sich die Polis zum Untergang anschickt und die Epoche ihrer Blüte vorüber ist. Platon wendet sich der Philosphie und der politischen Theorie zu, als sich für ihn erwiesen hatte, daß die politisch praktische Wiederherstellung der Polis nicht mehr möglich ist. Aristoteles sieht hinaus auf das kommende Reich Alexanders, das über sie und ihre politische Ordnung hinweggehen wird. Die Theorie hat daher auch die Bestimmung, im Begriff festzuhalten, was in der geschichtlichen Wirklichkeit untergeht.[65] Es ist »für diejenigen, die ihr Vorhaben durch den vernünftigen Begriff bestimmen und ihm gemäß handeln, in hohem Maße nützlich zu wissen, was hierüber gewußt werden kann« (Eth. Nic. I, 1. 1095 a 10-11). Platon nennt die Theorie »Zurüstung«[66]. Was die Theorie aus dem geschichtlichen Untergang rettet und in ihrem Begriff aufbewahrt, ist das Wissen um die vernünftige und sittliche Substanz von Staat und Gesellschaft, wie sie in der Polis offenbar und wirklich geworden ist. Alles was die Polis politisch gewesen ist und bedeutet hat, ihre gesetzliche Verfassung, die auf den Bürger als Staatsbürger gegründete politische Ordnung, ihre politische Freiheit, hat seine Wahrheit und seine Würde darin, daß durch die Polis und mit ihr das Menschsein und die Vernunft

65 Darauf hat K. Schilling hingewiesen (Arch. f. Rechts- u. Soz.phil., XLI, 1955, S. 416/7).

66 Ep. VII. 326 A: παρασκευή.

zuerst politische Form und Wirklichkeit erhalten haben. Dies war das Glück der Stadt; es war mit dem Glück des Einzelnen identisch. Die Geschichte ist über die griechische Stadt hinweggegangen, aber die klassische Theorie hat das Wissen um ihre Substanz bewahrt. Weil diese Substanz die Natur des Menschen als Menschen ist, darum werden in diesem Wissen Maßstäbe überliefert, die dann für alle Staaten und Gesellschaften gelten, nachdem einmal eine Gesellschaft des Menschen geschichtlich wirklich geworden ist.

›Politik‹ und ›Ethik‹ in der praktischen Philosophie des Aristoteles[1] (1967)

I

1. Der philosophische Begriff der Politik, Herkunftsbegriff von allem, was jetzt Politik und politisch heißt, ist aus der Philosophie emigriert. Damit hat sich ›Politik‹ aus dem Zusammenhang gelöst, in dem sie seit Aristoteles und in der von ihm ausgehenden Lehrtradition stand, sofern ›Politik‹ hier, nicht beschränkt auf Fragen politischer Herrschaft und Ordnung, ›Ethik‹ und ›Ökonomie‹ umgreifend praktische Philosophie ist.

Noch bis in die zweite Hälfte des 18. Jahrhunderts hatte sich – das hat jetzt »einem fast völligen, wenngleich unverdienten Vergessen« H. Maier entrissen – in Anknüpfung an die scholastische Tradition und in ihrer Erneuerung an den deutschen Universitäten die praktische Philosophie aristotelischer Herkunft in ihrer systematischen Gliederung in Ethik, Ökonomie und Politik »ohne große Veränderung der alten Lehrgehalte« mit Lehrstühlen der politischen Wissenschaft als »Professio Ethices vel Politices« gehalten.[2] Um 1750 begründet Christian Wolff noch einmal im

1 Die Nikomachische Ethik wird nach der Ausgabe von I. Bywater, Oxford, zuerst 1894, die Politik nach der Ausgabe von W. D. Ross, Oxford 1957 zitiert. Stellen aus der Politik nur nach der Seitenzahl; Stellen aus der Nikomachischen Ethik werden unter Angabe der Scrip. (N.E.) zitiert. Für die Literatur wird auf die ausführlichen Bibliographien in F. Dirlmeiers Übersetzung der Nikomachischen Ethik Berlin, 1956, 255 ff., im Artikel »Aristoteles« im Staatslexikon der Görres-Ges. 1[6], 1957, 579 f. und im Erstdruck der hier ohne diese Beigabe wiederaufgenommenen Abhandlung »›Naturrecht‹ bei Aristoteles« (1963) verwiesen.

Der große Kommentar F. Dirlmeiers (a. a. O. 242-609) hat, wie es heute für alle Studien zur praktischen Philosophie des Aristoteles selbstverständlich sein sollte, auch diese Arbeit begleitet. Wichtig bleiben für die aristotelische Politik auch die Einführung und die kritischen und erläuternden Anmerkungen, die W. L. Newman seiner Ausgabe der Politik beigegeben hat (The Politics of Aristotle, 4 Bde. Oxford 1887, 1902, 1950).

2 Vgl. Hans Maier, Ältere deutsche Staatslehre und westliche politische Tradition (Recht und Staat H. 321) Tübingen 1966, 7 ff., ferner H. Maier, Die ältere deutsche Staats- und Verwaltungslehre (Polizeiwissenschaft) (Politica

großen systematischen Wurf die klassischen Disziplinen der praktischen Philosophie: »philosophia moralis« (1750), »oeconomica« (1754), »philosophia civilis« (1756/9) in einer »philosophia practica universalis«, die als »zusammenfassende Theorie« die Prinzipien aller menschlichen Handlungen in ihren Unterschieden und aller Rechte und Pflichten beweist. Zwar besteht bis in das 19. Jahrhundert hinein der alte Disziplintitel: ›Politik‹ fort, doch ohne noch mit der Tradition der praktischen Philosophie verbunden zu sein. So ist »Die Politik« Dahlmanns[3] »auf den Grund und das Maß der gegebenen Zeitumstände zurückgeführt«: Staatswissenschaft. Sie wendet sich Fragen der Regierung, des Königtums, der Ständeversammlung, des Zweikammersystems, der Gemeinden, des Staatsbeamten usf. zu. Zwar beruft sich Dahlmann gleich eingangs im Zusammenhang der Hauptsätze zum »Staat« auf Aristoteles: Er habe gelehrt, daß der »Mensch von Natur ein Staatswesen« sei (53). Aber das systematische Verhältnis zur aristotelischen Politik als praktischer Philosophie, das in der Schulphilosophie des 18. Jahrhunderts vorausgesetzt war, ist in das historische Verhältnis übergegangen, mit dem (wie Dahlmann sagt), »der freiere Blick auf eine lange und immer zusammenhängendere Strecke von den Bahnen der Menschheit ... diesem Zeitalter zu Stab und Stütze gegeben« sei (49).[4] Damit tritt die aristotelische Politik in die Geschichte

Bd. 13), Neuwied 1966, v. a. 199 ff. Nachdem Maier in einem Beitrag zu: Wissenschaftliche Politik, hg. v. Oberndörfer, Freiburg 1962, zuerst auf die große Bedeutung aufmerksam gemacht hatte, die die Tradition der aristotelischen Politik vom 16. Jahrhundert bis in das späte 18. Jahrhundert hinein für die deutschen Universitäten gehabt hat, wird in diesem Buch auch dargestellt, wie das Aufkommen der (ebenfalls kaum noch beachteten) ›Polizeiwissenschaft‹ aus dem Zusammenhang der Kameralistik, vor allem in der Auflösung der aristotelischen Ökonomie, die philosophische Tradition der Politik allmählich zurückgedrängt hat.

3 F. C. Dahlmann, Die Politik auf den Grund und das Maß der gegebenen Zustände zurückgeführt. Mit e. Einführung v. O. Westphal (Klassiker d. Politik, hg. v. F. Meinecke und H. Oncken), Berlin 1924. Dahlmann schickt den Band »mit der Hoffnung in die Welt, daß er allen politischen Sekten mißfallen werde«. Eine »neue reifere Ausgabe« legt Dahlmann 1847 unter Berufung auf »Niebuhrs und Schleiermachers Lob und Thibauts öffentlichen Beifall« (50) vor.

4 O. Westphal nennt die Politik Dahlmanns »Programm der politischen

der alten Welt zurück. Sie wird im systematischen Sinne neutralisiert.

Der Bruch mit ihrer Tradition ist so radikal, daß in der fortgehenden politischen und philosophischen Auseinandersetzung mit Hegel die methodische und inhaltliche Anknüpfung seiner politischen Philosophie an Aristoteles kaum gesehen und bemerkt worden ist.[5] Es blieb nahezu unbeachtet, daß Hegel die philosophische Rechtswissenschaft und Staatswissenschaft als Philosophie bestimmt, die im Ausgang von dem notwendigen Bruch mit der sich nur »fortspinnenden« Schulphilosophie, im »Erfassen des Gegenwärtigen und Wirklichen« das durch sie in Gedanken bewahrte Wahre in das Verhältnis zur gegenwärtigen Wirklichkeit setzt, um dieses Wahre – nun im unmittelbaren Rückgriff auf Aristoteles selbst – als »die Substanz, die immanent und als das Ewige, das gegenwärtig ist, zu erkennen«[6].

Es wird zwar noch jetzt auf Aristoteles als auf den »Urvater« politischer Wissenschaft verwiesen, in dessen ›Politik‹ bereits Geschichtswissenschaft und Statistik, Jurisprudenz und Soziologie, Psychologie und Nationalökonomie mit inbegriffen seien.[7] Aber es bleibt für die politische Theorie ohne Bedeutung, daß sowohl die Schulphilosophie wie in der Anknüpfung an sie Hegel die aristotelische praktische Philosophie aufgenommen haben, um sie in ein Verhältnis zum modernen Staat zu setzen. Ihre historische Neutralisierung ist so zugleich der Abbruch des philo-

Historie, das so von Dahlmann aus der Summe seiner religiös-staatlichen Überzeugung heraus begründet wird« (a. a. O. 34).

5 Vgl. jetzt K. H. Ilting, Hegels Auseinandersetzung mit der aristotelischen Philosophie, in: Philos. Jb. 71, 1963, 38 ff.

6 Grundlinien der Philosophie des Rechts, hg. v. Hoffmeister, Hamburg 1955, 13 f.; 15. Im Aufbau der Rechtsphilosophie zeigt sich mit ihrer Gliederung in Ethik, Ökonomie, Politik die Orientierung Hegels an der aristotelischen Politik; da es ihm jedoch um ihre Vergegenwärtigung im Verhältnis zu der Zweiheit von Subjektivität und Gesellschaft geht, tritt Ethik in Moralität und Sittlichkeit, Ökonomie in Familie und Gesellschaft auseinander. Dem entspricht, daß für Hegel ›Politik‹ zur »Staatswissenschaft« wird; er holt so in der Rechtsphilosophie in ihren Zusammenhang die Tradition der Politik als praktischer Philosophie ein; er bringt diese als »philosophische Staatswissenschaft« in ein Verhältnis zur gegenwärtigen Wirklichkeit.

7 Vgl. F. C. Friedrich, Die politische Wissenschaft (Orbis Academicus), Freiburg/München 1961, 29 u. 3.

sophischen Versuchs, sie zu vergegenwärtigen, um aus dem Zusammenhang der modernen politischen Wirklichkeit zum Begriff hervorzubringen, was ohne ihre Vergegenwärtigung nicht ausgesagt und nicht begriffen werden kann.
Es gilt, an diese Versuche anzuknüpfen und so den Begriff des Politischen freizulegen, der, von Aristoteles in der praktischen Philosophie entwickelt, in der von ihm ausgehenden Tradition über Jahrhunderte hin bestimmt hat, was Philosophie zur Erkenntnis politischer Wirklichkeit beiträgt und beizutragen vermag.

II

2. Sir David Ross weist in seiner Übersetzung der Nikomachischen Ethik darauf hin, daß ihr letzter Abschnitt in der Aufnahme der Frage nach Politik und Gesetzgebung das »Programm« für die ›Politik‹ aufstelle und auch im weiten Umfang mit dem übereinstimme, »was das Werk dann wirklich enthält«[8]. Der Text selbst spricht grundsätzlicher: »Da die Früheren nicht herausgefunden haben, was es mit der Gesetzgebung auf sich hat, und dies uns als ein ungelöstes Problem hinterlassen haben, ist es wohl besser, daß wir uns ihr und der Politie überhaupt in genauer Betrachtung zuwenden« (Eth. Nic. 1181 b 12: παραλιπόντων οὖν τῶν προτέρων ἀνερεύνητον τὸ περὶ τῆς νομοθεσίας.[9] Es wird in ihm zweitens gesagt, daß damit nicht eine neue Aufgabe gestellt werde. Es geschieht dies, damit so nach Möglichkeit die praktische Philosophie, die Aristoteles »Philosophie über das, was dem Menschen gehört« nennt, »zum Abschluß gebracht werde« (Eth. Nic. 1181 b 14: ὅπως εἰς δύναμιν ἡ περὶ τὰ ἀνθρώπινα

8 The Nicom. Ethics of Aristotle transl. and introduced by Sir D. Ross (The World's Classics 546), London 1954/55, 276, 1; vgl. auch Dirlmeier a. a. O. 608 und v. Fritz, E. Kapp, Aristotle's Constitution of Athens, NY 1950, 47 ff.
9 Da Dirlmeier von der »untrennbaren bis zuletzt andauernden Bindung« des Aristoteles an Platon, den Lehrer, ausgeht, ohne damit den »Wesensunterschied« der beiden zu unterschätzen (a. a. O. 250), schließen für ihn an dieser Stelle die »Früheren« nicht auch Platon ein. Sie bedeute also, daß »die Denker vor Platon und Aristoteles das Gebiet nicht erforscht haben« (a. a. O. 605). Diese Arbeit geht demgegenüber davon aus, daß die aristotelische Ethik und Politik wesentlich auch Kritik an Platon ist.

φιλοσοφία τελειωθῇ). So wird die im Eingang der Nikomachischen Ethik gegebene Bestimmung wieder aufgenommen, daß Philosophie in der Frage nach der »Praxis« und ihrem Umwillen das zum Gegenstand habe, worauf sich in Führung und Anordnung politische Kunst gründe (Eth. Nic. 1094 a 26 seq.). In dem Gange von einer grundlegenden Theorie der ›Praxis‹ zur ›Ethik‹ und nach einem Abschnitt über die Führung des Hauses (›Oikonomie‹) in der Zuwendung zur Politie und Gesetzgebung ist praktische Philosophie als Ganzes eine »politische Untersuchung« (Eth. Nic. 1094 a 11: ... μέθοδος ... πολιτική). Das aber heißt, da das in der Entwicklung des Begriffes am Ende Stehende das Begründete ist, daß die praktische Philosophie im Ausgang vom Ethischen das zur Bestimmung bringt, worauf sich in Politie und Gesetzessatzung politische Kunst gründet. *Die praktische Philosophie ist als ›Ethik‹ Politik.*

3. Die für Aristoteles vorgegebene und von ihm aufgenommene Voraussetzung, aus der die Einheit von Politik und Ethik folgt, ist eine von aller ›Moralität‹ unterschiedene Bedeutung des Ethischen. Das ›Ethische‹ ist das zum ›Ethos‹ Gehörige. ›Ethos‹ ist – bei Aristoteles noch im ursprünglichen Sinne des Wortes auf Lebewesen überhaupt bezogen[10] – Ort des Wohnens, sodann die dem Orte je eigentümliche ›Gewohnheit‹. Das Ethische sind so Sitte, Brauch, Herkommen, Weisen des rechten und geziemenden Verhaltens als Tugend, aber auch die diese tragenden Institutionen wie Haus, Kult der Götter, Freundschaftsbünde, Gemeinschaften des Krieges, des Festes, der Totenbestattung. ›Das Rechte‹, in dem Handeln ›ethisch‹ bestimmt wird, ist daher, ohne auf den Rückgriff auf an sich seiende Normen und Werte verwiesen zu sein, konkret durch die ›gewohnte‹ institutionelle Lebenswelt und in den mit ihr gesetzten herkömmlichen Formen des Redens und Handelns vermittelt. Es gehört zum »Ethos« und zum »Nomos« der Polis, zur »Gewohnheit des Hauses«[11].

10 Vgl. z. B. Hist. An. 588 a 18.

11 Eth. Nic. 1180 b 3: ἐν ταῖς πόλεσιν τὰ νόμιμα καὶ τὰ ἤθη ... ἐν οἰκίαις ... τὰ ἔθη.

W. Kluxen hat in der Frage nach der Begründung von Ethik auf »Ethos« zurückgegriffen, um deutlicher zu machen, daß »Ethik nicht einem ablaufen-

O. Gigon bemerkt gelegentlich, daß bei Aristoteles als ›ethisch‹ Regeln begegnen, die »für uns mehr gesellschaftlichen als eigentlich ethischen Charakter haben«[12]. Genau dies ist für die aristotelische Ethik wesentlich: ›Ethisch‹ ist das in der Polis in Institutionen, Brauch, Sitte eingelassene und zu ihnen gebildete Handeln in der Breite, die vom geziemenden Verhalten bis zur hohen Tugend reicht. Der Einzelne wird daher gerecht, besonnen, tapfer, indem er sich, so wie man in den Künsten handeln lernt und bauend zum Baumeister, im Zitherspielen zum Zitherspieler wird, handelnd in das eingewöhnt, was in der Polis ›ethisch‹ gerecht, besonnen, tapfer ist.[13]: »Ethische Tugend wird aus Gewohnheit«; Aristoteles sagt daher auch, daß das Wort »ἦθος« nur wenig von »ἔθος«: Gewohnheit abweiche.[14]

Hegel hat vielleicht zuerst in der Auseinandersetzung um das moderne Prinzip der Moralität und der sittlichen Bestimmung des Willens in sich die grundsätzliche von diesem verschiedene institutionelle Bedeutung des Ethischen in der griechischen und aristotelischen Philosophie geltend gemacht. In sein Handexemplar der »Grundlinien der Philosophie des Rechts« hat er, um die Bemerkung im Text zu erläutern, daß die Handlungsweise der Individuen in Sitte und Gewohnheit gegründet sei, folgende Übersetzungen zu Ethos notiert: »Sitte – ἦθος – die Alten wußten nichts vom Gewissen – Riemer: ἦθος jonisch ἔθος – Gewohnheit, Gebrauch (vorzüglich Wohnung bei Herodot), Herkommen des Menschen – Sitte – ob von Sitz? – . . . Weise des Seins und Lebens«[15]. In der Aufnahme des Wortsinnes von Ethos

den Vorgang gegenüber« stehe, »dessen Normen sie erstmals finden müßte, sondern ihr liege immer ein im Ethos vermitteltes »Wissen um das Sittliche« voraus. Ethik gehöre so wesentlich einer »nachfolgenden Reflexion« zu (339): Es gibt so »keinen sittlichen Antrieb und keine sittliche Norm, die nicht ihre verpflichtende Kraft erst innerhalb eines Ethos bekämen« (348). Vgl. Ethik und Ethos, in: Philos. Jb. 73, 1966, 339 ff.

12 O. Gigon, Nikomachische Ethik, deutsch Zürich 1951, 13.

13 Eth. Nic. 1103 a 32 seq. . . . τὰ δίκαια πράττοντες δίκαιοι γινόμεθα. Das sind Bestimmungen, die ohne die Vorgegebenheit des Rechten im Ethos nicht zu begreifen sind.

14 Eth. Nic. 1103 a 17: ἡ δ' ἠθικὴ (ἀρετὴ) ἐξ ἔθους περιγίνεται, ὅθεν καὶ τοὔνομα ἔσχηκε μικρὸν παρεκκλῖνον ἀπὸ τοῦ ἔθους.

15 Grundlinien d. Phil. d. Rechts, hg. v. Hoffmeister, Hamburg 1955, 417. Im § 151, der durch den Hinweis auf die Bedeutung von »Ethos« erläutert

macht Hegel so die geschichtliche und systematische Eigenart griechischer Sittlichkeit und Ethik deutlich. Das Prinzip der Subjektivität als das »tiefere Prinzip« der »freien unendlichen Persönlichkeit« und so »Moralität« seien erst mit dem Christentum in die Geschichte getreten. Das Sittliche, von dem die griechische Philosophie handelt und dessen Begründung bei Aristoteles zuerst eine praktische Philosophie übernimmt, ist dem gegenüber das im Ethos vermittelte Ethische: Es gehöre institutionell zu einem ›Gemeinwesen‹, in welchem für den Menschen nichts anderes zu tun ist, »als was ihm in seinen Verhältnissen vorgezeichnet, ausgesprochen und bekannt ist«. Die Griechen seien »sittliche, nicht moralische« Menschen gewesen.[16]

In diesem ethischen Begriff des Sittlichen liegt die inhaltliche Bestimmung von Ethik, die, als Hegel sie aufnahm, mit dem Ende der Schulphilosophie aus der Philosphie ausgeschieden war. Die praktische Philosophie des Aristoteles fragt nach dem Guten und Rechten als Grund und Maß der Tugend und des guten und rechten Lebens und Handelns. Damit zeichnet sie für die Jahrhunderte vor, was Ethik philosophisch zum Gegenstand hat. Aber zugleich impliziert sie in der Begründung individuellen Handelns aus den Verhältnissen, in denen sich der Mensch in einem Gemeinwesen findet, eine Beziehung des Ethischen zum Politischen, zu ›Staat‹, Verfassung und Recht, die der Standpunkt der Moralität außer sich hat. Mit ihm ist das Verhältnis von Sittlichkeit und Politik in der Form, die systematisch in der *kantischen* Unterscheidung von ›Moralität‹ und ›Legalität‹ begründet wird, geschichtlich und geistig durch die Zweiheit bestimmt, in der die Subjektivität dem Staat und der Gesellschaft

wird, handelt Hegel von der »einfachen Identität« des Sittlichen »mit der Wirklichkeit der Individuen«; in ihr erscheine es »als die allgemeine Handlungsweise derselben – als Sitte –«. Damit erfüllt der Rückgriff auf das griechische (aristotelische) Ethos die systematische Aufgabe, im Verhältnis zur Innerlichkeit der Moralität die für Handeln konstitutive Einformung in Sitte, Gewohnheit zur Geltung zu bringen. Vgl. hierzu auch § 150.
Zum Verhältnis von Moralität und Sittlichkeit vgl. J. Ritter, Moralität und Sittlichkeit. Zu Hegels Auseinandersetzung mit der kantischen Ethik, in diesem Band S. 281 ff.

16 Vgl. Grundlinien der Philosophie des Rechts, Vorrede 14; § 150; WW Glockner 18, 46.

als ihrer ihr nur äußeren objektiven Wirklichkeit gegenübersteht; die Einheit von Politik und Moralität kann daher hier nur als ›Idee‹ und als Resultat einer Versöhnung gedacht werden, mit der einmal künftig das in der Innerlichkeit befehlende Sollen auch zum Grunde und Richtmaß des Seins und der politischen Wirklichkeit zu werden vermöchte.[17]

Demgegenüber steht bei Aristoteles die ethische Bestimmung individuellen Handelns in Sitte, Brauch, Gewohnheit schon dadurch in Beziehung zur politischen und rechtlichen Ordnung, zu Politie und Gesetzessatzung, daß diese die ethischen Lebensordnungen des politischen Gemeinwesens voraussetzen und auf sie gegründet sind. So wie das individuelles Handeln bestimmende Rechte dem Gemeinwesen angehört, haben auch politische Führung und Satzung ihrerseits das Ethische zum Inhalt, in welchem dem Menschen »vorgezeichnet, ausgesprochen und bekannt« ist, was er zu tun hat.

»Nomos« ist bei Aristoteles wie in der griechischen Philosophie überhaupt einmal in der Zuordnung zu Politie und Gesetzgebung (νομοθεσία) ›Gesetz‹, gehört aber zugleich zum ›Ethos‹ und ist durch Herkommen legitimierter, von alters geheiligter Brauch.[18]

17 In diesem Sinne spricht F. Meinecke in der »Idee der Staatsraison« (1924) von dem Konflikt zwischen einer »durch die geschichtliche Erfahrung« bestätigten pessimistischen Überzeugung »von der Unverbesserlichkeit des staatlichen Lebewesens« und den Idealisten, die Reform »immer wieder fordern und als möglich erklären« (19). Da »das Absolute ... sich dem modernen Menschen – nur an zwei Punkten unverhüllt im reinen Sittengesetz einerseits, den höchsten Leistungen der Kunst andererseits« offenbare, bleibe nur der Appell an den »handelnden Staatsmann«; er möge »Staat und Gott zugleich im Herzen tragen, um den Dämon ... nicht übermächtig« werden zu lassen (542).

18 H. Kleinknecht weist darauf hin, daß sich in Ausdrücken wie νομίζειν τοὺς θεοὺς noch die Herkunft von Nomos aus der Beziehung zu Kult und Götterverehrung zeige: »Die Verwurzelung im Göttlichen, die immer geblieben ist, gibt dem griechischen νόμος-Begriff seine charakteristische Bedeutung und seinen eigentlichen Halt«, vgl. Art. Nomos in Theol. Wörterbuch, Kittel 4, 1018. In diesem Sinne steht Nomos in festerer Beziehung zu Polis als ›Ethos‹ und kann so in der Beziehung auf die Polis als Ganzes zum Gesetz der Gesetzgebung werden. Dabei hält sich aber bei Aristoteles immer die doppelte Bedeutung des Wortes. So wird man 1292 a 32: ὅπου γὰρ μὴ νόμοι ἄρχουσι, οὐκ ἔστι πολιτεία zwar richtig als »Herrschermacht des Gesetzes« (vgl. Kleinknecht 1019) verstehen; diese Herrschermacht schließt jedoch zugleich ein, daß

Das, was das Wort in sich verbindet, gehört für Aristoteles sachlich zusammen. Nomos als gesatztes Gesetz und Recht setzt Nomos als Brauch voraus; Brauch kann zum Gesetz werden. Ein Gesetz hat keine Macht, Gehorsam zu wirken ohne »Gewohnheit«. Es macht an sich keinen Unterschied, ob eine Polis durch »geschriebene« oder durch »ungeschriebene« Nomoi bewahrt wird; dennoch gilt, daß »wichtiger sind und Wichtigeres zum Inhalt haben, die auf Gewohnheit und Brauch beruhenden Gesetze als die geschriebenen«[19]. Es gibt heilige Sitten wie die Bestattung der Toten, die keine Gesetzgebung und kein Befehl aufheben können; es gibt andererseits Satzungen, die festlegen, was irgendwie geregelt werden muß, ohne daß dies die ethischen Ordnungen berührt. Damit wird der Spielraum politischer Satzung bezeichnet. Aristoteles kennt keine Rechtstheorie und keine politische Satzung, die sich aus diesem Bezug zur ethischen Verfassung herauslösen läßt. Allein in der Bindung an diese erreicht das Gesetz als Recht das individuelle Handeln, das seinerseits nur im Element des Ethischen Allgemeinheit und im Gemeinwesen Wirklichkeit hat. Daher gehören Ethik und Politik für Aristoteles zusammen. Auch wenn man nach der besten Politie fragt, muß man von den »Sitten und Gewohnheiten« ausgehen, die diese aufnimmt (Eth. Nic. 1181 b 22: τίσι νόμοις καὶ ἔθεσι χρωμένη).

4. In dieser Bindung politischer Satzung an das vorgegebene Ethos gehört der Begriff des Politischen selbst in der Konkretheit ethischer Ordnungen zur Polis, so daß die *mit der Ethik verbundene Politik nicht politische Herrschaft überhaupt, sondern Herrschaft und Führung der Polis meint.* Polis ist daher nicht ›Staat‹; sie ist als Gemeinschaft von Bürgern und Freien die in ihrer Herrschaftsordnung von anderen Formen der Herrschaft unterschiedene griechische Stadt. Im gleichen Sinne ist ›Politie‹ nicht Verfassung im modernen Sinne, sondern zunächst das Recht des Bürgers einer Polis an ›Kriseis‹ und ›Archai‹, (Gerichts-) Entscheidungen und Magistraturen teilzunehmen, dann als die

Nomos als Sitte und Brauch Voraussetzung und Grundlage der gesatzten Gesetze und Wirklichkeit ihrer Herrschaft ist.

19 Cf. 1269 a 20 seq.; 1287 b 5.

diese Teilnahme regelnde Ordnung ›Verfassung‹ und in deren Vollzug (πολίτευμα) politische Herrschaft als Herrschaft in der Polis.[20] Ein ›Politikos‹ (gewöhnlich mit ›Staatsmann‹ übersetzt) ist wesentlich dadurch von allen sonstigen Formen des ›Herrseins‹ in einer Herrschaft unterschieden, daß er die Polis

20 V. Ehrenberg (Der Staat der Griechen, Zürich/Stuttgart 1965) sagt, daß ›Politeia‹ das griechische Wort für »Bürgerrecht« sei; das Wort, das so »die individuelle Teilnahme am Staat und an seinem allgemeinen Aufbau« bedeute, zeige zugleich, daß diese Teilnahme »zunächst nicht ein juristischer Akt zwischen Individuum und Staat« war, sondern »die lebendige Zugehörigkeit des Einzelnen zur Bürgerschaft« und also auch »die anderen vor- und innerstaatlichen Gemeinschaften« voraussetzte (47).
V. Ehrenberg weist in diesem großen, mit seiner älteren Darstellung der Polis (zuerst in: Die Antike 3, 1927, jetzt in: Polis und Imperium, Beiträge zur alten Geschichte, Zürich/Stuttgart 1965, 63 ff.) für alle Beschäftigung mit der politischen Wirklichkeit und Theorie der Griechen unentbehrlichen Buch immer wieder auf die spezifischen, nicht ohne weiteres in den Begriffen des modernen Staates aussagbaren Zusammenhänge der Polis hin: z. B. Identität von Gesellschaft und Staat (198 ff.), begrenzte Zahl der Bürger, die einander kannten (109), Identität der Bürger mit dem Staat (112), Einbindung aller Äußerungen und Formen geistigen wie künstlerischen Lebens in das politische und religiöse Dasein der Polis (116) usf. Gleichwohl wird Polis politisch als »Staat« und als »griechischer Staat schlechthin« behandelt (vgl. 27 ff.); Polis kann so auch (ohne daß damit die eigentümliche Struktur von Recht in der Polis beiseite gesetzt wird, vgl. 94 ff.) »Rechtsstaat« genannt werden (120); Kultus (90 ff.), Recht (94 ff.), Heerwesen (98 ff.), Staatshaushalt (101 ff.) werden als »staatliche Funktionen« bezeichnet.
Wenn man versuchen will, für die gegenwärtige Theorie des Politischen einzuholen, was dem modernen Begriff des Staates und der Gesellschaft fremd geworden und aus ihm verschwunden ist, dann ist es ratsam, in der Analyse der politischen Philosophie der Griechen alle retrospektive Deutung der Polis und der Politie vom Staat her in der Anwendung moderner politischer Begriffe so weit es möglich ist, zu vermeiden, nicht weil Polis nichts mit ›Staat‹ zu tun hat, sondern weil es darum geht, das Spezifische ihrer politischen Struktur zum Begriff zu bringen, deren zusammenfassende philosophische Theorie die aristotelische praktische Philosophie in der Einheit von Ethik, Ökonomie und Politik ist.
Es sei hier nachdrücklich auf D. Nörrs vorsichtig abwägende Überlegungen zum griechischen Staat in Anknüpfung an Ehrenberg und in der Auseinandersetzung mit ihm verwiesen: D. Nörr, Vom griechischen Staat, in: Der Staat 5, 1966, 353 ff.
Im philosophischen Zusammenhang ist besonders wichtig die geschichtsphilosophische Deutung der Polis durch E. Voegelin, Order and History, Vol. II: The World of the Polis, Louisiana 1957.

in der Bestimmung eines Bürgers führt, »der – als guter Bürger – es versteht, sowohl unter ›politischer‹ Herrschaft zu stehen, wie diese auszuüben« (1277 b 13: δεῖ δὲ τὸν πολίτην τὸν ἀγαθὸν ἐπίστασθαι ... καὶ ἄρχεσθαι καὶ ἄρχειν). Aber diese Beziehung der politischen Begriffe und der Politik auf die Polis, die die Geschichte der Wörter des politischen Bereiches in sich bewahrt, kann nicht als ein dem Gedanken und dem allgemeinen Begriff nur äußerliches Moment genommen werden, von dem man, um zum Wesen der Sache zu gelangen, absehen kann. Sie hat grundsätzliche und inhaltliche Bedeutung. Sie gehört konstitutiv zur Politik aus der methodischen Bestimmung, die Aristoteles ihr gibt. Im Eingang der ›Politik‹ setzt er sich in einer betont kritischen Distanzierung von der Meinung als »nicht auf rechte Weise gesagt« und als »nicht wahr« ab (1252 a 9: οὐ καλῶς λέγουσιν; a 16: ταῦτα δ'οὐκ ἔστιν ἀληθῆ), daß Herrschaft und Herrschaft »dasselbe« sei (a 9: τὸν αὐτόν). Polis-Herrschaft, Königsherrschaft, das Herrsein im Hause und das Herrsein über Unfreie als ›Herrenschaft‹ (a 7: πολιτικὸν καὶ βασιλικὸν καὶ οἰκονομικὸν καὶ δεσποτικὸν) lassen sich weder aus dem Umfange eines Herrschaftsbereiches noch nach ihrer für sich gesetzten formalen Struktur voneinander unterscheiden; so werde nicht erkannt, was sie je in ihrem Wesen (a 10: εἴδει) sind: *Politie und politische Herrschaft lassen sich so in dem, was sie von allen anderen Formen der Herrschaft unterscheidet, methodisch nur bestimmen, wenn man von der Polis und dem, was sie ist, ausgeht:* »Wer die Politie zum Gegenstand einer Untersuchung machen will, was sie und wie beschaffen sie sei, der muß sich zuerst in genauer Betrachtung der Polis zuwenden und sehen, was sie in ihrem Wesen ist« (1274 b 32: πρώτη περὶ πόλεως ἰδεῖν, τί ποτέ ἐστιν ἡ πόλις).[21]

Rein politisch genommen heißt dies, daß Herrschaft für Aristoteles überhaupt und immer ihr Wesen in denen hat, die je in ihr leben und unter ihr stehen. Das gilt auch für die typischen Formen der Politie; es genüge nicht, etwa Oligarchie und Demokratie dadurch zu definieren, daß in dieser viele, in jener wenige

21 Despotie und Politie unterscheiden sich daher in ihrem Grunde und Wesen wie Unfreie und Freie sich voneinander unterscheiden; so ist es unmöglich, in der politischen Theorie vom Herrsein auszugehen und alle Herrschaft als ›Herrenschaft‹ (Despotie) zu verstehen, cf. 1325 a 27.

herrschen. Damit bleibe außer Betracht, was ihnen in der Polis zugrunde liegt, daß nämlich Oligarchie immer Herrschaft der Besitzenden, Demokratie Herrschaft der wenig Besitzenden und Besitzlosen ist. Sie verhalten sich daher in ihrem Wesen und Grunde wie Reichtum und Armut zueinander (1279 b 26 seq.). Politie, ›Verfassung‹ ist so nichts Selbständiges; sie wandelt sich, wenn sich das Verhältnis verändert, in dem die verschiedenen Schichten in der Polis zueinander stehen. Politische Ordnung ist ohne Festigkeit und dem Umsturz ausgesetzt, wenn sich in einer Polis Reiche und Arme ohne Vermittlung gegenüberstehen; politische Stabilität ist da am ehesten gewährleistet, wo es eine starke Mitte der Bürger gibt.[22] Das bedeutet es, daß man, um die Politie zu begreifen, auf die Polis und das, was sie ist, sehen muß. Was Politie in der Vielfalt ihrer Formen und in Wandel und in Entartung ist, läßt sich nur aus der Polis begründen und aus ihr bestimmen.

5. Aber diese Bindung der unmittelbar politischen Theorie an die Polis ist nur ein Moment und eine Seite in der politischen Philosophie des Aristoteles, mit der weder verständlich wird, warum er, um Politie und Gesetzessatzung in ihrem Grunde zu bestimmen, vom Ethos und Nomos und so von dem in ihrer Gewohnheit gebildeten Handeln der Einzelnen ausgeht, noch was es heißt, daß Ethik und Politik in einer Philosophie der Praxis begründet werden.

›Praxis‹ ist allgemein und in dem gleichen Sinne wie ›Ethos‹ auf Lebewesen überhaupt bezogen. Leben als Lebensvollzug und Lebensweise und so Tätigsein, Handeln als »Bewegung«, die einem Lebendigen je eigentümlich und für es sein Dasein ist. Aristoteles grenzt Praxis deswegen vom »Herstellen und Machen« (ποίησις) ab; diese bilden zwar eine für den Menschen entscheidende Form der Praxis, wird Praxis aber mit ihnen gleichgesetzt oder auf sie reduziert, dann wird die allgemeine Bedeutung von Praxis beiseite gesetzt, in welcher das Wort für Aristoteles alle

22 Mitte sei nicht im modernen Sinne zu verstehen, sondern eher durch einen maßvollen Wohlstand definiert und etwa mit der »neuen Klasse von Bürgern« identisch, die den Überseehandel betreibt. Vgl. v. Fritz, E. Kapp, a. a. O. 154, 14.

Formen tätigen Lebensvollzuges umgreift und so der einem Lebewesen je eigentümlichen Lebensweise: ›Bios‹ zugeordnet ist und synonym mit ›Bios‹ gebraucht werden kann.[23]

Für das moderne Bewußtsein haben alle die Erörterungen in der Politik des Aristoteles im Verhältnis zu Staat und Gesellschaft besondere Aktualität, in denen er davon ausgeht, daß die Polis eine Gemeinschaft von Freien ist und daß sie so politisch von jeder Form der Despotie dadurch in ihrem Wesen unterschieden ist, daß ihre Subjekte Freie sind.[24] Das gilt ebenso von den Bestimmungen wie Identität der Herrschenden und Beherrschten, Teilnahme an der Führung, Verwaltung und Rechtsprechung der Polis, Wahl usf., mit denen Aristoteles die Politie in Beziehung zum Prinzip der Freiheit setzt und Freiheit so als das erste Kennzeichen nimmt, durch das sich das Rechtsein einer Politie erweist.[25]

Indem Aristoteles aber ›Praxis‹ zum Grundbegriff der Polis macht und sie als Grund der politischen Ordnung begreift, heißt dies, daß er weder vom Prinzip der Freiheit als solcher ausgeht, noch von dem Einzelnen, der für sich selbst ist, sondern von ihm in seinem in ethischen Institutionen verfaßten Leben. Frei ist im rechtlichen und politischen Sinne derjenige, der »um seiner selbst willen und nicht um eines anderen willen ist« (Met. 982 b 26: ... ἄνθρωπος ... ἐλεύθερος ὁ αὑτοῦ ἕνεκα καὶ μὴ ἄλλου ὤν). Aber diese Freiheit der Freien hat für Aristoteles ihr Dasein nicht im

23 Zur Abgrenzung von ποίησις gehört, daß ›Leben‹ Praxis ist, cf. 1254 a 7: ὁ δὲ βίος πρᾶξις, οὐ ποίησις. Praxis steht so bei Aristoteles in der Beziehung auf alle Lebewesen auch ›Ethos‹ als Gewohnheit nahe, so Hist. An. 487 a 11. Von der ›Praxis‹ der Gestirne, der Pflanzen kann die Rede sein, so De Caelo 292 b 1 seq.; Praxis als »Bewegung«, cf. Eth. Eudem. 1220 b 27: ἡ δὲ πρᾶξις κίνησις.

24 Vgl. Anm. 21. Der Methode entspricht es, daß so der Weg, das Wesen der Polis zu bestimmen, der Rückgang auf deren letzte Teile wie bei allem Zusammengesetzten ist, cf. 1252 a 18 seq.; wenn das, was die Polis ist, bestimmt werden soll, dann muß, da sie »Menge von Bürgern« ist, zuvor untersucht werden, was ihr Bürger ist; so 1274 b 41.

25 Da Polis »eine Gemeinschaft von Freien« (1279 a 21) ist, so folgt, daß diejenigen Politien »richtig« sind, die sich auf den gemeinsamen Nutzen beziehen, während diejenigen Entartungen der richtigen Politien sind, für die das Interesse der Herrschenden das Erste ist. Sie sind so von der Art der Herrenschaft (der Despotie). Cf. 1279 a 17 seq.

»Leben des Einzelgängers« (Eth. Nic. 1097 b 9: βίον μονώτην), sondern in dem ethisch in die Institutionen der Polis eingewöhnten »Leben mit Eltern und Kindern und überhaupt mit Freunden und Mitbürgern« (Eth. Nic. 1097 b 9 seq.). Daher ist auch die Wirklichkeit der Polis als einer ›Gemeinschaft von Bürgern‹ ihr durch die Institutionen geprägtes Leben; mit ihm und als dieses wird Freiheit zum Richtmaß für Verfassung und Rechtssatzung. Das bestimmt dann auch das Umwillen und den Zweck der Polis. Alles, was sie für die Bürger im Schutz vor wechselseitiger Benachteiligung, in der Pflege des Handelsverkehrs usf. leistet, bleibt der ersten und alles umgreifenden Aufgabe zu- und untergeordnet, das ethisch verfaßte Leben der Bürger als Freier möglich zu machen und so »Gemeinschaft in einem guten Leben unter Häusern und Geschlechtern mit der Bestimmung des in sich vollendeten und selbständigen Lebens« zu sein (1280 b 33: ἡ τοῦ εὖ ζῆν κοινωνία καὶ ταῖς οἰκίαις καὶ τοῖς γένεσι, ζωῆς τελείας χάριν καὶ αὐτάρκους).

Praxis ist so zunächst der Begriff, mit dem Aristoteles aufnimmt, daß Politie und Gesetzessatzung in der Polis das Leben der Bürger und so Freiheit in der Wirklichkeit dieses Lebens zum Inhalt haben. Aristoteles kann so geradezu sagen, daß die ›Politie‹ Lebensweise der Polis ist (1295 a 40: ἡ γὰρ πολιτεία βίος τίς ἐστι πόλεως). Darin liegt das, was die aristotelische politische Philosophie grundsätzlich trotz der Gemeinsamkeit des Freiheits- und des Rechtsprinzips von den Voraussetzungen trennt, von denen die moderne Staatswissenschaft ausgeht. *Auch für Aristoteles ist der Bürger Subjekt der Polis; mit dem Begriff der Praxis aber wird dieses Subjektsein inhaltlich auf die ethischen Institutionen verwiesen.* Sie sind das Leben und Sein der freien Individuen; sie sind ihre »Wirklichkeit« (ἐνέργεια). Das gleiche bedeutet es, wenn Aristoteles sich dagegen wendet, die Polis als Gemeinschaft nur des Ortes zu nehmen (1280 b 29: ἡ πόλις οὐκ ἔστι κοινωνία τόπου). Sie ist nicht ›Ort‹, sondern ›Menge von Bürgern‹, aber so, daß alle Einzelnen in ihren Institutionen und in Sitte und Brauch ihr Leben gemeinsam als Bürger haben. Daher kann es für Aristoteles keinen Begriff von Recht wie den Kants geben, daß »Recht ... der Inbegriff der Bedingungen« ist, »unter denen die Willkür des Einen mit der Willkür des Anderen nach einem allgemeinen Gesetz der Freiheit vereinigt werden kann« (Ak. Ausg. 6, 230). *Recht hat in der Polis für Aristoteles den Einzelnen nicht in der Vereinzelung seines Fürsichseins, sondern in den ethischen Institutionen zum Subjekt*, in denen seine Praxis als Leben Wirklichkeit hat. Der Begriff der Praxis leistet so für Aristoteles, daß durch ihn die freie Selbständigkeit der Einzelnen mit dem Allgemeinen zur Einheit vermittelt wird. Er wehrt die Trennung der Individuen und der Institutionen ab; mit ihr ließe sich nicht begreifen, daß Institutionen Leben und Praxis der Bürger sind, und daß hierin das sie von allen anderen Formen der Herrschaft unterscheidende Wesen der Polis und auch ihrer ethischen Institutionen liegt.

6. Die politische Theorie ist so bei Aristoteles Theorie der ethischen Institutionen der Polis. Ihre Begründung auf Praxis bedeutet aber zugleich, daß Aristoteles nicht einfach, dem doppelten Sinn von Nomos folgend, Gesetz und Politie auf den in der Polis vorgegebenen Nomos und auf ihr Ethos zurückführt, sondern daß er, *indem er diese als Praxis begreift, es unternimmt zu bestimmen, wodurch und aus welchen Gründen es legitim ist, für Politie und Gesetzessatzung das mit ihnen gegebene ›Rechte‹ zum Richtmaß zu nehmen*. Aristoteles geht in der Nikomachischen Ethik zunächst davon aus und nimmt damit das Problem auf, das auch die Vorgänger in der Philosophie auszutragen versuchten, ohne seine Lösung herauszufinden, daß Ethos und Nomos nicht mehr die Macht haben sollen, im »Schönen und Rechten« für den Einzelnen wie politisch das Richtmaß zu setzen, weil sie – und damit bezieht sich Aristoteles auf die sophistische Kritik an den ethischen Institutionen – nur noch als »Brauch und als gesatzte Ordnungen« gelten sollen: »Das Schöne und Rechte (τὰ δὲ καλὰ καὶ τὰ δίκαια), auf das politische Kunst immer sieht, trägt in solchem Umfange Streit und Fehle bei sich, daß es so aussieht, als sei es nur aus Brauch und Satzung, von Natur aber nichts« (Eth. Nic. 1094 b 14: ... ὥστε δοκεῖν νόμῳ μόνον εἶναι, φύσει δὲ μή). Die Art, wie Aristoteles hier das Problem des Ethischen und der ethischen und politischen Norm formuliert, ist von außerordentlicher Wichtigkeit, weil sie zeigt, daß er das Problem des Rechten als das Problem der ethischen Institutionen nimmt.

Es hat für ihn nicht die Form, daß ein ›Rechtes‹ allererst gesucht werden muß, und auch nicht, daß es Sitten und Institutionen nicht mehr gibt und sie aufgehört haben, Geltung zu beanspruchen, sondern, daß sie nicht mehr die Legitimität haben sollen, das verbindlich zu machen, was sie als recht und geziemend vorschreiben. Wenn Sitte und Institutionen, wie es aussieht, nur als Brauch genommen werden, dann hat die Reflexion das Recht zu der Frage erhalten, warum man an sie gebunden sei. Das ist für Aristoteles mit der Sophistik akut geworden. Aber was mit ihr so geschieht und geschehen ist, läßt sich allgemein als das (in der Philosophie immer wieder aufgenommene) Problem bestimmen, daß Sitte und Brauch und die sie tragenden Institutionen nur so lange selbstverständliche und unreflektierte Geltung haben, als der Mensch sich mit ihnen als den von den Vätern herkommenden und von alters bestehenden Ordnungen des Lebens identifiziert. *Die Krise des Ethischen, von der Aristoteles ausgeht, ist so die Krise des* νόμος πάτριος, der Tradition und der Autorität der Väter und Alten.[26] Darauf geht die Politik in einer Auseinandersetzung mit der zu dieser Krise gehörigen Tendenz sehr ausführlich und eindringlich ein, das von alters Bestehende gegen die

26 Die Philosophie seit dem 5. Jahrhundert, vor allem die Auseinandersetzung Platons mit der Sophistik ist immer auch Austrag des Problems, daß Nomos die überkommene Autorität verliert. Vgl. hierzu H. Kleinknecht, a. a. O. 1021 f. und F. Heinimann, Nomos und Physis, Basel 1965, insbesondere das Kapitel über die »Sophistische Antithese Nomos-Physis, S. 110 ff. Die aristotelische Lösung des für ihn durch die Vorgänger ungelösten Problems besteht darin, daß er die Entgegensetzung von ›Natur‹ und ›Nomos‹, mit der die Geltung des Nomos paralysiert wurde, dadaurch aufhebt, daß er Nomos als Verwirklichung der Natur begreift und damit die Legitimität von Nomos und Ethos begründet. Die aristotelische Ethik und Politik ist so in allen ihren Schritten auch immer Auseinandersetzung mit den »Früheren« und den Zeitgenossen, und auch in allen entscheidenden Punkten mit Platon und seinem Versuch, dem »alten Nomos« in philosophischer Begründung und Wiederherstellung seiner göttlichen Geltung »zu helfen« (Leg. X 891 b). Die Fragestellung in dieser Arbeit hat es mit sich gebracht, daß diese Auseinandersetzung nicht behandelt wird; sie kann nur dann angemessen gewürdigt werden, wenn sie selbst und als solche zum Gegenstand einer Untersuchung wird. Es sei hierfür auf die Arbeiten von A. Müller, Platons Philosophie als kritische Distanzierung von der mythischen Dichtung, Diss. phil. Münster 1967 und von G. Bien, Grundlegung der praktischen Philosophie bei Aristoteles, Neuwied 1969, verwiesen.

Reflexion festzuhalten, es zu konservieren oder im Rückgang auf das Alte und Ursprüngliche es wiederherzustellen. Man habe gefragt, ob es für die Polis nützlich oder schädlich sei, die von den Vätern herkommende Sitte zu bewegen (1268 b 27: τὸ κινεῖν τοὺς πατρίους νόμους). Aristoteles antwortet: »Das Bewegen das Bessere« (b 33: βέλτιον τὸ κινεῖν). Die Begründung, die er dafür gibt, hat grundsätzliche Bedeutung. Sie besagt erstens, daß die am Anfang Stehenden, selbst wenn man sagt, sie seien aus der Erde hervorgegangen oder aus einem Untergange gerettet worden, wie die jetzigen Menschen auch gewöhnliche und vernunftlose Menschen waren, und zweitens, daß sich das »Bewegen« bei den Wissenschaften und Künsten wie in der Gymnastik und Heilkunst im Verhältnis zu dem Stande, den sie bei den Vätern hatten, als nützlich erwiesen habe. Zeichen aber dafür sei drittens, daß die ursprünglichen Sitten und Bräuche, wie sich da zeigt, wo es noch Überbleibsel von ihnen gibt, wahrhaft primitiv und barbarisch waren (b 39: τοὺς . . . ἀρχαίους νόμους λίαν ἁπλοῦς εἶναι καὶ βαρβαρικούς). Daraus folgt, daß es »sinnlos ist, bei dem zu bleiben, was die Väter meinten« (1269 a 7: ἄτοπον τὸ μένειν ἐν τοῖς τούτων δόγμασιν); es sei daher wohl begründet, daß auch alle das Gute und nicht das von den Vätern Überlieferte suchen (a 2: ζητοῦσι δ'ὅλως οὐ τὸ πάτριον ἀλλὰ τἀγαθὸν πάντες).

7. So werden Tradition und Alter von Aristoteles als Prinzip der Legitimität für ethische Institutionen zurückgewiesen, ohne daß er damit ihre Herkunft von den Vätern, ihre Zugehörigkeit zur Polis von ihren Anfängen her in Frage stellt. Aristoteles ist auch für die Philosophie davon ausgegangen, daß sie zum Gegenstand mache, was den Späteren die ›Ganz Alten‹ in der Weise des Mythos überliefert haben: es umgreife das Göttliche, die ganze Natur (Met. 1074 a 38 seq.). Er zieht die, die zuerst über das Sein philosophierten, als ›Ratgeber‹ und ›Zeugen‹ zur Grundlegung der Philosophie hinzu (Met. 983 b 1; 1069 a 25), um so zu dem, was jetzt zu sagen ist, mehr Vertrauen haben zu können (Met. 983 b5). Es gehört zur Philosophie, daß sie sich dem zuwendet, was »von Alters und jetzt und immer gesucht worden ist« (Met. 1028 b 2: τὸ πάλαι τε καὶ νῦν καὶ ἀεὶ ζητούμενον). Aber das bedeutet nicht, daß damit für Aristoteles die Wahrheit im An-

fänglichen und Ursprünglichen noch die ganze Wahrheit sei, um dann im Fortgang der Philosophie seit der Übernahme der mythischen Tradition durch die ersten Philosophen und auf dem Wege von ihnen zu der Philosophie jetzt mehr und mehr in Verlust zu geraten, so wie Platon es meint, wenn er die Alten die nennt, die »stärker« waren als wir und den Göttern näher wohnten (Phileb. 16 c). *Demgegenüber besteht für Aristoteles die Kontinuität des Geistes darin, daß das Alte und Anfängliche erst im Fortgang positiv zu seiner Entfaltung kommt.* Zur Übernahme der theologischen Überlieferung durch die Philosophie gehört auch, daß es sich danach nicht mehr lohnt, den Mythos noch ernsthaft zu befragen (z. B. Met. 1000 a 18). Und ebenso bemerkt Aristoteles zu den von ihm als Zeugen und Ratgeber berufenen ›Alten‹, daß »die erste Philosophie stammelnd über alles zu sprechen scheine, als sie noch jung und im Anfang war« (Met. 993 a 15: ψελλιζομένη γὰρ ἔοικεν ἡ πρώτη φιλοσοφία περὶ πάντων, ἅτε νέα τε κατ' ἀρχὰς οὖσα καὶ τὸ πρῶτον). Die Philosophie am Anfang ist die junge und die Philosophie in ihrem Beginn; das bedeutet aber für Aristoteles, daß die Wahrheit, die sie denkt, aber nur stammelnd auszusagen vermag, am Ende des Wegs und, wenn die Philosohpie fertig und alt geworden ist, als sie selbst und zu ihrem vollen Begriff entfaltet, hervortritt.

So hat für Aristoteles grundsätzlich und allgemein, das Überliefern in der Kontinuität des Weges vom Anfang zum Ende nicht die Bedeutung des Zurücklaufens, sondern vielmehr der Weitergabe in der Bestimmung der Entfaltung des Anfänglichen. Daher können auch Nomos und Ethos nicht durch Alter legitimiert werden. Wo dies geschieht, da wird das Verhältnis von Anfang und Ende verkehrt und das Anfängliche der ethischen Institutionen der Polis nicht als dieses in seiner noch primitiven und barbarischen Gestalt genommen: »Das Bewegen das Bessere«. Der πάτριος νόμος der Polis – nicht als das Väterliche Maß – kommt da, wo die Polis ihre Anfänge hinter sich gelassen hat und zur Gemeinschaft von Freien als Bürgern und sie selbst geworden ist, zu seinem Wesen. Daher finden sich auch bei Aristoteles die alten Begriffe des Rechten wie θέμις, δίκη nicht mehr. Das ethische Rechte, das im Bruch mit der unreflektierten Begründung durch Alter grundlos geworden sein soll, hat in Wahrheit in dem seinen

Grund erhalten, was mit der Polis am Ende und in der Erfüllung dessen, was an ihrem Anfang stand, zum Inhalt und Wesen der ethischen Institutionen geworden ist.
Hierin ist es begründet, daß Aristoteles vom Ethos und Nomos in der praktischen Philosophie ausgeht; was zunächst als bloße Orientierung an den gegebenen Verhältnissen der Polis, als ein gleichsam historisches, der Philosophie äußerliches Element erscheinen könnte, ist Theorie der Institutionen im Anspruch, zur Bestimmung zu bringen, was das »Rechte« in seinem Wesen und Grunde ist. Damit macht Aristoteles zum Gegenstand, was die »Früheren« nicht herausgefunden haben. Die Legitimitätskrise der Institutionen, die von den Sophisten zu der Radikalität vorgetrieben wurde, daß diese nur Brauch und Satzung sein sollten, wird von Aristoteles positiv und in ihrer Notwendigkeit daraus begriffen, daß da, *wo die Polis am Ende ihrer Entwicklung steht, ihre Institutionen erst in ihr volles Wesen gekommen sind und so nicht mehr aus dem, »was die Väter meinten« begründet werden können.* Sie sind die in sich fertig gewordenen Institutionen, ihr Wesen ist die gegenwärtige, mit der Polis gewordene und zu ihrer Reife gelangte Praxis. Die praktische Philosophie ist Philosophie, die dieses Wesen aus dem bestehenden Ethos hervorbringt, um so die Legitimität des Rechten zu begründen, das in den ethischen Institutionen sowohl für das individuelle Handeln wie für das Politische zur Norm und zum Richtmaß geworden ist.

8. Es gehört zu den in der Philosophiehistorie gängigen Vorstellungen, daß Aristoteles das ethische und politische Problem aus der Einlassung in das Ganze der Philosophie gelöst und zum Gegenstand der praktischen Philosophie als selbständiger Disziplin gemacht habe. Doch die Gründe hierfür liegen in der Wende, die Aristoteles der Auseinandersetzung um die Legitimitätskrise der Institutionen gibt. Wenn es gilt, daß die »väterliche Sitte« in der Reife der Polis zu ihrer Erfüllung kommt, dann beruhen alle Versuche, das sittliche und politische Handeln auf einen Begriff des Guten zu gründen, der den Institutionen nicht immanent ist, zuletzt darauf, daß die Auflösung ihrer Legitimität aus der Herkunft als ihr Verfall und so als die Notwendigkeit genommen wird, sie zu ersetzen und das ethische Handeln und

das Politische neu zu begründen. Die Auseinandersetzung in der Nikomachischen Ethik mit Platon und denjenigen, die »annehmen, daß es neben den vielen Guten ein anderes als ein an sich Seiendes gibt, das auch für diese Grund ihres Gut-Seins ist«, und überhaupt mit der Methode, von Prinzipien auszugehen (Eth. Nic. 1095 a 26 seq., cf. 1096 a 11 seq.), gehört einerseits in den Zusammenhang der allgemeinen Kritik an der platonischen Ideenlehre. Aber sie dient zugleich, und hier in erster Linie, der methodischen Absicht, da, wo es um das ethische Gute als praktisches, für den Menschen in seinem Leben verfügbares und ihm eigenes Gut geht (Eth. Nic. 1096 b 34: πρακτὸν ... κτητὸν ἀνθρώπῳ), den Rückgang auf das eine Gute selbst (das für Aristoteles Gegenstand spekulativer Theorie bleibt) auszuschließen (cf. Eth. Nic. 1096 b 31 seq.), um es aus der Polis und ihren ethischen Institutionen als ihr Wahres hervorzubringen und es als ihnen »einwohnend« aufzuzeigen (cf. Eth. Nic. 1094 b 19: περὶ τοιούτων καὶ ἐκ τοιούτων ... τἀληθὲς ἐνδείκνυσθαι).

Das wird immer wieder aufgenommen: man müsse von der Polis ausgehen, wie man sie sieht (1252 a 1), wissen, auf welchen Brauch und welche Sitte sich Politie und Gesetzgebung stützen (Eth. Nic. 1181 b 22); wo es um das Rechte als Maß politischer Führung und Satzung geht, vermöge nur der Erfahrene richtig zu urteilen (Eth. Nic. 1181 a 19), der Gebildete, der den Blick für das Ganze hat (Eth. Nic. 1095 a 1: ὁ περὶ πᾶν πεπαιδευμένος), während dem Unerfahrenen nicht einmal die »Sammlungen der Gesetze und Politien« (Eth. Nic. 1181 b 7) nützen können.

Diese Vorrangstellung der Erfahrung hat nichts mit einem Übergang aus der philosophischen Theorie zur Empirie zu tun[27]; sie folgt unmittelbar daraus, daß die Begründung des ethischen Rechten in dem Leben liegt, das mit der Polis in ihrer Reife zur Substanz der ethischen Institutionen geworden ist, und so alles

27 F. Dirlmeier, a. a. O. 605, sucht die Betonung der ›Erfahrung‹ im Zusammenhang mit der Entwicklung des Aristoteles vom Metaphysiker zum Positivisten und so im Zusammenhang seiner Beziehung zu Platon zu deuten. Demgegenüber geht diese Arbeit davon aus, daß für Aristoteles Philosophie immer, sofern sie nicht von Prinzipien, sondern von dem, was ist und was sich zeigt, ausgeht, Erfahrung voraussetzt, auch als erste Philosophie. Das schließt schon ihre Deutung als Wissenschaft ein, die Wahrnehmung als Auffassung des Dieses und Erfahrung in sich aufhebt. Cf. Met. 980 b 28 seq.

darauf ankommt, von dem, was ist, und von dem, daß es ist, auszugehen und hierbei anzufangen, um den ihnen immanenten Grund zum Begriff zu bringen (Eth. Nic. 1095 b 6: ἀρχὴ γὰρ τὸ ὅτι).

So legt Aristoteles die eigene Untersuchung in ihrem Ansatz und in der Richtung fest, die sie einschlägt. Es zeigt sich, daß sie es übernimmt, in der Auseinandersetzung mit dem Verfall des Traditionsprinzips aus der Polis als ihr immanent das Gute aufzuzeigen und zum Begriff zu bringen, das in Sitte und Brauch Maß und Norm allen Handelns und der politischen Kunst ist. Die *praktische Philosophie erweist sich als Philosophie des Endes, nicht des Ursprungs und Anfangs.* Sie gewinnt der in sich fertig gewordenen Polis ab, was Ethos und Nomos in ihrem Wesen sind; sie begreift ihren Beginn wie den Prozeß ihres Werdens aus dem, was in seiner Wahrheit hervortritt, wo die Polis geworden ist, was sie zu sein vermag.

9. Das wird in der Politik in einer zusammenfassenden Bestimmung der Polis im Verhältnis zum Menschen und seiner Natur aufgenommen. Hier geht Aristoteles davon aus, daß auch die Natur ›Ende‹ ist, und daß sich, was etwas seiner Natur und seinem Wesen nach ist, erst da zeige, wo sein Werden zu Ende gekommen ist, um hieraus die für Ethik und Politik entscheidende Bestimmung der Polis zu gewinnen: »Die Natur aber ist Ende (Zweck). Denn wie beschaffen jegliches ist, wenn sein Werden zum Ende gekommen ist, das, sagen wir, sei für jegliches seine Natur wie beim Menschen, beim Pferde, beim Haus« (1256 b 32 seq.: ἡ δὲ φύσις τέλος ἐστίν. οἷον γὰρ ἕκαστόν ἐστι τῆς γενέσεως τελεσθείσης, ταύτην φαμὲν τὴν φύσιν εἶναι ἑκάστου, ὥσπερ ἀνθρώπου, ἵππου, οἰκίας). Dann folgt nach der Bermerkung, daß so das Umwillen und das Ende (als das, worauf die Bewegung des Werdens in sich gerichtet ist) »das Beste« sei: *»Aus diesem wird klar, daß die Polis zu dem gehört, was von Natur ist, und daß der Mensch von Natur das auf die Polis verwiesene Lebewesen ist«* 1253 a 1: ... φανερὸν ὅτι τῶν φύσει ἡ πόλις ἐστί, καὶ ὅτι ἄνθρωπος φύσει πολιτικὸν ζῷον).

Damit erweist sich der Ausgang der ethischen und politischen Theorie von der vollendeten und fertig gewordenen Polis als

Kern und als Mitte der praktischen Philosophie; denn sie führt nun im Rückgriff auf den Naturbegriff zu der entscheidenden inhaltlichen Bestimmung, daß die *Polis, wenn ihr Werden zum Abschluß gekommen ist, zur »Natur als Ende« für den Menschen wird, und daß so mit ihr der Mensch zum Subjekt und die menschliche Natur zur Substanz der ethischen Institutionen und damit zum Richtmaß allen politischen Handelns und aller rechtlichen Satzung geworden ist.* Das hängt zunächst damit zusammen, daß Praxis in der Synonymität mit Leben (die es Aristoteles möglich machte, Institutionen als Verfassung des Lebens und der Praxis zu verstehen) zugleich im allgemeinen biologischen Sinn in Beziehung zur Natur der Lebewesen steht: was diese als Möglichkeit von Natur besitzen, kommt in ihrer Praxis zur Verwirklichung. Ihre Praxis ist so als Lebensvollzug Wirklichkeit und Verwirklichung (ἐνέργεια) ihrer Natur als Möglichkeit; ihr eigentliches Wesen gibt sich erst da zu erkennen, wo ihre Natur als Praxis wirklich geworden und ihr Werden abgeschlossen ist.[28]

Das gilt auch für die menschliche Praxis, aber hier schließt dies ein, daß der Mensch von allen übrigen Lebewesen unterschieden ist. *Während deren Natur von Natur (und geleitet von der Natur) zur Wirklichkeit ihrer Praxis wächst, gelangt der Mensch nicht von Natur, sondern ›ethisch‹ zur Verwirklichung seiner Natur.* Aristoteles hat das auch so gefaßt, daß uns Tugend und Tüchtigkeit nicht von Natur zuwachsen. Eth. Nic. 1103 a 19: »Sie werden für uns weder von Natur noch gegen die Natur (a 24: οὔτ' ἄρα φύσει οὔτε παρὰ φύσιν); uns ist von Natur die Möglichkeit Gewohnheit« (a 25: διὰ τοῦ ἔθους). Wir sind zuerst (von Natur) mit den Möglichkeiten versehen, dann aber geben wir ihnen Wirklichkeit (a 26 seq.).

Alles, was Aristoteles über Sitte, Brauch, Institutionen sagt, zielt hierauf hin; es zeigt nun seine allgemeine Bedeutung: *ohne die Institutionen bleiben für den Menschen alle Anlagen nur Mög-*

28 Praxis kann bei Aristoteles allgemein als ἐνέργεια definiert werden, so Eth, Nic. 1197 a 10. Sie ist τέλος, wo das Tun selbst wie beim Zitherspielen der Zweck und so als dieses ἐνέργεια ist; daher ist Glück Praxis und als dieses der Stand des Lebensvollzuges, in dem das von Natur Mögliche im Wirken wirklich ist. Cf. Eth. Nic. 1176 b 1 seq. Damit hängt unmittelbar zusammen, daß die Unterschiede von Natur zwischen den Lebewesen sich in ihrer ›Praxis‹ und in ihrem ›Bios‹ zeigen. Cf. Hist. An. 487 a 12.

lichkeit und er selbst ohne Werden und Sein. Der Einzelne ohne seine ethisch-politische Welt in der reinen Unmittelbarkeit seines Fürsichseins gedacht, ist daher nicht der Mensch in seiner Natur, sondern Mensch in der absoluten Isolierung und ohne Wirklichkeit seiner Natur. Er ist, wie Aristoteles auf Homer hinweisend sagt, dem für sich gesetzten Stein im Brettspiel gleich, der nicht mehr zu ziehen vermag (cf. 1253 a 5 seq.).

Es gibt so für Aristoteles keine Theorie des Menschen, die davon absehen kann, daß er actu nur Mensch zu sein vermag, wo er in Institutionen seine Vernunftnatur zu einem menschlichen Leben verwirklichen kann. Daher ist für Aristoteles auch der Mensch im Naturstand nur erst an sich Mensch, ohne schon in ein menschliches Leben gelangen zu können. Aristoteles nennt ebenso den ›Apolis‹, den Menschen, der seiner Natur nach und nicht aus einem ihm zufallenden Geschick ohne die Polis lebt, »schlecht«. Wer ohne ihre Gemeinschaft zu leben vermag, ist so nicht Mensch, sondern entweder (weniger als der Mensch) ein Tier oder (stärker als der Mensch) ein Gott (a 29: ἢ θηρίον ἢ θεός). Hier aber steht dann der Satz, daß der Mensch von Natur ζῷον πολιτικὸν sei, und daß die Polis zu dem gehöre, was von Natur sei. In dem allgemeinen Zusammenhang von Praxis heißt dies zunächst auch, daß der Mensch zu den Lebewesen gehört, die gesellig leben; aber dann sagt Aristoteles, daß er ein solches Wesen »mehr« sei als diese. Die Begründung hierfür ist, daß der Mensch einzig unter den Lebewesen Vernunft und Sprache hat (1253 a 9: λόγον δὲ μόνον ἄνθρωπος ἔχει τῶν ζώων). Es gehört so zu ihm das, was Haus und Polis macht (a 18), als ihm allein eigen (a 16: ἴδιον): das Nützliche und Schädliche, das Rechte und Unrechte, das Gute und Schlechte in der Fähigkeit, alles dies kund zu machen und aufzufassen. So ist der Mensch als Vernunftwesen für Aristoteles nicht nur auf ethische Institutionen, sondern konkret auf die Polis und ihre Institutionen verwiesen. Die Polis ist die Wirklichkeit seiner Natur, nur wo sie geworden ist, vermag der Mensch actu zum Menschsein zu gelangen. Davon geht Aristoteles in der Grundlegung als der für sie entscheidenden Bestimmung der Praxis aus. In ihr wird Praxis von vornherein in der Bestimmung genommen, in der sie »geregeltes Verfahren« (Eth. Nic. 1094 a 1: μέθοδος) und als dieses auf »Wissenschaft« gegründete ›Kunst‹ ist (ib: τέχνη). In der »Vielzahl der Künste und Wissenschaften« und ihrer Zwecke wird als in sie eingelassen das gesucht, auf das diese alle in sich gerichtet sind, um dann als das »menschliche Gut« bestimmt zu werden (b 7: τἀνθρώπινον ἀγαθόν). Wissenschaft ist vernünftige Einsicht in das Wesen von dem, was ist, aus Gründen und Ursachen; Kunst ist das auf diese Einsicht gegründete und von ihr geleitete Handeln. Die Praxis, von der Aristoteles ausgeht, ist daher Praxis, in welcher die Vernunftnatur des Menschen ihre Wirklichkeit erlangt hat (cf. Met. 1025 b 22). Zugleich sind aber Künste und Wissenschaften die mit der Polis gewordene und zu ihr gehörige Praxis. Sie wird so von Aristoteles als die Praxis eingeführt, deren Zwecke die politische Kunst aufnimmt und in dem zusammenfaßt, was sie als Zweck und Umwillen der Polis vor Augen hat, so daß dies dann als das menschliche, zum Menschsein des Menschen gehörige Gut bestimmt werden kann. Alles weitere in der aristotelischen Ethik und Politik ist die Ausführung hiervon, daß das Umwillen der Polis das »Leben auf gute Weise« und Glück als Stand der Bürger in einem Leben ist, in welchem das, was der Mensch seiner Natur nach zu sein vermag, Wirklichkeit erhält (Eth. Nic. 1102 a 5) und daß die ethisch mit der Polis gegebene Tugend Tugend des Menschen ist (Eth. Nic. 1097 b 25 seq.; 1106 a 6: ἡ τοῦ ἀνθρώπου ἀρετή).

III

10. In der Konkretisierung der Bewegung der Vernunftnatur des Menschen zur Polis als ihrer Wirklichkeit wird von Aristoteles im Austrag der Legitimitätskrise des Ethischen und Politischen die Wende vollzogen. Er begreift diese Krise in ihrer Notwendigkeit: *wo das Werden der Polis abgeschlossen ist, da haben die ethischen Institutionen und mit ihnen politische Ordnung die Verwirklichung der Vernunft und der Vernunftnatur des Menschen zu einem menschlichen Leben zur Substanz und zu ihrem Zweck erhalten.* Die praktische Philosophie in der Einheit von Ethik und Politik ist so Philosophie, die sich um das zum Menschen Gehörige sammelt (ἡ περὶ τὰ ἀνθρώπεια φιλοσοφία). Sie

ist Lehre vom ethischen Handeln, das sittliches Handeln in der Begründung auf das Menschsein des Menschen ist. Sie ist Lehre vom politischen Handeln und von den Formen politischer Ordnung in Verfassung und Recht, denen im Ethos als Wirklichkeit menschlichen Lebens der Zweck und die Norm gesetzt sind. Darauf beruht es, daß die aristotelische Ethik und Politik über die Jahrhunderte hin den Weg praktischer Philosophie vorgezeichnet und bestimmt haben. Es ist die Folge der Universalität, die sie damit gewinnt, daß sie, der fertig gewordenen Polis auf den Grund gehend, das Menschsein des Menschen als Richtmaß des Ethischen und Politischen begreift.[29] Das schließt zugleich für Aristoteles ein – und das ist der der Vergegenwärtigung bedürftige Kern seiner praktischen Philosophie –, daß die Politik nicht von der unmittelbaren, abstrakten Natur des Menschen ausgehen kann. Politik setzt in Führung und Satzung in sich ethische Institutionen voraus, in denen der Mensch im Handeln und Leben Wirklichkeit hat. Es gibt ebenso keine Möglichkeit, sittliches Handeln für sich und aus dem Zusammenhange der Institutionen gelöst zu begreifen, die seine Wirklichkeit sind. Daher ist es daran gebunden, daß solche Institutionen bestehen und daran, daß politische Ordnung und Recht sie in ihrer menschlichen Substanz wahren.

29 F. Dirlmeier (a. a. O. 249) betont den »Charakter der Zeitlosigkeit« der Nikomachischen Ethik; Aristoteles lasse »das wirkliche Leben, das in der Ethik wissenschaftlich bewältigt werden soll«, nicht anschaulich werden; »zwischen dem Peripatos und der Außenwelt« sei eine »Mauer« gewesen. Solche Meinung gehört zu der für die Philosophie und das geschichtliche Bewußtsein seit dem 19. Jahrhundert entscheidenden Entgegensetzung des Historischen und des Allgemeinen. Zumal der ethische Begriff als Allgemeines, soll so der Wirklichkeit und dem Bewußtsein transzendent sein, während die geschichtliche Wirklichkeit die individuelle Faktizität ist. Das Wesen der praktischen Philosophie des Aristoteles liegt demgegenüber darin, daß sie dem Prinzip gemäß, daß der Mensch als dieser Mensch besteht, aus der Wirklichkeit, wie sie ist, das Allgemeine als ihr immanent aufweist. Man kann das Resultat der praktischen Philosophie daher auch als die Einsicht fassen, daß mit dem Geschichtlichen und dem geschichtlich Gewordenen ein universales Prinzip in der geschichtlichen Wirklichkeit aufgegangen ist. Das ist nicht Zeitlosigkeit, sondern Theorie der gegenwärtigen Zeit und Wirklichkeit in der Erkenntnis, daß ihr einwohnend ein Universales zum Grunde und zur Substanz geworden ist.

In diesem Sinne gilt, daß der Mensch das auf die Polis verwiesene Lebewesen ist. Das allgemeine Gesetz von der Verwirklichung menschlicher Natur besagt, daß diese sich immer nur ethisch verwirklichen kann. Aber dazu gehört, daß diese Verwirklichung nur da im vollen Sinne gelingt und zum Abschluß zu kommen vermag, wo es die Polis gibt. Was ethisch vor ihr in ihrer Vollendung liegt, gehört so zum Wege dieser Verwirklichung. Es zeigt erst am Ende des Weges, was es in seinem Wesen ist. Daher nennt Aristoteles die Polis »vollendete Gemeinschaft« (1152 b 28: κοινωνία τέλειος); sie ist in sich am Ende des Weges von dem unterschieden, was sie in ihrem Anfange war: »sie ist entstanden um des Lebens (der Lebenserhaltung) willen, aber sie besteht in ihrem Sein um des guten Lebens willen« (d 29). Ebenso wird gesagt, daß von Natur der Drang zu solcher Gemeinschaft in allen sei (1253 a 29: φύσει μὲν οὖν ἡ ὁρμὴ ἐν πᾶσιν ἐπὶ τοιαύτην τὴν κοινωνίαν). Worauf von Natur und in sich alle Gemeinschaften und Institutionen angelegt sind, das zeigt sich in seiner Wahrheit erst im Abschluß des Werdens. Mit der Polis ist, was in allen drängt, zu seiner Erfüllung gekommen.

Es scheint selbstverständlich zu sein, vom Menschen zu sprechen; Aristoteles aber hat zuerst zum Begriff gebracht, daß die an sich bestehende Möglichkeit, alles auf den Menschen zu beziehen, erst da einen konkreten Inhalt und die Macht des wahren Begriffs hat, wo actu die zur Praxis verwirklichte Natur des Menschen zur Substanz von Institutionen und politischer Ordnung geworden ist.

Das ist mit der Trennung von Ethik und Politik der politischen Philosophie fremd geworden. Mit der Beschränkung auf den Staat in der unvermittelten Zweiheit von Individuum und Gesellschaft hat der Begriff des Politischen den Zusammenhang mit den Institutionen als Inkorporierung menschlichen Lebens und Handelns verloren. Er ist auf das Verhältnis der Staaten und der gesellschaftlichen Gruppen zueinander beschränkt, zum Begriff der Macht und der Machtverteilung geworden: »Vom Standpunkt der soziologischen Betrachtung ist ein politischer Verband und insbesondere ein Staat nicht aus dem Inhalt dessen, was er tut, zu definieren ... Politik würde also für uns heißen: Streben nach Machtanteil oder nach Beeinflussung der Machtverteilung, sei es zwischen Staaten, sei es innerhalb eines Staates zwischen den Menschengruppen, die er umschließt«[30].

Für Aristoteles ist Politik in allem, was sie als Macht und Herrschaft ist, zugleich dadurch bestimmt, daß sie in ethischen Institutionen die Wirklichkeit des Menschseins und so der Freiheit zum Inhalt hat. Das erst macht sie – im Unterschied zu allen anderen Formen der Herrschaft – zur Politik. Der Mensch in seinem Menschsein, der in der griechischen Polis noch die Unfreiheit des Sklaven bei sich hatte, ist mit dem Christentum und politisch konkret mit der modernen Gesellschaft unbeschränkt und in der Einbeziehung aller, die Menschen sind, zum Subjekte des Staates geworden. Es könnte so nahe liegen, in die ethische Neutralisierung des Politischen den Begriff des Politischen zurückzurufen, der von Aristoteles in der praktischen Philosophie begründet wird. Staat könnte dann als die Institution gelten, die im Verhältnis zu allen Gruppen und Institutionen die ihr eigentümliche politische Aufgabe hat, zu erreichen und zu gewährleisten, daß in ihnen der Mensch als er selbst in einem menschlichen Leben bestehen kann. Dadurch war für Aristoteles politische Macht und Herrschaft ihrem Wesen nach von dem unterschieden, was Macht und Herrschaft sonst in der Welt sind.

30 M. Weber, Staatssoziologie, hrsg. v. J. Winckelmann, 1956, 27 ff.

›Naturrecht‹ bei Aristoteles

Zum Problem einer Erneuerung des Naturrechts (1963)

I

In der »universalen praktischen Philosophie« Christian Wolffs, die an der Schwelle des Zeitalters der französischen Revolution noch einmal eine zwei Jahrtausende alte Lehrtradition im großen Wurf eines Schulsystems zusammenfaßt (1738/9), ist Naturrecht Recht, das »seinen zureichenden Grund im Wesen und in der Natur des Menschen hat« und so »aus dem Wesen und der eigentümlichen Natur des Menschen hergeleitet wird«[1].In dieser Begründung steht es zunächst im Zusamenhang des allgemeinen Naturrechts, in dem die Natur allen Lebewesen Anrecht auf das gibt, was zu ihrer Erhaltung notwendig ist.[2] Da aber der Mensch als ein von Natur mit Vernunft begabtes Wesen zugleich von

1 Philos. pr. un. I § 161: Jus naturae rationem sufficientem in ipsa hominis rerumque essentia atque natura habet, cf. § 162: ex essentia hominis deducere. – Die Bedeutung Wolffs liegt nicht in der Theorie des Naturrechts als solcher, sondern darin, daß sie bei ihm zuletzt im Zusammenhang der praktischen Philosophie begründet wird. Dieser Begründungszusammenhang kann gegenwärtig nicht mehr vorausgesetzt werden. Daher ist es notwendig, ihn zunächst umrißhaft darzustellen, um so in die Erörterung um eine Erneuerung des Naturrechts die für die Lehrtradition der Philosophie konstitutiven Grundbegriffe und methodischen Voraussetzungen als das in Vergessenheit Geratene, sie vergegenwärtigend, einzuholen. Für seine Systematik des Naturrechts, die hier außer Betracht bleiben muß, sei vor allem auf das verwiesen, was Fr. Wieacker im Zusammenhang seiner Darstellung des »Zeitalters des Vernunftrechts« zu Wolff sagt; vgl. Privatrechtsgeschichte der Neuzeit, 1952, 177 ff., 191 ff.

2 Ibid. I § 162: Der Natur, die dem Menschen mit den Tieren gemeinsam ist, entspricht das Jus naturae commune hominum scilicet ac brutorum. Seiner ihn von den Tieren unterscheidenden eigentümlichen Natur (in eo, quo homo a brutis differt) entspricht das Jus naturae proprium scilicet hominum. Obzwar der Begriff des Rechts eigentlich nur auf freie Handlungen bezogen werden kann und so den Tieren, deren Handlungen »natürlich« (naturales), nicht frei sind, im genauen Sinne für Wolff kein Recht zugehört, entbehrt diese auf das Römische Recht (Wolff bezieht sich auf Ulpian) zurückgehende Unterscheidung für ihn nicht »eines gewissen Nutzens«, weil sie es möglich macht, zwischen dem, was aus der gemeinsamen Natur hervorgeht, und dem zu unterscheiden, was aus seiner eigentümlichen Natur hergeleitet werden muß: distin-

allen anderen Lebewesen unterschieden ist, wird ihm in dem auf seine Natur gegründeten Naturrecht das Anrecht nicht nur auf die Erhaltung des Lebens, sondern auch darauf gegeben, das »zu tun, was moralisch möglich ist, und das nicht zu tun, was moralisch unmöglich ist«, und seiner Vernunftnatur gemäß zu handeln und das ihr nicht Gemäße zu unterlassen.[3] In der so für die Theorie der menschlichen Natur konstitutiven Beziehung auf Handeln, die erst verständlich macht, warum sie überhaupt zu inhaltlichen Aussagen führen kann, ist es begründet, *daß das Naturrecht für Wolff* (wie für die Überlieferung, die er noch einmal zusammenfaßt) *nicht Gegenstand einer besonderen Rechtsphilosophie ist, sondern zur allgemeinen Theorie menschlichen Handelns gehört, die als »philosophia practica universalis« die »Unterschiede aller menschlichen Handlungen und die Prinzipien jeglichen Rechts und aller Verpflichtungen a priori« beweist.*[4] Während für Kant die menschlichen Handlungen »objektiv« unter die Bestimmung der Kausalität treten und nur innerlich in der Moralität der praktischen Vernunft unterworfen sind, haben »actiones« für Wolff noch die allgemeine, nicht auf den Menschen beschränkte Bedeutung des »Lebens« und Lebensvollzuges.[5] Die Handlungen des Menschen als seine »Lebensweise« sind daher auf seine Natur in der Bestimmung bezogen, daß diese in ihnen zu ihrer Verwirklichung kommen will; sie sind in sich und »von Natur« auf den Stand gerichtet, in dem die menschliche Natur zu ihrer vollen Verwirklichung zu kommen vermag: »actiones

gui ea, quae ex essentia et natura hominum communi fluunt, ab iis, quae ex propria deducuntur.

3 Cf. ibid. I § 159: ad conservandam vitam ac sanitatem corporis; ibid. I § 156: facultas agendi, quod moraliter possibile est, et non agendi, quod moraliter impossibile est (in der Definition von Recht überhaupt).

4 Der vollständige Titel des 1. Teiles der praktischen Philosophie (Grundlegung) lautet: Philosophia practica universalis methodo scientifica pertractata theoriam complectens, qua omnis actionum humanarum differentia omnisque juris ac obligationum omnium principia a priori demonstrantur.

5 Ibid. § 122: quidquid naturaliter possibile est et ad actum perducitur, in essentia et natura rerum rationem sufficientem habet, cf. I § 12. Das gilt für Mensch und Tier wie für Leib und Seele. Der Inbegriff von »Handlungen« ist so »Leben«, für freie Handlungen »vita moralis«, »Wandel« oder »Lebenswandel«, cf. ibid. II § 7: hinc vitam vivere dicitur pessimam, cuius actiones sint pessimae, Germanice: »er führet ein ärgerliches Leben«.

nostrae ad perfectionem nostram statusque nostri per se tendunt«[6]. Der Stand der Vollendung wird von Wolff noch in unmittelbar gegenwärtigem Zusammenhang mit der Tradition der praktischen Philosophie seit Aristoteles »das höchste Gut« und »Glück« genannt.[7] Seine praktische Philosophie setzt daher in allen ihren »Lehren« die »Ontologie, natürliche Psychologie, Kosmologie, Theologie« und so »die ganze Metaphysik« voraus.[8] Die Natur des Menschen, von der sie ausgeht, ist die sein Verhältnis zum Ganzen der Welt und zu Gott umgreifende Vernunftnatur.[9] Vernunft und menschliche Natur sind so für Wolff

6 Ibid. I § 103: Das ist in den durch die Natur gesetzten rationes finales begründet, cf. ibid. I §§ 49, 55: si actiones liberae per easdem rationes finales determinantur, per quas determinantur naturales, ad perfectionem hominis tendunt.

7 Ibid. II § 48: perfectio sui per ipsam hominis naturam felicitatem sibi connexam habet. ... Qui vult felicitatem, perfectionem sui velit necesse est. Cf. ibid. II § 217: Summum bonum et felicitas simul et una eademque opera acquiruntur.

8 Ph. Civ. I § 4: disciplinae (sc. philosophiae practicae universalis) sua derivant dogmata ex Ontologia, Psychologia, Cosmologia et Theologia naturali, sive ex omni Metaphysica, quam omni Philosophiae practicae praemittendam esse, si ea demonstrativa ratione pertractari debet, constat. Die Methode der Philosophie ist so die der *cartesischen* »certa cognitio« und in dieser Bestimmung die *euklidisch* mathematische. Wolff nimmt sie auf, um die Metaphysik und Philosophie überhaupt der »neuen« Wissenschaft dadurch zuzuordnen, daß sie zum sicheren Gang gebracht werden. Die erste Philosophie, die bei den *Scholastikern* angesehen war, soll der Verachtung entrissen werden, die ihr jetzt von allen bezeigt wird. Vgl. Phil. prima sive Ontologia n. ed. Verona 1779 Praef.: philosophia prima invidendis elogiis a Scholasticis exornata, sed postquam Philosophia Cartesiana invaluit, in contemtum adducta, omniumque ludibrio exposita fuit. ... Mihi proposueram philosophiam et certam et generi humano utilem efficere atque ea fini in rationem evidentiae demonstrationum Euclidearum inquirebam. Von der gleichen Lage der Philosophie geht Kant aus, vgl. KRV Vorr. A: einst die »Königin aller Wissenschaften«, »jetzt bringt es der Modeton des Zeitalters so mit sich, ihr alle Verachtung zu bezeigen«... Die euklidische Methode steht bei Wolff in der Tradition der »mathesis universalis«: sie soll universal werden; vgl. Vern. Gedanken 1719, a 3: ... »ist zur Zeit wohl noch keinem gelungen, ... mathematische Demonstrationen in anderen Disziplinen« vorzubringen. a 5: »Dieses ist eben eine von meinen Haupt-Absichten gewesen, warum ich mich mit Ernst auf die Mathematik geleget, nicht daß ich sie als ein Handwerck Brodt zu verdienen gelernet.«

9 Wolff spricht daher von der menschlichen Natur in Verbindung mit dem

noch nicht auseinandergetreten und durch die Einschränkung der menschlichen Natur auf das in Bedürfnis und Triebe entspringende Naturverhältnis entzweit. Die menschlichen Handlungen sind in sich gut und richtig, wenn sie auf die Vollendung der ganzen Natur des Menschen gerichtet sind.[10] Während aber die »Handlungen« aller Lebewesen sonst von der Natur selbst geleitet werden und so »von Natur« auf den von ihr gesetzten Zweck gerichtet sind, ist das menschliche Handeln »frei«; zu ihm gehört im Unterschied zu den »natürlichen Verrichtungen« »die Möglichkeit der Seele, spontan aus mehreren Möglichkeiten zu wählen, was ihr gefällt, auch wenn sie zu keiner von ihnen durch ihre Natur bestimmt wird«[11]. Die praktische Philosophie erhält daher die Aufgabe, den Menschen zu leiten und ihm die Einsicht zu vermitteln, welche Handlungen in sich richtig sind, weil sie dem entsprechen, was die menschliche Natur von ihnen fordert.[12] Das

»Wesen der Dinge«. Sofern Gott »uns durch unsere Natur verpflichtet«, schließt das die Beziehung auf Gott ein, zielt aber zugleich auf die Verselbständigung der Naturtheorie der Praxis gegenüber dem positiven göttlichen Gesetz ab. Zugleich soll ihre atheistische Auslegung abgewehrt werden, cf. Ph. pr. I § 245: quam ob rem etsi atheus neget dari Deum, non tamen ideo negare potest, hanc esse hominis rerumque essentiam, quam independenter a cognitione Dei cognoscimus. Für die Gleichsetzung von essentia und natura beruft sich Wolff ibid. I § 136 auf Cicero.

10 Ibid. I § 55: actiones bonae sunt, quae ad perfectionem hominis tendunt; sie entsprechen so der menschlichen Natur und den durch sie gesetzten Zwecken. Daher kann Wolff auch sagen, daß sie in sich »durch die menschliche Natur« gut seien, cf. ibid. I § 124: actiones intrinsecam bonitatem vel malitiam habentes per ipsam hominis rerumque essentiam atque naturam bonae vel malae sunt. Der Zusammenhang zwischen der vollen Verwirklichung des Menschseins in der Praxis und seiner Natur wird durch die rationes finales vermittelt, cf. ibid. I § 49.

11 Ibid. I § 122 und § 12. Weil Handlungen wesentlich Verwirklichung der Natur sind, sind auch freie Handlungen an das von Natur Mögliche gebunden, cf. § 12. Es gilt zweitens, daß sie als Handlungen in dem gleichen Sinne wie die natürlichen und notwendigen Handlungen im Verhältnis zur Natur durch deren Zweck bestimmt werden, cf. ibd. § 125: si actiones liberae per easdem rationes finales determinantur, per quas determinantur naturales, per ipsam hominis rerumque essentiam atque naturam bonae sunt. Auch freie Handlungen stehen so für Wolff unter der Bestimmung von Handlungen überhaupt, die Natur zur Verwirklichung zu bringen.

12 Ibid. I § 3: scientia ... practica dirigendi actiones liberas, cf. ibid. II §§ 1, 2.

Verhältnis, in dem freie Handlungen zu ihrer Natur stehen, nennt Wolff »moralisch«, sofern die freie Verwirklichung der menschlichen Natur nicht auf natürlicher Notwendigkeit wie bei den übrigen Lebewesen, sondern auf einer »Verpflichtung« (obligatio) beruht, in welcher uns unsere Natur dazu verpflichtet, mit unserem freien Handeln ihrer Verwirklichung zu dienen und dem durch sie gesetzten Zweck zu folgen: »Nos obligat essentia atque natura nostra[13]. Sie gibt das »Gesetz«, das in sich Gute zu tun und das in sich Schlechte zu unterlassen, so daß Wolff die Verpflichtung auch unmittelbar auf das »Gesetz der Natur« begründen kann: »Lex naturae nos obligat ad actiones intrinsecas bonas committendas, intrinsece vero malas ommittendas«[14]. Das verpflichtende Gesetz »geht« so aus der menschlichen Natur als aus seiner Quelle (fons) »hervor«[15]. Mit ihm haben alle menschlichen Handlungen, Recht und Moralität in der menschlichen Natur ihren Grund. Die praktische Philosophie begreift daher die menschliche Natur, indem sie die Gesetze heraushebt, an welche alles Handeln in sich gebunden ist, auch wenn der Handelnde sie nicht kennt und nicht weiß, daß er sie beachtet.[16]

13 Ibid. § 127: »Moralität« als innere Bestimmung von Handlungen (cf. Ph. pr. Praef.: moralitatem intrinsecam actionum) und als necessitas moralis geht aus der Verpflichtung durch die menschliche Natur hervor. Cf. hierzu auch I § 134, Theol. Nat. §§ 950, 951, Ph. pr. I § 128. Obligatio wird von Wolff durchaus im rechtlichen Sinn des Begriffs verstanden. Theol. Nat. I § 973 weist Wolff für sie auf das Verhältnis hin, in dem der Fürst die Untertanen verpflichtet.

14 Ibid. I § 153, cf. § 152.

15 Ibid. I § 137. Wolff wendet sich ausdrücklich gegen den synonymen Gebrauch von lex und jus. An der Definition des Gesetzes durch den »Befehl eines Oberen« halten diejenigen fest, die die natürliche Verpflichtung und mit ihr die innere Güte oder Schlechtigkeit von Handlungen in sich aufheben wollen. Cf. I § 131, § 135 gegen Grotius, § 136 gegen Cicero. Es geht Wolff so darum, daß das ganze moralische, unter dem Gesetz der eigenen Natur stehende praktische Sein des Menschen im jus naturale sein Recht erhält. Cf. § 268: Homo sibimet ipsi lex est. Das setzt die Unterscheidung von lex und jus naturae in der Bestimmung voraus, daß das Gesetz der Natur das Recht gibt, cf. I § 160: alia ... lex naturae, aliud vero jus, quod eadem lege nobis datur.

16 Wolff übernimmt die Unterscheidung von lex und jus wohl unmittelbar von Hobbes, vgl. z. B. Leviathan, ed. Oakeshott, 1960, p. 84 seq. Die Anknüpfung schließt aber zugleich die Abgrenzung im Festhalten am metaphysischen Begriff der menschlichen Natur ein.

Dieser Zusammenhang von Natur, Gesetz, Verpflichtung, Handeln wird von Wolff in der Herleitung eines »Naturrechts« aus der menschlichen Natur vorausgesetzt. Das »Naturgesetz«, das unser Handeln zur Verwirklichung der menschlichen Natur in sich verpflichtet, gibt dem Menschen zugleich als sein »Naturrecht« das Anrecht auf alles, was für die Erfüllung seiner Verpflichtung notwendig ist: »Lex naturae dat nobis jus ad ea, sine quibus obligationi naturali satisfieri nequit«[17]. Naturrecht ist so die Befugnis, das zu tun und zu sein, was notwendig ist, damit die Natur des Menschen im Handeln und so in einem menschlichen Leben wirklich werden kann. Daher wird es als von Natur zum Menschen gehöriges Anrecht durch die positive Möglichkeit definiert, »das zu tun, was moralisch möglich ist, und nicht zu tun, was moralisch unmöglich ist«[18], so daß der Mensch, »wenn er tut, wozu er durch das Naturgesetz verpflichtet ist ... nach seinem Recht handelt«[19]. Er ist dann von Natur in seinem Recht. Das »Naturrecht« der praktischen Philosophie läßt sich daher als das von Natur zum Dasein des Menschen gehörige Anrecht auf ein Leben begreifen, das seiner Natur nicht widerspricht und ihr actu gemäß ist. Hierin ist es begründet, daß das »Naturrecht« auch zur »sicheren Norm aller positiven Gesetze« wird und als Prinzip von Recht überhaupt gelten kann.[20] Positives Recht ist jedes Gesetz, das »vom Willen irgendeines vernünftigen Wesens abhängt«[21]. Geschichtliches Recht wird durch menschliche Gesetze konstituiert, die aus »historischen Fakten« hervorgehen.[22] Für beide wird Naturrecht zur Norm, weil sie »an sich«, wie immer sie auch gefaßt sein mögen, den Menschen in seinem Leben und Handeln zum Subjekt und so die menschliche Natur zur Substanz haben. Daher kann die praktische Philosophie für Wolff beanspruchen, in der »Herleitung jeglichen Rechts« aus der Natur des Menschen alle positiven Gesetze als ihre »Naturtheorie« (theoria naturalis) aus dem Naturrecht als ihrem allgemeinen Rechtsprin-

17 Ph. pr. I § 159.
18 Ibid. I § 156.
19 Ibid. I § 160.
20 Ibid. I Praef.: certa legum positivarum norma.
21 Ibid. I § 147.
22 Daher gilt ibid. I § 181: legum naturalium ratio historica nulla datur.

zip herzuleiten[23] und Naturrechtsmaximen aufzustellen, die an sich im Verhältnis zu allen positiven Rechtssytemen Geltung haben sollen: Niemand habe das Recht, einen anderen daran zu hindern, daß er sein ihm von Natur eigenes Recht gebrauche.[24] Kein positives Gesetz könne »uns zu etwas verpflichten, das dem Naturgesetz widerspricht«. Wenn es zum Widerstreit zwischen natürlichem und positivem Gesetz komme, »siege immer das natürliche über das positive«[25]. Positives wie historisches Recht sind so an sich nur dann Recht, wenn sie dem Gesetz der menschlichen Natur und dem mit ihm gegebenen Anrecht des Menschen, Mensch zu sein, als seinem Naturrecht nicht widersprechen.

In dieser Geltung »an sich« und »immer« liegt die weltgeschichtliche Größe des Naturrechts der Philosophie, die auch in dem Schulsystem Wolffs und seinen trockenen Definitionen und Deduktionen widerscheint. Sie besteht darin, daß die in der griechischen Philosophie zuerst gedachte, dann mit dem Christentum allgemein gewordene Wahrheit, der Mensch als Mensch habe das Recht auf ein menschliches Leben, in der Form des Naturrechts in Beziehung zu den partikulären politischen wie rechtlichen Ordnungen gesetzt und zum Grund jeglichen Rechts erhoben wird. Auf dem Boden der europäischen Weltgeschichte sind Naturrecht und positives Recht nicht an sich, sondern aus geschichtlichen Gründen getrennt, sofern das Naturrecht nur an sich und nicht auch real und in der politischen Wirklichkeit selbst als Grund und Begriff des Rechts gelten kann.

Die praktische Philosophie der Schule faßt so im 18. Jahrhundert noch einmal die Lehre von der Verwirklichung der metaphysischen, in das Sein als Weltordnung gestellten Vernunftnatur des Menschen und des auf sie gegründeten Naturrechts zusammen. Aber in dieser Zusammenfassung ist die Vernunft der Philosophie zur »Vernunft a priori« geworden; sie hält den metaphysischen Begriff des Menschen nur noch im »reinen«, von aller Erfahrung getrennten Denken in sich und für sich selbst fest. Als Prinzip reiner Vernunft a priori hat der Begriff der menschlichen

23 Ibid. I Praef.: dabimus ... theoriam naturalem legum civilium et positivarum, cf. I § 6.
24 Ibid. I § 180.
25 Ibid. I § 151, § 219.

Natur daher die geschichtlich-politische Realität grundsätzlich außer sich. Die philosophische Vernunft, die zuletzt »im Gedanken« das Wissen um das metaphysische Sein des Menschen und sein Recht wahrt, ist die in sich selbst zurückgegangene Vernunft, die ihre gegenwärtige Welt verlassen hat. Sie hat daher die aus der metaphysischen Tradition emanzipierten Theorien neben sich, für die die »wirkliche« Natur des Menschen die auf die Nutzung der Natur beschränkte Bedürfnis- und Triebnatur geworden ist, ohne diese für sie nur »empirischen« Theorien noch in sich aufheben zu können. Als Philosophie der reinen, in sich selbst bleibenden Vernunft erkennt sie vielmehr deren Recht positiv an, die Wirklichkeit »empirisch« auszulegen; sie findet sich so mit ihrer eigenen Ohnmacht ab. In der Bewegung, in der sich mit der Neuzeit die Natur des Menschen entzweit und ihr metaphysischer Begriff nur noch im reinen Gedanken über ihrer auf das Bedürfnis beschränkten Wirklichkeit schweben soll, wird auch das Naturrecht von seinem Grund im menschlichen Sein und Handeln abgetrennt. Es wird zu »nur so einer Idee«, die der Gedanke noch hält, ohne daß es – in einen der Wirklichkeit transzendenten Ort entfernt – das positive Gesetz und das wirklich bestehende Recht als ihnen immanentes Prinzip zu begründen und zu erhellen vermag. *Das in die Transzendenz des reinen Gedankens entfernte Naturrecht ist daher das Naturrecht der praktischen Philosophie in ihrer Endschaft.* Nachdem die praktische Philosophie zur Hekuba geworden (Kant) und heute bis auf den Namen verschwunden ist, vegetiert das Naturrecht als transzendentes und aus seinem Begründungszusammenhang endgültig gelöstes, nur noch gedankliches Rechtsprinzip fort.

Die Rechtstheorie, die heute, von der Erfahrung der Zeit mit dem »rechtsetzenden Staat« getrieben, »über die geschichtlich konkrete Situation hinaus gültige« und »zeitüberlegene materiale Maßstäbe rechtlichen Handelns« sucht und so in einer neuen »Aufgeschlossenheit« an das Naturrecht anknüpfen will[26], ist die juristische, der Philosophie gegenüber selbständig gewordene,

26 Kl. Ritter, Zwischen Naturrecht und Rechtspositivismus, 1956, S. 12 (S. 119 ff. ausführliche Literaturhinweise). Vgl. zum Stand der Diskussion und zur »unübersehbaren« Literatur E. Wolf, Das Problem der Naturrechtslehre (Freiburger Rechts- u. Staatswiss. Abh. 2), 2. erw. Aufl. 1959, S. 11 ff.

nur noch im Namen an ihre Herkunft erinnernde »Rechtsphilosophie«. Nach dem Ende der Schulphilosophie von der praktischen Philosophie und ihrer Begründung des Rechts im Stich gelassen, hat sie den philosophischen Rechtsbegriff ersetzt und sich seitdem darauf beschränkt, das je in Kraft befindliche positive Recht als »eigengesetzlich« und unter Ausschaltung »aller philosophischen Betrachtungen«[27] in ein logisches System zu bringen oder aber Recht im »geschichtlichen Aufzeigen seines Entstehens aus geschichtlichen Umständen«[28] zu begründen und zu verstehen.

27 Vgl. Laband, Das Staatsrecht des deutschen Reiches, 3. Aufl. 1895, I, X. Zur Ausbildung des Rechtspositivismus im 19. Jahrhundert in der Vorherrschaft einer juristisch-formalen Methode vgl. E. W. Böckenförde, Gesetz und gesetzgebende Gewalt, 1959, S. 210 ff. Zur »Eigengesetzlichkeit« als Voraussetzung des Rechtspositivismus, durch welche jede »übergesetzliche Rechtsauffassung« aufgelöst werde, vgl. Radbruch, Rechtsphilosophie, 5. Aufl. bes. v. E. Wolf, 1956, S. 337.

28 Hegel, Grundl. d. Philos. d. Rechts, Einleitung § 3. Hoffmeister, S. 22ff.: »Das in der Zeit erscheinende Hervortreten und Entwickeln von Rechtsbestimmungen . . ., diese rein geschichtliche Bemühung«, hat für Hegel »in ihrer eigenen Sphäre ihr Verdienst«. Er wendet sich gegen Hugos Geschichte des Römischen Rechts, weil mit ihr der philosophische Begriff des Rechts durch die historische Betrachtung ersetzt wird. Das führe dazu, daß »die Entwickelung aus historischen Gründen« mit der »Entwickelung aus dem Begriff« verwechselt wird und so die »Frage nach der wahrhaften Rechtfertigung in eine Rechtfertigung aus Umständen« hinübergespielt und »überhaupt das Relative an die Stelle des Absoluten, die äußerliche Erscheinung an die Stelle der Natur der Sache« gesetzt werde. Vgl. hierzu auch E. Wolf, Das Problem der Naturrechtslehre, 2. Aufl. 1959, S. 146: nicht mehr »die Vernünftigkeit des legitimierenden und normierenden Kriteriums des Rechts«, sondern »Geschichtlichkeit«. Das bleibt das ungelöste Problem der Rechtstheorie bis heute; sie sucht sich daher vom »Historismus« zu befreien und auf »bewußtseinsunabhängige« und »historisch nicht relativierbare Normen« zu gründen; vgl. H. Coing, Grundzüge der Rechtsphilosophie, 1950, Vorw. u. S. 96 ff. A. Kaufmann, Naturrecht und Geschichtlichkeit (Recht und Staat 197), 1957, S. 8 ff. nennt die »Frage nach der Geschichtlichkeit des Rechts« »eines der aktuellsten Probleme der gegenwärtigen Rechtsphilosophie«; sie sei »praktisch noch ungelöst«; es gehe darum, über die Trennung von Rechtsnorm und geschichtlicher Wirklichkeit des Rechts hinauszukommen. – Vgl. zum Ganzen das große und grundlegende Buch von L. Strauss, Naturrecht und Geschichte, 1956; das Problem des Historismus, das für ihn mit dem geschichtlich notwendigen Prozeß der Trennung von der »nicht historischen Philosophie« zusammenhängt, erweist sich als Problem einer Krise der Philosophie selbst, vgl. a. a. O., S. 10 ff. u. pass. – Die im 19. Jahrhundert auch nach dem sogenannten Zusammenbruch des spekulativen

Für die so auf die Analyse des positiven Rechts und auf die historische Erforschung von Rechtssystemen in ihrer Geschichte beschränkte Rechtstheorie wird jetzt von einer »Renaissance« und »Wiederkunft« des Naturrechts[29] erwartet, daß ihr ein »überpositives« und »übergeschichtliches« Rechtsprinzip als »Grundlage alles positiven Rechts« und »kritische Norm seiner Verbindlichkeit«[30] in die Hand gegeben wird.

Aber es zeigt sich, daß das so zurückgerufene Naturrecht das von seiner philosophischen Begründung gelöste Naturrecht in seiner Endschaft ist. Um es mit dem positiven und geschichtlichen Recht als »Norm« erneut in Beziehung zu bringen, ruft daher die Rechtstheorie aus der gegenwärtigen Philosophie mit Vorliebe die Werttheorien zu Hilfe. Diese bringen die Normen menschlichen Seins und Handelns nicht aus dem, was ist, hervor, indem sie ihm auf den Grund gehen, sondern hypostasieren sie als an sich und unabhängig von der Wirklichkeit geltende »Werte« und »Ideen« zu einem transzendenten, bewußtseins- wie geschichtsunabhängigen Reich »idealen Seins«. Zu diesem soll sich in der Beurteilung faktischen Tuns und Seins ein »Wertfühlen« verhalten, dem sich die Werte in unmittelbarer Evidenz kundtun.[31] Die

Idealismus fortgehenden Versuche, das Naturrecht neu zu begründen, sind jetzt durch A. R. Weiss in ihrer Monographie: F. A. Trendelenburg und das Naturrecht im 19. Jahrhundert (Münchener Hist. Stud. Abt. n. Gesch., hg. v. Schnabel, Bd. 3) 1960, zuerst wieder der Vergessenheit entrissen worden. Die Verf. zeigt, daß auch bereits Trendelenburg den »Widerspruch von Vernunft und Geschichte« und die Trennung des philosophischen und historischen Rechts zu überwinden suchte, vgl. a. a. O., S. 72 ff.

29 Vgl. hierzu Kl. Ritter, a. a. O., S. 87, 6. A. Kaufmann weist indes a. a. O. S. 5 darauf hin, daß die »Renaissance des Naturrechtsgedankens« in einer »deutlich spürbaren rückläufigen Bewegung begriffen« sei.

30 In den bereits eingebürgerten Begriffen des »Übergeschichtlichen« und »Überpositiven« zeigt sich einmal die Ausgangsproblematik, es zeigt sich aber in ihnen auch, daß die Trennung von Sollen und Sein, von Norm und Wirklichkeit so fest geworden ist, daß Normen nur im Transzendenten gesucht werden und so die Möglichkeit, sie in dem Geschichtlichen, ihm immanent, zu finden, von vorneherein ausgeschlossen bleibt.

31 Auf die Notwendigkeit, in der Rechtstheorie an die »geschichtlichen Formen der Ethik« anzuknüpfen, »wie sie uns die Geistesgeschichte bietet«, weist H. Coing, a. a. O. S. 106, ausdrücklich hin. – Mit der Wert-Theorie Schelers und Hartmanns wird auch ihre Voraussetzung zur Basis der Rechtslehre, daß die Wirklichkeit als die von den Naturwissenschaften ausgesagte Wirklich-

Frage nach der Wahrheit oder Unwahrheit solcher Philosophie ist hier nicht gestellt; wo aber die Rechtstheorie auf ihrem Wege methodisch im Hinausgehen über die positive und geschichtliche Rechtswirklichkeit (die so ihr einziger objektiver Erkenntnisgegenstand bleibt) das Naturrecht zu begreifen und aufzunehmen sucht, *knüpft sie zwar an das Naturrecht als Gedanken an, geht aber nicht auch dazu weiter, es in seinen eigenen, in der praktischen Philosophie vermittelten Gründen und Voraussetzungen aufzufassen und so die philosophische Frage nach dem Grunde des Rechts im Verhältnis zur Rechtswirklichkeit neu aufzunehmen und in die Beziehung zu dieser zurückzubringen.* Indem sie statt dessen von der »Transzendenz« des Naturrechts ausgeht und in der Aufnahme philosophischer Lehren von »idealen« Werten und Normen diese Transzendenz nicht in Frage stellt, sondern gerade fixiert, kommt sie nicht über die Form des Naturrechts hinaus, in der es das Ende der praktischen Philosophie überdauert hat. Daher ist die Wirklichkeit dessen, was heute Erneuerung des Naturrechts heißt, allein die geistige Bewegung, in der die jetzige Rechtstheorie an das Naturrecht anzuknüpfen sucht und sich darauf besinnt, daß ihr »Jahrtausende vorausgegangen sind, die an ein übergesetzliches Recht glaubten, mochten sie es nun Naturrecht, Vernunftrecht oder Gottesrecht hei-

keit dem alten ontologischen Begriff des Gut (bonum) den Boden entzogen haben soll. Sittliches wie rechtliches Verhalten lassen sich daher nur auf dieser Wirklichkeit transzendenter Normen begründen. Die Wert-Theorie ist so einerseits die Anerkenntnis des durch die Naturwissenschaft gesetzten Begriffs der Wirklichkeit, andererseits der Versuch, gleichwohl das an sich mit ihm Negierte festzuhalten. Nietzsche führt den Begriff des Wertes ein, um den ontologischen Begriff des Guten und überhaupt jede Vorstellung von an sich bestehenden Maßstäben sittlichen Verhaltens zu destruieren, vgl. Ww. Musarion 14, 184: »Keine Wertordung in den Dingen! sondern erst zu schaffen!« Der Begriff des Wertes gehört so bei ihm zur »Genealogie der Moral« und zur Lehre vom »anderen Ursprung des Guten«, vgl. 15, 304. »Alle Werte, mit denen wir bis jetzt die Welt zuerst uns schätzbar zu machen gesucht haben ... sind, psychologisch nachgerechnet, Resultate bestimmter Perspektiven der Nützlichkeit zur Aufrechterhaltung und Steigerung menschlicher Herrschaftsgebilde und nur fälschlich projiziert in das Wesen der Dinge« (18, 17). Mit der Übernahme des Wertbegriffs gerät so eine Theorie unversehens in den Zusammenhang von vieldeutigen Implikationen, die sie unmittelbar von dem fortführen können, das sie zu begreifen sucht.

ßen«[32]. In solcher Besinnung, für die das, was auf dem Boden der Philosophie »Theorie über das Wahre«[33] ist, zum bloßen »Glauben« verfallen ist, wird zwar die Verachtung rückgängig gemacht, die dem Naturrecht in seinem Ende als einem »Hirngespinst unkritischer Raisonneure«[34] bezeigt wurde, aber was das Naturrecht sachlich in seiner Begründung auf die menschliche Natur und Praxis war, bleibt zugleich so unbeachtet, daß selbst der Naturbegriff bedeutungslos wird und in der Vorstellung einer »überpositiven« und »übergeschichtlichen« Transzendenz verschwindet, die ein allgemein verbindliches Rechtsprinzip kennzeichnen soll. So sieht die gegenwärtige Rechtstheorie das Naturrecht nur von ferne; sie läßt sich nur auf seine Endform ein. Sie betritt den Boden nicht, darin es wurzelt und die lebendige Nahrung fand, die es bis an die Schwelle des 19. Jahrhunderts am Leben zu halten vermochte, bis es, von diesem Wurzelboden gelöst, im nur noch in sich fortspinnenden Denken der Schule die politische und rechtliche Wirklichkeit endgültig außer sich hat.

Was ist der Grund dieses Endes? Hat es Sinn, das Naturrecht aus seiner Endschaft in das Leben zurückzurufen? Hält es in sich verborgen eine Wahrheit bereit, die Wahrheit auch der gegenwärtigen Welt zu sein vermag? Oder ist das Naturrecht, so sehr die Zeit danach verlangt, aus dem alten Gestein den Funken des Geistes springen zu lassen, als ein in sich Totes und Vergangenes mit Recht zu einem nur noch Historischen geworden? Namengebungen sind in die Willkür des Menschen gelegt. Doch hat es keinen positiven und ausweisbaren Sinn, das jetzt von der Rechtstheorie gesuchte »überpositive« und »übergeschichtliche« Recht als Naturrecht zu taufen, wenn nicht auch die Frage aufgenommen werden soll, was Naturrecht im Zusammenhang der es begründenden praktischen Philosophie war und was es hier bedeutete, Recht auf die Natur des Menschen zu gründen. Wo die Erneuerung eines Alten zum Banner erhoben wird, da läßt sich die Frage nach seinem geschichtlichen Ende nicht umgehen und beiseitesetzen. Die Frage des Endes ist die des Anfangs; ihre Beantwortung setzt für das Naturrecht voraus, daß die Gründe

32 Radbruch zit. bei A. R. Weiss, a. a. O. S. 7.

33 Aristoteles Met. 993 b 19.

34 v. Savigny, vgl. E. Wolf, Große Rechtsdenker, 1939, S. 374.

gesehen werden, die in der Philosophie dazu geführt haben, den Begriff eines »Rechten von Natur« zu bilden. Welches sind diese Gründe? Die Frage führt auf Aristoteles. Er hat zuerst die praktische Philosophie als selbständige und auch in der Methode von der Metaphysik und Physik unterschiedene Disziplin[35] geschaffen. Sie geht von der menschlichen Praxis in ihren Gründen und Zwecken aus[36] und behandelt als »Ethik« Sitte, Brauch, Herkommen mit allen zum bürgerlichen Leben gehörigen Tugenden und Weisen rechten Verhaltens[37], um dann nach einem kurzen Abschnitt, der als »Oekonomie« Ehe, Kinder, Sklaven, Erwerben und Wirtschaften und »alles im Brauch des Hauses Stehende« zum Gegenstand hat[38], als »Politik« die alles bestimmende Frage nach dem Grunde der politischen Ordnung (τάξις) in Verfassung (πολιτεία) und »Gesetz« (νόμος) aufzunehmen, wie sie in der Polis durch die Satzung des Gesetzgebers (νομοθεσία) gesetzt werden.[39] Das kehrt in der äußerlich gleichen Gliederung der universalen praktischen Philosophie in »philosophia moralis«, »oeconomica«, »philosophia civilis« noch am Ende der von Aristoteles ausgehenden Lehrüberlieferung bei Christian Wolff wieder.[40] Aber ihre Fundamente sind jetzt brüchig geworden. Das Gebäude, das in der Festigkeit seiner Fügung so lange den Stürmen der Geschichte hat widerstehen können, wird mit der Umwälzung der neuen Zeit und der aus ihr hervorgehenden Um-

35 Sie wird nicht wie die theoretische Philosophie »um ihrer selbst willen« getrieben (Met. I, 2 982 b 28); ihr Zweck ist nicht Erkenntnis, sondern Handeln, cf. Eth. Nic. I 1095 a 5.

36 Eth. Nic. I.

37 Eth. Nic. II–X.

38 Pol. I, 3–13.

39 Die »Ethik« als Lehre von dem in Sitte und Brauch verfaßten Leben der Polis ist die Grundlegung der »Politik«; daher kann Aristoteles mit dem letzten Satz der Nikomachischen Ethik X 1181 b 23: λέγωμεν οὖν ἀρξάμενοι unmittelbar zur »Politik« übergehen. Vgl. hierzu Dirlmeier, Aristoteles Nikomachische Ethik (Übers. u. Kommentar), 1956, S. 606.

40 Ph. pr. I § 3: philosophia practica varias complectitur disciplinas nimirum Jus Naturae et Gentium, Ethicam sive Philosophiam Moralem. Oeconomicam atque Politicam sive Philosophiam Civilem. »Ökonomie« ist für Wolff noch ganz im Sinne der aristotelischen Tradition »Lehre vom Haus«. Die Beziehung zur bürgerlichen Gesellschaft bleibt außer Betracht, cf. Oec. Proleg. § 1: nullo habito respectu ad societatem civilem.

änderung der philosophischen Denkweise vom Geist verlassen; er vermag nicht mehr gegenwärtig lebendig in ihm zu hausen. Aristoteles aber hat zuerst und als Erster in der praktischen Philosophie alles zusammengefaßt, was in der griechischen Welt dazu führen konnte, den Grund des Rechten in dem zu suchen, was dem Menschen »von Natur« und als »seine Natur« eigen ist. *Daher wird die Wahrheit des Naturrechts da gesucht werden müssen, wo der Geist zuerst das Gebäude errichtet, um dem von ihm Begriffenen den Ort zu geben, und nicht in der Zeit, für welche dieses nur noch das alte Gemäuer ist, das allenfalls der historische Sinn als ehrwürdige Ruine bewahren mag.*

II

»Von Natur« ist in der aristotelischen Philosophie alles, was von dem durch die Kunst des Menschen Hergestellten dadurch unterschieden ist, daß es »den Grund des Bewegens und Bestehens in sich hat«, während das von der Kunst Erstellte – wie Stuhl und Gewand –, »soweit es durch Kunst ist«, nicht aus einem ihm von Natur einwohnenden Antrieb wird.[1] Allem »von Natur Seienden« liegt daher »die Natur als bestimmter Grund und als Ursache sowohl des Bewegtseins wie des in Ruhe-Seins zugrunde«[2]. Natur als »das Zugrundeliegende« ist bei Aristoteles allen besonderen Bestimmungen vorausliegend und sich in ihnen erhaltend in der Anknüpfung an die »Alten«, die »zuerst philosophierten«[3], die »ganze Natur«, die alles umgreift und lenkt und aus der heraus alles entsteht und in die hinein es als in ein Bleibendes vergeht.[4] Aber diese »ganze Natur« ist zugleich in dem

1 Phys. II, 1 192 b 8 seq. Für die aristotelische Lehre von der φύσις im Ganzen sei vor allem verwiesen auf A. Mansion, Introduction à la Physique Aristotélicienne, 2e éd. Louvain, Paris 1946.

2 Ibid. 192 b 21.

3 Die »Alten« und »ersten Philosophen« werden von Aristoteles als »Zeugen« und »Berater« berufen, um die eigene Untersuchung zu sichern, vgl. Met. XII, 1 1069 a 25; I, 3 983 b 1 seq.; dazu J. Ritter, Aristoteles und die Vorsokratiker, in diesem Band S. 34 ff.

4 Die »ganze Natur« ist Gegenstand der Milesier als der φυσικοί, cf. Met. IV. 3 1005 a 33, dazu Met. I, 3 983 b 8–17.

von Natur Seienden, in »Tier, Pflanze, den einfachen Körpern wie Feuer und Erde und Luft und Wasser« als die ihnen je eigentümliche Natur und ihr »Wesen« gegenwärtig.[5] Diese »haben« daher für Aristoteles nicht nur Natur, sondern sind, sofern sie ihrerseits für anderes das Zugrundeliegende sind, selbst Natur und »Wesen«, sofern Natur das Zugrundeliegende und in einem Zugrundeliegenden ist.[6] Daher wendet er sich in der Anknüpfung an die »Alten« zugleich kritisch gegen sie. Sie haben die Natur nur als das »Woraus« in der »Gestalt des Stoffes«[7] (wie »Holz«) und nicht als »Wesen« gedacht; sie vermochten nicht zwischen der Natur als »Möglichkeit« und als »Wirklichkeit« zu unterscheiden. Wie nicht schon das zur Bearbeitung daliegende Holz als der potentielle Stuhl, sondern erst der fertig gewordene, zu seiner »Gestalt« gebrachte actu Stuhl ist, so ist auch das von Natur Seiende noch nicht im Stande der Möglichkeit, sondern erst in seiner Verwirklichung der Natur gemäß. »Natur ist so mehr als Stoff«; wie »man alles mehr nach dem benennt, wie es in seiner Verwirklichung besteht, als nach dem, wie es der Möglichkeit nach ist«[8], so wird auch die Natur als Wesen von jeglichem in dem Stande begriffen, in dem sie zu ihrer Aktualität kommt. Daher sagt Aristoteles, daß die Natur selber »Ende« und »Zweck« sei: »Die Natur aber ist Ende, Zweck. Denn wie beschaffen jegliches ist, nachdem sein Werden zum Ende gekommen ist, so sei, sagen wir, seine Natur wie beim Menschen, beim Pferde, beim Haus.«[9] In diesen Zusammenhang gehört die »Praxis«; sie ist die »Lebensweise« und der »Lebensvollzug« der

5 Phys. II, 1 192 b 9; b 33: ἐστιν πάντα ταῦτα οὐσία.
6 Ibid. b 32: φύσιν ἔχει, ὅσα τοιαύτην ἔχει ἀρχήν, b 34: ὑποκείμενον γάρ τι καὶ ἐν ὑποκειμένῳ ἐστὶν ἡ φύσις ἀεί.
7 Met. I, 3 983 b 7, Phys. II, 1 193 a 9-28.
8 Phys. II, 1 193 b 6: μᾶλλον αὕτη φύσις τῆς ὕλης· ἕκαστον γὰρ τότε λέγεται, ὅταν ἐντελεχείᾳ ᾖ μᾶλλον ἢ ὅταν δυνάμει.
9 Pol. I, 2 1252 b 32-34: ἡ δὲ φύσις τέλος ἐστίν. Hier bringt Aristoteles in die politische Theorie den für sie konstitutiven, auf die Unterscheidung von Möglichkeit und Wirklichkeit gestellten Naturbegriff ein. Zu den Begriffen: δύναμις, ἐνέργεια, ἐντελέχεια vgl. J. Owens, The Doctrine of Being in the Aristotelian Metaphysics, Toronto 1951, S. 251 ff.; M. Wundt, Unters. z. Met. d. Aristoteles (Tübinger Beitr. z. Altertumswiss. H. 38), 1953, S. 79 ff.; W. Bröcker, Aristoteles, 2. Aufl. 1957, S. 66 ff.; J. Stallmach, Dynamis und Energeia, 1959.

Lebewesen, in welcher die ihnen je als Anlage und Möglichkeit eigene Natur lebendig zu ihrer Verwirklichung kommt; »πρᾶξις« ist daher für Aristoteles als aktuelle Natur mit »βίος« (Lebensweise) synonym; er geht in den biologischen Schriften von der »Praxis und Lebensweise« der Tiere aus, um so die ihnen je eigene Natur zu bestimmen.[10] Ihre Natur läßt sich nicht als Möglichkeit, sondern erst als die zu ihrer Praxis und Lebensweise verwirklichte Natur begreifen. Daher genügt es nicht, die Praxis des Menschen, der sich die praktische Philosophie des Aristoteles zuwendet, allein und nur als Handeln im Sinne des modernen Begriffs zu verstehen. Es bleibt dann außer Betracht, daß *die menschliche Praxis in allem, was ihr im Unterschied zu der anderer Lebewesen eigen ist, auch immer ihrem allgemeinen biologischen Begriff gemäß die menschliche Natur im Prozeß und im Stande ihrer Verwirklichung* ist und so in sich und von Natur auf deren volle Verwirklichung als »Zweck« und als das für den menschlichen Lebensvollzug »höchste Gut« gerichtet ist.[11] Die praktische Philosophie wird daher von Aristoteles auch Philosophie genannt, die zum Gegenstand hat, »was zum Menschsein gehört«[12]; sie begreift, wie die menschliche Natur als Praxis wirklich wird.

Aber zugleich wendet sie sich als *»politische Untersuchung«*[13] der »Gesetzgebung« zu und unternimmt es, die gesatzte Verfassungs- und Gesetzesordnung der Polis zu begründen. Die praktische Philosophie, die einerseits die menschliche Natur und Praxis in ihrem inneren Zusammenhang zum Gegenstand hat, trägt zugleich als politische Theorie die Frage nach dem Grunde von Verfassung und Gesetz aus. Davon geht die Lehrüberlieferung aus, die Christian Wolffs »universale praktische Philosophie« noch einmal zusammenfaßt. Alle ihre Grundbegriffe, vor allem die für sie grundlegende Verknüpfung der Natur des Menschen mit sei-

10 Hist. An. I 487 a 12; daher bleibt πρᾶξις als tätiger Lebensvollzug (ἐνέργεια cf. Eth. Nic. I 1094 a 5, Magn. Mor. 1197 a 10) bei Aristoteles als »Lebensweise« vom Herstellen (ποιεῖν) unterschieden, cf. Pol. I 1254 a 7: ὁ δὲ βίος πρᾶξις, οὐ ποίησις.

11 Eth. Nic. I 1094 a 22: τἀγαθὸν καὶ τὸ ἄριστον; b 7: τἀνθρώπινον ἀγαθόν; 1095 a 16: τὸ πάντων ἀκρότατον τῶν πρακτῶν ἀγαθῶν.

12 Eth. Nic. X 1181 b 15: ἡ περὶ τὰ ἀνθρώπινα φιλοσοφία.

13 Eth. Nic. I 1904 b 11: μέθοδος ... πολιτική.

ner Praxis, weisen auf Aristoteles zurück. Während aber für Wolff nicht nur das »Naturrecht«, sondern auch die durch die »lex naturae« vermittelte Einheit von menschlicher Natur und Praxis Gegenstand einer von aller Erfahrung unabhängigen Vernunfttheorie a priori geworden ist, die so das positive Gesetz und die politische Wirklichkeit, aus der dieses hervorgeht, außer sich hat, gibt es bei Aristoteles kein Naturrecht, das dem gesatzten Gesetz als Norm gegenübergestellt werden kann und als ein von ihm gesondertes Recht zu gelten vermag. Geht man von dem in seiner langen Geschichte auf die Entgegensetzung zum »positiven Gesetz« fixierten Naturrechtsbegriff aus, dann ergibt sich der auffällige Tatbestand, daß Aristoteles in der ganzen, »Ethik« wie »Politik« umgreifenden praktischen Philosophie einzig Eth. Nic. V 1134 b 18 seq., noch dazu in einem nur kurzen, auf wenige Sätze beschränkten Abschnitt ein »von Natur Rechtes« (δίκαιον φυσικόν), das »überall die gleiche Macht« hat und so »nicht aus Gutdünken und Meinen« ist, einem Rechten gegenüberstellt, »das sie setzen«, und das demgemäß »aus seinem Grunde« sich »so und anders verhalten kann«[14]. Aber dieses »von Natur Rechte« wird nicht wie bei Wolff und in der späteren Naturrechtstheorie unmittelbar aus der menschlichen Natur deduziert. Statt aus der menschlichen Natur mit der Praxis auch alle Pflichten und jegliches Recht wie die politischen Ordnungen herzuleiten, geht Aristoteles von der gegebenen politischen Wirklichkeit aus. Er fragt von dem, was ist – es in sich auslegend –, nach dem zurück, was

14 τοῦ δὲ πολιτικοῦ δικαίου τὸ μὲν φυσικόν ἐστιν, τὸ δὲ νομικόν, φυσικὸν μὲν τὸ πανταχοῦ τὴν αὐτὴν ἔχον δύναμιν καὶ οὐ τῷ δοκεῖν ἢ μή, νομικὸν δὲ ὃ ἐξ ἀρχῆς μὲν οὐδὲν διαφέρει οὕτως ἢ ἄλλως. Diese Sätze werden wie auch in der Literatur sonst von Dirlmeier, a. a. O. S. 419, als ein Abschnitt verstanden, der über Naturrecht und positives Recht handelt, aber als ein »Aperçu« keine »erschöpfende Behandlung des gewaltigen Themas« gebe; vgl. Verdross-Drossberg, Grundlinien der antiken Rechts- und Staatsphilosophie, 2. Aufl. Wien 1948, S. 144, Anm. 1. L. Strauss, a. a. O. S. 161, sagt, daß »die einzige thematische Behandlung des Naturrechts, die ganz gewiß von Aristoteles selbst stammt, ... knapp eine Seite in der Nikomachischen Ethik ausmacht«. Sie sei »außerdem schwer faßbar«. Vgl. aber H. H. Joachim, Aristotle The Nic. Eth. (a Commentary), ed. by D. A. Rees, Oxford 1951, S. 154 ff. Im folgenden wird τὸ δίκαιον mit »das Rechte« übersetzt, um die unmittelbare Identifizierung mit dem juristischen Begriff des Rechts fernzuhalten.

ihm zugrunde liegt, um dieses Zugrundeliegende als der Wirklichkeit der Polis einwohnend aufzuweisen. Daher ist die menschliche Natur, die als Grund auch für Aristoteles von Natur das Erste ist, im Gang der politischen Untersuchung und ihrer hermeneutischen Methode gemäß das Letzte. Was es mit der Satzung von Verfassung und Gesetz auf sich hat, haben auch bereits die »Früheren« gefragt, aber es ist »unerforscht« und ein offenes Problem geblieben.[15] Indem Aristoteles es aufnimmt und sich selbst der Begründung von Gesetz und Verfassung zuwendet, wird die alte, *schon traditionsreiche politische Theorie der Philosophie auf einen Weg gebracht, den er als Erster geht: sie wird zur praktischen Philosophie.* Will man daher begreifen, was es bei ihm meint, die Gesetzgebung auf die menschliche Natur und ihre Verwirklichung als Praxis und in diesem Zusammenhang auf ein »von Natur Rechtes« zu gründen, das »immer die gleiche Macht hat«, so wird man sich von der Orientierung an der späteren Naturrechtslehre lösen und fragen müssen, welche der politischen Wirklichkeit immanenten Gründe Aristoteles dazu geführt haben, die Wege seiner Vorgänger zu verlassen und die politische Theorie als praktische Philosophie neu zu begründen.

So ist für die praktische Philosophie das »Politische« das erste; sie wendet sich Verfassungen wie Gesetzen als »Werk«[16] politischer Kunst zu, das Gesetzgeber geschaffen haben, die entweder wie Lykurg oder Solon ihrer Polis eine Verfassung gaben, oder als »Privatleute« wie Platon eine »beste Verfassung« theoretisch entwarfen, um der praktischen Gesetzgebung ein Vorbild zu setzen.[17] So geht Aristoteles von den gegebenen gesatzten Verfassungen und den zu ihnen gehörigen »geschriebenen« Gesetzen aus, die er selbst aus der griechischen Poliswelt im Umfange des in Vergangenheit und Gegenwart Erreichbaren hatte zusammentragen lassen.[18] Er versagt es sich, aus Prinzipien, die die Philoso-

15 Eth. Nic. X 1181 b 12: ἀνερεύνητον τὸ περὶ τῆς νομοθεσίας.

16 Eth. Nic. X 1181 a 23.

17 Pol. II 1266 a 31; 1273 b 27-34.

18 Auf diese Sammlung wird Eth. Nic. X 1181 b 6 und 17 ausdrücklich Bezug genommen; sie sei jedoch wertvoll nur für diejenigen, die urteilen und unterscheiden können. Für das Verhältnis von πολιτεία und νόμος gilt Pol. III 1289 a 13: πρὸς γὰρ τὰς πολιτείας τοὺς νόμους δεῖ τίθεσθαι ..., ἀλλ' οὐ τὰς πολιτείας πρὸς τοὺς νόμους. »νόμοι« sind so mittelbar und unmittelbar der Politie zugeordnet.

phie setzt, um sie in die politische Wirklichkeit hineinzutragen, eine Verfassung, wie sie sein soll, zu entwerfen und zu deduzieren. Man könne in der politischen Theorie nicht wie die Mathematiker verfahren; ihr Ausgangspunkt sei immer das, was bereits ist; sie spreche »aus ihm heraus«, um den ihm einwohnenden Grund zur Bestimmung zu bringen.[19] Damit stellt er die politische Theorie in das gleiche Verhältnis zu den Fragen und Problemen der Verfassungs- und Gesetzessatzung, das auch der Gesetzgeber hat; er kann nicht voraussetzungslos verfahren und bleibt darauf verwiesen, seine »Grundannahmen« in der Auseinandersetzung mit den bestehenden Verfassungen und in ihrer kritischen Beurteilung zu bilden. In solcher Beurteilung liegt dabei für Aristoteles die Schwierigkeit; er wendet sich gegen die Vorstellung, es sei »leicht, Gesetze zu geben, indem man einfach die anerkannt guten sammele und die besten auswähle«, als wenn nicht gerade die »unterscheidende Beurteilung das Größte« wäre.[20] Der Gesetzgeber muß daher wie der Meister in allen Künsten bei seinem Werk das »Woraus«, das »Warum« und »Wozu« kennen. Er bedarf, wie auch dem Arzt die »geschriebenen Lehrbücher«[21] allein nichts nützen, der im praktischen Umgang erworbenen Erfahrung und der Vertrautheit mit der politischen Wirklichkeit, deren gesatzte »Ordnung«[22] Verfassungen wie Gesetze sind. Der Gesetzgeber bleibt so in seinem Bemühen, eine gute und tragfähige Ordnung zu satzen und von den hierfür besten Hypothesen auszugehen, immer an die Grenzen des »Möglichen« gebunden.[23] Er ist genötigt, »auf den Ort und auf die Menschen zu sehen«[24]. Indem Aristoteles so die politische Theorie der praktischen Gesetzgebung und der »politischen Kunst«[25] zuordnet, die in der kritischen Anknüpfung an schon vorliegende Verfassungen und Gesetzeswerke ihre Hypothesen

19 Eth. Nic. I 1094 b 19: ἀγαπητὸν οὖν περὶ τοιούτων καὶ ἐκ τοιούτων λέγοντας παχυλῶς καὶ τύπῳ τἀληθὲς ἐνδείκνυσθαι. Vgl. ferner 1095 a 30-b 4.

20 Eth. Nic. X 1181 a 18: τὸ κρῖναι ὀρθῶς μέγιστον.

21 Eth. Nic. X 1181 b 2.

22 Pol. III 1278 b 8: πολιτεία . . . τάξις.

23 Pol. II 1265 a 17.

24 Pol. II 1265 a 18.

25 Eth. Nic. I 1094 a 27 u. pass. Mit der Zuordnung der gesatzten Verfassung und des geschriebenen Gesetzes als »Werk« zur »politischen Kunst« (πολιτικὴ τέχνη [ἐπιστήμη]) wird geltend gemacht, daß die Gesetzgebung den gleichen Bedingungen unterworfen bleibt wie alle Künste sonst.

aus der gegebenen politischen Wirklichkeit nehmen muß, stellt er sie methodisch unter den Leitsatz, daß Verfassungen wie Gesetze danach beurteilt werden müssen, ob sie der Gemeinschaft in ihrer, ihr eigentümlichen Verfassung entsprechen, die sie politisch wie rechtlich zu ordnen haben.[26] *Diese Gemeinschaft ist die Polis.* »Politie« – »Verfassung« – ursprünglich das Recht ihres Bürgers, an der Führung und Verwaltung der Polis in Beratung, Rechtsprechung wie in der Übernahme der Ämter im Wechsel des Herrschens und Beherrschtwerdens teilzunehmen, ist als »Verfassung« die gesatzte »Ordnung«, die diese Teilnahme rechtlich regelt.[27]

Es ist üblich geworden, Polis wie Politie bei Platon und Aristoteles mit »Staat« zu übersetzen und damit dem Verfahren der späteren politischen Philosophie zu folgen, für die die Formen der griechischen Politie zu allgemeinen und zeitlosen Typen politischer Ordnung und Herrschaft geworden sind.[28] Aber in solcher gegen seinen geschichtlichen Ort gleichgültigen Verselbständigung des Politischen wird der eigentümliche substantielle Gehalt beiseitegesetzt, den alle politischen Begriffe für Aristoteles haben. Seine »Politik« beginnt damit, daß er sich nicht dem »Staat«, sondern der »Polis« als der »bestimmten Gemeinschaft« zuwendet, wie man sie »vor Augen hat«[29]. Das geschieht bewußt und

26 Pol. IV 1289 a 17: τί τὸ κύριον τῆς πολιτείας ... τί τὸ τέλος ἑκάστης τῆς κοινωνίας. Daraus folgen alle einzelnen Aufgaben: so Pol. V 1309 b 15. 1310 a 13 σῴζειν, παιδεύεσθαι; IV 1289 a 19: ἄρχειν καὶ φυλάττειν τοὺς παραβαίνοντας αὐτούς. Die Bildung aber das »Größeste«, cf. Pol. V 1310 a 12. Immer folgt das für die Satzung von Politien »Richtige« aus dem für die Polis in ihrer bestimmten Zusammensetzung »Zuträglichen« und »Gemeinsamen«, cf. Pol. III 1283 b 40: τὸ δὲ ἴσως ὀρθὸν πρὸς τὸ τῆς πόλεως ὅλης συμφέρον καὶ πρὸς τὸ κοινὸν τὸ τῶν πολιτῶν.

27 Pol. IV 1289 a 15.

28 Die Übersetzung soll zwar helfen, das Allgemeine der aristotelischen Theorie herauszuheben, doch die Bedeutung, die einer Philosophie über ihre Zeit hinaus zukommt, läßt sich nicht dadurch der Gegenwart näherbringen, daß ihr eigentümlicher Gegenstand in seinem geschichtlichen Zusammenhang zum Verschwinden gebracht wird. Zu den Herrschaftsformen der Polis vgl. Verdross-Drossberg, a. a. O. S. 3 ff.

29 Pol. I 1252 a 1. Es geht in Verfassung und Gesetz immer um die Polis, cf. Pol. III 1274 b 32: τῷ περὶ πολιτείας ἐπισκοποῦντι ... πρώτη σκέψις περὶ πόλεως ἰδεῖν, τί ποτέ ἐστιν ἡ πόλις.

wird damit begründet, daß jede formale, die Formen von Herrschaft für sich setzende politische Theorie notwendig abstrakt bleibt. Was Herrschaft sei und wie sich ihre Formen voneinander unterscheiden, läßt sich für Aristoteles grundsätzlich nur im Rückgang auf das Sein derjenigen begreifen, die je unter ihnen stehen. Gleich im Eingang der »Politik« wird mit einer Schärfe, die sonst bei ihm selten ist, die leere Formalität einer Betrachtungsweise als »unwahr« zurückgewiesen, für die Herrschaft Herrschaft und so Politie, Königtum, Despotie, Herrsein im Hause »dasselbe« sind, so als seien sie nur der Größe, nicht aber ihrem »Wesen« nach (εἴδει) voneinander verschieden.[30] Diese Wesensunterschiede aber, die die formalen allererst bedingen, findet Aristoteles, indem er von denen ausgeht, die jeweils unter einer Herrschaft leben. Als »Verfassung« ist die Politie formal eine auf Freiheit und Gleichheit gegründete Herrschaftsform in allen für sie kennzeichnenden Momenten der Wahl, der Abstimmung, der Öffentlichkeit der Gerichtsverhandlung und Beratung. Was sie aber grundsätzlich von der Despotie unterscheidet, wird nicht schon im Bereich der politischen Formen als solcher, sondern erst dann in seinem Grunde begriffen, wenn man von dem Abstand ausgeht, der das »von Natur Freie« von dem »von Natur Unfreien« trennt.[31] Freiheit ist so als politisches Prinzip nichts Selbständiges; sie gehört zur Polis als Gemeinschaft von Freien, die frei sind, weil sie im Unterschied zum Unfreien »nicht um eines anderen, sondern um ihrer selbst willen« sind und ihren eigenen Willen haben.[32] Wird Freiheit daher in ihrem politischen Begriff absolut genommen, dann läßt man aus, daß sie überhaupt nur als Polis und in der Freiheit des Selbstseins für ihre Bürger konkret besteht und Wirklichkeit hat und in der Abtrennung von ihr nur ein formaler Begriff ohne Aktualität und konkreten Inhalt bleibt.

Verfassungslehre ist daher für Aristoteles immer Lehre von der Polis und von der realen Verfaßtheit der bürgerlichen Gemein-

30 Pol. I 1252 a 7-16.

31 Pol. VII 1325 a 28-30.

32 Met. I, 2 982 b 25; Pol. VI 1317 b 11. – Daraus folgt die politische Definition von Freiheit; sie besteht in der Gleichheit des Herrschens und Beherrschtwerdens (cf. ibid. b 2).

schaft in sich, die die substantielle Wirklichkeit gesatzter Verfassung ist und sie in ihrem Wesen bestimmt. Das gilt auch dann, wenn die politische Theorie auf universale Prinzipien gegründet wird; sie werden immer der politischen Gemeinschaft abgewonnen, in welcher sie Existenz und Wirklichkeit haben. So geht Aristoteles von der Polis und denen aus, aus denen sie als Gemeinschaft zusammengefügt ist, um den Grund von Verfassung und Gesetz zum Begriff zu bringen: »Wie man auch in anderen Bereichen das Zusammengesetzte bis zu dem nicht mehr Zusammengesetzten auseinandernehmen muß, so wird man auch besser sehen, wie sich die Polis (sc. von anderen Herrschaftsformen) unterscheidet, wenn man untersucht, wie sie sich zusammensetzt«[33]. Die gleiche Methode wendet Aristoteles dann auch folgerichtig in der Theorie der typischen Formen an, in denen die Politie vorliegt. Obwohl ihr formales Prinzip immer die Gleichheit der Bürger als Freier ist, kann es in der Polis doch keine aus dieser unmittelbar deduzierte »wahre« Verfassung geben, durch welche sich ihre gegebene Vielfalt überwinden und ersetzen läßt. Das bleibt für Aristoteles eine abstrakte Vorstellung, die zuletzt zu Friktionen mit der Realität führen muß, weil die Polis als Gemeinschaft von Gleichen in sich zugleich auch immer aus verschiedenen Schichten zusammengesetzt ist, die sich qualitativ durch Besitz, Bildung, Geburt und die Art ihrer Freiheit, aber auch quantitativ der Zahl nach voneinander unterscheiden.[34] Das bedingt mit Notwendigkeit, daß es in der Polis immer verschiedene, auch einander entgegengesetzte Politien in der Möglichkeit ihrer Entartung gibt. So unterscheiden sich Demokratie und Oligarchie formal dadurch, daß in der einen viele, in der anderen wenige die Herrschaft in der Hand haben. Aber diese formalen Unterschiede gehen für Aristoteles darauf zurück, daß in der Oligarchie immer die Besitzenden und in der Demokratie immer die Vielen herrschen, die wenig besitzen oder besitzlos sind, so daß er auch unmittelbar sagen kann, daß »das, wodurch sich Demokratie und Oligarchie unterscheiden, Armut und Reichtum sind«[35]. Die Verfassung bleibt daher immer von dem Verhältnis

33 Pol. I 1252 a 18.

34 Pol. IV 1296 b 17: ἔστι δὲ πᾶσα πόλις ἐκ τε τοῦ ποιοῦ καὶ ποσοῦ.

35 Pol. III 1279 b 26-1280 a 6.

der »Teile« abhängig, aus denen die Polis »zusammengesetzt ist«; die Form der Verfassung muß sich wandeln, wenn sich die Kräfteverhältnisse der verschiedenen Gruppen untereinander verschieben und eine die Vorhand erlangt, während die anderen zurückgedrängt werden.[36] Das bedeutet für Aristoteles, daß so auch die »Gleichheit« als politisches Verfassungsprinzip nicht in formaler Identität, sondern in ihrem Sinn und Gehalt vielfältig abgewandelt besteht, je nachdem von welchen Gleichen und für welche Gleichen sie politisch beansprucht wird.[37] Herrschen die Reichen, so wird konkret die politische Gleichheit durch die Gleichheit des Besitzes definiert, herrschen dagegen die Vielen, dann erhält sie den anderen Sinn, daß alle das Gleiche haben.[38] Aber das ist für Aristoteles nicht nur die Folge menschlicher Schwäche und Unbeständigkeit, über die eine Philosophie im Entwurf einer besten Verfassung hinwegführen könnte. Wie das Allgemeine überhaupt nicht für sich, sondern eingesenkt in das Besondere – der Mensch als dieser Mensch[39] – besteht, so kann auch ein allgemeines politisches Prinzip wie die Gleichheit nicht abgetrennt verwirklicht werden; sie hat in den Schichten der Polis Existenz und ist so immer und notwendig wie diese vielfältig und in der Bewegung und im Wandel des bürgerlichen Lebens selbst ein Bewegtes. Die Frage politischer Stabilität kann daher für Aristoteles niemals rein politisch auf dem Wege formaler Verfassungsänderungen, sondern nur auf dem Boden der Polis

36 Die Demokratie wandelt in sich, wenn Bauern oder Handwerker oder Kaufleute, Seefahrer usf. den bestimmenden Einfluß haben, cf. Pol. IV 1291 b 14 seq. Immer aber bleibt die Struktur der Polis als Gemeinschaft vieler Gleicher entscheidend. Darin liegt die Größe wie die Grenze der Polis. Den Überragenden, dem großen Einzelnen, der wie ein Gott unter den Menschen ist, geschieht Unrecht, wenn sie ihren auf viele Gleiche zugeschnittenen Politien untergeordnet sind, cf. Pol. III 1284 a 5 seq. Andererseits ist dies die Größe der Politien. Daher hat für Aristoteles selbst der Ostrakismos bei allem Mißbrauch einen vernünftigen Sinn; er ist τι δίκαιον καὶ πολιτικόν, cf. Pol III 1284 b 16; die für die Polis konstitutive Vielheit Gleicher bleibt so das Problem aller Politien, auch der richtigen, cf. b 3.

37 Pol. III 1280 a 7 seq.

38 Cf. Pol. III 1280 a 18: τὴν μὲν τοῦ πράγματος ἰσότητα ὁμολογοῦσι, τὴν δὲ οἷς ἀμφισβητοῦσι.

39 Entsprechend heißt es Eth. Nic. I 1097 a 13, daß der Arzt den Menschen heilt, indem er »den Einzelnen heilt«.

selbst durch die Vermittlung der sozialen Extreme und in der Schaffung einer tragfähigen Mitte zwischen reich und arm gelöst werden.[40] Aber der skeptisch-verständige Sinn, der sich so auf das in der konkreten politischen Wirklichkeit Mögliche und Sinnvolle beschränkt, wird von dem großen philosophischen Gedanken getragen, daß politische Prinzipien überhaupt und immer nur in der Besonderheit der Gemeinschaft und in ihrer vielfältigen Zusammensetzung Existenz haben. Sie gehen aus ihrem Grunde hervor. Die politische Theorie vermag sie daher nur auf dem Wege zu gewinnen, daß sie sie dieser Gemeinschaft abgewinnt und sie als ihr einwohnend begreift.

Die politische Philosophie des Aristoteles wirkt dann über die Jahrhunderte fort. Sie bestimmt, wie unberührt von den Veränderungen und Umwälzungen der Geschichte, mit einer Autorität, die unvergleichlich ist, die Theorie des Rechts und der politischen Herrschaft. Aber die Universalität, der sie diese einzigartige Fortwirkung verdankt, gewinnt sie nicht als eine Philosophie, die von allem Besonderen absieht und ihre Einsicht einem zeit- wie ortlosen Sein entnimmt, von dem sich nicht angeben läßt, wo man es finden mag. Ihre Universalität gehört vielmehr den Prinzipien als solchen zu, die Aristoteles aus der Polis hervorbringt, indem er ihrer gesatzten politischen wie gesetzlichen Ordnung auf den Grund geht und so – die äußere Erscheinung durchdringend – ihre Substanz zum Begriff erhebt und diese selbst als ein Universales erkennt.

Nur wenn man diese methodischen und grundsätzlichen Voraussetzungen der politischen Theorie bei Aristoteles vor Augen hat, läßt sich verstehen, was es bei ihm meint, wenn er ein »von Natur Rechtes« einführt, das zur Verwirklichung der menschlichen Natur als Praxis gehört und überhaupt Verfassung wie Gesetz mit Begriffen des Rechten begründet. Man wird von vorneherein ausschließen dürfen, daß er im Sinne der späteren Naturrechtstheorie ein »Naturrecht« der positiven Gesetzessatzung als ein zweites an sich und immer gültiges Recht entgegenzusetzen sucht. Wie alle politischen Prinzipien für ihn aus der Polis hervorgehen, *kann auch ein »von Natur Rechtes« für Aristoteles nicht abge-*

40 So kommen auch die besten Gesetzgeber wie Solon und Lykurg aus den Bürgern der Mitte, cf. Pol. IV 1296 a 18.

trennt und für sich, sondern nur in der Vielfalt dessen bestehen, was in der Polis als »recht« gilt und so allein als der der Polis einwohnende Grund ihres Rechtseins Existenz haben.

Das wird denn auch von Aristoteles in den Ausführungen Eth. Nic. V 1134 geltend gemacht, die man für die Unterscheidung eines Natur- und eines Satzungsrechts durch Aristoteles in Anspruch zu nehmen pflegt. Das Rechte, das sie »festsetzen«, liegt immer dann vor, wenn nicht nur in der Gesetzgebung, sondern auch im »Brauch« zwischen an sich gleichen und gleichwertigen Möglichkeiten durch eine Festsetzung entschieden werden muß, welche verbindlich sein soll. Dann ist das, was hinfort als recht gilt, allein und ausschließlich in der einmal getroffenen Festsetzung begründet; es kann sich daher »aus seinem Grunde« an sich auch anders verhalten: »Wenn man es aber einmal festgesetzt hat, dann macht es einen Unterschied etwa, daß das Lösegeld für einen Gefangenen zwei Minen betragen oder daß man eine Ziege und nicht zwei Schafe opfern soll, oder was sonst im einzelnen festgelegt wird, wie dem Brasidas zu opfern und bei allem, was durch Abstimmung beschlossen wird«[41]. In allen diesen Fällen ist der Grund des »Rechten« allein die getroffene Regelung, so daß an sich und bevor sie festgesetzt wurde, auch ein anderes Verhalten und Tun gleich richtig wären. Diese Regelung durch Festsetzung wird für Aristoteles aber wichtig, weil »einige« die politische wie gesetzliche Satzung überhaupt mit ihr identifizieren und dies damit begründen wollen, daß es kein von Natur Rechtes geben könne, da alles »von Natur Seiende unbewegt sei und überall die gleiche Macht habe, wie das Feuer hier und in Persien brennt, während man doch sieht, daß das Rechte bewegt wird«[42]. Doch diese Definition des von Natur Seienden, das immer die gleiche Macht hat, durch die Abtrennung von der Bewegung und von dem, was sich auch anders verhalten kann, nennt Aristoteles »nur in gewisser Weise richtig«: »Bei den Göttern mag es wohl niemals so (sc. bewegt) sein, bei uns aber ist Bestimmtes auch von Natur, doch durchaus als Bewegtes«[43]. So weist Aristoteles zu-

41 Eth. Nic. V 1134 b 21. Zum einzelnen vgl. Dirlmeier, a. a. O. S. 420 f.; zu Brasidas s. Pauly-Wissowa, RE III, 1, S. 815-818.

42 b 25: τὸ μὲν φύσει ἀκίνητον ... τὰ δὲ δίκαια κινούμενα.

43 b 29: κινητὸν μέντοι πᾶν.

rück, daß ein »von Natur Rechtes«, weil es allgemein und »überall« die »gleiche Macht«[44] hat, von dem Bewegten und Veränderlichen abgetrennt werden muß. Man kann es daher nicht aus der Wirklichkeit herausnehmen, zu der auch das durch Regelung festgesetzte Rechte gehört, und ihr gegenüberstellen; es ist mit ihm in der gleichen veränderlichen Wirklichkeit gegeben. So ist es »offenkundig« auch in der Polis: man weiß hier, »was unter dem, das sich auch anders verhalten kann, von Natur und was nicht von Natur, sondern nur durch Gesetz, Brauch und Übereinkunft ist, obwohl doch beides bewegt ist«[45].

Was bedeutet das und was sagt es, daß das »von Natur Rechte« vielfältig ist und mit dem, was sonst in der Polis als recht gilt, zusammen und *als* dieses besteht? Die Schwierigkeiten, auf die hier die Interpretation stößt, sind so groß, weil der aristotelischen Theorie sowohl die für die moderne Rechtstheorie und Ethik konstitutive Trennung von Legalität und Moralität wie der Begriff des Politischen fremd sind, der den von den Lebensgemeinschaften und ihren geschichtlich sittlichen Lebensordnungen abgesonderten »Staat« voraussetzt. Diese Unterscheidungen sind nicht einmal im Ansatz bei ihm zu finden. Auch Aristoteles kann den Bürger als den freien Einzelnen durch seine politische Stellung in der Polis und aus seinem Verhältnis zur Verfassung definieren[46] und entsprechend die *Polis unmittelbar politisch als eine »Menge« von Bürgern bestimmen.*[47] *Aber was sie politisch sind, läßt sich für ihn zugleich in keiner Weise von dem loslösen, was die Polis als Gemeinschaft gemeinsamen Lebens im Gesamt der zu ihr gehörigen Schichten, Institutionen, Bünde, Freundschaften, Nachbarschaften usf. ist.* Der Bürger – politisch der

44 b 19: πανταχοῦ τὴν αὐτὴν δύναμιν.

45 1134 b 30.

46 Z. B. Pol. III 1275 b 18: ᾧ γὰρ ἔξουσία κοινωνεῖν ἀρχῆς βουλευτικῆς καὶ κριτικῆς πολίτην ἤδη λέγομεν εἶναι ταύτης τῆς πόλεως. Damit weist Aristoteles die Auffassung zurück, daß man schon durch das »Wohnen« (1275 a 7: τῷ οἰκεῖν) Bürger sei. Da die Politie der realen Verfassung der Polis entspricht und die Polis aus Bürgern zusammengesetzt ist, muß die Theorie der Politie vom Bürger ausgehen (1274 b 40). Andererseits ist der Bürger in den verschiedenen Verfassungen nicht identisch, cf. 1275 b 4: τὸν πολίτην ἕτερον ἀναγκαῖον εἶναι τὸν καθ' ἑκάστην πολιτείαν. Dem trägt die aristotelische Definition des Bürgers Rechnung.

47 Pol. III 1274 b 41: ἡ γὰρ πόλις πολιτῶν τι πλῆθός ἐστιν.

freie Einzelne – wird daher auch niemals von ihm als das abstrakte, für sich gesetzte Individuum genommen; er lebt nicht wie »ein Stein im Brettspiel«[48], vereinzelt und aus allen Zusammenhängen gelöst das »Leben des Einzelgängers«, sondern »mit Eltern und Kindern, mit seinem Weibe und überhaupt mit Freunden, Nachbarn und Mitbürgern«[49] in den Institutionen und in den mannigfaltigen Gemeinschaften, die sein Leben als Bürger erst ausmachen.[50] Wenn man wie Platon die vielfältigen, zum bürgerlichen Leben gehörigen Gemeinschaften und dazu – in der Forderung der Kinder- und Weibergemeinschaft – auch die Verfassung des individuellen Lebens für nichts achtet, in der der Einzelne sich nicht unmittelbar, sondern immer im Leben mit dem, was sein ist, zum Allgemeinen verhält[51], dann ist man dabei, die Polis politisch zu einer Einheit zu bringen, die sie zuletzt zerstören muß, sofern sie notwendig als die Menge der in »Häusern und Geschlechtern« lebenden Bürger besteht.[52] Daher gibt es für Aristoteles weder ein Rechtes, das als Prinzip der Moralität in der Innerlichkeit als Sollen das Handeln des Einzelnen bestimmt, noch ein für sich bestehendes Rechtsprinzip als Grund und Kanon der Gesetzgebung. *»Recht« ist für Aristoteles immer in der Vielfältigkeit dessen gegeben, was in der Polis wie im »Haus« Sitte, Brauch und Gewohnheit ist.*[53] Sie bestimmen im Sinne der hohen

48 Pol. I 1253 a 7. Ein isolierter Stein im Brettspiel kann nicht mehr ziehen, vgl. Rolfes, Aristoteles' Politik, deutsch Leipzig, 4. Aufl. 1948, S. 302, 8 und W. L. Newman, The Politics of Aristotle II, Oxford 1950, S. 121 f.

49 Eth. Nic. I 1907 b 9: οὐκ αὐτῷ μόνον τῷ ζῶντι βίον μονώτην.

50 Daher kann Aristoteles sagen, daß die Freundschaften die Polis zusammenhalten; die Gesetzgeber haben ihnen bisweilen ernstere Aufmerksamkeit zugewendet als selbst der Gerechtigkeit, cf. Eth. Nic. VIII 1155 a 23. Vgl. zur Einheit des politischen und persönlichen Lebens die schöne, für die Interpretation der aristotelischen »Politik« grundlegende Abhandlung von Derbolav: Das Moderne und das Zeitgebundene im pol. Denken des A. (Festschr. f. Litt), 1960, S. 238 ff.

51 Pol. II 1261 b 34.

52 Pol. II 1261 a 14-18. Zur Kritik des Aristoteles an der platonischen Politie vgl. J. Ritter, Das bürgerliche Leben, in diesem Band S. 57; Verdross-Drossberg betont a. a. O. S. 130, daß Aristoteles in der Definition der Polis durch »Menge« sich gegen Platon wende.

53 Eth. Nic. X 1180 b 3: τὰ νόμιμα καὶ τὰ ἔθη. Zum Begriff des »ethisch Rechten« und zum folgenden vgl. J. Ritter, Zur Grundlegung der praktischen Philosophie bei A., in Arch. f. Rechts- u. Soz. Phil. 46, 1960, S. 179-199.

Tugend wie des nur Schicklichen, was im Leben der Bürger als recht zu gelten hat. Man wird gerecht oder tapfer, indem man tut, was in der Polis als gerecht und tapfer gilt; man gewöhnt sich in das Rechte ein, wie man Zitherspieler, sich in diese Kunst einübend, im Zitherspielen wird[54], um sich auf diesem Wege im langen Umgang mit dem Rechten am Ende zur Tugend als der »Haltung« (ἕξις)[55] zu bilden, in der man weiß, was hier und jetzt das Rechte ist, und wie man ihm gemäß zu entscheiden und zu handeln hat. So wird ein »Gerechter« genannt, »wer sich für das Rechte entscheidet und ihm gemäß handelt«[56]. Immer ist dabei für Aristoteles das Rechte in Sitte und Brauch und mit den Institutionen des bürgerlichen Lebens der Polis gegeben. Er nennt es daher »das Ethische«: es gehört zum »Ethos« als der gewohnten und herkömmlichen Lebensordnung der Polis[57] und bestimmt als das in diesem Sinne ethisch Gegebene sowohl das Tun der Einzelnen wie die Gesetzgebung.

Es kann daher für Aristoteles kein abgesondertes und für sich bestehendes »Rechtsprinzip« geben, weil es für ihn auch keine vom Ethos gelöste Gesetzgebung in der Polis gibt. Die »geschriebenen« Gesetze haben die Polis in ihren ethischen Ordnungen und Institutionen nicht nur zum Inhalt, sondern auch zu ihrer Voraussetzung. Sie gehen aus ihrem in Sitte und Brauch verfaßten Leben hervor und haben daher für Aristoteles nicht schon als geschriebene Satzung Existenz, sondern werden actu wirklich, indem sie in den Brauch und die Gewohnheit eingehen. Brauch kann zum »geschriebenen« Gesetz werden; das »geschriebene« Gesetz ist dazu bestimmt, zum Brauch zu werden; die Grenzen von Brauch und Satzung bleiben fließend. Der zum Wort »νόμος«[58] gehörige zwiefache Bezug auf »Herkommen« wie auf

54 Eth. Nic. III 1103 a 34-b 1: τὰ μὲν δίκαια πράττοντες δίκαιοι γινόμεθα. Die Tugend wird nicht »von Natur«, nicht »gegen die Natur«, sondern »durch Gewöhnung«, cf. a 23.

55 Eth. Nic. II 1106 b 36.

56 Eth. Nic. V 1134 a 1.

57 In der ursprünglichen Bedeutung des »gewohnten Ortes« gehört ἦθος in den biologischen Schriften zu βίος und πρᾶξις; cf. Hist. An. I 487 a 11, cf. VIII 588 a 17.

58 Zu νόμος und zur Ausbildung seiner in der Zeit des Aristoteles bereits fest gewordenen zwiefachen Bedeutung vgl. H. Kleinknecht, Der νόμος in Grie-

»Satzung«, in dem es sowohl das von alters überlieferte Fügliche wie das gesatzte Gesetz bezeichnen kann[59], hat für die aristotelische Theorie sachliche und konstitutive Bedeutung. Seine Übersetzung mit »Gesetz« ist daher nur in Verbindung mit dem Vorbehalt möglich, daß für Aristoteles der νόμος der Gesetzgebung, immer in sich auf den νόμος als Brauch und Sitte bezogen, nicht für sich besteht, sondern zur Wirklichkeit kommt, wenn er in den Brauch eingeht und selbst Brauch wird.[60] Daraus ergibt sich für den Gesetzgeber, daß es nur dann sinnvoll ist, neue Gesetze zu satzen, wenn diese Aussicht haben, zur Gewohnheit zu werden. Das fordert »eine lange Zeit«. Aristoteles sagt daher, es sei besser, selbst schlechtere Bräuche bestehen zu lassen, als mit der Bereitschaft, die Gesetze schnell zu ändern, schließlich die Beständigkeit der ethischen Ordnungen in der Polis zu gefährden: »Denn das Gesetz hat keine Macht, Gehorsam zu wirken ohne die Gewohnheit; diese aber wird nur in der Länge der Zeit, so daß die Neigung, schon verwurzelte (zum Brauch gewordene) Gesetze durch andere und neue zu ersetzen, die Macht von Gesetz

chentum und Hellenismus, in G. Kittel, Theol. Wörterbuch z. N. T. IV, 1942, 1016-1029. Die Wandlung des ursprünglichen πάτριος νόμος im Zusammenhang der Philosophie, Dichtung, Rhetorik hat E. Wolf dargestellt, vgl. Griechisches Rechtsdenken I-III, 2, 1950-1956 pass. Zur geschichtlich-politischen Bedeutung von νόμος in der Herkunft von νέμειν C. Schmitt, Nehmen – Teilen – Weiden, in Rev. Int. de Sociologie 1954, 1, auch in: C. Schmitt, Verfassungsrechtliche Aufsätze, 1958, S. 489-504. Von der Unterscheidung des ungeschriebenen und geschriebenen νόμος handelt R. Hirzel in Abh. d. Sächs Ak. d. Wiss. 20, 1900, 65 ff. Zu νόμος und φύσις vgl. Heinimann, Nomos und Physis, 1945. Die Entwicklung dieser Begriffe im Verhältnis zueinander zur Antithese, die H., sich auf das 5. Jahrhundert beschränkend, zuerst in ihrem systematischen Zusammenhang darstellt, ist für Aristoteles abgeschlossen; er nimmt die Aporie auf, zu der sie geführt hat (Eth. Nic. I 1094 b 14-16) und bringt sie zur positiven Lösung, ohne sich noch mit den vor allem sophistischen Theorien auseinanderzusetzen, die die Entgegensetzung von νόμος und φύσις heraufgeführt haben. Die Sophisten sind für ihn ohne im praktischen Umgang mit den Aufgaben erworbene politische Erfahrung, cf. Eth. Nic. X 1181 a 12 seq. Daher lohnt es nicht, sich mit ihnen ernsthaft in politischen Fragen auseinanderzusetzen.

59 Eth. Nic. I 1094 b 16: νόμῳ μόνον kann sowohl »aus Brauch« wie »durch das gesatzte Gesetz« bedeuten.

60 Pol. II 1269 a 20: ὁ γὰρ νόμος ἰσχὺν οὐδεμίαν ἔχει πρὸς τὸ πείθεσθαι παρὰ τὸ ἔθος.

und Brauch schwächt«[61]. Für die Wahrung und Pflege des Gemeinsamen macht es daher an sich keinen Unterschied, ob sie »durch geschriebene (Gesetze) oder durch ungeschriebene (Bräuche) geschieht«[62]; Aristoteles kann aber auch unmittelbar die »ungeschriebenen« über die »geschriebenen«, den Brauch über das Gesetz stellen: »Wichtiger sind und Wichtigeres haben zum Inhalt die auf Gewohnheit und Brauch beruhenden als die geschriebenen; selbst wenn der Mensch als Herrschender mehr Sicherheit zu geben vermöchte als die geschriebenen Gesetze, so gilt das doch nicht für die, die von Sitte und Brauch getragen werden«[63]. Gesetz und Brauch gehören so für Aristoteles unaufhebbar zusammen, aber der Brauch ist das erste; das ethisch Rechte in seiner Zugehörigkeit zur Polis, ihren Institutionen und Lebensordnungen geht jeder gesatzten Ordnung notwendig voraus; die Satzung geht aus dem ethisch verfaßten Leben der Polis hervor, sie hat es zum Inhalt; das bleibt ihre Basis.

Das gilt in der gleichen Weise wie für die Gesetze auch für die gesatzte Verfassung. Aristoteles kann daher geradezu sagen, daß die »Politie« eine »bestimmte Lebensweise der Polis« ist[64]; sie besteht nicht als »nur gedachte ideelle Einheit«, sie hat Existenz in der Daseinsweise der Bürger.[65] Wird das im Begriff der Verfassung, aber auch des Gesetzes, ausgelassen, so wird sowohl der Begriff der Verfassung wie der des Gesetzes »abstrakt«; es kommt dann darauf an, ob diese Abstraktheit der politischen wie rechtlichen Ordnung darin begründet ist, daß nur so das in ihr verfaßte ethisch-geschichtliche Dasein mit seinen Institutionen sein Recht erhalten kann, oder ob es sich um die schlechte Abstraktheit eines Denkens handelt, das sich auf die nur formale Betrachtung von Verfassung und Gesetz beschränkt und so blind dafür bleibt, daß ihre Wirklichkeit immer das in sich ethisch verfaßte Dasein in seiner Ganzheit ist.

So führt die aristotelische politische Philosophie, um zu prüfen,

61 Pol. II 1269 a 20-24.

62 Eth. Nic. X 1180 a 34-b 1.

63 Pol. III 1287 b 5: ἔτι κυριώτεροι καὶ περὶ κυριωτέρων τῶν κατὰ γράμματα νόμων οἱ κατὰ τὰ ἔθη εἰσιν.

64 Pol. IV 1295 a 40: ἡ γὰρ πολιτεία βίος τίς ἐστι πόλεως.

65 Vgl. C. Schmitt, Verfassungslehre, 1928 u. 1954, § 1.

»was die Städte (πόλεις) bewahrt und was sie zerstört, und wie beschaffen jede einzelne der Verfassungen ist, und aus welchen Gründen die einen gut, die anderen auf gegenteilige Weise verwaltet werden«[66], die Satzung von Verfassung und Gesetz auf die Polis zurück. Sie sucht in ihr ihren Grund. Damit aber wird die Polis nicht auf ihren politischen Begriff reduziert, sondern in der vollen ethischen Wirklichkeit ihrer Institutionen und des individuellen Lebens der Bürger zur Basis der politischen Theorie gemacht. Die Normen, auf die sich Verfassung wie geschriebenes Gesetz gründen, sind ihnen in und mit den Normen des vielfältigen »ethisch Rechten« in der gleichen Weise vorgegeben wie diese auch die Tugenden des individuellen Handelns begründen. *Satzungsnormen sind »ethische« Normen.* Daher kann es für Aristoteles keine Trennung von Sollen und Sein, von Moralität und Legalität geben, wie es ihm ebenso fremd bleiben muß, politische Ordnungen auf ein für sich bestehendes, wiederum politisches Prinzip, Rechtsordnungen auf ein für sich gesetztes, wiederum vom Recht her definiertes Prinzip zurückzuführen. Recht wie Verfassung haben keine Selbständigkeit. Sie ordnen ein in sich bereits ethisch in Sitte und Gewohnheit verfaßtes (und nicht ein noch ordnungs- und bestimmungsloses) Leben nach Normen, die nicht erst durch den Gesetzgeber gesetzt werden, sondern ihm »ethisch« vorgegeben sind. Daher sagt Aristoteles, daß es Recht nur bei denen geben kann, die »untereinander durch Sitte und Brauch verbunden sind« und so »Unrecht« und die »Scheidung von Recht und Unrecht« kennen können.[67] Ob gesatzte Verfassungen und Gesetze Bestand haben, hängt für Aristoteles davon ab, ob die ethisch-institutionellen Ordnungen tragfähig sind, auf deren Normen des Rechten sie beruhen. Immer geht Aristoteles davon aus, daß eine geschriebene politische wie gesetzliche Satzung als solche nur im Gedanken existiert; sie wird erst aktual, wenn sie in das Handeln und Tun der Bürger übergeht, die in der Führung und Verwaltung Gesetz und Verfassung anwenden oder ihnen gemäß ihr Leben einrichten.[68] Aber dieses Handeln ist im-

66 Eth. Nic. X 1181 b 17-20.

67 Eth. Nic. V 1134 a 30.

68 So wird zu interpretieren sein Pol. III 1278 b 10: κύριον ... πανταχοῦ τὸ πολίτευμα τῆς πόλεως, πολίτευμα δ' ἐστιν ἡ πολιτεία. – Verfassungsordnun-

mer das in ethischen Ordnungen und Institutionen verfaßte Tun. Daher entscheidet sich, ob gesatzte Verfassungen und Gesetze »richtig« sind, zuletzt daran, ob sie das ethisch-institutionell Rechte und so die Polis in ihrem substantiellen Leben zerstören oder bewahren.

So ist die politische Philosophie bei Aristoteles eine »ethische« Theorie; es gibt für ihn keine Möglichkeit, Rechts- und Verfassungsprinzipien und Normen aufzustellen, die nicht mit der Polis selbst gesetzt sind und ihren ethischen und institutionellen Ordnungen in sich und vor aller Satzung zugrunde liegen. Die für Aristoteles von den »Früheren« nicht gelöste Frage der Gesetzgebung[69] bricht in der Polis auf, weil ihre ethische Ordnung, in der Lösung aus der von den Vätern überkommenen Sitte nicht mehr durch Überlieferung legitimiert, »nur noch als Brauch besteht« und damit ihre normative Funktion für die Gesetzgebung in Frage gestellt wird. Davon geht Aristoteles in der praktischen Philosophie aus.[70] In kritischer Wendung gegen die Früheren distanziert er sich zugleich von allen Versuchen, die »Legitimität« des Ethischen in einer Wiederherstellung der alten Sitten zurückzugewinnen oder sie durch die Beziehung auf ein außerhalb ihrer gegebenes Prinzip zu begründen. Platon nennt noch die »Alten« die »Stärkeren«, die »den Göttern näher wohnten«[71], aber bei

gen bestehen und haben nur Bestand, wenn sie von den Bürgern in ihrem eigenen Tun und Leben getragen werden: »Nichts nütze sind die heilsamsten, auch aus einmütiger Entschließung aller (Bürger) hervorgegangenen Gesetze, wenn diese sich nicht in sie eingewöhnen und in (dem Geist) der Verfassung gebildet sind«, cf. Pol. V 1310 a 12. Politische Ordnungen setzen so den »guten« Bürger voraus, cf. Pol. III 1286 a 36: ἔστω δὲ τὸ πλῆθος οἱ ἐλεύθεροι μηδὲν παρὰ τὸν νόμον πράττοντες. – Das hat nichts mit einer »moralischen« Theorie des Politischen zu tun. Die Einsicht kommt zu Wort, daß die Aktualität von Verfassung und Gesetz nicht ihre widerspruchsfreie Herleitung aus Hypothesen und Grundnormen als solche, sondern das in ihnen verfaßte Leben ist. Jede isolierende Verselbständigung des Politischen wie des Rechtlichen bleibt für Aristoteles abstrakte Indifferenz gegenüber ihrer wirklichen Existenz. Derbolav (a. a. O. S. 232) zeigt überzeugend, daß Aristoteles weder das »ideale Normbild« suche noch irgendwie empirisch gegebene Verfassung zur Norm erhebe.

69 Eth. Nic. X 1181 b 13.

70 Eth. Nic. I 1094 b 14.

71 Phileb. 16 c.

Aristoteles begegnen uns die alten, durch Überlieferung geheiligten Begriffe göttlichen Rechts wie θέμις und δίκη nicht mehr. Sie sind für ihn rechtens vergangen. Wo sich noch »Überbleibsel anfänglicher Bräuche« finden, da zeigt sich, wie »wahrhaft primitiv und barbarisch sie waren«[72]. Daher ist es »sinnlos, bei den Überzeugungen der Anfänglichen zu bleiben«[73], die Überlieferung von alters zur Norm zu machen, sie als Rechtsprinzip zu nehmen oder ein solches durch sie zu ersetzen. Mit der gleichen Eindringlichkeit wendet sich Aristoteles auch gegen die platonische Begründung des Ethischen aus der »Teilhabe« am Göttlichen als der von ihm abgetrennten, ihm transzendenten Ordnung des Seins. So wird zwar ein an sich seiendes und immer gültiges Prinzip gedacht, aber es bleibt jenseits der ethischen Wirklichkeit, in der die Menschen leben und handeln: »Selbst wenn es das Gute gibt, das Eines ist, und das abgetrennt als es selbst und an sich besteht, kann es der Mensch doch weder tun noch haben. Ein solches aber wird jetzt gesucht.« Daher bleibt das platonische Eidos für den Austrag des gestellten Problems der Begründung »ohne Kraft und Wirkung«[74].

Man ist leicht geneigt, in solchen Auseinandersetzungen nur die Philosophie am Werk zu sehen, die sich Raum für ihren eigenen Gedanken schaffen will. Aber das trifft nicht die große Philosophie; sie hat ihre Zeit und Stunde, in der sie von ihrer gegenwärtigen Wirklichkeit als das Organ gefordert wird, durch das diese zu ihrer Wahrheit und ihrem Begriff kommen will. Die Theorien, die das Rechte in der Erneuerung der Tradition und in der Teilhabe an einem Sein, das für es ein Jenseits ist, begründen wollen oder da, wo das Recht »nur noch Brauch ist«, überhaupt resignieren und sich mit Festsetzungen begnügen, haben für Aristoteles nicht erkannt, daß das ethisch Rechte solcher Begründungen nicht bedarf, weil es da, wo die Polis sich fertig gebildet hat, selbst die Bestimmtheit des Allgemeinen in sich trägt, die seinen Normen Verbindlichkeit verleiht. Das Rechtsprinzip, das in der Wiederherstellung des Alten oder in einer Teilhabe am transzendenten Göttlichen und so immer von außen aus dem fernen Ursprung

72 Pol. II 1268 b 34-1269 a 8.

73 1269 a 7: ἄτοπον τὸ μένειν ἐν τοῖς τούτων δόγμασιν.

74 Eth. Nic. I 1096 b 32-35; b 20: μάταιον ἔσται τὸ εἶδος.

oder aus einem vom Dasein der Polis Abgetrennten herbeigeholt werden soll, ist auf dem Boden der Polis mit der ihr einwohnenden Substanz gegenwärtig gegeben; es ist dem Ethischen immanent und so in ihm und mit ihm Richtmaß und Grund aller politischen und gesetzlichen Satzung. Dieses Prinzip ist für Aristoteles das auf die Natur des Menschen gegründete und so von Natur ihr gemäße Recht, das »überall die gleiche Macht hat«.

Während aber die Naturrechtstheorie noch zuletzt bei Wolff die Natur des Menschen zum Prinzip macht, um aus ihr unmittelbar ein »jus naturale« herzuleiten und es dem positiven und historischen Gesetz ohne Zusammenhang mit der Wirklichkeit, der diese entspringen, als Norm entgegenzustellen, ist ein »von Natur Rechtes« für Aristoteles überhaupt erst mit der Polis gegeben. Es gehört als ein allgemein verbindliches Rechtsprinzip ihr und ihren ethischen Ordnungen zu. Diejenigen, die alle Satzung auf Festsetzungen aus Meinen und Gutdünken zurückführen wollen, sehen dies nicht; ihnen bleibt daher verschlossen, was »offenkundig« zur Polis gehört und in ihrer Gesetzgebung vorausgesetzt ist. Das ist der große Gedanke, den Aristoteles Eth. Nic. V 1134 in dem Abschnitt entwickelt, der als sein Beitrag zur Naturrechtstheorie genommen wird: »Man darf nicht außer acht lassen, daß wir das Rechte schlechthin und das zur Polis gehörige Rechte suchen. Dies aber gehört zu denen, die als Freie und Gleiche ... gerichtet auf ein selbständiges Sein ... in einer Lebensgemeinschaft stehen. Bei denen aber, die nicht so bestehen, gibt es in ihrem Verhältnis zueinander nicht das zur Polis gehörige Rechte, sondern irgendeines, das diesem nur ähnlich ist ... Das zum Despoten und das zum Herrn des Hauses gehörige Rechte ist nicht dasselbe wie dieses, sondern ihm (nur) ähnlich ... Denn das (zur Polis gehörige) Rechte ist dem Brauch und Gesetz gemäß und gehört zu denen, für die es Brauch und Gesetz gibt. Das sind die, denen die Gleichheit im Herrschen und Beherrschtwerden zukommt.«[75]

So wird das von Natur Rechte bei Aristoteles nicht unbestimmt eingeführt; es gehört zur Polis und ist ein Rechtes, im Verhältnis zu dem alles Rechte sonst, sofern es nicht in Brauch und Gesetz zu Freien und Gleichen gehört, nur als ein dem Rechten Ähnliches

75 Eth. Nic. V 1134 a 24-30; b 8-9, 13-15.

gelten kann. Ein auf die menschliche Natur gegründetes und so »überall« in gleicher Macht gültiges Rechtes gibt es so nur auf dem Boden der Polis; daher ist es für Aristoteles unsinnig, in der Polis die Satzung von Verfassung und Gesetz allein auf Regelungen und Festsetzungen nach Gutdünken und Meinen zurückzuführen. *Aber dieses »von Natur Rechte« besteht zugleich nicht abgetrennt von dem bewegt Veränderlichen, sondern ist in diesem und als dieses gegenwärtig:* »Einige meinen, alles sei von dieser Art (sc. der Festsetzung), weil das von Natur unbewegt sei und überall die gleiche Macht hat, wie das Feuer hier und in Persien brennt, während man doch sieht, daß das Rechte ein Bewegtes ist. Aber dies verhält sich nicht so, sondern nur in gewisser Weise. Obwohl es bei den Göttern vielleicht niemals so ist, ist es bei uns ein bestimmtes und von Natur, jedoch durchaus in der Bewegung. Doch auch so ist das eine gemäß der Natur, das andere durch Festsetzung.«[76] Dann sagt Aristoteles, daß dieses von Natur Rechte nicht abgesondert und für sich besteht, sondern dem vielfältigen Rechten in dem gleichen Sinne einwohnt, wie die »Rechtshändigkeit« auch dann zur Natur der Menschen gehört, wenn sie beiderhändig sind. Es wird weiter gesagt, daß es sich zu dem wandelbaren vom Menschen gesatzten Rechten als ihr Richtmaß verhält so, wie auch die gesatzten Verfassungen in der Polis notwendig verschieden sein müssen, obwohl es doch nur eine beste, der Natur gemäße Verfassung gibt: »Die Unterscheidung eines gesatzten und eines von Natur Rechten paßt auch sonst. So ist von Natur die rechte Hand stärker, obschon es möglich wäre, daß einige beiderhändig sind. Was aber vom Rechten auf Übereinkunft beruht und dem Zuträglichen dient, verhält sich auf ähnliche Weise wie die Maße. Die Maße für Öl und Wein sind nicht immer dieselben, sondern, wo gekauft wird, sind sie größer, und wo verkauft wird, kleiner. Eben so ist das vom Menschen gesatzte und nicht von Natur bestehende Rechte nicht überall dasselbe, da es auch nicht die Politien sind; und doch ist immer eine einzige von Natur die beste.«[77]

Sowohl im Hinweis auf die zur Natur des Menschen gehörige Rechtshändigkeit wie auf die »beste, allein der Natur gemäße«

76 b 24-30.
77 b 33-1135 a 5.

Verfassung wird das von Natur Rechte bestimmt. Es ist in der Vielfalt des Rechten der Polis gegenwärtig und verleiht ihm so in sich eine Allgemeingültigkeit, die es erlaubt, *das zur Polis gehörige Rechte als Verkörperung und Verwirklichung eines allgemeinen und überall in gleicher Macht gültigen, auf die Natur des Menschen gegründeten Rechts zu begreifen, im Verhältnis zu dem alle anderen Rechtsformen nur homonym als Recht gelten können;* sie sind ihm nur ähnlich. Während die moderne Rechtstheorie ein allgemeinverbindliches Rechtsprinzip als »übergeschichtlich« und »überpositiv« denkt, begreift Aristoteles, daß die gesatzten Gesetze und Verfassungen der Polis in ihrer Begründung auf die mit ihren ethischen und institutionellen Ordnungen gegebenen vielfältigen Normen zugleich auf einem allgemein verbindlichen und »überall« gültigen Rechtsprinzip beruhen, das ihnen immanent als »von Natur Rechtes« zugrunde liegt. *Das von Natur Rechte ist daher bei ihm kein dem positiven Gesetz gegenüberstehendes »Naturrecht«. Es besteht als Begriff und Norm in der ethisch verfaßten Lebenswirklichkeit der Polis, die der Gesetzgeber in Verfassung und Gesetz ordnet.* Daher ist es für Aristoteles sinnlos, den Grund des Rechten in einem von der Wirklichkeit der Polis abgetrennten Transzendenten zu suchen. Es gehört zu dieser; es gibt ein »von Natur Rechtes« erst, nachdem die Polis als Gemeinschaft von Freien und Gleichen in die Welt gekommen ist.

So begründet Aristoteles Verfassung und Gesetz als Werk des Gesetzgebers, indem er sie auf die politisch-ethische Wirklichkeit der Polis zurückführt und im Felde des ihr zugehörigen Rechten das »von Natur Rechte« findet, das diesem in seiner Besonderheit zugleich die Verbindlichkeit einer allgemeinen Norm verleiht. Denen, die nur die Regelung durch Festsetzung gelten lassen und auf sie die Satzung überhaupt zurückführen wollen, hält Aristoteles entgegen, daß man um dies von Natur Rechte in der Polis weiß und bei allem, »was sich auch anders verhalten kann«, »das von Natur« und »was nur durch Gesetz und Übereinkunft ist«, wohl auseinanderhält. Daß sie sich unterscheiden, ist hier »offenkundig«. Solche Anknüpfung hat für Aristoteles den methodischen Sinn, von dem an sich Gewußten auszugehen, um ihm die Wahrheit und die Gründe abzugewinnen, die es impliziert, ohne daß sie als solche und als sie selbst gesehen und begriffen werden. Man kennt in der Polis das »von Natur Rechte«, aber man weiß nicht – und auch die Vorgänger in der Philosophie haben dies nicht gesehen –, daß *es als ein Recht, das überall die gleiche Macht hat, zur Polis gehört, weil mit der Polis die Natur des Menschen zu ihrer Verwirklichung kommt und weil sie nur da zur Aktualität einer menschlichen Praxis und Lebensweise gelangen kann, wo es die Polis gibt*, während der Mensch sonst, wo die Polis nicht ist, nur an sich und nur der Möglichkeit nach, nicht aber actu als Mensch zu existieren vermag.

Die praktische Philosophie ist Lehre von der Verwirklichung der menschlichen Natur als Praxis; aber diese praktische Philosophie wird zur »politischen Untersuchung«, weil sich die Praxis als Verwirklichung der menschlichen Natur nicht dem allgemeinen biologischen Begriff der Praxis fügt; während alle Lebewesen sonst »von Natur« actu werden, was sie von Natur der Möglichkeit nach zu werden vermögen, setzt dies Werden für den Menschen die Polis voraus. Davon geht die praktische Philosophie aus. Die menschliche Praxis, der sie sich zuwendet, besteht nicht in der unmittelbar natürlichen Entfaltung natürlicher Anlagen wie bei den Lebewesen sonst; sie hat als menschliche die Form der »Kunst« (τέχνη), des »geregelten Verfahrens« und in dieser Bestimmtheit der »Vornahme«[78]. Die Verwirklichung der menschlichen Natur, auf die die menschliche Praxis in sich und der Natur gemäß als auf ihren Zweck und das »höchste Gut für den Menschen« gerichtet ist[79], hat daher ebenfalls nichts von der Unmittelbarkeit des naturhaften Lebens sonst; sie ist als Zweck konkret in die Vielheit der Zwecke eingelassen, unter denen die vielen »Künste und Wissenschaften«[80] in der Polis stehen: »Da es viele Künste wie Wissenschaften gibt, ergibt sich, daß auch viele Zwecke sind: für die Heilkunst die Gesundheit, für die Schiffsbaukunst das Schiff, für die Kunst der Hausführung der Wohlstand. Bei allen Künsten aber, die unter *einer* Aufgabe stehen, wie die Sattlerei der Reitkunst und diese wiederum mit der gan-

78 Eth. Nic. I 1094 a 1: τέχνη ... μέθοδος ... πρᾶξις ... προαίρεσις.
79 Vgl. o. S. 15.
80 1094 a 6: πολλῶν δὲ πράξεων οὐσῶν καὶ τεχνῶν καὶ ἐπιστημῶν πολλὰ γίνεται καὶ τὰ τέλη.

zen Kriegskunst der Feldherrnkunst untergeordnet ist und so anderes anderem, sind die Zwecke der je führenden insgesamt vorzüglicher als die der ihnen zugeordneten. Denn ihnen geht man um jener willen nach ... Wenn es so einen bestimmten Zweck bei allem gibt, was zur Praxis gehört, den wir um seiner selbst willen wollen, das andere aber um seinetwillen, so dürfte ... dies das Beste sein.«[81] Zu den Künsten gehören die »Wissenschaften« (ἐπισθῆμαι), die als Einsicht in das Wesen der Dinge aus Gründen und Ursachen das Können der Künste konstituieren, und das »geregelte Verfahren« (μέθοδος) als die Form, in der die Künste ihr Werk schaffen und überhaupt das ihnen Obliegende besorgen. Die »Künste« aber sind nicht überall und immer die Form menschlichen Tuns; sie gehören zur Polis und sind das eigentümliche Kennzeichen ihrer Praxis. Nicht jeder tut hier alles; das Notwendige wird von den auf vernünftige Einsicht und Können gegründeten Künsten besorgt. So besteht die menschliche Praxis in der Polis, über die Unmittelbarkeit natürlicher Akte grundsätzlich hinausgehoben, als Kunst. Die Anlagen und Möglichkeiten menschlicher Natur, die dem einzelnen von Natur eigen sind (so wie »der« Mensch als »dieser« Mensch besteht), werden verwirklicht, indem sie zum Können einer Kunst gebildet werden. Was der Einzelne zu sein vermag, hat als das nur Mögliche für sich und als solches noch keine Wirklichkeit. Der Mensch wird, indem er lernt; sein Tun zu einer Kunst bildend, kommt er zu seinem Sein und Stand.[82] Die Praxis der Polis ist so die Aktualität der menschlichen Natur; der Mensch kommt mit ihr zu seiner Vernunft, während er ohne die Polis nur der Möglichkeit nach Mensch ist – vernünftiges Wesen an sich, doch ohne die Wirklichkeit zu finden, die seine Verwirklichung zu sein vermag.

Daher wird für Aristoteles die praktische Philosophie zur »politischen Untersuchung«; sie geht, indem sie nach der menschlichen Praxis fragt, zugleich von der Polis und ihrer Wirklichkeit aus; sie begreift die aktuale menschliche Natur als ihre Substanz, die

81 1094 a 6-22.

82 Vgl. hierzu wie zur aristotelischen Theorie der Kunst: K. Ulmer, Wahrheit, Kunst und Natur bei Aristoteles, 1953, bes. S. 53 ff.; J. Ritter, Die Lehre vom Ursprung und Sinn der Theorie bei Aristoteles, in diesem Band S. 9 ff.

in den Künsten der Polis zu ihrer Verwirklichung kommt. Aus dem, was sich in der Polis »zeigt«, was in ihr »zu Tage liegt« und was »man sagt«[83], bringt Aristoteles hermeneutisch zum Begriff, was ihm als seine Wahrheit zugrunde liegt. Das Ziel, dem alle Künste dienen, ist in der Polis nichts Unbekanntes. Da sie Gemeinschaft von Freien ist, die ihr eigenes und selbständiges Leben im Unterschied von Unfreien führen und so »gut leben« wollen[84], fällt es mit dem zusammen, was alle um ihrer selbst willen als »gutes Leben« und »Glück« wollen.[85] Die Künste der Polis haben das Glück zu ihrem Zweck, das alle als den Stand wünschen, in dem sie als Freie ihr eigenes Leben auf gute Weise führen und haben. Aristoteles nennt daher die Polis die Gemeinschaft, die in allem, was sie sonst und im einzelnen, wie innere und äußere Sicherheit, Förderung des Handelns gewährleistet, das »Glück« als das gute und selbständige Leben der Bürger »in Häusern und Geschlechtern« zum Ziele hat.[86] Damit faßt er zunächst nur zusammen und bringt zum Begriff, was alle meinen, wenn sie eine Polis »glücklich« nennen, und wenn sie sagen, daß »das Glück für die Polis und den Einzelnen dasselbe« sei.[87] Aber der so hypoleptisch aufgenommene Begriff des Glücks schließt zugleich das Ungewußte ein. Wie die Künste die Praxis sind, in welcher die potentiale menschliche vernünftige Natur zu ihrer Verwirklichung kommt, so ist im Glück zugleich als das »zum Menschen gehörige Gut« ihre Verwirklichung der Zweck und die Bestimmung der Polis.[88]

83 In solchen Wendungen nimmt Aristoteles den Begriff philosophisch aus dem auf, was in der Polis gesagt und an sich gewußt wird. Die Wahrheit ist nicht schlechthin verborgen; die Menschen sind von Natur geeignet, sie aufzufassen, sie treffen in vielem das Wahre, cf. Rhet. I 1355 a 15.

84 Eth. Nic. 1095 a 19: τὸ δ'εὖ ζῆν καὶ τὸ εὖ πράττειν ταὐτὸν ὑπολαμβάνουσι τῷ εὐδαιμονεῖν.

85 Zum aristotelischen Begriff des Glücks vgl. G. Müller, Probleme der ar. Eudaimonielehre, in Mus. Helvet. 17, 1960, 121 ff.; J. Ritter, Das bürgerliche Leben, in diesem Band S. 57 ff.

86 Pol. III 1280 b 30-35.

87 Eth. Nic. 1 1094 b 7: ταὐτόν ἐστιν ἑνὶ καὶ πόλει; Pol. VII 1324 a 5-8.

88 Glück wird von Aristoteles als »Verwirklichung der Seele im Wirken« definiert, Eth. Nic. I 1098 a 13; 1099 b 26; X 1176 a 30 seq. Mit dem Glück ist der Zweck der Polis als einer Gemeinschaft von Freien gesetzt, Pol. III 1280 b 39: τέλος ... πόλεως τὸ εὖ ζῆν; 1281 a 1: κοινωνία ζωῆς τελείας καὶ αὐτάρκους· τοῦτο δ'ἐστίν ... τὸ ζῆν εὐδαιμόνως καὶ καλῶς.

Wir sind aus einer zweitausendjährigen Überlieferung und Geschichte in die nicht mehr der Reflexion bedürftige Gewohnheit gebracht, bei allem unmittelbar vom Menschen als Menschen ausgehen zu können. Für diese Gewohnheit hat die politische Philosophie des Aristoteles die allgemeine Bedeutung, daß sie in der Geschichte des europäischen Geistes überhaupt zuerst die Bedingung begreift, die es möglich macht, vom Menschen als Menschen und von politischen, rechtlichen, institutionellen Ordnungen in der Allgemeinheit eines Begriffs zu handeln, der, auf keine Partikularität und Besonderheit beschränkt, das »Überall« und »Immer« zu umfassen vermag. Er gibt die Theorie der menschlichen Praxis, die wie bei allen Lebewesen die Bewegung ist, in der die mögliche zur aktualen Natur wird. Diese Theorie aber sagt, daß es diese Verwirklichung für den Menschen im Unterschied zu allem Lebendigen sonst nur gibt und geben kann, wo es die Polis gibt. *Der Mensch muß, um actu in einem menschlichen, seiner Natur gemäßen Leben Mensch zu sein, die Unmittelbarkeit der Natur und des Naturstandes hinter sich lassen.* Er wird als mit Vernunft begabtes Wesen actu Mensch, indem er seine Praxis zu einem von Vernunft und Einsicht geleiteten Tun bildet und in einer Gemeinschaft lebt, die in Sitte und Gesetz, in Institutionen und Lebensordnungen das zu seiner Vernunft gebrachte menschliche Leben zu ihrer Substanz hat. Das ist die Einsicht, die die aristotelische Philosophie aus der Polis, ihre Partikularität durchdringend, hervorbringt. Mit ihr wird die politische Theorie ihrer Vorgänger zur praktischen Philosophie umgeschmolzen. Die Frage nach dem Grunde von Verfassung und Gesetz fällt jetzt mit der Frage nach der Verwirklichung der menschlichen Natur zusammen. Die politische Philosophie ist zur Philosophie »über das Menschsein« geworden.[89]

Davon geht Aristoteles in der »Politik«, sich der Polis zuwendend, aus: ». . . die vollendete Gemeinschaft (ist) die Polis, da sie das Ziel jeglicher Selbständigkeit erreicht hat, wenn man so sagen darf, entstanden um des Lebens willen, bestehend aber um des

89 Cf. Eth. Nic. X 1181 b 15. – Der aristotelischen Theorie der Verwirklichung der menschlichen Natur als Polis wird man nicht gerecht, wenn man davon spricht, daß »in der Natur des Menschen der Staat potentiell gegeben« sei; vgl. Verdross-Drossberg, a. a. O. S. 134.

guten Lebens willen. Daher ist jede Polis von Natur, wenn anders es auch die ersten Gemeinschaften sind. Denn sie ist für diese Ende, Zweck; *die Natur aber ist Ende, Zweck, denn wie beschaffen jegliches ist, wenn sein Werden zu Ende gekommen ist, so sei, sagen wir, dies für jegliches seine Natur, wie beim Menschen, beim Pferde, beim Haus ... Darum liegt zutage, daß die Polis von Natur ist und der Mensch von Natur das auf die Polis verwiesene Lebewesen* (ζῷον πολιτικόν); *und ein Wesen, das seiner Natur gemäß und nicht durch ein zufälliges Schicksal ohne Polis lebt* (ἄπολις), *ist entweder schlecht oder stärker als der Mensch* (wie der von Homer geschmähte ›ohne Genossen, ohne Recht, ohne Herd‹); er ist zugleich ein solcher von Natur und nach dem Kriege gierig und vereinzelt wie ein Stein im Brettspiel ... Die Natur macht, wie wir sagen, nichts vergeblich. Vernunft aber und Sprache hat unter allen Lebewesen allein der Mensch. Die Stimme ist das Zeichen für Schmerz und Lust und deswegen auch den anderen Lebewesen eigen, denn bis zu diesem ist ihre Natur gekommen, daß sie Schmerz und Lust empfinden und einander anzeigen. Vernunft und Sprache aber sind dazu bestimmt, das Zuträgliche und das Schädliche kundzumachen und so auch das Rechte und Unrechte. Denn dies ist den Menschen vor allen Lebewesen eigentümlich, daß sie das Gute und Schlechte, das Rechte und Unrechte auffassen; die Gemeinschaft in diesen aber macht das Haus und die Polis ... Wer daher nicht in solcher Gemeinschaft lebt oder ihrer für ein selbständig sich genügendes Leben nicht bedarf, ist entweder ein Tier oder ein Gott. Von Natur ist so der Drang zu solcher Gemeinschaft in allen. Wer aber zuerst (eine Polis) gründete, ist Urheber der größten Güter. Denn wie der Mensch, der zur vollen Verwirklichung seiner Natur gekommen ist, das beste der Lebewesen ist, so ist der von Sitte, Gesetz und Recht getrennte das schlechteste; am ärgsten die bewaffnete Rechtlosigkeit ... Die Gerechtigkeit aber gehört zur Polis, denn Recht ist Ordnung der ihr zugehörigen Gemeinschaft, Gerechtigkeit aber die Unterscheidung des Rechten.«[90]

90 Pol. I 1252 b 28-1253 a 39.

III

Das Naturrecht, an das die Rechtstheorie gegenwärtig anzuknüpfen sucht, ist in der Bestimmung eines »überpositiven« und »übergeschichtlichen« Rechts das Naturrecht in der Endschaft der auf Aristoteles zurückgehenden Lehrtradition der praktischen Philosophie. Die Natur, aus der in ihr die menschliche Praxis, jegliches Recht und alle Verpflichtungen deduziert werden, ist die an die Voraussetzungen der ganzen, in Kosmologie, Psychologie, natürlicher Theologie entfalteten Metaphysik gebundene Wesensbestimmung des Menschen, sofern er sein Sein im Ganzen des Seins hat. In dieser Begründung hat das Naturrecht, zum Recht a priori geworden, die politisch-geschichtliche Wirklichkeit der Zeit und das aus ihr hervorgehende positive Gesetz außer sich; es wird im reinen Denken unabhängig von aller Erfahrung »bewiesen«. Die praktische Philosophie wird so auf das innere, als »Moralität« und »Naturgesetz« bestimmte Verhältnis von menschlicher Natur und Praxis beschränkt[1]; sie hält in der Wende der Zeit ein Überliefertes im Gedanken fest, das auch für sie selbst nicht mehr aus dem, was ist, hervorgebracht werden kann.
Eine Generation nach dem Erscheinen der universalen praktischen Philosophie Wolffs konstituiert die bürgerliche Gesellschaft in

1 Die Praxis ist bei Wolff nicht mehr das zum Allgemeinen seiner geschichtlichen Welt, zum Stand ihrer Kunst und ihrer Wissenschaft gebildete individuelle Handeln. In der Wende zur Apriorität wird die Begründung des Handelns aus der menschlichen Natur durch das »Gesetz der Natur« und in seiner »Verpflichtung« auf die innere Bestimmung des Handelnden in sich eingeschränkt. Das ist bereits die Position der praktischen Vernunft Kants; sie ist von der Wolffs nur verschieden, sofern sie, der Natur der Naturwissenschaft zugeordnet, nicht mehr im metaphysischen Begriff der Natur erkannt werden kann. Damit wird das »Gesetz der Natur« zum »Sittengesetz«, die »Verpflichtung« zur »Pflicht«. Hegel nimmt dann die ursprüngliche Frage nach der praktischen Verwirklichung der menschlichen Vernunftnatur wieder auf und macht sie zur Theorie der gegenwärtigen Welt. Die Größe der von Wolff vorbereiteten, von Kant vollendeten Lehre von der Subjektivität liegt für ihn darin, daß sie von der Freiheit des Menschen ausgeht, der bei allem »als er selbst« dabei sein will (vgl. Philosophie des Rechts, § 105 ff.). Aber diese Freiheit bleibt andererseits »abstrakt« und »nur formell«; sie hat keine Verwirklichung. Es bleibt beim »Sollen«, das »ohne Ausführung« ist und »keinen Inhalt« mehr hat.

der politischen Revolution endgültig ihr Recht; sie ist die kommende politische Welt, die das auf die metaphysische Natur des Menschen gegründete Recht nur noch im Gedanken der in sich zurückgegangenen Vernunft neben und außer sich hat. Aristoteles hatte an der Polis begriffen, daß geschichtlich-ethische Ordnungen in ihrer Besonderheit zur Inkorporation des »überall gleichen« Rechts werden, wo der Mensch zu ihrem Subjekt und die Verwirklichung seiner Natur zu ihrem substantialen Inhalt werden. Das wird mit der bürgerlichen Gesellschaft universal und nicht auf die geschichtliche Partikularität beschränkt zur Basis, auf der mit allen Lebensordnungen der Staat und das Rechtssystem errichtet werden. Mit ihr wird zum ersten Male in der Weltgeschichte der Mensch als Mensch, »weil er Mensch ist, nicht weil er Jude, Katholik, Protestant, Deutscher, Italiener usf. ist«[2], zum Subjekt des Rechts wie des Staates. Alte, überkommene Rechte, Institutionen, Bindungen und Unfreiheiten verlieren ihr Recht, wenn sie dem widersprechen, daß alle Menschen dazu bestimmt sind, Subjekt des Rechts zu werden, und so der Rechtsstand der Person nicht mehr an die Besonderheit eines durch Herkunft, Geburt, Religion gebundenen status gebunden sein kann. Aber diese Universalität erreicht die Gesellschaft dadurch, daß sie sich als Gesellschaft auf das in Bedürfnis und Arbeit vermittelte Naturverhältnis des Menschen beschränkt. Das auf die Gesellschaft gegründete Recht ist daher grundsätzlich »abstrakt«, sofern es sich auf den Menschen als Person in der Gleichheit des durch die Gesellschaft gesetzten Menschseins bezieht. Es hat ihn in seiner auf die Bedürfnisbefriedigung beschränkten Natur zu seinem Subjekt. Diese Abstraktheit der Gesellschaft und ihres Rechts hat einerseits die Notwendigkeit positiv für sich, daß Recht nur dann die Allgemeinheit des Rechts schlechthin haben kann, wenn die Unterschiede der geschichtlichen Herkunft, des Glaubens, der Religionen, der geschichtlich besonderen Sitte und Lebensordnung nicht mehr, was Recht sei, bestimmen können. Aber sie schließt zugleich ein, daß in dem gleichen weltgeschichtlichen Prozeß, in dem die von Aristoteles zuerst als Rechtsprinzip begriffene Verwirklichung der menschlichen Natur uneingeschränkt zur Bestimmung der Gesellschaft und ihres Rechts wird,

2 Hegel, Phil. d. Rechts, § 209 (Hoffmeister), S. 180.

die menschliche Natur sich in sich entzweit. *Was der Mensch in den ethisch-geschichtlichen Ordnungen der Herkunft und im Reichtum des in einer zweitausendjährigen Weltgeschichte gebildeten Geistes ist, wird von seiner in der Gesellschaft verwirklichten abstrakten Bedürfnisnatur getrennt.*[3]

In dieser alles geschichtlich Gewordene verändernden und umwälzenden Entzweiung übernimmt es die praktische Philosophie der aristotelischen Tradition, im reinen Denken und a priori als »Naturrecht« das Anrecht des Menschen darauf zu wahren, auch in seinem geschichtlichen, in der Beschränkung der Gesellschaft auf die Bedürfnisnatur freigesetzten Sein Verwirklichung zu finden. Indem sie aber dieses Anrecht als Naturrecht festhält, hat sie die Theorien neben sich, die die in der Gesellschaft verwirklichte Bedürfnisnatur zum einzigen Prinzip erheben und so die Gesellschaft und das Sein des Menschen gleichsetzen. Alles geschichtliche und sittlich-geistige Sein, das sich nicht auf die Gesellschaft und die in ihr verwirklichte Natur reduzieren läßt, soll – in der Realität zum Nichtsein bestimmt – nur noch im Gemüt und in subjektivem Fühlen und Meinen Existenz behalten.

Wo dies ist und so die mit der modernen Gesellschaft notwendige Entzweiung der menschlichen Natur zur Antithetik von Theorien fixiert wird, die sich je auf eine Seite schlagen und diese zum Ganzen und Wahren machen, kann die Frage nicht ausgetragen werden, was es für Staat und Recht bedeutet, daß ihnen die Natur des Menschen in der Form einer Trennung des geschichtlich-ethischen und des gesellschaftlichen Seins zugrunde liegt. Die aristotelische Lehre, daß in der Polis für Verfassung und Gesetz

3 Die für die Deutung der modernen Welt entscheidend gewordene Theorie der Entzweiung stammt von Hegel. Die bürgerliche Gesellschaft wird in ihrer Beschränkung auf das »Bedürfnissystem« zur Macht der »Differenz« (WW Jub. A. 7, Phil. d. Rechts § 182 Zus.); sie trennt die in Familie und Staat geschichtlich gebildete Sittlichkeit von sich ab; Hegel nennt sie daher die »sittliche Substanz« »in ihrer Entzweiung«, vgl. § 33. Das Problem der Entzweiung war Hegel zuerst an der Entgegensetzung von Aufklärung und Subjektivität in der Bildung der modernen Welt aufgegangen. Die Größe seiner dann mit der Rechtsphilosophie erreichten Einsicht besteht darin, daß er mit ihr die Klage um die »Zerrissenheit« des Zeitalters und die Sehnsucht nach der ursprünglichen Einheit hinter sich läßt und dazu kommt, die Notwendigkeit und Vernunft der Entzweiung positiv zu begreifen. Vgl. auch: J. Ritter, Hegel und die französische Revolution, in diesem Band S. 183 ff.

als Werk des Gesetzgebers ein »von Natur Rechtes« das Rechtsprinzip ist, weil in der Polis die Natur des Menschen zu ihrer Verwirklichung kommt, konnte davon ausgehen, daß dieses allgemeine Rechtsprinzip in den ethischen Ordnungen der Polis gegenwärtig ist und ihnen immanent als ihr vielfältiges Rechte besteht. Insofern ist sie als Theorie des Rechts, wie die Polis selbst, der sie sich zugewendet hat, zu einem Geschichtlichen geworden, das mit der von ihr begriffenen Wirklichkeit der Vergangenheit angehört. Aber als Theorie, die am Anfang steht, bringt sie das auf die Natur des Menschen gegründete Rechtsprinzip aus der Polis als ihrer gegenwärtigen politisch-ethischen Wirklichkeit hervor. Wo die spätere politische Philosophie den schon festgewordenen Begriff des Menschen und seiner Natur aus der Lehrüberlieferung aufnehmen kann, um im Ausgang von ihm zu bestimmen, was Recht, politische Ordnung, Sittlichkeit sind, begreift Aristoteles, daß ein auf die menschliche Natur gegründetes Recht nur da Begriff und Prinzip des Rechtes zu sein vermag, wo die menschliche Natur nicht unbestimmt, sondern in ihrer Verwirklichung und so als aktuale Natur zur Substanz einer bestehenden politischen wie rechtlichen Ordnung wird. Das ist die allgemeine, nicht an die Polis gebundene Einsicht, die Aristoteles in der praktischen Philosophie begründet hat. Sie ist aus der Naturrechtstheorie, mit der die Geschichte der praktischen Philosophie zu Ende geht, verschwunden.

Aber die politische Philosophie kann an sie anknüpfen, sie wieder aufnehmen.[4] Sie erkennt dann, daß sie, was Recht als Naturrecht sei, nur auf dem Wege zu begreifen vermag, daß sie die dem bestehenden positiven Recht zugrunde liegende Wirklichkeit auf das hin auslegt, was sie in sich als Verwirklichung menschlichen

4 E. Wolf unternimmt es, in seinem »Problem der Naturrechtslehre« (s. o. S. 140, Anm. 26) tragfähige Voraussetzungen für die gegenwärtige, durch die »Mehrseitigkeit« und »Vieldeutigkeit« der theologischen, juristischen, politischen, historischen, philosophischen Fragestellung (3 ff.) bestimmten Diskussion um das Naturrecht zu schaffen. Er gewinnt sie in einer »Topik der vorhandenen, sich überkreuzenden und bekämpfenden Naturrechtslehren« aus einer Analyse der verschiedenen Antworten, welche »die Naturrechtsfrage bisher lehrmäßig gefunden hat« (17). Damit kommt er zu einer Typologie, die das gesamte Material der Theorie in ihrer Geschichte unter den Gesichtspunkten der vielfachen Bedeutung erstens des Naturbegriffs (21 ff.), zweitens des

Seins ist. Begriff und Prinzip positiven Rechts ist die menschliche Natur, die, wie sie für Aristoteles das ethisch verfaßte Leben der Polis war, jetzt als das aktuale Dasein und Sein des Menschen besteht, das in der Form der Entzweiung in Gesellschaft, Staat, Recht seine Ordnung hat. Während die Theorie, dem Druck der Entzweiung erliegend, die gesellschaftliche und die geschichtlich-geistige Natur des Menschen gegeneinander setzt, ist in der geschichtlichen Wirklichkeit das Entzweite konkret zusammengeblieben. *Wir leben zugleich in der Gesellschaft und aus der geschichtlichen Herkunft. In der Wirklichkeit, in der der Mensch als Mensch actu besteht und ist, liegt die Vernunft und die Wahrheit des gegenwärtigen Rechts,* die daher den antithetisch fixierten Theorien verschlossen bleibt, die die geschichtliche und gesellschaftliche Natur des Menschen gegeneinander ausspielen. Des

Begriffs vom Recht (94 ff.) sichtet und ordnet und zu einer »synoptischen Konkordanz« (154 ff.) zusammenfaßt, ohne jedoch zu beanspruchen, auf diesem Wege auch zu einer »Synthese« kommen zu können. Einem »Orientierungsversuch« sei es »ungemäß«, mehr als die Probleme und die aus ihnen folgenden »Thesen, Argumente, Exempel und Topoi« aufzuweisen (160 f.).
Die Typologie soll hier daher nicht die Theorie ersetzen; sie hält sich von der Resignation frei, die Dilthey dazu führte, sich im Anblick des Trümmerfeldes einer für ihn unglaubwürdig gewordenen spekulativen Philosophie mit einer Typologie der Weltanschauungen als Ersatz zu begnügen. Deswegen drängt das Resultat, zu dem Wolf kommt, über sich hinaus. Die Frage, die er sich versagt aufzunehmen, bricht notwendig auf, wie sich die Theorie in allen ihren hier fixierten typischen Formen zur geschichtlich politischen Wirklichkeit des Rechts verhalte. Aristoteles hat in der praktischen Philosophie die jetzt vergessene Einsicht zuerst gewonnen, daß der Standpunkt der für sich gesetzten unmittelbaren Natur für den Menschen »unwahr« ist und Naturrecht wie Recht als Recht überhaupt die geschichtliche Verwirklichung der menschlichen Natur voraussetzen. In dieser Voraussetzung gehört die Theorie in aller Verschiedenheit der Ausbildung zur europäischen Weltgeschichte wie zu der aus ihr hervorgehenden modernen, nicht mehr auf Europa beschränkten Welt. Darin liegt an sich ihre Wahrheit und Unwahrheit beschlossen, sofern ihr Allgemeines selbst und als solches die Substanz dieser Weltgeschichte ist, mit der und in der es geschichtlich Recht als Recht und als Recht des Menschen gibt.
Daher scheint mit der Zusammenfassung, die E. Wolf in diesem Buche gibt, die Diskussion bis zu dem Punkt gekommen zu sein, an dem die Beliebigkeit des Fragens nicht mehr möglich ist, und die Frage nach der Wahrheit der Theorie im Verhältnis zu der Wirklichkeit aufbrechen muß, die ihre Wirklichkeit ist.

fruchtlosen Streits überdrüssig, sieht sich die Theorie darauf verwiesen, die in sich unaufhebbare wechselseitige Verneinung hinter sich zu lassen und das, was sie sucht, aus dem, was ist, zu begreifen. Wenn daher die moderne Rechtstheorie in dem Versuch, das Naturrecht zu erneuern, nicht bei ihm in seiner Endschaft stehen bleibt, sondern dazu kommt, der praktischen Philosophie des Aristoteles zu begegnen, von der alles ausgegangen ist, so mag sie erfahren, daß der Grund des positiven Rechts nicht in einer transzendenten Idee oder in einem übergeschichtlichen und überpositiven Wert und so überhaupt nicht in einem von der gegenwärtigen politisch-geschichtlichen und geistigen Wirklichkeit abgetrennten Begriff, sondern ihr immanent und einwohnend auf dem Wege gefunden sein will, auf dem die Theorie zur Vernunft der Wirklichkeit geführt wird.

Zu Hegel

Hegel und die französische Revolution
(1956)

I

1. Die kritische Auseinandersetzung mit Hegels politischer Philosophie seit dem Erscheinen der *Rechtsphilosophie* (1821)[1] wurde durch Rudolf Hayms *Vorlesungen über Hegel und seine Zeit* (Berlin 1857) abgeschlossen. Hegel wurde schuldig befunden, als »philosophischer Dictator über Deutschland« (357) die Philosophie zur »wissenschaftlichen Behausung des Geistes preußischer Restauration« gemacht (359), dem »politischen Conservatismus,

1 Die *Grundlinien der Philosophie des Rechts* werden nach der »Neuen kritischen Ausgabe« der Werke (Hegels *Sämtliche Werke*, hrsg. v. Joh. Hoffmeister, Bd. XII, Hamburg [4]1955) in der §§-Einteilung zitiert. Da Hoffmeister die in der Ausgabe von Gans enthaltenen *Zusätze* aus dem Text herausgenommen und der Veröffentlichung in einem gesonderten Band vorbehalten hat (vgl. Vorw. d. 4. Aufl. S. XII ff.), der noch nicht vorliegt, werden die *Zusätze* nach der »Stuttgarter Ausgabe« Bd. VII zitiert.
Die *politischen Schriften* werden im Text der von G. Lasson herausgegebenen *Schriften zur Politik und Rechtsphilosophie*, Leipzig [2]1923 *(Schr. z. Pol)* angeführt, soweit sie *nicht* in die »Stuttgarter Ausgabe« oder in die »Neue kritische Ausgabe« aufgenommen sind. Belege aus der *»Beurteilung der im Druck erschienenen Verhandlungen in der Versammlung der Landstände des Königreichs Württemberg im Jahre 1815 und 1816«* (»Ständeschrift«) sind der »Stuttgarter Ausgabe« Bd. VI, aus der Schrift *Über die englische Reformbill* den von Hoffmeister besorgten *Berliner Schriften 1818-1831* (Neue Krit. Ausg. Bd. XI, Hamburg 1956) entnommen. Zitaten aus den *Jugendschriften* (Tübingen, Bern, Frankfurt) liegen *Hegels theologische Jugendschriften*, hrsg. v. H. Nohl, Tübingen 1906, und Hoffmeisters Sammlung der *Dokumente zu Hegels Entwicklung*, Stuttgart 1936 *(Dok.)* zugrunde.
Briefstellen werden nach der fortlaufenden Zählung Hoffmeisters in seiner kritischen Ausgabe der *Briefe von und an Hegel* (Bd. I Br. v. 1785-1812, 1952; Bd. II Br. v. 1813-1822, 1953; Bd. III Br. v. 1823-1831, 1954) angeführt.
Alle übrigen Schriften sind in der »Stuttgarter Ausgabe« benutzt worden, auf die sich die den Titeln hinzugefügte Bandzahl bezieht, soweit sie nicht in den nach 1949 von Hoffmeister besorgten Bänden der »Philosophischen Bibliothek« vorliegen.
Einige Anmerkungen zu dieser Abhandlung sind als Exkurse an ihren Schluß gestellt worden. – Über die Aufgabe einer Bibliographie zur politischen Theorie Hegels s. Exkurs I, hier S. 236 ff.

Quietismus und Optimismus« die »absolute Formel« (365) gegeben und sich dadurch in den Dienst der »wissenschaftlich formulierten Rechtfertigung des Karlsbader Polizeisystems und der Demagogenverfolgung« gestellt zu haben (364).[2]
Beweis hierfür ist neben der Tatsache, daß Hegel überhaupt den Ruf nach Berlin angenommen hat[3], und neben seiner als politische Denunziation gedeuteten Kritik an Fries als »Heerführer dieser Seichtigkeit, die sich Philosophieren nennt« (*R. Ph.* S. 8), an erster Stelle seine Philosophie selbst. Sie hat die Theorie des Staates und der Gesellschaft unter den Satz gestellt, daß das Vernünftige wirklich und das Wirkliche vernünftig ist, und damit für Haym politisch die Aufgabe übernommen, die Wirklichkeit zu rechtfertigen, »wie sie 1821 in Preußen besteht« (Haym a.a.O. S. 366). Sie hat ferner den Staat mit den Prädikaten des Göttlichen, des Absoluten, der Vernunft und der sittlichen Substanz verbunden,

2 Hayms Vorlesungen setzen die Hegelkritik der Junghegelianer vor 1848 voraus und fassen sie im wesentlichen zusammen, wobei aber die Probleme der bürgerlichen Gesellschaft stark in den Hintergrund treten und die Bedeutung der Emanzipation vor allem im Aufkommen der positiven Wissenschaften und in der Überwindung der Theologie und Metaphysik durch sie gesehen wird. Löwith bemerkt daher, daß Haym die »Motive« der Junghegelianer in »akademischer Form« modifiziere (vgl. *Von Hegel bis Nietzsche,* Stuttgart 1953, S. 71 f.). Eine gute erste Übersicht über die Hegelkritik und ihre Geschichte vermittelt W. Moog, *Hegel und die Hegelsche Schule (Gesch. d. Philos. in Einzeldarstellungen* Abt. VII, Bd. 32/33, München 1930, S. 438 bis 487). Die grundlegende Darstellung der philosophischen Auseinandersetzung mit Hegel findet man in dem eben genannten Buch von Löwith (v. a. S. 78 ff.). Für die Geschichte der politischen Philosophie Hegels kann neben der ausgezeichneten Studie von E. Weil über Hegels Staatstheorie *(Hegel et l'Etat,* Paris 1950) auf H. Marcuse, *Reason and Revolution. Hegel and the Rise of Social Theory,* London ²1955, auf Sidney Hook, *From Hegel to Marx* (Studies in the Intellectual Development of Karl Marx), London 1936 (Hook sieht Hegels Theorie unter dem Gesichtspunkt ihrer – für Hook »notwendigen« – Überwindung durch Marx), auf Vaughan, *Studies in the History of Political Thought before and after Rousseau, Vol. II* From Burke to Mazzini, ed. by A. G. Little, Manchester 1939, Chapt. IV, p. 143-183, schließlich auf G. H. Sabine, *A History of Political Theory,* N. Y. 1937, 1950, S. 620 ff. verwiesen werden. Besonders materialreich auch H. Hirsch, *Denker und Kämpfer,* Gesammelte Beiträge zur Geschichte der Arbeiterbewegung, Frankfurt/Main 1955 (zu den beiden Hilgards, zu K. F. Köppen, Moses Heß, Marx und Jaurès).

3 s. Exkurs II, hier S. 237 ff.

um seine Macht zu vergotten und gegen die Freiheit der Individuen zu setzen. Durch die Vergottung des Staates und durch die Rechtfertigung der Wirklichkeit als vernünftig wird für Haym die reaktionäre Absicht und Funktion der Hegelschen Philosophie unter Beweis gestellt.

Seine Vorlesungen stellen sich daher die Aufgabe, Hegels System aus der Gegenwart zu verbannen und dem »erstorbenen oder halberstorbenen Leben zurückzugeben, in welchem es seinen Grund hatte«, um es so in dem »großen Bau der ewigen Geschichte« wie in einem »Grabmal« beizusetzen (8).

Die Kritik Hayms war erfolgreich. Hegels Philosophie blieb für Jahrzehnte ohne Einfluß; der Ruf des Etatismus und der reaktionären Verabsolutierung der Staatsmacht hält sich bis heute. Man kann noch immer nicht von Hegels politischer Philosophie reden, ohne mit der Vorstellung vom preußischen Reaktionär Hegel rechnen zu müssen.[4]

Die Sätze, mit denen Haym die Anklage der Staatsvergottung begründet, finden sich vor allem in der *Rechtsphilosophie.* Hegel nennt hier den Staat »Wirklichkeit der sittlichen Idee« (§ 257) und das »an und für sich Vernünftige« (§ 258). Er sei »Geist, der sich im Prozesse der Weltgeschichte seine Wirklichkeit gibt« (§ 259) und im »Gang Gottes in der Welt« die »Gewalt der sich ... verwirklichenden Vernunft« (§ 258 Zusatz, VII, 336). Weil der Staat die Welt sei, »die der Geist sich gemacht hat«, solle man ihn »wie ein Irdisch-Göttliches verehren« (§ 272 Zusatz, VII, 369 f.).

Alle diese Aussagen sind für Hegel selber metaphysische Aussagen; die *Rechtsphilosophie* wird von ihm methodisch auf die *Logik* bezogen[5]; sie unterscheide sich durch ihren »logischen Geist« und ihre »spekulative Erkenntnisweise« von einem »gewöhnlichen Kompendium« (*R. Ph.* S. 4). Die Metaphysik wird dabei von Hegel im Sinn ihrer überlieferten Bestimmung als

4 s. Exkurs III, hier S. 240 ff.

5 Zur Logik als Metaphysik Hegels vgl. N. Hartmann, *Hegel,* 1929, S. 143 ff. Vgl. ferner Hegels *Logik* (IV, 64 f.): »Die objektive Logik tritt damit ... an die Stelle der vormaligen Metaphysik, als welche das wissenschaftliche Gebäude über die Welt war, das nur durch Gedanken aufgeführt sein sollte; ebenso (Gr.) *Enzyklopädie* (VIII, 83): »Die Logik fällt daher mit der Metaphysik zusammen.«

theoretische Wissenschaft vom Sein des Seienden verstanden; sie hat »das, was ist« (16) als Gegenwart der »Substanz, die immanent«, und des »Ewigen, das gegenwärtg ist« (15), zu begreifen. Die von Haym beanstandeten Sätze bedeuten so, daß Hegel Staat und Gesellschaft in die metaphysische Theorie einbezieht und sie als Verwirklichung (actualitas) des Seins im geschichtlichen Dasein versteht, wobei Sein für ihn zugleich mit der Vernunft und dem Göttlichen der philosophischen Tradition identisch bleibt. Im gleichen Sinn haben Aristoteles und Thomas das »philosophische Leben« und seine Theorie »göttlich« genannt, um sie von der praktischen Erkenntnis zu unterscheiden. Die Philosophie gründet im Göttlichen und nicht in der Notwendigkeit des praktischen Lebens; sie ist daher selber göttlich, weil sie sich um das Göttliche sammelt (divina quia de divinis).[6] Im Zusammenhang dieser Tradition – Hegel setzt sie voraus und hat seine Philosophie immer als Vergegenwärtigung der Einen, zu allen Zeiten gleichen Philosophie verstanden[7] – bedeuten die für Haym politisch anstößigen Sätze der *Rechtsphilosophie* bei Hegel selbst, daß der Staat den Menschen in seinem Verhältnis zum Göttlichen und nicht nur, wie in den Naturtheorien der Gesellschaft, in seiner Bedürfnisnatur zum Inhalt hat. Seine Aufgabe ist es daher,

6 Vgl. hierzu im einzelnen J. Ritter, *Die Lehre vom Ursprung und Sinn der Theorie bei Aristoteles* (in diesem Band S. 9 ff.).

7 *Diff.* I 41: »Wenn ... das Absolute, wie seine Erscheinung die Vernunft, ewig Ein und dasselbe ist (wie es denn ist): so hat jede Vernunft, die sich auf sich selbst gerichtet und sich erkannt hat, eine wahre Philosophie producirt, und sich die Aufgabe gelöst, welche, wie ihre Auflösung, zu allen Zeiten dieselbe ist . . . in Rücksicht aufs innere Wesen der Philosophie giebt es weder Vorgänger noch Nachgänger.« Im gleichen Sinn *Enzyklopädie* (1817) § 7, § 8 (VI, 25). Die Begründung für diese Einheit aller Philosophie, die es verbietet, von »Philosophien« (im Plural) zu sprechen, liegt in der Identität ihres Gegenstandes, des Absoluten oder des Seins als des »nicht Alternden, gegenwärtig Lebendigen« (*G. Ph.*, XVII, 69). Im Unterschied zur traditionellen Idee der philosophia perennis ist aber für Hegel die Eine Philosophie als dieselbe zugleich geschichtlich; ihr in sich identisches »unvergängliches Wesen« (69: »wohin nicht Motten noch Diebe dringen«) besteht in der Verschiedenheit der Gestalten, welche die Philosophie geschichtlich durchläuft, so daß die Eine Philosophie als Ganzes zugleich die Philosophie in ihrer ganzen Geschichte ist. Sie ist der »in dem Reichtum seiner Gestaltung, in der Weltgeschichte sich darstellende allgemeine Geist« (62).

die innerweltliche Verwirklichung der das menschliche Dasein tragenden geistigen, religiösen und sittlichen Ordnungen zu ermöglichen.

Den gleichen metaphysischen Sinn hat der andere von Haym als reaktionär verurteilte Satz von der Identität der Wirklichkeit mit der Vernunft: »Was vernünftig ist, das ist wirklich; und was wirklich ist, das ist vernünftig« (14). Er spricht den Kerngedanken aller Philosophie aus, daß die Seinsvernunft die gründende Substanz der Wirklichkeit und ihre Wahrheit sei, und ruft so für Hegel die Idee in die Gegenwart zurück, in der sich die Philosophie immer begriffen hat, seit Parmenides die Identität von Denken und Sein lehrte und Anaxagoras die Vernunft zum Prinzip der Welt erhob.[8] Damit aber wird die Kritik Hayms an Hegel philosophisch wichtig. Was ihn dazu bringt, in diesen metaphysischen Aussagen die politisch gemeinte, reaktionäre Rechtfertigung der gegebenen politischen Verhältnisse zu sehen, ist nicht die Meinung, daß Philosophie die politische Wirklichkeit idealisiere und überfordere; *das Anstößige liegt für Haym vielmehr darin, daß Hegel die metaphysische Theorie auf die gegenwärtige Gesellschaft und ihren Staat anwendet.* Diese gegenwärtige Gesellschaft ist die moderne, auf Technik und Wissenschaft gegründete bürgerliche Gesellschaft; mit ihr aber ist für Haym ein neues Prinzip und eine neue Zeit heraufgekommen, »in welcher, Dank der großen technischen Erfindungen des Jahrhunderts, die Ma-

8 Wie unlöslich bei Hegel politische Theorie und Philosophie miteinander verbunden sind, zeigt gut *Ph. G.* XI, 557. Dort wird das »Gedankenprinzip« der französischen Revolution unmittelbar in Beziehung zum Vernunftprinzip der antiken Philosophie gesetzt: »Anaxagoras hatte zuerst gesagt, daß der νοῦς die Welt regiert; nun aber erst (sc. in der französischen Revolution) ist der Mensch dazu gekommen, daß der Gedanke die geistige Wirklichkeit regieren solle«. Die Vernunft der Revolution ist für Hegel mit der Vernunft der überlieferten Philosophie identisch; sie wird politisch in der französischen Revolution verwirklicht. Wenn man daher Hegels politische Theorie aus der Philosophie herauslöst und die metaphysische Herkunft und Bedeutung ihrer Grundbegriffe außer acht läßt, so deutet man seine politische Theorie notwendigerweise um; man verändert sie und zerstört sie, so wie man umgekehrt die Philosophie Hegels entleert und ihrer Substanz beraubt, wenn man sie aus ihrem Verhältnis zur Geschichte und zu den politischen und sozialen Problemen der Zeit herauslöst und als ein System versteht, das der Gedanke aus sich im reinen Denken entwirft.

terie lebendig geworden zu sein scheint« und »die untersten Grundlagen unseres physischen wie unseres geistigen Lebens ... durch diese Triumphe der Technik umgerissen und neugestaltet« werden (a.a.O. S. 5). Zu dieser Neugestaltung gehört, daß Theologie und Metaphysik rückständig geworden sind und ihre Wahrheit verloren haben: Die »Sterne des Glaubens (sind) auf die Erde« gefallen (9), die spekulative Philosophie ist »durch den Fortschritt der Welt und durch die lebendige Geschichte beseitigt worden« (6). Was bisher als ein »objektives Ideelles« und als ein »Ewiges und Fixes« gegolten hat, ist »zu einem rein Historischen« herabgeholt und »pragmatisiert« worden (9). Mit dem Aufkommen der modernen Gesellschaft haben daher für Haym die Hegelschen Begriffe des Seins, des Göttlichen, des Absoluten jeden positiven Inhalt und jede gegenwärtige Wahrheit verloren, so daß ihre jetzige Anwendung nur noch als »Reaktion« verstanden werden kann; sie hat allein den Sinn, die neue, vom »Himmel« befreite Gesellschaft in Frage zu stellen; das »Aufwärmen« der an sich widerlegten metaphysischen Theorie wird für Haym zum ideologischen Trick, der die Kräfte der Rückständigkeit und des Widerstandes gegen den Fortschritt im Glanz einer an sich wesenlos gewordenen Göttlichkeit verklären soll. Hegels Philosophie ist als Philosophie grundsätzlich zur Vergangenheit geworden, weil die gegenwärtige Zeit sich von der Metaphysik und Theologie befreit hat. Daher gilt es, ihr Ende herbeizuführen; sie muß notwendig »falliren«, »weil dieser ganze Geschäftszweig daniederliegt« (5); sie hat auf dem Boden der bürgerlichen Gesellschaft keine gegenwärtige Bedeutung mehr; sie ist reaktionär geworden.

2. Viele, die gern im Gefolge Hayms von der Vergottung des Staates durch Hegel sprechen, werden sich weniger gern mit dem Argument identifizieren, das für Haym diese Staatsvergottung beweist. Aber daß Haym von der Emanzipation der modernen Gesellschaft ausgeht und mit ihr die Kritik an Hegels Metaphysik des Staates begründet, gibt ihr allein noch gegenwärtige philosophische Bedeutung. Bereits für Jakob Burckkardt und Nietzsche hat die spekulative Philosophie jede Aktualität verloren; sie ist für sie nur noch Konstruieren und Meinen, »gothische Him-

melsstürmerei« (Nietzsche, Musarion-Ausg. XVI, 82). Demgegenüber hat die Kritik Hayms und der liberalen Linken an Hegel die große positive Bedeutung, daß sie noch um die politische Aktualität seiner Philosophie weiß und sie voraussetzt. Haym begreift, daß in Hegels Philosophie – nicht weniger grundsätzlich und leidenschaftlich als bei seinen Gegnern – das Problem der gegenwärtigen Zeit und der Gesellschaft ausgetragen wird, die politisch mit der Revolution in Frankreich und – ebenso umwälzend – mit der Ausbildung der Industrie in England aufkommt und im Begriffe steht, die jetzige Wirklichkeit zu werden. *Damit wird Hegel zum Gegenspieler schlechthin; er begreift die gleiche Gesellschaft, die für Haym die Befreiung vom Himmel der Theologie und Metaphysik herbeiführt, als Gegenwart und Erscheinung der vernünftigen Substanz, die von je für die Philosophie die Wahrheit der Wirklichkeit und der Geschichte gewesen ist.*[9]

Damit wird in der Tat die politische Philosophie Hegels in ihrem eigenen Problem und in ihrem eigenen Anliegen getroffen. Die *Rechtsphilosophie* macht Staat und Gesellschaft, zusammengefaßt im Begriff des Rechts, zum Inhalt der Spekulation; dem entspricht, daß die Vorrede zunächst die traditionelle Definition der cognitio speculativa entis qua entis aufnimmt und von ihr als Erkenntnis der (Seins-)Vernunft ausgeht: »Das was ist zu begreifen, ist die Aufgabe der Philosophie, denn das, was ist, ist die Vernunft« (16). Aber nun folgt etwas, das in dieser Form überhaupt zum ersten Mal in der Geschichte der Philosophie begegnet: *Hegel setzt die traditionelle metaphysische Theorie unmittelbar und als diese mit der Erkenntnis der Zeit und der Gegenwart gleich.* Die Philosophie *als* Erkenntnis des Seins ist *zugleich* »ihre Zeit in Gedanken erfaßt« (16).

Die Geisteswissenschaften pflegen die geistige Bildung, Kunst, Dichtung und Wissenschaft als Ausdruck ihrer Zeit, als Objektivation und Gestalt geschichtlichen Lebens zu verstehen. Aber in diesem allgemeinen geistesgeschichtlichen Sinn darf der Hegelsche Gedanke der Philosophie als »ihre Zeit« nicht verstanden werden; er würde damit entschärft und neutralisiert; ihm würde die entscheidende Aktualität genommen; denn Hegel reflektiert

9 s. Exkurs IV, hier S. 243 f.

nicht allgemein auf die Geschichtlichkeit der Philosophie und des Geistes überhaupt, er will den gegenwärtigen Vollzug der Metaphysik bestimmen. Sie kann für ihn dann und nur dann Erkenntnis des Seins bleiben, wenn sie zugleich Erkenntnis der eigenen Zeit ist.

Was soll diese Ineinssetzung von Philosophie und Deutung der Gegenwart besagen? Gegenwart meint metaphysisch zunächst die Gegenwart des Seins (der Substanz); es ist im Entstehen und im Vergehen gegenwärtig und erscheint im Jetzt und Hier in seiner bleibenden Gegenwart. So nennt Aristoteles den Gegenstand der Philosophie das »jetzt und von alters und immer Gesuchte« (Met. VII, 1), und Hegel selbst benutzt den Begriff der Gegenwart zunächst, um mit ihm den spekulativen Gegenstand als solchen zu bezeichnen; er ist die »Vernunft als vorhandene Wirklichkeit« (16), die »Substanz, die immanent, und das Ewige, das gegenwärtig ist« (15). Gegenwart ist metaphysisch für Hegel zunächst die Gegenwart dessen, was immer war, immer ist und immer sein wird.

Aber über diesen metaphysischen Begriff der Gegenwart geht Hegel in der Gleichsetzung des philosophischen Gedankens mit dem Gedanken der Zeit zugleich hinaus; er stellt die Frage, wie die Seinsgegenwart in dem gegenwärtigen Zeitalter gefunden und als seine Wahrheit begriffen werden kann, weil sie jetzt fragwürdig und zum Problem geworden ist. Mit der Neuzeit ist eine neue Wirklichkeit in die Geschichte getreten, die – zum ersten Mal in der abendländischen Überlieferung – die Philosophie und ihre Wahrheit grundsätzlich »außer sich« gesetzt hat; die gegenwärtige Zeit hat begonnen, auf sie als auf ein für sie Vergangenes und Totes zurückzusehen; sie hat die »Menge der philosophischen Systeme« »hinter sich liegen«, so daß sie nur noch die »übrige Kollektion von Mumien und den allgemeinen Haufen der Zufälligkeiten« vergrößert (*Differenz des Fichteschen und Schellingschen Systems*, I, 39 f.). Dies also ist für Hegel geschehen; die Zeit, welche die Philosophie in Gedanken zu fassen hat, ist die eigene Epoche, weil diese für sich selbst nichts mehr mit der Einen Philosophie und mit dem gemein zu haben scheint, was diese in der Geschichte bisher bewahrte. Die Gegenwart hat sich aus der philosophischen Tradition emanzipiert; die Frage nach dem

Wesen der geschichtlich-politischen Gegenwart und ihrer Wahrheit wird in der Zeit und Stunde zur Frage der Metaphysik, in der die Kontinuität ihrer Geschichte und Überlieferung unterbrochen und fragwürdig geworden ist. So nimmt Hegel in der Gleichsetzung der Philosophie mit der Theorie ihrer Zeit das Problem der Emanzipation aus der geschichtlichen Herkunft auf. Aber die Radikalität ihrer Infragestellung kommt für ihn nicht nur in der geschichtlichen und gesellschaftlichen Emanzipation als solcher zur Erscheinung; die Größe der mit ihr verbundenen Gefahr zeigt sich erst darin, daß auch die »Subjektivität«, die sich religiös und philosophisch das Göttliche dadurch zu bewahren sucht, daß sie es aus der gottlos gewordenen Gegenwart in das Innere und in die Natur rettet, mit diesem Retten ihrerseits die Wahrheit des Göttlichen preisgibt und im Rückzug aus der gegenwärtigen Welt die Emanzipation anerkennt, so daß auch die subjektive Bewahrung für Hegel zu ihrer Erscheinung wird; als romantische Flucht aus der Wirklichkeit setzt sie voraus, daß das Göttliche die Macht über die objektive Realität verloren hat. Zwar ist es immer möglich gewesen, die Gegenwart des Seins gleichsam unbekümmert um die geschichtlich-politische Gegenwart unmittelbar in der Natur zu suchen und diese als seine Erscheinung zu ehren. Die Philosophie hat von jeher die Vernunft auch als die »ewige Harmonie« der Natur und als ihr »immanentes Gesetz und Wesen« begriffen (*R. Ph.* S. 7). Aber wenn dies heute geschieht, dann steht dahinter zugleich das ungelöste Problem der Zeit und ihrer geschichtlichen Emanzipation. Wie auf dem Rückzug sucht man jetzt, die gegenwärtige Vernunft in die Natur zu retten, um sie wie den »Stein der Weisen« nur irgendwo noch suchen zu können, weil Staat und Gesellschaft als die sittliche Welt nicht mehr »des Glücks genießen« sollen, »daß es die Vernunft ist, welche . . . in diesem Elemente sich zur Kraft und Gewalt gebracht habe, darin behaupte und inwohne« (7). So wird das Göttliche auf die Natur eingeschränkt, *weil* die politische Wirklichkeit aus seinem Zusammenhang herausgetreten ist, *weil* Staat und Gesellschaft »dem Zufall und der Willkür preisgegeben« und »gottverlassen« sein sollen und so die immer seiende Wahrheit »außer (sich)« haben (7). Diese Bereitschaft, die Lösung aus der geschichtlichen Herkunft anzuerkennen, wird so für Hegel das Zeichen, in dem die Gefahr der Emanzipation in ihrer ganzen Größe erscheint. Man beginnt, Gott in der Natur zu suchen; man will das Göttliche in die Natur retten, das die geschichtlich-politische Gegenwart von sich ausschließt. Die politische Umwälzung der Zeit hat den Sinn der metaphysischen Tradition und ihre Wahrheit in Frage gestellt; sie schickt sich an, sie zu vernichten. Aber das heißt für Hegel auch, daß die Philosophie vor die Frage gestellt ist, wie es sich hiermit verhalte. Geht in der Gegenwart mit dem Aufkommen der modernen Gesellschaft die alte Welt des Geistes und der geschichtlichen Herkunft zu Ende? Ist die Zeit dabei, ihre religiöse, sittliche, geistige Substanz aufzulösen und über sie wie über ein Vergangenes und historisch Gewordenes hinwegzugehen? Diesen Fragen kann die Philosophie nicht mehr ausweichen; es gibt keine Rettung durch Flucht in die Natur oder in die Innerlichkeit. »Einfache Hausmittel« helfen da nicht mehr, wo die »mehrtausendjährige Arbeit der Vernunft und ihres Verstandes« fragwürdig wird (9). Das Ausweichen vor dem gestellten Problem ist schon die Preisgabe. Daher bleibt allein der Weg offen, das Problem der Emanzipation in seiner ganzen Radikalität aufzunehmen; Hegel schlägt ihn ein, indem er die Hilfe der Einen Philosophie herbeiruft und ihre Theorie zur Theorie der Zeit und der sich in ihr vollziehenden Umwälzung macht.

II

3. Das Ereignis, um das sich bei Hegel alle Bestimmungen der Philosophie im Verhältnis zur Zeit, in Abwehr und Zugriff das Problem vorzeichnend, sammeln, ist die französische Revolution, und *es gibt keine zweite Philosophie, die so sehr und bis in ihre innersten Antriebe hinein Philosophie der Revolution ist wie die Hegels.*

Hegel ist 1770 geboren und 1831 gestorben. Er hat niemals auf die Revolution wie auf ein abgeschlossenes Geschehen vom Ufer einer gesicherten Welt zurücksehen können. Alles, was die Zeit von 1789 bis 1830 erfüllt, wird – in Hoffnung und Furcht – auch das eigene Geschick, in dem es zu stehen und zu bestehen gilt: die

Umwälzung in Frankreich selbst, ihre Ausstrahlung auf Europa und Deutschland, die Kriege Napoleons (die für Hegel immer Revolutionskriege waren), sein Zusammenbruch, die Versuche, den forttreibenden revolutionären Kräften die Wiederherstellung der alten Welt entgegenzusetzen, die Gärung der Zeit, in der nichts entschieden ist und alles offen, ungelöst, unausgetragen bleibt, bis hin zu dem neuen, von Hegel vorausgesehenen Umsturz von 1830. »Ich bin«, so schreibt er am 30. 10. 1819 an Creuzer, »gleich 50 Jahre alt, habe 30 davon in diesen ewig unruhvollen Zeiten des Fürchtens und Hoffens zugebracht und hoffte, es sei einmal mit dem Fürchten und Hoffen aus. Nun muß ich sehen, daß es immer fortwährt, ja, meint man in trüben Stunden, immer ärger wird« (*Br.* 359).

In diesem Hoffen und Fürchten lebt seine Philosophie von Anbeginn bis Ende. Die Schrift *Über die englische Reformbill*, die letzte Schrift von Hegels Hand überhaupt, schließt mit dem Hinweis darauf, daß Kräfte im Spiel sind, die dahin drängen könnten, »statt einer Reform eine Revolution herbeizuführen« (*Berliner Schriften* S. 506). Wo die Revolution in die Welt eintritt, so heißt es drei Jahrzehnte früher, da ist die Zeit aus der »ruhigen Genügsamkeit an dem Wirklichen« und der »geduldigen Ergebung« herausgerissen. Die Revolution ist das »Wanken der Dinge« (*Schr. z. Pol.* S. 150, 152). Im Verhältnis zu ihr muß die Philosophie, die an sich »etwas Einsames« ist, »auf die Geschichte des Tages« aufmerksam werden (an Zellmann, *Br.* 85 vom 23. 1. 1807).[10]

Was bedeutet das? Warum fordern die Revolution und die Ereignisse, die ihr folgen, die philosophische Theorie, die schweren Begriffe des Seins, des Absoluten, des Göttlichen, der sittlichen Substanz? Warum führt die Auseinandersetzung mit ihr schließlich zur metaphysischen Theorie des Staates, die Hegel dann den Verruf des Reaktionärs, des rückständig und überständig Gewordenen einbringt, Die Antwort auf diese Fragen macht es notwendig, erstens das Verhältnis zu bestimmen, in dem Hegel zur Revolution steht, um dann zweitens das Problem zu fassen, um dessen Austrag es in seiner Philosophie der Revolution zuletzt und eigentlich geht.

10 s. Exkurs V, hier S. 244 ff.

Die Begegnung mit der Revolution und der Enthusiasmus für sie in der Tübinger Zeit (1788-1793) stehen am Anfang des geistigen Weges Hegels. Von diesem Enthusiasmus ist alles ausgegangen; er stiftet die Freundschaft mit Hölderlin und mit Schelling. Wie »alle edlen Deutschen« wenden sich die Freunde damals dem »ächt philosophischen Schauspiel« zu (Rosenkranz a.a.O. S. 32). Noch in der Berner Zeit ist Hegel von dem Gedanken an die »Revolution in Deutschland« erfüllt; ihr habe auch die Philosophie zu dienen. Als »Zeichen der Zeit« solle sie der »Beweis« werden, daß »der Nimbus um die Häupter der Unterdrücker und Götter der Erde verschwindet«. Es gelte jetzt für die Philosophie, den Völkern ihre »Würde« zu zeigen, damit sie »ihre in den Staub erniedrigten Rechte nicht fordern, sondern selbst wieder annehmen, – sich aneignen« (an Schelling, *Br.* 11 vom 16. 4. 1795).[11]

Diese Leidenschaft der unmittelbaren Teilnahme und Fortführung beginnt etwa von 1795 an zurückzutreten. Die Erfahrungen des Terrors gehören fortan zum Bilde der Revolution. Schon die *Phänomenologie* (1807) behandelt sie unter dem Titel: *Die absolute Freiheit und der Schrecken* (V, 414). Sie ist die »Furie des Verschwindens« (418), zu ihr gehören der »platteste Tod«, »der keinen inneren Umfang und Erfüllung hat, ... ohne mehr Bedeutung als das Durchhauen eines Kohlhaupts oder ein Schluck Wassers« (418 f.), »ihre sich selbst zerstörende Wirklichkeit« (422), »der reine Schrecken des Negativen« (421). Das bleibt fortan gültig und kehrt immer wieder.

Diese Negativität der Revolution hat für Hegel unmittelbar die Folge, daß sie keine dauerhaften politischen Lösungen gefunden und herbeigeführt hat. Es hat sich gezeigt, so urteilt Hegel im letzten Jahr seines Lebens (*Philos. d. Gesch.* XI, 563), daß mit ihr »nichts Festes von Organisation« aufkommt. Die Verfassungen werden immer wieder geändert und lösen einander ab; noch jetzt, »nach vierzig Jahren von Kriegen und unermeßlicher Verwirrung«, wo »ein altes Herz sich freuen (könnte), ein Ende derselben und eine Befriedigung eintreten zu sehen«, ist »wieder ein Bruch geschehen, und die Regierung ist gestürzt worden« (562 f.). Wie die in die gleiche Zeit gehörige Schrift zur *Reformbill* mit

11 s. Exkurs VI, hier S. 246 f.

dem Ausblick auf die mögliche Fortdauer der Revolution schließt, so steht am Ende der *Philosophie der Geschichte* die Ungelöstheit aller durch die Revolution aufgeworfenen politischen Probleme: »So geht die Bewegung und Unruhe fort.« Das Problem der politischen Stabilisierung bleibt der »Knoten, ... an dem die Geschichte steht, und den sie in künftigen Zeiten zu lösen hat« (563). Es ist eine der wenigen Stellen, an denen Hegel überhaupt von der Zukunft spricht. Er tut es hier im Hinblick auf die ungelösten Probleme der durch die Revolution konstituierten Gesellschaft und ihrer politischen Ordnung.

Aber weder die Erfahrung des Terrors noch die kritische Einsicht in die Unfähigkeit der Revolution, zu positiven und stabilen politischen Lösungen zu kommen, haben Hegel zu ihrem Gegner machen können. Die positive Meisterung der politischen Probleme, die mit ihr in die Geschichte getreten sind, bleibt für ihn die Aufgabe, vor die die Zeit unabdingbar gestellt ist. Hegel hat immer die französische Revolution bejaht; es gibt nichts Eindeutigeres als diese Bejahung, und doch wird das übersehen, weil das Problem, das er in der Auseinandersetzung mit ihr austrägt, später aus dem Gesichtskreis der Zeit verschwindet; damit werden dann auch die Zusammenhänge bedeutungslos und gleichsam unsichtbar, in denen es sich entfaltet.

In demselben Abschnitt der *Phänomenologie*, der die Revolution unter den Begriff des Terrors stellt, hält Hegel zugleich ihre Notwendigkeit und das geschichtliche Recht fest, das sie unwiderstehlich machte: »Die ungetheilte Substanz der absoluten Freiheit erhebt sich auf den Thron der Welt, ohne daß irgendeine Macht ihr Widerstand zu leisten vermöchte« (V, 415). Diese Notwendigkeit ist ihr geschichtliches Recht, das bleibt für Hegel bestimmend. Noch in der *Geschichte der Philosophie* (zuerst 1805/6 in Jena, dann zweimal in Heidelberg und sechsmal in Berlin, zuletzt 1829/30 vorgetragen) werden die Gründe, die die Revolution ausgelöst haben, mit einer Leidenschaft der Parteinahme geschildert, die in nichts hinter der Empörung der Jugendzeit zurücksteht. Ihre Notwendigkeit ist der Widerspruch des entwickelten Gefühls der Freiheit zu den herrschenden »alten Institutionen«. In diesem Widerspruch sind sie substanzlos geworden; die Empörung mußte sich gegen sie erheben. Damit verhalten sich die Revolution und die sie vorbereitende Philosophie zwar »zerstörend«, aber was sie vernichten, war schon ein in sich Zerstörtes, der horrible Zustand der Gesellschaft, Elend, Niedertracht, ins Unglaubliche gehende Schamlosigkeit und Unrechtlichkeit, die Rechtlosigkeit der Individuen in Ansehung des Rechtlichen und des Politischen, des Gewissens, des Gedankens. Gegen dies ist der Sturm losgebrochen, notwendig und mit dem Recht der Vernunft, so daß Hegel die Männer, die ihn »mit ihrem großen Genie, Wärme, Feuer, Geist, Muth« vorbereiteten und entfachten, »heldenmüthig« nennt (vgl. *G. Ph.* XIX, 517). 1817 weist die Vorrede der *Enzyklopädie* auf die »jugendliche Lust der neuen Epoche« hin, »welche im Reiche der Wissenschaft wie in dem politischen aufgegangen ist«; sie wird als »Morgenröthe« mit »Taumel« begrüßt (VI, 8). Im gleichen emphatischen Ton nennt die *Philosophie der Geschichte* die Revolution einen »herrlichen Sonnenaufgang«: »Alle denkenden Wesen haben diese Epoche mitgefeiert. Eine erhabene Rührung hat in jener Zeit geherrscht, ein Enthusiasmus des Geistes hat die Welt durchschauert« (XI, 557 f.). So kehren von der Jugend an bis in die letzten Jahre eindeutig und eindringlich die Äußerungen des unbeirrten Festhaltens und Bejahens wieder. Hegel hat alle Jahre des Bastillesturms gedacht und seinen Tag feiernd geehrt, während zugleich – nicht weniger eindringlich – die Erfahrung für ihn bestehen bleibt, welche »die Gefahren und Fürchterlichkeiten« vor Augen hat (VI, 354).

So gehört in Hegels Verhältnis zur Revolution der Enthusiasmus für das, was mit ihr in die Geschichte getreten ist, mit dem Wissen um die Ungelöstheit ihrer Probleme und um die Notwendigkeit ihres Zusammenbruchs als »Tyrannei« zusammen. Die Revolution hat das Problem gestellt, das die Epoche auszutragen hat. In seiner Ungelöstheit treibt es die Frage hervor, warum es weder der Revolution selbst noch den revolutionären und restaurativen Versuchen der ihr folgenden Jahrzehnte gelingen konnte, zur politischen Stabilität zu kommen.

4. *Dies durch die Revolution gestellte und zugleich nicht gelöste Problem ist die politische Verwirklichung der Freiheit.* Die Revolution hat sie zum »Gedankenprinzip des Staates« erhoben und

in den »droits de l'homme et du citoyen« als »natürliches Recht« gesetzt. Deswegen vermochte das »alte Gerüste des Unrechts« ihr gegenüber keinen Widerstand zu leisten; in dem Prinzip der Freiheit als Recht liegt das Einmalige, das »Unerhörte« der Revolution: »Im Gedanken des Rechts ist ... jetzt eine Verfassung errichtet worden, und auf diesem Grunde sollte nunmehr Alles basirt seyn. So lange die Sonne am Firmamente steht und die Planeten um sie herum kreisen, war das nicht gesehen worden« (*Ph. G.* XI, 557).

So nimmt Hegel die Idee der Freiheit auf, wie das Volk sie zu seinem Panier erhoben hatte, und macht sie zum »Grundelemente« und zum »einzigen Stoffe« seiner Philosophie (E. Gans i. Vorw. z. *R. Ph.* VII, 7).[12] Aber das bedeutet auch, daß Hegel die Philosophie auf diese Weise zur Theorie der Zeit macht; sie erhält die Aufgabe, die politische Freiheit der Revolution in ihrem Wesen zu begreifen; der Grund soll philosophisch bestimmt werden, auf dem durch die Revolution »Alles basirt« wird.

a) Freiheit ist für Hegel philosophisch der Stand des Menschen, in dem er sein Menschsein verwirklichen und so er selbst sein und ein menschliches Leben führen kann. Sie wird damit von dem Stand des Menschen unterschieden, in dem es dem Menschen nicht freigestellt ist, er selbst zu sein, und in dem er so nicht in sich, sondern in einem anderen (wie der Sklave in seinem Herrn) sein Sein hat, das nicht das seine ist. Daher versteht Hegel Freiheit als das »Beisichselbstsein des Menschen«: »Das Bei-sich-selbst-seyn ... ist die Freiheit, denn wenn ich abhängig bin, so beziehe ich mich auf ein Anderes, das ich nicht bin; ... frei bin ich, wenn ich bei mir selbst bin« (*Ph. G.* XI, 44). Zur Freiheit als Beisichselbstsein gehört darum auch, daß der Mensch in der Welt »zu Hause« sein kann, daß sie nicht die fremde, sondern die seine ist (vgl. *R. Ph.* § 4 Zusatz, VII, 51). Sie gibt ihm Freiheit, wenn sie ihm frei gibt, das zu sein, was er als er selbst sein kann.

12 »Was fand aber der, welcher trotz dem Geschrei und seiner zischenden Verbreitung sich näherte und einging? Fand er nicht das ganze Werk aus dem einen Metalle der Freiheit errichtet, fand er irgendeinen widerstrebenden Zug, irgendeine rückgängige, in den heutigen Verhältnissen dem Mittelalter huldigende, und der Zeit etwa unzusagende Bewegung?« (E. Gans, Vorw. zur *R. Ph.* VII, 6 f.).

b) Mit diesen elementaren Bestimmungen nimmt Hegel den Begriff der Freiheit aus allen Zusammenhängen heraus, die ihn im Laufe der Jahrhunderte überlagert und überformt haben, und greift auf ihre klassische Definition zurück, die Aristoteles in der *Metaphysik* gegeben hat: »Frei ist der Mensch, der um seiner selbst willen, nicht um eines anderen willen ist«[13]. Freiheit ist danach für Aristoteles das Selbstseinkönnen des Menschen, und Hegel nimmt diesen Begriff auf. Das wird dann auch für seine Theorie der politischen Freiheit wichtig. Sie ist bei Aristoteles zunächst die für die Polis, die griechische Bürgerstadt konstitutive Rechtsform, durch welche die Teilnahme des Bürgers (πολίτης) an den politischen Entscheidungen der Stadt, an Verwaltung, Gesetzgebung und Rechtsprechung geregelt und gesichert wird. Aber diese Rechtsform ist nicht selbst wieder politisch begründet; sie hat vielmehr ihren Grund in der Freiheit des Menschseins selbst, weil dem, der frei und so Mensch ist, notwendig auch die Teilnahme am politischen Leben zukommt. Mit der Polis ist so für Aristoteles eine politische Ordnung in die Geschichte gekommen, welche das Selbstseinkönnen des Menschen voraussetzt und seine substantiale Freiheit und damit den Menschen als Menschen zu ihrem Subjekt hat. Daher schließt für ihn die Freiheit als politische Rechtsform auch die Zweckbestimmung der politischen Ordnung ein; sie hat dem Einzelnen die Freiheit des Selbstseins zu ermöglichen; er soll in der Stadt als er selbst leben und zu seiner menschlichen Bestimmung, zur εὐδαιμονία kommen können.[14]

c) Beides, die Begründung der politischen Freiheit als Recht in der substantialen Freiheit des Selbstseins und die hiermit gesetzte inhaltliche Bestimmung politischer Ordnungen durch den Zweck, die Verwirklichung des Menschseins und seiner Freiheit zu ermöglichen, übernimmt Hegel und macht sie für seine Auseinandersetzung mit der Freiheitsidee der französischen Revolution fruchtbar. Wenn man den »Formalismus« der politischen Auseinandersetzungen und Kämpfe durchbricht und nach dem »Gehalt«

13 Aristoteles, *Met*, I, 2; 982 b 25 f.: ἄνθρωπος . . . ἐλεύθερος ὁ αὑτοῦ ἕνεκα καὶ μὴ ἄλλου ὤν.

14 Vgl. J. Ritter, *Das bürgerliche Leben. Zur aristotelischen Theorie des Glücks* (in diesem Band S. 57 ff.).

der Revolution fragt[15], um inhaltlich zur Bestimmung zu bringen, worum es in allen Fragen der Verfassung, der staatlichen und rechtlichen Formgebung zuletzt geht, dann macht die philosophische Freiheitslehre die Antwort möglich: *Das Problem, das die Forderung politischer Freiheit durch die Revolution aufgeworfen hat, liegt darin, die Rechtsform der Freiheit zu finden und d. h. eine Rechtsordnung auszubilden, die der Freiheit des Selbstseins angemessen ist und ihr gerecht wird und es dem Einzelnen ermöglicht, er selbst zu sein und zu seiner menschlichen Bestimmung zu kommen.*

So wird die Philosophie für Hegel der Schlüssel, der ihm den Zugang zu der durch den faktischen Verlauf der Revolution und die aus ihr hervorgehende allgemeine Gärung der Zeit verschütteten und in Frage gestellten *positiven* Bedeutung der sich mit ihr vollziehenden Zeitwende aufschließt. Während die Revolution selbst und ihre Theorie sich in der Emanzipation aus allen vorgegebenen geschichtlichen Ordnungen konstituieren und sich so auch in der Entgegensetzung zur philosophischen Tradition bestimmen, wird für Hegel ihre Positivität gerade dadurch faßbar, daß er die substantiale Freiheit der Philosophie als den Grund begreift, auf dem durch sie »Alles basirt« wird.

Die Einheit von Freiheit und Menschsein ist für Hegel auch das Prinzip der Weltgeschichte; das hat den sehr genauen Sinn, daß Geschichte dann zur Weltgeschichte wird, wenn sie den Menschen im Sinn seines Menschseins zu ihrem Subjekt hat. Wo es den Menschen als Menschen nicht gibt, da gehört auch die Geschichte, so viel sie sonst bedeuten mag, nicht zur Weltgeschichte. Ihr Subjekt ist der Mensch als Mensch und damit die Menschheit. Weil aber das Menschsein des Menschen notwendigerweise die Freiheit einschließt, versteht Hegel die Weltgeschichte auch als die Geschichte, deren Prinzip die Freiheit ist und deren Verlauf ihre Entwicklung und Entfaltung zum Inhalt hat. Die Philosophie hat es so »mit dem Glanze der Idee zu thun, die sich in der Weltgeschichte spiegelt ... ihr Interesse ist, den Entwicklungsgang der

15 *Ph. G.* XI, 563: »Wir haben ... die französische Revolution als welthistorische zu betrachten, denn dem *Gehalte* nach ist diese Begebenheit welthistorisch, und der Kampf des *Formalismus* muß davon wohl unterschieden werden«.

sich verwirklichenden Idee zu erkennen, und zwar der Idee der Freiheit« (*Ph. G.* XI, 568 f.).

Als Geschichte des Menschen und der Freiheit beginnt für Hegel daher die Weltgeschichte mit der griechischen Polis, weil in ihr »erst das Bewußtseyn der Freiheit aufgegangen« ist. Aber zugleich gilt, daß die Griechen (und ebenso die Römer) nur wußten, daß »Einige frei sind, nicht der Mensch, als solcher«; sie hatten Sklaven, damit war ihre »schöne Freiheit« nur eine »zufällige, vergängliche und beschränkte Blume«. Zur ihr gehörte noch die »harte Knechtschaft des Menschlichen, des Humanen« (45). Erst das Christentum hat das Bewußtsein gebracht, daß der Mensch als Mensch frei ist und daß so alle als frei zu gelten haben und daß Freiheit des Menschen »eigenste Natur« ist. Durch das Christentum wird daher die Freiheit uneingeschränkt mit dem Menschsein identifiziert und die Geschichte der europäischen Völker wird actu zur Weltgeschichte, sofern sich ihre partikulare Geschichte mit dem Christentum zur Geschichte des Menschen und seiner Freiheit erweitert.

Es gibt kaum einen Zusammenhang in der Philosophie Hegels, der so sehr wie die Theorie der Weltgeschichte mißverstanden und als bloße Spekulation abgetan worden ist, seitdem für die historische Wissenschaft der Begriff der Weltgeschichte jeden inhaltlichen Sinn verloren hat und zum bloßen Sammelbegriff für alle bekanntgewordenen Kulturen und Völkergeschichten geworden ist. Für Hegel selbst aber ist er in einem sehr unmittelbaren und grundsätzlichen Sinn mit der Theorie der eigenen Zeit und der Revolution verbunden.[16] Das Weltgeschichtliche der europäischen Geschichte ist die Freiheit des Menschseins, das bedeutet aber, daß *die Revolution selber*, indem sie die Freiheit zu dem Grund macht, auf dem alle Rechtssatzung basiert wird, *positiv als Epoche der europäischen Weltgeschichte und ihrer Freiheit des Menschseins gelten muß*. Hegel nennt sie daher ihrem »Gehalte nach ... welthistorisch« (563) und spricht von ihr als »welthistorische Wende«, als »Weltzustand« und als »Epoche der Weltgeschichte« (vgl. z. B.: *G. Ph.* XIX, 511). Das hat den genauen Sinn, daß die Revolution, und zwar im Widerspruch zu ihrer emanzipativen und den Zusammenhang mit der Geschichte der

16 s. Exkurs VII, hier S. 247 f.

Herkunft ausschließenden Selbstbestimmung geschichtlich als das Ereignis gelten muß, durch das die »schwere lange Arbeit« der Weltgeschichte, den weltlichen Zustand mit der Freiheit des Menschseins zu durchdringen (vgl. *Ph. G.* XI, 45), nicht nur fortgesetzt, sondern im politischen Sinn zum Abschluß gebracht wird. Während am Anfang der Weltgeschichte der Bürger der antiken bürgerlichen Gesellschaft politisch und rechtlich den Sklaven und Unfreien neben sich hat, *wird in der französischen Revolution zum ersten Male die politische Freiheit als Recht und damit das Selbstseinkönnen des Menschen universal und im Verhältnis zu allen Menschen zum Prinzip und zum Zweck der Gesellschaft und des Staates erhoben.* Erst durch sie wird so der Mensch uneingeschränkt zum Subjekt der politischen Ordnung, sofern und »weil er Mensch ist, nicht weil er Jude, Katholik, Protestant, Deutscher, Italiener u. s. f. ist« (*R. Ph.* § 209, vgl. u. S. 43).

5. Im unmittelbaren Verhältnis zu diesem positiven welthistorischen Gehalt der Revolution wird dann für Hegel die Auseinandersetzung mit ihrer emanzipativen Selbstbestimmung notwendig. Aber zunächst folgt aus der Einsicht in ihren welthistorischen Sinn, daß es politisch keine Möglichkeit mehr gibt, hinter die Revolution und das von ihr Erreichte zurückzugehen. *Jede gegenwärtige und künftige Rechts- und Staatsordnung muß von dem universalen Freiheitsprinzip der Revolution ausgehen und es voraussetzen.* Demgegenüber verlieren alle Vorbehalte gegen ihren Formalismus und ihre Abstraktheit an Gewicht. Nachdem in der alten Welt die Polis und mit ihr das Menschsein als Rechtsprinzip (wenn auch in der Beschränkung auf den Bürger und in der Ausschaltung des Sklaven) in die Geschichte getreten waren, mußten alle Staats- und Rechtsformen, die ihm nicht entsprachen, für die politische Theorie unwesentlich werden. Platon und Aristoteles gründen daher die politische Philosophie allein auf die Polis. Wo Recht zum Recht des Menschen geworden ist, da kann Recht, das nicht Recht des Menschen ist, nur noch in homonymem Sinn »Recht« genannt werden. Dasselbe gilt für die französische Revolution. Nachdem sie die Freiheit für alle als Menschen zum Rechtsprinzip erhoben hat, verlieren für Hegel geschichtlich wie sachlich alle Institutionen und positiven Rechte, die ihm wider-

sprechen, mit geschichtlicher Notwendigkeit jeden legitimen Anspruch auf Geltung. Die für die europäische Weltgeschichte konstitutive Freiheit ist durch die Revolution zum Prinzip aller staatlichen und rechtlichen Ordnung erhoben worden. Es ist nicht mehr möglich, hinter dieses Prinzip zurückzugehen. Recht – jetzt prinzipiell Menschenrecht – hat die Allgemeinheit der Gattung erreicht; das kann nicht wieder eingeschränkt werden, ohne daß dies zum Widerspruch gegen das Menschsein des Menschen und damit gegen das nunmehr gewonnene universale Prinzip aller Rechtssatzung führt.

In den politischen Abhandlungen (*Über die neuesten inneren Verhältnisse Württembergs, besonders über die Gebrechen der Magistratsverfassung 1798*, Verfassung Deutschlands von 1800/3, die 1817 in den *Heidelberger Jahrbüchern* veröffentlichte kritische Auseinandersetzung mit den Verhandlungen der Landstände des Königreichs Württemberg im Jahre 1815 und 1816, schließlich die Schrift zur englischen *Reformbill* von 1830), in seinen Briefen und auch sonst hat sich Hegel in der Erörterung konkreter politischer Verhältnisse und Ereignisse darum auch immer wieder, bisweilen leidenschaftlich, mit der politischen Restauration auseinandergesetzt. Bei der Veränderung, die eingetreten ist, ist die eigentliche Gefahr, zumal in Deutschland, die Passivität, beim »Gefühl eines Wankens der Dinge sonst nichts tun, als getrost und blind den Zusammensturz des alten, überall angebrochenen, in seinen Wurzeln angegriffnen Gebäudes zu erwarten und sich von dem einstürzenden Gebälke zerschmettern zu lassen« (*Schr. z. Pol.* S. 152). Während sich aber in der Öffentlichkeit dies »farb- und geschmacklose Mittelwesen« hält, welches »nichts so arg und nichts so gut werden läßt« (an Niethammer, *Br.* 255 vom 23. 11. 1815) – Ausdruck der »Nullität und Unwirklichkeit des öffentlichen Lebens« (*Ständeschrift*, VI, 356) und der »politischen Erstorbenheit« (ibid.) –[17], geht unerkannt der Weltgeist seinen Gang fort und hat »der Zeit das Kommandowort zu avancieren gegeben« (an Niethammer, *Br.* 271 vom 5. 7. 1816, vgl. *G. Ph.* XIX, 266). Dazu gehört, daß alle alten geschichtlichen, durch Überlieferung und Gewohnheit geheiligten Einrichtungen in Fluß geraten. »Wir stehen«, so heißt es am Schluß der

17 s. Exkurs VIII, hier S. 248 ff.

1806 in Jena gehaltenen Vorlesung zur spekulativen Philosophie (*Dok.* 352), »in einer wichtigen Zeitepoche, einer Gärung, wo der Geist einen Ruck getan, über seine vorige Gestalt hinausgekommen ist und eine neue gewinnt«. Wo dies geschieht, da löst sich »die ganze Masse der bisherigen Vorstellungen, Begriffe, die Bande der Welt« auf, sie »fallen wie ein Traumbild in sich zusammen« (ibid.). Das ist die Erfahrung der Zeit. Die letzten 25 Jahre haben sich als der »furchtbare Mörser« erwiesen, in dem die »falschen Rechtsbegriffe und Vorurteile über Staatsverfassungen« zerstampft worden sind (1817, *Ständeschrift*, VI, 396). Wo sich so ein »neuer Hervorgang des Geistes« (*Dok.* 352) vorbereitet, da wird es daher die Aufgabe der Philosophie, seine neue Erscheinung »zu begrüßen und ihn zu erkennen, während Andere, ihm unmächtig widerstehend, am Vergangenen kleben« (ibid., vgl. *Ph. G.* XI, 270 f.).

So steht Hegel grundsätzlich und in unmittelbarem Zusammenhang mit seiner Überzeugung, daß in der Revolution sich die bleibende weltgeschichtliche Substanz zu gegenwärtiger politischer Verwirklichung bringt, allen Versuchen der Restauration als einem »unmächtigen Widerstehen« gegenüber.[18] Sie sind grundsätzlich im Unrecht, weil und sofern sie die Wiederherstellung von Institutionen und positiven Rechten betreiben, die dem durch die Revolution gesetzten Prinzip der Freiheit aller als Recht widerstreiten. Denn geschichtliches Recht verliert auch dann, wenn sich in ihm »die Gerechtigkeit und Gewalt, die Weisheit und die Tapferkeit verflossener Zeiten, die Ehre und das Blut, das Wohlsein und die Not längst verwester Geschlechter

18 Th. Schieder hat darauf hingewiesen, daß die Träger der politischen Restauration Metternich, de Maistre, v. Haller u. a. die Revolution nicht wie Hegel als Erscheinung einer objektiven geschichtlichen Krise, sondern als Folge einer Verschwörung und Vergiftung der Gesellschaft gesehen haben (*Das Problem der Revolution im 19. Jahrhundert*, Hist. Zs. 170, 1950, S. 243 f.). In ähnlichem Sinne auch Vaughan (a.a.O. II, 178): Während Burke die Revolution in blindem Haß auffasse, halte sich Hegel von solcher Leidenschaft frei, »which distorted by vision of Burke«.
Zur Philosophie der Restauration vgl. R. Spaemann, *De Bonald und die Philosophie der Restauration*, Diss. Münster 1952 (unter dem Titel: *Der Ursprung der Soziologie aus dem Geiste der Restauration. Studien über L. G. A. de Bonald*, München 1959).

und mit ihnen untergegangener Sitten und Verhältnisse ... ausgedrückt« hat (Verfassung Deutschlands, *Schr. z. Pol.* S. 7), seine Gültigkeit, wenn es im Widerspruch zu dem Leben steht, das »itzt in ihm wohnt« (ibid.). Geschichtliches Alter ist daher für Hegel grundsätzlich kein Prinzip, das Recht begründen oder seine Erhaltung rechtfertigen kann: *»Hundertjähriges und wirkliches positives Recht«* geht *»mit Recht zu Grunde«*, *»wenn die Basis wegfällt, welche die Bedingung seiner Existenz ist«* (*Ständeschrift*, VI, 397). Wird aber solches positives Recht gleichwohl festgehalten oder wiederhergestellt, so kommt es zum Widerspruch zwischen »Formalität und Realität«, und das führt notwendig zum politischen »Nichtsein« der Realität (Verfassung Deutschlands, *Schr. z. Pol.* S. 59). Die ungelösten Probleme der Gegenwart werden im scheinbaren Fortbestehen der alten Formen, während die »Sache nicht mehr« ist und »unwiderruflich nicht mehr« sein kann (*Ständeschrift*, VI, 354), *im Schein geschichtlicher Kontinuität* zum Verschwinden gebracht – sie treiben anarchisch im Grunde fort; es wird verhindert, daß sich die »itzige Lebendigkeit« in Gesetze faßt (vgl. Verf. D.'s, *Schr. z. Pol.* S. 7). Solches Erhalten und Wiederherstellen nennt Hegel daher einen »Betrug« (*Ständeschrift*, VI, 354). Demgegenüber hat die Philosophie die Einsichten zu vermitteln, die eine Entscheidung darüber möglich machen können, was haltbar und was unhaltbar ist; die rechte Unterscheidung zwischen dem, was rechtens vergangen ist, und dem, was bewahrt werden kann, muß als die einzige Gerechtigkeit und Macht gelten, »die das Wankende mit Ehre und Ruhe vollends wegschaffen und einen gesicherten Zustand hervorbringen kann« (Magistratsverfassung, *Schr. z. Pol.* S. 151).

Was diese zuerst in der Magistratsschrift (1798) formulierte Unterscheidung des Haltbaren von dem, was unhaltbar geworden ist, fernerhin für Hegels Auseinandersetzung mit der Restauration bedeutet, zeigt sich dann mit besonderer Eindringlichkeit in der *Ständeschrift* von 1817.[19] In Württemberg hatten die Stände das Angebot einer Verfassung durch den König abgelehnt; mit

19 Die Vorgänge in Württemberg, auf die sich die »Ständeschrift« bezieht, sind im einzelnen von Rosenzweig (a.a.O. II, 33 ff.) dargestellt worden.
Vgl. ferner E. Hölzle, *Das alte Recht und die Revolution* (1784-1815), Mün-

dieser Ablehnung setzt sich Hegel in dieser Schrift auseinander und nimmt in ihr für den König gegen die Stände Partei; selbst ein so naher Freund wie Niethammer hat darin eine schwer begreifliche reaktionäre Stellungnahme Hegels gesehen.[20] Aber die wahre Sachlage ist anders. Die Ständeversammlung hätte die vom König angebotene Verfassung durchaus mit der Begründung als ungenügend kritisieren oder ablehnen können, daß »sie dem Rechte, welches Untertanen aus dem ewigen Rechte der Vernunft für sich in der Staatsverfassung fordern können, entgegen sei« (VI, 385). Sie hätten sich dann auf den Boden des »modernen« Prinzips gestellt und mit dem König um die Frage seiner politischen und verfassungsrechtlichen Verwirklichung verhandelt. Aber das ist nicht geschehen, sondern die Stände haben die königliche Verfassung verworfen, »weil sie nicht die altwürtembergische Verfassung« und so »nicht das bloße Wiederherstellen und Wiederaufleben des Alten« war (385). Hierin liegt der »Grundirrthum« der Stände (394); es hat sich gezeigt, daß sie als bloße »Altrechtler« verhandeln; nicht sie, sondern der König vertritt daher das moderne Prinzip; darin liegt das »verkehrte Schauspiel«, das diese Verhandlungen in Württemberg für Hegel bieten. Während der König »seine Verfassung in das Gebiet des vernünftigen Staatsrechts« stellt und so von dem modernen Prinzip ausgeht, »(werfen sich) die Landstände ... dagegen zu Ver-

chen 1931; ders., *König Friedrich von Württemberg*, in: Württ. Vjhefte f. Landesgesch., N. F. 36.

20 Brief Niethammers vom 27. 12. 1817 (*Br.* 327): »Ich möchte wetten, daß Sie Ihre Rezension nicht schrieben, wenn Sie so wie ich im Fall gewesen wären, diese herrschenden Vernunften von Angesicht zu Angesicht zu sehen! Deshalb ist mein Dank jedoch für diese Rezension nicht weniger aufrichtig. Das Mindeste, was ich darüber zu sagen weiß, ist, daß sie eine schlimme Sache geistreich führt«. In seinem Antwortschreiben vom 31. 1. 1818 rechtfertigt Hegel seine »Bescherung an unsere Väter des Volks« mit der für seine grundsätzliche Haltung kennzeichnenden Bemerkung, daß er keine schlimmere Sache kenne als die, »wenn man eine gute, ja die edelste durch Unverstand zu einer schlimmen verkehrt« (*Br.* 329).

Übrigens hatte Haym dieser Schrift »eigennützige Motive« unterschoben; Hegel habe sich durch sie als Anwärter für das Tübinger Kanzleramt empfehlen wollen. Haym hat diesen Vorwurf dann später in den *Erinnerungen aus meinem Leben*, Berlin 1902, S. 257 zurückgenommen (vgl. hierzu Hoffmeister, Anm. 4 zu *Br.* 327, Bd. II, S. 423).

theidigern des Positiven und der Privilegien auf« (396). Diese Stellungnahme der Württembergischen Landstände ist beispielhaft für das, *was Restauration politisch für Hegel bedeutet und ist: das »Extrem des steifen Beharrens auf dem positiven Staatsrechte eines verschwundenen Zustandes«* (395) *und damit das bloße »Widerspiel von dem, was vor fünfundzwanzig Jahren in einem benachbarten Reiche begann, und was damals in allen Geistern wiedergeklungen hat, daß nämlich in einer Staatsverfassung nichts als gültig anerkannt werden solle, als was nach dem Recht der Vernunft anzuerkennen sey«* (395). Politische Restauration ist so für Hegel die bloße Antithese zur Revolution; sie spielt ohne Beziehung zum geschichtlichen Prinzip der Gegenwart gegen sie das Vergangene aus und macht dies damit selbst zu einer leeren Form, die geschichtlich keinerlei realen Inhalt mehr hat. Hegel hat deshalb gegen die württembergischen Stände die schärfsten Worte verwandt: sie »dreschen leeres Stroh« (397); sie handeln wie ein Kaufmann, »der auf ein Schiff hin, das sein Vermögen enthielt, das aber durch den Sturm zu Grunde gegangen ist, noch dieselbe Lebensart fortsetzen und denselben Kredit von Anderen darauf fordern wollte« (394). Sie haben »nichts vergessen und nichts gelernt«; die große Erfahrung der Zeit ist für sie umsonst gewesen; sie haben die letzten 25 Jahre »verschlafen«, »die reichsten wohl, welche die Weltgeschichte gehabt hat, und die für uns lehrreichsten, weil ihnen unsere Welt und unsere Vorstellungen angehören« (396). Damit zeigt sich in Hegels Auseinandersetzung mit dem falschen Wiederherstellen, was seine weltgeschichtliche Deutung der Revolution positiv bedeutet; mit der Erhebung der Freiheit zum universalen Prinzip des Rechts hat sie die Zeit vor die Aufgabe gestellt, die Idee politisch zum Inhalt des Rechts und des Staates zu machen, die von Anbeginn Prinzip und Sinn der europäischen Weltgeschichte ist. *Nicht die Restauration, sondern die Revolution vertritt daher das Prinzip der europäischen Geschichte. Darum leidet die politische Restauration an einem inneren Widerspruch; ihre Verkehrtheit besteht darin, daß sie sich antithetisch dem gegenwärtigen Prinzip entgegenstellt und so die geschichtliche Substanz selbst verneint, die sie doch bewahren und wiederherstellen will.* Das verstrickt sie mit Notwendigkeit in einen leeren Formalismus und verurteilt sie zuletzt auch zu politischer Ohnmacht gegenüber den wirklichen Problemen der Zeit, die damit ungelöst bleiben.

Die restaurative falsche Bewahrung ist daher für Hegel die eigentliche Gefahr der Zeit; die Auseinandersetzung mit ihr hat ihn Zeit seines Lebens nicht losgelassen, und so nimmt er sie 1830 in seiner letzten Schrift, nun in der Erörterung der englischen Verhältnisse und der Versuche, durch eine Reform des Parlaments zu einer stabileren Ordnung zu kommen, noch einmal auf *(Über die englische Reformbill)*.[21] Die Engländer besitzen eine von vielen bewunderte moderne politische Verfassung, sie mühen sich um die Reform und Besserung ihres Parlamentssystems. Aber zugleich ignorieren auch sie die gewandelten gesellschaftlichen Verhältnisse und halten an überholten feudalen Vorrechten, Privilegien und positiven Rechten fest und nehmen dabei die aus den Widersprüchen zur Realität resultierenden Erscheinungen der Korruption in Kauf. Wo dies geschieht, sind aber notwendig alle politischen Formänderungen zur Wirkungslosigkeit verurteilt, wenn nicht zuvor die Tendenz überwunden wird, »den alten Glauben an die Güte einer Institution noch immer festzuhalten, wenn auch der davon abhängende Zustand ganz verdor-

21 Die Schrift erschien zunächst in der offiziellen preußischen Staatszeitung in Fortsetzungen (26., 27. u. 29. 4.), dann wurde aber ihre weitere Veröffentlichung, wohl auf unmittelbares Betreiben des Königs, abgebrochen; vgl. hierzu Lasson in der Vorrede zu seiner Ausgabe der Politischen Schriften ([2]1923, S. XXVI), ferner Rosenzweig (a.a.O. II, 225 ff.). Hegel hat sich seit Bern immer wieder mit den politischen Verhältnissen und Institutionen Englands befaßt; darüber unterrichtet H. Höhne, *Hegel und England*, in: Kant-Studien XXXVI, S. 301-326.
1830 hatte die Opposition in England unter dem unmittelbaren Eindruck der Juli-Revolution einen Wahlsieg errungen, der zu dem Sturz des Tory-Kabinetts Wellington führte; damit war der Weg für die Reformversuche freigegeben, auf deren Verlauf sich Hegels Schrift bezieht. Zu dem Gang, den die Dinge im einzelnen genommen haben, vgl. Rosenzweig (a.a.O. II, 225 ff.), ferner G. M. Trevelyan, *History of England*, London [3]1945/47, p. 630 ff.... T. schildert vor allem die sozialen Krisenerscheinungen, die zur Reform drängen; vgl. auch B. Guttmann, *England im Zeitalter der bürgerlichen Reform*, Stuttgart [2]1949 (v. a. S. 382 ff.); von ihm wird die Hegelsche Schrift sehr negativ beurteilt und als eine »durch hochfahrendes Unverständnis unerfreuliche Abhandlung« abgetan, »die ... die höhere Vernunft für den autoritären deutschen Typus in Anspruch« nehme (a.a.O. S. 437).

ben ist« (*Berl. Schr.* S. 466). Der »grelle Widerstreit« zwischen den herrschenden positiven Rechten und dem, wie sich die wirklichen gesellschaftlichen Verhältnisse der Bevölkerung, des Reichtums, der Interessen in neueren Zeiten gestellt haben (467), ist der »Krebsschaden« (479), an dem England politisch leidet; er hat dazu geführt, daß es in den »Institutionen wahrhaften Rechts hinter den andern zivilisierten Staaten Europas« auffallend zurückgeblieben ist (469). Dieser Widerspruch zwischen der Formalität des positiven Rechts und der mit ihr nicht identischen Realität ist so wie überall auch hier das Problem, um dessen Lösung es in der »Anwendung und Einführung der vernünftigen Grundsätze in das wirkliche Leben« gehen müßte (vgl. 500), wenn nicht statt tragfähiger Reformen die Fortdauer der Revolutionen das Ende sein soll.

So geht es Hegel philosophisch wie politisch bis zuletzt darum, das revolutionäre Prinzip der Freiheit als Recht aus dem politischen Kampf herauszuholen und vor der Überflutung durch den Strom der Ereignisse in der Gärung der Zeit sicherzustellen. Die Staatslehre von 1821 nimmt es auf und setzt es als den Gedanken und die Vernunft der Gegenwart voraus. Wo Freiheit zum Rechtsgrund wird, da muß der Staat als »die Wirklichkeit der konkreten Freiheit« (*R. Ph.* § 260) begriffen werden. Er wird Rechtsstaat und existiert als dieser, wenn die Individuen als Menschen sie selbst sein können und »die persönliche Einzelnheit« mit ihren besonderen Interessen in Familie und Gesellschaft »die Anerkennung ihres Rechts für sich« hat (§ 260). Die »substantiale Freiheit« wird so zum einzigen Grund und Zweck der Staatsmacht gesetzt. Damit werden für Hegel auch alle bisherigen Begründungen des Staates aufgehoben und korrigiert. Es ist nicht mehr möglich, ihn auf einen »Socialitätstrieb«, auf das »Bedürfniß der Sicherheit des Eigenthums ... der Frömmigkeit« oder auf eine »göttliche Einsetzung der Obrigkeit« zurückzuführen (XI, 556). Über alle diese Begründungsmöglichkeiten hat das Gedankenprinzip der Revolution hinausgeführt; sie sind in ihrer Idee der Freiheit als Recht aufgehoben worden.

So dringt die Philosophie durch die Schale der Erscheinungen zu dem Kern vor, dessen Schale sie sind; sie bringt aus der Zeit selber das Prinzip hervor, das im Grunde des Tageskampfes, des

Widerstreits der Meinungen und im Gegensatz von Revolution und Restauration treibt und geschichtlich Gestalt werden will.

III

6. Hegels Auseinandersetzung mit der französischen Revolution kommt in der *Rechtsphilosophie* zum Abschluß, und dieser Abschluß besteht darin, daß ihre Staatslehre das Freiheitsprinzip der Revolution aufnimmt und es als die Voraussetzung aller künftigen rechtlichen und politischen Ordnungen versteht. Der jugendliche Enthusiasmus für die Revolution, der bei Hegel am Anfang des philosophischen Weges steht, geht in seine Philosophie selbst ein und wirkt in ihrer ausgereiften Gestalt lebendig fort. Seine Philosophie bleibt in dem genauen Sinn Philosophie der Revolution, daß sie von ihr ausgeht und bis zuletzt aus ihr lebt. Es gibt nichts in Hegels geistiger Entwicklung, was sie mehr kennzeichnet als dieses positive Verhältnis zur Revolution; es bestimmt ihr Ende wie ihren Anfang.

Aber zu ihm gehört nicht nur die Abwehr aller restaurativen Tendenzen, sondern ebenso und nicht weniger eindeutig die Kritik an der Revolution selbst, die grundsätzliche Einsicht in ihre Unfähigkeit, zu tragfähigen Verfassungen zu kommen und beständige, standfeste politische und rechtliche Ordnungen herbeizuführen, so daß es aussehen kann, als geriete Hegel auf seinem Wege gleichsam zwischen die Fronten, die sich in Frankreich, in Deutschland und sonst in Europa als unmittelbare Folge der revolutionären Bewegung formieren. Aber in diesem äußeren Zwischen kommt das innere Anliegen der Hegelschen Philosophie in ihrem Verhältnis zur Revolution zur Erscheinung. Das perennierende Forttreiben der Revolution und die sich ihr entgegensetzende Wiederherstellung des Alten gehören für Hegel zusammen. In ihrer Entgegensetzung erscheint die Abstraktheit der Revolution. Nicht zwei Prinzipien, zwei selbständige geschichtliche Welten treten nach der Revolution erneut gegeneinander, sondern die Restauration ist selber das – wesentlich nachrevolutionäre – Erzeugnis der Revolution. Die Restauration ist darin begründet, daß die Revolution in der Setzung der universalen, auf den Menschen als Menschen bezogenen Freiheit zugleich den Widerspruch in sich trägt, daß sie die geschichtlichen Substanzen des menschlichen Daseins von sich ausschließt und ihre Verneinung ist.[22]

In der gleichen Zeit, in der Hegel in Bern und in Frankfurt in einer ihn selbst von den Freunden isolierenden Sammlung seine philosophische Position vom Enthusiasmus zur Theorie der Revolution fortschreitend ausbildet, bringt Novalis die (bis heute in der romantischen Opposition gegen die moderne Welt fortwirkende) Abhandlung *Die Christenheit oder Europa* (1799) zum Abschluß. Sie hat die Form einer historischen Studie, die sich suchend dem Mittelalter als der vormodernen Welt zuwendet. Indem sie es aber als die »schönen, glänzenden Zeiten« feiert, »wo Europa ein christliches Land war« (*WW* Wasmuth I, 279), wird in der Entgegensetzung zu ihm die Gegenwart als Verlust des schönen Lebens bestimmt. Es geht mit der neuen Zeit zu Ende. Das Heilige wird entfernt, die Musik des Weltalls verstummt, die Religion verliert ihren politischen, friedestiftenden Einfluß; die Revolution zerreißt endgültig das Band, das einst das »Eine Oberhaupt«, die »zahlreiche Zunft«, die »schönen Versammlungen in den geheimnisvollen Kirchen« miteinander verknüpfte (279 f.). Mit der neuen Zeit und in ihrer Revolution ist das Ende der Christenheit politische Realität und das Schicksal der Zeit geworden. Ihr »neuer Glaube« ist »rastlos beschäftigt, die Natur, den Erdboden, die menschlichen Seelen und die Wissenschaften von der Poesie zu säubern, – jede Spur des Heiligen zu vertilgen« (291).[23]

22 Ähnlich wie Hegel hat Goethe das »Geschichtsbewußtsein der Romantik« und ihre »Polemik gegen die Neuzeit« als Antithese des »neuzeitlichen Fortschrittsoptimismus« der französischen Revolution und des Liberalismus verstanden, beide galten daher auch ihm als »durchaus wesensverwandt oder gar wesensgleich«, vgl. Kl. Ziegler, *Zu Goethes Deutung der Geschichte*, DVj. f. Lit.wiss. u. Geistesgesch. XXX, 1956 (Kluckhohn-Festschrift) S. 262. Vgl. ferner H. J. Schrimpf, *Das Weltbild des späten Goethe, Überlieferung und Bewahrung in Goethes Alterswerk*, Stuttgart 1956, besonders S. 126 ff., S. 183 ff., S. 251 ff., S. 294 ff.; Cl. Heselhaus, *Zur Idee der Wiederherstellung*, DVj. XXI, 1951, S. 54 ff.; Sengle, *Voraussetzungen und Erscheinungen der deutschen Restaurationsliteratur*, DVj. XXX, 1956, S. 268 ff.

23 s. Exkurs IX, hier S. 250 f.

Als Hegel drei Jahrzehnte später die *Philosophie der Geschichte* und in ihrem Zusammenhang die Deutung der Revolution als Epoche im weltgeschichtlichen Gang der Idee zum letzten Mal vortrug, beginnt in Frankreich Comtes *Positive Philosophie* zu erscheinen (1830). Das »Dreistadiengesetz« wird als das große Axiom des Fortschritts formuliert. Mit der modernen Gesellschaft und Wissenschaft werden Theologie und Metaphysik und die durch sie getragenen »Stadien« der Menschheitsentwicklung zur historischen Vergangenheit. Der zu sich selber gekommene und von ihrer Herrschaft befreite Mensch schreitet zur Vollendung der Menschheit durch die moderne Wissenschaft und Gesellschaft fort und läßt die bisherige Geschichte und ihre Tradition als tote, historisch gewordene Vergangenheit hinter sich zurück.[24]

Hegel hat weder Comtes These noch die romantische Poetisierung des Mittelalters durch Novalis gekannt, aber die Tendenz, die bei beiden philosophisch Gestalt gewinnt, die romantische Wiederherstellung des Alten und seine Überwindung im Fortschritt, ist typisch für das Verhältnis, in das die Welt der geschichtlichen Herkunft und die neue Zeit mit ihrer Zukunft des Fortschritts zueinander geraten. Sie treten auseinander; die geschichtliche Kontinuität zerreißt; die neue Zeit wird zum Ende der bisherigen Geschichte; Novalis versteht sie als Untergang der geschichtlichen Substanz, Comte als Befreiung des Menschen aus ihr.

Erst damit wird verständlich, was es bedeutet, daß Hegel die Freiheit der Revolution als die gegenwärtige, universal gewordene Form der ursprünglichen metaphysischen Freiheit des Selbstseins versteht und so die Revolution selbst als welthistorischen Stand und als Epoche der Einen Weltgeschichte begreift, deren Prinzip in der Tradition der Einen Philosophie gewußt und geistig bewahrt wird. Die philosophische Theorie, die äußerlich als das Fortspinnen und Ausspinnen der Spekulation, als die innere Entfaltung des philosophischen Gedankens zum System erscheinen kann, erweist sich als der *Austrag des durch die Revolution gestellten Problems, daß die Kontinuität der Weltgeschichte für sie selber wie für ihren restaurativen Gegner nicht*

24 s. Exkurs X, hier S. 251 f.

mehr besteht und zerbrochen ist. Was mit der neuen Zeit und mit der Revolution heraufkommt, ist für beide das Ende der bisherigen Geschichte; die Zukunft ist ohne Beziehung zur Herkunft. Das Problem dieser geschichtlichen Diskontinuität nimmt Hegels Theorie auf; sie stellt die Frage, was die für die Revolution selbst wie für ihre Gegner in gleicher Weise entscheidende Deutung der Gegenwart als Ende der Geschichte bedeutet und was ihr zugrunde liegt und sie hervortreibt. Aber Hegel schlägt sich nicht auf die eine oder andere Seite, sondern faßt das Problem dieser weltgeschichtlichen Diskontinuität in seiner ganzen Radikalität. Die romantisch restaurative Verneinung der neuen Zeit und ihrer Revolution und die revolutionäre Emanzipation aus der Herkunftsgeschichte gehören zusammen; sie haben den gleichen Grund. Beiden ist der »Atheismus der sittlichen Welt« (*R. Ph.* S. 7) gemeinsam; während für die revolutionäre Theorie und ihre Nachfolger die Gegenwart das Ende der alten Welt und die Befreiung der Menschen von den »irreal« gewordenen Mächten der Religion und der Metaphysik bedeutet, erscheint auf der anderen Seite dies gleicherweise anerkannte Ende der Herkunftsgeschichte als Entgötterung der Welt, als Verlust des Wahren, Heiligen und Schönen, als Untergang des Menschseins des Menschen selbst. *Die revolutionäre Verneinung der Vergangenheit und die restaurative Verneinung der Gegenwart sind daher in der Voraussetzung der geschichtlichen Diskontinuität von Herkunft und Zukunft identisch, und diese Diskontinuität wird so für Hegel zu dem entscheidenden Problem der Zeit; es treibt ungelöst in allen ihren Spannungen und Gegensätzen.* Er nimmt es auf und trägt es philosophisch aus, indem er damit seine Philosophie selbst – fast mit Notwendigkeit – der doppelten Mißdeutung als Reduktion der religiösen Substanz auf das Politisch-Geschichtliche und als reaktionäre idealistische Verhüllung der revolutionären Befreiung des Menschen vom theologischen und metaphysischen Himmel aussetzt.

7. Was geschieht? Was gewinnt Hegel, indem er die Revolution auf die antik-christliche Freiheit und ihre Weltgeschichte bezieht, um sie so als Epoche ihrer universalen politischen Verwirklichung zu begreifen, und damit sowohl der Verneinung der Herkunft

durch die Revolution wie der Verneinung der Gegenwart durch Restauration und romantische Philosophie und so der von beiden vorausgesetzten Entzweiung von Herkunft und Zukunft die Kontinuität der Weltgeschichte entgegenhält?

Hegel hat weder diese Entzweiung und ihre reale Macht über die Menschen und ihr Bewußtsein noch den Schmerz wegzuinterpretieren versucht, der das in sie verstrickte Dasein erfüllt. Sie ist für ihn die Grundverfassung der neuen Zeit.

Von dem Leiden an ihr geht seine Philosophie aus; in der Entzweiung entspringt ihr Bedürfnis: »Wenn die Macht der Vereinigung aus dem Leben der Menschen verschwindet, und die Gegensätze ihre lebendige Beziehung und Wechselwirkung verloren haben ..., entsteht das Bedürfniß der Philosophie« (*Diff.* I, 46); sein »Quell« ist die »Entzweiung« (44); in ihrer »Zerrissenheit« liegt die »Zerrüttung des Zeitalters« (150). Wie Schiller und Hölderlin blickt Hegel am Anfang seines Weges auf die griechische Welt zurück, die die jetzt in der Entzweiung verlorene »beseelte Einheit« noch besaß: »Ach, aus den fernen Tagen der Vergangenheit strahlt der Seele ... ein Bild entgegen – das Bild eines Genius der Völker – eines Sohnes des Glücks ... Wir kennen diesen Genius nur vom Hörensagen, nur einige Züge von ihm, in hinterlassenen Kopien seiner Gestalt ist uns vergönnt, mit Liebe und Bewunderung zu betrachten, die nur ein schmerzliches Sehnen nach dem Original erwecken« (*Volksreligion*, Nohl, S. 28 f.). Die Gegenwart lebt in der Entzweiung; die Sehnsucht sucht die verlorene Einheit. Dem entspricht die geschichtliche Begründung der Entzweiung. Wie bei den Dichtern erscheint sie zunächst als das Werk der neuen Zeit und ihres »aufklärenden Verstandes«; sie ist die Frucht seines Sieges. Durch ihn und seine Wissenschaft wird das göttliche All in die tote mechanische Natur verwandelt. Das Göttliche der Herkunft wird der Realität entfremdet; es geht für den Verstand »in den Begriff entweder des Aberglaubens oder eines unterhaltenden Spiels« über (*Diff.*, I, 47). Damit wird das Schöne zum Ding, der Hain zu Holz, der Tempel zu »Klötzen und Steinen«; von der durch ihn verdinglichten objektiven Realität schließt der Verstand das Göttliche aus. Das Ding ist nur noch Ding und hat den Zusammenhang mit dem übergreifenden ursprünglichen Sinn des Daseins verloren. Aber schon in den

Schriften der Jenaer Zeit kündigt sich die Einsicht an, die es Hegel dann ermöglicht, den Grund der Diskontinuität und das in den Vorstellungen vom Ende der Weltgeschichte treibende Problem zu positiver Bestimmung zu bringen. Während Aufklärung und Verstand die objektive dingliche Realität verselbständigen und absolut setzen und so »das Ewige ... nur jenseits haben« können (*Glauben und Wissen*, I, 281), gehört für Hegel zu diesem »negativen Verfahren der Aufklärung« (280) und ihrer Verdinglichung der Welt in geschichtlicher Gleichzeitigkeit die Subjektivität. Hegel nennt sie im Verhältnis zur »westlichen Lokalität« der Aufklärungsbildung (*Diff.*, I, 148) das »Princip des Nordens, und, es religiös angesehen, des Protestantismus«; sie tritt als die andere »große Form des Weltgeistes« zur Aufklärung hinzu (*G. u. W.*, I, 281). Durch diese Subjektivität wird auf dem Boden des geschichtlichen Daseins selbst das aufgenommen, was der Verstand von seiner objektiven dinglichen Realität ausgeschlossen hat; sie bewahrt in »Gefühlen und Gesinnungen« die Schönheit und Wahrheit, die der Verstand preisgibt: »Die Religion baut im Herzen des Individuums ihre Tempel und Altäre, und Seufzer und Gebete suchen den Gott, dessen Anschauung es sich versagt, weil die Gefahr des Verstandes vorhanden ist, welcher das Angeschaute als Ding, den Hain als Hölzer erkennen würde« (281 f.). Was in der alten Welt Eins war, tritt mit der neuen Zeit auseinander; das Göttliche und Weltliche, das Sein und das Seiende werden gegeneinander selbständig; was der Verstand nicht hält, indem er das »Objektive ... genau von dem Subjektiven« als demjenigen »scheidet«, »was keinen Werth hat und Nichts ist«, sucht der »Kampf der subjektiven Schönheit ... gegen die Nothwendigkeit gehörig zu verwahren« (282).

So wird von Hegel die Entzweiung als die Form der modernen Welt und ihres Bewußtseins verstanden. Während aber sowohl für die Subjektivität wie für den Verstand und seinen Begriff der objektiven Realität das subjektiv festgehaltene Schöne und Wahre und die dingliche Endlichkeit absolut entgegengesetzt und ohne Beziehung einander entfremdet sind, *begreift Hegel ihre Entzweiung positiv als die Form, in der sich unter der Bedingung der modernen Welt ihre ursprüngliche Einheit geschichtlich erhält. Die objektive Realität der Aufklärung und die bewahrende*

Subjektivität sind komplementär aufeinander bezogen; die Subjektivität baut ihre Altäre im Herzen, *weil* die objektive Welt des Verstandes vorhanden ist. Was als Subjektivität und Objektivität auseinandertritt und sich im Widerspruch gegeneinander verselbständigt, bleibt in der Form der Entzweiung geschichtlich zusammen. Hegel hat vor Augen, was man die Zweigleisigkeit der modernen Geistesgeschichte nennen könnte, in der zu Descartes' »Methode« Pascals »Logique du cœur«, zur »veritas logica« die »veritas aesthetica« (Baumgarten), zum Gelehrten und seinem rationalen System die ästhetische Subjektivität des Genies (Shaftesbury), zur Natur Newtons die schöne Natur der ästhetischen Dichtung und Kunst, zum Rationalismus der Pietismus der Gefühlsreligion gehören. In ähnlicher Weise hat später auch Dilthey (z. B. *Jugendgeschichte Hegels,* 1905) neben die Aufklärung den Zweig einer subjektiv mystischen Entwicklung des Geistes gestellt, zu dem er dann Hegels Philosophie in Beziehung setzt; während aber bei ihm die beiden Linien nebeneinander herlaufen, ohne daß die Frage nach ihrer Beziehung und dem Grund ihrer Entzweiung gestellt wird, begreift Hegel die Entzweiung des geschichtlichen Daseins in Subjektivität und Objektivität als die Form, in der sich seine Einheit erhält und in der modernen Welt die ihr gemäße Gestalt findet.

So kommt Hegel seit etwa 1800 mit den ersten Druckschriften in Jena zu der entscheidenden Einsicht: *Es gibt keine Möglichkeit, dadurch aus der Entzweiung herauszukommen, daß man sich entweder auf die eine oder die andere Seite schlägt, um das ihr jeweils Entgegengesetzte als nichtseiend zum Verschwinden zu bringen.* Subjektivität und Objektivität sind vielmehr geschichtlich aufeinander verwiesen; sie sind zusammen das substantiell ganze geschichtliche Dasein. In der Form der Entzweiung ist seine Totalität vorhanden; als dieses »schon Vorhandene« (*Diff.*, I, 49) hat sie die Philosophie zu begreifen, indem sie das Ganze – »das Absolute« – in die Entzweiung setzt und in ihr als die »Macht der Vereinigung« begreift und sich so dem »absoluten Fixieren der Entzweiung« entgegensetzt, um die »festgewordenen« Gegensätze in ihrem Widerspruch zu vermitteln und zu versöhnen (46). Ihre Aufgabe besteht darin, die in der Entzweiung von Subjektivität und Objektivität getrennten »Voraussetzungen zu vereinen ... die Entzweiung in das Absolute, – als dessen Erscheinung; das Endliche in das Unendliche, – als Leben zu setzen« (49).[25]

So geht Hegels Philosophie von der Entzweiung als dem geschichtlichen Bildungsprinzip der Zeit aus; ihre Theorie schafft ihm die Voraussetzungen, die es ermöglichen, das Problem der politischen Revolution und der mit ihr gesetzten Diskontinuität von Herkunft und Zukunft auszutragen. Aber für diesen Austrag wird ein zweiter Schritt wichtig. Die Philosophie selbst wird auf die Analyse der konkreten geschichtlichen Bewegung verwiesen und damit über die Bildungsform des Gegensatzes der romantischen Subjektivität und der Aufklärung hinaus zu den Problemen geführt, die ihn im geschichtlichen Prozeß seiber bedingen und tragen. Das beginnt in Bern, und damit kommt es zu der entscheidenden Wende, die Hegel dann auch von seinen Freunden und von dem Ideal der Jugendzeit fortführt. In den gleichen Jahren, in denen sich seine Theorie der Entzweiung bildet, hatte Hegel hier begonnen, sich auf das gründlichste im unmittelbaren Zusammenhang mit den allgemeinen Problemen der Revolution in die Fragen der konkreten politischen, wirtschaftlichen, rechtlichen und sozialen Verhältnisse der Zeit zu vertiefen. Diese Studien spiegeln sich unmittelbar in den Anmerkungen wider, die er seiner – 1798 anonym in Frankfurt erscheinenden – Übersetzung der *Vertraulichen Briefe über das vormalige staatsrechtliche Verhältnis des Waadtlandes (Pays de Vaud)* des Waadter Anwalts Cart beigibt, die die Unterdrückung durch die Berner Aristokratie seit 1791 zum Gegenstand haben.[26] Die Absicht ist zunächst, ihr »Discite justiciam moniti« auch in Deutschland zu Wort zu bringen. Aber zugleich fügt Hegel die für sein Verhältnis zur politischen Realität kennzeichnende Bemerkung

25 s. Exkurs XI, hier S. 252.

26 Zu der Entstehungsgeschichte der Schrift, ihren Quellen und ihrer Publikation vgl. neben Rosenzweig (a.a.O. I, 51 ff.) und Haering (a.a.O. I, 292 ff.) v. a. Hoffmeister, *Dokumente* (S. 457 ff.).

Im Hintergrund stehen die Erfahrungen, die Hegel in Bern mit einer aristokratischen Verfassung macht; so schreibt er an Schelling am 16. 4. 1795: »Um eine aristokratische Verfassung kennen zu lernen, muß man einen solchen Winter vor den Ostern, an welchen die Ergänzung (sc. des conseil souverain) vorgeht, hier zugebracht haben« (*Br.* 11).

hinzu, daß der Appell an die Empfindung »gegen die Glaubwürdigkeit der Sache selbst eher mißtrauisch« machen könnte, und daß ihr so für manche vielleicht besser mit der »trockenen Angabe der Tat-Erzählung« und dem Erweis »aus Urkunden« gedient sei (Vorbemerkung, *Dok.* 248).

Dem entspricht Hegels eigener Beitrag. Er verzeichnet möglichst genau alle näheren Umstände: Maßnahmen der Berner, Rechte der Pfarreien, finanzielle Verhältnisse, Zollsätze, Verfahren der peinlichen Gerichtshöfe, das System der Einquartierungen, die Technik der Unterdrückung überhaupt. Und darin zeigt sich, was Hegel jetzt wichtig wird: die Aufmerksamkeit dafür, wie das Allgemeine »wirklich« geschieht, wie Unterdrückung »wirklich« arbeitet, in welchen Rechtsformen und Handlungen sich politischer Kampf »wirklich« vollzieht. Aber wir wissen auch, daß die Beschäftigung mit den Schweizer Verhältnissen nicht isoliert geblieben ist; Hegel hat sich damals ebenso gründlich mit den sozialen und ökonomischen Problemen Englands, mit seinem Parlament, mit der Geschichte der amerikanischen Revolution, mit der Reform des preußischen Landrechts, mit Fragen des Strafvollzuges u. a. m. beschäftigt.[27] In dieser Zuwendung zum konkret Geschichtlichen der Revolutionsepoche geht Hegel auf, daß es keine Möglichkeiten gibt, für die Fragen des sich in der geschicht-

27 Zu den politisch-historischen Studien Hegels in Bern vgl. neben Rosenzweig (a.a.O. I, 30 ff.), Haering (a.a.O. I, 124 f.) auch F. Bülow, *Die Entwicklung der Hegelschen Sozialphilosophie,* Leipzig 1920, S. 20 ff.; H. Höhne, *Hegel und England,* in: Kant-Studien XXXVI, 1931, S. 301 ff.
Der »unersättliche Hunger nach Tatsachen und Kenntnissen ... auf dem Gebiet der Kulturgeschichte einschließlich der Länder- und Völkerkunde« ist nach Haering (I, 16 ff.) schon für den Schüler kennzeichnend, wie seine Exzerpte und Tagebücher beweisen. Haering betont ebenso Hegels frühes Interesse an den »überindividuellen Kulturerscheinungen, wie bürgerliche Gesellschaft, Recht, Staat, Religion, Kirche usw.« (ibid.).
Hinter diesen Interessen steht vor allem die Begegnung mit Montesquieu (vgl. die angegebenen Arbeiten passim, dazu H. Trescher, *Montesquieus Einfluß auf die philosophischen Grundlagen der Staatslehre Hegels,* Diss. Leipzig 1920). Entscheidend aber wird, daß alle diese geschichtlich-politischen Interessen nicht isoliert bleiben, sondern sich mit der Philosophie verbinden und so ihrer Ausbildung die Richtung geben, indem sie sie auf die konkrete geschichtliche Wirklichkeit verweisen. Das führt sie über Fichte und Schelling und über jede Form eines deduktiven Idealismus hinaus.

lichen Wirklichkeit vollziehenden und als diese vorhandenen allgemeinen Lösungen aus philosophischen Prinzipien in Gedanken zu entwerfen und zu konstruieren. Die Probleme der Revolution, die Entzweiung des Daseins und die in ihr begründete Diskontinuität der Geschichte für die Bildung der Zeit können nicht in der spekulativen Deduktion einer neuen, seinsollenden Welt überwunden werden. Die Geschichte selbst ist der Boden, auf dem die Idee wirklich ist und wirkt; die Vernunft der Zeit ist in dem, was ist, vorhanden und die Theorie hat sie aus der Zeit selbst als ihren Begriff hervorzubringen. Indem Hegel dies aufgeht und indem so die Philosophie selbst auf die Einsicht in das geschichtlich-konkret Vorhandene verwiesen wird, begegnet ihm das Entscheidende: *Er wird mit der Gesellschaftstheorie der englischen Politischen Ökonomie bekannt*. Er hat damals in Bern Steuart's *Inquiry into the principles of political economy* (London 1767) gelesen und mit einem fortlaufenden, ausführlichen Kommentar versehen.[28] In diesen Studien ist ihm, wie Rosenkranz sagt (a.a.O. S. 86; *Dok.* 280), das Wesen der bürgerlichen Gesellschaft klar geworden; er lernte begreifen, was Bedürfnis und Arbeit, die Arbeitsteilung, das Vermögen der Stände, Armenwesen, Verwaltung, Steuern bedeuten; es geht ihm auf, daß *das Geschichtliche der Revolution und des ganzen Zeitalters und*

28 Neben der Tübinger, von Cotta 1769-72 herausgebrachten Übersetzung, die Hegel wahrscheinlich benutzt hat (vgl. *Dok.* S. 466), erschien gleichzeitig eine zweite, von J. v. Pauli besorgte deutsche Übersetzung in Hamburg (2 Bde., 1769).
Zum Hegelschen Kommentar vgl. Hoffmeister *(Dok.* S. 466). Rosenkranz *(G. W. F. Hegels Leben,* Berlin 1844, S. 85, abgedruckt in *Dok.* S. 280) hat ihn noch gekannt und bemerkt, daß »er noch vollständig erhalten ist«. Welche Bedeutung das Studium der englischen Politischen Ökonomie für Hegels Philosophie hat, hat neben P. Vogel, *Hegels Gesellschaftsbegriff,* Berlin 1925 (S. 115 ff.) jetzt vor allem Lukács (a.a.O. pass.) aufgezeigt; aber auch Rosenzweig (a.a.O. II, 120) betont, daß Hegel das Wirtschaftsleben »mit den Augen der klassischen Nationalökonomie des Westens« sieht, ohne freilich die konstitutive Bedeutung dieses Zusammenhangs für die politische Philosophie Hegels klar zu erkennen. Übrigens hat schon Hamann Steuart gründlich studiert: »Stewarts politische Oekonomie ist ein treffliches Werk voll großer philosophischer Gründlichkeit ... Er sagt mit zwei Worten mehr als Ferguson in ganzen Kapiteln« *(Briefwechsel,* ed. Ziesemer/Henkel, Bd. II, Wiesbaden 1956, S. 418).

aller ihrer Probleme das Aufkommen der modernen industriellen bürgerlichen Arbeitsgesellschaft ist.

Von diesen Studien und der mit ihnen verbundenen entscheidenden geistigen Wende ist damals kaum ein Widerhall zu den Freunden gedrungen. Nur andeutend weist Hegel brieflich auf »Arbeiten und Studien« hin und darauf, daß er von den »untergeordnetern Bedürfnissen der Menschen« anfinge und sich der Frage zuwende, »welche Rückkehr zum Eingreifen in das Leben der Menschen zu finden« sei (*Br.* 29 an Schelling aus Frankfurt vom 2. 11. 1800).[29]

Was aber geschehen ist, tritt zwanzig Jahre später in seiner ganzen Bedeutung für die politische Philosophie Hegels hervor.[30] In der *Rechtsphilosophie* ist die bürgerliche Gesellschaft endgültig zu ihrem Mittelpunkt geworden; alle politischen, rechtlichen und geistigen Probleme der Zeit sind auf sie als auf die epochale, alles bestimmende Umwälzung bezogen, in deren Theorie auch die Auseinandersetzung mit der politischen Revolution aufgehoben wird.

8. Die Darstellung der bürgerlichen Gesellschaft in der Form, in der Hegel sie in der *Rechtsphilosophie* entwickelt, enthält gegenüber der englischen Politischen Ökonomie zunächst keine wesentlich neuen Bestimmungen. Hegel begreift sie in ihrer Nachfolge als »System der Bedürfnisse«; sie ist diejenige *Gesellschaft, die*

29 Der Brief ist besonders wichtig, weil er zeigt, wie Hegel durch die Berner Studien von Schelling fortgeführt wird und über die Idee einer philosophischen Revolution im Anschluß an Fichte (vgl. *Br.* 11) hinauskommt. Schelling hatte Hegel schon 1796 eindringlich aufgefordert, sich »auch öffentlich an die gute Sache« anzuschließen (*Br.* 16 vom Januar 1796) und ihm »Unentschlossenheit« vorgeworfen: »Erlaube mir, daß ich Dir noch etwas sage! Du scheinst gegenwärtig in einem Zustand der Unentschlossenheit ... und sogar Niedergeschlagenheit zu sein, der Deiner ganz unwürdig ist« (*Br.* 17 vom 20. 6. 1796). Der Frankfurter Brief Hegels zeigt dann, was wirklich in der Berner Zeit vorgegangen ist. Hegel ist über das »Ideal des Jünglingsalters« hinausgegangen und zur »Wissenschaft vorgetrieben« worden (*Br.* 29). Auf diese Wende der Philosophie selbst wird die Bemerkung vom Eingreifen in das Leben der Menschen zu beziehen sein, in der sich nach Löwith (a.a.O. S. 180) die Absicht, an die Universität zu gehen, ankündigt; vgl. dagegen W. R. Beyer (a.a.O. S. 281, Anm. 36).

30 s. Exkurs XII, hier S. 252 f,

– *in grundsätzlicher Emanzipation aus allen Voraussetzungen der geschichtlich überkommenen Lebensordnungen des Menschen – allein die Bedürfnisnatur des Menschen als des Einzelnen und ihre Befriedigung in der Form der abstrakten Arbeit und Arbeitsteilung zum Inhalt hat;* sie enthält ihrem eigenen Prinzip nach nichts, was nicht durch die »Vermittelung des Bedürfnisses und die Befriedigung des Einzelnen durch seine Arbeit und durch die Arbeit und Befriedigung der Bedürfnisse aller Übrigen« (§ 188) gesetzt ist. Das sind im wesentlichen die Grundbegriffe, die Adam Smith (*An Inquiry into the Nature and the Causes of the Wealth of Nations*, London, 1776) entwickelt hatte, auf den sich die *Rechtsphilosophie* auch ausdrücklich neben Say und Ricardo beruft (*R. Ph.* § 189). Während Hegel aber, wenn er sich auf die politischen Theorien der Revolution, etwa auf Rousseau, bezieht, immer zugleich auch kritisch auf ihre Abstraktheit und ihre der geschichtlichen Wirklichkeit grundsätzlich inadäquate Einseitigkeit hinweist, verfährt er in der Anknüpfung an die *Staatsökonomie* anders. Die politischen Theorien der Revolution haben als deduktive Setzung neuer politischer Formen aus Prinzipien zugleich die unmittelbare Bestimmung, die revolutionäre Emanzipation aus den vorhandenen geschichtlichen Institutionen und Rechtsformen zu ermöglichen und diese in der Setzung des Neuen zu destruieren; daher kommen sie prinzipiell nicht über die Negativität hinaus, in deren Dienst sie stehen. Demgegenüber hat Hegel die englische Politische Ökonomie als die induktive (hermeneutische) Theorie der schon vorhandenen, geschichtlich bereits ausgebildeten gesellschaftlichen Realität verstanden, die ihr die Prinzipien abzugewinnen sucht, die sie als ihr inneres Gesetz bestimmen. Darin liegt für Hegel die wegweisende Bedeutung und die »Ehre« dieser neuen Wissenschaft; der Gedanke holt in ihr die Prinzipien »aus der unendlichen Menge von Einzelheiten, die zunächst vor ihm liegen«, heraus und entwickelt sie so als die »Prinzipien der Sache« aus den Verhältnissen heraus, in denen sie wirksam sind und die sie regieren (§ 189). Zu einer »Masse von Zufälligkeiten« werden die Gesetze gefunden. Und dann fügt Hegel die bezeichnende Bemerkung hinzu, daß man diese, von der Politischen Ökonomie erarbeiteten Gesetze »zunächst nicht glaubt, weil alles der Willkür der Einzelnen anheimgestellt scheint« (§ 189 Zusatz VII, 271 f.). Später jedoch sieht man, daß es sich mit der modernen Gesellschaft ähnlich wie mit dem Planetensystem verhält, das auch »immer dem Auge nur unregelmäßige Bewegungen zeigt, aber dessen Gesetze doch erkannt werden können« (ibid.). Smith und die anderen Schöpfer der neuen ökonomischen Wissenschaft haben so für die Theorie der bürgerlichen Gesellschaft die gleiche Bedeutung, wie Kepler sie für die Theorie der Planetenbewegung hat. Sie haben die Gesetze gefunden, die ihr zugrunde liegen und ihre Ausbildung bestimmen. So übernimmt Hegel die Theorie der Politischen Ökonomie und bringt sie damit zuerst, nicht nur für Deutschland, in Zusammenhang mit der Philosophie. Indem diese ihre Zeit in Gedanken zu fassen hat, findet sie in der bürgerlichen Gesellschaft die Wirklichkeit, in welcher die Idee geschichtlich gegenwärtig vorhanden ist.

Das wird dann für die philosophische Auseinandersetzung mit den Problemen der politischen Revolution entscheidend, sofern auch sie auf die sich mit dem Aufkommen der bürgerlichen Gesellschaft vollziehenden Veränderungen des geschichtlichen Lebens bezogen und in ihrem Zusammenhang verstanden werden müsse. Hegel erkennt, daß die zuerst von der Politischen Ökonomie erarbeitete und für das allgemeine Verständnis der Epoche entscheidende Bestimmung in der Begründung der Gesellschaft auf den Begriff der menschlichen Bedürfnisnatur liegt, sofern durch ihn ihre prinzipielle Unabhängigkeit gegenüber allen vorgegebenen geschichtlichen Voraussetzungen und damit die Emanzipationsform ihrer Konstituierung erwiesen wird. Dieser Naturbegriff bleibt daher auch für ihn ausschlaggebend; von ihm hängen alle weiteren Grundbegriffe der Gesellschaft mittelbar und unmittelbar ab, die er im Zusammenhang mit dem Naturprinzip selbst von der englischen Theorie übernimmt. Subjekt der Gesellschaft sind wie bei Smith die Einzelnen, aber nicht in der Ganzheit ihres geschichtlichen, geistig-sittlichen Daseins, sondern – dem Naturprinzip entsprechend – isoliert auf das, was sie als Träger von Produktion und Konsumtion sind. Dem entspricht, daß sich auch die Gesellschaft selbst in der Unterscheidung von allen bisherigen und sonstigen Gesellschafts- und Gemeinschaftsformen ausschließlich auf diejenigen Beziehungen beschränkt, die

die Einzelnen in der Bedürfnisbefriedigung durch Arbeit miteinander verbinden. Sie ist für Hegel daher als Gesellschaft mit dem »System der Bedürfnisse« identisch und schließt so notwendig alle sonstigen Beziehungen, sofern sie nicht zu ihm gehören, aus ihrem Zusammenhang aus, so daß die Arbeitsteilung, wie bei Adam Smith, zum einzigen Bildungsprinzip der Gesellschaft wird. Daraus folgen die weiteren Bestimmungen. Die Gesellschaft wird durch die für die Arbeitsteilung konstitutive Trennung der Arbeitsmittel von den Arbeitenden in die doppelte Bewegung, einerseits der »Anhäufung der Reichtümer« und ihrer Konzentration in wenigen Händen, andererseits durch die »Vereinzelung und Beschränktheit der besonderen Arbeit« in der »an diese Arbeit gebundenen Klasse« in »Abhängigkeit und Not« hineingetrieben und so zur Klassengesellschaft (§ 243). In dem »Herabsinken einer großen Masse unter das Maß einer gewissen Subsistenzweise« erzeugt sie »den Pöbel« (§ 244), der ohne Vermittlung dem Stande der Besitzenden gegenübertritt.[31]

Weil aber die Gesellschaft zugleich unter dem Gesetz der zunehmenden Produktion steht, verschärft sich der innere Druck und zwingt sie zur Expansion über die Erde: »Wenn die bürgerliche Gesellschaft sich in ungehinderter Wirksamkeit befindet, so ist sie innerhalb ihrer selbst in fortschreitender Bevölkerung und Industrie begriffen« (§ 243); ihre eigene »Dialektik« treibt sie über sich hinaus (§ 246). Sie muß für ihren »Überfluß an Mitteln« (vgl. § 246) in anderen Völkern Konsumenten suchen und so den Weg der Kolonisation einschlagen (§ 248). Die industrielle bürgerliche Klassengesellschaft ist daher für Hegel schließlich durch ihr eigenes Gesetz dazu bestimmt, zur Weltgesellschaft zu werden; *die für das Verhältnis der politischen Revolution zur Weltgeschichte entscheidende Beziehung der Freiheit auf die Menschheit und den Menschen als Gattung ist in dieser potenziellen Universalität der bürgerlichen Gesellschaft begründet.* In unmittelbarem Anschluß an Adam Smith heißt es, daß das Meer als »größtes Medium der Verbindung« zu ihrem Element wird; in Handel und Verkehr beginnt sie, die fernsten Völker in ihren Zusammenhang einzubeziehen (§ 247).[32] Zu dieser Einbeziehung

31 s. Exkurs XIII, hier S. 253 f.

32 Was das Meer für die moderne Gesellschaft und der Gegensatz von Meer

gehört für Hegel, daß an ihrem Ende auch die Auflösung des Kolonialsystems stehen wird; die Befreiung der Kolonien wird einmal für den »Mutterstaat« selber der »größte Vortheil« werden, so wie schon jetzt die Freilassung der Sklaven dem unmittelbaren Vorteil ihrer Herren dient (§ 248 Zusatz, VII, 322).

9. So ist mit der *Rechtsphilosophie* die bürgerliche Gesellschaft für Hegel in der Nachfolge der klassischen Politischen Ökonomie als die sich über die Erde ausbreitende und potenziell universale Arbeitsgesellschaft endgültig in die Mitte der Philosophie und ihrer politischen Theorie getreten. Während Schelling mehr und mehr jeden Zusammenhang mit den politischen und sozialen Problemen der Revolution verliert, auf dem seine Jugendfreundschaft mit Hegel hauptsächlich beruhte, und während Fichte – in die Enge der deutschen Verhältnisse verstrickt und selber durch und durch provinziell – aus seinem Kopf als »absolutem Ich« Staats- und Rechtssysteme a priori deduziert und postuliert, wird für Hegel die moderne bürgerliche Gesellschaft zu dem alles bestimmenden Problem, über das der philosophische Gedanke nicht hinweggehen kann, wenn er die vorhandene Vernunft und Substanz der Zeit in dem, was ist, begreifen und sich nicht im bloßen Meinen und entwerfenden Vorstellen verlieren will. Das wird für seine Auseinandersetzung mit der französischen Revolution entscheidend. Denn nun wird Hegel in der Begegnung mit der Politischen Ökonomie klar, daß *die politische Revolution selber und damit auch ihre zentrale Idee der Freiheit geschichtlich zum Aufkommen der neuen Gesellschaft gehören; diese ist ihre Aktualität und geschichtliche Notwendigkeit.* Die Freiheit für alle ist ihre konstitutive Bedingung, sofern sie die Einzelnen in der

und Land für die Weltgeschichte und die Formierung der sie bewegenden Spannungen bedeuten, hat am großartigsten und in einem intensiven Verständnis für die geistigen Zusammenhänge und Hintergründe, die hier im Spiel sind, C. Schmitt dargestellt. (Vgl. *Der Nomos der Erde*, 1950, S. 144 ff.; *Land und Meer*, Stuttgart [2]1954 Reclam UB, Nr. 7536.) Auf Hegels Bedeutung in diesem Zusammenhang weist C. Schmitt ausdrücklich hin *(Nomos der Erde*, S. 20, ferner: *Die geschichtliche Struktur des heutigen Weltgegensatzes von Ost und West*, in: Freundschaftliche Begegnungen, Festschrift für Ernst Jünger zum 60. Geburtstag, Frankfurt/Main 1955, S. 135-167, zu Hegel S. 164 f.).

Gleichheit ihrer Bedürfnisnatur und so in der Herauslösung aus allen sie politisch oder rechtlich einschränkenden Institutionen (Zünfte, Unfreiheit, Ortsgebundenheit, Privilegien etc.) zu ihrem Subjekt hat. Das Gleiche folgt aus der gesellschaftlichen Arbeit; sie setzt – als Arbeit – das Freisein der Einzelnen voraus, weil sie darauf beruht, daß sie im eigenen Interesse und um ihrer selbst willen und so als Freie in dem Prozeß der arbeitsteiligen Produktion stehen; Freiheit hat daher als ihr Prinzip zu gelten.[33] Diese Einsicht, die schon für die Politische Ökonomie und ihre Theorie der Gesellschaft axiomatische Bedeutung hatte, wird von Hegel in der *Rechtsphilosophie* voll übernommen. Obwohl auch er sieht, daß das Prinzip der Arbeit die Gesellschaft mit den Problemen der Klassenbildung und der Entstehung des Proletariats belastet und ihre ganze Schwere und schicksalsvolle Bedeutung begreift, hat er dennoch die Positivität der modernen Arbeit in dieser für sie notwendigen Verbindung mit Freiheit gesehen, die sie über alle bisherigen geschichtlichen Formen gesellschaftlicher Praxis heraushebt: »Subsistenz«, die, »ohne durch die Arbeit vermittelt zu sein«, zufällt, und unfreie Arbeit sind gegen das »Prinzip der bürgerlichen Gesellschaft und des Gefühls ihrer Individuen von ihrer Selbständigkeit und Ehre« (§ 245). Mit der bürgerlichen Gesellschaft wird über die Arbeit daher notwendigerweise die »Privatperson, welche ihr eigenes Interesse zu ihrem Zwecke hat« (§ 187), zum Bürger (citoyen) und Subjekt der modernen Gesellschaft, und Hegel kann das freie Individuum ausdrücklich den »Sohn der bürgerlichen Gesellschaft« nennen (§ 238).

So ist die revolutionäre Idee der Freiheit aller in dem Aufkommen der modernen Arbeitsgesellschaft begründet; sie ist ihre notwendige Voraussetzung und die Bedingung ihrer Möglichkeit, so daß sich für Hegel auch ihre philosophische und politische Bestimmung an das zu halten hat, was sie gesellschaftlich als bürgerliche Freiheit im Zusammenhang der durch Arbeit und Arbeitsteilung gesetzten gesellschaftlichen Ordnung bedeutet und ist.

Das wird entscheidend. Die Ungelöstheit der politischen Probleme der Revolution hing für Hegel damit zusammen, daß ihre

33 s. Exkurs XIV, hier S. 254 f.

Freiheit als ihr positiver, weltgeschichtlicher Gehalt mit dem Widerspruch der Entzweiung belastet ist; ihre Setzung schließt für sie selbst den Gegensatz gegen alle geschichtlich vorgegebenen Ordnungen und die alte geschichtliche Welt ein; ihre politische Verwirklichung soll das Ende der bisherigen Geschichte herbeiführen; wegen dieser Diskontinuität zur Geschichte nennt Hegel die Freiheit der Revolution eine »negative«, eine »abstrakte« Freiheit; ihre Negativität macht sie zur »Furie des Verschwindens«; sie treibt sie in die Selbstzerstörung hinein und ruft zugleich als ihre Antithese die Mächte der Wiederherstellung herbei, die gegen das mit der Revolution heraufkommende Ende der abendländischen Geschichte die alte Welt zurückrufen und ihre Erneuerung betreiben, um die Revolution rückgängig zu machen und so die geschichtliche Substanz des Menschen zu retten. Die politische Konstituierung der Freiheit durch die Revolution steht so unter dem Gesetz der Entzweiung; diese ist die Grundverfassung der Zeit. Von ihr war Hegel in dem für die Formierung seiner Philosophie entscheidenden Jahrfünft von 1795 bis 1800 ausgegangen; gegen die verdinglichende Objektivität des Verstandes und der Aufklärungsbildung sucht die Subjektivität in Gesinnungen und Gefühlen das von der Realität des Verstandes ausgeschlossene und freigesetzte Schöne, Wahre und Heilige zu retten. Schon mit der Einsicht in diese dialektische Einheit von Subjektivität und Objektivität hatte Hegel eine Position gewonnen, die es ihm möglich machte, die Entzweiung und Diskontinuität positiv als Form der geschichtlichen Kontinuität und Einheit zu begreifen. Aber es blieb doch zugleich die Unbestimmtheit zurück, daß die rationale Verdinglichung der Realität als Unglück und als Einbruch einer der substantialen Einheit des geschichtlichen Lebens feindlichen Macht erscheint, und daß die Subjektivität das von ihr Bewahrte ihrerseits als ein der reinen Innerlichkeit zugehöriges Subjektives aus der objektiven Realität herauslöst und es damit ihrerseits zu einem Irrealen macht, das jede Beziehung zur objektiven Welt verloren hat. Darin liegt die innere Schranke der subjektiven Versöhnung in allen ihren Formen, so daß das Problem der Entzweiung selbst und ihres positiven geschichtlichen Sinnes offen bleibt. *Über diese Form der innerlichen Versöhnung wird Hegel durch die Theorie der bür-*

gerlichen Gesellschaft hinausgeführt; sie bringt die entscheidende Wende und öffnet ihm den Weg zur positiven Deutung auch der Entzweiung selbst und der sie hervortreibenden Objektivität.
Der Naturbegriff der Politischen Ökonomie hat im gleichen Sinn wie alle Naturtheorien des Rechts oder des Staates im 17. und 18. Jahrhundert die methodische Absicht, sie vor dem Mitgehen von Begriffen und Prinzipien zu sichern, die den geschichtlich vorgegebenen Ordnungen und ihrer metaphysischen und theologischen Theorie angehören, damit die moderne Gesellschaft dann als die unmittelbare Erscheinung einer gegenüber allen geschichtlichen Veränderungen konstanten, geschichtsunabhängigen Natur des Menschen gelten könne. Demgegenüber begreift Hegel, daß diese für die ökonomische Theorie konstante und daher geschichtslose Natur das geschichtliche Kennzeichen der bürgerlichen Gesellschaft ist und ihre Emanzipation aus den vorgegebenen geschichtlichen Ordnungen und damit ihre Konstituierung durch Emanzipation zum Ausdruck bringt. In der *Rechtsphilosophie* wird daher das von der Politischen Ökonomie übernommene Naturprinzip der Gesellschaft zugleich als das *geschichtliche* Prinzip ihrer emanzipativen Konstituierung verstanden. Sie tritt als die Macht der Unterscheidung, als »Differenz«, in die Geschichte und trennt die geschichtlichen Ordnungen der Familie und des Staates von dem gesellschaftlichen Sein des Menschen ab. Sie tritt »zwischen sie« und »entzweit« sie, indem sie aus ihrem Zusammenhang heraustritt und so das Dasein des Einzelnen gesellschaftlich aus der sittlichen und religiösen Bestimmung herauslöst, die es bisher in der Geschichte getragen hat (vgl. § 182, § 184 Zusatz, VII, 264). Dem entspricht, daß dann auch alle übrigen Naturbegriffe der Gesellschaft, Bedürfnis und Bedürfnisbefriedigung, Arbeit und Arbeitsteilung, die Hegel übernimmt, für ihn »abstrakte« Begriffe bleiben; sie schließen die Herauslösung der Gesellschaft und ihrer Praxis aus der Geschichte der Herkunft ein. Der Mensch bleibt so zwar auch für Hegel im Sinne der Politischen Ökonomie als Subjekt der Gesellschaft der Produzent und Konsument, der in der Arbeit seiner Bedürfnisbefriedigung nachgeht, sich zu erhalten und seinen Wohlstand zu mehren sucht, aber das bedeutet für ihn zugleich, daß sich die Gesellschaft auf die Bedürfnisnatur des Menschen einschränkt und seine Praxis

aus ihren geschichtlichen Zusammenhängen herauslöst. Erst wenn diese Herauslösung vorausgesetzt wird, kann der Mensch gesellschaftlich ohne Beziehung zu dem, was er außerdem ist, als Arbeiter, als Produzent oder Konsument verstanden werden. Mit dieser Einsicht wird von Hegel der entscheidende Schritt über die Theorie der Politischen Ökonomie hinaus getan. *Er begreift die Begründung der Gesellschaft auf die Natur als die Form, in der sie sich gegenüber der Geschichte der Herkunft verselbständigt, sich aus ihr emanzipiert. Die geschichtslose Natur der Gesellschaft ist ihr geschichtliches Wesen;* das hat Hegel als erster begriffen[34] und damit die Möglichkeit geschaffen, das Problem der Emanzipation zu stellen und auszutragen, sofern sich ergibt, daß die das Zeitalter bewegenden Probleme der Entzweiung, der geschichtlichen Diskontinuität auf das Aufkommen der Gesellschaft zurückgehen und durch ihre emanzipative Konstituierung gesetzt sind. Man kann noch mehr sagen: Das Wesen der modernen politischen Revolution, das sie von allen anderen Formen des Umsturzes, des Aufstandes, der Empörung, des Putsches unterscheidet, liegt für Hegel nicht so sehr in der besonderen politischen Form, die die Gewaltsamkeit annimmt, sondern in der ihr zugrunde liegenden gesellschaftlichen Emanzipation und in der Setzung von Ordnungen, die ihrem Prinzip nach voraussetzungslos wie ein radikaler Neuanfang, dem nichts vorausgehen soll, alles Vorgegebene, Geschichtliche und Überlieferte von sich ausschließen. Diese Revolution der Emanzipation geht so für Hegel in allen ihren Formen zuletzt auf die bürgerliche Gesellschaft zurück; diese ist selbst die Revolution im Grunde, die in der unmittelbaren Veränderung des konkreten menschlichen Daseins tiefer und einschneidender als jede politische Formänderung alles in Frage stellt und in Fluß bringt, und dies auch dann, wenn sie sich – wie in England – ohne politischen Umsturz vollzieht.

So ergibt sich für Hegel, daß die Gesellschaft auch die treibende

34 Diese überhaupt zuerst von Hegel gewonnene Einsicht in die Geschichtlichkeit der »Natur« der bürgerlichen Gesellschaft übernimmt K. Marx; sie wird für seine Kritik an der Politischen Ökonomie entscheidend, sofern es ihr darum geht, die Naturkonstante der englischen Ökonomie als Fiktion zu enthüllen und geschichtlich aufzuheben. Vgl. z. B. *Grundrisse der Kritik der Politischen Ökonomie*, Berlin 1953 (als Nachdruck der MEGA) S. 5 f.

Kraft der politischen Revolution ist; sie bringt die Entzweiung in die Geschichte, aber nicht in einem Teilbereich des menschlichen Lebens, in dem der Mensch dem Neuen noch ausweichen kann (so wie man sich geistig gegen die Aufklärungsbildung zu verschließen vermag), sondern als die Gegenwart und Zukunft bestimmende Realität des menschlichen Daseins in seinem praktischen Vollzug. Damit wird sie für alle zum unausweichlichen Schicksal. Aber an der gesellschaftlichen Grundlage der Emanzipation zeigt sich nun auch, was die Entzweiung und die durch sie gesetzte abstrakte Geschichtslosigkeit *positiv* bedeutet und leistet. Sowohl für die revolutionäre wie für die restaurative Theorie ist die abstrakte Negativität gegen die Geschichte das Letzte. Demgegenüber enthält die gesellschaftliche Emanzipation die positive Bestimmung, daß das, was durch sie aus dem Zusammenhang der geschichtlichen Herkunft herausgelöst und ihm gegenüber verselbständigt wird, das »System der Bedürfnisse« ist. *In der Emanzipation beschränkt sich die Gesellschaft auf den Naturbereich des menschlichen Daseins, auf seine Bedürfnisbefriedigung durch Arbeit und auf den »natürlichen Willen« des Menschen und gibt damit seine sonstigen Lebenszusammenhänge frei. Die Abstraktheit der Gesellschaft ist inhaltlich mit dieser Einschränkung auf die Bedürfnisnatur identisch und setzt damit die nicht auf sie reduzierbaren Lebenszusammenhänge frei.* Daher ist auch für Hegel der Mensch als Subjekt der bürgerlichen Gesellschaft der »abstrakte«, aus seinen geschichtlichen und geistigen Zusammenhängen herausgelöste und auf die Gleichheit seiner Bedürfnisnatur gestellte Mensch. Während der Mensch im Recht »Person« und im moralischen Zusammenhang »Subjekt« (im kantschen Sinn) ist oder in der Familie das »Familienmitglied«, ist »auf dem Standpunkte der Bedürfnisse« und (wie Hegel unterstreichend hinzufügt) »erst hier und auch eigentlich nur hier« von dem »Konkretum der Vorstellung, das man Mensch nennt«, die Rede (§ 190). In der bürgerlichen Gesellschaft gilt der Mensch, weil er Mensch ist, und nicht, weil er Jude, Katholik, Protestant, Deutscher, Italiener ist (§ 209); die für sein eigenes Dasein entscheidenden Ordnungen seiner geschichtlichen Herkunft gehen daher nicht in die Gesellschaft ein; darauf beruht die Abstraktheit und Geschichtslosigkeit des durch sie gesetzten menschlichen Seins, die auch die politische Theorie der Revolution und ihre negative Idee der Freiheit bestimmen. Aber zugleich ist diese Abstraktheit auf dem Boden der Gesellschaft durch ihre Einschränkung auf den Naturzusammenhang des menschlichen Daseins und seine Bedürfnisbefriedigung durch Arbeit gekennzeichnet. Darin liegt ihre positive Bedeutung, und Hegel kann daher sagen, daß die Gesellschaft die »Subjektivität« *allein* in »ihrem natürlichen subjektiven Dasein, Bedürfnissen, Neigungen, Leidenschaften, Meinungen, Einfällen« zum Inhalt hat (§ 123). Ihr Zweck liegt, wie es in Anknüpfung an die Politische Ökonomie heißt, einzig in dem »Wohl« (wealth, happiness) der Menschen; er betrifft daher nur ihr äußeres, natürliches Dasein; er ist mit dem »Zwecke der Endlichkeit« (§ 123) identisch und schließt so zugleich alle das Wohl übergreifenden Bestimmungen der Person und des persönlichen Daseins aus der Verfügung der Gesellschaft aus. *Indem sie nur den »natürlichen Willen« des Menschen zum Inhalt hat, gibt sie ihm daher die »wahren Bestimmungen der Freiheit« und seines Selbstseins frei. In dieser Freigabe liegt der positive geschichtliche Sinn der abstrakten Freiheit und ihrer emanzipativen Konstituierung durch die Entzweiung.* Weil der Zweck der Gesellschaft ausschließlich das »Wohl« des Menschen ist, werden durch sie keine Zwecke gesetzt, die das Recht der Besonderheit und damit die substantiale Freiheit des Menschen vernichten müssen. Gerade durch ihre abstrakte Geschichtslosigkeit gibt die Gesellschaft der Subjektivität das Recht der Besonderheit frei.

So wird Hegel in der Analyse der bürgerlichen Gesellschaft und an ihrem Naturprinzip klar, daß die Entzweiung nicht nur nicht zur Vernichtung der weltgeschichtlichen Kontinuität führen muß, sondern gerade die Bedingung ist, die sie ermöglicht und den Fortbestand der substantialen Ordnungen der Herkunft auf dem Boden der modernen Welt sichern kann. *Nicht in der innerlichen Bewahrung der Subjektivität in ihrem antithetischen Verhältnis zur gesellschaftlichen und politischen Revolution, sondern in der sie ermöglichenden Entzweiung selbst zeigt sich die in der Gegenwart vorhandene Vernunft.* In dem Gedanken, daß Freiheit das Recht für alle Menschen ist, liegt für Hegel der weltgeschichtliche Sinn der Revolution. Ihre Verwirklichung aber macht die Emanzipation der Gesellschaft aus den geschichtlichen Voraussetzungen der Herkunft notwendig. Indem sie die geschichtliche Bestimmung der Menschen und das außer sich setzt, was sie als Angehörige verschiedener Völker und in der Verschiedenheit ihrer geistigen und religiösen Herkunft voneinander unterscheidet, wird sie universal. Sie kann in der Gleichheit der Bedürfnisnatur und der abstrakten Arbeit alle Menschen als Menschen umfassen. Aber dazu gehört die Entzweiung; diese ist daher für Hegel zugleich positiv der Grund dafür, daß die für die Gesellschaft selber notwendig konstitutive geschichtslose Abstraktheit nicht zum Austrag ihres Widerspruchs gegen die Geschichte und so nicht zur Vernichtung der Freiheit des Selbstseins und der für sie wesentlichen geschichtlichen Substanzen führen muß.

Während die Naturtheorie der Gesellschaft, wie Hegel sie von der Politischen Ökonomie übernimmt, ihr Verhältnis zur Geschichte unerörtert läßt, hat Hegel sein Problem philosophisch ausgetragen. Die Gegenwart ist in allen Bereichen des inneren und äußeren Lebens durch die soziale und die politische Revolution bestimmt; von dieser Voraussetzung kann keine philosophische Theorie absehen; sie kann aber gleichwohl als Epoche der Weltgeschichte verstanden werden. Nicht die Subjektivität mit ihrer innerlichen Bewahrung allein rettet die Kontinuität der Weltgeschichte und ihres Geistes, sondern die Entzweiungsform der Gesellschaft selbst, indem sie in ihrer Beschränkung auf die Bedürfnisnatur und auf die ihr zugehörige objektive dingliche Realität der Subjektivität das Recht ihrer Besonderheit und ihrer Freiheit und so die Möglichkeit der Bewahrung offenläßt.

Das bedeutet aber für Hegel auch, daß die bürgerliche Gesellschaft selbst *geschichtlich* nicht in der Isolierung auf ihr eigenes Naturprinzip besteht, sondern die Zugehörigkeit der ganzen Bildung des Menschen voraussetzt, die sich in der weltgeschichtlichen Arbeit der Vernunft geformt hat, ohne daß ihre eigene, allein auf das Naturprinzip gestellte Theorie diese Zugehörigkeit geltend machen und zur Sprache bringen kann. Über sie muß Hegels Philosophie daher hinausgehen; indem sie einerseits das Aufkommen der bürgerlichen Gesellschaft und der sich mit ihm vollziehenden Revolution aus seinem eigenen Naturprinzip begreift,

bezieht sie die Gesellschaft andererseits zugleich auf das in der Tradition der Philosophie bewahrte Wissen um die vernünftige Substanz der ganzen Weltgeschichte. Auf sie wird am Ende der *Rechtsphilosophie* verwiesen. Sie bleibt als das »Element des Daseins des allgemeinen Geistes« und als »die geistige Wirklichkeit in ihrem ganzen Umfange von Innerlichkeit und Äußerlichkeit« (§ 341) notwendigerweise in der Politischen Ökonomie und ihrer Theorie der Gesellschaft außer Betracht, weil diese in der Entwicklung des inneren Prinzips der Gesellschaft und ihrer Bewegungsgesetze alles Geschichtliche ausklammern und von ihm abstrahieren muß. Demgegenüber aber kann die Philosophie die an sich in der emanzipativen Konstituierung mitgesetzte, aber in der Naturtheorie verschwindende Beziehung zur geschichtlichen Herkunft positiv entwickeln. Sie wird so dazu geführt, die Emanzipation als Entzweiung zu begreifen. Damit wird die Gesellschaft selbst und ihre Revolution im Zusammenhang der Weltgeschichte positiv deutbar. Sie kann ihrerseits als »Bewegung des Geistes« (§ 341) und als Scheinen der Sittlichkeit gelten (vgl. § 181).
Die Staatstheorie der *Rechtsphilosophie* hat dann die Aufgabe, die notwendig gewordene Korrektur der Naturtheorie der Gesellschaft zu vollziehen. Diese kann nicht über das System der Bedürfnisse und die durch dieses gesetzte Gesellschaft selbst hinauskommen und muß bei dem stehenbleiben, was Hegel den abstrakten »Not- und Verstandesstaat« (§ 183) nennt. Hegels Lehre vom Staat als »Wirklichkeit der sittlichen Idee« und als »Geist, der sich in der Welt realisiert« – sie enthält die Bestimmungen, die dann zur Verwerfung seiner Philosophie als reaktionär und als Staatsvergottung führen – haben die methodische Aufgabe, die geschichtliche Substanz der modernen Gesellschaft geltend zu machen und diejenigen Bestimmungen in ihren Begriff aufzunehmen, die aus ihrem abstrakten Natur- und Emanzipationsprinzip und ohne Zusammenhang mit der geschichtlichen Substanz nicht gewonnen werden können.[35]

10. So wird Hegels Theorie der Gesellschaft und der sich mit ihr vollziehenden Revolution zur philosophischen Theorie; der spekulative Begriff wird im Angesicht der für die Gesellschaft selbst

35 s. Exkurs XV, hier S. 255.

konstitutiven Abstraktheit notwendig; in ihr liegt die Gefahr verborgen, daß die Gesellschaft dazu kommen kann, ihr Arbeits- und Klassensystem zur einzigen Bestimmung des Menschen zu machen. Wenn dies geschieht, und wenn so das Emanzipationsprinzip zur absoluten Macht erhoben und alles, was der Mensch nicht durch die Gesellschaft ist, nicht freigegeben und real verneint wird, dann muß die Gesellschaft wirklich aus dem Zusammenhang der Weltgeschichte heraustreten und zu ihrem Ende werden. Um diese Möglichkeit einer absoluten Vergesellschaftung des Menschen und so der Aufhebung der Entzweiung durch sie hat Hegel gewußt: »Die bürgerliche Gesellschaft ist... die ungeheure Macht, die den Menschen an sich reißt, von ihm fordert, daß er für sie arbeite und daß er *alles durch sie sey und vermittelst ihrer thue«* (§ 238 Zusatz, VII S. 315, Hervorheb. v. Verf.).

Diese Gefahr wird akut, wenn die Gesellschaft in »ungehinderter Wirksamkeit« »fortschreitet« (vgl. § 243) und so die in der Entzweiung freigesetzten und an sich geschichtlich erhaltenen Mächte des persönlichen Lebens, der Subjektivität und der Herkunft aus sich verdrängt und vernichtet. Wo das gediegene und seiner Zusammenhänge gewisse bürgerliche Leben der Person aufhört, die »feste Erde« zu sein, da wächst »die Gefährlichkeit für die Individuen, die Gesellschaft und den Staat«, so »wie ein Funke auf einen Pulverhaufen geworfen eine ganz andere Gefährlichkeit hat als auf feste Erde, wo er spurlos vergeht« (§ 319). In diesem Sinn hat Hegel am Ende seines Lebens künftige Möglichkeiten der fortdauernden Revolution vorausgesehen und die Revolution selbst das Problem genannt, das ungelöst an künftige Zeiten weitergegeben wird.

Darum mußte ihm der »Atheismus der sittlichen Welt«, wie ihn die restaurative, romantische Subjektivität vertritt, als die Bereitschaft, die gesellschaftliche Wirklichkeit des Menschen für gottlos zu halten und sie darum als Ende und Untergang der Herkunftsgeschichte zu verwerfen, wie ein Zeichen der äußersten Gefahr erscheinen. Die Geschichtlichkeit der modernen Gesellschaft beruht darauf, daß sie in der Form der Entzweiung die in der Subjektivität bewahrte Substanz freigibt und damit als den lebendigen Inhalt der von ihr gesetzten Freiheit erhält.

Wenn aber der subjektive Sinn das Göttliche vor ihr zu retten sucht, wird mit diesem Retten der Gesellschaft die Substanz entzogen, die sie geschichtlich trägt. Die haltenden Kräfte werden zerstört; das Retten ruft selber den Untergang herbei, den es verhindern will. Dieser tödlichen Gefahr ist Hegel entgegengetreten. Er hat sie darin bestanden, daß er die gegenwärtige Vernunft nicht nur im eigenen Inneren und jenseits der Zeit, sondern in der geschichtlichen Bewegung und ihrem Bildungsprozeß, in der politischen und sozialen Revolution und in ihrer widersprüchlichen Erscheinung suchte und fand, die zum Schicksal der modernen Epoche überhaupt geworden ist.

Exkurse

I

Eine Bibliographie zur politischen Theorie Hegels trifft auf Schwierigkeiten, die mit der Eigenart der Hegelschen Philosophie und ihrer Wirkungs- und Deutungsgeschichte zusammenhängen.

Die *Rechtsphilosophie* läßt sich gewiß als die große Zusammenfassung der Staats- und Gesellschaftslehre Hegels verstehen; aber das bedeutet nicht, daß sie sich auf den Bereich des Staats- und Gesellschaftsproblems beschränkt. Darin liegt hier die Schwierigkeit: Die politische Theorie setzt philosophische Zusammenhänge voraus, die über sie selbst hinausweisen. So wird der Gegenstand der *Rechtsphilosophie*, wie es in der Einleitung (§ 33) heißt, als die Freiheit, als die »Entwicklung der Idee des an und für sich freien Willens« bestimmt, und zwar so, daß nacheinander das »abstrakte Recht«, die »Moralität« und die »Sittlichkeit« behandelt werden, wobei der Staat zusammen mit der Familie und der bürgerlichen Gesellschaft unter den Begriff der Sittlichkeit fällt. In der Verbindung von Recht und Sittlichkeit (Moralität) steht diese Schrift – ähnlich wie noch Kants *Metaphysik der Sitten* – in der durch die Zusammenfassung der Rechts- und Tugendlehre gekennzeichneten Schultradition der Ethik. So ist sie zunächst politische Theorie in dem allgemeinen Sinn, in dem Aristoteles die Ethik als »politische Wissenschaft« ἐπιστήμη πολιτική) verstanden hat, sofern für sie das sittliche Handeln seinen Ort in der »Polis« (in der »Gesellschaft«) hat, und die politische Ordnung ihrerseits in der sittlichen Verwirklichung der Freiheit ihren Grund und ihr Umwillen findet. Dazu kommt dann die für Hegel entscheidende aktuelle politische Bedeutung der *Rechtsphilosophie;* sie liegt darin, daß sie philosophisch das Problem der »Entzweiung« aufnimmt und austrägt, das mit dem Aufkommen der modernen Gesellschaft und mit ihrer politischen Revolution zur Verfassung des gegenwärtigen Daseins in allen seinen Schichten geworden ist. Aber die Auseinandersetzung mit diesem in der sozialen und politischen Umwälzung begründeten Problem der Zeit beschränkt sich keineswegs auf die *Rechtsphilosophie* und auf diejenigen Schriften Hegels, die wie *Über die wissenschaftlichen Behandlungsarten des Naturrechtes* (1802) den Zusammenhang mit den Fragen der politischen Ordnung unmittelbar erkennen lassen, sondern ist für seine Philosophie im ganzen konstitutiv, sofern sie Philosophie der Vernunft und des Seins im Verhältnis zu ihrer durch die Entzweiung geschichtlich bestimmten Zeit ist. In nahezu allen Schriften und Vorlesungen Hegels von den Jenaer Druckschriften an und bereits in den Jugendschriften der Berner und Frankfurter Zeit finden sich daher Auseinandersetzungen mit der Revolution und ihrer Philosophie, aber ebenso auch mit der romantisch-restaurativen Philosophie der Subjektivität und ihrer Flucht aus der politisch-geschichtlichen Wirklichkeit, und dies nicht selten – wie in der *Phänomenologie*, der *Philosophie der Geschichte*, der *Geschichte der*

Philosophie – an den Brennpunkten der Darstellung, wo die prinzipiellen Entscheidungen zu Wort kommen. Es ist zwar möglich, Religion, Kunst, Recht, Weltgeschichte, Philosophie als »Lebensgebiete« zu verstehen, denen sich Hegel nacheinander in ihrer Gegebenheit zuwendet. Aber der tiefere philosophische Zusammenhang kommt so nicht zur Sprache. Die Weltgeschichte soll nach den Emanzipationstheorien mit der modernen Welt ihrem Ende zugehen; die ästhetische Kunst wird für die Philosophie der Subjektivität zur Macht der poetischen Überwindung der Entzweiung und zum Träger der Wiederherstellung der durch Aufklärung und Revolution zerstörten »alten Welt«. Eine Theologie der reinen Innerlichkeit ist dabei, die Religion auf das Gefühl zu beschränken und die gesellschaftliche und politische Realität dem Atheismus des Verstandes zu überlassen. So geht es bei Hegel überall um die Auseinandersetzung mit dem Problem der Zeit, das durch die politische und soziale Revolution gestellt ist. Sie wird für ihn der Bezugspunkt, an dem sich die Fäden des philosophischen Gedankens zum Ganzen des Systems verknüpfen. Daher tritt dieser nirgendwo ganz aus dem politischen Zusammenhang heraus. Er bildet so zugleich auch immer die Voraussetzung für Hegels unmittelbare und ausdrückliche Auseinandersetzung mit den politischen Problemen der Zeit, auch in seinen politischen Abhandlungen.

Dieser universalen Bedeutung des Politischen für die Philosophie Hegels kann die Bibliographie nicht gerecht werden; sie muß sich auf die Arbeiten beschränken, die Staat und Gesellschaft thematisch zum Gegenstand haben. Sie ist damit in der Gefahr, ihrerseits der Vorstellung Vorschub zu leisten, als habe das politische Problem für Hegel lediglich eine begrenzte, gleichsam »spezielle« Bedeutung und als wären nur diejenigen Arbeiten für sein Verständnis wichtig, die sich ihm unmittelbar zuwenden. Dilthey hat Hegels Jugendentwicklung wesentlich aus dem Gesichtspunkt des Religiösen verstanden, Lukács hat sie rein politisch gedeutet. Seine Arbeit gehört daher schon durch ihre Thematik in den Zusammenhang der Bibliographie hinein, während Diltheys Darstellung herausbleiben muß. Dennoch wird nur derjenige die politische Fragestellung des jungen Hegel richtig verstehen, der sie auch in dem von Dilthey geschilderten religiösen Zusammenhang sieht, der überhaupt erst die leidenschaftliche Anteilnahme verständlich macht, die Hegels Auseinandersetzung mit der Revolution damals erfüllte. Das ist ein Beispiel für viele. Es gibt Darstellungen, die, ohne die politischen Probleme zu berühren, doch die für diese entscheidend wichtigen Zusammenhänge seiner Philosophie behandeln, und es gibt andererseits Arbeiten zur Rechts-, Staats- oder Geschichtsphilosophie Hegels, die seine Begriffe so formal und so ausschließlich aus dem »System« verstehen, daß in ihnen der Zusammenhang seiner Philosophie mit den politischen Problemen der Zeit wie ihre aktuelle politische Bedeutung verschwinden. Die hier liegende sachliche Schwierigkeit läßt sich für die Bibliographie nicht beheben; es muß genügen, auf sie hinzuweisen und auf die Einseitigkeit aufmerksam zu machen, die sich nicht wird vermeiden lassen.

Die zentrale Bedeutung des politischen Problems für Hegels Philosophie hat zur Folge gehabt, daß vor allem in der Zeit von 1830 bis 1848 und dann bis heute die wichtigere Auseinandersetzung mit ihr nicht im Raum der wissenschaftlichen Philosophie, sondern von den politischen Ideologien, aber auch von der politischen Geschichtsschreibung und den Staats- und Rechtstheorien geführt worden ist. Das Verhältnis von Marx und Engels zu Hegel, so sehr es heute im Vordergrund des Interesses steht, ist nur ein Beispiel dafür, in welchem Umfang die Auseinandersetzung mit ihm zu einem fortwirkenden Bestandteil der politischen Ideengeschichte bis auf den heutigen Tag geworden ist. Die Rechte wie die Linke haben ihn für sich beansprucht, aber auch innerhalb der politischen Gruppen und Richtungen gibt es ein leidenschaftliches Für und Wider. Während z. B. Rosenkranz und Sietze die Hegelsche Philosophie als Inkarnation des preußischen Geistes feiern, hat K. E. Schubarth Hegels Staatsphilosophie als »unvereinbar mit dem obersten Lebens- und Entwicklungsprinzip des preußischen Staates« verworfen. Aus diesem Anlaß schreibt damals Varnhagen von Ense: »So wollen wir uns an der Betrachtung stärken, daß die Hegelsche Staatsphilosophie lange Zeit wegen ihres Servilismus geschmäht, seit kurzem aber des Liberalismus, des versteckten Aufrufs zur Empörung beschuldigt, jenen Kreis von Verdächtigungen, denen kein gediegenes Werk . . . sich entziehen kann, nunmehr glücklich durchlaufen hat« (beide Stellen zit. nach Anmerkungen Hoffmeisters, *Hegels Briefe* Bd. III S. 407 ff.).

Dieser Kreislauf von Bewundern und Verwerfen bleibt aber für die spannungsreiche Geschichte der politischen Nachwirkung Hegels bis heute typisch. Während er nach 1945 für Popper, für v. Martin u. a. zum Vater und Urheber des Faschismus wird, hat er für den Nationalsozialismus selbst niemals eine ähnliche Rolle wie etwa die Philosophie Nietzsches gespielt, ist aber auch hier, wenn man sich mit ihm auseinandersetzte, umstritten geblieben. Für Steding (*Das Reich und die Krankheit der europäischen Kultur*, Hamburg 1938, [4]1942) der wahre Prophet des »Reiches«, wird er von anderen als Philosoph einer europäischen Universalität und so als Gegenspieler der »volksgebundenen« nationalen Erneuerung abgelehnt.

Diese in Schüben des Vordringens und Zurückweichens seit der Zeit Hegels fortwirkende Auseinandersetzung mit ihm kommt auch in der Hegelforschung nicht zur Ruhe. Das Bild seiner Philosophie ist auch für sie noch nicht fixiert; sein Gedanke ist weder politisch-geschichtlich noch philosophisch in die Geschichte des Geistes endgültig eingeordnet; die Probleme, die ihn bewegen, sind noch (oder wieder) Probleme des gegenwärtigen Lebens. So kommt es, daß auch die historische und philosophische Forschung durch die positiven und kritischen Gesichtspunkte der Auseinandersetzung und der Anknüpfung durchdrungen wird; offen oder verborgen bleibt die Tendenz wirksam, Hegel im Zusammenhang der gegenwärtigen Probleme zu verstehen und seine Philosophie so – im Aneignen und Abstoßen – zu einem Element in der Bestimmung des eigenen Weges zu machen. Während eine von Dilthey ausgehende wichtige Richtung Hegels Philosophie vor allem aus dem Ursprung der theologisch-religiösen, »irrationalistischen« Fragestellung seiner Berner und Frankfurter

Zeit verstand und sie so ganz aus ihrem politisch-geschichtlichen Zusammenhang herausnahm, blieb die Deutung seiner politischen Theorie unter dem Einfluß vor allem der politischen Historie (Meinecke u. a.) lange, vielfach bis heute, an die Auseinandersetzung um das Verhältnis von Staat, Nation und Volk und um die Probleme des Machtstaates gebunden. Demgegenüber trat das Gesellschaftsproblem, vor allem in Deutschland, zunächst fast ganz zurück; die bedeutsame Wirkungslinie, die von Hegel zu Lorenz v. Stein führt, brach ab; erst die Auseinandersetzung mit dem Marxismus führte hier zu einem Wandel; Hegels Philosophie der Gesellschaft wurde unter dem Gesichtspunkt der Entwicklung, die von ihr über die Junghegelianer zu Marx hinführt, dann aber auch als diese und für sich selbst neu erschlossen. Inzwischen ist sie, nicht nur in Frankreich, in England und in den USA, zum Gegenstand eindringlicher Untersuchungen geworden.

Unter den Bedingungen dieser Schwierigkeiten stehen die vorliegenden Bibliographien zu Hegels politischer Theorie, die K. Gründer für die Jahre 1905 bis 1956 der ersten deutschen Ausgabe (1956) und in Auswahl für die Jahre 1821–1965 der zweiten deutschen Ausgabe (1965) und die H. M. Saß für die Jahre 1821–1903 der französischen Buchausgabe (1969) beigaben.

II

In Hegels Korrespondenz taucht der Gedanke an die Möglichkeit, nach Berlin zu gehen, zuerst in einem Brief an Paulus vom 30. 7. 1814 aus Nürnberg auf. Sein Wunsch, wieder an die Universität zurückzukehren, sei »unüberwindlich«. Zwar bestehe »seit mehreren Jahren« Aussicht auf einen Ruf nach Erlangen, doch müsse er unter den »gegenwärtigen Umständen« einer anderen Aussicht nachstehen (*Br.* 235). Hoffmeister weist in der Anm. 3 zu diesem Brief (Bd. II, S. 376) darauf hin, daß die Professoren dort durch jahrelangen Gehaltsrückstand in Not geraten waren (zur allgemeinen Lage der Erlanger Universität vgl. *Br.* 223 Anm. 1, Bd. II, S. 372). Jetzt hat Hegel erfahren, daß Fichtes Stelle (gest. am 29. 1. 1814) in Berlin noch unbesetzt ist; Paulus möge daher versuchen, näheres über die dortigen Absichten in Erfahrung zu bringen, und Hegels »Erwähnung tun« (vgl. auch *Br.* 236 und 241). Auf die Berliner Möglichkeiten nimmt wohl auch der Brief an Niethammer vom 26. 10. 1824 Bezug: »Im Auslande« weiß man eher, »was man will, unter anderem auch über Universitäten und Gelehrsamkeit« (*Br.* 243). Aber Hegel sieht ebenso auch nach Jena, wo Schelling aus München abgelehnt hat (*Br.* 262) und, als Fries dort »engagiert« ist, nach Heidelberg (*Br.* 263). Bei allen diesen Erwägungen spielt die Frage des Einkommens eine nicht geringe Rolle; so schreibt Hegel im Zusammenhang mit Jena an Frommann am 14. 4. 1816, daß er »mit der gewöhnlichen philosophischen Professorenbesoldung« nicht dorthin gehen könne, obwohl ihm »Eindruck ... gemacht« habe, »daß sich in Jena eine Aussicht eröffnen könnte« (*Br.* 262). Zur Vorgeschichte der Berufung nach Berlin im einzelnen vgl. was Hoffmeister hierüber in der Anm. 1 zum *Br.* 278 (an v. Raumer), Bd. II, S. 397 bis 403 berichtet.

Alles in allem ergibt sich aus den Briefen, daß für Hegel bei Berufungen, und so auch bei der Berliner Berufung, die gewöhnlichen und durchaus typischen Gesichtspunkte wie Möglichkeiten der Wirksamkeit und Forschung, Verhältnisse in den Fakultäten, Besoldungsfragen usf. im Vordergrund gestanden haben. Auch die Entscheidung für Berlin war zunächst eine Frage der Universitätslaufbahn; nirgends finden sich in seiner Korrespondenz Äußerungen, die dafür sprechen, daß Hegel bei seinen Erwägungen etwa von einem inneren Zusammenhang seiner Philosophie mit Preußen und der preußischen Politik ausgegangen ist. Was Berlin bietet, ist die bessere Dotierung der philosophischen Professur, dann aber vor allem auch die positive Einstellung, die der Freiherr von Altenstein, der seit dem 3. 11. 1817 das neu geschaffene preußische »Ministerium für die geistlichen, Unterrichts- und Medizinalangelegenheiten« leitete, als ein »philosophierender Minister« (Boisserée, vgl. Hoffmeister Anm. 1 zu *Br.* 326, Bd. II, S. 422) Hegel selbst und seiner Philosophie entgegenbrachte (vgl. *Br.* 326, 328, 331, 332, 333, 337, 338, 339, 341 343). Obwohl Hegel – schon als Schwabe – an sich den deutschen Süden vorzieht, ist Berlin die freiere, der Philosophie, der philosophischen Wirksamkeit und der gelehrten Bildung günstigere Stadt. Das gibt den Ausschlag. »Sie wissen«, so schreibt Hegel am 9. 6. 1821 von Berlin an Niethammer (*Br.* 390), »daß ich hierher gegangen bin, um in einem Mittelpunkt und nicht in einer Provinz zu sein.« Hegels Ständeschrift von 1817 bezeugt genugsam, wie er die Verhältnisse in Süddeutschland, besonders in Württemberg, und die dort herrschende politische »Nullität« und »Erstorbenheit« beurteilte (vgl. S. 32 ff.). Diese Abkehr von der Provinz ist in der Wendung, die sie bei Hegel nimmt, gewiß ein politisches Motiv, sie hat mit seiner tiefen Abneigung gegen die mit provinzieller Enge verbundenen restaurativen Tendenzen zu tun und steht so in unmittelbarem Widerspruch zu den Intentionen, die nach Haym in Hegels Entscheidung für Berlin wirksam sein sollen. Schon aus der Korrespondenz ergibt sich mit aller Eindeutigkeit, daß die Gleichsetzung Hegels mit der »preußischen Reaktion« nichts mit dem wirklichen Gang der Dinge zu tun hat. Sie gehört der Zeit nach 1830 und dem Kampf gegen die dann wirklich reaktionäre Politik Preußens an und beruht so auf der nachträglichen, politisch bedingten Gleichsetzung der Hegelschen Philosophie mit dieser Reaktion. An dem Aufkommen der Vorstellung, daß Hegels Philosophie eine wesentlich preußische Philosophie sei, hat auch die erste, von K. Rosenkranz verfaßte Biographie (*G. W. F. Hegels Leben*, Berlin 1844) – freilich aus ganz anderen Motiven (R. schrieb 1858 eine »Apologie« Hegels gegen Haym) – einen nicht unwesentlichen Anteil. In ihr versucht Rosenkranz, in einer vermeintlichen Anwendung der spekulativen Methode Hegels auf seine Biographie, seine Berliner Lehrtätigkeit aus einer inneren Entsprechung des in Preußen wirkenden und in Hegel lehrenden Weltgeistes zu »deduzieren«. Preußen sei als ein künstlicher, durch keine Naturgrenzen geschützter, noch nicht arrondierter Staat darauf verwiesen, sich allein »durch den rastlosen Fortschritt seiner geistigen Entwicklung seine Stellung zu erhalten«. Darin liege zunächst die Bedeutung von Kant, der Preußen »die ihm entsprechende Philosophie« gegeben habe. Da Hegel aber die kantische Philosophie vollendet, müsse seine Philosophie auch als die Vollendung der preußischen Philosophie gelten. Wörtlich heißt es: »Da nun die Hegelsche Philosophie in Wahrheit die Vollendung der kantischen ist, so ergibt sich die höhere Notwendigkeit welche Hegels Berufung nach Preußen und die schnelle Einwurzelung seiner Philosophie in demselben bewirkte« (317). Diese *»höhere Notwendigkeit«* habe so auch seine Berufung hervorgetrieben: »Was manche gar nur als Befriedigung eines Lieblingswunsches des Ministeriums Altenstein ansahen, war im Grunde das Werk der progressiven Tendenz des Preußischen Geistes« (316 ff.). Ein besonders krasses Beispiel für die »Anwendung« der spekulativen Methode Hegels auf die Preußen bietet Karl Friedrich F. Sietze, *Grundbegriff Preußischer Staats- und Rechtsgeschichte,* Berlin 1829. S. deduziert hier die preußische Geschichte mit Hegelschen Begriffen und analogisiert sie mit der christlichen Dogmatik. Das Vaterunser, die trinitarische Doxologie wird auf Österreich, Preußen und die Slaven bezogen (bes. S. XVI, 430, 442, 480, 643-50). Das deutsche Reich ist das Bewußtsein Europas (643, 650), Preußen sein Selbstbewußtsein (671), die Offenbarung (698), der Leib des Herrn (699). Das Buch ist zu Lebzeiten Hegels, des »sehr verehrten Lehrers« (481) erschienen. Eine Äußerung Hegels zu ihm ist nicht bekannt; ein Brief vom 14. 12. 1830 an Sietze spielt lediglich auf sein Verhältnis zu Hamann und auf seine »humoristische Ader« an (*Br.* 660). Auf solchen »Deduktionen« beruht auch die Vorstellung von dem inneren Zusammenhang zwischen der Philosophie Hegels und Preußen; es ist offenbar auch für den historischen Sinn nicht leicht, sich von Anschauungen freizumachen, die durch ein politisches und weltanschauliches Interesse fixiert sind. –

Es ist das große Verdienst der ausgezeichneten Studie E. Weils über Hegels Staatsphilosophie *(Hegel et l'Etat,* Paris 1950), daß sie im einzelnen den Nachweis führt, wie wenig berechtigt es ist, das Preußen, in das Hegel 1818 ging, mit dem dann wirklich reaktionären Preußen der dreißiger und vierziger Jahre gleichzusetzen. In den napoleonischen Kriegen sei das absolutistische Preußen zerbrochen; im Wiederaufbau habe die Regierung erkannt, daß nur eine tiefgreifende Reform in der Lage sei, die Macht des Staates zu stärken. So seien die schlimmsten Unfreiheiten beseitigt, die Veräußerung von Grundbesitz freigegeben, der Frondienst abgeschafft, der größte Teil der Vorrechte des Adels beseitigt, der Bauer befreit worden, während die Städte eine autonome Verwaltung erhielten (18 f.). E. Weil faßt seine Darstellung dahin zusammen, daß Preußen damals im Verhältnis zum Frankreich der Restauration oder zum England vor den Reformen von 1932 und zum Österreich Metternichs ein fortschrittlicher Staat (un Etat avancé, 19) war. Hier liegen die Voraussetzungen für das positive Verhältnis, das Hegel dann auch zum preußischen Staat gehabt hat, und nicht in den sich auch hier ankündigenden reaktionären Tendenzen, und so auch nicht darin, daß Preußen für ihn die Verkörperung der absoluten, die modernen Prinzipien der Freiheit und des vernünftigen Rechts vernichtenden Staatsmacht war: »En 1830 comme en 1818, Hegel considère donc la Prussie comme l'Etat moderne par excellence (ce qui semble exact du point de vue de l'historien), et la voit ainsi, parce qu'il la voit fondée sur la liberté« (22). Diese Fortschrittlichkeit Preußens wird für Hegel in besonderer Weise in der Berliner Universität wirksam, und die Antrittsrede, die er dort am 22. 10. 1818 gehalten hat (*Berliner Schriften* S. 3 bis 21), belegt vielleicht am besten, mit welchen Vorstellungen und Erwartungen er nach Berlin gekommen ist, um »in diesem Zeitpunkt« und »auf hiesigem Standpunkte in ausgebreitetere akademische Wirksamkeit zu treten.« Die »Not der Zeit« ist jetzt vorüber; lange mußten die »hohen Interessen der Wirklichkeit« in den Kämpfen, um »das politische Ganze des Volkslebens und des Staates wiederherzustellen und zu retten«, im Vordergrund stehen und »alle Vermögen des Geistes, die Kräfte aller Stände an sich ziehen«. Aber nun ist die Zeit eingetreten, »daß in dem Staate auch das freie Reich des Gedankens selbständig emporblühe« (3 f.). Alles, »was gelten soll«, hat sich nunmehr »vor der Einsicht und dem Gedanken« zu »rechtfertigen«. Preußen aber hat dieser freien Wirksamkeit des Geistes in besonderer Weise Raum geschaffen: »Die Bildung und die Blüte der Wissenschaften« ist hier »eines der wesentlicheren Momente, selbst im Staatsleben«. Das eröffnet die Aussicht, daß auch die Philosophie an der Berliner Universität als der »Universität des Mittelpunktes« ihre »Stelle und vorzügliche Pflege« finden werde (4).

So hat Hegel seine Wirksamkeit in Berlin und ihren Zusammenhang mit dem preußischen Staat verstanden. Das Verhältnis, in dem seine Philosophie zum Politischen überhaupt steht, wird sichtbar. Sie dringt durch den Vordergrund des politischen Tageskampfes und seines Formalismus hindurch und begreift die freie geistige Wirksamkeit der Person und ihr gediegenes persönliches Leben in den bürgerlichen Ordnungen als das substantielle Ziel, um dessen Verwirklichung es zuletzt im freiheitlichen Staat geht. Die Korrespondenz Hegels in diesen Berliner Jahren zeigt, wie sein eigenes Leben im Amt und in der »Familienzufriedenheit« seine Mitte hat (vgl. *Br.* 355) und so mit dem philosophischen Gedanken persönlicher Freiheit in einer schönen und ruhigen Übereinstimmung steht.

III

E. Weil (a. a. O. S. 11) weist darauf hin, daß auch eine Reihe von guten Arbeiten aus den letzten 30 Jahren nicht hat verhindern können, daß sich das von der politischen Hegelkritik des 19. Jahrhunderts geprägte Bild seiner Philosophie weiterhin hartnäckig hält: »Comme Platon est l'inventeur des idées . . . comme Aristote est l'homme de la logique formelle . . . Descartes le héros de la clarté, Kant le rigoriste, Hegel est l'homme pour lequel l'Etat est tout, l'individu rien, la morale une forme subordonnée de la vie de l'esprit: en un mot il est l'apologiste de l'Etat prussien.« Das bestätigt sich immer wieder. So hat nach Hook (a. a. O. S. 19 Anm. 1) Haym noch zu milde geurteilt: »the situation stands even worse for Hegel than it was pictured by the most critical of his biographers«. Sein Idealismus sei die Rechtfertigung der bestehenden Ordnung durch zweideutige Formulierungen der Identität von

Vernunft und Wirklichkeit (18). Alles aber, was jeweils gegen Hegel als »Reaktionär« und gegen seine Vergottung des Staates gesagt worden ist, wird durch R. Popper, *The Open Society and its Enemies* (Vol. II The High Tide of Prophecy: Hegel and Marx), London zuerst 1945, 2nd ed. (revised) 1952 (II, c. 12 [Hegel and the new Tribalism], S. 27-80) übertroffen. Mit dem deutschen Idealismus beginne in Deutschland das Zeitalter der Unehrenhaftigkeit und Unverantwortlichkeit; Hegel sei von der reaktionären Partei Preußens angestellt worden, um ihre Forderungen zu erfüllen (29). Er habe dies getan, indem er die Philosophie Heraklits, Platons und Aristoteles', der ersten Feinde der »offenen Gesellschaft«, erneuerte (30). Seitdem herrsche in Deutschland der Hegelianismus; »Hegelianism is the renaissance of tribalism« (30), so daß Hegels Philosophie für Popper nichts ist als das Bindeglied zwischen dem platonischen und modernen Faschismus (31). Aber ihr radikaler Kollektivismus hänge nicht nur von Platon, sondern ebensosehr auch von Friedrich Wilhelm III. ab: Ihr Gemeinsames sei die Botschaft, daß der Staat alles und das Individuum nichts sei (31). Dabei sei Hegel nicht einmal begabt gewesen (32); alles sei von den Vorgängern geborgt (32), und so zeige seine Philosophie, »how easily a clown may be a ›maker of history‹« (32). Der Satz von der Identität des Vernünftigen und Wirklichen läuft nach Popper auf die Lehre hinaus, »that might is right« (41), zu der Hegel die Ideen von 1789 pervertiert habe, indem er die Menschheit durch den totalitären Nationalismus (49) und durch das preußische Autoritätssystem ersetzte (56, 58 u. pass.) usf. . . . Zu diesem kuriosen Buch, in dem neben Hayms Kritik auch die Haßgesänge Schopenhauers gegen Hegel Auferstehung feiern, hat jetzt W. Kaufmann, *Hegel: Legende und Wirklichkeit* (zuerst engl. in *The Philos. Review* IX, Nr. 4, Oct. 1951, dann deutsch in der *Z. f. Philos. Forschung* X, 2, 1956, S. 191-226) Stellung genommen; was sachlich zu Popper gesagt werden muß, ist in diesem Aufsatz in mustergültiger Weise gesagt. Er schließt mit der Forderung, »Hegel endlich gerecht zu werden«, »nachdem Hegelianismus und Antihegelianismus ihre Zeit gehabt haben« (226). Bereits nach dem ersten Weltkrieg hatte V. Basch (*Les Doctrines politiques des philosophes classiques de l'Allemagne*, Paris 1927) Hegel gegenüber gewissen Tendenzen einer rein nationalstaatlichen Deutung seiner Philosophie und vor dem Vorwurf des »Pangermanismus« in Schutz genommen. H. Heimsoeth hat in einer Abhandlung zur *Politik und Moral in Hegels Philosophie (Bl. f. d. Philos.* VIII, 1934, S. 127 ff.) besonders auf die positive Bedeutung der Freiheit des Individuums hingewiesen und von hier aus die einseitige Interpretation des Machtprinzips korrigiert (vgl. a. a. O. S. 143 ff.). Neben Weil ist jetzt in diesem Zusammenhang besonders Marcuse zu nennen. Nach ihm hat gerade das Aufkommen des Faschismus eine neue Interpretation der Hegelschen Philosophie notwendig gemacht. Es zeige sich, »that Hegel's basic concepts are hostile to the tendencies that have led into Fascist theory and practice« (a. a. O. Preface VII). Das Problem Hegels sei das anarchische Moment in der sozialen und ökonomischen Entwicklung der bürgerlichen Gesellschaft gewesen (60). Gewiß enthalte seine Philosophie so auch eine immanente Kritik der liberalistischen Gesellschaft, aber sie ziele darauf ab, deutlich zu machen, daß in ihr Tendenzen wirksam sind, die mit Notwendigkeit zum autoritären Staat führen (59, vgl. 178 f.). Hegels Philosophie sei so von der Absicht getragen, dieser Gefahr entgegenzuwirken. Auch Vaughans Darstellung (*Studies in the History of Political Thought,* Vol. II From Burke to Mazzini, ed. by A. G. Little, Manchester 1939, S. 143–183) zeichnet sich durch Unabhängigkeit gegenüber den üblichen Vorurteilen aus. Er deutet Hegels politische Philosophie im Zusammenhang der Geschichte des Protestes gegen ihre »abstrakte Behandlung« im 18. Jahrhundert. Seine eigentümliche Leistung liege in der Verbindung des »historischen Sinnes Vicos mit dem philosophischen Genie von Kant und Fichte« (143). Seiner Philosophie gelinge es so, die innere Einheit von Vernunft und Geschichte herzustellen und damit die abstrakte Schranke niederzureißen, die das sittliche Dasein des Menschen bis dahin von seinem politischen Wachstum trennte. Die Hartnäckigkeit, mit der sich gleichwohl das von den politischen Gegnern in der Mitte des vorigen Jahrhunderts geschaffene Hegelbild hält, ist nicht zuletzt darin begründet, daß die Schulphilosophie und ihre Philosophiehistorie nach dem sogenannten Zusammenbruch des deutschen Idealismus bis in unsere Tage hinein fast jeden Kontakt mit den Problemen der bürgerlichen Gesellschaft verloren hat. Ihre Behandlung war zur Sache der Soziologie als Spezialwissenschaft und allenfalls der Kulturhistorie geworden, so daß auch in Diltheys *Jugendgeschichte Hegels* (1905), die eine so entscheidende Bedeutung für die Erneuerung der Hegelforschung in Deutschland gehabt hat, die politische Theorie Hegels gar nicht oder nur am Rande berührt wird.

So ist es gekommen, daß in der zweiten Hälfte des 19. Jahrhunderts neben Lorenz von Stein (vgl. P. Vogel, *Hegels Gesellschaftsbegriff«*, Berlin 1925, S. 125-207) nur Marx und Engels um die epochale Bedeutung der Hegelschen Philosophie wußten und am Zusammenhang mit ihr festhielten. Auch für sie ist Hegels Philosophie als Philosophie »reaktionär« und »Ausdruck der alten Welt« (Marx: »Diese Metaphysik ist der metaphysische Ausdruck der alten Welt als Wahrheit der neuen Weltanschauung«, zit. n. Rjazanov, MEGA I, 1, S. XXXV), aber nicht, weil sie im Dienste der preußischen Reaktion steht, sondern weil sie der Versuch ist, die mit dem Aufkommen der bürgerlichen Gesellschaft sich vollziehende Revolution geistig und spekulativ zu überwinden, die sie andererseits als einzige Philosophie überhaupt in ihrem Wesen und in ihrer universalen Bedeutung verstanden hatte. Daher haben sich beide leidenschaftlich gegen die liberale Kritik an Hegel und gegen seien Identifizierung mit Preußen als gegen die »Unverschämtheit« gewendet, »einen Kerl wie Hegel als Preuß abfertigen zu wollen« (vgl. die bei Weil a. a. O. S. 15 f. zitierten brieflichen Äußerungen vom Mai 1860). Noch 1888, in der Zeit also, in der Hegel sonst nahezu völlig vergessen war und keinerlei Wirkung mehr hatte, weist Fr. Engels (*Ludwig Feuerbach und der Ausgang der klassischen Philosophie*, n. Ausg., Berlin 1946) auf Hegel als schöpferisches Genie« und auf den »gewaltigen Bau eines Systems« und die »ungezählten Schätze« hin, die es enthält, und nimmt ihn gegen seine »zwergenhaften Anfeinder« und ihr »entsetzliches Geschrei« in Schutz (10). Ähnlich auch in einem Brief an Friedrich Albert Lange v. 29. März 1865: »Ich bin natürlich kein Hegelianer mehr, habe aber doch immer noch eine große Pietät und Anhänglichkeit an den alten kolossalen Kerl.« (Gedr. in der *Neuen Zeit* Bd. 28 I [1910] S. 183-186, zit. nach Karl Vorländer: *Kant, Fichte, Hegel und der Sozialismus*, Berlin 1920, S. 96/7.) – So ist es zu der – paradoxen – Situation gekommen, daß die neue Erschließung der größten politischen Philosophie, die die moderne bürgerliche Gesellschaft als ihre Philosophie hervorgebracht hat, heute von denen ausgeht und ausgehen muß, die zu ihren weltgeschichtlichen Gegenspielern geworden sind.

IV

Die Hegelkritik erhält nach 1830 allgemein die Funktion der Emanzipation aus der Metaphysik und ihrer Tradition. Das gilt nicht nur für die Hegelsche Linke. So ist auch F. J. Stahl (*Die Philosophie des Rechts*, I. *Gesch. d. Rechtsphilos.*, [2]1847) von der »Unwahrheit« der Philosophie Hegels »lebendig überzeugt« (XVI). Diese Unwahrheit ist für ihn die Philosophie mit ihrer dialektischen Methode; sie führe mit Notwendigkeit zu dem »pantheistischen System« und bringe Hegel damit in Gegensatz zum Christentum und zu seinem persönlichen Gott und vernichte »Persönlichkeit und Freiheit« (453) und ebenso die »wahrhafte Realität« (450). Das ist prinzipiell das gleiche Argument wie bei Haym: die Philosophie führe als solche von der Realität fort und setze an ihre Stelle eine »Traumwelt«. Hegel müsse sich daher eine Realität allererst »erschleichen« (445) und verliere damit jeden Konnex mit der geschichtlichen Wirklichkeit (467) und den Prinzipien, die sie beherrschen. So gelte es, einerseits sein »philosophisches System als eine absolute und verderbliche Irrlehre« zu bekämpfen (472), andererseits aber das Positive, das Hegel gebracht habe, seine Lehre von der Macht des Sittlichen, seine Überwindung der privatrechtlichen Staatstheorie v. Hallers (467, vgl. hierzu Rosenzweig a. a. O. II, 191 f.), die fruchtbaren Ansätze zu einer geschichtlichen Ansicht usf. dadurch festzuhalten, daß man seine Theorie »völlig unabhängig von seinem System« mache (465). Diese Loslösung der politisch-geschichtlichen Theorie Hegels von seiner Philosophie führt dann bei Stahl nicht weniger zu ihrer Veränderung und faktischen Destruktion als ihre »linke« Umdeutung zu einer reaktionären Ideologie. Diese Hegelkritik wirkt weiter. So sagt Plenge (*Marx und Hegel*, Tübingen 1911, S. 45), daß die »Konstruktionen der Hegelschen Metaphysik wie ein trübender Firnis die leuchtenden Farben dieses großen Gemäldes überdecken«; die Metaphysik habe zur unmittelbaren Folge, daß Hegel für die »schöpferischen Möglichkeiten des 19. Jahrhunderts« »blind« bleiben mußte (52). Für Spengler (*Preußentum und Sozialismus*, 1920, S. 79) ist Hegel ein »Staatsdenker von so starkem Wirklichkeitssinn, wie die neuere Philosophie keinen zweiten aufweist«, »wenn man Hegels Metaphysik beseitigt« (vgl. dazu kritisch Giese, *Hegels Staatsidee und der Begriff der Staatserziehung*, Halle 1926, S. 9 u. S. 9 Anm. 3). Ein analoger Vorgang spielt sich in der kritischen Absetzung der historischen Wissenschaft von Hegel ab. Auch hier wird die

Philosophie im Verhältnis zur Geschichte zur bloßen Spekulation, so daß die Ausbildung der historischen Methode mit ihrer Destruktion zusammenfällt. Für Zeller (*Die Philos. d. Griechen in ihrer gesch. Entwicklung dargestellt*, 1859-1868, Tübingen/Leipzig [7]1923, I, Einl. S. 10 ff.) verwandelt sich Hegels Geschichte der Idee in die Geschichte der Ideen, die sich die Menschen gemacht haben; damit wird die Idee als Prinzip der Geschichte destruiert und die Historie der Philosophie von der Voraussetzung der Philosophie selbst losgelöst. Zur Einseitigkeit der politischen Aufhebung der Philosophie gehört die Einseitigkeit der philosophischen Aufhebung ihres politischen Gehaltes. Beide Formen der Aufhebung führen im 19. Jahrhundert zur Historisierung Hegels.

V

Der Aufmerksamkeit auf die Geschichte des Tages entspricht in der »Rechtsphilosophie« die Philosophie als Theorie ihrer Zeit, sofern das Tagesgeschehen die politische Wirklichkeit ist, in welcher die Philosophie die gegenwärtig vorhandene Vernunft zu begreifen hat. Daher gehören auch die politisch-publizistischen Arbeiten Hegels in einem unmittelbaren Sinn zu seiner Philosophie, wie denn Zeitung und Zeitungslesen für ihn immer eine gewichtige Rolle gespielt haben: »Das Zeitungslesen des Morgens ist eine Art von realistischem Morgensegen. Man orientiert seine Haltung gegen die Welt an Gott oder an dem, was die Welt ist. Jenes gibt dieselbe Sicherheit, wie hier, daß man wisse, wie man daran sei« (*Aphorismen der Jenenser Zeit* Nr. 31, *Dok.* S. 360). W. R. Beyer (*Zwischen Phänomenologie und Logik, Hegel als Redakteur der Bamberger Zeitung*, Frankfurt/Main 1955) weist auf den ständigen »Zeitschriften-Wunsch« Hegels hin und begründet ihn damit, daß es ihm darum zu tun war, »das aktuelle Geschehen vermittelst der Zeitschrift in Theorie zu transformieren« (39). Beyer wendet sich daher auch dagegen, daß Hegels Bamberger Redaktionstätigkeit meist als bedeutungslose, zu seiner Philosophie beziehungslose Episode (vgl. hierzu auch d. folg. Anm. 11) abgetan wird, und bringt in seiner Darstellung der Bamberger Verhältnisse und der dortigen Wirksamkeit Hegels (vgl. v. a. S. 11 ff., 42 ff.) neues Material bei, das für das Verständnis seiner politischen Philosophie und seiner politischen Ideen überhaupt wichtig ist. So betont Beyer die philosophische Bedeutung der Publizistik für Hegel zu Recht, aber er schreibt andererseits der Publizistik bei Hegel eine Funktion im Verhältnis zur Philosophie zu, die sie erst bei seinen Kritikern erhält. Hegel hatte als erster – wenigstens in Deutschland – begriffen, daß die sich in Frankreich und England vollziehende politische und soziale Revolution das gesamte menschliche Sein in allen seinen Bereichen in den Strom der Veränderung hineinzieht, und deswegen die Philosophie zur Theorie der Zeit erhoben und auf die Durchdringung des politischen Geschehens und auf die kritische Anknüpfung an die zu ihm gehörigen Ideologien verwiesen. Darin ist es begründet, daß sich dann die liberale wie die revolutionäre Opposition gegen die bestehende Ordnung in der kritischen Auseinandersetzung mit Hegel als »Verwirklichung der Philosophie« versteht (dazu Horst Stuke, *August Cieszkowski und Bruno Bauer. Studie zum Problem der »Verwirklichung der Philosophie« bei den Junghegelianern.* [Phil. Diss. Münster 1957; bearb.: *Philosophie der Tat*, Stuttgart 1963], besonders zur Bedeutung dieser Auseinandersetzung für die Entfaltung der Marxschen politischen Theorie), und daß zu dieser Verwirklichung dann auch die Verwandlung der Philosophie in die politische Publizistik, des Philosophen in den Publizisten gehört (vgl. hierzu Beyer a. a. O. S. 39 ff. u. pass.). Beyers These, daß die Philosophie die Presse brauche, um zur Wirkung und zur Verwirklichung zu kommen (71 ff.), trifft so genau das Verhältnis, in dem Philosophie und Presse für die politische Opposition und besonders für die Junghegelianer in den Jahren bis 1848 zueinander stehen. Aber es schließt für sie zugleich auch die Destruktion der Philosophie, d. h. der Hegelschen Philosophie ein, und damit kehrt sich bei ihnen das Verhältnis von Philosophie und Publizistik um, wie es für Hegel besteht. Während für Hegel die Philosophie die Wahrheit der Zeit begreift, fordert für die Junghegelianer die Zeit die Aufhebung der Wahrheit der Philosophie. Dieser entscheidende Unterschied kommt in der Darstellung der publizistischen Tätigkeit Hegels bei Beyer zu kurz. Weil für ihn die Theorie von Marx wesentlich Fortführung und Weiterentwicklung Hegelscher Gedanken ist (vgl. 230), tritt für ihn der positive Sinn der politischen Theorie Hegels in seiner auf die »Verwirklichung der Philosophie« verweisenden publizistischen Tätigkeit gleichsam unmittelbarer und klarer als in seiner Philosophie hervor, die eher die Funktion hat, ihn zu verschleiern und das Ausweichen vor seinen Konsequenzen zu ermöglichen. Die theoretische Arbeit, die als Philosophie, für Marx die »Vor-Arbeit für späteres Handeln und auch für ein Handeln anderer, der Massen« (75), ist für Hegel die Sache selbst als der Begriff derjenigen Gründe im Geschehen der Zeit, die in der politischen Praxis und Ideologie weder auf der Seite der Revolution noch auf der Seite der Restauration für diese selbst zur Erscheinung kommen. Der Fortgang von Hegel zu Marx schließt daher als Fortgang zugleich die Destruktion der Philosophie und so den Bruch mit Hegel ein. Das sieht auch Beyer (vgl. seine kritischen Bemerkungen zu den Versuchen, Hegel »unbedingt für Marx retten zu wollen« [97 f.]), aber was bei diesem Bruch zu Bruch geht, ist für ihn das Rückständige der Hegelschen Theorie, die Philosophie selbst als Schranke ihres »an sich« fortschrittlichen Gehaltes. Hegel selbst hat immer, nicht nur während seiner Bamberger Tätigkeit, sondern auch in seinem Nürnberger Schulamt, in der Philosophie und akademischen Lehrtätigkeit sein eigentliches Ziel gesehen; das bestätigt die Korrespondenz in diesen Jahren vollauf. So klagt Hegel (in einem Brief aus Bamberg an Knebel), »durch das sogenannte Schicksal verhindert zu werden, etwas durch Arbeit hervorzubringen, das in meiner Wissenschaft Männer von Einsicht und Geschmack ... mehr zu befriedigen imstande wäre – und das mir selbst die Befriedigung gewähren könnte, daß es mir zu sagen erlaubte: darum habe ich gelebt!« (*Br.* 109). Seine Gedanken sind ständig mit Fragen der Universität beschäftigt, nicht nur in bezug auf eigene berufliche Möglichkeiten (vgl. z. B. *Br.* 122). Nicht die Zeitung ist in Bamberg für ihn die Hauptsache, sondern die Arbeit an seiner

Logik, die »jetzt zu werden anfängt« (an Niethammer, *Br.* 122 vom 20. 5. 1808). Dem entspricht, daß er in der Redaktionstätigkeit von Anbeginn an ein »Engagement« gesehen hat, das er »temporär ... auf 2, 3 Jahre« eingeht (an Niethammer, *Br.* 98 vom 30. 5. 1807), obwohl es den Vorteil hat, daß es »eine Zeit läßt, noch meiner wissenschaftlichen Arbeit fortzuleben« (ibid.). Die Zeitung kann nicht, »so verführerisch die isolierte Unabhängigkeit ist«, als »ein solides Etablissement« angesehen werden, da die Arbeit eines »Zeitungsschreibers« zwar »etwas Öffentliches«, aber »freilich nicht ein Amt« sei (ibid.). So wird die Bamberger Tätigkeit nicht anders als das Nürnberger Schulamt doch nur als Zwischenzeit und als Stadium auf dem Wege zur eigentlichen Bestimmung, zur akademischen Lehrtätigkeit gelten können, so wichtig der Zusammenhang mit der Publizistik für Hegels Philosophie bleibt, dessen Bedeutung Beyers Buch zum ersten Male wirklich herausgearbeitet hat.

VI

Für die Entwicklung der politischen Philosophie Hegels in der Tübinger, Berner und Frankfurter Zeit immer noch grundlegend Fr. Rosenzweig, *Hegel und der Staat,* München 1920, Bd. I (vgl. bes. 17 ff., 33 ff., 77 ff.) und dazu auch die wichtigen Abschnitte, die die Jenenser Zeit behandeln (101 ff.).
In den allgemeinen Darstellungen der geistigen Entwicklung Hegels tritt unter dem Einfluß Diltheys und seiner für die Erneuerung des Hegelstudiums bahnbrechenden *Jugendgeschichte Hegels* (1905, *Ges. Schr.* IV) die konstitutive Bedeutung der Französischen Revolution und der politischen Auseinandersetzung mit ihr für die Hegelsche Philosophie und ihre Entwicklung fast ganz in den Hintergrund, so bei Haering *(Hegel, Sein Wollen und sein Werk*, Bd. I, 1929), bei Justus Schwarz *(Hegels geistige Entwicklung,* Frankfurt/Main 1938), Glockner u. a. ... Glockner geht in seiner Biographie *(Hegel,* 2 Bde., Stuttgart 1929 u. 1940) zwar auf Hegels Verhältnis zur französischen Revolution und zum politischen Tagesleben ein und bemerkt, daß sein »Sinn für die öffentlichen Angelegenheiten« immer »sehr stark entwickelt« gewesen sei (vgl. I, 385 ff.), um dann aber die Analyse der politischen Abhandlungen Hegels von seiner Darstellung auszuschließen, »in soweit die Einzelheiten nicht menschlich oder philosophisch belangvoll sind« (387 Anm. 1). Späterhin heißt es, daß auch seine »Rechts- und Staatslehre ... mit seiner politischen Publizistik nichts zu tun« habe, weil diese »keine Gelegenheitsschrift« bedeute, sondern »zu seinem System gehört« (I, 393 Anm. 1). So wird das Politische aus der Philosophie ausgesondert: ihre systematischen Probleme erwachsen aus Zusammenhängen, für die die politischen Ereignisse der Zeit keine wesentliche Bedeutung haben.
In der Auseinandersetzung mit dieser Entpolitisierung der Hegelschen Philosophie hat G. Lukács – von Marx herkommend – den Nachweis geführt, daß Hegels Weg von Anbeginn an entscheidend durch die Auseinandersetzung nicht nur mit der französischen Revolution, sondern auch – seit Bern – mit der industriellen Revolution in England bestimmt sei. Hegel sei der »einzige

Philosoph der Periode nach Kant, der im tiefsten Sinne des Wortes originell an die Probleme der Epoche herantritt«; die Analyse der Jugendschriften ergibt, »wie sämtliche Probleme der Dialektik ... aus der Auseinandersetzung mit den beiden weltgeschichtlichen Tatsachen der Epoche, der französischen und der industriellen Revolution in England herangewachsen sind« *(Der junge Hegel*, Zürich/Wien 1948, S. 716 ff., vgl. S. 20 ff.). Weil aber für Lukács der positive Gehalt der Hegelschen Dialektik erst in der Zuordnung zur politisch-revolutionären Praxis und so in der Destruktion ihrer philosophisch-metaphysischen Form durch Marx freigesetzt wird, ist die positive These seines Buches zugleich als Antithese zur idealistischen und religiösen, geistesgeschichtlichen Deutung des jungen Hegel entwickelt; wie für diese das politische Problem verschwindet, so verlieren für Lukács alle Inhalte des Hegelschen Denkens, die nicht auf die politischen und sozialen Probleme zurückgeführt werden können, ihre selbständige Bedeutung; die Annahme einer »›theologischen‹ Periode Hegels« sei eine »reaktionäre Legende« (27 ff.); der Gedanke entwickle sich zwar in der Form religiöser und metaphysischer Vorstellungen, durch die aber sein realer Gehalt in »mystischen Nebel« gehüllt (121) und ins Idealistische umgebogen werde. (Der religiöse und theologische Gehalt der Philosophie Hegels ist von Johannes Flügge, *Die sittlichen Grundlagen des Denkens. Hegels existentielle Erkenntnisgesinnung*, Hamburg 1953, in unmittelbarem Zusammenhang mit seinem Begriff der Vernunft positiv herausgearbeitet worden.) Dennoch ist das große Verdienst dieses Buches unbestreitbar (vgl. Hermann Lübbe, *Zur marxistischen Auslegung Hegels*, Philos. Rundschau 2, 1954/5, S. 38-60 [zu Lukács und Bloch]). Es führt über die bisherige immanent theologische und philosophische Darstellung der Hegelschen Jugendentwicklung hinaus und macht es notwendig, die Frage zu stellen, was es für die Philosophie Hegels bedeutet, daß sie sich in der Auseinandersetzung mit den Problemen der politisch-gesellschaftlichen Wirklichkeit entfaltet, und was es für diese bedeutet, daß ihr Austrag nach Hegel die Philosophie und ihren spekulativen Begriff erfordert. – Zur Literatur über das Verhältnis von Marx und Hegel vgl. die Bibliographie.

VII

Hegels Philosophie der Weltgeschichte ist die entfaltete Theorie der Geschichtlichkeit, die bei ihm für alle Begriffe menschlichen Seins und für die Philosophie selbst konstitutiv ist. »Geist« ist, wie Marcuse bemerkt, der Begriff, der die Vernunft in ihrer Geschichtlichkeit bezeichnet: »The term that designates reason as history is mind (Geist), which denotes the historical world viewed in relation to the rational progress of humanity« (a.a.O. S. 10 f. Vgl. hierzu auch H. Marcuses frühere Arbeit: *Hegels Ontologie und die Grundlegung einer Theorie der Geschichtlichkeit*, Frankfurt/Main 1932). Hegel kann daher die Substanz, die Geschichte zur Weltgeschichte macht, sowohl als Geist, wie als Vernunft (z. B. *Ph. G.* XI, 34 f.) bezeichnen, aber er kann auch beide Begriffe durch Freiheit ersetzen, weil Freiheit die geschichtliche Verwirkli-

chung des Geistes und so der auf diese Verwirklichung verwiesenen Vernunft ist (vgl. 44 f.). Alle diese Begriffe haben also mit »Idealismus« und einer idealistischen »Vergeistigung« der realen Geschichte nichts zu tun, sondern haben die Aufgabe, die Geschichte als die Wirklichkeit zu erweisen, von deren Gang die Bestimmung des Menschen, der Vernunft und der Freiheit nicht abgelöst werden kann. Damit gehören sie unmittelbar in den Zusammenhang der Auseinandersetzung Hegels mit der abstrakten und gegen die Geschichte negativen Vernunft- und Freiheitstheorie der Aufklärung und der französischen Revolution. Gegen diese Abstraktheit wird die Geschichtlichkeit geltend gemacht. Auch die Geschichte der Aufklärungsphilosophie ist bis zur Vollendung ihres Begriffs durch Comte »Welt- und Menschheitsgeschichte«; insofern kann man durchaus sagen, daß Hegels Geschichtsphilosophie von ihr herkommt und sie voraussetzt. Während aber für die Aufklärungsphilosophie und ihre positivistischen Nachfolger die Gegenwart (gemäß dem Prinzip des Fortschritts, daß das Spätere das Bessere sei) die bisherige Geschichte dadurch vollendet, daß sie den Menschen aus ihr befreit, dient Hegels Philosophie der Weltgeschichte dem Nachweis, daß die Gegenwart die Vollendung der bisherigen Weltgeschichte ist, weil sie ihren substanziellen Gehalt nicht auflöst, sondern zu universaler Verwirklichung bringt.
Zur Entwicklung der Weltgeschichtstheorie bei Hegel kann auf Rosenzweig (a.a.O. II, 178 ff.), Busse (*Hegels Phänomenologie des Geistes und der Staat*, Berlin 1931, S. 120 ff.), Marcuse (a.a.O. S. 224 ff.), für ihre Vorgeschichte im deutschen Idealismus auf H. Lübbe (*Die Transzendentalphilosophie und das Problem der Geschichte. Untersuchungen zur Genesis der Geschichtsphilosophie* [Kant, Fichte und Schelling], Habil. Schr. Erlangen 1957 [noch nicht erschienen]) verwiesen werden.

VIII

Es wird meist nicht genügend beachtet, daß Hegels tiefe Abneigung gegen die Burschenschaften und die demagogischen Umtriebe (*Br.* 358, 359) im wesentlichen den gleichen Voraussetzungen wie seine negative Einstellung gegenüber den restaurativen Tendenzen in Deutschland entspringt. Beide Bewegungen spiegeln die Enge der deutschen Verhältnisse und ihre Beziehungslosigkeit zu den wirklichen geschichtlich-politischen Aufgaben der Zeit wider, die politische »Nullität«, über deren Herrschaft im »gelobten Lande des Deutschdumms« (*Br.* 241) Hegel so bitter zu spotten wußte. Fr. Rosenzweig (a.a.O. II, 206) hat darauf hingewiesen, daß für ihn die liberale und die konservative Romantik im »Haß gegen das Gesetz« zusammengehören. Nicht die Freiheit als solche, sondern das politische Treiben, das sich in ihren Dienst zu stellen meint, ist für Hegel das Anstößige als die »Seichtigkeit«, die auf alle Arten gründlicher Kenntnisse verzichtet und statt dessen »das Wahre ... über Staat, Regierung und Verfassung sich aus seinem Herzen, Gemüt und Begeisterung aufsteigen lassen« will (*R. Ph.* Vorrede S. 8). Hegel hat, wie neben ihm vielleicht nur noch Goethe, die tiefe Gefahr des Anarchischen in diesen

Bewegungen erkannt, die überall dort droht, wo die bloße Subjektivität und ihr Gefühl zum Maßstab der politischen Ordnungen erhoben werden. Das ist der Sinn des berüchtigt-berühmt gewordenen Wortes vom »Brei des Herzens«. Das Unheil ist, daß die Burschenschaften und mit ihnen ihr philosophischer Führer Fries »die reiche Gliederung des Sittlichen in sich, welche der Staat ist, die Architektonik seiner Vernünftigkeit, die . . . durch die Strenge des Maßes, in dem sich jeder Pfeiler, Bogen und Strebung hält, die Stärke des Ganzen aus der Harmonie seiner Glieder hervorgehen macht – diesen gebildeten Bau in den Brei des ›Herzens, der Freundschaft und der Begeisterung‹ zusammenfließen« lassen (9). Wo so das »subjektive Gefühl« und die »partikuläre Überzeugung« alles entscheiden sollen, da sind Prinzipien am Werk, »aus welchen die Zerstörung ebenso der inneren Sittlichkeit und des rechtschaffenen Gewissens, der Liebe und des Rechts unter den Privatpersonen, als die Zerstörung der öffentlichen Ordnung und der Staatsgesetze folgt« (11 f.). Daher spricht Hegel auch von »Sprudeleien« und »Schwärmerei« (z. B. *Br.* 356) usf., um das unausgegoren Jugendliche und im Grunde Pseudopolitische dieser Bewegungen und Bestrebungen zu kennzeichnen (vgl. hierzu auch Marcuse a.a.O. S. 180 f., der auf den pseudodemokratischen Charakter dieser Bewegung hinweist).

Hegel hat sich gleichwohl in vielen Fällen für Verdächtigte und Angeklagte, so für Asverus (vgl. *Br.* 358), de Wette (*Br.* 359, dazu Anm. 10, Bd. II, S. 446 f.), Carové (*Br.* 377) und Cousin im Zusammenhang seiner unglückseligen Dresdner Verhaftung (vgl. *Br.* 486) persönlich, in Gutachten und in Gesuchen verwandt und die Beziehungen zu ihnen, soweit sie ihm in irgendeiner Weise persönlich verbunden waren, nicht abreißen lassen. (Vgl. hierzu das reiche dokumentarische Material, das Hoffmeister zu obengenannten Briefen zusammengetragen und in den Anmerkungen dargestellt hat.)

Die – für ihn nicht weniger unleidlichen – Zensur- und Polizeimaßnahmen hat Hegel wesentlich als Reaktion auf das burschenschaftliche Treiben verstanden, so wie die Tat von Sand sie ja auch unmittelbar ausgelöst hatte, ohne den preußischen Staat mit diesen »politischen und Zensurverfügungen« allzusehr zu belasten, zumal sie ja »zum Teil bundesmäßig gemein« sind (vgl. *Br.* 359). Aber, wie Hegel im gleichen Brief an Creuzer schreibt, die Stimmung wird durch alle diese Nöte nicht erhöht, und Hoffnung und Furcht begleiten die Tage. Er selbst besteht die »demagogische Not ohne Gefährde« und hofft, auch fernerhin von ihr unberührt zu bleiben (*Br.* 390), hält sich zurück und lebt »in der Peripherie oder vielmehr außer derselben ohne Beziehung auf die wirksame und bewirkende Sphäre (*Br.* 355) und gesteht seinem Freunde Niethammer offen seine Ängstlichkeit ein, die es verständlich mache, warum es ihm »eben nicht gerade ein Behagen (macht), alle Jahre ein Gewitter aufsteigen zu sehen« (*Br.* 390).

In einem Rückblick auf die Philosophie und Philosophiekritik in den Jahren 1833-1838 hat A. Ruge versucht, die Haltung Hegels zu charakterisieren (*Aus früherer Zeit*, Bd. IV, Berlin 1867, S. 549 ff.). Zunächst hält Ruge daran fest, daß Hegel den »tiefsten Begriff des Staates« aufgestellt habe, »den die Menschheit bisher erreicht hat«. Er habe »die Griechen zu sehr mit Vernunft gelesen und seine Zeit, das Zeitalter der Revolution, mit zu klarem Bewußtsein durchlebt, um nicht über den ›Familienstaat‹ und den Staat der bürgerlichen Gesellschaft ... hinaus zur Forderung des Staates in der Form des öffentlichen, sich selbst bestimmenden Wesens zu gelangen« (551). Aber man könne Hegel zu Recht vorwerfen, daß er später seine Position nur theoretisch geltend gemacht und die politische »Nullität« auch der deutschen Regierungsverhältnisse nicht ausgesprochen habe, obwohl er sie ebenso klar wie andere erkannte. Es sei im Verhältnis zu der damals bestehenden Notwendigkeit der praktischen Opposition ein Unrecht gewesen, daß er den Idealisten und Demagogen das »Sollen und die Forderung« verwiesen habe (557). Die persönliche Haltung Hegels wird von Ruge »diplomatisch« genannt; Hegel habe die »Opposition, die er ist« nicht vertreten wollen und sei so in den Zwiespalt zwischen Theorie und Praxis hineingeraten (560); die faktische Differenz zwischen seiner Theorie und dem bestehenden Polizeistaat sei nicht ausgetragen worden (565). Mit dieser Beschränkung auf die philosophische Theorie begründet Ruge, warum Hegel sich »behaupten« konnte, ohne genötigt zu sein, seine Überzeugungen zu verleugnen oder zu widerrufen. Es sei nicht zu einem offenen Gegensatz gekommen, weil Hegel sich »abstrakt auf der Seite der Theorie« hielt (560).

IX

Vgl. zu Novalis' Verhältnis zur französischen Revolution Th. Haering, *Novalis als Philosoph*, Stuttgart 1954, S. 484 ff., R. Samuel, *Die poetische Staats- und Geschichtsphilosophie Fr. v. Hardenbergs*, in: Deutsche Forschungen Bd. 12, 1925.

Für Novalis handelt es sich darum, wie Haering betont, durch eine »religiös transzendente Haltung« die gottlos gewordene Zeit »zu ergänzen«. Die Kritik soll den Weg für die künftige Wiederherstellung der Religion freimachen; die politische Revolution soll in eine »heilige Revolution« übergehen. Aber dieser Übergang und der auf ihn gerichtete »Heilungsplan« setzen voraus, daß die geschichtliche Entwicklung als solche und für sich mit der Neuzeit und in der Revolution zum Ende führt, zur »wahrhaften Anarchie« und zur »Vernichtung alles Positiven« (*WW* ed. Wasmuth, I, 1953, S. 293), aus der sich die Religion dann erheben soll, indem sie zur »neuen Weltstifterin« wird. Daher fordert die künftige Erneuerung die Abkehr von der neuen Zeit; das wahre Heil ist nur im Innern der Subjektivität bewahrt und macht die Rückkehr zu dem an sich Vergangenen, zum Ursprung und zum Ursprünglichen notwendig, von dem das Wahre und Heile als Grund der neuen Weltstiftung zurückgewonnen wird. Das bleibt für die romantisch-aesthetische Wiederherstellung bis heute typisch: Die Geschichte der modernen Welt ist Geschichte des Verfalls und des Untergangs der lebendigen Ordnungen, dessen Überwindung nur in der Rückkehr zum Ursprung und von ihm her möglich werden soll. Für Spengler ist die Zivilisation die End- und Untergangsform jeder lebendigen Kultur; Klages beruft gegen sie und ihren Geist als Widersacher der Seele das

»Pelasgertum«, Heidegger die »früheste Frühe«, damit das »Einst der Frühe des Geschickes ... als das Einst zur Letzte ...«, d. h. zum Abschied des bislang verhüllten Geschicks des Seins« käme (*Holzwege*, 1950, S. 301).

X

Der *Cours de Philosophie positive* kommt 1842 zum Abschluß, während das erste Programm für sie auf das Jahr 1826 zurückweist.
Das Gesetz der drei Stadien lautet in der Formulierung des *Cours* (Paris [4]1877): »Cette loi consiste en ce que chacune de nos conceptions principales, chaque branche des nos connaissances, passe successivement par trois états différents, l'état théologique, ou fictif, l'état métaphysique, ou l'abstrait, l'état scientifique ou positif« (I, 8).
Obwohl Comte dieses Gesetz als Gesetz menschlicher Entwicklung in dem Sinn allgemein verstanden wissen will, daß jede menschliche Entwicklung diese Stadien durchlaufen muß, geht es in dieser Naturform konkret um die Deutung der bisherigen Geschichte der Menschheit. Das Gesetz besagt dann, daß Theologie und Metaphysik, die Stadien des Anfangs und des Übergangs, mit dem Heraufkommen des positiven Stadiums überflüssig und historisch (S. 23: ». . . n'auront plus . . . qu'une existence historique«) und durch die zu diesem gehörige Philosophie als Wissenschaft vollständig ersetzt werden: »la philosophie positive deviendra capable de se substituer entièrement, avec toute sa supériorité naturelle, à la philosophie théologique et à la philosophie métaphysique« (22 f.).
Daher ist auch für Comte die Gegenwart das Ende der bisherigen Geschichte; was aber für Novalis und die romantischen Wiederherstellungstheorien Untergang des im Ursprung heilen Seins bedeutet, ist für ihn der Beginn der Vollendung der Menschheit. Ausdrücklich wird gesagt, daß das positive Stadium das geschichtlich endgültige ist (22: définitivement constituée); es bleibt dem Geist fortan nur möglich, in einer ständigen Erweiterung seiner positiven Erkenntnisse ins Unendliche fortzuschreiten (22: »il ne lui restera qu'à se développer indéfinement par les acquisitions toujours croissantes«). Damit findet Comte für das Fortschrittsprinzip, das Condorcet zuerst aufgestellt hatte, die klassische Formel. Die mit der Gegenwart anbrechende Epoche der Vollendung der Menschheit ist mit dem Ende der bisherigen Geschichte identisch, die durch sie zu einem bloß Vergangenen wird.
Vgl. im einzelnen zum Dreistadien-Gesetz L. Lévy-Bruhl, *Die Philosophie Auguste Comtes* (übers. v. Molenaar), Leipzig 1902, S. 25 ff.
Für das Dreistadien-Gesetz und seine grundsätzliche, für das 19. Jahrhundert repräsentative Bedeutung bleibt es unwesentlich, daß Comte die französische Revolution negativ beurteilt hat und mit der »philosophie positive« auf die Überwindung der durch sie geschaffenen Anarchie abzielte. Diese Überwindung wird von der von ihm geschaffenen »physique sociale« oder Soziologie erwartet. Das besagt aber, daß Comte in der Gesellschaft, die sich politisch in der französischen Revolution konstituiert, den Träger der Vollendung des

Menschen zur Menschheit sieht; mit ihr ist das Ende der bisherigen Weltgeschichte heraufgekommen. Daher muß die positive Philosophie über die unzureichenden Versuche der Revolution hinaus zu einem stabilen Fortschritt kommen und in der wissenschaftlichen Theorie der Gesellschaft die ihr angemessene Praxis ihrer künftigen Vollendung vorbereiten und schaffen.

XI

Der Text hält sich wesentlich an die erste Darstellung des Entzweiungsproblems, wie sie – in den fragmentarischen Schriften der Berner und Frankfurter Zeit vorbereitet – abschließend in den Jenenser Veröffentlichungen Hegels gegeben wird, obwohl die Entzweiung das zentrale und alles beherrschende Problem der Hegelschen Philosophie überhaupt bleibt. Es wird in der neueren Hegel-Literatur (Löwith, Marcuse, Lukács, Bloch, Hyppolite, s. die Bibliographien, ferner: M. Horkheimer – Th. W. Adorno, *Dialektik der Aufklärung*, Amsterdam 1947; Th. W. Adorno, *Minima Moralia, Reflexionen aus dem beschädigten Leben*, Frankfurt/Main 1951) vor allem unter dem Einfluß von Marx als das Problem der Entfremdung behandelt. Wichtig, ja entscheidend ist aber, daß man die in der Entfremdung vorausgesetzte *positive* Bedeutung der Entzweiung im Auge behält. Sie ist als solche für Hegel die geschichtliche Form der Einheit, die nicht Einerleiheit ist. Zum wahren Begriff des Absoluten gehört, daß das Göttliche und Weltliche, das Sein und das Seiende, das Unendliche und das Endliche wohl voneinander unterschieden sind und in dieser Unterschiedenheit zum Absoluten gehören, dessen Identität so die Nichtidentität einschließt und voraussetzt. Zur Entfremdung führt die Entzweiung daher dann, wenn diese Nichtidentität beiseite gebracht und die eine oder die andere Seite zum Ganzen gemacht wird, während die jeweils andere Seite ins Nichtsein verdrängt wird. So führt die Aufklärung zur Entfremdung, wenn sie die Entzweiung des Subjektiven und Objektiven aufhebt und ihr Verstandesprinzip absolut setzt und in ihm das nicht durch es Gesetzte untergehen läßt. Während die Entzweiung an sich die Funktion hat, in den Entzweiten zusammen die Einheit zu erhalten, wird sie zur Entfremdung, wenn ihr Widerspruch beseitigt und eine widerspruchsfreie Einheit hergestellt wird. Daher erhält die Philosophie bei Hegel die Aufgabe, die Entfremdung dadurch aufzuheben, daß sie die Positivität der Entzweiung als Form der Einheit aus ihr zurückgewinnt.

XII

Erst in der *Rechtsphilosophie* wird die bürgerliche Gesellschaft selbständig und als besondere Gestalt für sich neben Familie und Staat behandelt. Aber das bedeutet nicht, daß ihr Problem für Hegel erst hier philosophisch akut wird. Sie steht vielmehr seit Bern ständig in seinem Blickfeld und wird immer dann – so schon im frühen *System der Sittlichkeit* (*Schr. z. Pol.* 413 ff.) – als die naturhafte Sphäre des menschlichen Handelns in den Momenten des

Bedürfnisses, der Arbeit, des Geldes, des Eigentums usf. vorausgesetzt, wenn Fragen der Sittlichkeit, der Moralität (ihre Trennung ist für Hegel eine der Folgeerscheinungen der bürgerlichen Gesellschaft und ihrer emanzipativen Setzung), des Rechts, des Staates behandelt werden. Für die Genese der Hegelschen Gesellschaftstheorie kann neben Rosenzweig (a.a.O. I, 118 ff., 131 ff.) und Lukács, *Der junge Hegel*, Zürich/Wien 1948 (für die Zeit bis zur »*Phänomenologie*«) auch auf F. Bülow, *Die Entwicklung der Hegelschen Sozialphilosophie*, Leipzig 1920 (ebenfalls bis zum Abschluß der *Phänomenologie)* und besonders auf die Untersuchung von P. Vogel, *Hegels Gesellschaftsbegriff und seine geschichtliche Fortbildung durch L. v. Stein, Marx, Engels und Lassalle*, Berlin 1925, hingewiesen werden.

Für die neuere Literatur gilt im Ganzen, daß sich ihr die Bedeutung der bürgerlichen Gesellschaft für Hegels Philosophie erst in der Auseinandersetzung mit Marx in seinem Verhältnis zu Hegel voll zu erschließen beginnt. Vgl. Anm. 4, 10, 11. Für Marx und die marxistische Schule hat in diesem Zusammenhang besonders die Behandlung des Verhältnisses von »Herr und Knecht« in der *Phänomenologie* (II, 148 ff.) geradezu klassische Bedeutung erlangt. Sie gilt als die bahnbrechende Darstellung und Deutung der sich in der modernen Klassengesellschaft vollziehenden Entfremdung des Menschen; die persönlichen Beziehungen im Verhältnis von Herr und Knecht kehren sich um und lösen sich in der Arbeit auf und gehen in die dinglich sachliche Beziehung über. Vgl. zur Würdigung und Kritik J. Kuczynski, in Deutsche Zs. f. Philos. IV, 1956, S. 316. Aber auch Marcuse (a.a.O. S. 115 f.) knüpft hier an.

XIII

Fast alle diejenigen Arbeiten, die von der zentralen Stellung des Gesellschaftsproblems in Hegels Philosophie ausgehen, haben auch zur Analyse der gesellschaftlichen Grundbegriffe bei Hegel, wie Arbeit, Arbeitsteilung, Klassenbildung usf. beigetragen.

So schreibt Marcuse (a.a.O. S. 78) zusammenfassend, daß »the concept of labor is not peripheral in Hegels system, but is the central notion through which he conceives the development of society«. Das gilt nicht nur für die *Rechtsphilosophie*, sondern auch schon für die Jenenser Realphilosophie und überhaupt für die Philosophie Hegels insgesamt. Von den älteren Arbeiten muß auch hier wieder besonders P. Vogels Untersuchung genannt werden, so seine Analyse des Arbeitsbegriffs (a.a.O. S. 23 ff.), der Expansion der Gesellschaft, der Kolonisation (55 f.). Während Hegel den Begriff der Klasse kennt, fehlt bei ihm der Begriff des Proletariats, obwohl »Pöbel« bei ihm alle die Kennzeichen trägt, die dann für den Begriff des Proletariats konstitutiv werden. Vgl. hierzu H. Raupach, *Wandlung des Klassenbegriffs*, in Stud. Gen. IX, H. 4, Mai 1956 (S. 222-228), der aber Hegel nicht behandelt und die für die spätere politische und soziale Theorie entscheidende Ausformung des Klassenbegriffs durch ökonomische Analyse, entwicklungsgeschichtliches Denken und soziologische Prophetie erst bei L. v. Stein, Marx und Engels findet. Rosenzweig (a.a.O. II, 123 ff.) weist darauf hin, daß die Versuche Hegels, den Ständebegriff zu neuer Bedeutung zu bringen, aus seiner Auseinandersetzung mit der Klassenstruktur der Gesellschaft zu verstehen seien. Zum Begriff des Proletariats vgl. W. Conze, *Vom »Pöbel« zum Proletariat,* in Vjschrift f. Sozial- und Wirtsch. Gesch. 41. 1954 (S. 333-364).

XIV

Freiheit ist für Hegel auch insofern mit der Arbeit verbunden, als sie den Menschen aus der Abhängigkeit von der Natur befreit. Das macht Hegel besonders gegen die (von Rousseau ausgehende und von der Romantik aufgenommene) »unwahre« »Vorstellung« geltend, »als ob der Mensch in einem sogenannten Naturzustande, worin er nur sogenannte einfache Naturbedürfnisse hätte, . . . in Rücksicht auf die Bedürfnisse in Freiheit lebe« (§ 194). Diese Vorstellung ist unwahr, weil sie gerade das »Moment der Befreiung« unberücksichtigt läßt, »die in der Arbeit liegt«, sofern der Mensch durch sie über den bloßen Naturzustand hinauskommt und in ein Verhältnis zur Natur tritt, in dem – mit dem Vorrang des veränderten Umgestaltens des Gegebenen zum eigenen Produkt – die »strenge Naturnotwendigkeit des Bedürfnisses« zurücktritt und, wie Hegel sagt, »versteckt« wird (§ 194). Die gleiche Bedeutung einer Befreiung aus der Unmittelbarkeit der Natur hat auch die mit der Arbeit verbundene »Vervielfältigung der Bedürfnisse; sie enthält ein Moment der Versittlichung und Vergeistigung des menschlichen Daseins, insofern durch sie eine »Hemmung der Begierde« bewirkt wird, »denn wenn die Menschen Vieles gebrauchen, ist der Drang nach einem, dessen sie bedürftig wären, nicht so stark, und es ist ein Zeichen, daß die Noth überhaupt nicht so gewaltig ist« (§ 190, Zusatz). Das Resultat der Arbeit ist so »Verfeinerung« (§ 191), die Zunahme der Freiheit im Verhältnis zur Natur bedeutet. Schließlich befreit Arbeit den Menschen dadurch, daß sie ihn bildet (§ 197) und eine Welt schafft, die als ein Erzeugnis seines eigenen Wirkens über die unmittelbare Natur als eine menschliche Welt hinausgehoben ist. Die Arbeit gehört zum Selbstwerden des Menschen, weil er sich in der durch sie formierten Welt »vornehmlich zu menschlichen Produktionen« verhält (§ 196).

Aber diese Befreiung wird auf dem Boden der modernen Gesellschaft zugleich für Hegel dadurch eingeschränkt, daß sie nur »formell« ist, d. h. nur auf »die unbestimmte Vervielfältigung und Spezifizierung der Bedürfnisse, Mittel und Genüsse« wirkt, so mit dem »Luxus« zugleich eine »unendliche Vermehrung der Abhängigkeit und Not« bedingt (§ 195) und zur sachlichen Verselbständigung der Arbeitsbeziehungen und Mittel gegenüber den unmittelbar menschlichen Beziehungen führt; die Abhängigkeit der Menschen voneinander nimmt so andererseits in der Form der Verdinglichung über die Arbeit, Arbeitsmittel und Arbeitsprodukte (§ 198) zu, und die Abhängigkeit von der Natur wird durch die Abhängigkeit von den sachlichen, in der Arbeit gesetzten Verhältnissen abgelöst. Die Erscheinung dieser mit der Befreiung durch die Arbeit zugleich verbundenen Verdinglichung der menschlichen Beziehungen ist die

»im Mechanischen« liegende »Abstraktion des Produzierens«, die die Ersetzung des Menschen durch die Maschine ermöglicht (§ 198).

XV

Vgl. hierzu schon die auf die Nürnberger Schultätigkeit zurückgehende Propädeutik I, II § 54: »Der Staat faßt die Gesellschaft nicht nur unter rechtlichen Verhältnissen, sondern vermittelt als ein wahrhaft höheres moralisches Gemeinwesen die Einigkeit in Sitten, Bildung und allgemeiner Denk- und Handlungsweise« (III, 90). Auch diese frühe Definition des Staates wird in ihrer Anknüpfung an die »Gesellschaft« nur dann voll verständlich, wenn man sie vor dem Hintergrund der Naturtheorie der Gesellschaft und ihres auf diese Natur beschränkten Staates sieht.

Vgl. hierzu Marcuse (a.a.O. S. 61): »Hegel's demand for a strong and independent state derives from his insight into the irreconcilable contradictions of modern society«. Hegel habe seine Notwendigkeit damit begründet, daß die »antagonistische Struktur« der Gesellschaft ihn fordert. So läßt sich die Staatstheorie Hegels nur dann verstehen, wenn man sie im Zusammenhang der bürgerlichen Gesellschaft und ihrer abstrakten geschichtslosen Konstituierung begreift. Sie gibt alle geschichtlichen und persönlichen Ordnungen frei, ohne sie jedoch als Gesellschaft garantieren und sichern zu können. Daher würde der Staat, auf den Bereich der Gesellschaft reduziert, »Notstaat« sein, und d. h. für Hegel die Bedürfnisnatur des Menschen und die Arbeit zum absoluten Maßstab aller Lebensverhältnisse erheben oder diese dem Schicksal überlassen, das ihnen unter der uneingeschränkten Herrschaft des wirtschaftlichen Interesses bereitet würde. Die bürgerliche Gesellschaft besteht daher geschichtlich, und d. h. als Wirklichkeit des ganzen menschlichen Daseins nur als »Staat« und d. h. nur dann, wenn das Recht der nicht durch die Gesellschaft gesetzten Ordnungen, die sie freigibt, ebenso wie die Arbeitswelt gesichert wird. Daher hat Hegels sogenannter Machtstaat gerade die Funktion, die Freiheit des Selbstseins gegen den Machtanspruch der Gesellschaft zu schützen. Man könnte so auch sagen, daß Hegels »Staat« die in ihrer Geschichtlichkeit verstandene bürgerliche Gesellschaft ist, während sie in ihrer geschichtslosen Abstraktheit im Anschluß an ihre ökonomische Theorie »Gesellschaft« heißt.

Person und Eigentum

Zu Hegels »Grundlinien der Philosophie des Rechts« §§ 34 bis 81 (1961)

1. Hegel handelt vom Eigentum im ersten, unter den Titel des »abstrakten Rechtes« gestellten Abschnitt der Rechtsphilosophie[1]. Das Recht, in dessen Zusammenhang die Frage des Eigentums aufgenommen wird, ist zunächst das Römische Privatrecht, sofern es, durch die Beziehung auf die »utilitas singulorum« definiert, den freien Einzelnen im Unterschied zum Unfreien als »Person«, d. i. im Stande der Rechtsfähigkeit zum Gegenstand hat. Rechtsfähigkeit bedeutet hier, daß der Freie »Person« ist, sofern er im Recht der Verfügung über Sachen und mit diesem Verfügen im rechtlichen Verhältnis zu anderen Freien als Person steht. Davon geht Hegel aus: Der Einzelne sei Person, sofern er

1 Die »Grundlinien der Philosophie des Rechts« (*Rph*) werden nach der Ausgabe von J. Hoffmeister (Hamburg 1955) zitiert. Hoffmeister hat ihr unter Hinzufügung der handschriftlichen Bemerkungen, »die Hegel offensichtlich für sich zum Zweck der Erweiterung und Erläuterung ... für den Vorlesungsvortrag machte«, den Text zugrunde gelegt, den Hegel selbst 1820 aus dem »Bedürfnis« hatte drucken lassen, seinen »Zuhörern einen Leitfaden zu den Vorlesungen in die Hände zu geben«, die er seinem »Amte gemäß über die Philosophie des Rechts« hielt. Das Buch ist so ein »Grundriß« und »Lehrbuch«; es läßt alles beiseite, »was in den Vorlesungen seine gehörige Erläuterung erhalten würde« (3). Hegel hatte bereits vor der Herausgabe des Grundrisses im Winter 1818/19 in Berlin über »Naturrecht und Staatswissenschaft« gelesen; durch eine erhaltene Nachschrift (für den Hinweis danke ich Herrn Dr. F. Nicolin) wird belegt, wie Hegel damals in der Vorlesung vorging; er diktierte die Paragraphen, um sie dann in freien Ausführungen zu erläutern und insbesondere die Zusammenhänge zu entfalten, die das Verhältnis des in den Paragraphen dicht Zusammengefaßten zur gegenwärtigen Wirklichkeit und ihrer politischen wie philosophischen Theorie usf. betreffen. Solange daher die (vom Hegel-Archiv in Bonn vorbereitete) kritische, alle erreichbaren Nachschriften einbeziehende Ausgabe der am Leitfaden des Kompendiums gehaltenen Vorlesungen (1821/22; 1822/23; 1824/25) noch aussteht, können die von E. Gans für seine Ausgabe der *Rph* (Bd. 8 der von »einem Verein der Freunde des Verewigten« 1832-40 edierten Werke) aus Vorlesungsnachschriften zusammengestellten und den Paragraphen beigegebenen »Zusätze« (Z) nicht entbehrt werden, so berechtigt die Kritik Hoffmeisters an dem Auswahlverfahren von Gans sicher ist (vgl. S. XII ff. seiner Ausgabe). Die »Zusätze«

das Recht hat, seinen Willen in jede Sache zu legen, und sich so als »Eigentümer« über »Besitz, welcher Eigentum ist«, zu anderen Freien als Personen verhält (§§ 40, 44). Demgemäß wird in der Rph vom Begriff der Person alles ausgeschlossen, was zur Subjektivität der Persönlichkeit gehört; diese bleibe mit allem, »was auf die Besonderheit ankommt«, für den Einzelnen als Person im Rechtssinne ein »Gleichgültiges« (§ 37 Z). Mit der gleichen Strenge beschränkt Hegel die Eigentumstheorie auf das im Privatrecht gesetzte Verhältnis von Personen über Sachen zueinander. Ausdrücklich wird die Einmischung von allen nicht durch Recht gesetzten Fragen des Eigentums abgewehrt, wie die »bisweilen gemachte Forderung der Gleichheit in der Austeilung des Erdbodens oder gar des weiteren vorhandenen Vermögens« oder »daß alle Menschen ihr Auskommen für ihre Bedürfnisse haben sollen«. Selbst die Frage, »was und wieviel ich besitze«, gehöre als eine »rechtliche Zufälligkeit« in eine »andere Sphäre« (§ 49)[2].

werden nach der Stuttgarter Jubiläumsausgabe, hrsg. v. H. Glockner 1927 ff. (*WG*) Bd. 7, angeführt.

Es ist auffällig, wie wenig Beachtung auch in der Literatur zu Hegels Rechtsphilosophie seine Theorie des bürgerlichen Rechts und des in seine Sphäre gehörigen Privateigentums gefunden hat. Das ist wohl wesentlich darin begründet, daß die spekulative (metaphysische) Theorie des Rechts der Rechtswissenschaft seit langem fremd geworden ist und diese so in ihrer allgemeinen Begründung als solche das Interesse auf sich zieht. Die Theorie des Eigentums wird daher meist in der Literatur nur als Element und Bestandteil im allgemeinen, systematischen Zusammenhang der Hegelschen Rechtsphilosophie behandelt. Vgl. Binder, Busse, Larenz, Einführung in Hegels Rechtsphilosophie, Berlin 1931, S. 60 f., 69 ff.; K. Larenz, Hegels Dialektik des Willens und das Problem der juristischen Persönlichkeit, Logos 20, 1931, S. 196 ff.; ders., Hegel und das Privatrecht, Verh. d. 2. Hegel-Kongresses (1931), hrsg. v. B. Wigersma, Tübingen und Haarlem 1932, S. 135 ff.; A. Trott zu Solz, Hegels Staatsphilosophie und das Internationale Recht, Göttingen 1932, S. 34 f.; J. Binder, Grundlegung zur Rechtsphilosophie, Tübingen 1935, S. 98 ff., vor allem S. 102 f.; A. Poggi, La filosofia giuridica di Hegel, Riv. Int. di Filos. del Diritto 15, 1935, 43 ff.; zu Hegels Naturrecht F. Darmstädter, Das Naturrecht als soziale Macht und die Rechtsphilosophie Hegels, Sophia 4, 1936, 181-190, 421-444. 5, 1937, 212-235.

2 Da die bürgerliche Gesellschaft der »Kampfplatz des individuellen Privatinteresses« ist (§ 289) und in ihrer emanzipativen Abstraktheit die Sphäre des persönlichen Seins außer sich hat, können »die Bestimmungen, die das Privateigentum betreffen, . . . höheren Sphären des Rechts, einem Gemeinwesen,

Was bedeutet es, daß Hegel so die in der philosophischen wie politischen Theorie der Zeit sonst aufbrechenden sozialen Probleme des Eigentums als »rechtliche Zufälligkeiten« beiseite setzt und sich auch im einzelnen damit begnügt, die übliche Einteilung der juristischen Eigentumstheorie in »Besitznahme«, »Gebrauch der Sache«, »Entäußerung«, »Vertrag« mit allen zu ihr gehörigen Bestimmungen und begrifflichen Unterscheidungen zum Leitfaden zu nehmen?

2. Die Rph hat als »philosophische Rechtswissenschaft« die Aufgabe, die Freiheit als »Idee des Rechts« zu begreifen und spekulativ den »Stufengang in der Entwicklung der Idee des an und für sich freien Willens« zu ihrer Verwirklichung darzustellen (§ 1, § 33). Die Möglichkeit, Freiheit als Idee des Rechts zu denken, gehört für Hegel zur Tradition der Philosophie von Griechenland her; ihre Vermittlung bis an die Schwelle der eigenen Gegenwart ist die sich fortspinnende Philosophie der Schule in der Herleitung eines Naturrechts, das, unmittelbar aus der Natur des Menschen (Wolff) deduziert, seinem Grunde gemäß von jedem positiven, in einem »Befehl« (iussu) gesatzten Recht unterschieden bleibt. Doch zum »Gedanken der Welt« wird diese Tradition erst da, wo Freiheit nicht mehr nur im Gedanken einer von der Wirklichkeit und ihrem positiven Recht abgetrennten reinen Vernunft, sondern geschichtlich zur »Substanz und Bestimmung« (§ 4) oder (wie Hegel auch sagt) zum »Begriff« des positiven Rechtssystems (§ 1) selbst wird und damit ein Rechtssytem in die Welt tritt, das seinem Prinzip und Begriff nach als »Reich verwirklichter Freiheit« gelten muß

dem Staate untergeordnet werden«. Aber solche »Ausnahmen« können nicht »im Zufall, in Privatwillkür, Privatnutzen, sondern nur in dem vernünftigen Organismus des Staates begründet sein« (§ 46). Hegel hat in der Vorlesung ausdrücklich hinzugefügt, daß sie nur »der Staat ... allein machen kann« (§ 46 Z). Die nicht aufhebbare Voraussetzung des modernen Staates bleibt für Hegel immer, daß in ihm die Freiheit und damit »mein Wille persönlich«, die »Person« als »ein Dieses« zur Verwirklichung kommen. Darin liegt die Notwendigkeit des Privateigentums, das so in der Bestimmung, »das Diese, das Meine zu sein« (§ 46 Z), auch die Voraussetzung in allen Veränderungen und Wandlungen bleibt, die Eigentum im Zusammenhang der Entwicklung der Gesellschaft und des Staates erfährt.

(§ 4)[3]. Wie auch sonst, schließt Hegel hier alles Postulieren, Entwerfen, Meinen von der Philosophie aus; sie begreift den Gedanken der Welt und ist so als spekulative Theorie des Rechts »Zusehen«, das »nicht von Außen her eine Vernunft hinzubringt«, sondern von dem Gegenwärtigen ausgeht, das »für sich selbst vernünftig ist« (§ 31). Sie übernimmt es, »zusehend« der Bewegung zu folgen, in welcher Freiheit zum Begriff des Rechts wird, und so die Idee des Rechts in einem positiven Rechtssystem zur Verwirklichung kommt (§ 1). Dieses Zusehen setzt daher sachlich voraus, daß Freiheit bereits geschichtlich zum Begriff positiven Rechts geworden ist: Die Idee muß, »um wahrhaft aufgefaßt zu werden, in ihrem Begriff und in dessen Dasein zu erkennen sein« (§ 1 Z). Die Philosophie erscheint als der »Gedanke der Welt« erst in der Zeit, nachdem die »Wirklichkeit ihren Bildungsprozeß abgeschlossen hat« (Vorr.). Sie begreift Freiheit als Idee des Rechts, nachdem Freiheit zum Begriff des Rechts und zum Gedanken der Zeit geworden ist.

3. In diesem Zusammenhang steht Hegels Anknüpfung an das Römische Recht; es wird in die spekulative Theorie der Freiheit nicht als ein historisch Vergangenes, sondern als das »große Geschenk« hineingenommen, das bereits zur Basis für die ersten

3 Mit der Rechtsphilosophie als einem »Kompendium« zu der dem »Amte gemäß« gehaltenen Vorlesung knüpft Hegel ausdrücklich an das »Naturrecht« der Schulphilosophie in seiner systematischen Begründung durch die »philosophia practica universalis« (Christian Wolff, Philosophica practica universalis 1738/39 u. ö.; Jus naturae methodo scientifica pertractatum 1740/48 T. 1-8) an. Darauf verweist ihr Untertitel »Naturrecht und Staatswissenschaft im Grundrisse« hin. Mit dieser Anknüpfung wird die eigene Philosophie in ihrer Aufgabe von Hegel bestimmt. Während die Philosophie »noch etwa bei den Griechen als eine private Kunst exerziert« worden sei, habe sie jetzt im Zusammenhang mit dem Staat eine »öffentliche, das Publikum berührende Existenz vornehmlich oder allein im Staatsdienst« erhalten (11). Diese Bestimmung, daß die Rechtsphilosophie »Philosophie im Staatsdienst« sei, hat Hegel die bekannten politischen Vorwürfe eingebracht, er habe in ihr dem Geist preußischer Reaktion die wissenschaftliche Behausung gegeben usf. (Haym). Tatsächlich spricht Hegel hier zunächst nur aus, daß die Philosophie allgemein wie jetzt in der neu gegründeten Berliner Universität ihren Ort an der Universität als »Amt« erhalten habe. Dies Amt aber setze gerade nicht eine Lehranweisung der Regierung, sondern das »Zutrauen« voraus, daß »die Regierungen« den »diesem Fache gewidmeten Gelehrten« beweisen, sich »für

die Ausbildung und den Gehalt der Philosophie auf sie gänzlich zu verlassen« (11); sie können dabei als die Berufenden auch durchaus kein Wissen mehr davon haben, warum die Philosophie und was mit der Philosophie zu der vom Staat getragenen Universität und ihrer Lehre gehöre; ihr Zutrauen könne »die Gleichgültigkeit gegen die Wissenschaft selbst« sein, die das einmal gegebene Lehramt »nur traditionell beibehält« (11). Im Hinweis auf das Amt wie den Staatsdienst bestimmt Hegel so seine eigene Philosophie als »Universitätsphilosophie«; sie erhält damit die inhaltliche Aufgabe, an die sich zum »Glück für die Wissenschaften« an den Universitäten als eine »Schulweisheit« »fortspinnende« Tradition der Philosophie von Griechenland her anzuknüpfen und diese aus dem Stande des Verfalls und der Endschaft in die Gegenwart zurückzurufen, um sie so in ein Verhältnis zur jetzigen Wirklichkeit zu setzen, das sie für sich in der Trennung des reinen Denkens von dem der Erfahrung des Empirismus überlassenen Gegebenen wie für das Bewußtsein der Zeit verloren hat, für welches sich »Laute der vormaligen Ontologie, der rationellen Psychologie, der Kosmologie oder selbst gar der vormaligen natürlichen Theologie« nicht mehr dürfen vernehmen lassen *(Logik* Vorr. WG 4, 13). Bereits 1816 hatte sich Hegel in einem Briefe an Friedrich v. Raumer (2. 8. 1816) von der herrschenden Meinung abgesetzt, »die Bestimmtheit und Mannigfaltigkeit von Kenntnissen« sei in der Philosophie »für die Idee überflüssig, ja ihr zuwider und unter ihr« und ihr entgegengehalten, daß es gelte, »das weite Feld von Gegenständen, welche in die Philosophie gehören, zu einem geordneten, durch seine Teile hindurch gebildeten Ganzen« zu gestalten *(WG* 3, 319). So wird von Hegel die Schul- und Universitätsphilosophie mit seiner eigenen Philosophie erneuert. Aber das bedeutet nicht, daß Hegel den »Bruch«, der geschehen ist, rückgängig zu machen sucht. Mit der politischen Umwälzung der Zeit und in der »völligen Umänderung, welche die philosophische Denkweise seit etwa fünfundzwanzig Jahren unter uns erlitten« hat (4, 13), ist ein neues Prinzip und ein »höherer Standpunkt« ausgebildet worden. Vergangene Philosophien können nicht »wiedererweckt« werden; »Mumien unter das Lebendige gebracht, können unter diesen nicht aushalten«. Der Aufruf, »zum Standpunkt einer alten Philosophie zurückzukehren«, sei »Zuflucht der Ohnmacht« *(WG* 17, 77 f.). Daher hat die Anknüpfung an die Schulphilosophie in ihrer Endschaft den Sinn, die in ihr bewahrte Tradition in den höheren Standpunkt des neuen Prinzips hineinzunehmen; sie soll in ihrer alten Aufgabe, das »Vernünftige zu ergründen«, zum »Erfassen des Gegenwärtigen und Wirklichen« gebracht werden (Vorr. S. 14) und damit der »Anforderung durch das reiche Material der Gegenwart« Genüge tun, »das vom Denken gewältigt und zur Tiefe zusammengefaßt zu werden« verlangt (*WG* 17, 78). In dieser allgemeinen Bestimmung ist Hegels »Rechtsphilosophie« die erneuterte »universale praktische Philosophie« der Schule des 18. Jahrhunderts insbesondere Christian Wolffs und ihrer auf die Ethik und »Politik« des Aristoteles zurückgehenden Lehrtradition. Vgl. zu Christian Wolffs »philosophia practica universalis« in ihrem Verhältnis zu Aristoteles: Ritter, ›Naturrecht‹ bei Aristoteles, in diesem Band S. 133 ff.

auf das Vernunftrecht gegründeten Kodifizierungen, für das »Preußische Landrecht«[4], das »Allgemeine bürgerliche Gesetzbuch für die deutschen Erblande« in Österreich, vor allem für den »Code civil des Français« dienen konnte. Hegel stellte sich in der Rph mit einer Leidenschaft der Parteinahme, die sonst bei ihm selten ist, zu Thibaut und seiner Forderung nach einem »allgemeinen bürgerlichen Gesetzbuch«, um durch dieses das Zusammenwachsen der Nation zu fördern, der Neigung, »das krause Gemisch des alten Wirrwarrs ... wiederherzustellen«, entgegenzuwirken und so »unseren bürgerlichen Zustand den Bedürfnissen des Volkes gemäß gehörig« zu begründen und »dem ganzen Reiche die Wohltaten einer gleichen bürgerlichen Verfassung auf ewige Zeiten angedeihen zu lassen«[5]. Hegels philosophische Interpretation des Römischen Privatrechts entspringt so als »Erheben ins Allgemeine« aus dem gleichen »unendlichen Drang der Zeit« (§ 211 Z), der zur Forderung der juristischen Kodifizierung eines bürgerlichen Gesetzbuches führt: »Einer gebildeten Nation

4 Hegel hat sich bereits in Bern im Zusammenhang seiner damaligen ausgebreiteten, durch den »unersättlichen Hunger nach Tatsachen und Kenntnissen« (Haering) gekennzeichneten historischen und politischen Studien mit dem Preußischen Landrecht eingehend befaßt; vgl. Fr. Rosenzweig, Hegel und der Staat, München 1920, Bd. I, 30 ff.; Th. Haering, Hegel, sein Wollen und sein Werk, 1929, Bd. I, 124 f. Durch H. Thiele (u. a. Die preußische Kodifikation, Privatrechtl. Stud. II, ZRG, Germ. Abt. 57, 1937), Fr. Wieacker (Privatrechtsgeschichte der Neuzeit, Göttingen 1952), vor allem aber durch die von H. Conrad und G. Kleinheyer besorgte Publikation der »Vorträge über Recht und Staat von Carl Gottlieb Suarez« (Wiss. Abh. d. AG. f. Forschg. d. Landes Nordrhein-Westfalen, Bd. 10, Opladen 1960) (vgl. H. Conrad, Die geistigen Grundlagen des Allgemeinen Landrechts f. d. preuß. Staaten [AG. f. Forschg. Geisteswissenschaften, H. 77], Opladen 1958) sind nunmehr die Voraussetzungen dafür geschaffen, die durchaus noch ungeklärten Beziehungen nicht nur der Hegelschen Philosophie des Rechts zur konkreten Rechtsentwicklung der Zeit zu untersuchen. Der Zusammenhang mit dem Naturrecht der Philosophie ist in ihr damals immer vorausgesetzt; das hat Dilthey für das Preußische Landrecht aufgezeigt: »Das Naturrecht bietet ihm die Prinzipien und das römische Recht ... wird in seinen Rechtssätzen und Rechtsbegriffen das juristische Instrument der Arbeit.« (Vgl. Das Allgemeine Landrecht in: *Ges. W.*, Bd. 12, 2. Aufl. Stuttgart u. Göttingen 1960, S. 148.)

5 A. F. Thibaut, Über die Notwendigkeit eines Allgemeinen Bürgerlichen Rechts für Deutschland, 1814, in: Thibaut und Savigny, hrsg. u. eingel. v. J. Stern, Berlin 1914 (photomech. Neudruck), Darmstadt 1959, S. 41 u. 47.

oder dem jursitischen Stande in derselben die Fähigkeit abzusprechen, ein Gesetzbuch zu machen, ... wäre einer der größten Schimpfe, die einer Nation oder jenem Stande angetan werden könnte« (§ 211). Daher wendet sich Hegel zugleich mit Schärfe gegen Hugos »Lehrbuch der Geschichte des Römischen Rechts«[6]. Hugo suche im »geschichtlichen Aufzeigen und Begreiflichmachen des Entstehens« die »Vernünftigkeit« des historischen Römischen Rechts zu erweisen, um sich so auch bei »abscheulichen« Gesetzen und »gesinnungslosen und gemütslosen« Bestimmungen (Recht, den Schuldner zu töten, Sklaverei, Kinder als Eigentum des paterfamilias usw.) »durch einen guten Grund« in der »Herleitung aus Umständen« zu beruhigen, selbst wenn sie »auch sehr

6 Gustav Hugo, Lehrbuch eines zivilistischen Kurses, Bd. III: Lehrbuch der Geschichte des Römischen Rechts bis auf Justinian 1799, 1806, 1810, 1815, 1818, 1820 u. ö., vgl. Anm. 11, 1832, S. VIII ff.

Die Kritik Hegels an diesem Lehrbuch ist seine grundsätzliche Auseinandersetzung mit der historischen Rechtsschule. Nachdem die Rechtsphilosophie der Schule den auf die Natur des Menschen gegründeten Rechtsbegriff vom positiven Recht getrennt hatte, und in der Folge hiervon die Verschiedenheit des Naturrechts oder »philosophischen Rechts« von ihm »darein verkehrt« wurde, daß sie »einander entgegengesetzt und widerstreitend« seien, unternimmt die historische Rechtsschule für Hegel den Versuch, den philosophischen Begriff überhaupt überflüssig zu machen und durch das »Erkennen aus näheren oder entfernteren geschichtlichen Ursachen« zu ersetzen. An sich habe die »rein geschichtliche Bemühung ... in ihrer eigenen Sphäre ihr Verdienst und ihre Würdigung«; das Mißverständnis liegt daher für ihn darin, daß sie die Aufgabe der philosophischen Theorie zu übernehmen beansprucht und damit die »geschichtliche Erklärung und Rechtfertigung ... zur Bedeutung einer an und für sich gültigen Rechtfertigung« ausdehnt. Wo dies geschieht, werde »das Relative an die Stelle des Absoluten, die äußerliche Erscheinung an die Stelle der Natur der Sache« gesetzt (§ 3 S. 22 ff.). Für das Verhältnis, in dem Hegel zu v. Savigny steht, der bei seiner Berufung nach Berlin bereits seit acht Jahren dort den Lehrstuhl des Römischen Rechts innehatte, ist es kennzeichnend, daß Hegel ihn hier in diesem Zusammenhang zu nennen vermeidet. Zu den sachlichen Voraussetzungen des »zum Teil in persönliche Leidenschaft ausartenden« Gegensatzes der »beiden Berliner Kollegen Savigny und Hegel« vgl. R. Schmidt, Die Rückkehr zu Hegel und die strafrechtliche Verbrechenslehre, Stuttgart 1913, S. 22 ff. Über die dann mit der Berufung des Hegelschülers E. Gans ausbrechenden Konflikte, die schließlich dazu führten, daß sich v. Savigny von den Geschäften seiner Fakultät gänzlich zurückzog, berichtet Lenz, Geschichte der Universität zu Berlin, Halle 1910, II, 1 S. 390 ff.; vgl. hierzu die Sammlung der die Auseinandersetzung betreffenden Dokumente ebenda Bd. IV Nr. 186-194 und 233-243.

geringen Forderungen der Vernunft kein Genüge tun« (§ 3). So geht es Hegel positiv darum, an das Römische Privatrecht anzuknüpfen; sofern es zur Basis für die gegenwärtige Gesetzgebung geworden ist; die Frage wird aufgenommen, was mit der politischen Revolution und dem Aufkommen der bürgerlichen Gesellschaft zum Grunde des Rechts wird. In dieser Umwälzung werden die Begriffe des Römischen Rechts eingeschmolzen und von der Substanz erfüllt, die der gegenwärtigen Welt angehört. Während im historischen Römischen Recht Person noch einen besonderen Stand des Menschen bezeichnet, der im »Recht der besonderen Person« das »Recht an Sklaven und die Familienverhältnisse im Zustand der Rechtlosigkeit« einschließt (§ 40), wird mit der modernen bürgerlichen Gesellschaft das Recht der Person als solcher und damit die Rechtsfähigkeit des Menschen als Menschen, d. i. aller Menschen gesetzt und Freiheit uneingeschränkt zum Prinzip und Begriff des Rechts erhoben. Davon geht Hegel in der Darstellung der bürgerlichen, zur bürgerlichen Gesellschaft gehörigen Rechtspflege aus: »Es gehört der Bildung, dem Denken als Bewußtsein des Einzelnen in Form der Allgemeinheit, daß Ich als allgemeine Person aufgefaßt werde, worin *Alle* identisch sind. Der Mensch gilt so, weil er Mensch ist, nicht weil er Jude, Katholik, Protestant, Deutscher, Italiener usf. ist« (§ 209). Damit wird Freiheit als die Freiheit aller zum Begriff des Rechts; sie ist zum »Gelten« gekommen; sie hat »objektive Wirklichkeit« erlangt. Die in Griechenland beginnende Weltgeschichte der Freiheit wendet sich mit der bürgerlichen Gesellschaft und ihrem Recht ihrer Vollendung zu. Was im Gedanken des Vernunftrechts nur »an sich« als Idee des Rechts gilt, hat sich jetzt in die politische Wirklichkeit hineingearbeitet; es wird zum Begriff und Prinzip alles positiven Rechts. Damit verliert jedes positive geschichtlich gewordene Recht sein Recht, sofern es dem Prinzip der Freiheit und des Menschenrechts widerspricht. Im Ausspielen des »guten alten Rechts« gegen die zum »Begriff des Rechts« gewordene »Idee« zeigt sich für Hegel die Ohnmacht des Restaurativen; als »Extrem des steifen Beharrens auf dem Recht eines verschwundenen Zustands« ist es nur »Widerspiel noch von dem, was vor fünfundzwanzig Jahren in einem benachbarten Reiche begann, und was damals in allen Geistern widergeklungen hat, daß nämlich in einer Staatsverfassung nichts als gültig anerkannt werden sollte, was nicht nach dem Recht der Vernunft anzuerkennen ist«[7].

4. Im Ausgang vom Römischen Recht als Basis des bürgerlichen Rechts und so in seiner Auslegung aus dem Grunde der Freiheit läßt sich die Rph als philosophische Lehre von der Verwirklichung der Freiheit zum aktualen Dasein aller als Freier verstehen. Dies macht es für Hegel notwendig, in der Anknüpfung an die Natur- und Vernunftrechtstheorie der Schule zugleich über sie zur Frage nach der der gegenwärtigen Umwälzung immanenten Vernunft hinauszugehen. Ihr durch die Abtrennung des Vernunftrechts vom positiven Recht definiertes »Verhältnis zur Wirklichkeit« ist jetzt zum »Mißverständnis« geworden; aus diesem Mißverständnis gelte es, die Philosophie »herauszureißen« und dahin zurückzukehren, »daß die Philosophie, weil sie das Ergründen des Vernünftigen ist, eben damit das Erfassen des Gegenwärtigen und Wirklichen« ist (Vorr.). Das bestimmt inhaltlich die Aufgabe der Rph im Verhältnis zur Umwälzung der gegenwärtigen Zeit. Sie läßt jede Form der unmittelbaren Deduktion von Rechtsregeln aus der Idee hinter sich. Wo Freiheit zum Begriff des Rechts geworden ist, da gilt es, sie nicht mehr nur im Ansich der Möglichkeit, sondern in ihrer Verwirklichung zu begreifen. Die Freiheit, die im Naturrecht der Schule nur als »an sich« zur Natur des Menschen gehörig gedacht werden konnte, ist jetzt geschichtlich aus dem Stande der »Möglichkeit« zum aktualen Dasein gekommen. Im Ausgang von dem »Willen, welcher frei ist«, unternimmt es daher die Rechtsphilosophie, das »Rechtssystem« als »Reich der verwirklichten Freiheit« zu begreifen (§ 4). Sie bringt damit den Grund zur Bestimmung, auf welchen das mit der bürgerlichen Gesellschaft gesetzte Recht gegründet ist. Alles, was die Rph nacheinander im »Stufengange der Entwicklung der Idee«

7 Verhandlungen in der Versammlung der Landstände des Königreiches Württemberg im Jahre 1815 und 1816, *WG* 6, 395. Grundsätzlich gilt für Hegel, daß Alter kein Rechtsprinzip ist. »Hundertjähriges und wirklich positives Recht« gehe »mit Recht zu Grunde, wenn die Basis wegfällt, welche die Bedingung seiner Existenz ist« (ebd. 397), vgl. hierzu »Verfassung Deutschlands« von 1802 in Hegels Schr. z. Politik u. Rechtsphilos., hrsg. v. G. Lasson 1913, S. 7 und sonst.

behandelt: Privatrecht, Moralität, Ehe, Familie, Gesellschaft, Staat als Verwaltung und Herrschaft, gehört so zur Theorie der Freiheit und ihrer Verwirklichung. Während die Naturrechtsdiskussion im Grunde bis heute den abstrakten Begriff der menschlichen Natur nicht zu durchbrechen vermag, der sich auf das »Ansich« oder auf das unmittelbare natürliche Sein beschränkt, begreift dagegen Hegel die Verwirklichung der Freiheit im Zusammenhange der ganzen, in der Weltgeschichte gewordenen sittlich geistigen Welt. Er erfaßt, was gegenwärtig mit dem Freiheits- und Rechtsprinzip der politischen Revolution, nicht im Element des Sollens und Postulierens, sondern konkret als »weltgeschichtlicher Zustand« zur Substanz aller rechtlichen wie politischen Ordnung wird.[8]

8 Mit der Lehre von der Verwirklichung der Freiheit und ebenso der menschlichen Natur nimmt Hegel das Kernstück der praktischen Philosophie des Aristoteles auf, vgl. hierzu Ritter, ›Naturrecht‹ bei Aristoteles, S. 146 ff., 166 ff. Die Anknüpfung an den aristotelischen Begriff der von der Natur als Möglichkeit unterschiedenen, verwirklichten Natur ist in § 4 durch die Bestimmung, es sei die »Welt des Geistes« eine »zweite Natur«, unmittelbar belegt, vgl. Aristoteles Pol. I, 2 1252 b 32-34; vgl. hierzu auch *Rph* § 10: »Der Verstand bleibt bei dem bloßen Ansichsein stehen und nennt so die Freiheit nach diesem Ansichsein ein Vermögen, wie sie denn so in der Tat nur die Möglichkeit ist«; aber er kann damit ihre »Realität« nur als »eine Anwendung auf einen gegebenen Stoff« sehen, »die nicht zum Wesen der Freiheit selbst gehöre«; Hegel hat dies in der Vorlesung durch den Hinweis auf das Kind erläutert: es »ist an sich Mensch, hat erst an sich Vernunft, ist erst Möglichkeit der Vernunft und ist so nur dem Begriff nach frei«. Damit wird das Allgemeine belegt, daß »was nur so erst an sich ist, nicht in seiner Wirklichkeit« sei, vgl. § 10 Z. Die aristotelische Lehre von der Verwirklichung der Natur als »praxis« bleibt wenigstens formal bis in die praktische Philosophie des 18. Jahrhunderts erhalten; sie ist Hegel bei Chr. Wolff vorgegeben; vgl. Ph. pr. univ. § 122: quicquid naturaliter possibile est ... ad actum perducitur; Handlungen (actiones) des Menschen sind so in sich von Natur auf die volle Verwirklichung der in seiner Natur gegebenen Möglichkeiten gerichtet (perfectio), vgl. I § 103. Aber diese Verwirklichung wird in der deduktiven, von der Erfahrung und der geschichtlichen Wirklichkeit getrennten Schultheorie auf die »Moralität« als die nur innere Bestimmung des Handelns beschränkt, wie es Kant beibehalten hat. Demgegenüber begreift Hegel die institutionelle, ethische, gesellschaftliche, staatliche Wirklichkeit als »Reich der verwirklichten Freiheit« und bringt damit die aristotelische Lehre wieder zur Geltung, daß die Natur des Menschen nicht »von Natur«, sondern ethisch-politisch in der Polis und als Polis zu ihrer Verwirklichung kommt.

5. In diesem Zusammenhang steht die Eigentumstheorie Hegels. Im Unterschied zu allen Versuchen der Zeit, Eigentum aus einer Konstruktion seiner ursprünglichen Entstehung oder – wie in der Schulphilosophie – deduktiv aus der menschlichen Natur herzuleiten, geht die Rph als »Erfassen des Gegenwärtigen« von dem im bürgerlichen Recht gesetzten Verhältnis aus, in dem Freie als Personen über Sachen als Eigentum miteinander verbunden sind.[9] Aber hier liegt auch ihre Schwierigkeit. Die auf Eigentum gegründete Freiheit, die Hegel an den Anfang der Bewegung stellt, die zur Verwirklichung der Freiheit führt, hat alle substantiellen Verhältnisse des Menschseins außer sich. Das Privatrecht wird daher von Hegel »abstraktes Recht« genannt; die mit dem Eigentum gesetzte »äußere Sphäre der Freiheit« (§ 41) ist als das »Gegenteil des Substantiellen« (§ 42) nur »etwas

9 Der Philosophie Hegels ist es überhaupt eigentümlich, die ihr vorgegebenen Theorien nicht wegzubringen, zu ersetzen, sondern sie aufzuheben. Sie »verhindert so das »Festwerden und Isolieren der einzelnen Prinzipien und ihrer Systeme«, um der »Tendenz« der Teile entgegenzuwirken, »sich als ein Ganzes und Absolutes zu konstituieren«, vgl. Wiss. Behandlungsarten des Naturrechts, *WG* I, 525 f. So gehen in seine Lehre vom Eigentum als Elemente die naturrechtliche Begründung, die von Locke ausgehende, für die politische Ökonomie entscheidende Herleitung aus der Arbeit, die Legaltheorie im Sinne Montesquieus, aber auch Fichtes das Arbeitsprinzip abwandelnde Bestimmung des Eigentums als Grundrecht der Person gemäß dem »Grundsatz aller Rechtsbeurteilung« ein, daß alles Eigentum sich »auf die Vereinigung des Willens mehrerer zu einem Willen« gründe (Fichte, Grundlage d. Naturrechts WW, hrsg. v. Medicus, Bd. 2 S. 133 f., 116, 216 ff.). Indem Hegel den eigenen Standpunkt dadurch gewinnt, daß er die Philosophie zum Begreifen der als die geschichtliche gegenwärtige Wirklichkeit vorhandenen Vernunft macht, werden die aufgenommenen Theorien in der Aufgabe vereinigt, das in der Weltgeschichte gewordene und jetzt mit der bürgerlichen Gesellschaft und ihrem Recht der Person gesetzte Eigentum *hermeneutisch* als Dasein der Freiheit zu bestimmen. Damit führt Hegel die Lehre vom Eigentum über ihren bisherigen Stand hinaus. Er läßt sowohl seine deduktive Theorie in allen ihren Formen wie alle Versuche hinter sich, den Begriff des Eigentums aus einer Hypothese über seine ursprüngliche Entstehung in der Zeit, »als die Welt zuerst von den Kindern Adams oder Noahs bevölkert wurde« (J. Locke, The second Treatise of Government. ed. by Th. P. Peardon, N. Y. 1952, c. 5 Nr. 36 S. 22), oder im Rückgang von dem Stand des »zivilisierten« Menschen auf den des »Wilden« als auf die »condition de l'homme naissant« (Rousseau, Disc. s. l'origine de l'inégalité parmi les hommes, franz. u. deutsch m. Einleitung u. Anm., hrsg. v. K. Weigand, Hamburg 1955, S. 114, 192) herzuleiten.

Formelles« (§ 37). Aber das bedeutet nun nicht, daß man, um zum Wesentlichen zu kommen, vom Eigentum des bürgerlichen Rechts zur Moralität, zur Familie, zur Gesellschaft und zum Staat weiterzugehen habe. So läßt man die entscheidende These der Rph aus, daß auch alle substantiellen geistig-sittlichen Ordnungen der Freiheit mit dem Eigentum des bürgerlichen Rechts zur Existenz kommen. Damit wird die abstrakte, im Privatrecht gesetzte äußere Sphäre des Eigentums von Hegel als die Bedingung der Möglichkeit für die Verwirklichung der Freiheit im ganzen Umfange ihrer religiösen, politischen, sittlichen Substanz verstanden. Die Freiheit des Menschen als die zur europäischen Weltgeschichte gehörige Freiheit wird in der abstrakten Freiheit des Eigentums zu ihrem Dasein gebracht: »Die Freiheit, die wir haben, ist das, was wir Person nennen, das heißt das Subjekt, das frei, und zwar für sich frei ist, und sich in den Sachen ein Dasein gibt«, sofern der freie Wille sich zunächst, »um nicht abstrakt zu bleiben, ein Dasein geben muß« (§ 33 Z). Hegel hat in Deutschland überhaupt zuerst begriffen, daß die kommende bürgerliche Gesellschaft in der »Anhäufung der Reichtümer« und in der »Abhängigkeit und Not der an die Arbeit gebundenen Klasse« (§ 243) sich gerade auf Grund der durch sie gesetzten Eigentumsverhältnisse in einer Umwälzung aller geschichtlichen Verhältnisse durchsetzen wird. Dennoch kann er sagen, daß mit dem bürgerlichen Eigentum die christliche Freiheit zum Dasein kommt: »Es ist wohl an die anderthalbtausend Jahre, daß die Freiheit der Person durch das Christentum zu erblühen angefangen hat, und unter einem übrigens kleinen Teile des Menschengeschlechts allgemeines Prinzip geworden ist. Die Freiheit des Eigentums aber ist seit gestern, kann man sagen, hier und da als Prinzip anerkannt worden. – Ein Beispiel aus der Weltgeschichte über die Länge der Zeit, die der Geist braucht, in seinem Selbstbewußtsein fortzuschreiten – und gegen die Ungeduld des Meinens« (§ 62 Abs. 2). So begreift Hegel die Freiheit, die das bürgerliche Recht im Eigentum setzt, als Dasein (Existenz) der Freiheit in allen Stufen ihrer Verwirklichung. Was diese Verwiesenheit ihrer geschichtlichen und metaphysischen Substanz auf das abstrakte, von dieser getrennte Eigentum des bürgerlichen Rechts meint, wird dann später teils als spekulative Verkehrtheit zurückgewiesen, teils nicht mehr verstanden und so überhaupt zum Verschwinden gebracht.

Fragt man nach der Begründung dieser Verwiesenheit, so ergibt sie sich daraus, daß Hegel im Begreifen dessen, was ist, sich versagt, der Freiheit des Rechts etwas von ihrer Abstraktheit zu nehmen oder ihr etwas hinzuzufügen. Indem er sie stehen läßt und ihr, sie auslegend, auf den Grund geht, bringt er zum Begriff, was die Bindung der Freiheit der Person an Sachen als Eigentum notwendig macht und was so ihre Wahrheit ist.

6. Die Abstraktheit der Freiheit im bürgerlichen Recht beruht darauf, daß der Freie – hier nicht die »Persönlichkeit«, der Mensch im ganzen Umfange seines Menschseins – die Person ist, die sich »eine äußere Sphäre ihrer Freiheit« gibt (§ 41) und so »ihre erste Realität in einer äußerlichen Sache hat« (§ 41 Z.) Sache ist rechtlich jedes körperliche Ding (res corporalis), sofern es im Rechtsverkehr stehen kann. Die Sache und so das Eigentum werden daher dadurch definiert, daß sie »das von dem freien Geist ... Verschiedene«, »ein Unfreies, Unpersönliches, Rechtloses« sind (§ 42). Während im historischen Römischen Recht die Person noch ein besonderer Stand war und so auch Menschen als Sachen und Unfreies genommen werden konnten, läßt das moderne bürgerliche Recht nur noch zu, daß allein die natürlichen Dinge und das, was als ein »Äußerliches«, »Unpersönliches« genommen werden kann, als Sachen gelten können (§ 42). Aber das heißt nicht, daß es möglich ist, Sachen einfach mit den natürlichen Dingen gleichzusetzen. Diese werden erst Sachen, wenn sie in den Rechtsverkehr eingehen können und so in der Verfügung des Menschen stehen, während alles grundsätzlich der Verfügung des Menschen entzogene Natürliche, wie es Sonne und Sterne sind, ebenfalls Nichtsachen bleiben.

Das nimmt Hegel auf, um dann den so bestimmten, vorgegebenen Begriff der Sache in die Bewegung zurückzuführen, die in ihm fest geworden ist. Alles Eigentum, das der Mensch als Sache zu eigen haben kann, setzt in sich das Handeln und den handelnden Zugriff des Menschen voraus, mit dem das Natürliche seiner Selbständigkeit entrissen und in die Verfügung des Menschen gebracht wird. Hinter der scheinbaren dinglichen Festigkeit, die das Eigentum als Sache hat, verbirgt sich für Hegel die Bewegung, der oft lange geschichtliche Prozeß des tätigen Zurichtens der Natur, mit dem sie in eine Sache umgewandelt und als Sache vom Menschen in Besitz genommen wird. Zur Sache als Eigentum gehört daher die »Besitznahme«, in der ich ein Natürliches in meine »äußere Gewalt« bringe (§ 45, § 56). Das nimmt Hegel wie alle sonstigen herkömmlichen Unterteilungen des Eigentums in körperliche Besitzergreifung, Formierung, Bezeichnung, Gebrauch der Sache usf. auf, weil sie das Wahre enthalten, daß die »reelle Seite und Wirklichkeit« aller Sachen als Eigentum in dem liegt, was der Mensch im Aneignen, Verändern und Nutzen aus ihnen und mit ihnen macht (vgl. § 59). Wo daher die Sache unmittelbar als ein Natürliches genommen wird, bleibt außer Betracht, daß die zur Sache gewordene Natur keinen Halt und keine Selbständigkeit in sich hat. Sie empfängt im Zugriff des Menschen ihre Bestimmung; indem er seinen Willen in sie hineinlegt, erhält sie einen Zweck, den sie »nicht in sich selbst hat« (§ 44). Hegel hat daher die »Formierung« die »der Idee angemessenste Besitznahme« genannt (§ 56). In ihr ist »subjektiv« vorausgesetzt, daß alle die Formen des Handelns ausgebildet werden, in denen der Mensch unmittelbar körperlich, dann in der Erweiterung der Hand, »dieses großen Organs, das kein Tier hat« (§ 55 Z), durch »mechanische Kräfte, Waffen, Instrumente« die Natur ergreift, verändert und so zur Sache formiert. Aber mit diesem »Subjektiven« ist zugleich das »Objektive« vereinigt: In der »Bearbeitung der Erde, Kultur der Pflanzen, dem Bezähmen, Füttern und Hegen der Tiere«, in den »vermittelnden Veranstaltungen zur Benutzung elementarischer Stoffe oder Kräfte« bleibt für die Natur das, was ich an ihr tue, kein »Äußerliches«; es wird »assimiliert« und damit zu einer Bestimmung, durch welche sich die zur Sache formierte Natur an ihr selbst von der gleichen Natur unterscheidet, die, unberührt von jeder Formierung, nicht in der Hand und Verfügung des Menschen ist (§ 56). Daher kann für Hegel keine Philosophie die formierte Natur und das auf sie gegründete Naturverhältnis des Menschen begreifen, die von einer Natur ausgeht, die selbständig dem Menschen gegenübersteht und so seinem Anschauen und Vorstellen unmittelbar gegeben sein soll. Sie bleibt für ihre eigene geschichtliche Voraussetzung blind; sie sieht nicht, daß die Natur erst Objekt zu sein vermag, wenn sie zur Sache und damit der Mensch zu ihrem Subjekt geworden ist: »Diejenige Philosophie, welche den unmittelbaren einzelnen Dingen, dem Unpersönlichen Realität im Sinne von Selbständigkeit und wahrhaftem Für- und Insichsein zuschreibt ..., wird von dem Verhalten des freien Willens gegen diese Dinge unmittelbar widerlegt. Wenn für das Anschauen und Vorstellen die sogenannten Außendinge den Schein von Selbständigkeit haben, so ist dagegen der freie Wille ... die Wahrheit solcher Wirklichkeit« (§ 44). Diese Wahrheit ist das in solcher Philosophie übersprungene und in der Annahme einer konstanten Subjekt-Objekt-Relation ausgelassene geschichtliche Verhältnis, in dem die Natur aufhört, die »unmittelbar vorgefundene Welt« zu sein und durch den Menschen zu der Natur formiert wird, die als Sache in seiner Hand nur noch den »Schein der Selbständigkeit« hat, weil sie als sein Objekt die Welt ist, in der er, der Mensch, Gegenwart hat, ohne daß er noch »in diesem Raume« und »in dieser Zeit« selbst anwesend ist (§ 56). In den handschriftlichen Notizen zur Vorlesung verzeichnet Hegel: »Mensch Herr über alles in der Natur, nur durch ihn Dasein als der Freiheit ... nur Mensch als frei« (Hoffmeister S. 327). Im gleichen Sinne wird die von alters zum Eigentum gehörige symbolische Form der Bezeichnung ausgelegt: Das »Zeichen an der Sache«, das der Mensch setzt, zeigt das Wesentliche. Das Bezeichnete gilt nicht mehr als das, was es ist; darin, daß »der Mensch ein Zeichen geben und durch dieses erwerben kann«, wird seine »Herrschaft über die Dinge« kund (§ 58, § 58 Z). Daher gibt es für Hegel keine Möglichkeit mehr, Freiheit aus dem Naturstand des Menschen oder aus einem geschichtslosen konstanten Naturbegriff herzuleiten. Die Wahrheit des abstrakten bürgerlichen Rechts und seiner auf das Verhältnis von Personen zu Sachen eingeschränkten Freiheit ist hierin begründet: Der Mensch, der als Naturwesen nur dem »Begriff nach«, nur »an sich« und der »Möglichkeit nach« frei ist, kann erst actu frei werden, indem er sich aus der Unfreiheit des Naturstandes befreit und die Natur, ihre Macht durchbrechend, zur Sache macht. Der »Standpunkt des freien Willens, womit das Recht und die Rechtswissenschaft anfängt«, ist daher grundsätzlich über den »unwahren Standpunkt« hinaus, »auf welchem der Mensch als Naturwesen und als an sich seiender Begriff« genommen wird (§ 57)[10]. Die Freiheit der Person und die Versachlichung der Natur gehören unabdingbar zusammen. Es gibt für Hegel keine Möglichkeit, mit Gründen und Gegengründen, die aus der Natur des Menschen genommen sind, über Freiheit und Unfreiheit zu argumentieren: Freiheit besteht geschichtlich und actu nur, wo

10 Hegel wendet sich bereits in seiner in die Jenaer Zeit gehörigen Auseinandersetzung mit den »Wissenschaftlichen Behandlungsarten des Naturrechts« gegen die Annahme eines »nackten Naturzustandes des Menschen«; er sei eine »Fiktion« und eine »Abstraktion des Menschen«, die zur »sogenannten Erklärung der Wirklichkeit« als »Hypothese« eingeführt werde, um von einer ursprünglichen Einheit ausgehen zu können, für die »des Mannigfaltigen die geringste nötige Menge gesetzt wird«. Aber solche Einheit sei als ein »nicht Reelles, bloß Eingebildetes und als Gedankending« die »schwächste Einheit, deren das Prinzip der Vielheit fähig ist«; sie komme dadurch zustande, daß man »sich Alles wegdenke, was eine trübe Ahnung unter das Besondere und Vergängliche rechnen kann«. Der so gesetzte Naturzustand des Menschen sei in der Absonderung »aller Energien des Sittlichen« daher »das Chaos« (*WG* I, 449 ff.). Was der Mensch und was der Geist sei, läßt sich für Hegel grundsätzlich erst in seiner sittlichen, geschichtlichen Verwirklichung (actualitas) begreifen, wo seine Bildung fertig geworden ist. Bildung ist so nicht wie für die »Vorstellungen von der Unschuld des Naturzustandes« und von der »Sitteneinfalt ungebildeter Völker« ein für das aktuale Menschsein nur »Äußerliches«. Sie ist dieses selbst und setzt voraus, daß »die Natureinfalt ... weggearbeitet werde« (§ 187). Das gilt auch für das Recht; es sei, in allen seinen Bestimmungen gegründet auf die »freie Persönlichkeit«, das »Gegenteil der Naturbestimmung« und ein »Naturzustand ... deswegen ein Zustand der Gewalttätigkeit und des Unrechts, von welchem nichts Wahreres gesagt werden kann, als daß aus ihm herauszugehen ist« (*Enz.* [1817] § 415). Wer sich vorstelle, daß der Mensch »in jenem ersten Zustande im reinen Bewußtsein Gottes und der Natur, gleichsam im Centro von allem, was wir erst mühsam erringen, im Mittelpunkt aller Wissenschaft und Kunst gelebt haben soll«, weiß nicht, »was Intelligenz, was Denken ist«. Weil »der Geist ἐνέργεια, ἐντελέχεια (Energie, Tätigkeit) ist, die nie ruht«, und so erst »in seiner Arbeit sich selbst« findet, ist sein Begriff »nicht das Erste, sondern das Letzte«. (Vorlesung z. Philos. d. Weltgeschichte, Einltg., unter d. Titel: Die Vernunft in der Geschichte, hrsg. v. Hoffmeister, Hamburg 1955, S. 161 f.; vgl. ferner *Rph* § 18 Z; § 19.) Immer ist der Naturzustand des Menschen nur Zustand der bloßen Möglichkeit (s. o. S. 265 Anm. 8) und so »abstrakt« und grundsätzlich unfähig, zur Basis der Theorie des Rechts, der Gesellschaft, des Staates zu werden, gleichgültig ob er als »vernichtender Krieg« (*WG* I, 450) oder als »primitiver Zustand der Vollkommenheit« (Die Vernunft i. d. Gesch. S. 161) vorgestellt wird.

der Mensch den Naturstand hinter sich gebracht und so nicht mehr Naturwesen im Verhältnis zu einer Natur bleibt, die Macht über ihn hat. »Die behauptete Berechtigung der Sklaverei (in allen ihren näheren Begründungen durch die physische Gewalt, Kriegsgefangenschaft, Rettung und Erhaltung des Lebens, Ernährung, Erziehung, Wohltaten, eigene Einwilligung usf.) ... und alle historische Ansicht über das Recht der Sklaverei und der Herrschaft beruht auf dem Standpunkt, den Menschen als Naturwesen überhaupt nach einer Existenz ... zu nehmen, die seinem Begriff nicht angemessen ist« (§ 57). Das gleiche gilt für alle Versuche, Herrschaft aus dem Naturgesetz natürlicher Überlegenheit, Kraft, Stärke herzuleiten. Hegel hat sich darum gegen die »Kruditát« vor allem der Staatswissenschaft v. Hallers gewendet, der »die Herrschaft des Mächtigeren« vindiziert, weil sie der »Ordnung der Natur« als der »ewigen Ordnung Gottes« entsprechen soll. Damit werde gegen das Rechtsprinzip die Ordnung der Natur ausgespielt, nach welcher »der Geyer das unschuldige Lamm zerfleischt« und »die Mächtigeren ganz recht daran thun, die gläubigen Schutzbefohlenen als die Schwachen zu plündern«, und so das »Absurde für das Wort Gottes« unterschoben (§ 258). Wo Freiheit im Recht der Person auf Sachen wirklich wird, da sind alle im Naturstand des Menschen und in der Ordnung der Natur begründeten Formen von »Herrschaft« zum Unrecht geworden. Die Herrschaft als Staat setzt in der Freiheit des Rechts voraus, daß der Mensch nicht mehr als Naturwesen genommen werden kann (§ 57). Daher ist das Verhältnis, in dem Personen sich in Sachen das Dasein geben, der Anfang der Freiheit. Aber das schließt zugleich für Hegel positiv die Einsicht ein, daß die allgemeine Freiheit des bürgerlichen Rechts geschichtlich nur auf dem Boden der bürgerlichen Gesellschaft verwirklicht werden kann, weil mit ihrer rationellen Herrschaft über die Natur die Geschichte der Befreiung des Menschen aus der Macht der Natur in deren grundsätzlicher Versachlichung zum Abschluß kommt. Jeder Theorie, die die moderne Gesellschaft und Zivilisation als Verfall und Auflösung eines ursprünglich heilen Menschseins zu entwerten sucht, wie sie Hegel im Rousseauismus und in der romantischen Poetisierung des Ursprungs und einer unmittelbar ursprünglichen Natur begegnet ist, hält daher die Rph die weltgeschichtliche Positivität der rationellen Beherrschung der Natur entgegen: »als ob der Mensch in einem sogenannten Naturzustande ... in Freiheit lebe«. Indem solches Vorstellen das »Moment der Befreiung« unberücksichtigt läßt, das »in der Arbeit liegt« (§ 194), bleibt es blind dafür, daß der Mensch nur actu frei zu sein vermag, wo die Natur versachlicht und als Objekt menschlichen Verfügens zum Eigentum des Menschen geworden ist. So ist für Hegel die Existenz der Freiheit an die praktische Befreiung des Menschen aus der Macht der Natur gebunden. Die Einsicht, die er damit in der Zeit der aufkommenden bürgerlichen Gesellschaft gewinnt, hat – bis heute im Gegenspiel gegen jede Form der Verfallstheorie – die Macht der elementaren Wahrheit für sich, daß das mit dem Menschenrecht gesetzte Recht aller Menschen auf Freiheit des Menschseins unabdingbar an die moderne Gesellschaft und an ihre rationelle Herrschaft über die Natur gebunden ist. Mit dieser Einsicht wird zugleich verständlich, warum im Prozeß der Modernisierung schließlich überall auf der Erde Maschinen, Traktoren, Elektrostationen zu Symbolen der Freiheit werden können, welche die Leidenschaft der Anteilnahme mehr aufrufen als die isolierten, für sich gesetzten politischen wie geistigen Freiheiten. Diese haben ohne die im Eigentumsverhältnis vorausgesetzte Versachlichung der Natur und ohne die mit ihr ermöglichte Überwindung aller noch aus dem Naturstand stammenden Abhängigkeiten keine konkrete Existenz. Das hat Hegel damals zuerst in Deutschland gesehen und als die Wahrheit des bürgerlichen Rechts und seiner abstrakten, auf das Verhältnis von Personen zu Sachen als Eigentum beschränkten Freiheit begriffen.

7. Aber zu dieser Freiheit gehört zugleich, daß mit ihr die Einzelnen als Personen – auf das Verhältnis zu Sachen eingeschränkt – nur über Sachen und so nur »als Eigentümer füreinander Dasein haben« (§ 40). Die Versachlichung aller Beziehungen von Personen zu Personen ist die andere Seite des Eigentums. Sie bleibt auf dem Boden der bürgerlichen Gesellschaft zugleich nicht auf das Verhältnis zu äußeren natürlichen Dingen eingegrenzt. Sie schließt hier ein, daß ebenso auch alle Fähigkeiten, Geschicklichkeiten der Person entpersönlicht werden und in allen Stufen des

Könnens die Form der »Sache« annehmen, um so gesellschaftlich als »Eigentum« zu fungieren. Das gilt auf dem Boden der bürgerlichen Gesellschaft uneingeschränkt. Alle »Geschicklichkeiten, Wissenschaften, Künste, selbst Religiöses (Predigten, Messen ...), Erfindungen«, »Kenntnisse, Fähigkeiten« werden wie die äußeren Dinge der Versachlichung unterworfen und so als »Gegenstände des Vertrags« und »anerkannte Sachen« in der Weise des Kaufens und Verkaufens gleichgesetzt. Hegel bemerkt zwar, daß man vielleicht Abstand nehmen würde, sie unmittelbar »Sachen« zu nennen; dennoch sei es hier so, daß auch das, was für den Menschen ein »Innerliches« ist, »veräußert« werde und ein »äußerliches Dasein« erhalte, mit dem es unter die Bestimmung von Sachen gebracht werde (§ 43). In solcher Versachlichung aller Verhältnisse liegt für Hegel das allgemeine Prinzip der bürgerlichen Gesellschaft. Das für sie konstitutive Naturverhältnis zieht auch die Einzelnen als Personen in ihren Bann ein. Daher tritt rechtlich im Vertrage das Allgemeine der bürgerlichen Gesellschaft hervor, sofern seine »Sphäre« als die »Vermittlung, Eigentum nicht mehr nur vermittelst einer Sache und meines subjektiven Willens zu haben, sondern vermittelst eines anderen Willens, und hiermit in einem gemeinsamen Willen zu haben« gekennzeichnet ist (§ 71). Die »Vermittlung«, die so im Vertrag zu rechtlicher Form kommt, ist einerseits das Positive der bürgerlichen Gesellschaft: sie hat in der Versachlichung die »konkrete Person« zu ihrem Subjekt, »welche sich als Besondere Zweck« ist (§ 182); die Individuen sind als »Privatpersonen« ihre Bürger, »welche ihr eigenes Interesse zu ihrem Zweck haben« (§ 187). Daher nennt Hegel sie den »eigentümlichen und wahrhaften Boden, in welchem die Freiheit Dasein hat« (§ 71). Aber zugleich ist sie für ihn in der Versachlichung aller Beziehungen und in ihrer Reduktion auf den durch Kaufen, Verkaufen, Erwerben, Veräußern, Handeln beschränkten Verkehr die Macht der »Entzweiung« und »Differenz« (§ 33, § 182 Z), welche die gesellschaftliche Existenz der Einzelnen in sich und in ihren Beziehungen zueinander aus allen substantialen, persönlichen, sittlichen Bindungen löst und in dieser Trennung den »selbstsüchtigen Zweck in seiner Verwirklichung« zum einzigen allgemeinen gesellschaftlichen Prinzip setzt, nach dem »jeder sich Zweck und alles Andere nichts« ist (§ 183, § 182, § 182 Z). In dieser Abstraktheit eines versachlichten und veräußerlichten Seins kann die »sich nach allen Seiten auslassende Befriedigung ihrer Bedürfnisse, zufälliger Willkür und subjektiven Beliebens« »die Besonderheit« der Individuen und ihren »substantiellen Begriff« zerstören und die »bürgerliche Gesellschaft ... das Schauspiel ebenso der Ausschweifung, des Elends und des beiden gemeinschaftlichen physischen Verderbens« darstellen (§ 185). Alles, was dann als die Verdinglichung und Zerstörung jeder menschlich persönlichen Bindung gegen die bürgerliche Gesellschaft und ihre individuelle Freiheit ausgespielt wird, die »kein andres Band als das nackte Interesse läßt« (Kommunistisches Manifest), findet sich auch bereits bei Hegel. Während es aber die revolutionäre Theorie dazu führt, die Befreiung aus der Natur zum eigentlichen gesellschaftlichen Kern der für die bürgerliche Gesellschaft konstitutiven Freiheit zu setzen und diesen gegen die Form ihres Eigentums auszuspielen, insistiert Hegel gleichwohl darauf, daß Eigentum den »Charakter von Privateigentum« (§ 46) haben muß. Er hält damit gleichsam über die Negativität hinweg, die es auch für ihn kennzeichnet, daran fest, daß das auf Sachen beschränkte Verhältnis von Personen nicht nur die Bedingung der Befreiung aus der Natur, sondern zugleich positiv der Freiheit der Individuen ist: In ihm wird je »mein Wille als persönlicher, somit als Wille des Einzelnen objektiv« (§ 46), indem »ich selbst unmittelbar als Einzelner« und freier Wille mir »im Besitz gegenständlich werde« (§ 47). Im Zusammenhang der Rph heißt dies unmißverständlich, daß in der bürgerlichen Gesellschaft die »in sich unendliche Persönlichkeit des Einzelnen« als solche zu ihrer Verwirklichung kommt. Das wird denn auch ausdrücklich gesagt; das bürgerliche Recht gibt zuerst in der Geschichte überhaupt der »selbständigen Entwickelung der Besonderheit« ihr Recht, mit welcher »Plato nicht anders fertig zu werden« vermochte, als daß er ihr Prinzip »bis in die Anfänge hinein, die es im Privateigentum und in der Familie hat«, von seinem »nur substantiellen Staate« ausschloß (§ 185)[11].

11 Daher steht für Hegel in der Geschichte der christlichen Freiheit aller die Revolution von 1789 in geschichtlichem und sachlichem Zusammenhang mit der Reformation. Nachdem in ihr die »Subjektivität und Gewißheit des Indi-

Die abstrakte Versachlichung, in der sich die bürgerliche Gesellschaft auf das Naturverhältnis des Menschen beschränkt und in der Umformung der Natur zur Sache die Bedingung der Freiheit schafft, hat so für Hegel zugleich die Bedeutung, daß sie – nun in der Veräußerlichung aller Beziehungen von Personen zueinander – die Freiheit im ganzen Umfang ihrer weltgeschichtlichen Substanz zur »Welt des Geistes« hervorbringt (§ 4) und der Persönlichkeit als Person die Freiheit gibt, in welcher sie als sie selbst zu bestehen vermag. Die Äußerlichkeit der bürgerlichen Gesellschaft, in welcher sie einerseits das Schauspiel der Ausschweifung und des Elends bietet, ist andererseits für Hegel das Dasein der individuellen Freiheit.

8. Während die so für die Gesellschaft konstitutive Entzweiung später zu dem Problem wird, in dessen Lösung die mit ihr verlorene Einheit des Menschseins in der Negation entweder des substantiellen Geschichtlichen oder aber der in ihrem geistlosen Nichtssein verworfenen Gesellschaft zurückgewonnen werden soll, begreift Hegel, daß die Abstraktheit, Versachlichung, Veräußerlichung aller Verhältnisse als Entzweiung in sich die Macht zugleich des Positiven und Negativen ist. Die gleiche Bewegung,

viduums« hervorgetreten war, hat »die Zeit von da bis zu uns kein anderes Werk zu tun gehabt und zu tun, als dieses Prinzip in die Welt hineinzubilden ... Recht, Eigentum, Sittlichkeit, Regierung, Verfassung usw. müssen nun auf allgemeine Weise bestimmt werden, damit sie dem Begriff des freien Willens gemäß und vernünftig seien« (Phil. d. Weltgeschichte, *WG* 11, 523 f.). So wird die Freiheit der Subjektivität und ihre Verwirklichung für Hegel zur Substanz und zum Grunde des modernen Staates. Gegenüber der in fast einem Jahrhundert fest gewordenen Vorstellung, daß seine Philosophie das Individuum und seine Freiheit vergewaltige und der Omnipotenz des Staates opfere, ist erst in den letzten Jahren die Einsicht in die zentrale Stellung zurückgewonnen worden, die der Individualität und ihrer subjektiven Freiheit in der Philosophie Hegels zukommt. So hat H. Heimsoeth bereits 1934 in seiner Abhandlung »Politik und Moral in Hegels Geschichtsphilosophie« (Bl. f. Dt. Phil. 8, 1934/35, 127 ff.) darauf hingewiesen, daß Hegel »im Rahmen des Staatsgedankens ... weit entfernt von der Tendenz« sei, »das Individuum, seine Innerlichkeit und Autonomie als Eigensinn und Eigenwert zu vernichten« (145). Um zu erweisen, »daß Hegels Denken gerade durch das Ringen um Anerkennung und Bewahrung der Individualität entscheidend bestimmt ist« (15), hat sich jetzt H. Schmitz einer schönen systematischen Untersuchung »Hegel als Denker der Individualität« zugewendet (Meisenheim/Glan 1957).

in der die Gesellschaft sich auf die sachliche Welt einschränkt und damit den Menschen gesellschaftlich von seinem geschichtlichen Sein abtrennt, hat als diese die unendlich positive Folge, daß die Persönlichkeit nur als abstrakte Person und als Eigentümer in die Gesellschaft und ihre Funktionen eingeht und damit zum Subjekt aller der Bereiche menschlichen innerlichen wie sittlichen Seins werden kann, welche die Gesellschaft außer sich setzt. Was dies meint, hat Hegel an der für das Eigentum konstitutiven Rechtsform der Veräußerung gezeigt. Sie impliziert einmal, daß zur Sache und zu den durch Sachen vermittelten Beziehungen die Möglichkeit gehört, meinen Willen aus ihnen herauszunehmen (vgl. § 65). Aber damit ist ein Zweites gegeben: Auf dem Boden der modernen bürgerlichen Gesellschaft und mit ihrem Recht, in dem alle Personen von Sachen grundsätzlich unterschieden sind, setzt Veräußerung die Unveräußerlichkeit der Person selber in der Bestimmtheit voraus, daß sie das eigene innere wie äußere Sein unberührbar durch die Gesellschaft für sich zu haben vermag. Daher werden für Hegel hier im Unterschied zu allen vormodernen, immer auch auf substantielle religiöse, persönliche Bindungen gestellten rechtlichen Ordnungen diejenigen Güter zum unveräußerlichen Eigenen, welche »meine eigenste Person und das allgemeine Wesen meines Selbstbewußtseins ausmachen wie meine Persönlichkeit überhaupt, meine allgemeine Willensfreiheit, Sittlichkeit, Religion« (§ 66). Hier liegt der Grund, warum die Freiheit des Eigentums für Hegel das Prinzip ist, mit dem die christliche Freiheit allererst Existenz erhält: Indem sich die Gesellschaft auf das sachliche, durch Eigentum vermittelte Verhältnis von Personen zueinander beschränkt, gibt sie dem Einzelnen als Persönlichkeit frei, zum Subjekt in allem zu werden, was den Reichtum wie die Tiefe des nun von keiner Versachlichung berührten persönlichen, sittlich geistigen Seins ausmacht.

9. Hegel hat daher in der Versachlichung der Arbeitsverhältnisse auch das entscheidende Prinzip gesehen, das den »Unterschied zwischen einem Sklaven und dem heutigen Gesinde oder einem Tagelöhner« ausmacht (§ 67 Z). Ihre Freiheit besteht darin, daß sie nur ihre Arbeitskraft und den Gebrauch ihrer Fertigkeiten

auf Zeit, nicht aber sich selbst als »Sache« verdingen und in der Rechtsform des Vertrages »veräußern« können. Damit wird die Unveräußerlichkeit der Persönlichkeit in ihrer eigenen Sphäre zur unübersteigbaren Schranke und jede Form der Herrschaft des Naturstandes Unrecht. »Von meinen besonderen, körperlichen und geistigen Geschicklichkeiten und Möglichkeiten der Tätigkeit kann ich einzelne Produktionen und einen in der Zeit beschränkten Gebrauch an einen anderen veräußern, weil sie nach dieser Beschränkung ein äußerliches Verhältnis zu meiner Totalität und Allgemeinheit erhalten« (§ 67; vgl. § 80). Damit wird Freiheit zum ersten Male uneingeschränkt zum Prinzip einer Gesellschaft. Als sachliche Arbeitswelt befreit die moderne Gesellschaft den Menschen nicht nur aus der Macht der Natur, sie erhebt zugleich mit der Versachlichung der Arbeit und aller Arbeitsverhältnisse in der Form, daß Fertigkeiten nur als Sache und Eigentum auf Zeit veräußert werden können, die Freiheit zum allgemeinen Prinzip; sie gibt der Person in sich als Persönlichkeit ihr Selbstsein und dessen Verwirklichung frei. Daher verhalten sich hier auch Unternehmer und Arbeiter nicht mehr wie Herr und Knecht im Naturstande, sondern wie Personen zueinander. Das ist für Hegel der vernünftige Sinn der modernen Arbeitsverhältnisse; mit ihnen setzt sich – obwohl zunächst in der Form des Elends – die Freiheit aller durch. Der Freie als Person erhält die über die Gesellschaft und ihre Sachwelt hinausgehende Freiheit, sein Leben als sein eigenes zu haben und als Persönlichkeit er selbst zu sein. Das ist für Hegel im Rechtsprinzip von Person und Eigentum begründet; es bringt die Idee der Freiheit im Verhältnis zu allen Menschen als Personen zur Existenz. Mit der die bürgerliche Gesellschaft konstituierenden Entzweiung als Versachlichung werden alle Einzelnen als Persönlichkeit zum Subjekt der menschlich geistigen Welt in ihrem ganzen durch die weltgeschichtliche Herkunft vermittelten Reichtum.[12]

12 In der »Kritik des Hegelschen Staatsrechts« (MEGA, ed. Rjazanow, Frankfurt 1927, I 1, 1. Halbbd., S. 403 ff.) hat sich Marx allein mit dem Verhältnis, in dem für Hegel das Privateigentum zum Staat steht, insbesondere mit seiner Stellungnahme zum »Majorat« (§ 306) auseinandergesetzt. Er kritisiert, daß in der Rechtsphilosophie »die Selbständigkeit des Privateigentums eine andere Bedeutung im Privatrecht als im Staatsrecht« habe (517 ff., 522).

10. Daher wird von Hegel die kantische und sonst beliebte Einteilung des Rechts in persönliches, sachliches und dinglich persönliches Recht[13] als »Verwirrung« zurückgewiesen. Mit ihr wird

Hegel gebe ihm so eine »doppelte Bedeutung«; darin zeige sich, daß er »eine alte Weltanschauung im Sinne einer neuen interpretiert« (522). In den von S. Landshut unter dem Titel »Nationalökonomie und Philosophie« herausgegebenen Pariser Manuskripten von 1844 (Karl Marx, Die Frühschriften, Stuttgart 1953, S. 225 ff.) wird das Privateigentum als »sinnlicher Ausdruck davon« verstanden, daß »der Mensch für sich gegenständlich wird« (239), und daß das »subjektive Wesen« des Privateigentums als »für sich seiende Tätigkeit, als Subjekt, als Person die Arbeit ist« (228). Während für diese Bestimmung der Zusammenhang nicht nur mit der englischen politischen Ökonomie, sondern ebenso mit der Hegelschen und Fichteschen Theorie zutage liegt, ergibt sich der grundsätzliche Gegensatz zu Hegel daraus, daß für Marx die »in dem Entstehungsakt der menschlichen Gesellschaft werdende Natur ... die wirkliche Natur des Menschen, wie sie durch die Industrie – wenn auch in entfremdeter Gestalt – wird, die wahre anthropologische Natur ist (245). Damit fällt für Marx die substantielle Bestimmung des Menschen als Subjektivität fort; in der Identität des gesellschaftlichen und menschlichen Seins wird daher das Privateigentum als sinnliche Vergegenständlichung des Menschen zugleich durch die Entfremdung gekennzeichnet, in welcher es »ein fremder und unmenschlicher Gegenstand wird«, so daß seine »Lebensäußerung seine Lebensentäußerung, seine Verwirklichung seine Entwirklichung, eine fremde Wirklichkeit wird« (239). Während Hegel in der Bestimmung der Freiheit der Person aus der Subjektivität in die Theorie des Eigentums einbringt, was aus dem Zusammenhang des mit der Gesellschaft gesetzten menschlichen Seins nicht hervorgebracht werden kann, wird Eigentum bei Marx, dem Begriff der Gesellschaft als »wahrer Natur« des Menschen gemäß, ausschließlich gesellschaftlich begriffen.

13 Vgl. Kant, Metaphysische Anfangsgründe der Rechtslehre (1797), § 22. Kant definiert hier das »auf dingliche Art persönliche Recht« durch den »Besitz eines äußeren Gegenstandes als einer Sache und des Gebrauchs desselben als einer Person« und führt auf dieses Recht das »Hauswesen« zurück. Hegel hat die so begründete kantische Theorie der Ehe in ihrer Zuordnung zum Verhältnis des »Erwerbs« (§ 23) und Vertrags als »Schändlichkeit« zurückgewiesen (§ 75). Es zeigt sich hier für Hegel, daß eine Theorie der subjektiven Freiheit, die nicht zur Lehre von ihrer Verwirklichung fortgebildet wird, grundsätzlich nicht in der Lage ist, rechtliche wie sittliche Institutionen zu begreifen. Wie Kant in die Ehe im Rückgriff auf das Person-Sache-Verhältnis (Vertrag) den ihrer persönlichen Substanz widersprechenden Begriff der »Sache« hineinbringen muß, so führt auf der anderen Seite die romantische ästhetische Theorie der Subjektivität bei Schlegel dazu, die Ehe zu einem Element der »Willkür der sinnlichen Neigung« herabzusetzen (§ 164). Wo Wirklichkeit nur in der Form des gegebenen Stoffes der Anwendung zur Frei-

außer acht gelassen, daß mit dem bürgerlichen Recht in Person und Eigentum die Freiheit der Persönlichkeit zur Existenz kommt. Werden daher die Bereiche der Person und Persönlichkeit, »Rechte, welche substantielle Verhältnisse wie Familie und Staat zu ihrer Voraussetzung haben, und solche, die sich auf die bloße abstrakte Persönlichkeit beziehen, kunterbunt vermischt«, dann wird gerade der über die Gesellschaft und ihre abstrakte Sachlichkeit hinausweisende Sinn des Personseins ausgelassen. Darum begreift Hegel das Sachenrecht als persönliches Recht; mit ihm wird das »Recht der Person als solcher« anerkannt (§ 40). Indem sich die bürgerliche Gesellschaft als die Sachwelt setzt, deren Subjekte alle Einzelnen als Personen sind, wird sie in der Vollendung der Befreiung des Menschen aus der Natur und als die Macht der Differenz und Entzweiung die Bedingung dafür, daß zum ersten Male in der Geschichte der Menschheit dem Menschen als Menschen die Möglichkeit zugehört, »Persönlichkeit« zu sein und sich selbst und so der Freiheit im Reichtum des geschichtlich gebildeten Menschseins schließlich im Horizont aller Kulturen Dasein und Wirklichkeit zu geben.

heit der Subjektivität gehört, kann es nicht gelingen, die spekulative Natur des substantiellen Verhältnisses der Ehe und Familie als Institution zu begreifen.

Moralität und Sittlichkeit
Zu Hegels Auseinandersetzung mit der kantischen Ethik
(1966)

I

In den »Grundlinien der Philosophie des Rechts«[1] wird nach dem im ersten Teile behandelten »abstrakten Recht« im »Stufengange der Entwickelung der Idee des an und für sich freien Willens« (§ 33) der kantische »Standpunkt der Moralität« als »höherer Boden« der Freiheit eingeführt; mit ihm komme der Wille in der Reflexion in sich zu seiner für sich seienden Identität (§ 105, § 106). Vorher im ersten Teile hatte Hegel Recht als Dasein von Freiheit bestimmt. Der Einzelne komme zur Freiheit, indem er als »Person« rechtsfähig wird und im Recht, seinen Willen »in jede Sache zu legen«, über Sachen als »Besitz, welcher Eigentum ist«, sich zu anderen als Personen verhält. Während es aber zur Freiheit der Person im Rechtssinn gehöre, daß von ihr alles als ein »Gleichgültiges« ausgeschlossen bleibt, bei dem es auf die »individuelle Besonderheit« ankommt, werde mit dem kantischen Standpunkt der Moralität geltend gemacht, daß die Person, die im Recht die äußere Sphäre der Freiheit hat, in sich und für sich

1 Die »Grundlinien der Philosophie des Rechts« werden gemäß ihrem Aufbau als Lehrbuch nach den Paragraphen zitiert. Wo als Stellenangabe »Vorrede« vermerkt wird, handelt es sich immer um die Vorrede zu den »Grundlinien«.
Trotz der scharfen Kritik, die vor allem Johannes Hoffmeister im Vorwort zu seiner Ausgabe der »Grundlinien« (Bd. 12 der neuen kritischen Ausgabe, Hamburg ^{4}1955, XII ff.) an den von Eduard Gans in seiner Ausgabe von 1833 den Paragraphen beigefügten, aus Vorlesungsnachschriften genommenen »Zusätzen« (cit. Z., z. B. § 5 Z) übt, wird man auf ihre Benutzung erst verzichten können, wenn eine kritische Ausgabe der Vorlesungen Hegels vorliegen wird. Hegel hat in bewußter Erneuerung der Schulform der Philosophie die in den Paragraphen zusammengefaßte systematische Entwicklung des Gedankens in den Vorlesungen mit freien Ausführungen erläutert (vgl. Vorrede). Das macht die Zusätze vorerst unentbehrlich, auch wenn Gans aus dem ihm vorliegenden Material subjektiv und sicher gelegentlich ohne kritische Überprüfung des Verhältnisses ausgewählt hat, in dem das von ihm Aufgenommene zum hegelschen Gedanken steht. Die übrigen Werke Hegels werden unter Angabe des Bandes und der Seitenzahl nach der von H. Glockner veranstalteten Jubiläumsausgabe zitiert.
Für Kant wurde die Akademieausgabe seiner Werke benutzt.

die Persönlichkeit in ihrer innerlichen Subjektivität und so die mit dem Recht gesetzte Freiheit »Freiheit des subjektiven Willens« sei (§ 106)[2]. Mit der Aufnahme des Standpunktes der Moralität im Ausgang vom Recht und im Übergang zu ihm erweist sich, daß Hegels Rechtsphilosophie als politische Philosophie und »Staatswissenschaft« von der für die kantische praktische Philosophie grundlegenden Unterscheidung von Legalität und Moralität ausgeht. Hegel macht sie zum Anfang und Grund der Rechtsphilosophie. Alle näheren Bestimmungen, die er hier gibt, kommen von dieser kantischen Unterscheidung her: Während es im »formellen Rechte... nicht auf das besondere Interesse... ebensowenig auf den besondern Bestimmungsgrund meines Willens, auf die Einsicht und Absicht« ankomme (§ 37; § 106 Z), trete »beim Moralischen« die Frage »nach der Selbstbestimmung und Triebfeder des Willens« ein (§ 106 Z). Gegenüber dem Standpunkt der Legalität, den Hegel in der Form des Rechtsgebotes aufnimmt: »sei eine Person und respektiere die andern als Personen« (§ 36), erhalten mit der Moralität die »innere Selbstbestimmung«, meine Einsicht und Absicht im Zweck des »subjektiven Willens« und damit die »subjektive Einzelnheit« ihr Recht gegen das Allgemeine und im Verhältnis zum »Recht der Welt« (§ 33).

So nimmt Hegel die kantische Unterscheidung von Legalität und Moralität systematisch in den Zusammenhang hinein, in dem die Rechtsphilosophie das Rechtssystem als »Reich der verwirklichten Freiheit« (§ 4) und den modernen, auf Recht als Gesetz gegründeten Staat als die »substantielle Einheit« begreift, in welcher »die Freiheit zu ihrem höchsten Recht kommt« (§ 258). Wie Hegel bei aller kritischen Distanzierung von Kant immer daran festhält, daß seine Philosophie »Grundlage und Ausgangspunkt der neueren deutschen Philosophie« sei, so behält auch die kantische Position von Legalität und Moralität für ihn die entscheidende, grundlegende und durch keinen Einwand in Frage

2 Die hier in gedrängter Zusammenfassung aufgenommene Theorie des »abstrakten« (bürgerlichen) Rechtes wird ausführlicher und in ihren systematischen Voraussetzungen dargestellt und erläutert in: J. Ritter, Person und Eigentum. Zu Hegels »Grundlinien der Philosophie des Rechts« § 34–§ 81, in diesem Band S. 256 ff.

gestellte Bedeutung, daß mit ihr der Einzelne in seiner Subjektivität und moralischen Autonomie im Staat und überhaupt in den objektiven Verhältnissen und Einrichtungen der Gesellschaft als ihr Subjekt begriffen wird: Freiheit habe nur konkrete Wirklichkeit im Staat, sofern »die persönliche Einzelnheit und deren besondere Interessen ... ihre vollständige Entwickelung und die Anerkennung ihres Rechts« finden (§ 260). Durch Kant wird daher mit dem Prinzip der Moralität und in dem mit ihm zur Geltung gebrachten inneren Selbstsein der »Person« des Rechts zuerst die Bestimmung des modernen Staates in seiner »ungeheueren Stärke und Tiefe« philosophisch zum Begriff gebracht, »das Prinzip der Subjektivität sich zum selbständigen Extreme der persönlichen Besonderheit vollenden zu lassen« (§ 260). So hält Hegel an der kantischen Position fest; er holt sie in die Rechtsphilosophie als »Staatswissenschaft« ein, weil mit ihr zuerst begriffen wird, was weder in den Kategorien des Rechts noch des gesellschaftlichen Seins ausgesagt werden kann, daß zu der im Recht gesetzten Freiheit des Freien als »Person« das Für-sich-selbst-Sein der Subjektivität in sich gehört (vgl. § 104). Freiheit besteht nur, wenn der Mensch in seiner Innerlichkeit, in Vorsatz, Absicht und Gewissen wollen kann, »daß er selbst in Allem sei, was er tut« (§ 107 Z). Das ist für Hegel die Einsicht, die Kant gebracht hat. Er nennt sie die »große und erhabene Seite« seiner Philosophie. Mit ihr sei das Prinzip zur allgemeinen Anerkennung gebracht worden, daß Freiheit »die letzte Angel ist, auf der der Mensch sich dreht, diese letzte Spitze, die sich durch nichts imponieren läßt«, und daß der Mensch »keine Autorität« gelten läßt, wenn sie gegen seine Freiheit geht. Dies habe der kantischen Philosophie die große »Ausbreitung, Zuneigung gewonnen«; mit ihr werde nunmehr gewußt, »daß der Mensch ein schlechthin Festes, Unwankendes in sich selbst findet, einen festen Mittelpunkt: so daß ihn nichts verpflichtet, worin diese Freiheit nicht respektiert wird« (19, 591). Hierin sei das »Befriedigende«, die »höchst wichtige Bestimmung der kantischen Philosophie« und ihres »hohen Standpunktes« gelegen; sie hat, »was für das Selbstbewußtsein Wesen hat, als Gesetz, Ansich, gilt, in es selbst zurückgeführt« (19, 590).

Daher nimmt Hegel in der Rechtsphilosophie die kantische Position von Legalität und Moralität zum Anfang und Ausgangspunkt. Im Stufengange der Entwicklung der Idee, in dem alle Teile, die in ihm aufgenommen werden, im »immanenten Unterscheiden des Begriffes selbst« »Entwickelungsmomente der Idee« sind (§ 33; § 31), ist der Anfang nicht etwas, das zurückbleibt; er wird in das Ganze, in dem er steht, »aufgehoben«: »Was sich aufhebt, wird dadurch nicht zum Nichts. ... es hat daher die Bestimmtheit, aus der es herkommt, noch an sich«; so ist »das Aufgehobene ein zugleich Aufbewahrtes« (4, 120 Anm.). Wenn Hegels Philosophie Nichtachtung des Individuums, Vergottung des Staates zugeschrieben wird, so beruht dies zuletzt darauf, daß Aufheben nicht als »Aufbewahren« begriffen wird und so der Staat, wie er am Ende steht, als Negation und Verschwinden des Anfangs erscheint. Bei Hegel hat die Aufnahme der kantischen Moralität in die Rechtsphilosophie grundsätzliche und konstitutive Bedeutung für den Begriff des Rechts und des Staates: Sie sind nur dann auf Freiheit basiert, wenn der Einzelne als Ich in seiner Subjektivität er selbst in der Selbstbestimmung der Moralität und des Gewissens zu bleiben vermag und der Inhalt alles Handelns, »auch insofern es die äußerliche Objektivität erhalten hat, je meine Subjektivität für mich« enthält (§ 110). Daher gehört es auf dem Boden der modernen Welt und mit dem neuen Geist, der in der Umwälzung der Epoche in der Wirklichkeit hervorgegangen ist, zu allen Institutionen, zu Recht, Staat, Gesellschaft, daß für sie die Freiheit des Selbst in sich, der subjektive »moralische Wille«, das Gewissen – »diese tiefste innerliche Einsamkeit mit sich, wo alles Äußerliche ... verschwunden ist« (§ 136 Z) – grundsätzlich »unzugänglich« sind; sie bleiben das jedem Zugriff der Gewalt Entzogene. Weder Staat noch Gesetzgebung dürfen in die Sphäre der Subjektivität und in die auf diese gegründete Überzeugung einbrechen (§ 106 Z)[3].

Das kann als große, ins Allgemeine erhobene Zusammenfassung

3 H. Heimsoeth hat in einer Zeit, da die Rechtsphilosophie Hegels noch kaum in dem, was sie als Ganzes ist, beachtet wurde und so die Abschnitte, die das innere und äußere Staatsrecht behandeln, isoliert als Staatsphilosophie Hegels genommen wurden, die Frage nach der positiven und selbständigen Bedeutung des Individuums für Hegel und des Rechts seiner Besonderheit aufgenommen. Vgl. Politik und Moral in Hegels Geschichtsphilosophie, jetzt in: Studien zur Philosophiegeschichte Köln 1961, 22 ff.

dessen durch Hegel gelten, was Kant mit der Unterscheidung der Legalität und Moralität in der Bestimmung von Freiheit und des Rechts und des Staates, sofern diese auf Freiheit gegründet sind, in einer Wende, die Epoche gemacht hat, zuerst zum Begriff gebracht hat.

Mit der Selbständigkeit des Individuums im »Recht seiner Besonderheit« kommt für Hegel auf dem Boden der modernen Welt und aus dem Ursprung des Christentums Freiheit zu ihrer vollen Entfaltung und Bestimmung. Das wird von Hegel allgemein als das Prinzip gefaßt, durch das sich die moderne Zeit und das Altertum scheiden: »Das Recht der Besonderheit des Subjekts, sich befriedigt zu finden, oder – was dasselbe ist – das Recht der subjektiven Freiheit macht den Wende- und Mittelpunkt in dem Unterschiede des Altertums und der modernen Zeit« (§ 124). Wenn Hegel daher vom Aufkommen der Subjektivität und von ihrem Verhältnis zur Welt des Objektiven und der rechtlichen und politischen Institutionen spricht, bleibt es für ihn im Sinne Kants wesentlich, daß sie in der Unterscheidung von ihnen als »zweite Gestalt« erscheint; sie tritt geschichtlich zu ihnen gleichsam hinzu. Um das sinnfällig deutlich zu machen, weist Hegel (und das kehrt bei ihm immer wieder) darauf hin, daß sich ihre Bildung geschichtlich auch auf verschiedene Schauplätze verteilt. Die »große Form des Weltgeistes«, die Subjektivität, ist »Prinzip des Nordens« und dadurch von der Aufklärung geschieden, die ihren Ort im »Westen« hat. In einer berühmt gewordenen Stelle aus der Vorlesung zur Geschichte der Philosophie spricht Hegel davon, daß mit der kantischen, fichteschen, schellingschen Philosophie der Subjektivität das deutsche Volk in der Form, »zu welcher der Geist in der letztern Zeit in Deutschland fortgeschritten ist«, an der Revolution in Frankreich teilnimmt: In Deutschland sei ihr Prinzip als »Gedanke, Geist, Begriff, in Frankreich in die Wirklichkeit hinausgestürmt« (19, 534 f.). Im gleichen Sinne heißt es in der »Phänomenologie«, daß, wie »das Reich der wirklichen Welt in das Reich des Glaubens und der Einsicht übergeht«, so »die absolute Freiheit aus ihrer sich selbst zerstörenden Wirklichkeit in ein anderes Land des selbstbewußten Geistes« übergegangen sei, »worin sie in dieser Unwirklichkeit als das Wahre gilt« (2, 459). Die Hegel nachfolgende Generation, vor allem die hegelsche Linke hat dies aufgenommen und die Teilnahme der deutschen Philosophie an der Revolution als Ausdruck der rückständigen politischen Verhältnisse in Deutschland verstanden: Sie hätten es mit sich gebracht, daß man ohne die Möglichkeit politischen Handelns, statt »in die Wirklichkeit hinauszustürmen«, nur »im Gedanken«, »im Kopf« die Revolution mitmachen konnte. Die Teilnahme der deutschen Philosophie an ihr sei Reflex, tatlose Widerspiegelung von dem »im Bewußtsein«, was real in Frankreich geschehen ist.[4]

Aber diese Absonderung ist nicht das von Hegel Gemeinte. Was in Deutschland, in der auch örtlichen Unterschiedenheit von der politischen Revolution als Gedanke hervortritt, ist die Subjektivität in ihrer subjektiven Freiheit. Sie bildet so für Hegel nicht eine Welt tatloser Innerlichkeit neben der Welt politischen Han-

4 Auch für Hegel selbst steht die Teilnahme Deutschlands an der Revolution »im Gedanken« in Beziehung dazu, daß das, was hier im Zusammenhang mit der Revolution als »Wirklichkeit« hervorgetreten ist, nur »eine Gewaltsamkeit äußerer Umstände und Reaktion dagegen war« (19, 535); die theoretische Teilnahme an der Revolution kann daher gelegentlich auch ironisch genommen werden: »Wir haben allerhand Rumor im Kopfe und auf dem Kopfe; dabei läßt der deutsche Kopf eher seine Schlafmütze ganz ruhig sitzen und operiert innerhalb seiner« (19, 553).

Für Marx, Engels, Heine enthält andererseits der Hinweis auf den Unterschied der »geistigen Revolution« in Deutschland und der »materiellen Revolution« in Frankreich in den »sonderbarsten Analogien« (Heine), sofern »die Deutschen in der Politik gedacht . . ., was die anderen Völker getan haben« (Marx), in ironischer Verhüllung die Anerkennung der allgemeinen und positiven Bedeutung der philosophischen Teilnahme an der Revolution. So sagt Marx, daß mit ihr »Deutschland ihr theoretisches Gewissen« wurde. Als nur in Deutschland mögliches »abstraktes überschwängliches Denken des modernen Staates« sei die spekulative Rechtsphilosophie zugleich die »entschiedene Verneinung der ganzen bisherigen Weise des deutschen politischen und rechtlichen Bewußtseins«. Vgl. K. Marx, Zur Kritik der hegelschen Rechtsphilosophie in: Die Frühschriften hg. S. Landshut, Stuttgart 1953, 207 ff.; H. Heine, Zur Geschichte der Religion und Philosophie in Deutschland (1834) Ww. hg. Elster 4, 245. Diese zuletzt auf Hegel selbst zurückgehende Deutung des Verhältnisses, in dem die spekulative Philosophie zur Revolution steht, ist vor allem in der Zusammenfassung wirksam geworden, die sie bei Engels gefunden hat, vgl. Ludwig Feuerbach und der Ausgang der klassischen deutschen Philosophie (zuerst in: Die neue Zeit 4, 1886, dann als Sonderdruck Stuttgart 1888). An der Geschichte dieser Deutung ließen sich die Veränderungen im Verständnis der Philosophie und ihrer Funktion im Fortgang von Hegel entwickeln.

delns. In der Teilnahme der Philosophie der Subjektivität an der Revolution kommt vielmehr für Hegel positiv zum Begriff, daß da, wo alle Menschen unabhängig von Stand, Geburt, Herkommen im rechtlichen und politischen Sinne frei sind (§ 209), sie in ihrer Subjektivität zum Subjekt des Rechts und des Staates werden. Darin haben nunmehr Staat, Recht, Gesellschaft und überhaupt die objektiven Einrichtungen, Institutionen ihr Wesen. Sie erhalten mit der Unterscheidung des allgemeinen und des besonderen Willens jetzt die Bestimmung, daß sie Freiheit als Freiheit der Subjektivität zu ihrer Substanz und zu ihrem Inhalt haben und so ihre Verwirklichung sind. In dieser Einheit des Subjektiven und Objektiven kommt für Hegel zur Erfüllung, was in der Wende zur Neuzeit begonnen hat: Mit der Reformation habe in der Zeit, da die übrige Welt »hinaus ist nach Ostindien, Amerika, ... Reichtümer zu gewinnen, eine weltliche Herrschaft zusammenzubringen«, das Individuum das Wissen erlangt, daß die Subjektivität als die aller Menschen in den »Besitz der Wahrheit kommen kann und kommen soll«. Damit sei »das neue, das letzte Panier aufgetan, um welches die Völker sich sammeln, die Fahne des freien Geistes, der bei sich selbst und zwar in der Wahrheit und nur in ihr bei sich selbst ist«. Aber die im Innern aufgegangene Freiheit ist so für Hegel auch die Freiheit, die sich zum Grunde der Welt und der weltlichen Reiche macht. Von da an habe daher die Zeit »bis zu uns ... kein anderes Werk zu tun gehabt«, als das Prinzip der Subjektivität in die Welt hineinzubilden: »Recht, Eigentum, Sittlichkeit, Regierung, Verfassung usf. müssen nun auf allgemeine Weise bestimmt werden, damit sie dem Begriffe des freien Willens gemäß vernünftig seien« (11, 522, 523, 524). Wenn Hegel daher das Recht der Besonderheit des Subjekts, sich befriedigt zu finden, den Wende- und Mittelpunkt in dem Unterschiede des Altertums und der modernen Zeit nennt, so hat dies den grundsätzlichen und allgemeinen Sinn, daß mit ihm die politische und gesellschaftliche Welt zu einer Bestimmung kommt, die weder das Altertum noch überhaupt die vormodernen Zeiten kannten: Die Subjektivität »in allen näheren Gestaltungen der Liebe, der Romantik, des Zwecks der ewigen Seligkeit des Individuums – alsdann der Moralität und des Gewissens« sei jetzt »zum allgemeinen wirklichen Prinzip einer neuen Form der Welt« geworden; sie trete nunmehr als Prinzip der Gesellschaft und »Moment der politischen Verfassung« hervor (§ 124). Diese Einheit der Subjektivität mit der von ihr unterschiedenen Wirklichkeit von Gesellschaft und Staat macht Hegels Rechtsphilosophie zu ihrem Gegenstand.

Aber zugleich liegt hier das Moment, das Hegel nötigt, im Ausgang von der Moralität und Legalität zu Zusammenhängen weiterzugehen, die außerhalb der kantischen Position liegen. Ihr Problem liegt für ihn darin, daß Kant mit der Trennung der Legalität und der Moralität nicht nur das Recht – legitimerweise – auf äußere Willkürhandlungen beschränkt, sondern daß diese in der Trennung von der ins Innere zurückgenommenen und durch keine Beispiele aus der äußeren Erfahrung belegbaren Moralität als einzige Form und Wirklichkeit menschlichen Handelns gelten. Damit wird von Kant das von ihm zuerst begriffene Sein der Subjektivität in allen sie bestimmenden religiösen, moralischen, persönlichen Beziehungen auf Innerlichkeit beschränkt. Hier liegt die Einseitigkeit, die für Hegel die kantische Position in ihrer Größe belastet. Kant konnte mit ihr nicht über einen Dualismus der inneren Moralität und der ihr gegenüberstehenden äußeren Wirklichkeit hinauskommen. Moralität sei daher bei ihm »ohne Ausführung«, es bleibe beim »Sollen«[5]. Die kantische Verfestigung der Unterscheidung von Innerlichkeit

5 Hegels Kritik an der kantischen und idealistischen Philosophie, »die das Sollen zu zentraler Bedeutung erhebt«, hat O. Marquard in ausführlicher und gediegener Belegung dargestellt und gedeutet: Hegel und das Sollen in: Philos. Jahrb. 72, 1964, 103-119. Mit dieser Arbeit wird eine Diskussion zum Abschluß gebracht. M. zeigt, daß sich an der Sollenskritik Hegels »Sonderstellung gegenüber der Transzendentalphilosophie« zeige und damit die »Vorstellung einer einheitlichen Philosophie des deutschen Idealismus« in Frage gestellt würde (106). Seine These besagt, daß Hegel in dieser Kritik nicht dem Sollen die »bloße gegebene Wirklichkeit« entgegensetze, sondern gerade die für die Theorie des Sollens bei Kant, Fichte, Schelling entscheidende »Weigerung, das Gegebene als Instanz zu akzeptieren« (109 ff.) aufnehme. Hegel habe niemals die positive Bedeutung und das Recht des »Seinsollens« geleugnet oder zurückgewiesen. Aber er habe begriffen, daß mit der Trennung des Sollens von der Wirklichkeit diese Wirklichkeit in ihrer progressiven Vernünftigkeit nicht zu ihrem Begriff komme: »Gerade weil Kant, Fichte und der frühe Schelling die allgemeinen Zwecke vor der unsicheren Wirklichkeit ins bloße Sollen und in Postulate retten, vermögen sie in der Wirklichkeit das Allgemeine nur fern

und Äußerlichkeit zu einem Dualismus der Trennung hat zur Loslösung der philosophischen Ethik aus dem Zusammenhang der in der Folge der kantischen Unterscheidung der Legalität von der Moralität aus der Philosophie emigrierenden Rechts- und Staatstheorie geführt. Der Idealismus will sich zwar mit solcher Trennung von Legalität und Moralität nicht abfinden, aber er muß sich damit begnügen, die innere Moralität der Subjektivität in Gesinnungen oder in Werten, die nicht sind und nur gelten sollen, der äußeren Wirklichkeit entgegenzuhalten. Was für die Innerlichkeit des freien Menschen ethisch wesentlich ist, soll nur als ein Ideales und so als ein Jenseits der Wirklichkeit bestehen.

II

Der Übergang von dem kantischen Standpunkt der Legalität und Moralität über Familie, bürgerliche Gesellschaft zum Staat hat die inhaltliche Bedeutung der »Aufhebung« in dem konkreten Sinn, daß Recht in allen Teilen des Rechtssystems zwischen dem Recht der Person und dem Staatsrecht nur dann die Freiheit aller zu seinem Grunde hat, wenn diese den subjektiven Willen des Einzelnen in seiner Subjektivität einschließt.

Das ist die Voraussetzung, unter der auch die Kritik Hegels am Standpunkt der Moralität steht. Philosophische Kritik, die nur ein negatives Resultat hat, nennt er überhaupt ein »trauriges Geschäft«, »Bemühung der Eitelkeit«; sie mache nur einseitige Gesichtspunkte gegen andere geltend und werde damit zur »Polemik und Parteisache« (1, 189), statt »die Eingeschränktheit einer Gestalt aus ihrer eigenen Tendenz nach vollendeter Objektivität zu widerlegen und sie damit zu ihrer eigenen Wahrheit zu bringen«. Vollendete Bildung vermöge in jedem das Positive zu sehen (§ 268 Z).

vom realen Zweck und den Zweck nur fern vom real Allgemeinen zu finden« (116). Der Übergang Hegels von der Moralität zur Sittlichkeit ist die Bestätigung dieser Deutung. Wird die Kritik Hegels am Standpunkt des Sollens und der Moralität aus ihrem Zusammenhang herausgelöst, dann muß notwendig die Vorstellung vom Immoralismus Hegels, von seiner Herabsetzung der Moral zu Gunsten der politischen Macht usf. ins Spiel kommen, während es Hegel selbst darum ging, die politische Wirklichkeit als die Wirklichkeit zu begreifen, die die Moralität voraussetzt und freigibt.

Aber in diesem Übergang wird, so sehr er einerseits die Bestimmung des »Aufbewahrens« hat, die Position Kants zugleich in Zusammenhänge hineingenommen, die über das durch ihn gesetzte Verhältnis von Legalität und Moralität und die aus ihm folgende Unterscheidung von Ethik und Rechtslehre hinausführen.

Die Trennung von Moralität und Legalität, der »ethischen« und der »juridischen« Gesetzgebung, in der Bestimmung, daß Moralität sich allein auf die Übereinstimmung mit dem Gesetz bezieht, sofern die Idee der Pflicht aus dem Gesetze zugleich »die Triebfeder der Handlung ist« (Einltg. Met. d. Sitten III, 6, 218 ff.), führt bei Kant dazu, daß alles, was in menschlichen Handlungen nicht auf innerer Gestzgebung beruht, als äußere Handlung nur in die Sphäre des Rechts gehört. Daher werden in der »Metaphysik der Sitten« nicht nur Eigentum, das Verhältnis von Personen über Sachen zueinander, Vertrag, Erwerb, Besitz usf. in der Rechtslehre behandelt, sondern auch »die häusliche Gesellschaft« mit Eherecht (§ 24 ff.), Elternrecht (§ 28), Hausherrenrecht (§ 30) und ebenso mit dem »bürgerlichen Zustand« der Staat im Zusammenhange des öffentlichen Rechtes als »System von Gesetzen für ein Volk, d. i. eine Menge von Menschen . . ., die, im wechselseitigen Einflusse gegen einander stehend, des rechtlichen Zustandes . . . bedürfen« (§ 43), schließlich Völkerrecht und Weltbürgerrecht (§ 53 ff.; § 62). Demgegenüber ist Ethik allein »Tugendlehre«. Sie hat im Unterschied zu dem, was in den alten Zeiten die »Sittenlehre (philosophia moralis) überhaupt« war, sich auf »einen Teil der Sittenlehre« beschränkt, nämlich »auf die Lehre von den Pflichten, die nicht unter äußeren Gesetzen« stehen (Met. d. Sitten II Tugendl. Einltg. 6, 379). Praktische Philosophie als Ethik hat so als »Philosophie der inneren Gesetzgebung, nur die moralischen Verhältnisse des Menschen gegen den Menschen« zum Inhalt (6, 491). Die Obereinteilung der Sittenlehre schließt, da »der Begriff der Freiheit, die jenen beiden (sc. der Rechtslehre und der Tugendlehre) gemein ist«, die »Einteilung in die Pflichten der äußeren und inneren Freiheit notwendig macht«, die »Absonderung der Tugendlehre von der Rechtslehre ein«; die Pflichten der inneren Freiheit sind »allein ethisch« (Met. Anfangsgr. d. Tugendl. XIV, 6, 406).

Auch für Hegel bleiben Familie, bürgerliche Gesellschaft, Staat Gegenstand der Rechtslehre, aber zugleich werden sie als Gestaltungen, in denen Freiheit die Freiheit der Subjektivität einschließt, unter eine ethische Bestimmung gestellt. Die Moralität wird damit aus der Beschränkung auf die Pflichten der inneren Freiheit gelöst und auf diese Institutionen als ihre »Wirklichkeit« (actualitas) bezogen. Das geschieht in der Form, daß der Übergang von der Moralität zu den für Kant allein dem Rechte zugeordneten Institutionen der Familie, der Gesellschaft und des Staates als Übergang zur *Sittlichkeit* begriffen wird. Das Sittliche wird von Hegel in der Unterscheidung von der Moralität des subjektiven Willens und seines »abstrakten Guten« als die »an und für sich seienden Gesetze und Einrichtungen« (§ 144), die »sittlichen Mächte« (§ 145), »Sitte«, »Gewohnheit«, als »allgemeine Handlungsweisen« der Individuen (§ 151), »geselllig gesittetes Leben« (§ 170), »Stand« (§ 207), »Korporation« (§ 253) und in der Zusammenfassung als »Institutionen« (§ 263, § 265) eingeführt, die als »die entwickelte und verwirklichte Vernünftigkeit« die »Grundsäulen der öffentlichen Freiheit« und so die »feste Basis des Staats« sind (§ 265). Diese »vorhandene Welt« der Gesetze und Einrichtungen ist sittlich, insofern in ihr das Individuum »in dem Selbstbewußtsein sein Wissen, Wollen« hat und die Wirklichkeit seines Handelns und seine »an und für sich seiende Grundlage« und seinen »bewegenden Zweck« findet (§ 142); es hat in der Sittlichkeit der Institutionen ein »über das subjektive Meinen und Belieben erhabenes Bestehen« (§ 144). Daher seien diese als »objektives sittliches Sein« dem Subjekte »nicht ein Fremdes«, sondern »Zeugnis des Geistes ... als von seinem eigenen Wesen«. Es hat in ihnen »sein Selbstgefühl« und lebt »darin als seinem von sich ununterschiedenen Elemente« (§ 147). Im Übergang zur Sittlichkeit als »Einheit des subjektiven und des objektiven an und für sich seienden Guten« kommt so die Moralität in der Identität des Subjektiven und Objektiven zu ihrer Wirklichkeit und Wahrheit (§ 141, 141 Z): »Die Subjektivität, welche den Boden der Existenz für den Freiheitsbegriff ausmacht ... und auf dem moralischen Standpunkte noch im Unterschiede von diesem ihrem Begriff ist, ist im Sittlichen die ihm adäquate Existenz desselben« (§ 152). Erst indem die Individuen in ihrer subjektiven Bestimmung zur Freiheit der »sittlichen Wirklichkeit angehören«, besitzen sie »im Sittlichen ihr eigenes Wesen, ihre innere Allgemeinheit wirklich« (§ 153).

Das Aufheben des Standpunktes der Moralität hat so die Form, daß Hegel zu Sitte, Gewohnheit und den politischen und gesellschaftlichen Institutionen übergeht, um diese als »sittliche« Wirklichkeit des in der Moralität gesetzten subjektiven Willens und seines Guten zu begreifen.

Das war schon für Hegels eigene Zeit so fremd und ungewöhnlich, daß er in der Besprechung des Aufbaus der Rechtsphilosophie auf die Unterscheidung von Moralität und Sittlichkeit und ihre wesentliche Bedeutung in der Abgrenzung gegen den »kantischen Sprachgebrauch«, der sich »vorzugsweise des Ausdrucks Moralität« bedient und gegen die Gewohnheit, »Moralität und Sittlichkeit etwa als gleichbedeutend« zu nehmen, ausdrücklich hinweist: »Moralität und Sittlichkeit ... sind hier in wesentlich verschiedenem Sinne genommen«; auch wenn sie »ihrer Etymologie nach ... gleichbedeutend« wären, sollte dies nicht hindern, »diese einmal verschiedenen Worte für verschiedene Begriffe zu benutzen« (§ 33; vgl. 12, 85 f.).

Was diese Unterscheidung meint und was mit ihr bei Hegel geschieht, läßt sich weder als eine Ausweitung des Begriffs der Moralität noch gar als eine terminologische Neuerung verstehen. Dem steht schon die nachfolgende Bemerkung entgegen, daß Kant mit der Beschränkung der Prinzipien der praktischen Philosophie auf Moralität den Standpunkt der Sittlichkeit sogar »unmöglich« gemacht und »zernichtet« habe. Die Unterscheidung von »Moralität« und »Sittlichkeit« hat grundsätzliche Bedeutung. Mit ihr wird der Begriff des Ethischen erneuert, der geschichtlich mit dem Aufkommen der Subjektivität im Christentum und endgültig in der Wende zur modernen Zeit »unmöglich« gemacht wurde.

Der Begriff der »Sittlichkeit« wird in der Entgegensetzung zur Moralität von Hegel allgemein und geschichtlich zunächst aus der für die griechische Welt konstitutiven »ethischen« Verfassung freien bürgerlichen Lebens entwickelt. Freiheit habe hier die Form, daß den Individuen »das Substantielle des Rechts, die Staatsangelegenheit, das allgemeine Interesse« das Wesentliche seien (11, 329); auch hier sei der individuelle Wille »in seiner ganzen Lebendigkeit frei, aber er erfülle seine Besonderheit »in der Betätigung des Substantiellen« (11, 328). Sitte und Gewohnheit seien so die Form, »in welcher das Rechte gewollt und getan wird«; in ihnen finde das Individuum »das Feste«, in dem es steht und sein eigenes Leben hat (11, 329). Die griechische Polis gilt daher für Hegel als »sittliches Gemeinwesen«, in welchem der Mensch nichts anderes zu tun habe, »als was ihm in seinen Verhältnissen vorgezeichnet, ausgesprochen und bekannt ist« (§ 150). Sittlichkeit sei so ein »Ganzes«, in welchem jeder Teil im ruhigen Gleichgewicht aller Teile »ein einheimischer Geist« und so »in diesem Gleichgewichte mit dem Ganzen« ist (2, 352).

Alles dies sind Bestimmungen, in denen Hegel geschichtlich in der Entgegensetzung zur christlichen und modernen Welt Sittlichkeit dadurch von der Moralität unterscheidet, daß auf ihrem Boden die Individuen in ihrem Willen mit dem Allgemeinen des Guten und des Rechten vereint sind; sie kommen in Sitte, Gewohnheit und Institutionen zur Wirklichkeit des eigenen Handelns, ohne die Reflexion der Subjektivität in sich zu kennen. In der griechischen Sittlichkeit sei »Moralität im eigentlichen Sinne, die Innerlichkeit der Überzeugung und Absicht noch nicht vorhanden« (11, 329), die erst mit der unendlichen Trennung des Subjektiven und Objektiven und dem Willen hervortrete, der »in sich, in sein Adyton des Wissens und Gewissens zurückgegangen ist« (11, 329). Die in der unbefangenen Sittlichkeit stehenden Griechen seien daher »sittliche, nicht moralische Menschen« (18, 46) gewesen; in der ersten und wahrhaften Gestalt ihrer Freiheit hätten sie noch kein Gewissen gekannt (11, 330).

Im Verhältnis zu der noch nicht durch Subjektivität in Frage gestellten Sittlichkeit wird Moralität daher von Hegel als das Prinzip begriffen, das für die Sittlichkeit nur als »Verderben« auftreten konnte. Aber zugleich gilt systematisch und geschichtlich, daß mit der Auflösung der griechischen Sittlichkeit das »höhere Prinzip der freien unendlichen Persönlichkeit« in die Geschichte tritt, das in der »Umwälzung der Welt« die Angel ist, in welcher diese sich in der Auflösung der griechischen Welt und ihrer Sittlichkeit gedreht hat (Vorrede). Sittlichkeit, die Moralität noch nicht kennt, sei daher nicht »der höchste Standpunkt des geistigen Selbstbewußtseins«, so »schön, liebenswürdig und interessant diese Erscheinung ist«. Es fehle ihr die »Reflexion des Denkens in sich ... die Unendlichkeit des Selbstbewußtseins«. Daher konnte der Geist auf dem Standpunkt der schönen geistigen Einheit nur kurze Zeit stehen bleiben. Das »Element der Subjektivität, der Moralität, der eigenen Reflexion und der Innerlichkeit«, das für die griechische Sittlichkeit Quelle ihres Verderbens war, wird daher von Hegel zugleich positiv als »Quelle des weiteren Fortschrittes« begriffen (11, 345).[6]

Gleichwohl stellt Hegel in der Rechtsphilosophie den durch Kant zernichteten »Standpunkt der Sittlichkeit« wieder her und greift dabei in ihrer Kennzeichnung auf Bestimmungen zurück, die für ihn zur griechischen Welt gehören, so wenn er auf das »sittliche Gemeinwesen« hinweist oder das System der sittlichen Bestimmungen durch die »sittlichen Mächte« kennzeichnet, die im »Kreis der Notwendigkeit« stehen (§ 150, § 145). Diese auch systematisch für den Begriff der Sittlichkeit entscheidende Beziehung auf ihre griechische Wirklichkeit wird unmittelbar durch Randnotizen für die Vorlesung zu § 151 belegt. Dort zeichnet er zu der Bestimmung, daß die allgemeine Handlungsweise der Individuen in Sitte und Gewohnheit begründet sei, Übersetzungen

6 Subjektivität und Moralität, die einerseits für Hegel erst mit der Wende der Zeit und im Christentum weltgeschichtlich als das »spätere«, der »modernen ausgebildeten Zeit« angehörige Prinzip hervortreten, kommen bei ihm gleichwohl in die griechische Welt als »Prinzip des Verderbens der griechischen Staaten, des griechischen Lebens« (18, 278). So wird Platons Republik, in der Platon zunächst »nichts als die Natur der griechischen Sittlichkeit« auffasse, als eine »äußere besondere Form jener Sittlichkeit« gedeutet, »durch welche er jenes Verderben zu gewältigen sich ausdachte« (Vorrede). Platon habe sich darin »als der große Geist bewiesen, daß eben das Prinzip, um welches sich das Unterscheidende seiner Idee dreht, die Angel ist, um welche die damals bevorstehende Umwälzung der Welt sich gedreht hat« (Vorrede). Dahinter steht das Sokrates-Bild Hegels. Mit ihm und seinem »Dämon« trete das Moment der Subjektivität und Moralität in die griechische Welt ein, indem der »Wille sich in sich verlegte und sich innerhalb seiner erkannte«; das sei der »Anfang der sich wissenden und damit wahrhaften Freiheit« (§ 279). In dieser Wendung nach innen begreift Hegel Sokrates als Gestalt, die in der Geschichte zu den Epochen gehört, »wo das, was als das Rechte und Gute in der Wirklichkeit und Sitte gilt, den besseren Willen nicht befriedigen kann« (§ 138). Er floh »in der Zeit des Verderbens der atheniensischen Demokratie ... in sich zurück« (§ 138 Z). Hegel nennt Sokrates auch unmittelbar »Erfinder der Moral«

zum griechischen Ethos auf: »Sitte – ἦθος – die Alten wußten nichts vom Gewissen – Riemer: ἦθος ion. ἔθος – Gewohnheit, Gebrauch – (vorzüglich Wohnung bei Herodot) Herkommen des Menschen – Sitte – ob von Sitz? – ... Weise des Seins und Lebens« (Grdl. d. Ph. d. R. ed. Hoffmeister S. 417; vgl. 11, 332 f.). Die Anknüpfung an das griechische Ethos ist so eindeutig. Aber sie hat nichts mit einer Idealisierung und Verklärung der griechischen Welt in einer Rückkehr zu ihr als zu dem ursprünglich Heilen zu tun. Schon die Positivität und weltgeschichtliche Bedeutung der Moralität schließen aus, daß sie in der aus ihr folgenden Auflösung der Sittlichkeit von Hegel als »Verfall« verstanden werden könnte. Er hat sich dazu immer politisch und geistig gegen jeden Versuch der Wiederherstellung in einer Rückkehr zum Alten widersetzt. Der Ruf zu ihr sei, wo er erhoben werde, »Zuflucht der Ohnmacht ... welche dem reichen Material der Entwicklung, das sie vor sich sieht und das eine Anforderung ist, vom Denken gewältigt und zur Tiefe zusammengefaßt zu werden, nicht genügen zu können, fühlt« (17, 78). So müssen alle restaurativen Deutungen beiseite bleiben.

Was wirklich in der Aufnahme des Standpunktes der Sittlichkeit geschieht, ist etwas anderes. Hegel führt mit ihr in der Auf-

(11, 350). Darin liege sein Gegensatz zur griechischen Sittlichkeit; das »Prinzip des Sokrates« erweise sich so als »revolutionär gegen den athenischen Staat«. In seiner Verurteilung liege »ebensosehr hohe Gerechtigkeit« als auch »das Hochtragische, daß die Athener erfahren mußten, daß das, was sie im Sokrates verdammten, bei ihnen schon feste Wurzel gefaßt hatte« (11, 351).

In dieser Deutung des Sokrates und der platonischen Republik als Abwehr der einbrechenden Subjektivität kommt wohl einmal systematisch die Auffassung zu Wort, daß da, wo Freiheit Prinzip des politischen und sittlichen Lebens ist, die Subjektivität an sich schon eingeschlossen ist. Darin ist für Hegel das Vorübergehen griechischer Sittlichkeit begründet. Freiheit des subjektiven Willens gehört zur »ewigen Geschichte der Freiheit des Menschen« (vgl. 15, 287). Das Andere ist die Beziehung von Sokrates auf Christus und die mit ihm einsetzende Wende der Weltgeschichte. Doch hier ist wohl nur eine vorsichtig-zurückhaltende Interpretation möglich. Hegel selbst wendet sich ausdrücklich gegen eine theologische Beziehung des Sokrates auf Christus. Man könne zwar von »ähnlichen Individualitäten« und »Schicksalen« sprechen (16, 295); doch sei das »die menschliche Seite«, bei der »man nicht auf dem christlichen Standpunkte, nicht auf dem der wahren Religion« stehe (16, 287). Die Beziehung betreffe so allein die »äußerliche Geschichte Christi, die auch für den Unglauben ist wie die Geschichte des Sokrates für uns« (16, 295).

hebung der kantischen, auf die innere Bestimmung des Willens in sich beschränkten Ethik, indem er die mit ihr vollendete Auflösung der Sittlichkeit rückgängig macht, die Moralität in die philosophische »Politik« ein, die seit der vor allem auf Melanchthon zurückgehenden Erneuerung der Ethik und Politik umgreifenden praktischen Philosophie des Aristoteles als »akademische Lehre von der Politik an den Universitäten und Gymnasien, vorwiegend der protestantischen vom 16. bis 18. Jahrhundert... ohne große Veränderungen der alten Lehrgehalte der praktischen Philosophie wirkt und durch Lehrstühle für politische Wissenschaften vertreten« wird, die »bis zu Kant... Professio Ethices vel Politices« heißen.[7]

Bei Aristoteles ist Ethik Lehre vom »Ethos« als der in Sitte, Brauch und Herkommen entwickelten Verfassung des individuellen Lebens und Handelns in Haus und Polis. Sie gehört zur praktischen Philosophie, weil »Praxis« nicht in der Unmittelbarkeit des Tuns, sondern in der Einformung in die ethischen und institutionellen Ordnungen der Polis Wirklichkeit hat. »Ethik« ist daher Lehre von dem Guten und Rechten, das in Ethos und Nomos das in ihnen zur Allgemeinheit gebildete Tun der Einzelnen bestimmt. Sie wird zur Grundlage der »Politik«, sofern politische Führung und Verfassungs- wie Gesetzessatzung ihren Grund und ihre Bestimmung (telos) in der in Haus und Polis »ethisch« verfaßten Praxis hat.

Demgemäß ist die praktische Philosophie bei Aristoteles aufgebaut. Sie geht in einer Grundlegung von der Praxis des Menschen

7 Vgl. Hans Maier, Ältere deutsche Staatslehre und westliche politische Tradition (Recht und Staat H. 321), Tübingen 1966, S. 7 ff. Die für das Problem der praktischen Philosophie und Ethik entscheidende vorkantische Tradition der »Politik« aristotelischer Herkunft hat überhaupt erst H. Maier wieder in gelehrter Forschung erschlossen und »einer fast völligen, wenngleich unverdienten Vergessenheit entrissen« (a.a.O. S. 4) und dargestellt; vgl. »Die Lehre der Politik an den deutschen Universitäten vornehmlich im sechzehnten bis achtzehnten Jahrhundert« in: Wissenschaftliche Politik hg. Oberndörfer, Freiburg 1962. Wenn heute bei der neuen Einführung politischer Wissenschaft Unsicherheit über ihren Namen herrscht und für sie etwa »Politologie« üblich zu werden beginnt, so zeigt sich darin, daß ihr klassischer Name »Politik« nahezu vergessen ist. Die gelegentlich als antiquarisches und müßiges Treiben gering geachtete historisch-gelehrte Forschung hat hier ihre unentbehrliche Funktion erwiesen. Die Zusammenhänge, in denen politische Wissenschaft

aus (Eth. Nic. I), behandelt als »Ethik« das in Sitte, Brauch, Herkommen, Gewohnheit zu seiner allgemeinen Form gebildete und in ihnen verfaßte und verwirklichte Leben des Bürgers mit seinen hierin begründeten Tugenden und Weisen rechten Verhaltens (Eth. Nic. II–X), um dann nach einem Abschnitt, der als »Oekonomie« das Haus zum Gegenstand hat (Pol. I, 3-18), sich abschließend als »Politik« den gesatzten politischen Ordnungen in ihrer ethischen Begründung zuzuwenden.[8]

An die Tradition der von Aristoteles herkommenden »Politik« knüpft Hegel in der Aufnahme des Standpunktes der Sittlichkeit an. Das zeigt schon der äußere Aufbau der Rechtsphilosophie. Im Ausgang von der der »Politik« fremden Moralität bringt sie diese im Fortgang zu Familie, Gesellschaft und Staat als Gestalten der »Sittlichkeit« in die zur »Politik« gehörige Lehre von den Institutionen als Wirklichkeit des besonderen Handelns ein. Sie geht damit von der Ethik der Moralität zu der in dieser verschwundenen Ethik der »Politik« über. Sie nimmt deren Tradition in Anknüpfung an die Schulphilosophie auf und setzt sie in das Ver-

steht, werden auch in ihrer systematischen und sachlichen Bedeutung überhaupt erst voll verständlich, nachdem gelehrte Forschung ihre Geschichte neu erschlossen hat.

8 Vgl. hierzu J. Ritter, Zur Grundlegung der praktischen Philosophie bei Aristoteles in: ARSP 46, 1960, 179–199; ferner K. H. Ilting, Hegels Auseinandersetzung mit der aristotelischen Politik in: Philos. Jahrb. 71, 1963, 38 ff. I. weist nach, daß Hegel seit Jena in einer »höchst unzeitgemäßen Hinwendung zu Aristoteles« und in der Überwindung der »jugendlichen Idealisierung des griechischen Volksgeistes« (47) den Boden gewinnt, auf dem sich seine politische Philosophie entwickeln kann. So habe es die Ökonomie und Politik des Aristoteles Hegel möglich gemacht, auch »Ergebnisse nationalökonomischer Untersuchungen in sein philosophisches System aufzunehmen«. Zu dieser unmittelbaren Aufnahme der aristotelischen Philosphie gehört bei Hegel die Anknüpfung an die Schulphilosophie. Sie hat für ihn die Bedeutung, daß mit ihr die aristotelische Tradition als an sich zur gegenwärtigen Welt gehörige Theorie geltend gemacht wird. Sittlichkeit ist Grundbegriff praktischer Philosophie. Ihr Verlust ist das Resultat des Prozesses, in dem sich, bevor die Freiheit der Subjektivität mit der Freiheit aller politisch zur Substanz des Rechts und des Staates wurde, die Subjektivität gegen die bestehenden, ihr nicht gemäßen Institutionen setzt. Der Rückgang auf Aristoteles hat die Funktion, die Tradition seiner praktischen Philosophie in ihrer ursprünglichen Aktualität aufzunehmen, um sie so in das für sie wesentliche Verhältnis je zu ihrer gegenwärtigen Welt zu bringen.

hältnis zur gegenwärtigen, durch das Prinzip der Subjektivität von dieser Tradition geschiedenen Wirklichkeit. Die Rechtsphilosophie wird von Hegel so in einer Erneuerung des die aristotelische Tradition wahrenden Schulsystems als ein »Lehrbuch« und »Kompendium« wie die »Enzyklopädie der philosophischen Wissenschaften« (Heidelberg 1817) der Vorlesung zugeordnet, die er seinem »Amte gemäß« hielt und in der er, wie es die Methode der Schule war, die »gehörige Erläuterung« zu den Paragraphen des Lehrbuchs gab (vgl. Vorrede). In einer Auseinandersetzung mit der jetzt herrschenden Meinung, »die Bestimmtheit und Mannigfaltigkeit von Kenntnissen« sei in der Philosophie »für die Idee überflüssig, ja, ihr zuwider«, hatte Hegel in einem Briefe an Friedrich v. Raumer 1816 von der Notwendigkeit gesprochen, »das weite Feld von Gegenständen, welche in die Philosophie gehören, zu einem geordneten, durch seine Teile hindurch gebildeten Ganzen zu gestalten« (3, 319) und hierfür darauf verwiesen, daß sich »noch einige der alten Wissenschaften, Logik, empirische Psychologie, Naturrecht, etwa noch Moral« erhalten hätten (3, 318). In der Vorrede zur Rechtsphilosophie wird im gleichen Sinne gesagt, daß die Tradition in der Schulphilosophie zum »Glück für die Wissenschaft« bis an die Schwelle des jetzigen Zeitalters, da es zum »Bruch« mit ihr kommen mußte, fortwirken konnte.

Aber diese Anknüpfung ist in der Aufnahme der zur »Politik« gehörigen institutionellen Ethik weder einfache Erneuerung noch Fortführung. Die praktische Philosophie war von Christian Wolff noch einmal zu systematischer Zusammenfassung in der »Philosophia practica universalis« und in der ihr zugeordneten »Philosophia Moralis sive Ethica«, »Oeconomica« und »Philosophia civilis« gebracht worden. Doch zu ihr gehört, daß die alte praktische Philosophie, jetzt ohne Beziehung zur gegenwärtigen Wirklichkeit, nur »im Gedanken« bewahrt wird. Damit mußte die hier äußerlich noch der Politik zugeordnete Ethik den Zusammenhang mit den ethischen Institutionen verlieren. Sie wird in der Auflösung der Sittlichkeit von Wolff auf die innere Bestimmung menschlichen Handelns durch die »Natur des Menschen« reduziert. So bleibt in der »Philosophia practica« bei Wolff zwar noch gültig, daß sie die Weise lehre, in welcher der freie Mensch seine Handlungen durch Gesetze seiner Natur gemäß bestimmen kann (Philos. Mor. Proleg. § 1), aber zugleich beschränkt sie sich auf das Gesetz, das im Innern das Handeln des Freien als Gesetz seiner menschlichen Natur bestimmt. In dieser Wende verliert »Sitte« ihren institutionellen, an sich für die zur philosophischen »Politik« gehörige Ethik konstitutiven Charakter. Wolff definiert sie als die »konstante, immer bestehende Weise, das (eigene) Handeln zu bestimmen« (Philos. pract. univ. II, § 687: »Per morem intelligimus modum constantem ac perpetuum determinandi actionem«). Sitten sind so, wie Wolff in der Abgrenzung gegenüber denjenigen sagt, »qui de moribus hominum ex instituto commentati sunt«, nur noch »mores animi«. Sie sind allein auf »innere Prinzipien« gegründet (ib. § 688: principia interna). Damit wird der Begriff der institutionellen Sittlichkeit aufgelöst; an seine Stelle tritt bei Wolff – noch auf dem Boden der traditionellen aristotelischen praktischen Philosophie und »Politik« – das dann zur Alleinherrschaft kommende Prinzip der Moralität.

In dieser Wendung bei Wolff zur »Moralität« zeigt sich, daß zu ihr als zu dem großen und weltgeschichtlichen Prinzip, das sie für Hegel ist und bedeutet, aus dem Ende der Schulphilosophie zugleich die Auflösung der sittlichen Bedeutung der Institutionen gehört: Sitte beschränkt sich in der Form auf Innerlichkeit und Gemüt, daß ihr keine äußere Verwirklichung entspricht.

Diese Auflösung der institutionellen Ethik der »Politik« wird von Kant vorausgesetzt. Er macht in der Begründung der Ethik auf Moralität einen »neuen Anfang«, mit dem »die papierne Systeme derer, die eine lange Zeit das große Wort führten, nach einander einstürzen und alle Anhänger derselben sich verlaufen« werden (6, 209). Zu diesem neuen Anfang gehört, daß im Verhältnis zum Sittengesetz nur die »Vermögen des menschlichen Gemüts« bleiben (6, 211); Sitten haben daher für Kant ihre ethische Bedeutung gänzlich verloren: »Das deutsche Wort Sitten ebenso wie das lateinische mores« bedeuten nur noch »Manieren und Lebensart« (6, 216).

Um diese Auflösung des ethischen Sinnes der objektiven Sitten und der Institutionen, die in der Tradition die Zugehörigkeit der Ethik zur »Politik« begründen, geht es, wenn Hegel die Prinzipien der praktischen Philosophie Kants als Zernichten und Unmöglichmachen des Standpunktes der Sittlichkeit bestimmt. Hierin ist die Abstraktheit der Moralität begründet, sofern sie in der Trennung und Ablösung von den Gestaltungen der Sittlichkeit nicht als der Grund und die Substanz der politischen und gesellschaftlichen Institutionen gilt, sondern diese als ein Äußeres außer sich hat.

Die Rechtsphilosophie Hegels unternimmt es, diese »Abstraktheit« zu korrigieren. Sie erneuert dafür die zur Tradition der »Politik« des Aristoteles gehörige institutionelle Ethik, aber so, daß sie das große Prinzip der Subjektivität und Moralität in diese einbringt und zu ihrem Subjekt macht. Der Begriff der Sittlichkeit ist daher bei ihm nicht mehr mit dem »Ethos« der aristotelischen praktischen Philosophie identisch. Er schließt den Standpunkt der von ihr unterschiedenen Moralität ein und befreit diese damit von der aus dem Ende der Politiktradition kommenden Trennung von der Wirklichkeit, die in der Wende der Zeit und mit der politischen und sozialen Revolution und der Gründung von Recht und Staat auf Freiheit in der Subjektivität das Subjekt und in ihrer Freiheit die Substanz erhalten hat.

III

Wo Ethik Handeln nur in der inneren Bestimmung des Willens in sich und nicht als Handeln im Zusammenhange der Welt zum Gegenstand hat, in welcher der Einzelne lebt und steht, muß die Aufhebung der Moralität in die objektiven Einrichtungen, Gewohnheiten, Gesetze durch Hegel so sehr als Infragestellung und Verneinung der moralischen Autonomie des Individuums in der verborgenen Motivation seines Handelns erscheinen, daß der Begriff des sittlichen Seins außerhalb des Horizontes der Ethik bleibt oder aber als Instrument eines philosophischen »Machiavellismus« verdächtigt werden kann, das Hegel nutze, um die politische Macht und Gewalt als Höheres zu behaupten gegenüber dem moralischen Selbstsein, und sie über die Ohnmacht des Individuums triumphieren zu lassen.[9]

9 So deutet F. Meinecke das Verhältnis von Moral und Politik bei Hegel. Da

Es gibt Formulierungen in der Rechtsphilosophie und sonst bei Hegel, die solche Interpretationen nahelegen könnten. Aber auch da, wo Hegel den Individuen in der erinnernden Orientierung an griechischer Sittlichkeit das »über das subjektive Meinen und Belieben erhabene Bestehen« der an und für sich seienden Gesetze und Einrichtungen als »sittlicher Mächte« entgegenhält, »welche das Leben der Individuen regieren«, gehört dazu auch immer die nicht weniger grundsätzliche Bestimmung, daß diese als das Objektive im »Kreis der Notwendigkeit« ebenso in den Individuen »ihre Vorstellung, erscheinende Gestalt und Wirklichkeit haben« (§ 144, § 145). Diese Doppelheit der Beziehung des Besonderen und Allgemeinen ist konstitutiv für das, was Sittlichkeit als Bestimmung politischer und sozialer Institutionen meint. Einerseits stehen »die sittliche Substanz, ihre Gesetze und Gewalten« dem Subjekt und seinem besonderen Willen »im höchsten Sinne der Selbständigkeit« und mit unendlich festerer Autorität und Macht als das Sein der Natur gegenüber, aber zugleich sind sie für das Subjekt das, worin es als in seinem von sich unterschiedenen Elemente lebt. Das objektiv Sittliche besteht so in der »Identität mit der Wirklichkeit der Individuen« als deren »allgemeine Handlungsweise« (§ 146, § 151). In diesem Sinne der Sittlichkeit ist für Hegel der Staat »Wirklichkeit der konkreten Freiheit«, weil auf seinem Boden einerseits »die persönliche Einzelnheit und deren besondere Interessen ... ihre vollständige Entwickelung

der systematische Zusammenhang der praktischen Philosophie und der für sie konstitutiven Verbindung von Ethik und Politik nicht mehr gesehen wird, stehen für Meinecke in dem für ihn selbstverständlichen Ausgang von dem durch Kant gesetzten Begriff der Ethik bei Hegel Moralität und Politik sich unvermittelt gegenüber. Damit sei »das Neue und Ungeheure« geschehen, »daß der Machiavellismus eingegliedert wurde in den Zusammenhang einer idealistischen, alle sittlichen Werte zugleich umfassenden und stützenden Weltanschauung ... Es war fast wie die Legitimierung eines Bastards, was hier geschah«. Der Fortbestand ethischer Bestimmungen bei Hegel erscheint so zuletzt als »Inkonsequenz«: Hätte sich nicht »noch ein Stück der alten dualistischen Ethik« in Hegels »monistisch-pantheistischer Gedankenwelt« gehalten, »so hätte er in einer rücksichtslos naturalistischen Machtlehre, in einer Staatsraison, die ... keinerlei sittliche Empfindung als Schranke kannte, enden müssen. Davor aber schreckte seine idealistische Grundgesinnung zurück«. Vgl. Die Idee der Staatsraison in der neueren Geschichte. München, Berlin 1924, 435 und 446.

und Anerkennung ihres Rechts« haben und andererseits »durch sich selbst in das Interesse des Allgemeinen ... übergehen« (§ 260). Daher findet im Staat das für die Sittlichkeit grundlegende Verhältnis des Besonderen und des Allgemeinen die höchste Erfüllung, in dem »weder das Allgemeine ohne das besondere Interesse, Wissen und Wollen gelte und vollbracht werde«, noch »die Individuen bloß ... als Privatpersonen leben, und nicht zugleich in und für das Allgemeine wollen und eine dieses Zwecks bewußte Wirksamkeit haben« (§ 260).

So ist die »Durchdringung des Substantiellen und des Besonderen« (§ 261) in ihrer Unterscheidung das Moment, durch das Hegel das sittliche Sein und die objektiven Einrichtungen als Gestalten der Sittlichkeit von dem Verhältnis des Allgemeinen und Besonderen auf dem kantischen Standpunkt der Moralität unterscheidet, für den sich das Allgemeine darauf beschränkt, in Imperativen der Sittlichkeit und im »perennierenden Sollen« der Pflicht den besonderen Willen in seiner Triebfeder zu bestimmen. Aber diese Durchdringung und Einheit von Besonderem und Allgemeinem, so sehr sie der Philosophie Hegels überhaupt angehört in ihrer Tendenz, die Vorstellung vom »festen Gegenüber des Subjektiven und Objektiven« als Abstraktion des Verstandes aufzubrechen und flüssig zu machen, ist in der Rechtsphilosophie inhaltlich und konkret in dem Übergang von dem moralischen Willen zu seiner Äußerung als Handlung (§ 118) begründet, sofern Handlung und Tätigkeit der »Prozeß« sind, den »subjektiven Zweck ... in die Objektivität zu übersetzen« und damit den subjektiven Willen in seinen Zwecken »nicht in eine neue einseitige Bestimmung, sondern ... zu seiner Realisation« zu bringen (§ 8, § 8 Z).[10]

10 J. Derbolav weist darauf hin, daß es in Hegels Auseinandersetzung mit Kant wesentlich um den Übergang zur Handlung gehe, der Kant »gegenüber der sittlichen Motivation des Willens auffallend geringe Beachtung schenkte«. Vgl. J. Derbolav, Hegels Theorie der Handlung in: Hegel-Studien 3, 1965, 210. D. betont den »Fortschritt in der Problemanalyse des Handelns«, der mit Hegels die kantische Position überholenden Theorie erreicht werde (218 f.). Ihre Grenze liege vor allem darin, daß das handelnde Subjekt »vor dem mediatisierenden Anspruch des Allgemeinen qua Weltgeist« nicht zu seinem Recht komme. Die Auseinandersetzung mit dieser Deutung wird von dem von Aristoteles übernommenen »ethischen« Begriff des Handelns bei Hegel aus-

So ist Handeln Verwirklichung des moralischen Willens. Damit nimmt Hegel den für die aristotelische Politik und Ethik grundlegenden Begriff der Praxis auf. »Ethos« und »Nomos« sind die auf Herkommen und Überlieferung gegründeten Ordnungen des Wohnens und Lebens mit dem durch sie gesetzten Richtmaß rechten Verhaltens und Tuns. Praxis ist allgemein die je einer bestimmten Art von Lebewesen eigentümliche Weise des Tuns und so je seine im Vollzuge bestehende Lebensweise. Die praktische Philosophie, die sich »um das Menschliche sammelt« und die Praxis des Menschen zum Gegenstand nimmt, wird zur Ethik als Lehre von den ethischen Ordnungen und Institutionen. Damit aber kommt die aristotelische Bestimmung der Praxis zum Zuge, nach der die Einzelnen in ihrem Handeln und Leben nicht äußerlich, sondern so in einer vorhandenen Welt ethischer Ordnungen und Institutionen stehen, daß ihr Handeln und Leben in der Bildung zur allgemeinen Form des Ethos zu ihrer Verwirklichung kommen. Was der Mensch an Möglichkeiten und Anlagen von Natur besitzt, wird im Leben und Handeln wirklich, indem diese in die allgemeinen Formen des Ethischen eingehen und zu diesen gebildet werden. Die Wirklichkeit des Könnens und Werkens ist so nicht der abstrakte unmittelbare Akt in seinem Vollzug, sondern die Kunst (τέχνη) und die sie begründende Einsicht (ἐπιστήμη). Davon ausgehend sagt Aristoteles, daß man in der gleichen Form gerecht werde, wie man lernend und übend im Spielen der Zither zum Zitherspieler wird. Indem das eigene Leben und Tun sich in die ethischen Ordnungen einfügen und in ihnen die allgemeine Form ihrer Verwirklichung haben, gewinnen sie Tugend als Haltung des rechten und guten Verhaltens: »Das Gerechte tuend, werden wir gerecht«. Der Mensch wird, was er auf gute und schlechte Weise zu sein vermag, »ethisch«; sein Handeln besteht und hat seine Bestimmtheit in der Gewohnheit des Allgemeinen: »Es ergibt sich, daß die aus dem Gewohnten herkommende Tugend uns nicht von Natur zuwächst. Denn keines der von Natur Seienden kann sich anders gewöhnen. Der Stein, der von Natur fällt, wird sich niemals gewöhnen, nach oben zu steigen, auch wenn man es tausend Male versucht, ihn

gehen können, mit dem die Verbindung von Moralität und Sittlichkeit begründet wird.

umzugewöhnen ... Weder von Natur noch gegen die Natur werden daher Tugend und Tüchtigkeit. Es ist uns zwar von Natur die Möglichkeit gegeben, sie anzunehmen, aber zur Verwirklichung kommen sie in der Gewohnheit des Ethischen«[11].

Die Bestimmung, daß Sittlichkeit in den objektiven politischen und gesellschaftlichen Institutionen bestehe, setzt so bei Hegel den aristotelischen Begriff einer ethischen Verwirklichung menschlichen Handelns und Lebens voraus. Institutionen sind sittlich, sofern sie für die Einzelnen ihr gewohntes Sein und ihre allgemeine Handlungsweise (§ 150) werden. Im Durchbruch durch jede Form der Verdinglichung des Objektiven nimmt Hegel die ethische Bestimmung der Institutionen im Sinne des Aristoteles auf; sie schließt ein, daß diese ebenso, wie sie Wirklichkeit für das individuelle Handeln sind, ihrerseits nur im Handeln und Leben der Einzelnen bestehen und Wirklichkeit haben. Tugend als »Haltung« im individuellen Leben und Handeln hat daher zugleich »objektive« Bedeutung: Nur da, wo sie gegeben ist, werden auch die Institutionen auf gute Weise bestehen; sie werden zu toten Gehäusen, wenn sich in ihnen das Leben der Individuen nicht mehr zu finden und zu verwirklichen vermag. Sittlichkeit ist institutionelle Wirklichkeit menschlichen Selbstseins. Wenn sich daher auf dem Standpunkt der Moralität die Subjektivität in sich verhaust und sich zum Grunde und Meister des Sittlichen macht und so das Objektive zum Eitlen und Wesenlosen wird (§ 140, § 140 Z), kündigt sich die Gefahr an, daß der moralische Wille die ihm Wirklichkeit gebenden Institutionen auflöst. Das wird politisch von Hegel gegen die Position geltend gemacht, auf der das Individuum seine Freiheit in der Besonderung und Absonderung vom Allgemeinen sucht und gegen die bestehenden Institutionen und den »gebildeten Bau« des Staates ein Sein-Sollendes setzt, das die Subjektivität sich aus dem »Herzen, Gemüt und Begeisterung« und »subjektiver Zufälligkeit des

11 Eth. Nic. 1103 a 19 seq. ... Die knappe Darstellung der Theorie ethischer Wirklichkeit menschlichen Handelns bei Aristoteles faßt hier zusammen, was in seinen systematischen Voraussetzungen und Implikationen in der in Anm. 8 angeführten Abhandlung zur praktischen Philosophie des Aristoteles erörtert wird. Hier finden sich auch die Belege für die in den Text aufgenommenen Stellen aus der aristotelischen Ethik.

Meinens und der Willkür« aufsteigen läßt. Das muß im Untergang des Objektiven zur »Zerstörung der öffentlichen Ordnung und der Staatsgesetze« führen (Vorrede). Damit aber wird zuletzt auch die eigene Freiheit des Selbstseins für die Subjektivität preisgegeben; im Verfall und in der Entwertung der sittlichen Ordnungen wird sie ihren Halt und ihre Wirklichkeit verlieren. Gegen die sich in sich verschließende Subjektivität macht Hegel daher in vielfacher Abwandlung des Grundsatzes, daß die Äußerung moralischen Willens Handlung sei (§ 113), geltend, daß Wille erst im »Beschließen« und »Sich Entschließen« wirklicher Wille wird (§ 12). Er nennt ein Gemüt, das in seiner »Zärtlichkeit« zaudert, weil »im Bestimmen es sich mit der Endlichkeit einläßt«, ein »totes« Gemüt, »wenn es auch ein schönes sein will« (§ 13 Z): Nur im Beschließen trete »der Mensch in die Wirklichkeit, wie sauer es ihm auch wird; denn die Trägheit will aus dem Brüten in sich nicht herausgehen, in der sie sich eine allgemeine Möglichkeit beibehält« (§ 13 Z). Der Wille ist daher vor dem Bestimmen und vor dem Aufheben dieses Bestimmens noch nicht ein Fertiges und Allgemeines; er wird dies erst als »die sich in sich vermittelnde Tätigkeit« (§ 7).

Damit wird von Hegel das Verhältnis des Willens in sich zu seiner Objektivation als Handeln in der Aufnahme des aristotelischen Grundsatzes entwickelt, daß »Möglichkeit ... noch nicht Wirklichkeit« ist (§ 13 Z). Was dies aber meint, daß der moralische subjektive Wille erst im Handeln Wirklichkeit erhält, wird nicht schon durch den Begriff des Handelns als solchen, sondern darin zur konkreten Bestimmtheit gebracht, daß Hegel (wie Aristoteles) die objektiven und allgemeinen Institutionen, Gesetze, Gewohnheiten in einem Staate, der auf Freiheit gegründet ist, als die Wirklichkeit subjektiver Freiheit begreift. Sie sind ihr sittliches Sein: »In der einfachen Identität mit der Wirklichkeit der Individuen erscheint das Sittliche als die allgemeine Handlungsweise derselben – als Sitte, – die Gewohnheit derselben als eine zweite Natur«, die »die durchdringende Seele, Bedeutung und Wirklichkeit ihres Daseins ist, der als eine Welt lebendige und vorhandene Geist« (§ 151).

Alles Große ist einfach. In der von Hegel erneuerten aristotelischen Lehre von der ethischen Wirklichkeit individuellen Handelns und Lebens liegt die Einsicht beschlossen, daß die moralische Reflexion im inneren Kampfe von Pflicht und Neigung – ebenso wie mein Sein und Leben nicht das nur Innerliche, sondern die persönliche und sachliche Welt ist, in der ich stehe und lebe – auch in die objektiven Zusammenhänge eingelassen ist und sie voraussetzt, in denen durch die Sache selbst vorgezeichnet und festgelegt wird, was je meine Pflicht und Aufgabe und was zu tun und zu lassen recht, billig, gut oder auch nicht gut ist. Damit macht Hegel geltend, daß der Mensch nicht allein in der Innerlichkeit des Gemütes, sondern in den Verhältnissen zu entscheiden und zu handeln hat, in denen er steht, arbeitet, lebt, Interessen hat, Verantwortungen, Pflichten übernimmt. In der Aufhebung der Moralität in das objektive sittliche Sein macht er so die Angemessenheit des Individuums an die Pflichten der Verhältnisse, denen es angehört, als »Rechtschaffenheit« zu der allgemeinen Bestimmung des Ethischen: Das rechtschaffene Individuum habe »nichts Anderes ... zu tun, als was ihm in seinen Verhältnissen vorgezeichnet, ausgesprochen und bekannt ist« (§ 150). Dies sei das Allgemeine in einem »vorhandenen sittlichen Zustande«. In ihm habe, wenn seine »Verhältnisse vollständig entwickelt und verwirklicht sind«, die »eigentliche Tugend« nur in »außerordentlichen Umständen und Kollisionen jener Verhältnisse ihre Stelle und Wirklichkeit« (§ 150). Aber nicht das Außerordentliche ist die allgemeine Sphäre und Basis sittlichen Handelns, sondern die in der Rechtschaffenheit gesetzte aristotelische Mitte »zwischen einem Zuviel und einem Zuwenig« (§ 150). Sie ist dann das, was für den moralischen Standpunkt »leicht als etwas Untergeordneteres« erscheint, über das man »an sich und Andere noch mehr fordern« müsse. Doch in dieser Tendenz, die Ausnahme zum Regelfall des Sittlichen zu machen, treibe die »Sucht, etwas Besonderes zu sein« und sich nicht mit dem zu genügen, »was das An- und Fürsichseiende und Allgemeine ist«. Das Reden von Tugend grenze so überhaupt »leicht an leere Deklamation«, in welcher ihr Allgemeines: Rechtschaffenheit unbeachtet bleibt (§ 150).

Mit dem Übergang zu der in den politischen und gesellschaftlichen Institutionen vermittelten Wirklichkeit des Handelns und Lebens als zu dem sittlichen Sein der Individuen bringt Hegel so die auf die innere Moralität beschränkte Pflicht aus der formellen Unbestimmtheit und Abstraktheit des im Sollen perennierenden, noch leeren Guten heraus; er befreit das Individuum von der »Gedrücktheit«, in der »es als subjektive Besonderheit in den moralischen Reflexionen des Sollens und Mögens ist«, so wie von der »unbestimmten Subjektivität, die nicht zum Dasein und zu der objektiven Bestimmtheit des Handelns kommt« (§ 149). Er lehrt in dieser Befreiung das Individuum, seine »substantielle Freiheit« als vorhandene Welt der Sittlichkeit zu begreifen (§ 149). Der subjektive Wille kommt im Aufheben der Moralität in die Sittlichkeit zu seiner Erfüllung: »Das Recht der Individuen für ihre subjektive Bestimmung zur Freiheit hat darin, daß sie der sittlichen Wirklichkeit angehören, seine Erfüllung, indem die Gewißheit ihrer Freiheit in solcher Objektivität ihre Wahrheit hat, und sie im Sittlichen ihr eigenes Wesen, ihre innere Allgemeinheit wirklich besitzen« (§ 153).

So stellt Hegel den mit der Reduzierung der Sittlichkeit auf Moralität unmöglich gemachten Standpunkt der Sittlichkeit wieder her. Er nimmt die Moralität in die von ihr unterschiedene Sittlichkeit auf. Er erneuert damit die institutionelle Ethik aristotelischer Herkunft, indem er sie im Ausgang von der Moralität der Subjektivität in das Verhältnis zur gegenwärtigen Welt bringt und sie zur Theorie des in der modernen Gesellschaft, im modernen Staat und in den auf ihr Prinzip der Freiheit gegründeten Institutionen verwirklichten Handelns macht.

Aber damit wird von Hegel die Ethik zugleich in den Zusammenhang der »Politik« zurückgeholt. Hier liegt das Moment, das am meisten und am nachhaltigsten verhindert hat, daß überhaupt der hegelsche Begriff der Sittlichkeit aufgenommen und wirksam werden konnte. Die Erneuerung der »Politik« in der Form der am Leitfaden des Rechts vom abstrakten Recht zum Staatsrecht fortschreitenden Rechtsphilosophie hat gegenüber der durch Kant eingeleiteten Trennung von Ethik und Rechtsphilosophie die allgemeine Bedeutung, daß Hegel mit ihr den Schein zerstört, als ließe sich allein auf die Moralität der Subjektivität in sich der Bestand und die Bewahrung der Freiheit und der sittlichen Lebensordnungen gründen. Die Einsicht, daß die Subjektivität nur Wirklichkeit zu haben vermag, wenn die politischen und gesellschaftlichen Institutionen die ihrem Selbstsein gemäße Wirklichkeit ihres Handelns sind, bedeutet einerseits, daß Staat und Gesellschaft die Moralität und Gesinnung der selbständigen Individuen in ihrer Bereitschaft voraussetzen, das Allgemeine zur eigenen Sache zu machen: Die Vorstellung meine oft, daß der Staat »durch Gewalt« zusammenhänge, »aber das Haltende ist allein das Grundgefühl der Ordnung, das alle haben« (§ 268 Z). Das schließt ebenso ein, daß die Freiheit des Selbstseins, der Absicht, des Gewissens und so das sittliche Leben der Freien nur dann Bestand und Wirklichkeit haben können, wenn die Institutionen ihnen gemäß sind. Wo sie aufhören, Freiheit zur Substanz zu haben und zu der Form werden, darin diese preisgegeben wird, da wird auch die sittliche Wirklichkeit der Freiheit des Selbstseins aufgelöst, und was im Innern als das Rechte und Gute gewußt und gewollt wird, vermag sich nicht mehr im Handeln und im Leben zu verwirklichen. Daher sind das auf Freiheit gegründete Recht als Gesetz und der auf Recht als Gesetz gegründete Staat zuletzt allein die Garantie, daß die Individuen ihr freies sittliches Sein in den Institutionen zu finden vermögen. Die in die innere Moralität zurückgenommene Sittlichkeit hat daher nur da ihr Recht, wo sie die Position der Zuflucht und des Rückzuges ist und das, was als das Rechte und Gute in der Wirklichkeit und Sitte gilt, »den besseren Willen nicht befriedigen kann« und so »die vorhandene Welt der Freiheit ihm ungetreu geworden« ist. Wo das freie Individuum sich »in den geltenden Pflichten« nicht mehr findet, muß es »die in der Wirklichkeit verlorene Harmonie nur in der ideellen Innerlichkeit zu gewinnen suchen« (§ 138). In dieser Zuflucht bleibt allein die innere Moralität, doch als die Ohnmacht der Subjektivität, die keine sittliche Wirklichkeit mehr im Leben und Handeln zu haben vermag. Das Individuum hat so nur die heroische Möglichkeit, sich und sein Gewissen in der Kollision mit den unsittlich gewordenen Institutionen geltend zu machen und sich zu opfern. Aber das ist die Tugend der Ausnahme. Auf sie können nicht die Wirklichkeit und der Bestand eines freien sittlichen Lebens gegründet werden. Es fordert als seine Bedingung das Recht, das die Freiheit des sittlichen Seins den Individuen in der objektiven Wirklichkeit der gesellschaftlichen und politischen Institutionen verbürgt.

Daher hat Hegel in der Aufnahme der Ethik und Politik umgreifenden praktischen Philosophie zugleich die kantische Trennung von Tugend und Recht rückgängig gemacht. Er hat Moralität und Sittlichkeit in den Zusammenhang des Rechtssystems hineingenommen und dieses als Grund und Bedingung der Sittlichkeit begriffen (vgl. § 4): Freiheit ohne die Voraussetzung des Rechts vermag nur als innere Möglichkeit, nicht als sittliche Wirklichkeit zu bestehen. Hegel nennt so Recht »etwas Heiliges überhaupt, weil es das Dasein des absoluten Begriffes, der selbstbewußten Freiheit ist« (§ 30).

Hegel und die Reformation
(1968)

Hegel hat als Rektor der Berliner Universität am 25. Juni 1830 die vom Senat der Universität veranstaltete dritte Säkularfeier zur Übergabe der Augsburger Konfession an Karl V. auf dem Augsburger Reichstag mit einer Rede eingeleitet, in der er »Anlaß und Grund« für diesen Festtag zum Thema machte: Mit ihm werde die »unsterbliche Tat« geehrt, die dem »Bekenntnis und der Sicherung der religiösen Lehre« gegolten habe. Hegel hatte diese Rede seinem Amte gemäß offiziell als »ehrenvollen Auftrag« übernommen und sie dafür (wie es in einem Briefe heißt) als »lateinisches Redewasser durchzukneten« gehabt. Aber sie war doch zugleich öffentliches Bekenntnis und Aussprache der persönlichen Position in der späten Stunde eines Lebens, für das sonst die Zurückgezogenheit des philosophischen Gedankens und die Vorsicht kennzeichnend sind, in der sich Hegel in der »demagogischen Not« der Zeit »an der Peripherie oder vielmehr außerhalb derselben ohne Beziehung auf die wirksame und bewirkende Sphäre« gehalten hat.

Dieses so als Ausnahme hervortretende Bekenntnis wird von Hegel in der Rede mit dem begründet, was in Augsburg geschehen ist: Dort habe nicht »ein Verband von Doktoren der Theologie und Kirchenhäuptern das denkwürdige Werk vollbracht« und eine »Disputation von Gelehrten« stattgefunden, »infolge deren dann die geistliche Obrigkeit die Bestimmung über die rechte Lehre getroffen und die Gemeinde der Laien verpflichtet hätte, diese Lehre anzunehmen und sich ihr in gläubigem Gehorsam zu unterwerfen«. Die geschichtliche und geistige Bedeutung jenes Tages liege vielmehr in dem Bekenntnis der Fürsten von deutschen Staaten und der Bürgermeister der freien Reichsstädte, daß die Lehre des Evangeliums endlich von allem möglichen Unrecht gereinigt sei und damit denen, die früher als Laien galten, in Glaubenssachen ein eigenes Urteil zustehe. Diese unschätzbare Freiheit sei damals grundsätzlich für alle erworben worden.

Hierin ist für Hegel seine Beauftragung mit dieser Rede, und daß er sie übernimmt, begründet: »Ich würde die Sache der Freiheit, die jener Tag ... für uns gebracht hat, verraten, wenn ich ... ihren Besitz nicht durch öffentliches Zeugnis bestätigen« und von der Freiheit reden würde, »die wir Nichttheologen durch die Augsburgische Konfession erworben haben«.

In diesem Bekenntnis geht Hegel von der Freiheit des Glaubens als Freiheit des Menschen aus, »das Verhältnis, das er zu Gott und Gott zu ihm hat«, unabhängig von allen äußeren Bedingungen und Voraussetzungen als das seine zu haben und zu behaupten. Das ist einmal historische Deutung der Reformation; aber Hegel nimmt mit ihr auch die Gründe auf, die ihn philosophisch dazu gebracht haben, die Reformation als geschichtliche und geistige Voraussetzung von Freiheit zu begreifen und sie so in Beziehung zu der Freiheit zu setzen, die mit der politischen Revolution in Frankreich und in der Erklärung der Menschenrechte zum universalen Prinzip des Rechtes und des Staates erhoben worden ist.

Hegel soll, zeit seines Lebens, des Tages des Lutherischen Thesen-Anschlages und des Tages des Bastille-Sturms – sie mit einem Trunke ehrend – gedacht haben; die Geschichte ist nicht sicher verbürgt, aber sie bringt zum Ausdruck, daß für Hegels Philosophie die Verbindung von religiöser innerer und politischer Freiheit wesentlich ist. Diese Verbindung mußte – fast notwendig – dem doppelten Widerspruch ausgesetzt bleiben, daß mit ihr sowohl der christlichen, reformatorischen Freiheit als auch ihrem politischen und rechtlichen Begriff Abbruch getan werde. Doch sie hat für Hegel grundsätzliche und allgemeine Bedeutung: Das innerlich Religiöse und das Politische gehören in der Freiheit zusammen; Freiheit verliert ihren Grund, wo sie einander entgegengesetzt und voneinander getrennt werden.

Die Reformation gehört daher für Hegel in die Weltgeschichte der Freiheit, die damit beginnt, daß mit der griechischen Polis eine politische Bürgerschaft in die Welt tritt, deren Bürger Freie sind, und die mit der bürgerlichen Gesellschaft, in der alle als Menschen zu freien Bürgern werden, zu ihrem Abschluß kommt. Während in Griechenland nur einige frei waren und Freiheit die Sklaverei, die »harte Knechtschaft des Menschlichen, des Humanen« bei sich hatte, wissen wir, daß »alle Menschen an sich frei sind, und daß der Mensch als Mensch frei« ist. In diesen Gang von der Freiheit einiger zur Freiheit aller stellt Hegel das Christentum: Mit Christus sei in der Wende der Zeit zuerst das Wissen darum in die Welt gekommen, daß der Mensch als Mensch frei ist und so der Einzelne in sich und als er selbst – wie Hegel es nennt: in seiner Subjektivität – unendlichen Wert hat. Christliche Freiheit ist so wesentlich innere Freiheit, Bei-sich-selbst-Sein der Einzelnen in ihrer Subjektivität und übergreift in ihrem religiösen Kern alle weltlichen Verhältnisse. Aber sie schließt für Hegel zugleich ein, daß sie an sich allen Formen von Herrschaft der Unfreiheit und Knechtschaft entgegengesetzt ist. – Dennoch habe mit dem Christentum weder »unmittelbar die Sklaverei aufgehört« noch seien »Regierungen und Verfassungen auf eine vernünftige Weise organisiert oder gar auf das Prinzip der Freiheit gegründet worden«: Daher gehört die rechtliche und politische Freiheit der bürgerlichen Gesellschaft für Hegel in die Geschichte der christlichen Freiheit. Diese sei »in einer langen und schweren Arbeit der Bildung« als das »in der innersten Region des Geistes aufgegangene Prinzip« in das weltliche Wesen hineingebildet worden. Sie habe jetzt mit der Gesellschaft und ihrem Menschenrecht weltliche Existenz erhalten. Das ist zunächst nicht ohne Zweideutigkeit. Es könnte auch im Sinne einer Kritik am Christentum verstanden werden, als sei mit der staatlichen und rechtlichen Verwirklichung von Freiheit ihr religiöser, christlicher Sinn unwesentlich geworden und als habe das Christliche nur die geschichtliche Funktion gehabt, den Übergang von der griechischen Freiheit einiger zur gegenwärtigen Freiheit aller zu vermitteln.

Aber dagegen steht, daß Hegel die politische und rechtliche Freiheit der Menschenrechte, indem er sie auf die Reformation bezieht, *inhaltlich* bestimmt: Er holt in ihren politischen und rechtlichen Begriff Zusammenhänge ein, die als solche weder dem Recht noch der Gesellschaft abgewonnen werden können und außerhalb ihrer Sphäre liegen.

Daher läßt Hegel die religiöse und die politische Freiheit nicht zur Identität zusammenschmelzen, sondern geht von ihrer geschichtlichen Unterscheidung aus. Er führt die Reformation als eine »zweite welthistorische Gestalt« ein, die auch örtlich von dem Prozeß getrennt ist, der »im Westen« zur Bildung der modernen politischen Welt führte: »Während die übrige Welt hinaus ist nach Ostindien, Amerika, um Reichtümer zu gewinnen, eine weltliche Herrschaft zusammenzubringen«, hat in Deutschland »ein einfacher Mönch« die Gewißheit des Glaubens »in dem Geiste ... und in dem Herzen« als eine »dem Bedürfnisse des Innersten geschehene Darbietung« gefunden. Er habe so den Glauben aus der Äußerlichkeit in die innere Gewißheit der Wahrheit von Gott zurückgenommen: Das Individuum weiß daher nun und von da an, daß das »Herz« und die »empfindende Geistigkeit« als die »Subjektivität aller Menschen« in den Besitz der Wahrheit kommen sollen, während alle Bestimmungen der Äußerlichkeit wegfallen.

Aber das bedeutet nicht, daß für Hegel mit der Reformation nur im Gemüt und im Geist ein »inneres Reich« errichtet sei. Er nennt den Protestantismus eine »zweite welthistorische Gestalt«, *weil* mit der Freiheit der Subjektivität die Substanz der Freiheit positiv zum Begriff kommt, die jetzt im Umsturz der alten Ordnung zur Basis von Recht und Staat wird. Indem Hegel die Freiheit der Menschenrechte auf die Reformation und auf die christliche Freiheit der Subjektivität bezieht, macht er geltend, daß da, wo der Mensch als Mensch frei wird, alle Menschen in ihrer Subjektivität – religiös in ihrem Verhältnis zu Gott, ethisch in ihrem Gewissen und mit allem, was ihr Selbstsein ausmacht – als Freie zu Subjekten der politischen, rechtlichen und gesellschaftlichen Ordnung werden.

Daher kann Hegel auch unmittelbar sagen, daß die Freiheit der Subjektivität im Fortgang der Geschichte von der Reformation bis zu dem, was jetzt im Umsturz der alten Welt geschehen ist, zu ihrer Verwirklichung kommt: Mit ihr sei »das neue, das letzte Panier aufgetan, um welches die Völker sich sammeln, die Fahne des freien Geistes, der bei sich selbst und zwar in der Wahrheit ist«. Die Zeit von da an bis zu uns habe kein anderes Werk zu tun gehabt und zu tun, als dieses Prinzip in die Welt hineinzubilden: »Recht, Eigentum, Sittlichkeit, Regierung, Verfassung usw. müssen nun auf allgemeine Weise bestimmt werden«, damit sie der Freiheit des Individuums in sich gemäß und vernünftig seien,

So bezieht Hegel die christliche Freiheit auf die moderne Gesellschaft und ihre politische Revolution. Das ist bis heute nicht selbstverständlich. Auf der einen Seite stehen die Theorien der politischen und sozialen Revolution, des Fortschritts, die Soziologie Auguste Comtes usw., für die das Christentum mit der Vollendung der Gesellschaft fortgehend jede gegenwärtige Bedeutung verlieren und wesenlos werden soll. Auf der anderen Seite hat sich nicht weniger hart im Gegensatz hierzu eine christliche Position fixiert, für die die moderne Welt nur der Verfall und die Zerstörung der schönen Zeiten ist, da Europa noch das »christliche Abendland« war; sie sucht daher in der Rückkehr zu ihm das Heil und die Rettung der christlichen Wahrheit. Über solche Entgegensetzung ist Hegel hinausgegangen; er begreift die moderne Gesellschaft nicht nur nicht als Verfall; sondern als Erfüllung der europäischen Weltgeschichte, mit der allererst die christliche Freiheit in ihrer Universalität rechtliche und politische Wirklichkeit erhält. Daher sei jeder Rat, zu einer alten Welt zurückzukehren, Zuflucht der Ohnmacht, Ausweichen in die Dürftigkeit eines Denkens, »das dem reichen Material der gegenwärtigen Entwicklung, das es vor sich sieht, und das im Denken gewältigt und in seiner Tiefe zusammengefaßt sein will, nicht genügen zu können fühlt«.

Hegel korrigiert das zunächst im weltgeschichtlichen Begriff, aber er nimmt damit zugleich das Problem auf, das in der doppelten Entfremdung zwischen christlicher Herkunft und moderner Gesellschaft liegt und diese hervortreibt. Schon in den Berner und Frankfurter Jahren hatte sich Hegel eine genaue Kenntnis, vor allem der in England ausgebildeten politischen Ökonomie erworben; Steuarts »Staatswissenschaft« war von ihm in Bern vollständig kommentiert worden; in der »Rechtsphilosophie« nennt er Adam Smith den »Kepler« der industriellen Gesellschaft. Diese politischen und ökonomischen Studien sind für Hegel philosophisch entscheidend geworden. Sie haben ihm die Einsicht vermittelt, daß die bürgerliche Gesellschaft politisch zur Gesellschaft des Menschen zu werden vermag, weil sie sich in einer Umwälzung, die ohne Beispiel in der Weltgeschichte ist, aus allen ihr vorgegebenen geschichtlichen, religiösen, rechtlichen, politischen Verhältnissen *löst* und auf das in Bedürfnis und Arbeit vermittelte Naturverhältnis des Menschen beschränkt. Diese Emanzipation ist für Hegel einmal die Bedingung dafür, daß mit der bürgerlichen Gesellschaft der Mensch, weil er Mensch ist, in der Gleichheit der menschlichen Natur zum Subjekt des Rechtes und des Staates zu werden vermag. Aber zugleich wird die Gesellschaft damit zur »Macht der Differenz und Entzweiung«. Sie zerbricht die Einheit menschlichen Seins; sie bringt den Menschen in eine Existenz, die gesellschaftlich alles außer sich hat, was sie für sich in der Substanz des geschichtlichen und persönlichen Lebens ist. Von dieser Entzweiung war Hegel in den Jenenser Jahren zwischen 1800 und 1806 in der Auseinandersetzung mit der »Aufklärung des Verstandes« ausgegangen, für die »das Göttliche« und »das Schöne« den Grund in der für sie nur endlichen und dinglichen Wirklichkeit verlieren.

Indem so das Schöne zum »Ding«, der »Heilige Hain« zu »Holz«, der Tempel zu »Klötzen und Steinen«, das Ideale zur »Erdichtung« werden, wird das religiöse Verhältnis zu einem »wesenlosen Spiel« und zum »Aberglauben«, zu einem nur subjektiven Empfinden herabgesetzt; es soll ohne Zusammenhang mit der Wirklichkeit sein.

Diese Entzweiung hat Hegel später als die Versachlichung aller Verhältnisse des Menschen durch die Gesellschaft begriffen, mit der das durch die Gesellschaft gesetzte Sein des Menschen, ohne Vermittlung neben sich und außer sich hat, was er für sich in seiner Subjektivität und in den geschichtlichen Substanzen des Lebens ist.

Darin liegt für Hegel das Problem, das ungelöst und ohne in seinem Grunde begriffen zu sein, zu der sich verfestigenden Entfremdung und zur Entgegensetzung von Gesellschaft und Christentum führt. Hegel hat sich immer gegen eine Theologie gewendet, die sich versagt, die Wahrheit denen zu vermitteln, für die »der ganze Umkreis der Gedanken und Neigungen mit der Religion wie der äußere Zirkel des Rades mit dem Mittelpunkt zusammenhängt«, indem sie die Religion »erkenntnislos« in ein bloßes Fühlen und in ein inhaltsloses Erheben zu dem Ewigen zusammenschrumpfen läßt. Er hat sich ebenso gegen die historische Theologie gewendet: In einer nur noch historischen Behandlung der Lehre setze sie ihre Wahrheit beiseite; sie führe so wie »Comptoire-Bediente eines Handlungshauses« es tun, nur »über fremden Reichtum Buch und Rechnung«. Es ist bekannt, daß die Berliner Jahre Hegels durch den im Grunde unheilbaren Bruch mit Schleiermacher überschattet waren.

Aber diese Kritik ist nicht Kritik am Christentum; sie konstatiert, daß solche Theologie das Wesen der mit der Gesellschaft gesetzten Entzweiung nicht durchdringt, die mit ihr gesetzte verdinglichte Welt als die einzige Wirklichkeit nimmt und sich so auf den Weg drängen läßt, diese zu umgehen, um die Wahrheit entweder in ein begriffsloses Jenseits oder in das Gefühl zu retten. Damit aber werde die Religion darauf beschränkt, »im Herzen des Individuums ihre Tempel und Altäre zu bauen und Seufzer und Gebete den Gott suchen zu lassen, dessen Anschauung sie sich versagt, *weil* die Gefahr des Verstandes vorhanden ist«.

Auch Hegel ist von dem Leiden an der »Zerrissenheit des Zeitalters« und dem »schmerzlichen Sehnen nach der beseelten Einheit aus fernen Tagen« ausgegangen; er hat niemals in der Zuwendung zur Gesellschaft etwas von der mit ihr gesetzten Entzweiung abgestrichen. Er hat ebenso um die Gefahren gewußt und diese in der Möglichkeit vor Augen gehabt, daß die Gesellschaft ihre Sachwelt zur einzigen Wirklichkeit des Menschen macht. Aber er hat nach dem positiven und vernünftigen Grunde der Entzweiung gefragt. Er hat ihn darin gefunden, daß mit der Versachlichung aller äußeren Verhältnisse den Individuen die Freiheit des Selbstseins gegeben wird. Die Gesellschaft löst durch ihre Versachlichung das religiöse Verhältnis mit allem, was die Individuen selbst in sich und für sich sind, aus den Bindungen an alle Formen äußerer Vermittlung. Die mit der Gesellschaft gesetzte Verdinglichung und Versachlichung ist so für Hegel die Bedingung dafür, daß mit dem Rechtsprinzip der Freiheit der Einzelne in seiner Subjektivität als Freier zum Subjekt des Rechtes, des Staates und der Gesellschaft werden kann.

Daher kann Hegel die lutherische Gewißheit des Glaubens mit allem, was zu ihr gehört: Wegfall der Verhältnisse der Äußerlichkeit und der Bindung an sie, Rückgang des Individuums in sich und in das »Innerste der Seele« und der »empfindenden Geistigkeit« als allgemeine und substantielle Bestimmung von Freiheit und als die Erfüllung ihrer rechtlichen und politischen Bedeutung begreifen.

Weil die Gesellschaft alle äußeren Verhältnisse auf sachliche Beziehungen einschränkt, erhält der einzelne im Reichtum seines religiösen, sittlichen und persönlichen Seins das Recht, in seinem Leben bei sich selbst und er selbst zu sein. Das ist – sicher – keine Philosophie, die von theologischen Voraussetzungen ausgeht und diese zur Basis hat. Sie ist Philosophie des Nichttheologen, die in einer Theorie der gegenwärtigen Welt und der Gesellschaft aus der mit ihr gesetzten Entzweiung das religiöse Verhältnis des Individuums begreift, das allen Institutionen: dem Staate, den sittlichen Ordnungen, den Kirchen zugrunde liegt. – Auch da, wo Hegel kritisch zur Theologie Stellung nimmt, geht es ihm immer darum, sie aus ihrer Fixierung auf die nur dingliche Welt zu lösen und so vor den Begriff des vernünftigen Ganzen der menschlichen Wirklichkeit zu stellen. Was er so im Ausgang von der Reformation und ihrer »unsterblichen Tat« geltend macht, ist daher ein Allgemeines der gegenwärtigen Welt *und* der Religion, die zur Religion freier Individuen geworden ist, die sich in sich und in eigener Überzeugung mit ihren Gedanken, ihren Gebeten und ihrer Verehrung Gott zuwenden. Die Philosophie Hegels ist darin zugleich der Versuch, den Glauben zurückzurufen aus der Flucht in die Absonderung und in die Unbestimmtheit des Gefühls, mit der er sich vor der Gesellschaft und ihrer versachlichten Wirklichkeit zu retten sucht. Der Mensch, der sich in sich zu Gott wendet, soll zum Wissen darum gebracht werden, daß er Mensch in der Wirklichkeit seines ganzen Lebens und in seiner sittlichen, gesellschaftlichen und politischen Existenz ist und dies zu sein vermag, wo Freiheit zur Substanz und zum Grunde der Gesellschaft und des Staates geworden ist:

»Die Vernunft als die Rose im Kreuze der Gegenwart zu erkennen und damit dieser sich zu erfreuen, diese vernünftige Einsicht ist die Versöhnung mit der Wirklichkeit, welche die Philosophie ... gewährt.« In der Aufgabe, diese Versöhnung herbeizuführen, nimmt für Hegel die Philosophie zugleich »das eigentümliche Prinzip des Protestantismus« auf: »Was Luther als Glauben im Gefühl und im Zeugnis des Geistes begonnen, es ist dasselbe, was der ... Geist im Begriffe zu fassen« bestrebt ist, um so »in der Gegenwart sich zu befreien,und dadurch in ihr sich zu finden«.

Zu ›Weltzivilisation‹

Europäisierung als europäisches Problem[1]
(1956)

I

1. Ernst Jünger hat in einer Abhandlung mit dem Titel »Der Gordische Knoten« (Frankfurt am Main 1953) versucht, den die Zeit in Atem haltenden Gegensatz von »Ost und West« zu deuten. Dies geschieht so, daß er den gegenwärtigen Konflikt als die Wiederkehr einer Begegnung begreift, die schon immer und von jeher die Weltgeschichte in ihrer Richtung bestimmt hat: »Ost und West, diese Begegnung im Weltgeschehen, ist nicht nur ersten Ranges; sie beansprucht einen Rang für sich. Sie gibt die geschichtliche Hauptrichtung, die Achse, die sich nach der Sonnenbahn bestimmt« (a.a.O. S. 5). Diese Achse weist aus dem gegenwärtigen Konflikt auf seinen Ursprung zurück, der nicht in die Gegenwart, sondern in die früheste Zeit gehört: »Aufleuchtend mit dem frühesten Licht spinnen sich die Muster bis in unsere Tage fort.« Was heute geschieht, ist die Wiederkehr einer Spannung, welche Jünger »alt« nennt: »Die Völker treten mit stets neuer Spannung auf die alte Bühne und in die alte Handlung ein.«

Das Thema dieser »alten Handlung« nennt Jünger die Spannung von Freiheit und Schicksalszwang. Aber hinter ihr steht – in ihr wirkend – das Geschichtliche: Freiheit ist das »Abendland«, Zwang aber ist »Asien« als der andere Kontinent: »Wir fühlen die Schwerkraft des Kontinents, hören das Klirren der Ketten vom Kaukasus. Die persischen Könige, die Schahs und Chane,

1 Verfasser war von 1953–1955 an der Universität Istanbul tätig. Er wird sich deshalb in der Behandlung des allgemeinen Problems der Europäisierung im wesentlichen auf die Türkei beschränken. An den Erfahrungen und Beobachtungen, die er dort lebend und reisend machen konnte, ist ihm ihr Problem, ihre Notwendigkeit, aber auch ihre Gefahr aufgegangen. Natürlich sind die Verhältnisse und so die konkreten Probleme überall verschieden, doch wirkt bei allen Völkern als das gleiche die Europäisierung. Sie ist das Allgemeine, das sich in dem Besonderen durchsetzt. So wird man sich an das Beispiel der Türkei halten können, um so mehr, als sie auf ihrem Wege als Beispiel gewirkt hat und noch wirkt.

die Anführer unermeßlicher Geschwader und Heersäulen, über denen die fremden Banner aufsteigen, Roßschweife, Drachen, rote Sonnen, Sicheln, Halbmonde – es bleibt immer der gleiche Schrecken.« Alles, was hier von Jünger aufgezählt und in einem gleichmachenden und um die geschichtliche Vielfalt unbekümmerten Begriff miteinander verknüpft wird, die rote Sonne Japans, der Drachen Chinas, die Sichel der Sowjetunion, der Halbmond des Islams, soll – in der Einheit des Kontinents – »Asien« sein. Die geschichtlichen und geistigen Unterschiede verschwinden, nur das Gemeinsame bleibt: der einer abendländischen Freiheit entgegengesetzte asiatische Schrecken. Gegen diesen Schrecken verteidigt das Abendland – heute wie immer in der Weltgeschichte – die Freiheit. In der Gegenwart setzt sich die geschichtliche Linie fort, die durch »Marathon und die Thermopylen, Byzanz und Rhodos, die Katalaunischen Felder, Wien und Wahlstatt« bezeichnet wird. Während Alexander das Urbild und Vorbild westlicher Heerführer und Fürsten ist, weisen die Führer des Ostens auf Dschingis-Chan; sie sehen wie dieser ihren Ruhm und ihre Stärke darin, »niemals milde zu sein«.

In dieser Deutung Jüngers kommt – verklärt im Glanz einer bildungs- und bildergeschmückten Sprache – eine Vorstellung zu Wort, an die viele so sehr gewöhnt sind, daß es ihnen nicht leicht fällt, sich von ihr frei zu machen und sie kritisch zu prüfen. Nach dieser Vorstellung ist die Substanz des »Westens« Europa in der Einheit seiner abendländischen Herkunft, während im »Osten« gegen das Abendland Asien in der Einheit seiner asiatischen Herkunft zu erneuter weltgeschichtlicher Macht aufsteht.

2. Ist diese Vorstellung richtig? Ist der Europäer, der sich auf ihrem Weg bewegt, dabei, den Kern und das Wesen des gegenwärtigen Konflikts freizulegen? Führt sie ihn zu sich selbst? Führt sie ihn zu dem Asien, wie es heute – vielgestaltig und vieldeutig – in den Ost-West-Konflikt einzugreifen beginnt, nicht nur in der Gefolgschaft des Ostens, auch auf der Seite des Westens und als die sich formende dritte Macht, die sich weder dem Osten noch dem Westen verpflichtet?

Es gibt Gründe, die gegen die Richtigkeit dieser Vorstellung sprechen, und es könnte so sein, daß das scheinbar so großartige

Bild einer die Weltgeschichte bestimmenden Achse die Blindheit nicht nur für das gegenwärtige Asien erzeugt, sondern ebensosehr (und dies dürfte schwerer wiegen) für die geschichtliche Rolle, die Europa selbst im Verhältnis zu Asien zufällt. Die Völker Asiens, die heute auf der Seite des »Ostens« stehen, sind gerade nicht in der ungebrochenen Kontinuität ihrer Herkunftsgeschichte in den gegenwärtigen Konflikt verstrickt, sondern als Völker, die in einem dramatischen, Jahrzehnte überdauernden Prozeß der inneren Umwälzung von den Ordnungen ihrer Vergangenheit und geschichtlichen Herkunft getrennt worden sind. Das kommunistische China steht am Abschluß der (nicht kommunistischen) Umwälzung, durch die seit 1911 mit dem Ende des Kaiserreichs auch die alten gesellschaftlichen, religiösen und sittlichen Lebensordnungen in Fluß geraten, ausgezehrt und aufgelöst worden sind.

Aber diese Bewegung, in der sich oft über Jahrhhunderte hin beständige Ordnungen verändern und zersetzen, beschränkt sich nicht auf die heute politisch zum »Osten« gehörigen Völker. Sie hat zuerst Japan geformt, sie hat Indien und den ganzen Vorderen Orient ergriffen, sie beginnt Ägypten umzugestalten, sie hat das Gesicht der modernen Türkei geprägt.

Der positive Inhalt dieser Umwälzung – und auch dies wiederholt sich überall in gleichen oder ähnlichen Formen – ist die Überführung der geschichtlich gewordenen bodenständigen Ordnungen in diejenige Gesellschaftsordnung und Zivilsiation, die Europa selbst seit dem Beginn der Neuzeit im Zusammenhang mit der modernen Wissenschaft und Technik und den modernen Rechts- und Staatsformen hervorgebracht hat. Das dürften kaum die »Muster« sein, die sich seit dem »frühesten Licht bis heute fortspinnen«. *Der Ursprungsort der geistigen und gesellschaftlichen Veränderungen, die gegenwärtig die asiatischen Völker bestimmen, ist nicht »Asien«, sondern Europa;* die Geschichte seiner Herrschaft in Asien seit den Tagen der ersten portugiesischen Kolonien bildet den – düsteren – Hintergrund, vor dem sich das abspielt, was heute in Asien geschieht. Wenn es überhaupt einen Sinn hat, von Asien als von einer geschichtlichen Einheit zu sprechen, so ist diese Einheit allererst das Resultat der Begegnung mit Europa, nicht Einheit der Herkunft, sondern der Zukunft.

Wir sprechen gern vom Abendland und dem abendländischen Menschen, und wir sehen dabei auf die Kathedralen und Dome, die die Kontinuität des abendländischen Geistes sichtbar verkörpern; wir denken an die Dichtung, an die Kunst, an die Philosophie, die in der modernen Welt aus der abendländischen Substanz fortwirken, und sehen dann – noch immer (wenn auch dürftig) in der abendländischen Geschichte geborgen – hinaus auf die andere, nicht aus dieser Herkunft geformte Welt. Wer aber längere Zeit außerhalb dieses noch mit seiner Herkunft vertrauten Europas gelebt hat, der wird mehr und mehr zur Einsicht gebracht werden, daß alle die Fragen, Probleme und Aufgaben, auf welche er in dem fremden Lande trifft, zugleich unmittelbar und in beunruhigender Eindringlichkeit Europa selbst und die eigene Welt angehen. Er ist auch hier im Bannkreis Europas; dies Europa hat seine Zivilisation überallhin auf die Erde getragen. Noch Kipling konnte von »the white man's burden« sprechen. Aber die Vorherrschaft Europas beginnt zu zerbrechen; die Völker sind angetreten, sich seine Zivilisation zu eigen zu machen. Indem sie aber so aktiv in den Prozeß der Europäisierung eintreten, wird zugleich ihre geschichtliche Kultur in den Strom einer Veränderung hineingerissen, aus dem sie niemals wieder in ihrer alten Gestalt hervorgehen wird.

Europäisierung ist so der Vorgang, in dem außereuropäische Völker sich aus ihren bodenständigen Lebensformen lösen (1) und die in Europa ausgebildeten Formen der gesellschaftlichen Produktion, der Bildung und der staatlich-gesellschaftlichen Organisation übernehmen (2) und diese sich spontan und aktiv aneignen (3). Was ist ihr Wesen? Was bedeutet sie im Verhältnis zum alten Europa, das der geschichtliche Ort der Mächte ist, die in diesem Prozeß die Zukunft der von ihm ergriffenen Völker und damit auch die Zukunft Europas selbst bestimmen? Was sagt es, daß zu dieser Zukunft zugleich die Revolution gehört, die – unaufhaltsam und mit Notwendigkeit – die Völker aus dem Zusammenhang ihrer Herkunft herauslöst?

II

3. Die Erhebung gegen die europäische Vorherrschaft ist überall das Erste; die großen Führer und Lehrer stehen am Anfang, hervorgegangen aus dem Kampf gegen die europäische Herrschaft und für die Autonomie und Freiheit ihrer Völker: Sun Yat-sen, Gandhi, Mustafa Kemal Atatürk, Pandit Nehru, die nationalrevolutionären Versammlungen, Parteien und Komitees der Befreiung. Mit ihnen beginnt 1911 die Geschichte des modernen China, 1919 die des neuen Indien. Die Voraussetzung der nationalen Revolution in der Türkei ist der Untergang des Osmanischen Reiches; aber zu den Gründen dieses Untergangs gehört – nicht zuletzt – die wirtschaftliche Auszehrung durch die europäischen Großmächte im System der Kapitulationen. Als dies nach dem ersten Weltkrieg erneuert werden sollte und als die Großmächte im Vertrag von Sèvres die Aufteilung der Türkei beschlossen und das Land dazu bestimmt hatten, hinfort das Objekt fremder Nutznießung und fremden Willens zu bleiben, stand das Volk Anatoliens unter der Führung Kemals auf; es ist zunächst die Volkserhebung, der nationale Kampf um die Freiheit; die Bilder, die in der Geschichte immer wieder für ihn kennzeichnend sind, kehren hier wieder: die schlechtgerüstete, aus den zusammenströmenden Freiwilligen und Resten des alten Heeres gebildete Armee, die Frauen der Dörfer, die da, wo Fahrzeuge fehlen, das notwendige Kriegsgerät auf ihren Schultern herbeitragen, der dann zur Legende gewordene Mut, das Opfer der einzelnen, die mystische Kraft des Glaubens und der Zuversicht da, wo objektiv nichts zu erhoffen ist. In diesen Zeichen steht auch äußerlich der Sieg; er bringt die nationale Autonomie, die im Verhältnis zu den Mächten durch den Vertrag von Lausanne und die endgültige Erlangung der Finanzhoheit (1923) vollendet wird. Aber das Geschichtliche und Beispielhafte dieser Erhebung liegt nicht in der Abwehr der Fremdherrschaft als solcher, sondern darin, daß die befreite Nation ihre alten geschichtlichen Ordnungen hinter sich läßt und diejenigen geistigen und gesellschaftlichen Mächte zur Grundlage ihrer Zukunft macht, die den Europäern die Überlegenheit gaben, auf der ihre Vorherrschaft beruhte.

In den Nationalideen des europäischen 19. Jahrhunderts wirkt immer auch die Abwehr gegen die gleichmachenden und gleichsam geschichtslosen Verhältnisse der modernen Gesellschaft. Die Vergangenheit wird in einem Mythos des Erbes berufen; das geschichtlich Gewachsene soll bewahrt und mit ihm die verlorene Mitte des Lebens zurückgewonnen werden. Solche restaurativen Tendenzen der Bewahrung und Wiederherstellung fehlen auch in diesen Erhebungen nicht, aber sie treten doch hinter dem zukünftigen Neuen zurück. Nicht die eigene geschichtliche Herkunft, sondern das moderne Europa gibt das Leitbild ab, das die Erneuerung bestimmt. Atatürk geht von der prinzipiellen Erkenntnis aus, daß Modernisierung und Europäisierung sich nicht auf die Wirtschaft und auf Teilbereiche des nationalen Lebens beschränken können. Darum wird nun in den Akten der Gesetzgebung von oben her und von der Mitte des Staates aus gleichsam das Gerüst des zukünftigen modernen Lebens im voraus geschaffen, in das dann das Volk, den vorgezeichneten Bahnen folgend, hineinwachsen soll. 1923 wird die Türkei Republik, 1925 erhält sie die moderne Repräsentativverfassung, 1934 wird die Annahme bürgerlicher Familiennamen verfügt. An die Stelle des islamischen, auf Koran, Sunna (Gewohnheit) und Auslegung beruhenden Scheriat-Rechts tritt eine nach deutschem, französischem, italienischem und schweizerischem Vorbild geschaffene Rechtsordnung. Seit 1936 folgt schrittweise die Angleichung an die europäischen Arbeitsgesetze; ein Arbeitsministerium wird 1945 geschaffen und 1946 der erste Grund für eine kommende Sozialversicherung gelegt.

Aber alle diese Neuerungen und die sie tragenden Ordnungsprinzipien – in Europa selbst die Frucht und die Zusammenfassung langdauernder geschichtlicher Entwicklungen – schließen hier die Friktion mit den früheren Lebensgrundlagen ein. Die in ihnen vorgezeichnete Zukunft hat keine Kontinuität zu dem Gewordenen, und dies wird dann darin sichtbar, daß zu den Reformen die Ersetzung der arabischen Schrift durch ein nach dem Muster der Lateinschrift gebildetes System und die Einführung der europäischen Zeitrechnung gehören. Das islamische Jahr 1342 wird 1926; was äußerlich als Maßnahme erscheinen mag, die von der praktischen Zweckmäßigkeit vorgeschrieben wird, läßt hintergründig erkennen, was wirklich geschieht. Das Land verläßt die Zeit seiner geschichtlichen Herkunft; es gibt die Schrift auf, in welcher sich der Geist seiner Geschichte bewahrt hat. Indem sich das Tor in die Zukunft öffnet, schließt sich das Tor, das in die Vergangenheit der eigenen geschichtlichen Herkunft führt.

Wer heute durch Anatolien reist, wird überall auch in den kleinen Städten und den entlegenen Dörfern auf die Zeichen treffen, in denen sich die Veränderung des gesamten Lebens und die zu ihr gehörige Trennung des Alten und Neuen anzeigen. Welches sind diese Zeichen? Die modernen Straßen, in die sich die Karawanenwege und Heerstraßen der Perser, der Römer, der Seldschuken und Osmanen verwandeln; die Silos in Dörfern, in denen in uralter Weise das Korn von den Frauen im Bach gewaschen und auf den Lehmdächern der Häuser zum Trocknen gebreitet wird. Der Mähdrescher auf dem gleichen Dorfplatz, wo der Bauer alttestamentlich das Korn mit dem ochsenbespannten Schlitten ausdrischt. Die weißgebaute Schule im Dorf der Lehmhütten, das Volkshaus neben der Moschee. Der Motorpflug, der die durch Jahrtausende unberührte Steppe in Acker verwandelt, neben dem Holzpflug, der ein schmales Landstück mühselig aufbricht. Die Kraftstation und das Pumpwerk da, wo die Schöpfräder einer uralten Technik die Felder bewässern. Die Kolonnen der Lastwagen und Autobusse auf den gleichen Straßen, über die noch die Kamelkarawanen und Ochsenkarren ziehen. Die vielschlotige Fabrik mit Straßen und Bahngeleisen dort, wo ringsum die nur von den Winden und Wassern geformte Natur das Menschenwerk in ihrer Weite und unberührten Größe untergehen läßt.

4. Hinter diesem Wandel steht wie überall in Asien die Notwendigkeit. Wenn das Land bestehen will, muß es sich den modernen Verhältnissen angleichen. Heute ist Anatolien noch Bauernland; eine nennenswerte Industrie ist überhaupt erst nach der Revolution entstanden.[2] Aber auch die alte Dorfordnung

2 Die Zahl der Arbeiter in gewerblichen Betrieben Anatoliens betrug 1915 etwa 14 000. Sie stieg erst nach der Revolution bis 1943 auf etwa 270 000 (nach K. Krüger, Die Türkei, Berlin 1951). Krüger gibt weiter an, daß sie inzwischen (bis 1950) die Millionengrenze erreicht oder überschritten hat

gerät in Fluß, die Landmaschine erzeugt einen neuen Betriebstyp; in den fruchtbaren Ebenen des Südens und Westens dehnen sich kilometerweit die Baumwollfelder und die Plantagen der Citrusfrüchte, in der Steppe wie endlos die Kornfelder. So geraten die durch Jahrhunderte beständigen Lebensordnungen in Fluß; die neuen wirtschaftlichen und technischen Formen fordern, daß die elementaren geistigen Voraussetzungen geschaffen werden, welche die Anwendung und Entwicklung der modernen Arbeitsmethode und Verwaltung im eigenen Lande sichern. Bis 1918 blieben etwa zwei Drittel der Bevölkerung ohne jeden Unterricht; nun wird die allgemeine Schulpflicht eingeführt, für die Dörfer und Landstädte des weiten Landes werden überhaupt zum ersten Male Lehrer und Schulen bereitgestellt. Aber die Aufgaben, die gelöst werden mußten, beschränken sich nicht auf die Jugend. Die neue Schrift, das Lesen und Schreiben müssen auch den Erwachsenen vermittelt werden, Aufklärung und Unterricht sollen überall im Lande die Brücke zu der neuen Gesellschaftsordnung schlagen. Die Universität Istanbul wird nach deutschem und französischem Vorbild neu aufgebaut und endgültig und radikal von der Tradition der islamischen Medressen-Universität gelöst. In der neuen Hauptstadt Ankara werden moderne Fakultäten gegründet und zur zweiten Universität des Landes zusammengeschlossen. Fachschulen für Technik, Handwerk, Landwirtschaft, pädagogische Institute entstehen im Lande; Istanbul hat neben der Universität eine technische Hochschule und eine Kunstakademie.[3] So beginnt

(a. a. O. S. 306). Aber diese Ziffer dürfte, wenn sie in strenger Definition des Arbeiters gelten soll, sehr zu hoch gegriffen sein. K. selbst weist darauf hin, daß sich diese Zahl, wenn man die Betriebe mit weniger als zehn Beschäftigten ausläßt, außerordentlich vermindert. Da, wo die modernen Verhältnisse erst im Entstehen sind, ist die Anwendung der modernen soziologischen Kategorien außerordentlich problematisch. So fallen 60 % der Erfaßten in der Berufsstatistik von 1950 noch unter »Unbekannte und verschiedene Berufe«. Zur Entwicklung der Landwirtschaft vgl. ebenfalls Krüger (a. a. O. S. 228 ff.). Die großen Veränderungen haben sich indes, vor allem im Zusammenhang mit der Motorisierung, erst in den letzten fünf Jahren vollzogen.

3 Die Türkei hat heute drei Schultypen: Die Volks- oder Grundschule (Ilk okul), die Mittelschule (Orta okul), das Lyzeum. Eine große Rolle spielen, vor allem in Istanbul, immer noch die ausländischen Schulen, obwohl ihre Zahl seit der Revolution erheblich zurückgegangen ist. Die deutsche Schule

das Leben überall im Lande in die neuen Formen hineinzuwachsen. Aber zugleich zeigt sich die hintergründig und notwendig wirkende Dialektik des technischen und zivilisatorischen Fortschritts. *Was in die Zukunft weiterführt, hat keine Kontinuität zum geschichtlich Gewordenen.* Der Fortschritt schließt seine Auflösung und seinen Untergang ein. Das Alte und das Neue beginnen im Prozeß der Europäisierung auseinanderzutreten. Neben den Frauen, die die alte Tracht tragen und ihr Gesicht vor dem vorübergehenden Fremden verbergen, gehen die Töchter in der modernen europäischen Kleidung. Was äußerlich noch beieinander ist, beginnt sich im Grunde des Seins voneinander zu trennen. Zukunft und Herkunft sind ohne Beziehung.

5. Was heißt dies? Und was sagt es dem Reisenden, der hier dem »alten« Europa anders begegnet, als er es daheim gewohnt war, nicht in der Einheit der abendländischen Herkunft, sondern als der Macht des zukünftigen Fortschritts und der Revolution, die das Gewordene verändert und auflöst? Dieser Reisende wird zunächst nach dem Alten und Ursprünglichen eines noch nicht von der Zivilisation berührten Lebens Ausschau halten, auch er vielleicht wie einst Goethe aus der Ungewißheit und Unrast Europas flüchtend, um »im reinen Osten / Patriarchenluft zu kosten«. Ihn wird der Einbruch des Modernen wie der Verlust eines Unwiderbringlichen schmerzen. Dann aber wird ihn das europäische Erbe selbst, das Maß des Menschlichen und Menschenwürdigen, daran hindern, diesem Schmerz nachzugeben. Er muß

wurde 1953 wieder eröffnet. In der Zeit seit ihrer Schließung während des Krieges hat die Österreichische Schule Sankt Georg die Pflege des deutschen Sprachunterrichts fortsetzen können. Zu ihr gehört neben dem Lyzeum noch eine Handelsschule (Ticaret okulu). Eine besondere Rolle in der Ausbreitung des modernen Wissens und Könnens spielten in der Zeit von 1940–1950 die »Dorf-Institute« (Köy-enstitüsü), sie sind jetzt mit den Lehrerseminaren verbunden. An die Universität Istanbul wurde 1948 eine Forstfakultät (Orman-fakültesi) angeschlossen. In Ankara besteht seit 1933 eine landwirtschaftliche und veterinärwissenschaftliche Hochschule; sie ist jetzt mit der Universität Ankara verbunden. Die Schwierigkeiten, die sich der Ausbildung eines allgemeinen Unterrichts in jeder Beziehung entgegensetzen, waren außerordentlich. Was geleistet wurde, zeigt sich etwa darin, daß die Zahl der Grundschulen von 6586 im Jahre 1933 auf 15 194 im Jahre 1948 gewachsen ist.

sich der Wahrheit aufschließen, daß die moderne Technik im Verhältnis zum Alten der reale und positive Fortschritt zu menschlicheren Verhältnissen ist. In Europa selbst sind die Ideologien des Fortschritts zu dem banalen Optimismus entleert worden, der die Zivilisation absolutsetzt und zum Idol einer organisierbaren (und gleichsam technischen) Vollendung des Menschen erhebt. Wo aber das Vormoderne noch die tägliche Wirklichkeit ist, da gehören zu ihm das Unmenschliche vieler Dienstleistungen, die Mühsal urtümlicher Techniken, die Krankheit und das Elend der Lehmhütten, die Gefährdung durch Mißwuchs und Dürre und Überschwemmung, die Seuche, die Kindersterblichkeit, das Dumpfe überhaupt, das primitive Verhältnisse kennzeichnet. So wird der Reisende lernen, daß die Fortschrittsidee da etwas anderes bedeutet, wo sie nicht das Idol einer leeren Perfektion ist, sondern die Notwendigkeit meint, diejenigen Möglichkeiten menschlichen Seins zu schaffen, die in den europäischen Ländern längst zur selbstverständlichen Voraussetzung eines menschlichen Lebens geworden sind. Wo zum erstenmal in das Dorf die Schule, das Licht, die ärztliche Station kommen, wo zum erstenmal die Pumpe oder die Talsperre das Wasser zuführen, das in der Zeit der sommerlichen Dürre oft überhaupt fehlte, wo alles dies geschieht, da wird das romantisch-ästhetische Verhältnis zum Alten unredlich; es nimmt als Bild und malerischen Anblick, was an sich selbst und real die harte Lebensbedingung für Menschen und die drückende Last primitiver Verhältnisse ist. So lernt der Reisende begreifen, daß auch die Gefahr der Machtübersteigerung nicht berechtigt, die Rationalität der Wissenschaften und ihrer Technik, wie es heute üblich geworden ist, als negativ und als dämonisch zu verschreien und wie ein Werk der Hybris abzutun.

Die Erfahrung der Europäisierung wird ihm so am Ende zu einer positiven Erfahrung des Europäischen selbst. Man hat es leicht, geringzuachten und herabzusetzen, was man in selbstverständlich gewordener Gewohnheit besitzt. Aber da, wo es den Völkern um die Selbstbehauptung in der modernen Welt und um die Aneignung ihrer Möglichkeiten geht, da sind Wissenschaft und Technik und die Methoden rationeller Produktion und Verwaltung die Gaben, die Europa den Völkern der Erde zu geben hat. Diese Gaben tragen zugleich dazu bei, sein Bild von den

Flecken zu reinigen, mit denen Ausbeutung, »lust of power« und Hochmut es entstellt haben. Zu dieser Positivität gehört aber zugleich die Dialektik des Fortschritts; sie treibt die Diskontinuität von Herkunft und Zukunft hervor, aus ihr entspringt die Unruhe der Europäisierung. Sie erzeugt im Grunde des Lebens die Spannungen, die die Zukunft nicht nur dieser Länder, sondern der zivilisierten Welt überhaupt vorzeichnen.

6. Die Schwierigkeit liegt darin, daß die Verneinung des Alten nicht ein gesonderter Vorgang ist, sondern wie ein unsichtbarer Bestand zu dem Positiven der Europäisierung gehört. Der flüchtig Reisende, der sich aus den Sehenswürdigkeiten ein oberflächliches Bild schafft, hat es schwer, die eigentliche Dramatik der Europäisierung, ihre Großartigkeit und zugleich ihre Gefahr überhaupt zu bemerken. Ich erinnere mich gut an einen jungen Deutschen, den wir in Ankara auf der Aussichtsterrasse vor dem ethnographischen Museum trafen (das selbst ein Symbol dieser Dialektik ist: das heute in ihm »historisch« Bewahrte war noch vor wenigen Jahren lebendig gegenwärtiges Volksgut). Dieser junge Deutsche sah gleichgültig über die erstaunliche, in die Leere der Steppe hineingebaute Stadt hin, um dann zu bemerken, es sei hier doch eben schlechterdings nichts Ungewöhnliches zu sehen und nichts, was sich nicht auch in einer gleich großen europäischen Stadt finde. Das ist zunächst richtig; das Äußerliche ist die gut gebaute moderne Stadt; aber nicht dies Äußere, das Sichtbare des Gebauten als solchen ist ihr Wesen, sondern die vorauseilende Leidenschaft des Neuen, die sich hier mitten im Herzen der anatolischen Steppe und in einem gewollten Widerspruch zu der abgelegenen Leere der Landschaft das Symbol und das Zeichen der Zukunft gebaut hat: So soll es sein, und so wird es sein, nicht anders wie überall in der modernen Welt. Der Hintergrund, vor dem diese Stadt steht, sind die in der Weite verlorenen Dörfer und Landflecken; der Bauer, der aus ihnen herauskommt, soll an dieser Stadt sehen, wo er jetzt noch lebt und haust. Die gleiche Leidenschaft, die ihre Zukunft im Bilde dieser Stadt verkörpert, soll ihn ergreifen; sie soll ihn fortziehen aus seiner vergangenen Welt; diese soll ihm fremd werden; er soll lernen, in dem Neuen und Zukünftigen auch seine Heimat zu suchen.

So ist in diese Stadt nicht nur die Zukunft, sondern zugleich – für den Fremden nicht weniger unsichtbar – die Verneinung des Alten und der Herkunft hineingebaut. An dem Gebäude der geisteswissenschaftlichen Fakultät in Ankara steht als Leitspruch für Lehre und Forschung: »Die Wissenschaft ist die Führerin im Leben des Menschen.« Aber es genügt nicht, diesen Spruch, so wie er dort in klaren lateinischen Lettern steht, für sich zu sehen und zu bedenken; zu ihm gehört – an ihm selbst unsichtbar – auch das, was er durchstreicht; es ist nicht in moderner, sondern in arabischer Schrift geschrieben, das Fundament des Lebens durch die Jahrhunderte, der Koran.

7. Die Scheidung der Zeiten ist so kein äußerer Vorgang; das Leben wird bis in seinen Wurzelgrund verändert. Der ganze Ernst der mit der Europäisierung aufbrechenden Fragen, Spannungen, Gegensätze wird erkennbar, die sie überall in Asien kennzeichnen, wo die Völker in ihre Bewegung hineingezogen werden. Die Europäisierung erscheint als die Revolution, in welcher nichts fest bleibt und alles sich auflöst und in Bewegung gerät, das sittlich religiöse Dasein nicht weniger als die äußeren gesellschaftlichen Ordnungen.

Das Beispielhafte der Türkei liegt darin, daß auch diese innere Umwälzung nicht dem Gang der Dinge überlassen blieb. Sie wurde durch den Akt der laizistischen Begründung des Staates vorausgenommen und die Entwicklung des Landes wie in allen anderen Bereichen des Lebens bewußt auf ihren Weg hingelenkt. Durch das Gesetz von 1928 wird der neue türkische Staat aus der Bindung an den Islam gelöst; die Religion wird zur Privatsache und aus dem Zusammenhang des Staates und seiner Ordnungen herausgenommen. Damit aber hört der Islam auf – zum erstenmal in der Geschichte der mohammedanischen Welt – das Fundament zu sein, auf dem sich alle sittlichen, rechtlichen und politischen Ordnungen aufbauen. An seine Stelle tritt der Staat und die von ihm getragene Bildung. Sie sollen die Weisung übernehmen, die bisher allein die Religion in allen Bereichen des Lebens gegeben hat.

Für den Europäer ist es nicht leicht, sich eine einigermaßen angemessene Vorstellung davon zu machen, was diese Trennung der bürgerlichen und religiösen Sphäre hier bedeutet. Zum abendländischen Christentum gehört in einem sehr bestimmten Sinn von Anbeginn an die Unterscheidung der göttlichen und der politisch weltlichen Ordnung, des fas und des ius, der civitas caelestis und der civitas terrena. Das Abendland hat gelernt, in der Spannung der zwei Ordnungen zu bestehen. Aber ihre Unterscheidung ist im Islam unbekannt. Islam ist schlechthin »Unterwerfung«, Unterwerfung des ganzen Daseins in allen seinen Bereichen unter die Gesetze und Gebote des Koran und der mohammedanischen Überlieferung. Islam sind die Gebete, der tägliche Ritus der Waschung, die Speiseordnungen, die Fastenzeit (Ramasan), die Pilgerfahrt. Islam sind die sittlichen und rechtlichen Ordnungen des Hauses und der Familie, die Erb- und Eigentumsverhältnisse. Islam sind die Abgaben und der Kriegsdienst. Islam ist der Sinn der staatlichen Ordnung selber.[4]

Deswegen muß die laizistische Begründung des Staates als eine Spaltung des Daseins auch der einzelnen wirken, durch die es bis in seinen Grund getroffen wird. Der Mensch gerät äußerlich und innerlich zwischen zwei Ordnungen, die ohne Beziehung sind und noch mehr: in scharfem Widerspruch zueinander stehen und gleichwohl beide beanspruchen, die ganze Ordnung des Lebens zu sein. Das Leben zerfällt in sich in zwei Bereiche; zwischen ihnen gibt es keine Vermittlung. Die Brücke zwischen der alten und der neuen Bildung fehlt. Durch die Schriftreform wird mehr und mehr auch dem Gebildeten die eigene Bildungstradition unzugänglich. Die an die religiöse Überlieferung und ihre Auslegung gebundenen Zusammenhänge des Lebens verlieren den Zusammenhang mit der Sprache, die ihnen geschichtlich Ausdruck gegeben hat. Die vom Arabischen und Persischen gereinigte moderne Sprache ist ihrerseits von der geschichtlichen Substanz der Herkunft getrennt; die Kontinuität des Geistes zerreißt auch im Felde der Sprache. Die mit der Europäisierung verbundene geschichtliche Diskontinuität vertieft sich zur Antithese zwischen

4 Vgl. zum Islamproblem allgemein den Beitrag von G. Jäschke, »Der Islam in der modernen Türkei«, unten S. 23 ff. Ein klassisches Beispiel für die Probleme, die sich aus der Beziehungslosigkeit der alten und der neuen Ordnung ergeben, hat jetzt G. Jäschke, »Die ›Imam-Ehe‹ in der Türkei«, dargestellt (Die Welt des Islams N. S. IV Nr. 2–3, 1955, S. 164 ff).

gesellschaftlicher Zukunft und geschichtlicher Herkunft; sie wird der Widerspruch, der unversöhnt und ohne Vermittlung im Grunde des Lebens arbeitet und drängt, um eines Tages ausgetragen zu werden.

8. Es hat die (vom philosophischen Positivismus genährte) Erwartung gegeben (und es gibt sie noch), daß mit dem zivilisatorischen Fortschritt und mit der neuen Bildung das Alte »von selbst« absterbe. Aber es hat sich gezeigt, daß dies nicht der Fall ist. Die im unvermittelten Widerspruch wirkende Tendenz zu alternativischen Lösungen wirkt sich aus. Während die meist an europäischen Universitäten gebildete Intelligenzschicht in ihrem größten Teil sich von der Religion und ihren alten Ordnungen getrennt hat, ist vor allem die ländliche Bevölkerung Anatoliens ihr treu geblieben. Seit 1950 wird dem auch politisch Rechnung getragen; der arabische Gebetsruf ist wieder zugelassen, religiöse Feiern (Mevlut) werden gelegentlich vom Rundfunk übernommen (ein noch vor einem Jahrzehnt unvorstellbarer Vorgang). Der Universität Ankara wird eine theologische Fakultät angegliedert. Die zunächst zurückgedrängte orientalische Musik ist wiedergekehrt. Aber das tiefere und eigentliche Problem bleibt ungelöst und bedrohlich im Hintergrund. Es liegt darin, daß die Wissenschaft und der Staat – nicht zufällig oder weil Fehler gemacht worden sind, sondern ihrem Prinzip nach – nicht in der Lage sind, die Weisung der Religion zu übernehmen oder zu ersetzen. Die Erscheinung dieser Unmöglichkeit ist der ungebrochene Fortbestand der religiösen Tradition neben der modernen Bildung und gegen sie. Das Alternativische des unvermittelten Widerspruchs zeigt sich auch hier. Während die moderne Intelligenz die Beziehung zur Vergangenheit weitgehend verloren hat, wird der Geist, der das Alte bewahren und retten will, in den unversöhnten Gegensatz zur modernen Zukunft getrieben. Es gibt Zeichen dafür, daß sich Gruppen des Widerstands gegen das Neue überhaupt bilden. Die Europäisierung erzeugt so als ihr Widerspiel eine zuweilen düstere und fanatische Reaktion, für welche das Neue insgesamt das Böse ist, der Einbruch fremder zerstörerischer Gewalten in die durch Überlieferung geheiligten Ordnungen. Zur Zukunft des Fortschritts gesellt sich das Bild einer

anderen Zukunft. Die Zeit soll kommen, in welcher das Neue verschwindet und die überkommenen Ordnungen wiederhergestellt sein werden und die Moschee wie einst die einzige und wahre Versammlung des Volkes sein wird. Wenn sich solche Stimmen der Reaktion nicht nur in der Türkei, sondern überall im Orient bald hier und bald dort vernehmen lassen, man sollte sie auch dann nicht überhören, wenn sie kein politisches und geistiges Gewicht haben. Sie sind die Mahnzeichen, in denen sich die Beziehungslosigkeit von moderner Zukunft und geschichtlicher Herkunft als das Problem ankündigt, das ungelöst und unbewältigt im Grunde der Europäisierung gärt. *Wo es keine Macht der Versöhnung und Vermittlung gibt, da gehören die revolutionäre Verneinung der Herkunft und die reaktionäre Verneinung der Zukunft unlösbar zusammen;* die innere Zerrissenheit nimmt zu und treibt die Versuchung hervor, den unversöhnten Gegensatz durch die Gewalt zu lösen. Die Unruhe wächst. Indem die Europäisierung fortschreitet, nimmt der Druck ihrer ungelösten Probleme zu.

III

9. Der Reisende trifft immer wieder in der Einsamkeit der Steppe, in den entlegenen Dörfern und Städten ohne alles, was sonst dem Europäer selbstverständliche Voraussetzung ist, und auf sich allein gestellt die fremden Ingenieure und Werkmeister beim Bau der neuen Fabriken, der Straßen, der Talsperren. Er begegnet den Ärzten, den Biologen, den Geologen und Forstleuten. Sie sind dabei, die Kräfte des Bodens zu erschließen; sie erkunden und schaffen das in der Not der Rückständigkeit Hilfreiche, und sie tun dies so, als sei es ihr eigenes Land und ihr eigenes Volk, dem sie dienen. Sie sind die guten Sendboten Europas. Was sie schaffen, wächst in die Zukunft dieser Länder hinein. Es wird Frucht tragen. Aber es gibt auch die andere Seite. Weiß man, was es bedeutet, wenn Tag um Tag in diese Länder die primitivsten Filme, die Magazine und Illustrierten hineingebracht werden und in die entlegensten Dörfer kommen, die Bilder, die Europa und den »Westen« bloßstellen und dies da, wo noch vor einer Generation das Bild des Menschen überhaupt ausgeschlossen war,

weil es dem Menschen nicht ansteht, das nachzubilden, was Gottes Bildung und Schöpfung ist? In dem Prozeß der Europäisierung breitet sich die europäische Zivilisation über die Erde aus; die Völker treten in ihren Zusammenhang ein und beginnen, mit Europa zu einer neuen geschichtlichen Einheit zu verschmelzen. In dem Extrem der Verantwortungslosigkeit und des rücksichtslosen Geschäftssinnes aber zeigt sich als ein Allgemeines die Verschlossenheit gegenüber den Problemen, die aus der Europäisierung entstehen, und gegenüber der Verpflichtung, die diese Probleme Europa auferlegen. Zu dieser Verschlossenheit gehört auch und in besonderer Weise das Bild eines Abendlandes, das sich wie ein Ritter gegen den »fremden Kontinent« rüstet und ihn mit der Macht der Zerstörung gleichsetzt. Darum sind wir von diesem Bilde ausgegangen. Es ist eine Simplifikation der Geschichte, ein Anachronismus und die romantische Illusion, die das Gegenwärtige wie das Zukünftige und den Anteil Europas an ihnen verschleiert. Mit der Europäisierung ist Europa selbst aus den Schranken seiner eigenen Geschichte herausgetreten. Es beginnt sich eine die Erde und ihre Völker umgreifende Weltzivilisation und Gesellschaft zu bilden. In ihr wird auch das alte Europa wie die anderen Kontinente und die anderen Kulturen als ein Glied und als ein Teil des Ganzen stehen. Aber diese Weltzivilisation ist zugleich die Frucht und das Werk des europäischen Geistes selbst, nicht das ihm Fremde, sondern die reale Entfaltung dessen, was als Möglichkeit und als Ziel in ihm angelegt und von ihm selber hervorgebracht ist. Deswegen soll man das häßliche Wort *»Europäisierung«* nicht scheuen; es erinnert daran, daß die moderne Wissenschaft und Technik und die Formen des Lebens, die heute überall auf der Erde ihren legitimen Ort haben, dem Ursprung nach zu Europa gehören. Das bedeutet aber, daß ein Europa, das sich gegen die aus der Europäisierung entspringenden Probleme und Aufgaben verschließt, sich gegen sich selbst und gegen die Rolle verschließt, die ihm im Verhältnis zu den Völkern zufällt, die in den Prozeß der Europäisierung eingetreten sind. Die in die Zukunft weisende Geschichte der Europäisierung ist die fortwirkende Geschichte Europas selbst; es verhält sich in seiner eigenen Substanz zu ihr als zu seiner eigenen Zukunftsgeschichte.

Für das Geschichtsbewußtsein des 19. Jahrhunderts ist kennzeichnend, daß sich mit ihm die klassische Idee der Weltgeschichte auflöst. Jakob Burckhardt hat sie zurückgewiesen; sie ist ihm nur noch der spekulative Entwurf, der eine Menschheitsgeschichte in ihrem Ablauf aus den Elementen des bloßen Vorstellens konstruiert. Spengler hat schließlich das Ende der Weltgeschichte statuiert. An ihre Stelle soll die vergleichende Morphologie gegeneinander selbständiger Kulturkreise in ihrem je eigenen Geschichtsablauf treten. Was von der alten Weltgeschichte blieb, war die äußerlich verknüpfende Zusammenfassung der Geschichten von Völkern und Kulturen, die Addition, für die es keine gemeinsame Substanz mehr gibt.

In diesem Verfall der klassischen Weltgeschichtsschreibung kündigt sich das Aufkommen der modernen Zivilisation und ihrer gesellschaftlichen Wirklichkeit an. Sie fügt sich nicht in die Bahnen ein, die von der alten mediterranen, abendländischen Geschichte vorgezeichnet sind. Sie sprengt ihren Rahmen. Hegel nennt Amerika das »Land der Zukunft« im Verhältnis zur »alten Welt«, dem »Schauplatz der Weltgeschichte«. Auf dieses Land der Zukunft richtet sich die »Sehnsucht« aller, »welche die historische Rüstkammer des alten Europa langweilt«. Die Geschichte, die in diese Zukunft weiterführt, führt von dem Boden weg, »auf welchem sich bis heute die Weltgeschichte begab« (Phil. d. Gesch. Einl. Ed. Lasson. PhB. 171a, S. 200). In der Zukunft, die für Hegel durch Amerika repräsentiert wird, öffnet sich ein Schauplatz der Geschichte, der nicht mehr mit der »alten Welt« identisch ist. Ihre Weltgeschichte geht in sich zu Ende, indem sie zu dem Kommenden weiterführt, das über das mit seiner abendländischen Substanz identische Europa hinausweist. Dieses für Hegel noch Kommende der Zukunft haben wir als das schon geschichtlich Gegenwärtige vor Augen. Dies Gegenwärtige ist die Europäisierung und mit ihr die Ausbreitung der ursprünglich europäischen Zivilisation über die Erde. Aber diese Ausbreitung gehört in einer hintergründigen Weise zur Erfüllung dessen, was in der Substanz der abendländischen Weltgeschichte selbst angelegt ist. Zu ihr gehört von Anbeginn aus den antiken Ursprüngen wie durch die christliche Lehre die *Beziehung aller gesellschaftlichen und staatlichen Ordnungen auf den Menschen als Men-*

schen. Was in den Geschichten der Völker und Staaten Geschichte hat, ist für Augustinus »totum genus humanum«, die Menschheit in der göttlichen Ordnung. Die Vernunft der Philosophie gehört von Anbeginn weder den Griechen noch den Römern für sich; wo sie in die Geschichte eingetreten ist, da wird das *Menschsein des Menschen* zum *Subjekt und* zur *Substanz aller politischen Ordnung und aller Geschichte.* So ist die in die Zukunft weisende Geschichte der sich über die Erde ausbreitenden europäischen Zivilisation doppelsinnig. Was einerseits das Ende der alten Weltgeschichte ist, ist andererseits die Bewegung, in welcher sich ihre innere Universalität zur äußeren Realität entfaltet. Was sich mit der Europäisierung vollzieht, ist nicht die Verneinung der europäischen Substanz; sie gehört zur Geschichte ihrer Verwirklichung.

10. Was bedeutet das? Was fordert dieser innere Zusammenhang, der die Weltgeschichte der alten Welt mit der Weltgeschichte der Zukunft verbindet, vom »alten« Europa?
In der Geschichte der Europäisierung kehren – nun im Maßstab der Kontinente und im Verhältnis zu allen Kulturen – die Probleme der Diskontinuität zwischen Herkunft und Zukunft wieder, die Europa für sich selbst zu lösen und auszutragen hatte. Es ist gut, sich daran zu erinnern, daß noch im vorigen Jahrhundert weithin die Überzeugung herrschte, es sei mit dem Aufkommen der Moderne das Schicksal des Christentums, der Philosophie und aller Herkunftssubstanzen besiegelt. Die Museen waren bereitgestellt, das historisch Gewordene und Vergangene aufzunehmen. Littré hat um die Jahrhundertmitte gesagt, daß es sich nicht mehr lohne, die Frage der Wahrheit ernsthaft mit der Religion und der Metaphysik zu diskutieren. Die Wissenschaft sei über sie hinweggegangen, die Geschichte selbst habe sie in ihrem Fortschritt zum Untergang verurteilt.
Diese Voraussage hat sich nicht erfüllt. Dahinter steht die seit dem Beginn der Neuzeit nicht abreißende, von den großen Geistern getragene und aus ihren Leiden genährte Geschichte der Auseinandersetzung um die *Versöhnung der abendländischen Herkunft mit der durch die moderne Zivilisation bestimmten Zukunft.* Europa ist das geschichtliche Abendland geblieben, weil

aus dieser Auseinandersetzung eine Bildung hervorgegangen ist, die es möglich macht, aus dem Reichtum der Überlieferung und zugleich in der modernen Gegenwart zu leben. In dieser Bildung wird miteinander versöhnt, was heute in dem Prozeß der Europäisierung auseinandergetrieben wird. Die Zusammengehörigkeit von Herkunft und Zukunft wird gewahrt. Ihre Versöhnung ist die Bedingung des Bestehens und Bleibens.

Aber mit der Europäisierung ist *diese Versöhnung* zum *Problem aller Völker* geworden, und ein Europa, das sich auf sich selbst beschränkt und das allgemein gewordene Problem der Diskontinuität von Herkunft und Zukunft nicht als sein Problem annimmt, ist bereit zu vergessen, daß nicht nur die moderne Zivilisation ihm zugehört, sondern auch die Bildung, die das negative Verhältnis des Fortschritts zur Herkunftsgeschichte zu überwinden vermag.

Wird Europa (so wird man fragen müssen) seine Stimme hören lassen? Wird es den Weg weisen, auf dem der Reichtum des Erbes nicht einer in seinem Verlust geschichtslosen Zukunft geopfert werden muß?

Die Frage wird nicht ohne Sorge gestellt. Es scheint bisweilen, als gehe dieses Europa mit der Bildung, die ihm die Großen seines Geistes geschaffen haben, leichtfertig um, als achte es sie gering und wisse nicht von der Aufgabe, die ihr – nun im Verhältnis zu der universal gewordenen Zivilisation – gestellt ist.

Kürzlich erschien eine »Geschichte Asiens und der Herrschaft des Westens«[5]. Das Buch spricht von Europa aus der Perspektive Asiens. Sein Verfasser ist der Inder K. M. Panikkar. Dieser Inder sieht über die Vergangenheit und ihre Leiden hinaus auf die Zukunft. Sie ist für ihn durch die Zusammengehörigkeit von Orient und Okzident bestimmt. Er faßt sein Buch unter Berufung auf Goethe in dem Satz zusammen: »Orient und Okzident sind nicht mehr zu trennen« (a. a. O. S. 452). Dies Wort ist eine Mahnung. Möchten wir lernen, sie zu hören und zu verstehen. Es wird davon nicht wenig abhängen. Denn was die Geschichte Europas und die Substanz seiner Herkunft künftig bedeuten werden,

5 Der englische Titel lautet: »Asia and Western Dominance«. Die deutsche Übersetzung (besorgt von R. Frank) erschien 1955 im Steinberg-Verlag, Zürich.

wird nicht mehr von einem in sich selbst verschlossenen Europa entschieden. Seine Geschichte ist mit der Europäisierung in einem neuen Sinn zur Weltgeschichte geworden. Es hat sich als das »alte« Abendland darin zu bewähren, daß es bereit ist, die Probleme der Europäisierung als seine Probleme zu begreifen, um so das, was es für sich selbst ausgetragen hat, nun auf dem Boden der universal gewordenen Gesellschaft für die Einheit von Zukunft und Herkunft fruchtbar zu machen.

Die große Stadt
(1960)

I

In einer Schrift, die zur Einführung in die Brüsseler Weltausstellung herausgegeben wurde, heißt es: »Die schönsten Bauten der Ausstellung werden nicht diejenigen sein, die vom Geld und von der Macht inspiriert sind, sondern diejenigen, in denen die Gegenwart des Menschen spürbar wird.« Zu dieser Gegenwart des Menschen gehört nach der gleichen Schrift im Verhältnis zu den von ihm selber geschaffenen Möglichkeiten zivilisatorischen Fortschritts die Angst: »Wenn wir nachdenken, so müssen wir konstatieren, daß die Menschheit noch nie so sehr wie heute den Schlüssel ihrer Zukunft besaß. Aber gleichzeitig spüren wir eine gewisse Angst, und diese Angst ist völlig berechtigt.«[1] 1851 wurde in London die erste Weltausstellung in der pathetischen Absicht eröffnet, an Maschinen, Erfindungen, Apparaturen, der wissenschaftlichen wie technischen Entwicklung überhaupt den »Fortschritt der Menschheit« zu demonstrieren. In Paris bezieht man 1855 die Malerei und Skulptur des letzten Jahrhunderts in die Ausstellung ein: der Fortschritt auch geistig Prinzip der Zeit. Die Sätze aus der Einführungsschrift in die Brüsseler Weltausstellung zeigen die bis in den Grund gewandelte Lage. Die Sicherheit des Fortschrittsbewußtseins ist in Europa gebrochen, sein Pathos verdampft. Der Optimismus schlägt in die Vorstellung um, daß sich in den Krisen dieses Jahrhunderts das bisher hinter der Fassade von Illusionen verborgene Wesen der Zivilisation in der Gefährdung des Humanen ankündige und daß ihre Wissenschaft, Technik, erdumspannende Organisation den Menschen in eine Wirklichkeit verstricken, in welcher es ihm mehr und mehr unmöglich werde, als Mensch in einem menschlichen Leben mit Menschen zu wohnen. Zivilisation und Humanität sind dabei, für das Bewußtsein endgültig auseinanderzutreten. Zeichen dafür ist die Selbstverständlichkeit, mit der von der Dämonie der Technik, der Entpersönlichung, Vermassung, Entseelung des Menschen in der gro-

1 Vgl. Der Monat, Nr. 116, S. 4.

ßen Stadt, von einer Zukunft gesprochen wird, in der er von den Mächten des Mechanischen, Inhumanen überrollt werden wird. Selbst da, wo an sich die Größe des Fortschritts das einzige Thema bleibt, kommt die Angst vor der Zivilisation zu Wort.

Noch J. Burckhardt bedurfte des Mutes zur »Unzeitgemäßheit«, um vor dem »großen Unheil« des »Fortschrittsglaubens«[2] zu warnen. Jetzt ist die Gefahr des Gegenteils vorhanden: nicht ein illusionärer Optimismus, der zur Besonnenheit zurückgerufen werden muß, sondern die Tendenz, den Menschen vor der Zivilisation zu retten: Selbstbehauptung des Geistes durch ihre Entwertung und Denunziation. Während Fortschritt, Zivilisation, Humanität in ihrer Zusammengehörigkeit und Einheit für diejenigen Völker der Erde zur notwendigen Voraussetzung ihres Bestehens werden, die in den Prozeß der Modernisierung eingetreten sind, wird Europa in Philosophien der Zivilisationsverneinung der Versuchung ausgesetzt, die geschichtlichen und geistigen Substanzen seiner Herkunft in das Abseits einer als Abendland abgesonderten Provinz des Geistes zu retten; die ihrem Ursprung und Wesen nach europäische Macht der Zivilisation soll nichts mehr sein, die doch real das Geschick der Erde geworden ist.

Man könnte der Meinung sein, daß hier Stimmungen Ausdruck suchen, deren natürlicher Grund die erfahrenen Leiden dieses Jahrhunderts sind, und daß Stimmungen wie Schwankungen des Wetters sind, die kommen und gehen. Aber was hier, den europäischen Geist weithin bestimmend, zu Wort kommt, hat längst die Festigkeit und Allgemeinheit der philosophischen Theorie gewonnen. Die ungemeine Wirkung, die nach dem ersten Weltkrieg von Oswald Spenglers »Untergang des Abendlandes« ausging, beruhte vor allem darauf, daß er auf die Entgegensetzung heilen Menschseins zur Zivilisiation als Letalform allen geschichtlichen Lebens eine universale Theorie der Geschichte aufbaute, diese Entgegensetzung zu ihrem geschichtlichen Gesetz erhob und ihr damit die Legitimität eines allgemeinen philosophischen Gedankens verlieh. Zivilisation sei immer und in notwendigem Zusammenhang mit der für ihre Rationalität konstitutiven Entwertung des Landes zur »Provinz« der unabwendbare Untergang

2 Brief an Fr. v. Preen (2. 7. 1871).

lebendiger Kultur. Das gelte einst wie jetzt. Mit ihr trete an die Stelle des Lebens das Tote, des Beseelten das anorganisch Erstarrte: »Das organische Wachstum endet, und die anorganische, alle Horizonte überschreitende Häufung beginnt. Die Riesenstadt saugt das Land auf; Elend, Verwilderung aller Lebensgewohnheiten« sind die Folge. Als neuer »Urmensch« werde der geistige Nomade und Fellache erzeugt, für den jede Stadt Heimat, das nächste Dorf schon das Fremde sei. Kultur und Zilivisation verhalten sich so wie Anfang und Ende, Bauernhaus und Häuserblock, wie Seele und Intelligenz, Blut und Stein. Das Dasein werde »wurzellos«. Die Geschichte einer Kultur schlage mit der »Reinzucht der zivilisierten Form« in die »Erstarrung des unabwendbaren Endes« um.[3] Damit gibt Spengler, nicht als erster, doch zuerst in der Breitenwirkung, die dem Zeitgemäßen eignet, die Stichworte, in denen sich die Enttäuschung eines aus dem Schlaf des Optimismus aufgestörten Bewußtseins auszusprechen vermag; es findet in der Denunziation der Zivilisation seine Bestätigung. Die gleiche antithetische Figur wird nach dem Zweiten Weltkrieg – nicht weniger wirksam in demselben Anspruch weltgeschichtlicher Geltung – von Martin Heidegger in die Form eines substantiellen philosophischen Denkens überführt. Sie kehrt bei ihm als die Entgegensetzung von Seinsdenken und Seinsvergessenheit wieder. Im Verlust des Wahren, der »frühesten Frühe« wird Weltgeschichte zur Zeit der Seinsvergessenheit, daher erlischt der »Glanz der Gottheit in der Weltgeschichte«; wie bei Spengler zeigt die Zivilisation im Verfall des Denkens zu nutzender Technik und Rechnen ihr kommendes Ende an. Heidegger gibt Spengler nichts darin nach, wie er die Verlorenheit der modernen Welt darzustellen weiß; die Angst findet bei ihm die Bilder, nach denen sie verlangt, um sich in der Form des Allgemeinen Ausdruck geben zu können: in der »totalen Vernutzung der Erde« die »Umwelt der Irrnis«. Das Leben der »technischen Herstellung« ausgeliefert. Der Mensch, Vernunftwesen im Sein, jetzt das »arbeitende Lebewesen«, das die »Verwüstung der Erde« durchstehen muß; »Unrast der Raserei«; das »Unver-

3 Der Untergang des Abendlandes, Wien u. Leipzig 1918, I. S. 45 ff.; II, S. 104 ff., 118 f., 129 ff.

sehrte des ganzen Seienden im Finstern«; die Welt »heillos«.[4] Vor dem Nichtssein der seinvergessenden Gegenwart biete allein noch der aus der Zivilisation ausgesparte ferne Ort Rettung. Wo der Pflug des Bauern die Erde ritzt und der Hirte bei der Herde ist, gedenken im Abseits der Feld- und Holzwege denkende Dichter und dichtende Denker des Seins und bereiten in der »spätesten Späte« einem neuen Advent des Seins die verborgene Stätte.[5] Die antithetische Figur, in der so bei Heidegger wie bei Spengler (bei ihm ohne die Weisung von Orten der Rettung) die Zivilisation auf die Seite des Negativen gebracht wird, zeigt in ihrer Konstanz das Allgemeine; sie gehört einer Geschichte der Zivilisationsentwertung an, die im Gegenspiel zu ihrer absoluten Bejahung durch die Fortschrittsidee auf die Romantik, die Philosophie der Subjektivität, auf Rousseau zurückweist.

In Nietzsches »Zarathustra« steht das Kapitel, das die Überschrift »Vom Vorübergehen« trägt. Der Vorübergehende ist Zarathustra, der wahre Mensch, das, woran er vorübergeht, die große Stadt der Zivilisation. Der Weg, den er im Vorübergehen nimmt, führt in das ferne Gebirge, da der wahre Mensch den Ort der Zuflucht und Einsamkeit hat. In diesem Kapitel findet sich alles, was die Entgegensetzung von Menschsein und Zivilisation vor Nietzsche und nach ihm kennzeichnet. Auf seinem Wege kommt Zarathustra »unversehens« an das Tor der großen Stadt. Dort tritt ihm der Narr, der in ihr Wohnende, entgegen; er ruft ihn zur Abkehr: »O Zarathustra, hier ist die große Stadt; hier hast du nichts zu suchen und alles zu verlieren ... Bei allem, was licht und stark und gut in dir ist, o Zarathustra! Speie auf diese Stadt der Krämer und kehre um. Speie auf die große Stadt, welche der Abraum ist, ... wo alles Anbrüchige, Anrüchige, Lüsterne, Düstere ... zusammenschwärt: Speie auf die große Stadt und kehre um!« Wie verhält sich Zarathustra zu dieser Rede? Schiebt er den Narren beiseite? Tritt er in die große Stadt ein, so ihre Zugehörigkeit zum wahren Menschen bezeugend? »Er blickte die große Stadt an, seufzte und schwieg lange. Endlich redete er also: ›Mich ekelt vor dieser großen Stadt – und ich wollte, ich sähe

4 Z. B.: Was heißt Denken?, 1954, S. 11; Holzwege S. 248 ff., 266 ff., 272 f.; Vorträge u. Aufsätze, 1956, S. 72, 92, 96 ff.

5 Vgl. z. B. Erläuterungen zu Hölderlins Dichtung, ²1951, S. 44.

schon die Feuersäule, in der sie verbrannt wird!‹« So geht Zarathustra vorüber; in seinem Vorübergehen wird sichtbar, daß der wahre Mensch mit dem in der großen Stadt Wohnenden, dem von ihr zum Narren entwürdigten Menschen, nichts mehr gemein hat. Zarathustra läßt die Stadt hinter sich. Zum Ekel vor ihr gehört die Weisung auf die ihr fernen, bergenden Orte: »Warum wohnst du so lange am Sumpfe? Warum gingst du nicht in den Wald? Oder pflügtest die Erde? Ist das Meer nicht voll von grünenden Eilanden?«[6] Was dieses Kapitel für Nietzsches Denken bedeutet und wie es ihm zugehört als dem Romantiker, der im ständigen Versuch, die romantische Subjektivität zu überwinden, doch immer wieder nur romantische Auswege (ähnlich wie Kierkegaard) findet, soll dahingestellt bleiben. Wichtig wird dieses Lehrstück, weil es, geschichtlich zurück wie voraus weisend, in sich die Elemente der Verfallstheorien zusammenfaßt: Heideggers Denker auf Holzwegen, Jüngers Waldgänger, Spenglers Landschaft als Ursprung, Klages' Pelasgertum stehen in der gleichen Geschichte der Abkehr von der Zivilisation wie die poetischen Wanderer und Landstreicher der Romantik, Tolstois Rückkehr zur Einfalt des Bauern, Gauguins Flucht zu den Primitiven der Südsee, die Abenteuer der Wüste, des Meeres, der tropischen Urwälder, der Arktis. Der homonymen Vielfalt der Bewegungen liegt die immer gleiche Begründung im Vorübergehen an der großen Stadt und in der Abkehr von der »unreal city«[7] zugrunde. Was bedeutet diese Geschichte? Was besagt es, daß zur modernen Gesellschaft in der Denunziation ihrer Zivilisation die Rettung des Menschen vor ihr gehört, während gleichzeitig die Fortschrittstheorien von ihr die Vollendung des Menschen und der Menschheit erwarten?

II

Es gibt Zusammenhänge, in denen über Jahrhunderte hin voneinander Entferntes in einem hintergründigen Spiel der Bedeutsamkeit miteinander verknüpft werden kann. Zu Nietzsches »Vorübergehen« gehört wie ihr Gegenspiel im griechischen An-

6 Ww. (Musarion) XIII, 227 ff.

7 T. S. Eliot, The Waste Land, 1922, v. 60.

fang der europäischen Philosophie die Zuwendung des Philosophen zur Stadt, auch sie in einer Geschichte aufbewahrt, die Platon erzählt. Phaidros hat den Sokrates unversehens (wie Zarathustra unversehens an das Stadttor kommt) aus der Stadt herausgeführt. Da zeigt sich, daß Sokrates die Natur so sieht, als begegne er ihr zum ersten Male. Phaidros bemerkt dies verwundert: »Seltsam erscheinst du mir; denn wie du jetzt redest, gleichst du einem Fremden, der sich herumführen läßt, nicht einem Einheimischen. So gar nicht also kommst du aus der Stadt heraus.« Aber die Antwort des Sokrates zeigt, daß es für den Philosophen nicht zufällig ist, ein Fremder in der Natur zu sein. Sein Ort ist die Stadt. Das Wahre, das die Philosophie zu weisen hat, ist in der Stadt und im »städtischen Leben« (βίος πολιτικός) gegenwärtig. Dies sagt seine Antwort: »Halte es mir zugute, mein Lieber; denn ich bin darauf aus, das Wahre zu lernen, doch Felder und Bäume wollen mich nichts lehren, wohl aber die Menschen, die in der Stadt wohnen.«[8] Das Wahre, das die Philosophie begreift, ist das »Ganze« als »Weltordnung«, als »Sein«. Die sokratische Zuwendung zur Stadt sagt, daß der Ort, an dem der Mensch im Sein steht und so das »Wahre zu lernen« vermag, nicht die unmittelbare Natur, sondern die Stadt sei.

Was hat die Stadtflucht Zarathustras mit der Stadtsucht des Sokrates, was die moderne Gesellschaft und Zivilisation mit der Polis, der Stadt der platonischen Geschichte, zu tun? Die Geschichten, die zunächst nur in äußerlich zufälliger Beziehung zu stehen scheinen, sind geschichtlich und geistig verknüpft. Die Philosophie Nietzsches, von der Rohde sagt, sie habe sich Zarathustra geschaffen wie Platon den Sokrates[9], ist für sich selbst in ihrem »Hauptteil«, von der »Geburt der Tragödie« an[10], Kritik an Sokrates, Kampf gegen die sokratische Gesinnung als »décadence«[11], während die Gesellschaft, vor der Zarathustra das Menschsein birgt, sich ihrerseits seit dem 18. Jahrhundert als Erbe der Polis und so in der Herkunft von der Philosophie versteht, die Sokrates ihren Ort in der Stadt nehmen läßt. Hegels viel-

8 Phaidros, 230.
9 Vgl. Nietzsche, Ww. XIII, 423.
10 XIV, 327.
11 XVIII, 307.

geschmähtes Schema der Weltgeschichte, daß in ihrem Gange zuerst einer, dann einige und am Ende alle frei würden, hat einzig den Sinn, den weltgeschichtlichen Zusammenhang zwischen der modernen bürgerlichen Gesellschaft und der Polis aufzuweisen. Die politische Idee, die aus der griechischen Philosophie in die Überlieferung Europas eingegangen ist, wird für Hegel im Aufkommen der modernen Gesellschaft geschichtlich virulent. Mit ihr werde das zuerst in der Polis gesetzte Rechtsprinzip der Freiheit des Menschseins zum universalen, auf den Menschen als Menschen bezogenen Menschenrecht.[12] Was in der Polis, noch durch das Inhumane der Sklaverei beschränkt, nur für »einige« wirklich wird, habe sich im Gange der Weltgeschichte geistig religiös mit dem Christentum, jetzt politisch real mit dem Menschenrecht der Revolution in die geschichtliche Wirklichkeit des Menschen hineingearbeitet.[13] Daher wird für Hegel mit der bürgerlichen Gesellschaft die alte Weltgeschichte Europas von Griechenland her zu ihrer Vollendung gebracht. Mit ihr komme die Vernunft zu universaler Verwirklichung, die zuerst Anaxagoras zum philosophischen Gedanken erhob.[14] Im Artikel »Société« der Enzyklopädie Diderots waren bereits nahezu alle Bestimmungen der klassischen Theorie der Polis der bürgerlichen Gesellschaft, nun aber in der Ausweitung auf alle Menschen, zugesprochen worden[15]; von da beginnen société – civilisation – humanité zur Einheit der Synonymität zu verschmelzen. Der weltgeschichtliche Zusammenhang der bürgerlichen Gesellschaft mit der griechischen Stadt ist zur allgemeinen Voraussetzung geworden; es gilt als selbstverständlich, die historische Darstellung von Recht, Gesellschaft, Staat und ihrer Theorie mit den Lehren der griechischen Philosophie, vor allem mit Aristoteles, zu beginnen. Von ihm hat Hegel gesagt, er habe die griechische Philosophie von Anbeginn zur Wissenschaft zusammengefaßt. Von ihm habe man auszugehen.[16] Das gilt auch hier. Aristoteles begreift zuerst mit dem Gewicht der Einsicht, die aus den Gründen wächst, daß

12 Vgl. Rechtsphilosophie § 209; Philos. d. Gesch., Ww. (Glockner) XI, 554.
13 XI, 44 ff.
14 XI, 557.
15 Encyclopédie Ed. 1781, t. XXXI, p. 206 suiv.
16 Gesch. d. Philos., Ww. XVII, 205.

da, wo Freiheit zum Prinzip der Satzung von Gesetz und Verfassung wird, die so begründete Ordnung die Bestimmung in sich trägt, der Freiheit im Leben der Bürger Wirklichkeit zu geben: das Umwillen, der Zweck der Stadt ist das »bürgerliche Leben« der Bürger, in dem sie selbständig und als sie selbst zu bestehen vermögen. »Die Stadt ist keine Gemeinschaft nur dem Orte nach oder nur zum Schutze gegen wechselseitige Benachteiligungen und zur Pflege des Handelsverkehrs. Alles dies muß zwar auch sein, wenn die Stadt sein soll. Aber auch wenn alles dies gegeben ist, ist damit noch nicht Stadt. Als solche aber hat zu gelten die Gemeinschaft in einem guten Leben unter Häusern und Geschlechtern mit der Bestimmung des in sich ruhenden und selbständigen Lebens.«[17] Hiervon ist alles ausgegangen, was dann politisch wie rechtlich Freiheit, Menschenrecht und menschliche Gesellschaft als Bürgerschaft des Menschen (civitas hominum) in der Bestimmung des allgemeinen Glücks und der Wohlfahrt heißt. Pol. I, 2 wird die Polis und ihre auf Freiheit und ihre Verwirklichung gestellte politische Ordnung ausdrücklich auf die Natur des Menschen als ihren Grund bezogen: »So liegt zutage, daß die Stadt von Natur und der Mensch von Natur das Wesen ist, das auf die Stadt verwiesen ist« (φύσει πολιτικόν ζῷον).[18] So verhält sich die Stadt zu allen Formen gemeinschaftlichen Lebens »wie das Ziel, auf das sie alle hindrängen«.[19] Ein Seiendes, das, um sein zu können, nicht auf sie verwiesen ist, ist daher entweder mehr als der Mensch, ein Gott, oder weniger als der Mensch, das Tier. Für den Menschen aber folgt, daß, wie der Mensch, der in der Stadt zum Menschsein kommt, das »Edelste der Lebewesen«, so der »Mensch ohne Stadt« (ἄπολις) das »Wildeste« ist; er gleicht nicht einmal dem Tier, das »von Natur« in seiner Ordnung steht.[20] Es gibt keine zweite Formulierung, die so genau vorzeichnet, was »Menschenrecht« für die bürgerliche Gesellschaft bedeutet und was es heißt, daß sich die bürgerliche Gesellschaft als Gesellschaft konstituiert, deren Subjekt der Mensch als Mensch wird. Aber zugleich fehlt bei Aristoteles alles, was die moderne

17 Pol. III, 9 1280 b 30–35.
18 1253a 2–3.
19 Pol. I, 2 1253a 29–30.
20 Ib. 1253a; cf. Pol. VII, 1 1323a 27 seq.

Theorie eines auf die Natur des Menschen gegründeten Rechtes und Staates kennzeichnet: die Setzung apriorischer Bestimmungen der menschlichen Natur, die Deduktion aus ihnen, die Unterscheidung allgemeiner natur- und vernunftrechtlicher Maximen vom positiven Recht, die Trennung von Moralität und Legalität. Ausdrücklich wird zurückgewiesen, daß die Ordnung der Stadt mit dem abstrakt für sich gesetzten Einzelnen zu tun habe.[21] Vielmehr wird die durch die Stadt gesetzte Verwirklichung des Menschseins im Reichtum des bürgerlichen Lebens mit allem gesucht, was zu ihm gehört: Haus, Freundschaft, Nachbarschaft, Genossenschaften des Kultes, des Festes, der Totenbestattung, Wohlstand, Gesundheit, Beständigkeit des Lebens in den seit alters durch Herkunft in Brauch, Gewohnheit, Sitte zur Stadt gehörigen »ethischen« Ordnungen. Die ausdrücklich als Prinzip gesetzte Natur des Menschen scheint in der konkreten Fülle bürgerlichen Lebens zu verschwinden, sobald Aristoteles konkret zur Bestimmung bringt, was zum Inhalt politischer und rechtlicher Ordnung wird, wo Freiheit ihr Grund ist. Was bedeutet das? Aristoteles selbst hat Antwort gegeben. Im Eingang der »Politik« und im unmittelbaren Zusammenhang mit der Bestimmung des Menschen als »ζῷον πολιτικόν« schickt er die für alle Lebewesen: Mensch, Pflanze, Tier konstitutive Unterscheidung der verwirklichten Natur von dem voraus, was sie als Möglichkeit und Anlage ist: »Die Natur ist Ende, Zweck. Denn wie jegliches am Ende seines Werdens ist, dies, sagen wir, sei die Natur von jeglichem, vom Menschen, vom Pferde, vom Haus.«[22] Die verwirklichte Natur ist die mögliche Natur, die zur Wirklichkeit als »Praxis und Lebensweise« gekommen ist. Der Gedanke, es sei der Mensch von Natur ein auf die Stadt verwiesenes Wesen, hat daher nichts mit einer Reflexion auf die menschliche Natur zu tun, die aus ihrem Begriff unmittelbar rechtliche, politische Maximen und Sätze herleiten will. Aristoteles geht von der verwirklichten Natur des Menschen aus; er begreift die Stadt und ihr bürgerliches Lebens als die Wirklichkeit, in welcher alles, was der Mensch der Anlage und Möglichkeit nach von Natur zu sein vermag, zu seiner Verwirklichung gelangt. Die unterscheidende

21 Eth. Nic. I, 5 1097b, 8–11.
22 Pol. I, 2 1252b 32–34.

Natur des Menschen ist seine Vernunftnatur. Wie wird sie wirklich? Nicht in der unbestimmten Unmittelbarkeit des Denkens, sondern indem sie zur vernünftigen »Kunst und Wissenschaft« der Stadt wird. Wie wird der einzelne Mensch? Nicht in sich und für sich »von Natur«, sondern so, daß er sein Denken und Handeln in Lernen und Gewöhnung zu den allgemeinen Formen des Denkens und Handelns bildet, in denen das bürgerliche Leben der Stadt besteht. Das ist bei Aristoteles die immer wiederkehrende Figur der Verwirklichung des Menschseins als Stadt. Nicht in ihr als in einem äußerlichen Raume und unabhängig von ihr steht der Mensch als Mensch in der Welt. Die Polis als die auf Freiheit gegründete Stadt ist selber der Stand, darin der Mensch wirklich wird und in der Welt zu stehen vermag. Weil so die Stadt die »Wirklichkeit« (actualitas) des Menschen ist, bleibt der »Mensch ohne Stadt« das »Wildeste«: an sich und der Möglichkeit nach Mensch, vermag er im Stande der Natur nicht actu Mensch zu sein. Die Freiheit des Selbstseins mit allem, was zu ihr gehört, setzt daher die Befreiung aus dem Naturstand zum »städtischen Leben« voraus. Sie kann erst als Stadt zur Existenz kommen. Darum hat die Philosophie ihren Ort in der Stadt. Aristoteles nimmt in der Grundlegung der Metaphysik[23] ausdrücklich auf die Zuwendung des Sokrates zu ihr Bezug. Er habe das »Ganze« nicht mehr unmittelbar als Natur, sondern im »Ethischen« gesucht. Auch die »ganze Natur« ist in der Stadt und in ihren Ordnungen menschlichen Wohnens gegenwärtig. Daher vermag nur der Mensch »das Wahre zu lernen«, dessen Vernunft in der Stadt Wirklichkeit hat und zum Stande im Sein gebildet ist. So kommt es, daß die Philosophie dann auch die Weltordnung selbst in Stadtbegriffen denken und sie die »allgemeine Stadt und Bürgerschaft« nennen kann, darin der Mensch als κοσμοπολίτης steht.[24] Die Einheit von Menschsein und Stadt geht in die geistige Überlieferung Europas ein. Augustinus spricht von der »Bürgerschaft des Menschen« in der »Bürgerschaft Gottes«. In der deutschen Sprache gehört Stadt zu »Stand« und zu den Ordnungen, in denen der Mensch im Stande ist und standfest wie beständig zu bestehen vermag. Immer läßt sich, über

23 Met. I, 6 987b 1.
24 Vgl. z. B. Cicero, De Fin. III. 19. 64; Leg. I. 23. 61; Tusc. V. 37. 108.

Jahrhunderte hin vielfältig verwandelt und umgesetzt, zuweilen nur noch wie von ferne durchscheinend, die Tradition erkennen, an deren Anfang die Zuwendung des Sokrates zur Stadt und – alles zusammenfassend – die aristotelische Lehre vom Menschen als »Stadtwesen« stehen.

III

Historisches Erinnern hat – nicht auf die Frage beschränkt, wie es gewesen ist – immer auch die Aufgabe, das in die Gegenwart vergegenwärtigend einzuholen, dessen sie bedarf, um, was sie ist, begreifen zu können. Die moderne Gesellschaft, von Hegel als universale Verwirklichung der Vernunft und der Freiheit mit »Enthusiasmus« begrüßt, hat ihren Gang angetreten. Sie hat Europa, den Boden der alten Weltgeschichte, verlassen; sie ist zu der die Erde umspannenden Menschheitsgesellschaft geworden. Das Prinzip der Identität von Menschheit und Gesellschaft hat seine Wahrheit gezeigt. Die moderne Gesellschaft und Zivilisation: Wissenschaft, Technik, Macht über die Natur in rationeller gesellschaftlicher Arbeit und Produktion, die durch sie gesetzten gesellschaftlichen und staatlichen Formen der Organisation, ihr Recht, die ihnen zugehörige Bildung und Lebensweise, ihre große Stadt sind dabei, überall auf der Erde die alten geschichtlich gewordenen Ordnungen der Herkunft umzuwälzen, den Menschen von ihnen zu trennen und in die Gleichheit des mit ihnen gesetzten menschlichen Seins zu überführen. In dieser Umwälzung wird die Gesellschaft die ungeheure humane Macht, die überall die Gleichheit des Menschen realisiert. Aber zugleich wirkt sie in dieser Umwälzung als die »Entzweiung« und »Differenz«.[25] Die in ihrer Gleichheit gesetzte Zukunft hat keine Kontinuität zu den geschichtlichen Ordnungen der Herkunft. Das geschichtliche Sein und das gesellschaftliche Sein des Menschen werden getrennt. Was an sich im Dasein des Menschen zusammen besteht, wird entzweit. Die geschichtliche Vergangenheit ist in der Gesellschaft ohne Zukunft, die Gesellschaft ohne geschichtliche Vergangenheit. Diese Diskontinuität, die alles durchdringt, was menschliches Sein menschlich macht – die Unruhe im Grunde der neu-

25 Hegel, Rechtsphilos. § 184; § 182 Z.

zeitlichen europäischen Geschichte –, ist zu dem Problem geworden, das überall auf der Erde im Prozeß der Modernisierung ausgetragen wird, schwierig, an die Gründe des Daseins rührend, ungelöst, auf gefahrvolle Weise offen.

In dieser Entzweiung sind die Theorien des Fortschritts wie des Verfalls in ihrer Entgegensetzung der Versuch, die Einheit des Menschseins dadurch zurückzugewinnen, daß je eine Seite der Entzweiung zum Nichtsein gesetzt wird. Die Fortschrittstheorie hat das weltgeschichtliche Recht, daß sie zuerst und im Grunde allein die Gesellschaft als die Wende begreift, mit der alle Menschen der Erde zur Gleichheit des Menschseins kommen. Was mit ihr in die Welt getreten ist, läßt sich nur im Horizont der ganzen Menschheitsgeschichte, nicht mehr aus dem Zusammenhang der alten europäischen Weltgeschichte begreifen. Während der »Urstand« des Menschen in der Unterwerfung unter die Macht der Natur das Nichtsein des Menschen als Menschen ist, beginnt mit der modernen Zivilisation und ihrer Verbreitung über die Erde die Geschichte, an deren künftigem Ende die vollständige Unterwerfung der Natur unter den zum Menschsein befreiten Menschen stehen wird. Das macht die Gesellschaft zur Menschheit; in der Befreiung des Menschen zur menschlichen Existenz ist sie dazu bestimmt, zu seiner Wirklichkeit zu werden. Aber damit soll sie für alle Fortschrittstheorien zugleich die Macht sein, die Entzweiung aufzuheben. Die aus der geschichtlichen Herkunft lebende Freiheit des Selbstseins wird zum Nichts; im Voraussehen und verändernden Herbeiführen des künftigen Fortschritts übernimmt es die Theorie, die Gesellschaft zu der Einheit des menschlichen Seins zu machen, mit der die geschichtlichen Herkunftsubstanzen als das zum bloßen Ballast Gewordene abgeworfen und als ein nur noch Historisches zum Vergehen bestimmt werden. Im Gegenzug gegen diese in der modernen Gesellschaft mächtige, von den Fortschrittstheorien als absolutes Gesetz der Zukunftsgeschichte gedachte Tendenz, die geschichtliche Herkunft zu liquidieren, stehen die Theorien, die das Menschsein des Menschen vor der Gesellschaft und ihrer Zivilisation zu retten suchen. Mit dem Aufkommen der Gesellschaft hat es die Subjektivität übernommen, die von der Vertreibung bedrohten Substanzen der Herkunft in ihr Herz und in ihr Inneres zu retten.

Damit ist ihr in allen Formen ihres Bewahrens ästhetisch, religiös, historisch, existientiell bis heute die unendlich positive Aufgabe zugefallen, das in der Zeit zu halten, was ohne sie den Grund zu verlieren droht. Aber zugleich ist in den Theorien des Vorübergehens und der Verneinung der Zivilisation die Ohnmacht der auf solche Entgegensetzung zu ihr fixierten Subjektivität hervorgetreten. Zur Blindheit des Fortschritts für die geschichtliche Herkunft tritt die Blindheit der rettenden Subjektivität für die Zivilisation und ihre Humanität. Was sie rettet, wird an illusionäre Orte: Gebirge, Wald, Erde unter dem Pflug, ferne Natur geborgen. In dem Illusionären und Fiktiven der Bergung wird die Beziehungslosigkeit der Rettenden selbst zur gegenwärtigen gesellschaftlichen Wirklichkeit des Menschen sichtbar. Die in ihrer Negation gerettete Substanz wird in der Trennung von ihr ortlos. Die Bewegung des Rettens schlägt daher in die Flucht zum Irrationalen um; der Trieb des Haltens wird zu der Angst, die sich zu bergen sucht, irgendwohin, wo die Stimme der Wirklichkeit sie nicht mehr erreicht. Das Unheil der großen Stadt, an der vorübergehend Zarathustra sein Menschsein wahrt, wird von Nietzsche zugleich als Resultat der Weltgeschichte gesehen: der Verfall des Endes beginnt mit dem Sokrates, der sich der Stadt zuwendet. In dem zum Rechnen gewordenen Denken am Ende soll das geschichtliche Wesen der europäischen Metaphysik als Seinsvergessenheit an den Tag kommen. Es zeigt sich im Nihilismus der Zivilisation. So wird das vor der Geschichtslosigkeit der Gesellschaft und ihres Fortschritts Gerettete in der Entgegensetzung zu ihr am Ende selber preisgegeben. Es gerät in den Sog der Geschichtslosigkeit, der es entzogen werden soll. Der Gleichgültigkeit des Fortschritts gegen die Herkunftsubstanzen steht noch die Welt gegenüber, die diese vielfältig real auf dem Boden der Gesellschaft dank ihrer Freiheit bewahrt. Wie aber soll die Bewahrung Zukunft haben, wenn zu ihr die Denunziation der Zivilisation gehört, die zuerst an der Polis und ihrem städtischen Leben von der Philosophie als die Wirklichkeit begriffen worden ist, in der allein die Freiheit menschlichen Selbstseins zur Existenz zu kommen vermag? Die erinnernde Vergegenwärtigung dessen, was Stadt als Ort menschlichen Seins ist, mag zu der Einsicht führen, daß man mit dem Problem der Entzweiung und ihrer

Notwendigkeit nicht fertig wird, indem man die eine oder die andere Seite zum Verschwinden zu bringen sucht. Solchem Treiben hat Hegel als »kalter Verzweiflung« das vernünftige Vernehmen der in der Wirklichkeit vorhandenen Vernunft als die »Versöhnung mit der Wirklichkeit« entgegengestellt, »welche die Philosophie denen gewährt, an die einmal die innere Anforderung ergangen ist, zu begreifen und in dem . . ., was an und für sich ist, *zu stehen*«.[26]

26 Rechtsphilos., Vorrede (Hoffmeister S. 16).

Anhang

Subjektivität und industrielle Gesellschaft

Zu Hegels Theorie der Subjektivität[1]

(1961)

I

Was zur Erörterung steht, wenn Hegels Philosophie von *Subjektivität* spricht, und was der Begriff der Subjektivität meint, fordert dem Bewußtsein der Gegenwart kaum noch unmittelbare Teilnahme ab. »Subjektivität« gehört so zum »Subjekt«, wie etwa zum captivus die captivitas als innerer Zustand und Verfassung seines Seins und Lebens in sich gehört. *Subjekt* ist in der Sprache der Philosophie seit dem 17. Jahrhundert das Individuum, das Ich, sofern es sich erkennend wie handelnd zu dem Gegebenen in seinem ganzen Umfang als »Objekt« verhält, es zum Gegenstand des Erkennens macht oder es praktisch aneignet und verändert. Die »Sub-

1 Der Abhandlung liegen im wesentlichen folgende Texte zugrunde:
»Grundlinien der Philosophie des Rechts«, hg. v. J. Hoffmeister, Hamburg 1955 (Rph); nur die von E. Gans aus Vorlesungsnachschriften zusammengestellten, in seiner Ausgabe von 1833 den Paragraphen hinzugefügten »Zusatze« (Z), die Hoffmeister im Rückgriff auf den von Hegel selbst veröffentlichten Text nicht hat, werden nach der Stuttgarter Jubiläumsausgabe WW, hg. v. H. Glockner, Bd. 7, zitiert.
»Dokumente zu Hegels Entwicklung«, hg. v. J. Hoffmeister, Stuttgart 1936 (Dok.).
»Erste Druckschriften«, hg. v. G. Lasson, Leipzig 1928 (E. D.). »Phänomenologie des Geistes«, WW Bd. 2 (Phän.).
»Schriften z. Politik u. Rechtsphilosophie«, hg. v. G. Lasson, Leipzig 1913 (Pol.).
»Beurtheilung der im Druck erschienenen Verhandlungen in der Versammlung der Landstände des Königreichs Würtemberg im Jahre 1815 und 1816« I-XXXIII. Abtheilung, WW Bd. 6 (Verh.).
»Die Vernunft in der Geschichte« (Einltg. d. Vorl. ü. d. Philosophie der Weltgeschichte), hg. v. J. Hoffmeister, Hamburg 1955 (VG); im übrigen wird diese Vorlesung (PhG) nach WW Bd. 22 zitiert.
»Vorlesungen über die Geschichte der Philosophie« (GPh), WW Bd, 17 bis 19.
»Briefe von und an Hegel«, 4 Bde. (1-3 hg. v. J. Hoffmeister, 4 hg. v. R. Flechsig), Hamburg 1952, 1953, 1954, 1960 (Br). Vor allem für das im ersten Teil der Abhandlung Gesagte sei auf des Verf. Arbeit: »Hegel und die französische Revolution« (in diesem Band 183-255) verwiesen.

jektivität« ist so das Subjekt in allem, was sein Sein in sich und für sich in Anlagen, Fähigkeiten, im Empfinden, Wollen, Denken, in Sehnsucht, Liebe, Leiden, Glauben ausmacht. Wo Hegel daher von der »Subjektivität« des einzelnen oder von ihm als »Subjektivität« spricht, da geht es ihm nicht um die äußeren Verhältnisse, um die Umstände und die Welt, darin das Individuum lebt, sondern um sein »Beisichselbstsein« in seiner »Innerlichkeit« und um sein inneres Leben, in dem er in Gefühlen und Gedanken, in der Moralität seines sittlichen Bewußtseins, in Vorsatz und Schuld als er selbst in der Welt lebt, die sein Leben ausmacht. – Doch Begriffe, so für sich gesetzt, sind wie Figuren auf dem Schachbrett, die, vereinzelt und ohne die anderen Figuren auf ihm bewegt, nur das isolierte Tote sind, das keinen Sinn und keine Kraft hat.

Die eigentliche Schwierigkeit, mit der jeder Versuch, der Hegelschen Theorie der Subjektivität in ihrer aktuellen Bedeutung nahe zu kommen, rechnen muß, liegt darin, daß kaum eine Philosophie sonst so wie die Hegels von negativen Vorurteilen überlagert und gleichsam zugedeckt worden ist. Schon in der ersten ihm folgenden Generation wurde sie als Bollwerk der Reaktion, preußische Staatsphilosophie, Vergottung der Staatsmacht und Rechtfertigung der bestehenden Wirklichkeit abgetan. Die Theologie hat sie als »Pantheismus« oder als ein Denken verworfen, das sich anmaße, Gott philosophisch zu erkennen. Die Wissenschaft ist über sie als bloßes »Spekulieren« hinweggegangen, das eine längst überständige und zum Untergang bestimmte Metaphysik festhalten und erneuern will. Jetzt in unseren Tagen hat u. a. K. R. Popper den Angriff auf Hegel wieder aufgenommen; er sei als »Feind der offenen Gesellschaft« der Vorläufer und Wegbereiter des Faschismus, er habe versucht, die Menschheit in einer »Erneuerung primitiven Stammeswesens« (renaissance of tribalism) durch das »preußische Autoritätssystem« und den »Pangermanismus« zu ersetzen.[2] Ernster und nicht ohne ein Element des Tragischen ist es aber, daß vor allem die protestantische Theologie weithin auf dem Verdikt über die Philosophie Hegels besteht, obwohl sie für ihn selbst geschichtlich und sachlich den Protestantismus voraussetzt

2 K. R. Popper: »The Open Society and its Enemies«, 2 vol. London 1945, 2nd ed. (rev.) 1952, II, c. 12, p. 27-80.

und es unternimmt, ihn in seinem Verhältnis zur modernen Gesellschaft zu bestimmen und als ihre Voraussetzung zu begreifen.
So wird es notwendig, die harte Schale des Vorurteils zu durchbrechen; es gilt zuerst zu bestimmen, was Hegels Philosophie zum Gegenstand hat, um so den Zusammenhang freizulegen, in den für sie das Problem der Subjektivität aufbricht und ihre Theorie gefordert wird.
Das zuerst und hauptsächlich Anstößige wie Mißverständliche war und ist vielfach bis heute das *Spekulative*. Hegel hat seine Philosophie im ausdrücklichen Einholen und Vergegenwärtigen der Einen Philosophie von Griechenland her als »spekulative Wissenschaft« definiert; ihre Aufgabe sei, »das, was ist, zu begreifen«[3]. »Spekulation« (cognitio speculativa) ist der lateinische, seit der frühen Scholastik fest gewordene Übersetzungsbegriff der griechischen »Theorie«; die »Theorie« ist »freie« Betrachtung, die, aus dem Zusammenhang der praktischen Notwendigkeit gelöst, sich dem Ganzen dessen, was ist, zuwendet und es als »Seiendes« begreift. In der Aufgabe, als spekulative Wissenschaft das, was ist, zu begreifen, bestimmt Hegel so seine eigene Philosophie, indem er mit ihr die »erste Philosophie« (Metaphysik) der Tradition erneuert; er nimmt ihre auf Aristoteles zurückgehende Definition auf, daß sie »theoretische Wissenschaft des Seienden als Seienden« und »Theorie« sei, »die sich um das Sein sammelt«[4].
Aber diese spekulative Wissenschaft wird dann zugleich von Hegel als *»ihre Zeit im Gedanken erfaßt«* bestimmt. Über sie wird als Leitwort der Spruch gestellt: *»Hier* ist die Rose, *hier* tanze«. Der Philosoph wird der »Sohn seiner Zeit« genannt; statt über die eigene Zeit hinauszugehen und eine Welt, wie sie sein soll, in Gedanken zu entwerfen und ein Seiendes zu suchen, das, wer weiß wo, – nur nicht in der Wirklichkeit selbst seinen Ort hat, fällt es ihm zu, im Gegenwärtigen »die Substanz, die ihm immanent«, und das »Ewige, das in ihm gegenwärtig« ist, zu begreifen und so *die der eigenen Zeit und Wirklichkeit einwohnende Vernunft und Wahrheit aus ihrem Grunde zum Begriff und zum Gedanken an den Tag des Wissens hervorzubringen*[5]. Diese gegenwärtige Zeit,

3 Rph Vorr. S. 16.
4 Aristoteles Met. I, 2 982 b7 seq.; VI, 1 1026 a6 seq.; XII, 1 1069 a18.
5 Rph Vorr. S. 16, vgl. S. 15.

zu deren spekulativem Gedanken sich die Philosophie Hegels macht, ist das *Zeitalter der Französischen Revolution*. Als der Sturm in Frankreich losbrach, war Hegel, neunzehnjährig, Student im Tübinger Stift. Aus dem Enthusiasmus für sie ist damals die Freundschaft mit Schelling und Hölderlin hervorgegangen. Als Hegel im November 1831 stirbt, war ein Jahr vorher das System der Restauration zusammengebrochen und nach Straßenkämpfen (27. bis 29. Juli) Karl X. verjagt worden. Darauf hat Hegel in der letzten Fassung der Vorlesung zur »Philosophie der Weltgeschichte« in Worten Bezug genommen, in denen die Identität des eigenen Lebens und Philosophierens mit dem Gang und Fortgang der Revolution zur Sprache kommt: Wo »ein altes Herz sich freuen könnte, nach vierzig Jahren von Kriegen und unermeßlicher Verwirrung ein Ende derselben und eine Befriedigung eintreten zu sehen«, ist »wieder ein Bruch geschehen und die Regierung ist gestürzt worden«; so gehe »die Bewegung und Unruhe« fort; das Problem der politischen Stabilisierung bleibe der »Knoten, an dem die Geschichte steht, und den sie in künftigen Zeiten zu lösen hat«[6].

So bleiben die Fragen, vor die die Umwälzung der alten Welt stellt, ungelöst. Hegel hat früh die Abstraktheit und die Unfähigkeit der Revolution, eine positive tragfähige politische Ordnung zu schaffen, an der Zugehörigkeit des Terrors zu ihr erkannt, in dem der Tod zu dem »plattesten«, »kältesten Tod« entleert wurde, der nur wie das »Durchhauen eines Kohlhauptes« oder ein »Schluck Wassers« ist[7]. Dennoch hat Hegel Zeit seines Lebens an dem Enthusiasmus für die Revolution festgehalten. Wo der »Geist einen Ruck getan« und eine neue Gestalt gewinnt, während die »ganze Masse der bisherigen Vorstellungen, Begriffe, die Bande der Welt« wie ein »Traumbild« zusammenfallen, muß die Philosophie, die an sich »etwas Einsames« ist, zur Aufmerksamkeit »auf die Geschichte des Tages« werden; sie begrüßt und erkennt das Neue und setzt sich so dem »Extrem des steifen Beharrens auf dem positiven Staatsrecht eines verschwundenen Zustandes« als »Verschlafen der reichsten Jahre, die die Weltgeschichte kennt«, entgegen[8]. Noch in

6 PhG WW II, 562 f.
7 Phän. WW 2, 454.
8 Vgl. Dok. S. 352; Br. Nr. 85 v. 23.1.1807; Verh. WW 6, 395 f.

den letzten Jahren seines Lebens hat Hegel die Revolution »einen herrlichen Sonnenaufgang« genannt, den »alle denkenden Wesen« in »erhabener Rührung« und mit dem »Enthusiasmus des Geistes« gefeiert haben[9]. Er hat Zeit seines Lebens den Tag des Bastillesturms wie den Tag der Reformation feiernd geehrt.

Das Weltgeschichtliche, das der politischen Revolution ihr Recht wie ihre Macht gibt, gegen die es keinen Widerstand gibt, liegt für Hegel darin, daß *sie im Menschenrecht (droit de l'homme) die Freiheit des Menschen als Menschen zum Prinzip des Rechts und des Staates setzt:* Es gehöre mit ihr jetzt der »Bildung, dem Denken als Bewußtsein des Einzelnen an, daß Ich als allgemeine Person aufgefaßt werde, worin alle (Menschen) identisch sind. Der Mensch gilt so, weil er Mensch ist, nicht weil er Jude, Katholik, Protestant, Deutscher, Italiener usf. ist.«[10] Damit wird prinzipiell jede Form von Unfreiheit als Sklaverei, Leibeigenschaft, Hörigkeit usf. – auch da, wo sie fortbesteht – zum Unrecht und der Mensch als Mensch zum Subjekt und so die Freiheit zur Substanz und zum Grund des Rechts wie des Staates erhoben. Das macht für Hegel die weltgeschichtliche Bedeutung der Revolution und ihre Einmaligkeit aus: »Im Gedanken des Rechts ist jetzt eine Verfassung errichtet worden, und auf diesem Grunde soll nunmehr alles basiert sein. So lange die Sonne am Firmamente steht und die Planeten um sie herum kreisen, war das nicht gesehen worden.«[11]

Während aber die denkenden Geister sonst, die zunächst die Revolution begrüßt und mitgefeiert hatten, sich dann im Anblick ihres negativen Treibens und seiner Vergeblichkeit meist bald von ihr abwenden, ist für Hegel ihr Gedankenprinzip des Rechts wie des Staates aus dem unsicheren und haltlosen Element bloßer politischer Ideen und Forderungen herausgehoben; es hat im Boden der geschichtlichen Wirklichkeit selbst seinen Grund. Hegel hatte bereits früh, in den Jahren seiner Berner und Frankfurter Hauslehrertätigkeit – damals wohl als einziger überhaupt in Deutschland – erkannt, daß sich mit dem Menschenrecht der Revolution und in der Auflösung der alten Ordnungen als *die eigentliche Umwälzung im Grunde der geschichtlichen Wirklichkeit selbst die bürger-*

9 PhG WW II, 557 f.
10 Rph § 209.
11 PhG WW II, 557

liche industrielle Gesellschaft politisch konstituiert und sich ihr Recht und ihren Staat zu schaffen sucht. In der »Rechtsphilosophie« von 1820 ist daher die sich in England und Frankreich bereits unaufhaltbar durchsetzende gesellschaftliche Revolution zum ersten Problem geworden und in die Mitte des philosophischen Begreifens gerückt. Alle politischen, rechtlichen, geistigen Probleme, die die politische Revolution aufgeworfen hat, werden von Hegel jetzt auf die sich konstituierende bürgerliche Gesellschaft bezogen. Sie ist die Umwälzung, die Europa in der Konkretheit des in seiner Geschichte gebildeten menschlichen Seins ergreift; sie wird sich ebenso künftig über die Erde verbreiten: In dem »Übermaß des Reichtums«, in welchem die bürgerliche Gesellschaft »nicht reich genug« ist, dem »Übermaß der Armut und der Erzeugung des Pöbels (Proletariats) zu steuern«, wird sie durch ihre eigene immanente »Dialektik« »über sich hinausgetrieben«; sie muß »außer ihr in anderen Völkern ... Konsumenten und damit die nötigen Subsistenzmittel suchen«. Wie für die alte europäische Welt der bisherigen Weltgeschichte die »Erde, fester Grund und Boden« die Bedingung war, so wird »für die Industrie das nach außen sie belebende Element das Meer«; sie setzt »durch dies größte Medium der Verbindung entfernte Länder in die Beziehung des Verkehrs«. Mit dem Verkehr werden im Handel und in der Entsendung von Bürgern auch die für die bürgerliche Gesellschaft konstitutiven, auf Freiheit gegründeten »rechtlichen Verhältnisse« über die Erde ausgebreitet. Hegel nennt daher den Handel das »größte Bildungsmittel«; er habe »welthistorische Bedeutung«; mit ihm werde die der bürgerlichen Gesellschaft ihrem Menschenrecht gemäß einwohnende Tendenz, zur Menschheitsgesellschaft zu werden, notwendig verwirklicht werden. Hegel hat in der Vorlesung zur »Rechtsphilosophie« dazu ausgesprochen, daß so auch der Kolonialismus in dem ihm innewohnenden Widerspruch zu den Prinzipien der Freiheit über sich hinausweise. Bereits jetzt seien aus ihm »Emanzipationen« hervorgegangen, »wie die Geschichte der englischen und spanischen Kolonien zeigt« (USA; südamerikanische Unabhängigkeitskriege 1810-1825). Die Befreiung der Kolonien werde sich dabei einmal als »der größte Vorteil für den Mutterstaat« erweisen, »so wie die Freilassung der Sklaven als der größte Vorteil für den Herrn«[12].

12 Rph §§ 245-248; § 248 Z.

Vielleicht wird hier (an einer der wenigen Stellen, an denen Hegel vorblickend vom Künftigen spricht) mit besonderer Eindringlichkeit deutlich, wie verschieden seine Philosophie als Theorie ihres Zeitalters von dem ist, was Kritik und Polemik zu ihrem Bilde gemacht haben. *Hegels Philosophie ist im Ausgang von der Französischen Revolution in allen ihren Elementen und gedanklichen Verzweigungen Philosophie der sich konstituierenden bürgerlichen Gesellschaft.* Als spekulative Philosophie hebt sie den in zwei Jahrtausenden gebildeten Reichtum des philosophischen Gedankens in sich auf, um dafür gerüstet zu sein, die Vernunft der sich vollziehenden Umwälzung zu begreifen.

Das aber hat inhaltlich Bedeutung. In der Wende der Zeit, da sich die industrielle Gesellschaft in der Emanzipation aus dem Zusammenhang der europäischen Herkunft konstituiert und die Weltgeschichte sich anschickt, den Boden der alten europäischen Welt zu verlassen und zur Geschichte des Menschengeschlechts zu werden, unternimmt es Hegel, das alles bestimmende Problem dieser Trennung der alten geschichtlichen und der künftigen neuen Welt der Gesellschaft auszutragen und sie in ihrem Grunde zu begreifen. Während in Frankreich Auguste Comtes »Philosophie positive« die Gesellschaft zur einzigen Wirklichkeit des Menschen macht und die Tradition der europäischen Theologie und Metaphysik liquidiert, um an ihre Stelle die »physique sociale« oder »Soziologie« zu setzen, schlägt Hegel den Weg ein, die politische und soziale Revolution der Zeit in den Horizont der bisherigen Weltgeschichte hineinzustellen, um so die substantielle Bestimmung der Gesellschaft zum Begriff zu bringen, die ihr durch ihre für sich gesetzte und isolierte, verselbständigte Theorie nicht abgewonnen werden kann.

II

In diesem Zusammenhang stehen das Problem wie die Theorie der *Subjektivität.* In der »Philosophie der Weltgeschichte« bringt Hegel die Freiheit als das mit der Französischen Revolution gesetzte Rechts- und Staatsprinzip geschichtlich in Beziehung zum Aufgang der Freiheit in der griechischen Polis und dann zum

Christentum. Die Geschichte, die damit beginnt, daß mit der Polis eine politische Bürgerschaft in die Welt kommt, deren Bürger Freie sind, gehe mit der modernen bürgerlichen Gesellschaft ihrem Abschluß entgegen. Während in Griechenland nur »einige frei« waren und so die Freiheit als eine »zufällige, unausgearbeitete, vergängliche und beschränkte Blume« noch die Sklaverei und so die »harte Knechtschaft des Menschlichen, des Humanen« bei sich hatte, »wissen *wir*, daß *alle* Menschen an sich frei (sind), der *Mensch* als *Mensch* frei ist«.[13] *In den Zusammenhang dieses weltgeschichtlichen Ganges von der »Freiheit einiger« zur »Freiheit aller« stellt Hegel das Christentum. Mit ihm komme zuerst das Bewußtsein in die Welt, daß der »Mensch als Mensch frei« ist und daß »das Subjekt unendlichen Wert habe«*; im Christentum werde so das »Substantielle des Zweckes des Weltgeistes durch die Freiheit eines jeden« erreicht[14]. Aber diese christliche Freiheit aller steht für Hegel in ihrer alle weltlichen Verhältnisse übergreifenden religiösen Substanz auch unmittelbar in Beziehung zu Recht und Politik. Obwohl an sich mit dem Christentum Freiheit grundsätzlich unabhängig von Geburt, Stand, Bildung usf. werde, habe doch mit seiner Annahme weder »unmittelbar die Sklaverei aufgehört«, noch seien »die Regierungen und Verfassungen, auf eine vernünftige Weise organisiert, auf das Prinzip der Freiheit gegründet« worden. *Daher gehört für Hegel die Freiheit der bürgerlichen Gesellschaft als Freiheit aller positiv in den Zusammenhang der Geschichte christlicher Freiheit.* Sie sei nunmehr als das »in der innersten Region des Geistes« aufgegangene Prinzip »in einer schweren, langen Arbeit der Bildung« in das »weltliche Wesen« hineingebildet worden. Die Freiheit aller, die das Christentum geistig gebracht hat, erhält mit der bürgerlichen Gesellschaft und ihrem Recht *weltliche Existenz*[15].

Aber diese geschichtliche und sachliche Beziehung des Christentums und der modernen industriellen Gesellschaft und ihrer Revolution aufeinander ist damals wie heute der Zeit fremd geblieben. Während für Comte und dann für die Theorie der sozialen Revolution das Christentum mit dem Aufkommen der industriellen

13 VG S. 62 f.
14 VG S. 62 f. und S. 64.
15 VG S. 62.

Gesellschaft sein Recht verlieren soll, hatte Novalis 1799 mit einer »Die Christenheit oder Europa« betitelten Abhandlung der Revolution das Bild der vergangenen schönen Zeiten entgegengestellt, »wo Europa ein christliches Land war«. In der Trennung von ihnen wird von ihm die Gegenwart negativ durch den Verlust und Verfall des Christlichen bestimmt; sie sei als die »neue Zeit« in ihrer Revolution »rastlos damit beschäftigt, die Natur, den Erdboden, die menschlichen Seelen, die Wissenschaften von der Poesie zu säubern und jede Spur des Heiligen zu vertilgen«[16]. Das wirkt bis heute da fort, wo in der Diagnose der Zeit als »Verfall« der modernen Welt das »christliche Abendland« entgegengehalten und seine Restauration als Heilmittel gegen den jetzigen Verlust der mit dem »Abendländischen« gleichgesetzten christlichen Substanz verordnet wird. Demgegenüber hat Hegel die moderne Gesellschaft nicht nur nicht als Verfall, sondern als Erfüllung der europäischen Geschichte begriffen und die christliche Freiheit mit ihrem rechtlichen und politischen Prinzip verbunden.

Das scheint die Vorbehalte der Theologie gegen Hegels philosophische Deutung des Christentums eher zu bestätigen als zu widerlegen. Es kann so aussehen, als würde bei ihm die dann für die radikale Kritik am Christentum typische Figur vorgezeichnet, daß der reale Kern der christlichen Freiheit die politisch rechtliche sei und daß sie so mit ihrer gesellschaftlichen und staatlichen Verwirklichung ihren religiösen Sinn als bloße Form und als das jetzt überflüssig und historisch Gewordene abwerfen könne.

Aber dagegen steht, daß Hegel den *Begriff christlicher Freiheit in der Bestimmung der Subjektivität aufnimmt.* Wenn er die Menschenrechte auf die christliche Freiheit bezieht, so macht er damit geltend, daß mit ihnen die Freiheit als Freiheit des einzelnen in seiner Subjektivität, religiös in seinem Verhältnis zu Gott, ethisch in seinem Gewissen, allgemein in seinem in der Innerlichkeit des Selbst gegründeten Sein zum Prinzip des Rechts und des Staates wird. Das bedeutet, daß Hegel die christliche Freiheit aller nicht nur nicht zu einer bloßen Übergangserscheinung zwischen der Polis und der universal gewordenen modernen bürgerlichen Gesellschaft herabsetzt, sondern positiv mit der im Christentum gegebenen Bestimmung des Individuums und seiner subjektiven

16 Novalis WW hg. v. Wasmuth 1, 279 ff.

Freiheit das einholt, was weder in dem für sich gesetzten Rechtsbegriff der Freiheit noch überhaupt auf dem Boden der industriellen Gesellschaft als ihrem Begriff immanent vorkommt und vorkommen kann.

Das wird in der Art, wie er methodisch das Prinzip der Subjektivität in das Spiel einbringt, auf eine großartige Weise deutlich. Er geht von der Subjektivität und ihrer Freiheit als einer *»zweiten Gestalt«* der *europäischen Weltgeschichte* aus, die auch bereits durch ihren Ort von dem Schauplatz unterschieden ist, auf dem sich in Europa – vorbereitet in der Aufklärung – die politische Revolution ereignet: *»Die große Form des Weitgeistes«, die sich im Zeitalter der Revolution in der Philosophie Kants, Fichtes, Schellings »erkannt hat, ist das Prinzip des Nordens und, es religiös angesehen, des Protestantismus, die Subjektivität, in welcher Schönheit und Wahrheit in Gefühlen und Gesinnungen, in Liebe und Verstand sich darstellt.«*[17] Während sich die moderne gesellschaftliche Welt im »Westen« bilde, trete die Subjektivität im »Norden« mit dem Protestantismus in die Weltgeschichte. Die gleiche Figur kehrt wieder, wo Hegel in der »Philosophie der Weltgeschichte« die beginnende Neuzeit als den »Tag der Allgemeinheit« durch das »Edelste und Höchste« kennzeichnet, »was der durch das Christentum frei gewordene Menschengeist als seinen ewigen und wahren Inhalt darstellt«[18]: »Während die übrige Welt hinaus ist nach Ostindien, Amerika ..., Reichtümer zu gewinnen, eine weltliche Herrschaft zusammenzubringen«, hat in Deutschland ein »einfacher Mönch« die Gewißheit des Glaubens »in dem tieferen Grabe der absoluten Idealität alles Sinnlichen und Äußerlichen, in dem Geiste« und in dem »Herzen« als »eine dem Bedürfnisse des Innersten geschehene Darbietung« gefunden und so den Glauben aus der Äußerlichkeit in »die subjektive Gewißheit des Ewigen, der an und für sich seienden Wahrheit, der Wahrheit von Gott« zurückgenommen. Das Individuum weiß nun, daß das »Herz« und die »empfindende Geistigkeit« als die »Subjektivität *aller* Menschen« in den Besitz der Wahrheit kommen sollen, während »alle Verhältnisse der Äußerlichkeit« für die Bestimmung des Individuums in sich und im Verhältnis des Glaubens »wegfallen«[19].

17 Glauben und Wissen (1802), E. D. S. 225.
18 PhG WW II, 518.
19 PhG WW II, 521 ff.

Wenn man dieser an die Reformation anknüpfenden Bestimmung der Subjektivität zunächst folgt, dann kann es so aussehen, als wolle Hegel sagen, daß sich mit der Zurücknahme des Glaubens aus der Äußerlichkeit in die Innerlichkeit ein »inneres Reich« der Subjektivität in Deutschland bilde, während die westliche Welt in die Wirklichkeit hinausgestürmt sei und das äußere Reich des Menschen, das mit der modernen Gesellschaft Wirklichkeit werden wird, zu bauen begonnen habe. Aber das ist *nicht* der Sinn der Hegelschen Ausführung. Die Subjektivität wird von ihm die *»zweite welthistorische Gestalt« genannt, weil mit ihr die Substanz der Freiheit positiv zum Begriff kommt, die mit der modernen Gesellschaft in der westlichen Welt im Umsturz aller alten Ordnungen zur Basis von Recht und Staat wird.* Daher sagt Hegel, daß Deutschland in der »Nullität« seiner politischen Wirklichkeit in den Philosophien Kants, Fichtes, Schellings an der Revolution positiv teilgenommen hat. Diese Teilnahme hat die konkrete Bedeutung, daß in diesen Philosophien der Subjektivität das Prinzip der Revolution, das sie selbst nur negativ in der Entgegensetzung zum »ancien régime« geltend macht, positiv und als es selbst zu seinem Begriff und an den Tag des Wissens gebracht wird: »Kantische, fichtesche, schellingsche Philosophie. In diesen Philosophien ist die Revolution als in der Form des Gedankens niedergelegt und ausgesprochen ... An dieser großen Epoche in der Weltgeschichte haben nur diese zwei Völker Teil, das deutsche und das französische Volk. In Deutschland ist dies Prinzip als Gedanke, Geist, Begriff, in Frankreich in die Wirklichkeit hinausgestürmt«[20]. Der Begriff, der in diesen Philosophien ausgebildet wird, ist der Begriff der Subjektivität. In ihnen kommt so an den Tag, daß *das Subjekt der Gesellschaft und des auf Freiheit gegründeten Staates der einzelne als er selbst in seiner Subjektivität ist.* Dem entspricht, daß Hegel dann auch unmittelbar sagen kann, die Subjektivität sei in der Bewegung der Geschichte von der Reformation bis zu dem, was jetzt geschehen ist, zu ihrer Verwirklichung gekommen: Mit dem Prinzip der Subjektivität sei »das neue, das letzte Panier aufgethan, um welches die Völker sich sammeln, die Fahne des *freien Geistes*, der bei sich selbst, und zwar in der Wahrheit ist, und nur in ihr bei sich selbst ist ... Die Zeit von da bis

20 GPh III WW 19, 534.

zu uns hat kein anderes Werk zu tun gehabt und zu tun, als dieses Prinzip in die Welt hineinzubilden ... Recht, Eigentum, Sittlichkeit, Regierung, Verfassung usw. müssen nun auf allgemeine Weise bestimmt werden«, damit sie der Freiheit des Individuums in seiner Subjektivität »gemäß und vernünftig seien«[21]. Während es zunächst so aussehen konnte, als neutralisiere Hegel die christliche Freiheit in ihrer Beziehung auf die moderne Gesellschaft, zeigt sich jetzt, daß die im Christentum aufgegangene, im Protestantismus aus der Äußerlichkeit in das Selbst des einzelnen zurückgenommene Freiheit sich für Hegel als das Prinzip erweist, das der politischen und rechtlichen Freiheit der Revolution zugrunde liegt und in der bürgerlichen Gesellschaft und in ihrem Recht, Eigentum, ihrer Verfassung, Regierung zu seiner »weltlichen« Existenz kommt. *Nicht die christliche Freiheit der Subjektivität wird im Rechtsbegriff der bürgerlichen Freiheit zum Verschwinden gebracht, sondern es wird gesagt, daß erst dann, wenn man die bürgerliche Freiheit auf die christliche Freiheit der Subjektivität* bezieht, zum Begriff komme, was in der Freiheit aller zur Substanz der Gesellschaft und ihres Rechts und Staates geworden ist.

Was bedeutet das? Hegel greift, um das Subjekt der Gesellschaft zu bestimmen, auf die Subjektivität zurück. Was heißt es, daß er damit einen Begriff des Menschen als Subjekt der Gesellschaft gewinnt, den diese als solche nicht herzugeben vermag?

Wer unvorbereitet der systematischen Darstellung der bürgerlichen Gesellschaft zuerst begegnet, die Hegel in der »Rechtsphilosophie« gibt, wird schnell bemerken, daß sich hier bereits alle die Bestimmungen finden, von denen später die revolutionäre Theorie von Marx ausgeht: Auflösung der alten Stände und Zünfte in der Verselbständigung der freien, durch die Entäußerung von Geschicklichkeiten definierten Arbeit, Warenproduktion für den Markt, Ersatz der Hand durch die Maschine, Klassenbildung in der Anhäufung des Reichtums in wenigen Händen und ihm gegenüber in Elend und Not die Entstehung einer an die Arbeit gebundenen Klasse in der Erzeugung des Proletariats usf. Aber die Bedeutung und das Gewicht der Theorie Hegels liegen nicht hier; er hat diese Bestimmungen selbst im wesentlichen aus der damals in England aufblühenden politischen Ökonomie übernommen. Er

21 PhG WW II, 524.

war bereits in Bern mit James Stewarts »Inquiry into the Principles of political Economy« (London 1767) bekannt geworden und hat damals einen – wohl endgültig verlorenen – ausführlichen Kommentar hierzu geschrieben. In der »Rechtsphilosophie« beruft er sich neben Ricardo und Say vor allem auf Adam Smith, den er den »Kepler« der industriellen Gesellschaft nennt, weil er zuerst der »Masse der Zufälligkeiten« die sie beherrschenden Gesetze abgewonnen habe[22]. Aber in der Anknüpfung an die politische Ökonomie geht ihm zugleich die *»Abstraktheit« der Gesellschaft* auf; *er begreift, daß sie sich in der Emanzipation aus der bisherigen Weltgeschichte konstituiert.* Smith hatte die bürgerliche Gesellschaft als »System der Bedürfnisse« und so als eine Gesellschaft verstanden, die die »Vermittelung des Bedürfnisses und die Befriedigung des einzelnen durch seine Arbeit und die Befriedigung der Bedürfnisse aller übrigen« zu ihrem *einzigen* Inhalt hat[23]. *Sie unterscheidet sich dadurch von allen sonst in der Geschichte bekannten Reichen, Staaten, Gemeinschaften, daß sie sich allein auf das Naturverhältnis des Menschen beschränkt, das sie zugleich zur Form der rationellen Arbeit in der industriellen Nutzung der Natur entwickelt.* Hegel hat sie als »System der Bedürfnisse« daher dadurch gekennzeichnet, daß mit ihr der Mensch zum »Herrn über die Natur« wird. Das hat für die Freiheit des einzelnen entscheidende positive Bedeutung; sie setzt, damit sie sein kann, die Befreiung des Menschen aus der Übermacht der Natur voraus; diese ist die Bedingung dafür, daß der Mensch – ihrer Gewalt nicht mehr ausgeliefert – sich als freies »Subjekt« zur Natur als zu seinem »Objekt« verhalten kann. Hegel hat daher jede romantische und rousseauische Verherrlichung eines ursprünglichen »Naturstandes« zurückgewiesen; sie entspringe aus einem Vorstellen, das sich gegen die Bedeutung der Befreiung verschließt, die in der Arbeit liegt, und blind dafür bleibe, daß überhaupt erst mit der industriellen Arbeitsgesellschaft Freiheit für alle realiter möglich wird[24]. Aber in dieser für die Freiheit konstitutiven Beschränkung der Gesellschaft auf das Naturverhältnis des Menschen liegt für Hegel zugleich das unausgetragene Problem ihrer »Abstraktheit«. Es besteht darin, daß die

22 Rph § 189 Z.
23 Rph § 188.
24 Rph § 187; § 194.

Gesellschaft so mit Notwendigkeit alle nicht durch das Naturverhältnis gesetzten sittlichen, religiösen, geistigen Ordnungen und Institutionen außer sich hat; sie konstituiert sich in einer Emanzipation aus ihnen. Indem die Gesellschaft einerseits mit der durch sie ermöglichten rationellen Herrschaft über die Natur die Bedingung der Freiheit für alle schafft, bricht sie andererseits als die *»Macht der Differenz und Entzweiung«*[25] *in die geschichtliche Welt ein.* Sie bringt den Menschen in eine gesellschaftliche Existenz, für die alles, was er aus den Substanzen seiner geschichtlichen Herkunft in sich und für sich ist, keine Bedeutung hat. In dieser Entzweiung zerreißt die Kontinuität der Geschichte. Die geistige, sittliche, in der langen Arbeit der Weltgeschichte gebildete Welt und das durch die Gesellschaft gesetzte, auf ihr in der Arbeit vermitteltes Naturverhältnis beschränkte Sein des Menschen treten auseinander. *Die mit der Gesellschaft beginnende Zukunft verhält sich diskontinuierlich zur Herkunft.* Von dieser Entzweiung war Hegel ursprünglich in der Auseinandersetzung mit der Verstandeswelt der Aufklärung ausgegangen, in welcher der Verstand das »Göttliche« und das »Schöne« aus der Wirklichkeit ausschließt und es zu einem bloß Subjektiven macht, das nur noch die Bedeutung des »Aberglaubens« oder eines »wesenlosen Spiels« haben soll. Wo so das Schöne zum »Ding«, der heilige Hain zu »Holz«, der Tempel zu »Klötzen und Steinen« wird, da wird die Natur und die Lebenswelt des Menschen *versachlicht*[26]. Diese Versachlichung und Verdinglichung hatte der junge Hegel noch nur als Werk der Aufklärung und ihres Verstandes begriffen. Dann aber mußte er einsehen, daß sie mit der industriellen Gesellschaft Realität erhält. *Die versachlichte und verdinglichte Welt, die alles »Göttliche« und »Schöne« außer sich hat, wird zu der Wirklichkeit, in welcher der Mensch sein gesellschaftliches Sein erhält.*

Alles, wodurch Hegel hier die mit der Gesellschaft gesetzte »Entzweiung« kennzeichnet, ihre emanzipative Konstitution, die Versachlichung und Geschichtslosigkeit des durch die Gesellschaft gegebenen menschlichen Daseins in der Trennung von seinen geschichtlichen Lebensordnungen und Institutionen sind die Gegebenheiten, die man auch heute vor Augen hat, wenn von der

25 Rph § 582; § 33.
26 Glauben und Wissen, E. D. S. 225 f.

»Säkularisation« der modernen Welt, von der Entpersönlichung und Vermassung des Lebens, von seiner Bodenlosigkeit die Rede ist; wir sind so sehr auf die negative Wertung dessen, was Hegel Entzweiung nennt, fixiert, daß es selbst in der einfachen Wiedergabe seiner Theorie fast unmöglich ist, den Klang des Negativen zu vermeiden und die Vorstellung fernzuhalten, es sei die Entzweiung mit dem Verfall und Ende des substantiellen Lebens identisch. Gewiß ist auch Hegel von dem »Leiden« an der »Zerrissenheit des Zeitalters« und dem »schmerzlichen Sehnen nach der beseelten Einheit aus fernen Tagen« ausgegangen[27]. Er hat auch später in der Zuwendung zur Gesellschaft der mit ihr gesetzten Entzweiung nichts abgestrichen; er hat immer um ihre Gefahren gewußt und diese in der Möglichkeit vor Augen gehabt, daß die Gesellschaft ihre Sachwelt zur einzigen Wirklichkeit des Menschen machen und ihn für ihre Arbeit ganz an sich reißen kann. Aber *er hat nach dem positiven und vernünftigen Grund der Entzweiung gefragt* und findet ihn auf dem gleichen Wege, auf dem er überhaupt erst erkennen konnte, daß Entzweiung die Konstitutionsform der modernen Gesellschaft ist: indem er sie auf die sich außerhalb des Schauplatzes ihrer Revolution bildende Subjektivität als ihre »zweite welthistorische Gestalt« bezog. Von ihr geht er auch in der Frage nach dem Grund der Entzweiung aus und bringt so in den Zusammenhang der durch die Gesellschaft gesetzten, versachlichten Welt die Bestimmung des Menschen als ihres Subjekts ein, die für sie selber als ein nur Subjektives nichts ist. Er erkennt, daß nur dann, wenn man den einzelnen als Subjektivität begreift, positiv bestimmt werden kann, was es heißt, daß mit dem Menschenrecht der modernen Gesellschaft alle Menschen frei werden, »weil sie Menschen sind, nicht weil sie Juden, Katholiken, Protestanten, Deutsche, Italiener sind«. In der Befreiung des Menschen aus der Macht der Natur schafft die Gesellschaft die Bedingung der Freiheit für alle. Aber zugleich löst sie in ihrer Beschränkung auf das versachlichte und aus allen geschichtlichen Zusammenhängen des Menschseins herausgehobene »abstrakte« Naturverhältnis den einzelnen in seinem von ihr abgetrennten Selbstsein aus allen For-

27 Differenz d. Fichteschen und Schellingschen Systems der Philosophie (1802), E.D. S. 12 ff.; vgl. Volksreligion in: Theologische Jugendschriften, hg. v. H. Nohl, Tübingen 1907, S. 28.

men der Unfreiheit heraus, die zu der Bindung der Freiheit an ihr vorgegebene Ordnungen des Standes wie der Geburt gehört. Sie setzt ihn in seiner Subjektivität frei. Auch in der vom Römischen Recht ausgehenden Lehrtradition gilt der Mensch als frei, der als »Person« rechtsfähig ist und im Recht des eigenen Willens zu anderen Freien als Personen im Rechtsverhältnis steht. Aber für das Römische Recht war die Person zugleich an einen besonderen Stand gebunden. In der Zugehörigkeit der Unfreiheit nicht nur des Sklaven, sondern auch der Kinder, die, auf Leben und Tod der »unbeschränkten Befehlsgewalt« des pater familias unterworfen, »homines alieni juris«, nicht »sui juris« waren, war der Mensch als Person zwar frei, aber sein Personsein setzte die Zugehörigkeit zum Stand des Bürgers voraus. Dem entspricht, daß die »Institutionen« in der Entwicklung des Personbegriffs von der Unterscheidung der Menschen in Freie und Unfreie ausgehen: Homines aut liberi aut servi sunt[28]. Dieses »aut servi« wird mit dem modernen Rechtsbegriff gestrichen; mit ihm gilt allein noch: Homines sunt liberi. Der Mensch ist uneingeschränkt als Mensch zur Person geworden. »Gottlob«, notiert Hegel hierzu in das von ihm der Vorlesung zugrunde gelegte Handexemplar der »Rechtsphilosophie«, »in unseren Staaten darf man die Definition des Menschen – als eines rechtsfähigen – an die Spitze des Gesetzbuches stellen, ohne Gefahr zu laufen, auf Bestimmungen über Rechte und Pflichten des Menschen zu treffen, die dem Begriff des Menschen widersprächen.«[29] Was aber heißt es, daß der Mensch als Mensch Person wird? Es bedeutet negativ, daß seine Freiheit, an keinerlei äußere Bedingungen des Standes, der Geburt usf. gebunden, von allen Verhältnissen der Äußerlichkeit unabhängig wird. Aristoteles hatte die Freiheit in unmittelbarer Abgrenzung gegen die Unfreiheit des Sklaven definiert: frei sei der »Mensch, der um seiner selbst, nicht um eines anderen willen ist«[30]. Das nimmt Hegel zunächst auf: Freiheit ist »Bei-sich-selbst-sein« des einzelnen; »denn wenn ich abhängig bin, so beziehe ich mich auf ein anderes, das ich nicht bin. Frei bin ich, wenn ich bei mir selbst bin«[31].

28 Corpus Juris Civilis I Institutiones recogn. P, Krüger, Berlin 1954 I, V, 3.
29 Rph S. 302.
30 Aristoteles Met. I, 2 982 b25-28.
31 VG S. 55.

Aber diese Freiheit als Bei-sich-selbst-sein des einzelnen kann jetzt nicht mehr wie bei Aristoteles und in der Lehrtradition des Römischen Rechts an einen dem einzelnen äußeren Stand gebunden werden. Wo alle Menschen als Freie Personen werden, da ist der Freie das Individuum als es selbst und in dem, was es als Ich für sich und in sich ist: der einzelne, nicht sofern er Bürger usf. ist, sondern er selbst in seiner Subjektivität wird als Freier Person und zum Subjekt der Gesellschaft, des Rechtes und des Staates. Alles, was für Hegel die lutherische Gewißheit des Glaubens kennzeichnet: Wegfall der Verhältnisse der Äußerlichkeit, Rückgang des Individuums in sich und in das »Innerste der Seele«, des »Herzens«, der »empfindenden Geistigkeit« usf., wird so zur *allgemeinen* substantiellen Bestimmung der Freiheit; sie kommt dem einzelnen als Menschen zu; sie macht ihn als ihn selbst und in seinem subjektiven Sein zum Subjekt. So kommt in der Subjektivität für Hegel allgemein zur Bestimmung, was es heißt, daß alle als Personen frei werden. *Die im Christentum, rein im Protestantismus hervorgetretene Freiheit der Subjektivität hat die ungeheure substantielle geschichtliche wie sachliche Bedeutung, daß mit ihr das Subjekt der modernen Gesellschaft zur Bestimmung kommt: Mit ihr und ihrem Recht wird der einzelne in seiner Subjektivität und in dem ganzen Reichtum seines religiösen, sittlichen persönlichen Seins in das Recht gesetzt, in seinem Leben bei sich selbst und er selbst zu sein.* Recht, Staat und alle öffentlichen Institutionen können jetzt und fortan nur dann noch als Recht gelten, wenn der einzelne in ihnen – nicht mehr sein Selbstsein negierenden äußeren Gewalten unterworfen – als er selbst zu bestehen und bei sich selbst zu sein vermag. Mit der Versachlichung aller Verhältnisse auf dem Boden der industriellen Gesellschaft wird so das persönliche Sein des einzelnen von seinem gesellschaftlichen Sein abgetrennt und aus diesem herausgelöst. Die Gesellschaft gibt als »Macht der Entzweiung und Differenz« dem Menschen in seiner Subjektivität das Selbstsein und die Sphäre des eigenen persönlichen Lebens frei. Daher kann Hegel nicht gelten lassen, daß die Entzweiung Entgötterung der Welt und Verweltlichung der religiösen Substanzen sei; er begreift vielmehr, daß sie die einzige Bedingung dafür ist, daß alle Menschen als sie selbst in ihrer Subjektivität zu einem Leben zu kommen vermögen, in dem sie als Freie bei sich selbst sind.

Wir sind gewohnt, daß in Erörterungen, in denen die mit der modernen Gesellschaft gegebene Versachlichung der Welt als Verfall schwarz in schwarz gemalt wird, gegen sie das Bild der ursprünglich heilen, jetzt in Frage gestellten Familie gesetzt wird. Aber solches idealische Nehmen der »ursprünglichen« Familie hat in der geschichtlichen Wirklichkeit keinen Halt. Sie war als »das Haus« (oikos) seit der Antike bis in die Schulphilosophie des 18. Jahrhunderts hinein Gegenstand der »Ökonomie« als Lehre vom Haus. Diese umfaßte alles »zum Hause Gehörige«: Wirtschaft, Erwerb, Geld, Sklaven, Vieh, Gerät, Weib, Kinder, Erziehung als das in die Gewalt und Hand des Hausherrn Gegebene. Der Bedeutungswandel, in dem mit dem Aufkommen der modernen bürgerlichen, industriellen Gesellschaft die »Ökonomie« aus der »Lehre vom Haus« zur »politischen Ökonomie« wird, setzt geschichtlich voraus, daß sich *die Formen des Wirtschaftens und Arbeitens vom »Hause« trennen und in der Entzweiung mit ihm zum Inhalt der Gesellschaft werden.* Diese Entzweiung hat damit zugleich in der Ablösung der Arbeit und der durch die Arbeit gesetzten Verhältnisse vom persönlichen Dasein die Familie von den Sachbestimmungen des Hauses in seiner an den Herrn gebundenen Einheit befreit; sie hat sie in ihrem religiösen und sittlichen Begriff verselbständigt und damit allererst als die Gemeinschaft zur Existenz gebracht, in welcher der Mensch als er selbst in seiner Subjektivität, mit den Seinen durch die persönliche Bindung der Liebe verbunden, zu leben vermag.

Als diese Freisetzung und Entlastung des persönlichen Daseins der einzelnen in ihrer subjektiven Freiheit hat Hegel die moderne industrielle Gesellschaft allgemein verstanden. Indem er von der Subjektivität und ihrer Freiheit des Selbstseins ausgeht, begreift er zuerst und im Grunde noch bis heute allein, daß *die Freiheit der Subjektivität in allen für sie wesentlichen religiösen, sittlichen, ästhetischen, persönlichen Zusammenhängen allererst mit der modernen Gesellschaft für alle Menschen als Menschen Wirklichkeit erhält.*

III

Hegels Begründung der modernen Gesellschaft und ihrer in der Emanzipation aus den Substanzen der Herkunft wie in der Entzweiung mit ihnen gewonnenen Sachlichkeit aus dem Grunde der Freiheit der Subjektivität wird kaum noch gesehen und beachtet. Sie ist auch dadurch in den Hintergrund gerückt worden, daß in Hegels Philosophie seit den Jenaer ersten philosophischen Veröffentlichungen die Kritik an der Philosophie der Subjektivität in allen ihren Formen als »Reflexionsphilosophie« im Vordergrund steht. Aber diese Kritik und ihre Schärfe entspringen daraus, daß *sich die Philosophie der Subjektivität, an die Hegel anknüpft, sonst dagegen verschließt, daß die Gesellschaft mit dem, was politisch in der französischen Revolution geschehen ist, die Existenz der Freiheit des Bei-sich-selbst-seins wird.* Die Subjektivität hat es übernommen, religiös das Wissen um Gott, ästhetisch das Schöne, als Moralität das Sittliche zu bewahren und gegenwärtig zu halten, das auf dem Boden der Gesellschaft in der Versachlichung der Welt zu einem bloß Subjektiven wird. Das ist ihre Größe und ihr weltgeschichtliches Amt. Indem sie sich aber darauf beschränkt, »im Herzen des Individuums ihre Tempel und Altäre« zu bauen, »weil die Gefahr des Verstandes vorhanden ist, welcher das Angeschaute als Ding, den Hain als Hölzer erkennen würde«[32], wagt sie es nicht, sich auf ihre gegenwärtige Welt einzulassen; für sie bleibt Gott allein noch im Gefühl gegenwärtig; sie erkennt die verdinglichte Wirklichkeit nicht als ihre Existenz an; sie traut Gott nicht zu, in dieser gegenwärtig zu sein. Das ist für Hegel das Zeichen der ungeheuren Gefahr, daß die Gesellschaft, von der Subjektivität verlassen und preisgegeben und von ihr nicht als ihre Wirklichkeit erkannt und anerkannt, sich daran machen kann, den Stachel der Entzweiung zu beseitigen und sich zum ganzen und einzigen Sein des Menschen zu setzen. Darum hat er sich gegen die »Moralität« *Kants* gewendet. Sie hat einerseits die Größe der Subjektivität, die für sich beansprucht, bei allem als sie selbst dabei zu sein. Indem Kant aber die Sittlichkeit zugleich ins Innere verschließt und sie nur als die »Moralität« nimmt, die in der objektiven Wirklichkeit nicht erkennbar und realisierbar sein soll, schlägt Größe in Ohnmacht um; die Moralität soll im »Formalismus« des Sollens »ohne Ausführung bleiben«; Kant erkennt so für Hegel den »Atheismus der sittlichen Welt« an[33].

32 Glauben und Wissen, E. D. S. 225.

33 Rph §§ 105-140; vgl. u. a. § 107 u. Wissenschaftliche Behandlungsarten des Naturrechts, Pol. S. 352 ff.; Rph Vorr. S. 7.

Im gleichen Sinne hat Hegel den Pietismus und jede Theologie als »Theologie der Verzweiflung« zurückgewiesen, die Gottes Gegenwart *nur* noch im Gefühl und Herzen kennt. Er ist zum Kritiker der »schönen Seele« als der »in der Unwirklichkeit ihrer selbst verglimmenden, edleren Subjektivität«[34] und der romantischen Ästhetik in ihrem Versuch geworden, in die als entgöttert genommene Welt aus dem Herzen des Dichters das Göttliche poetisch phantastisch allererst wieder zurückzuführen. Die Subjektivität hat für Hegel in der Verschlossenheit gegen ihre mit der Gesellschaft gesetzte Wirklichkeit es ebenso politisch unternommen, aus dem Gefühl der Begeisterung einen Staat, wie er sein soll, zu entwerfen. Sie war bereit, den in Jahrhunderten von der Geschichte gebildeten politischen Bau in den »Brei des Herzens, der Freundschaft und Begeisterung zusammenfließen zu lassen«[35]. Das nennt Hegel eine »unermeßliche Verwirrung«; aus ihr soll seine Philosophie im Begreifen dessen, was ist, hinausführen. Dennoch sind wir immer noch dabei, die Freiheit der Subjektivität zu »retten«, indem wir die industrielle Gesellschaft als Verfall schmähen, um irgendwo in uns oder im Ursprung da, wo die Hirten bei der Herde sind, die Eilande einer wahren und eigentlichen Existenz zu suchen. Wir sind blind dafür geblieben, daß in der geschichtlichen Wirklichkeit, *wo sich die Entzweiung erhalten hat*, gegen alle Theorie und alles Bewußtsein die Freiheit der Subjektivität und die Gesellschaft zusammengeblieben sind. Es scheint daher an der Zeit zu sein, daß wir damit aufhören, uns in das Innere zurückzuziehen, das »Abendland« gegen die moderne Welt zu setzen oder immer noch als Romantiker eine wahre und eigentliche Existenz zu erdenken und zu erdichten, sondern zur Vernunft kommen, um so den Geist da zu vernehmen, wo er nicht in bloßen Vorstellungen, sondern in der Wirklichkeit und als diese vorhanden und gegenwärtig ist.

34 Rph § 140, S. 139.
35 Rph Vorr. S. 8 f.

Die Aufgabe der Geisteswissenschaften in der modernen Gesellschaft
(1963)

I.

Die Probleme, die heute die Universität mit dem Massenandrang von Studierenden und der ständigen Zunahme von Berufen, die für ihren Nachwuchs die akademische Bildung fordern, bei gleichzeitig schnell fortschreitender Ausweitung und Differenzierung der Forschungsaufgaben bedrängen, sind von der Größenordnung, daß sie auf die Dauer ihre Lebens- und Arbeitsfähigkeit gefährden. Die Frage ist gestellt, ob es noch gelingt, den institutionellen Aufbau der Universität und ihre Arbeitsmethoden in Forschung und Lehre den vermehrten Anforderungen anzupassen, die nach dem alten Gesetz, daß Quantität in Qualität umschlage, notwendigerweise auch veränderte Anforderungen sind. Zu der Auseinandersetzung mit ihnen gehört daher weithin und wie selbstverständlich die Überzeugung, daß in ihr eine *strukturelle Krise der Universität* als solcher, zumal in ihrer auf die Reform Humboldts zurückgehenden deutschen Form manifest werde; an den gegenwärtigen Schwierigkeiten erweise sich ihre Unzeitgemäßheit. Als eine auf die Bildung des Menschen durch Teilhabe an reiner Erkenntnis und Forschung gestellte Institution stehe sie prinzipiell im Widerspruch zu den notwendigen Bedürfnissen der industriellen Gesellschaft; sie vermöge nicht zu leisten, was die Gesellschaft von ihr fordern müsse, sofern ihre Praxis im Unterschied zu allen ihren vormodernen Formen grundsätzlich nicht von der in den praktischen Berufen und Künsten selber erworbenen und überlieferten Einsicht und Erfahrung getragen wird, sondern auf die Wissenschaften und den durch sie vermittelten Zugang zur Wirklichkeit verwiesen ist. Wo so die Wissenschaft zur Basis der Praxis nicht mehr nur in der industriellen und technischen Nutzung der Natur, sondern nahezu in allen Bereichen und Zweigen des politischen und sozialen Lebens geworden ist, *soll es Sinn verlieren, an der Idee einer von der praktischen Funktion getrennten und nicht auf praktische berufliche Anwendung abzielenden Bildung festzuhal-*

ten. Das hat nach dem ersten Weltkrieg Max Scheler ausgesprochen: »Unsere Universität« leide an einem »fundamentalen Widerspruch«; sie sei »de facto unter dem Druck der Verhältnisse gar nicht mehr ›universitas‹«, sondern eine Summe von Fachschulen, wolle aber gleichwohl »Erziehungsstätte für Forscher durch Forscher« bleiben; sie sei so zu einer »Fachschule mit schlechtem, nicht mit gutem Gewissen« geworden. An diesem grundsätzlichen Widerspruch zwischen der wirklichen Funktion der Universität und der von ihr selber behaupteten Bildungsidee müsse jede Reform und Wiederherstellung der »universitas« zuletzt scheitern. Scheler nennt sie daher den »im Grunde traditionalistischen Versuch, ein Bildungsinstitut, das soziologisch Wesen und Geist des Mittelalters atmet, nicht nur in seiner Schale, die da noch besteht, festzuhalten, sondern es auf einem dafür *ungeeigneten* geschichtlichen Boden wieder lebendig zu machen«[1]. Jetzt hat H. Schelsky in seiner Münsterer Antrittsvorlesung[2] die Frage neu aufgenommen, »ob die heutige Universität ihrer Struktur nach noch Bildung im Sinne Humboldts vermittele«, und sie als Soziologe zur Erörterung gestellt. Das ungemeine Verdienst Schelskys liegt darin, daß er methodisch auf dem Wege einer genauen Bestimmung der in Humboldts Bildungsvorstellung implizierten *sozialen* Voraussetzungen die vielschichtige Diskussion um die Universität auf die prinzipiellen Fragen reduziert, um die sie zuletzt und im Grunde geführt wird. Das erste ist die Feststellung, daß zur akademischen Freiheit im Sinne Humboldts entgegen allen mit ihr assoziierten Vorstellungen von Selbstverwaltung und Autonomie der Universität und ihrer Körperschaften im Verhältnis zum Staat konstitutiv zuerst die »Einsamkeit« gehöre. Dies meint sachlich, daß Professoren wie Studenten als Lehrende und Lernende aus dem Zusammenhang der bürgerlichen Lebenssphäre und ihren praktischen Zwecken und Interessen herausgenommen und für die reine Wissenschaft und die durch sie vermittelte Bildung freigestellt werden.

1 M. Scheler, Universität und Volkshochschule, in: Die Wissensformen und die Gesellschaft, Leipzig 1926, S. 497 (eine Äußerung des Kultusministers Becker zitierend), S. 505.

2 H. Schelsky, Einsamkeit und Freiheit. Zur sozialen Idee der deutschen Universität (Schriften d. Ges. z. Förderung d. Westf. Wilhelms-Univ. zu Münster, H. 45), Münster 1960.

In der Verbindung mit »Einsamkeit« wird daher Freiheit als akademische Freiheit von Humboldt negativ durch die Abgrenzung der Wissenschaft gegenüber den »pragmatischen, auf nützliche Berufsausbildung gehenden Forderungen des Staates als Repräsentanten der gesellschaftlichen Interessen«[3] und positiv durch das auf die reine Wissenschaft beschränkte Leben des Gelehrten und durch die gegen die unmittelbaren Anforderungen fachlicher Ausbildung abgeschirmte Bildung in lernender Teilhabe an der Wissenschaft definiert.

Diese Herauslösung der Humboldtschen Universität muß nach Schelsky notwendigerweise mit den praktischen Bedürfnissen und Interessen der Gesellschaft in Konflikt kommen. Die Universität verliere als Bildungsinstitution in dem Maße die Tragfähigkeit, wie die akademische Welt als solche in der »Umgestaltung der Universität zum modernen Großbetrieb« nach dem Muster der für die moderne Wirtschaft typischen Organisationsform »mehr und mehr eine Funktionsgruppe der modernen Industriegesellschaft« wird[4]. Wo alle Bereiche der Praxis notwendig und in raschem Fortschritt dem »Vorgang der Verwissenschaftlichung« unterworfen sind, »kann sich die Wissenschaft nicht mehr vom praktischen Leben abgrenzen, sondern sie reicht in vielerlei Abstufungen unmittelbar bis in die letzte praktische Tätigkeit«. Das schließt für Schelsky ein, daß »die Wissenschaft, zur Substanz des praktischen Handelns … geworden, … an sich keineswegs mehr Träger einer sich über das praktische Leben und seine Zweckanforderungen erhebenden Bildung« zu sein vermag. Daraus ergibt sich als Folgerung: »die Grundprämisse der deutschen Universitätsidee und Bildungsvorstellung muß fallen gelassen werden.« An den heutigen Universitäten sei »Bildung im Humboldtschen Sinne nicht mehr zu erreichen. Sie könne nur »nach oder außerhalb einer wissenschaftlichen Berufsausbildung« allenfalls in einem »jenseits der Universität immer noch möglichen Raum der Bildung in Freiheit und Einsamkeit« verwirklicht werden[5].

In diesem Vortrag geht es Schelsky in erster Linie darum, die Diskussion um die Möglichkeiten und Grenzen einer Universitäts-

3 a.a.O., S. 12.
4 a.a.O., S. 27 f., unter Berufung auf M. Weber.
5 a.a.O., S. 29 ff.

reform zu bereinigen. Sie wird daher in Beziehung zur sozialen Wirklichkeit gesetzt. Doch bleibt das Kernstück – wie bei M. Scheler – die diagnostische Zurückführung der gegenwärtig die Universität bedrängenden Schwierigkeiten und Probleme auf die strukturelle Krise, in die sie für Schelsky in ihrer Humboldtschen Bestimmung notwendig geraten muß, nachdem Wissenschaft zur Funktion und damit zur »Substanz« der gesellschaftlichen Praxis geworden ist. Dies ist die These, die – bewußt in der Absicht, das Nachdenken zu provozieren – zur Erörterung gestellt wird. Die von der Universität auf dem Boden der industriellen Gesellschaft geforderte Bildung ist – nicht mehr beschränkt auf wenige »akademische« Berufe – fachliche Ausbildung (1). Daher läßt sich eine aus dem Zusammenhang der gesellschaftlichen Praxis gelöste »freie« Bildung durch Teilhabe an reiner Wissenschaft auf die Dauer nicht halten; sie widerspricht als »Erhebung über das praktische Leben und seine Zweckanforderungen« den elementaren Notwendigkeiten der gegenwärtigen Wirklichkeit (11). Das war ebenso Schelers Meinung, wenn er die Bemühung um Reform und Wiederherstellung der Universität im Sinne der »universitas« als den nur »traditionalistischen« Versuch zurückweist, eine soziologisch zum Mittelalter gehörige Bildungsinstitution auf dem Boden der modernen Gesellschaft zu konservieren.

Die »Grundprämisse« der Universität, die so im Zusammenhang der industriellen Gesellschaft ihre Funktion verlieren soll, ist die Bildung in der Freiheit und Einsamkeit nicht zweckgebundener Wissenschaft. Aber sie steht ihrerseits in der großen, zweieinhalb Jahrtausende alten von Griechenland herkommenden Überlieferung der Philosophie; sie kann als die Erneuerung der sie tragenden Idee einer ebenfalls aus dem Zusammenhang der Praxis gelösten freien Wissenschaft gelten. Aristoteles hat für sie wohl zuerst den Begriff der *»Theorie«* eingeführt.[6] Er nennt die Philosophie mit den zu ihr gehörigen Wissenschaften »Theorie« oder auch *»theoretische Wissenschaft«*, um sie von den ihr vorgegebenen praktischen und im Dienste der »Künste« stehenden Wissenschaften zu unterscheiden.[7] Während diese die Aufgabe haben, die Dinge für uns

6 Vgl. J. Ritter, Die Lehre vom Ursprung und Sinn der Theorie bei Aristoteles, in diesem Band, S. 9-33.

7 ἐπιστήμη, θεωρητική, z. B. Met. I, 2 982 b 7; VI, 1 1026 a 6 seq.

verfügbar und nutzbar zu machen, und so immer praktischen Zwecken untergeordnet sind, tragen die »theoretischen« Wissenschaften als »nicht notwendige« und daher »freie« Erkenntnis ihren Zweck in sich selbst.[8] Sie treten aus dem Zusammenhang der Praxis heraus, um das, was ist, als das »Seiende« in dem zu begreifen, was es nicht für uns in seiner Nutzung, sondern »an sich« und »als es selbst« ist. Wo die Künste und ihre Wissenschaften das »Notwendige« besorgen, übernimmt die Theorie daher die Aufgabe, in freier erkennender Teilhabe das Seiende gegenwärtig zu halten. Der Begriff der »Theorie«, ehe er von Aristoteles in das Feld der Wissenschaft überführt wurde, wo er in einer über die Jahrhunderte hin fortwirkenden Tradition seinen legitimen Ort erhalten hat, bedeutet in einem zur Zeit des Aristoteles noch durchaus lebendigen Sprachgebrauch das Anschauen der zu Ehren der Götter gefeierten Spiele; er kann ebenso auch die Gesandtschaft bezeichnen, die eine Polis zu den allgemeinen Festspielen schickt, um sich durch sie in der anschauenden Teilnahme an ihnen vertreten zu lassen.[9] Daran knüpft Aristoteles an; er nimmt den Begriff der Theorie auf, um verständlich zu machen, was es heißt, daß mit der Philosophie und den mit ihr verbundenen Wissenschaften (Physik, Mathematik) zu den in der Polis vorgegebenen praktischen Wissenschaften in ihrer allen vertrauten Bestimmung eine »freie«, »nicht notwendige« Wissenschaft hinzugetreten ist. Die »theoretische Wissenschaft« ist so für Aristoteles – und das gilt im gleichen Sinne für Platon – später als die Wissenschaften, die zur Praxis und ihren Künsten gehören. Die Frage liegt daher ursprünglich auch nicht in der »Anwendung« der Wissenschaft, ob sie ihrem Wesen widerspreche oder ob in ihr ihre eigentliche Bestimmung und ihr Zweck zu suchen seien. Das Problem liegt vielmehr in der freien »theoretischen« Wissenschaft; sie bedarf als das »nicht dem Gebrauch Dienende« und so praktisch »Nutzlose«[10] der Begründung. Sie wird von Platon und Aristoteles gegeben: die theoretische Wissenschaft gehört zur Polis, um für sie die Zusammenhänge der Welt offen zu halten, in denen sie mit ihrer Praxis an

8 Met. I, 2 982 b 24: δι' οὐδεμίαν . . . χρείαν ἑτέραν; b 27: μόνην οὖσαν ἐλευθέραν τῶν ἐπιστημῶν, μόνη γὰρ αὕτη αὑτῆς ἕνεκέν ἐστιν.

9 Vgl. hierzu a.a.O., 37 f., Boll, Vita Contemplativa, Heidelberg, 2. A. 1922.

10 Eth. Nicom. VI, 7 1141 b 4 seq: ἄχρηστα.

sich und »immer schon« steht, ohne sie jedoch, auf den Verfolg ihrer praktischen Zwecke und Aufgaben eingeschränkt, als ihre Welt begreifen und gegenwärtig haben zu können. *Die theoretische Wissenschaft tritt so zur praktischen hinzu, um das begreifend zu »erinnern«, was diese notwendig auslassen und »vergessen« muß.* So gehört für Aristoteles die »freie«, »nicht notwendige« Theorie positiv zur Praxis der Polis und zu den Wissenschaften, die ihre Künste tragen. Sie übernimmt in ihrem Zusammenhang die Funktion, den in ihr an sich vorausgesetzten und implizierten Weltbezug ausdrücklich zum Gegenstand zu machen; sie ist seine Aktualisierung.

Aber dieses Verhältnis von Theorie und Praxis trägt zugleich von Anbeginn die Spannung in sich, daß die theoretische Wissenschaft als Philosophie »Theorie über das Sein«, »einzige Erhebung zur Anschauung des Ganzen« oder (wie Aristoteles auch sagt) »Wissenschaft ist, die vom Göttlichen handelt«[11]; sie ist damit zugleich ihrem Grunde wie ihrer Bestimmung nach vom praktischen Leben und seinen Zwecken geschieden; das auf die Philosophie gegründete »theoretische Leben« verhält sich zum »bürgerlichen Leben« der Polis, wie sich das »Göttliche« zum »Menschlichen« verhält.[12] Diese Spannung wird bei Aristoteles noch in der Einheit der Polis ausgeglichen, sofern sie für ihn der Ort ist, in dem allein das Menschsein des Menschen Wirklichkeit hat, so daß es kein Leben im Göttlichen und in der Seinsordnung geben kann, das nicht zugleich in das »bürgerliche Leben« der Polis eingelassen ist. Aber bereits in hellenistischer Zeit sind theoretisches und praktisches politisches Leben auseinander getreten. Die »Jünger der Weisheit«, die »nur mit dem Körper unten auf der Erde fußen, ihrer Seele aber Flügel leihen, um sich zum Himmel aufzuschwingen«, meiden nach Philon »den Verkehr mit den Männern des praktischen Lebens und verabscheuen die Stätten, wo jene verkehren, Rathäuser, die Agora und überhaupt alle Versammlungen«[13]. Mit dem Christentum wird die »Theorie« dann endgültig auch in das reli-

11 Met. XII, 1 1069 a 18: περὶ τῆς οὐσίας ἡ θεωρία; De Mundo 391 a 2 seq.: φιλοσοφία . . . μόνη διαραμένη πρὸς τὴν τῶν ὅλων θέαν; Met. VI, I 1026 a 19: (ἐπιστήμη) θεολογική.

12 Eth. Nic. X, 7 1177 b 30.

13 Philon Nom. II, 44 p. 279 M.

giöse Verhältnis des Menschen hineingenommen; *sie wird damit für Jahrhunderte aus ihrer ursprünglichen Zugehörigkeit zur Praxis und ihrer Künste gelöst.* Dem entspricht, daß der erste lateinische Übersetzungsbegriff der »Theorie«: »contemplatio« bereits früh in das Feld der inneren, mystischen Gottesschau abwandern kann, während der ihn ersetzende Begriff der »cognitio speculativa« ausschließlich auf die Philosophie bezogen bleibt, sofern sie als »freie, nicht notwendige, sondern göttliche Wissenschaft sich um das Göttliche sammelt«[14]. Der Begriff der Spekulation hat so bis heute und ohne daß der Zusammenhang mit der aristotelischen »Theorie« überhaupt noch bewußt wird, die Funktion behalten, die philosophische Erkenntnisweise im positiven wie im negativen Sinne von den Einzelwissenschaften zu unterscheiden.

Erst im Zusammenhang dieser Tradition der philosophischen, von der Praxis getrennten und in der anschauenden Zuwendung zum »Göttlichen« begründeten »Theorie« wird verständlich, warum der Versuch Humboldts, die Universität geistig auf die reine, gegen die Zweckanforderungen der Gesellschaft in Freiheit und Einsamkeit abgeschirmte Wissenschaft zu gründen, mit der Problematik der Unzeitgemäßheit und des Widerspruchs zu den gesellschaftlichen Notwendigkeiten belastet ist. Der Grund hierfür liegt zuerst in der Wissenschaft selbst; sie hat sich als *»moderne« Wissenschaft geschichtlich und sachlich in der Emanzipation aus dem Zusammenhang der philosophischen Theorie konstituiert.* Sie ist ihr gegenüber »autonom« in der Bestimmung geworden, daß für sie nur Aussagen zugelassen sind, die aus den ihrer Methode zugrunde gelegten Prinzipien mittelbar oder unmittelbar begründet werden können, gleichgültig, was das von ihnen Ausgesagte sonst etwa im metaphysischen oder theologischen Zusammenhang sein mag. In dieser Unabhängigkeit sowohl von ihren eigenen geschichtlichen, theologischen und metaphysischen Voraussetzungen wie vom Austrag aller mit ihnen verbundenen Fragen ist für Kant die *»Revolution der Denkart«* begründet, mit der die Naturwissenschaft auf den »Heeresweg der Wis-

14 Thomas Aq. In Met. I, 3: speculativa, libera, non humana, sed divina (68); quia ... de rebus divinis (64). Zur geschichtlichen Entwicklung dieser Begriffe vgl. L. Kerstiens, Die Lehre von der theoretischen Erkenntnis in der lateinischen Tradition, in: Phil. Jb. d. Görres-Ges. 66, 1958, S. 375-424.

senschaft traf« und zu »sicherem Gange« gebracht wurde. Indem sie sich auf das Buchstabieren von Erscheinungen beschränkte, statt nach dem an sich Seienden zu fragen, ging »allen Naturforschern ein Licht auf«; sie begriffen, »daß die Vernunft nur das einsieht, was sie selbst nach ihrem Entwurfe hervorbringt«, indem sie die Natur nötigt, »auf ihre Fragen zu antworten, nicht aber sich von ihr allein gleichsam am Leitbande gängeln« läßt.[15] Im gleichen Sinne hat unabhängig von Kant Auguste Comte die »grundlegende Revolution, die das Mannesalter unseres Geistes kennzeichnet«, verstanden; sie beruht für ihn darauf, daß die Wissenschaften jede metaphysische Fragestellung aufgeben und so »an die Stelle der unerreichbaren Bestimmung der eigentlichen Ursachen« die »einfache Suche nach Gesetzen« und die Erforschung der durch sie geregelten »Verknüpfung von Erscheinungen, die beobachtbar sind«, setzen.[16] So wenig Kants transzendentale und Comtes positive Philosophie sonst miteinander gemein haben, sie gehen beide davon aus, daß die moderne Wissenschaft ihre Sicherheit und Sonderstellung nur erlangen konnte, weil sie darauf verzichtete, »in das Geheimnis des Hervorgangs der Erscheinungen einzudringen«, und sich damit von der Tradition der Metaphysik und philosophischen Theorie und so von ihrer eigenen Herkunft unabhängig machte.

Daher sind bereits im 18. Jahrhundert vor allem in Frankreich die Fortschrittslehren (Fontenelle, Turgot, Condorcet u. a.) den Weg gegangen, die nicht mehr im geschichtlichen Zusammenhang der Philosophie begreifbaren Wissenschaften durch ihre Zuordnung zur Praxis zu begründen. Sie haben dafür auch retrospektiv die Geschichte der europäischen Philosophie und Wissenschaft auf die Inhalte reduziert, die die praktische Herrschaft des Menschen über die Natur ermöglicht und vorbereitet haben. Der Matrose, der heute sicher die Meere befährt, wird von Condorcet ermahnt, sich des Dankes bewußt zu sein, den er hierfür den mathematischen Entdeckungen der Schule Platons schulde.[17] Vierzig Jahre

15 Kant, Kritik der reinen Vernunft, Vorrede z. 2. Auflage XII, XIII.

16 A. Comte, Disc. sur l'Esprit positif, hg. v. I. Fetscher (m. deutscher Übers. und Einltg.), Hamburg 1956, S. 26 f.

17 Condorcet, Esquisse d'un Tableau Historique des Progrès de l'Esprit Humain, 2. Ed. Paris 1795, S. 326.

später spricht Comte – nun bereits in unmittelbarer Zuwendung zur industriellen Gesellschaft – aus, daß jetzt die Geschichte selbst die gesellschaftliche und praktische Begründung der Wissenschaften durchgesetzt habe. Das »positive Studium der Natur« sei zur »rationellen Grundlage für die Einwirkung des Menschen auf die äußere Welt« geworden; sie werde aber künftig nicht auf die »unorganische Natur« beschränkt bleiben, sondern über sie hinaus zu der »Kunst« fortschreiten, die, gegründet auf die Wissenschaften und ihre »positive Philosophie«, die Veränderung und Vervollkommnung auch der moralischen und politischen Welt der Gesellschaft zur Aufgabe hat.[18]

Alle diese auf die praktische gesellschaftliche Funktion gestellten Wissenschaftslehren haben die große und allgemeine Bedeutung, daß sie überhaupt zuerst und damals allein erkannten, daß die moderne Wissenschaft durch ihre Unabhängigkeit vom Austrag metaphysischer Fragen und in ihrer Beschränkung auf das Studium beobachtbarer Erscheinungen dazu befähigt wird, zur Basis der gesellschaftlichen Praxis zu werden.

Aber diese Zuordnung der Wissenschaft zur Gesellschaft und ihrer Praxis wird dann durch Bestimmungen überlagert, die aus der mit ihr verbundenen kritischen Destruktion der klassischen Philosophietradition entspringen. Zu ihr gehört hier zugleich auch immer die Überzeugung, daß mit der durch die moderne positive Wissenschaft endgültig ermöglichten und verbürgten Herrschaft des Menschen über die Natur sowohl die Metaphysik wie die Theologie jede Bedeutung verlieren; sie sollen da, wo die Gesellschaft zum Sein des Menschen wird, gegenstandslos werden.

Die gleiche platonische Philosophie, der der Matrose Dank schuldig geworden ist, wird so für Condorcet als »Spekulation« zu Recht in einem Zeitalter vergessen, in dem die Menschheit bereits der Vollendung ihres Geistes in einer real unbeschränkten Herrschaft über die Natur entgegengeht. Genau in dem gleichen Sinne heißt es bei Comte, daß die »positive« Wissenschaft die »metaphysische und theologische Philosophie« »vollständig ersetzen« wird; sie habe schon jetzt als das im Verhältnis zur Gesellschaft Regressive nur noch »historisches Dasein«[19].

18 a.a.O., S. 56, 60.

19 A. Comte, Cours de Philosophie positive, 4. Ed., Paris 1877, S. 22 f.

Diese Absage an die Metaphysik wird für die Auseinandersetzung um die moderne Wissenschaft und ihre Begründung so wichtig, weil sie verständlich macht, warum die als solche für ihren Bereich legitime praktische Definition der Wissenschaft hier grundsätzlich und von vornherein die Möglichkeit ausschließt, auch nur in Erwägung zu ziehen, ob die Wissenschaften daneben auch in der Bestimmung der Theorie und unabhängig von ihrer Anwendbarkeit für die Gesellschaft Bedeutung haben könnten. Der Grund liegt zutage: *Die Theorie ist ihrem Begriff wie ihrer Funktion nach so fest an die Metaphysik und ihre Tradition gebunden, daß da, wo diese nichts mehr sein soll, auch die Möglichkeit blockiert wird, von den Wissenschaften die Erfüllung von Aufgaben für die Gesellschaft zu erwarten, die wie die freie Erkenntnis nicht mittelbar oder unmittelbar der Praxis zugeordnet werden können.* Das gilt für Comtes klassische Definition der Wissenschaften durch das »Voir pour prévoir pour prévenir« ebenso wie für den späteren Pragmatismus in allen seinen Schattierungen. K. Marx hat in der Zuordnung aller Erkenntnis zur revolutionären Praxis der Philosophie, die die Welt bisher immer »nur verschieden interpretiert« habe, die Forderung entgegengehalten, daß es darauf ankomme, sie zu verändern.[20] Das ist das Allgemeine. Immer wird hier die praktische Funktion zur einzigen Bestimmung der Wissenschaft, weil alles, was sie als »Theorie« zu sein vermag, an die Philosophie gebunden bleibt, die für die Gesellschaft nichts mehr bedeuten soll. Eine Ausnahme hiervon scheint darin zu liegen, daß den Wissenschaften im 19. Jahrhundert dann gleichwohl zugemutet wurde, die Methaphysik und Religion durch eine auf sie gegründete »wissenschaftliche Weltanschauung« zu ersetzen. Doch die Ausnahme bestätigt auch hier die Regel. Das Feld, in dem die Auseinandersetzung um die Wissenschaften und ihre Begründung im Verhältnis zur Gesellschaft geführt wird, bleibt so völlig von der Alternative beherrscht, sie entweder »metaphysisch« oder »praktisch« zu definieren, daß die Wissenschaft, wenn von ihr überhaupt eine nicht mit ihrer praktischen gesellschaftlichen Funktion identifizierbare »theoretische« Aufgabe noch erwartet wird, man diese nur in der Form denken und vorstellen kann, daß die Wissenschaft mit ihr entweder zur Metaphysik werden oder sie ersetzen muß.

20 K. Marx, Thesen über Feuerbach, 11. These.

In dem geschichtlichen Zusammenhang dieser durch die antithetische Stellung von Gesellschaft und Metaphysik zueinander bestimmten Auseinandersetzung um die Begründung der modernen Wissenschaft steht auch die Bildungskonzeption Humboldts.

In der Planung und Vorbereitung der Berliner Universität geht es ihm wie den ihm Gleichgesinnten darum, konkret in der Abwehr der Gleichsetzung des menschlichen Seins mit der Gesellschaft eine Institution zu schaffen, die in der Lage sein soll, die von der »totalen Verbürgerung« bedrohten geschichtlichen und geistigen Zusammenhänge des Menschen zu wahren und zu lebendiger Wirksamkeit zu bringen.[21] Wenn auch die Förderung praktischer »Fertigkeit« eine größere Rolle spielt, als man gemeinhin anzunehmen bereit ist – so nennt Fichte die Universität eine »Schule der Kunst des wissenschaftlichen Verstandesgebrauchs«[22] –, bleibt doch die Hinführung zu einer »über die Wirklichkeit hinausliegenden Ansicht der Wirklichkeit, bei welcher allein die Menschheit Heilung finden kann«, allem anderen vorgeordnet.[23] Es gelte, den Geist durch das »Leben mit der Wissenschaft« zu »veredeln«. Alles, was »höhere wissenschaftliche Anstalten« zu leisten vermöchten, sei einzig dem Zweck unterstellt, der »moralischen Kultur der Nation« zu dienen. Sie sollen den Lernenden den »Stoff der geistigen und sittlichen Bildung zu seiner Benutzung hingeben«, um ihren Charakter in der freien Teilhabe an der »Wissenschaft, die aus dem Innern stammt und ins Innere gepflanzt werden kann«, »umzubilden« und damit der Gefahr der »Verbürgerung« zu wehren.[24]

Obwohl die Wissenschaften, denen in der neuen Universität der Ort gegeben wird, die modernen von der Philosophie unabhängigen Wissenschaften sind[25], bleibt Humboldt in dieser Zielsetzung

21 Vgl. hierzu Schelsky, a.a.O., S. 21 f.

22 J. G. Fichte, Deduzierter Plan einer zu Berlin zu errichtenden Höheren Lehranstalt (1807), jetzt in der großen und vorzüglichen Sammlung von Dokumenten zur Geschichte der Friedrich-Wilhelm-Universität zu Berlin, die in Zusammenarbeit mit W. Müller-Lauter und M. Theunissen W. Weischedel herausgegeben hat: Idee und Wirklichkeit einer Universität, Berlin 1960, S. 30 ff.

23 a.a.O., S. 42.

24 W. v. Humboldt, Über die innere und äußere Organisation der Höheren Wissenschaftlichen Lehranstalten in Berlin (1809 oder 1810), a.a.O., S. 193 ff.

25 Vgl. das Verzeichnis der zu besetzenden Lehrstühle, in: Th. A. H. Schmalz, Denkschrift über die Errichtung einer Universität in Berlin (22. 8. 1807), a.a.O., S. 14.

seiner eigenen Herkunft gemäß an dem Leitbild der Philosophie und einer auf sie gegründeten Bildung orientiert. So hat Hegel seine Berufung nach Berlin verstanden; sie bringe ihn an einen »Mittelpunkt aller Geistesbildung und aller Wissenschaft und Wahrheit«, an dem sich »die Philosophie wieder Aufmerksamkeit und Liebe versprechen darf – wo diese beinahe verstummte Wissenschaft ihre Stimme wieder zu erheben vermag«[26]. Dem entspricht, daß sich der erste Ruhm der jungen Universität an die mächtige Wirkung knüpfte, die Schleiermacher, Fichte und ihm nachfolgend Hegel an ihr ausübten.

Aber das war nach Hegels Tode vorüber. Als Friedrich Wilhelm IV. Schelling berief (1841), um den fortwirkenden Einfluß Hegels einzudämmen, zeigte sich, daß die spekulative Philosophie nicht mehr die Kraft hatte, das Ganze zusammenzuhalten. *Der innere Widerspruch war hervorgetreten, der in dem Versuch lag, die positiven Wissenschaften dadurch vor der in ihrer nur praktischen Definition liegenden Verarmung zu retten, daß man ihnen in ihrer Zuordnung zur Philosophie eine Bildungsaufgabe übertrug, die sie ihrem methodischen Prinzip nach nicht erfüllen konnten.* Schelling zog sich bald erbittert wie enttäuscht nach Ragaz zurück, um die Freiheit und Einsamkeit philosophischer Theorie für sich in das Abseits eines auch real von jeder Wirksamkeit abgeschiedenen Lebens zu retten.

Daher hat es einen guten Sinn, daß zur gegenwärtigen Auseinandersetzung um die Universität die kritische Distanz gegenüber der Humboldtschen Konzeption wie überhaupt die Skepsis gegen alle »höheren« und »idealistischen« Vorstellungen von ihren Aufgaben gehören. Der Verdacht, daß mit ihnen von den Wissenschaften verlangt werde, was sie ihren eigenen Voraussetzungen nach nicht zu geben vermögen, hat zur Folge, daß man sich zunächst und zuerst an die praktischen Funktionen zu halten sucht, die ihnen auf dem Boden der industriellen Gesellschaft in Anwendung und Ausbildung jedenfalls zufallen. Aber diese heilsame und notwendige Ernüchterung führt nur weiter, wenn man in der Auseinandersetzung mit Humboldt zugleich vor Augen hat, daß auf der anderen

26 G. W. F. Hegel, Rede zum Antritt des Philosophischen Lehramtes an der Universität Berlin (22. 10. 1818), in: Berliner Schriften 1818-1831, hg. v. J. Hoffmeister, Hamburg 1956, S. 3 ff., jetzt auch a.a.O., S. 310 ff.

Seite auch die ausschließlich praktische Definition der Wissenschaften im Verhältnis zur Gesellschaft weder ihnen noch diesem Verhältnis abgewonnen wird, sondern allein darin begründet ist, daß mit der fixen und ungebrochen fortbestehenden Gleichsetzung von Theorie und Spekulation selbst die Frage nach einer möglichen theoretischen, in ihnen selbst begründeten Funktion der Wissenschaften gesperrt bleibt. *So lange daher die Auseinandersetzung um die Universität nicht den Bannkreis durchbricht, in dem die Theorie: Philosophie in der Entgegensetzung zur Gesellschaft und die gesellschaftliche Funktion der Wissenschaften praktische Anwendung und Ausbildung in der Entgegensetzung zur Theorie sein sollen, ist kein Fortkommen.*

Die Philosophie selbst ist für sich dabei, diese Entgegensetzung als ein Vergangenes hinter sich zurückzulassen, dem die Wirklichkeit sich verschließt. Dafür sind ihr die *Geisteswissenschaften* hilfreich geworden, sofern sie weder der Philosophie noch der gesellschaftlichen Praxis zugeordnet werden können. Es liegt daher nahe, auch in der Auseinandersetzung um das Verhältnis von Universität und Gesellschaft sich an ihnen und an dem zu orientieren, was sie für die Gesellschaft sind und bedeuten.

II

Während die Naturwissenschaften das Schicksal haben, daß man in der Frage nach ihrer gesellschaftlichen Funktion bei ihrer praktischen Anwendbarkeit stehen bleiben kann (gleichgültig, ob man damit der ihnen selber zugehörigen Bestimmung gerecht wird oder nicht), ist dies bei den Geisteswissenschaften nicht möglich. Sie sind die Wissenschaften, die im Horizont der uns überhaupt zugänglichen geschichtlichen Zeit die Geschichte selbst, Sprache, Kunst, Dichtung, Philosophie, die Religionen, aber ebenso auch Dokumentationen persönlichen Lebens in historischer und hermeneutischer Methode zum Gegenstand haben und vergegenwärtigen. Es liegt so zutage, daß sie sich bereits ihrem Gegenstand nach jeder Definition durch praktische Anwendbarkeit und Verwertbarkeit widersetzen. Was sie erkennen und so auch ihr Erkennen selbst sind nicht praktikabel. Das gilt in gleicher Weise für die

Bildung, die sie vermitteln. Ihre Lehre ist überhaupt nur sinnvoll zu begründen, wenn die erkennende Teilhabe an dem, was sie je in den bestimmten Bereichen ihrer Disziplinen zugänglich machen, ihren Zweck in sich selbst trägt, obwohl das zumindest für den Bereich der höheren Schule durch die Tendenz, die Bildungsinhalte unter der Herrschaft der verselbständigten pädagogischen Kategorie zum bloßen »Lehrstoff« herabzusetzen, als die elementare Voraussetzung jeder auf nicht praktikable Wissenschaften gegründeten Bildung verschleiert wird.[27]

Die Geisteswissenschaften sind daher in der Bestimmung, daß sie in ihrer praktischen Unanwendbarkeit »nicht notwendige« und daher »freie« Wissenschaften sind, »theoretische Wissenschaften«. *Aber in dieser »theoretischen« Bestimmung können sie nicht als Relikte und Überbleibsel aus der vorindustriellen Welt gelten. Als durch die kritische historische und hermeneutische Methode konstituierte Wissenschaften entstehen sie vielmehr erst später als die Naturwissenschaften. Sie haben wie diese ihren Ort in der industriellen Gesellschaft; sie sind auf ihrem Boden gewachsen.*

Dem entspricht, daß der Begriff der Geisteswissenschaften überhaupt erst im 19. Jahrhundert aufkommt. Er wird wahrscheinlich von Schiel in seiner Übersetzung der »Logik« Mills (1849) zuerst in der methodischen Absicht eingeführt, die Klasse von Wissenschaften zu bezeichnen, die ihrer Methode wie ihrem Gegenstand nach nicht mit den Naturwissenschaften identisch sind.[28] In den allgemeinen wissenschaftlichen Sprachgebrauch geht der Begriff dann vor allem unter dem Einfluß Wilhelm Diltheys ein, der – zunächst ebenfalls in Anlehnung an Mill – die »Wissenschaften vom Men-

27 Vgl. hierzu jetzt J. Henningsen, Die Pädagogik vor dem Anspruch des Objektiven, in: Vjs. f. Wiss. Pädagogik 37, 1961, S. 161 ff.

28 Zur Entstehung der Geisteswissenschaften, zur Begriffsgeschichte des Terminus vgl. E. Rothacker, Einleitung in die Geisteswissenschaften, Tübingen 1920, und Logik und Systematik der Geisteswissenschaften (als Sonderausg. aus d. Hdbuch d. Philos., Abt. II), Bonn 1947. Hier zum Terminus S. 4 ff. Die im Text hierfür gegebenen Belege sind dieser reichen und unübertroffenen Darstellung entnommen. – In einer neuen Wendung erörtert H. G. Gadamer das Problem der Geisteswissenschaften in seinem Buch: Wahrheit und Methode, Grundzüge einer philosophischen Hermeneutik, Tübingen, 1. A. 1960, indem er nicht mehr nur die den Geisteswissenschaften eigentümliche Methode von der der Naturwissenschaften abhebt, sondern die in ihnen erschlossene Weise, Wahrheit zu erfahren, ihrer methodologischen Begründung entgegensetzt.

schen, der Gesellschaft und dem Staat« (1875), dann späterhin alle die Wissenschaften Geisteswissenschaften nennt, die die geschichtliche geistige Welt des Menschen, sie auslegend, verstehen, wie sie sich in Werken und Schöpfungen des Menschen: Dichtungen, Kunstwerken, Philosophie, Rechts- wie Lebensordnungen darstellt. Damit faßt Dilthey zusammen, was sich seit der Jahrhundertmitte durchzusetzen begann. So sind für v. Ranke Philosophie und Politik, für Jolly-Whitney die in historischer Methode arbeitende Sprachwissenschaft, für v. Helmholtz bereits 1862 (in der später von Dilthey kritisierten Beziehung auf die Psychologie als »Grundwissenschaft«) die Wissenschaften »Geisteswissenschaften«, die Religion, Staat, Sprache, Kunst, Geschichte zum Gegenstand haben, während sich der Terminus noch nicht in der großen, aus Vorlesungen entstandenen, zuerst 1868 veröffentlichten »Historik« Droysens findet. In unserem Jahrhundert hat sich der Begriff der Geisteswissenschaften dann auch gegen Versuche, ihn durch den der »Kultur- und Geschichtswissenschaften« (Rickert) oder der »historisch-ethischen Wissenschaften« (Troeltsch) zu ersetzen, endgültig eingebürgert. Diltheys Wort, daß sich der Mensch nur in der Geschichte verstehe, könnte heute wohl als Eingangsspruch an allen Gebäuden und Instituten der Philosophischen Fakultäten in Deutschland stehen. Sie sind (mit wenigen Ausnahmen) nach der Herauslösung der Naturwissenschaften aus ihrem Verbande zu Körperschaften der Geisteswissenschaften geworden.

Die Einführung wie die Durchsetzung eines neuen Wissenschaftsbegriffs sind niemals ein nur Zufälliges und Äußeres. Wie die Naturwissenschaften kommen auch die Geisteswissenschaften erst im Laufe des 19. Jahrhunderts an die Universitäten.[29] Weder

29 Auch die Naturwissenschaften werden bis in das Zeitalter der Französischen Revolution hinein von Privatgelehrten, Politikern, Schriftstellern usf. getragen. Sie schaffen sich als eine »société policée« im Sinne Voltaires die Akademien und stehen in persönlichen, auf umfängliche Korrespondenz verwiesenen Kreisen miteinander in Verbindung und setzen sich immer scharf gegen die alten Universitäten und ihre »Schulwissenschaft« ab. Die neue mit der Naturwissenschaft verbundene Philosophie zieht in Deutschland überhaupt zuerst mit Kant in die Universität ein. Zur Entwicklung des Verhältnisses der »neuen« Wissenschaft zur Universität im England des 18. Jahrhunderts vgl. E. Mertner, Tradition und Reform in den englischen Universitäten des ausgehenden 18. Jahrhunderts, in: Festschrift f. Th. Spira, Heidelberg, S. 381 ff.

die Schöpfer der modernen Philosophie der Universalhistorie in Frankreich: Voltaire, Turgot, Condorcet noch Herder, Iselin, Möser, die Wegbereiter der historischen Wissenschaften in Deutschland, waren »Historiker vom Fach«. Winckelmann, der als der Begründer der Archäologie und Kunstgeschichte des Altertums gilt, hat niemals einer Universität angehört. Erst Hauslehrer, dann Konrektor, dann Bibliothekar, zuletzt im Dienste des Kardinals *Albani* in Rom, der ihn dazu mit der Aufsicht über seine Altertumssammlung betraute, führte er das unstete Reise- und Wanderleben eines von seiner Passion Getriebenen. Niebuhr, der die Qellenkritik zur methodischen Basis der Geschichtsforschung machte und so in deren Emanzipation aus der Autorität der Überlieferung die moderne Geschichtswissenschaft überhaupt erst endgültig durchsetzte, hat nur vorübergehend an der Berliner Universität (in der Zeit eines Zerwürfnisses mit v. Hardenberg) über Römische Geschichte gelesen und erst, nachdem er sich aus dem Staatsdienst zurückgezogen hatte, seit 1823 in Bonn regelmäßig historische Vorlesungen gehalten, ohne der Universität offiziell anzugehören. Während man aber sagen kann, daß die Naturwissenschaften bereits zu sicherem Gange gekommen waren, als sie in die Universität einzogen, haben sich die einzelnen Geisteswissenschaften im 19. Jahrhundert erst nach und nach sowohl methodisch konstituiert wie an den Universitäten durchgesetzt. So hat der Historiker v. Raumer in Berlin noch daran festgehalten, neben historischen Vorlesungen auch Staatsrecht, Politik, Statistik und Kameralistik vorzutragen; er kündigte sein Kolleg zur Geschichte des Mittelalters in Anlehnung an die klassische Philologie als »kirchliche und politische Altertümer« an.[30] Das ist für die Situation der erst aufkommenden Geisteswissenschaften damals kennzeichnend. Bereiche der Forschung, die heute selbstverständlich und institutionell fest verankert sind, fehlten überhaupt oder mußten erst durchgesetzt werden. So stellte J. Kleutgen, der zu den Wegbereitern der mittelalterlichen Philosophiegeschichte gehörte, ihre Darstellung 1860 unter den Titel: »Die Philosophie der Vorzeit, verteidigt«[31]. In der Festrede zur Jahrhundertfeier der Berliner Universität am 12. Ok-

30 Vgl. M. Lenz, Geschichte d. Königl. Friedrich-Wilhelm-Universität zu Berlin II, 1 Halle 1910, S. 253.

31 2 Bde. Innsbruck 1860/63, 2. A. 1878.

tober 1910 weist Max Lenz nachdrücklich darauf hin, wie »eng gestellt« im Verhältnis zu den Naturwissenschaften in der Zeit ihrer Gründung noch »Wesen und Aufgabe der Philologie« waren: Friedrich von der Hagen habe damals vergeblich versucht, eine Professur für die deutsche Altertumskunde zu gewinnen; die Orientalia waren noch »Appendix der theologischen Fakultät«, und *Wolf* habe den »Anspruch der Sprachlehrer für das Englische und Französische und andere romanische Sprachen auf den Professorentitel« als »lächerlich« abgelehnt; er wollte ihnen »kaum den Doktortitel zugestehen«[32]. In Berlin wurde erst 1844 (für Waagen), in Wien erst 1859 (für v. Eitelsberger) ein Lehrstuhl der Kunstgeschichte geschaffen. Das erste universitätseigene Museum antiker Kunst wurde in Bonn nach 1820 von Fr. G. Weicker eingerichtet, dem dann erst später die Gründung eines archäologischen Lehrstuhls folgte.[33] *So haben sich insgesamt die Geisteswissenschaften erst im Laufe des 19. Jahrhunderts in Deutschland sowohl methodisch konstituiert wie ihr Recht und ihren Ort an den Universitäten erobert.* Diese wenigen, nur herausgegriffenen, zudem kaum zureichend präzisierten Hinweise können deutlich machen, warum den Geisteswissenschaften für die Auseinandersetzung um die der Universität in Forschung und Lehre zufallenden Aufgaben eine besondere und grundsätzliche Bedeutung zukommt. Die Naturwissenschaften gehören zu den elementaren und unabdingbaren Voraussetzungen der industriellen Gesellschaft; ihre praktische, pragmatische Definition hat daher unabhängig von der Frage, ob sie ausreicht, unbestreitbar das Recht für sich, daß sie zum Ausdruck bringt, was sie in einer Bestimmung, von der man keinesfalls absehen kann, für die Gesellschaft sind. Aber dieser Definition lassen sich die Geisteswissenschaften nicht unterwerfen; sie sind im Sinne Humboldts »freie« und von der Sphäre der gesellschaftlichen Praxis abgesonderte Wissenschaften und so »Theorie« und Träger einer auf die Teilhabe an Theorie gestellten Bildung. Was bedeutet es dann aber, daß diese Geisteswissenschaf-

32 Jetzt in: Weischedel, Idee und Wirklichkeit einer Universität, S. 457 ff., vgl. S. 462 f.

33 Für die Hinweise zur Archäologie und Kunstgeschichte habe ich Herrn Wegner und Herrn Imdahl zu danken. Zur Geschichte der Altertumskunde vgl. M. Wegner, Altertumskunde, München 1951, bes. S. 103 ff.

ten gleichwohl allererst in der geschichtlichen Epoche entstehen und zu wissenschaftlicher Geltung kommen, in welcher die industrielle Gesellschaft in der Veränderung und Umbildung der alten geschichtlichen Lebensordnungen sich durchsetzt? Man hat gesagt, daß das 19. Jahrhundert nicht nur das Zeitalter der Naturwissenschaften sei, sondern mit gleichem Recht auch das der Geisteswissenschaften genannt werden könne. Aber das schließt ein, daß die gleiche Gesellschaft, die einerseits die Wissenschaft zur Substanz und Basis ihrer Praxis im fortschreitenden Prozeß ihrer Verwissenschaftlichung macht, andererseits in den Geisteswissenschaften eine Klasse von Wissenschaften hervorbringt, die im Verhältnis zur geschichtlichen und geistigen Welt des Menschen die Aufgabe der »Theorie« übernehmen und so zur Basis einer Bildung werden, die nicht auf die Praxis abzielt und so auch nicht aus ihren Zweckanforderungen begründet werden kann. Wo dies geschieht und sich die Gesellschaft nicht in der Sukzession der Epochen, sondern gleichzeitig Wissenschaften zuordnet, die in ihren Methoden wie von ihrem Gegenstand her sich jedem Versuch widersetzen, ihre Verschiedenheit aufzuheben, und sich zu Wissenschaftsklassen entwickeln, die gegeneinander selbständig sind, ist mehr im Spiel, als im Zusammenhang der Wissenschaften als solcher bestimmt werden kann. Man wird so fragen müssen, was auf dem Boden der industriellen Gesellschaft danach verlangt, daß die geschichtlich geistige Welt des Menschen in der Methode der Geisteswissenschaften und damit in der Form einer theoretischen, nicht in die Praxis umsetzbaren Wissenschaft gegenwärtig gehalten wird, um so konkret zur Bestimmung zu bringen, welche Funktion hier die Wissenschaft in der Bestimmung der Theorie erfüllt.

Dabei schaltet nach allem, was gesagt ist, die Möglichkeit grundsätzlich aus, die Geisteswissenschaften etwa als Inkorporation der spekulativen philosophischen Theorie und ihrer Tradition von Griechenland her zu verstehen. Auch sie sind in dem strengen und genauen Begriff *»moderne«* Wissenschaften, daß sie in ihrer Fragestellung wie in ihrer Methode unabhängig vom Austrag theologischer und methaphysischer Fragen als forschende Wissenschaften keine Begründung zulassen, die nicht durch sie selbst erbracht wird. Wie sie sich in einer fast ein Jahrhundert fortgehenden Auseinandersetzung um ihre methodischen Grundlagen gegen alle Versuche, sie auf die Methode der Naturwissenschaften zu begründen, erfolgreich widersetzten und darin ihre Freiheit gegenüber den Ansprüchen der gesellschaftlichen Praxis waren konnten, haben sie nicht weniger grundsätzlich ihre Unabbhängigkeit und Andersartigkeit gegenüber der Metaphysik behauptet; man kann für Deutschland geradezu sagen, daß sie alle in der Absetzung vor allem von der von Burckhardt »vermessen« genannten spekulativen Philosophie Hegels ihren eigenen Weg gewinnen.

F. Schnabel[34] hat es gelegentlich eine schwer deutbare »große Paradoxie« genannt, daß in dem gleichen 19. Jahrhundert, in dem mehr als in irgendeinem Zeitalter der uns bekannten Geschichte sonst in langer Zeit Gewordenes und Überkommenes: Sitte, Brauch, Tracht, Gerät, Kunstwerke, ehrwürdige geschichtliche Bauten usf. ohne Bedenken den Bedürfnissen der Gesellschaft geopfert werden, zugleich der »historische Sinn« erwache und sich in den Geisteswissenschaften zu einer Universalität historischen Bewahrens und Vergegenwärtigens entfalte, die ebenfalls ohne Parallele in der Geschichte sei. In dieser »Paradoxie« ist in der Tat wie in einem Zeichen der Grund für die Ausbildung der Geisteswissenschaften auf dem Boden der modernen Gesellschaft enthalten. Doch läßt er sich nicht zum Begriff und an den Tag des Wissens bringen, wenn man nicht vor Augen hat, daß *sich der sich in den Geisteswissenschaften verwirklichende »historische Sinn« grundsätzlich und wesentlich von dem unterscheidet, wie sich Völker sonst in der Kontinuität ihres geschichtlichen Lebens zum Vergangenen verhalten.* Historie ist bei ihnen immer die den Zusammenhang des eigenen Seins wahrende Mnemosyne, das Erinnern, in dem gegenwärtig bleibt, was zur Gegenwart als ihre eigene Größe und ihr eigenes Geschick gehört. Wo daher kein Band Gegenwart und Vergangenheit verknüpft und ein Vergangenes nichts mit dem Gegenwärtigen gemeinsam hat, wird es zum Gleichgültigen und Toten. Wenn die Götter gestorben sind und der Glaube, der sie ehrte, nichts mehr ist, dann werden auch die Tempel, die ihnen gehörten, aus einem denkwürdigen Schönen zu bloßem Gestein und Gemäuer.

34 F. Schnabel, Vorabdruck aus dem nicht mehr erschienenen Bd. 5 der Deutschen Geschichte im 19. Jahrhundert, in: »Frankfurter Allgemeine Zeitung« vom 17. 12. 1957.

Eine andere geschichtliche Welt vermag sie nur als das Ding zu nehmen, dem kein Geist mehr einwohnt. Durch die Jahrhunderte hin sind so in Kleinasien wie in Europa die Säulen der griechischen und römischen Tempel, Bildwerke, Grabmäler in die Kalköfen gewandert, als Füllmaterial für Stadtmauern verwendet oder als Baustücke verbaut worden. In den verlassenen Felskirchen und Klöstern von Ürgüp und Göreme hat die islamische Bevölkerung auf den in der trockenen Luft unverändert erhaltenen Fresken die Gesichter der Engel, Heiligen, Propheten ausgelöscht.[35] Was aber dem modernen historischen Sinn als barbarische Zerstörung erscheint, hat in Wahrheit das Recht und die Legitimität der fortgehenden Geschichte für sich. Der Glaube, dem jedes Abbild des Göttlichen ein Frevel ist, befreit das auch ihm Ehrwürdige von der Schmach des Sakrilegischen; er stellt es zu einer ihm zumutbaren Gegenwart wieder her. Noch im 18. Jahrhundert hat man ohne Sinn für das »Historische« romanische und gotische Kirchen umgebaut; dies hat den realen geschichtlichen Sinn, sie in das lebendig Gegenwärtige umzuformen. Dazu gehört, daß alles, was an sich vergangen ist und nicht der gegenwärtigen Welt zugehört, auch keinen Anspruch auf historische Bewahrung hat. Sein Nichts-Sein ist legitim und der an die Kontinuität des erinnernden Daseins gebundenen Geschichte angemessen.

Demgegenüber läßt sich der moderne »historische Sinn«, wie er zunächst der historischen Wissenschaft, dann aber auch den anderen Geisteswissenschaften zugrunde liegt, sofern sie je ihren Gegenstand, die Dichtung oder die Kunst, im Horizont seiner Geschichte und als Geschichtliches auffassen, gerade dadurch kennzeichnen, daß er aus solcher unmittelbar zum geschichtlichen Dasein gehörigen Einheit von Geschichte und Historie herausgetreten ist. Er bildet im Verhältnis zu ihr schlechthin die so nur im Zusammenhang der modernen Gesellschaft und Zivilisation gegebene Ausnahme, weil er erstens in einem System von Wissenschaften zur Verwirklichung kommt, die genau wie die Naturwissenschaften durch die methodische Verselbständigung gegenüber der Vorgegebenheit ihrer Gegenstandsbereiche definiert sind, und weil zweitens diese Wissenschaften ihrerseits in einer durch keine

35 L. Budde, Göreme. Höhlenkirchen in Kappadokien (m. Aufnahmen v. W. Schamoni), Düsseldorf 1958.

Maßstäbe und Wertsetzungen der Gegenwart begrenzten Öffnung des Zeithorizontes zum Organ einer wissenschaftlichen Erschließung, Vergegenwärtigung und Bewahrung werden, die gegen die Unterschiede des Eigenen und Fremden indifferent und unabhängig von vorgegebenen Normen grundsätzlich universal sind. Doch wird man, was hier geschieht, in seinem Grunde und in seiner Positivität nicht verstehen, so lange man an der Feststellung genug hat, daß im Zeitalter der industriellen Gesellschaft neben den Naturwissenschaften aus nicht weiter zu erhellenden, in der Tiefe des Gemüts und des Geistes verborgenen Gründen auch der historische Sinn aufkomme. Der wirkliche Vorgang wird erst faßbar, wenn man davon ausgeht, daß die *Ausbildung der Wissenschaften von der Geschichte und der geschichtlichen, geistigen Welt des Menschen zu dem realen Prozeß gehört, in dem sich die moderne Gesellschaft in Europa, jetzt überall auf der Erde in der Emanzipation aus den ihr vorgegebenen geschichtlichen Herkunftswelten konstituiert.* Sie bringt überall und notwendig, wo sie im Prozeß der Modernisierung zur Welt des Menschen wird, in einer Umwälzung, die das innere wie äußere Sein des Menschen ergreift, geschichtlich Gewordenes, in langer Zeit stabile und für »ewig« genommene rechtliche, ethische, religiös sanktionierte Ordnungen und Gliederungen des öffentlichen wie des häuslichen Lebens in Fluß; sie setzt sie außer sich.

Das hat Hegel zuerst in der Strenge spekulativer Theorie zum Begriff gebracht und als die für die bürgerliche Gesellschaft konstitutive *»Entzweiung«* bestimmt. Im Anschluß an die damals neue politische Ökonomie, vor allem an Adam Smith, der von ihm der »Kepler« der die bürgerliche Gesellschaft regierenden Bewegungsgesetze genannt wird[36], sieht er in allen Konsequenzen, die dies hat, daß sich die bürgerliche industrielle Gesellschaft einzig auf das durch Bedürfnis und Arbeit vermittelte Naturverhältnis des Menschen gründet.[37] In ihrer Beschränkung auf das »System der Bedürfnisse« ist sie so als Gesellschaft von allen Herrschaftsformen und Reichen der bisherigen Geschichte verschieden, sofern sie ausschließlich die nutzende und verfügende Herrschaft des Menschen über die Natur zum Inhalt hat. Darauf beruht für

36 Hegel, Grundlinien der Philosophie des Rechts, § 189 Z.
37 a.a.O., § 188.

Hegel die »Abstraktheit«, in der sie zur »Macht der Entzweiung und Differenz«[38] wird, als diese in die geschichtliche Welt einbricht und sich in der Diskontinuität zu ihr und damit zur Herkunftsgeschichte überhaupt konstituiert. Aber Hegel hat ebenso begriffen, daß diese »Abstraktheit« auch die Voraussetzung ihrer weltgeschichtlichen Größe ist. Die Beschränkung auf die in ihrer Herauslösung aus allen sie sonst umgreifenden geschichtlichen und sittlichen Zusammenhängen ebenfalls »abstrakte« »Bedürfnisnatur« des Menschen hat zur Folge, daß *mit der modernen Gesellschaft überhaupt zum ersten Male in der Geschichte der Mensch als Mensch zum Subjekt von Staat und Recht werden kann.* Das wird in dem berühmten §209 der »Grundlinien der Philosophie des Rechts« ausgesprochen: Mit der bürgerlichen Gesellschaft gehöre es »der Bildung, dem Denken als Bewußtsein des Einzelnen in der Form der Allgemeinheit an, daß Ich als allgemeine Person aufgefaßt werde, worin alle identisch sind. Der Mensch gilt so, weil er Mensch ist, nicht weil er Jude, Katholik, Protestant, Deutscher, Italiener usf. ist.«[39] So hat die moderne Gesellschaft zufolge ihrer »Abstraktheit« und weil sie die Macht der Entzweiung ist, für Hegel die ungeheure weltgeschichtliche Bedeutung, daß sie die Gleichheit der Menschen als Menschen heraufführt; sie wird so auch ferne Erdteile und Völker in ihren Zusammenhang einbeziehen.[40] Er hat damals zuerst in Deutschland begriffen, daß sie die potentielle Menschheitsgesellschaft ist.

Aber die Voraussetzung dafür, daß mit ihr die Gleichheit der Menschen als Menschen zu realer weltlicher Existenz zu kommen vermag, bleibt die »Entzweiung«, in der die moderne Gesellschaft das mit ihr und ihrem abstrakten Naturverhältnis nicht identifizierbare geschichtliche Sein von sich abtrennt. In der Bewegung, in welcher mit der Ausbreitung ihrer Zivilisation über die Erde überall die gleichen Städte, die gleichen Formen des Arbeitens und Lebens, der Kommunikation, der Bildung entstehen, wird *die reale Geschichtslosigkeit der Gesellschaft* sichtbar; sie kann den Menschen als Menschen nur zum Subjekt des Rechts und des Staates machen und ihm gesellschaftlich Existenz geben, in dem sie ihn

38 a.a.O., §§ 182, 184 Z.
39 Vgl. § 190.
40 § 247.

aus seinem in Geschichte und Herkunft geborgenen Sein herauslöst. Sie bringt ihn real in ein Dasein, das sich zu diesem diskontinuierlich verhält. Sie legt ihm so die schwere Aufgabe auf, sein in den sittlichen, religiösen und geistigen Zusammenhängen der je eigenen geschichtlichen Herkunftswelt gegründetes persönliches Sein mit seiner durch die Gesellschaft und ihre überall homogene und geschichtslose Zivilisation gesetzten Existenz zusammenzuhalten.

In dieser für die moderne Gesellschaft konstitutiven und unaufhebbaren Abstraktheit und Geschichtslosigkeit ist die Zugehörigkeit der Geisteswissenschaften zu ihr begründet. *Sie werden auf ihrem Boden ausgebildet, weil die Gesellschaft notwendig eines Organs bedarf, das ihre Geschichtslosigkeit kompensiert*[41] *und für sie die geschichtliche und geistige Welt des Menschen offen und gegenwärtig hält, die sie außer sich setzen muß.* Während sonst die geschichtliche Mnemosyne in der realen Kontinuität des geschichtlichen Lebens das je die Gegenwart selbst repräsentierende Vergangene und nur dies erinnert, *übernehmen es die Geisteswissenschaften, das zu vergegenwärtigen, was ohne sie und da, wo der reale Prozeß der Entgeschichtlichung sich selbst ohne die Möglichkeit der Korrektur überlassen bliebe, notwendigerweise für die Gesellschaft mehr und mehr bedeutungslos werden und schließlich überhaupt aus dem Zusammenhang ihrer Welt verschwinden müßte.* Die reale Möglichkeit solchen Verschwindens und Vergehens wird immer da akut, wo die Gesellschaft zum einzigen Sein des Menschen gesetzt und damit die für sie konstitutive Entzweiung zur Macht der Eliminierung des von der Gesellschaft getrennten geschichtlichen und geistigen Seins radikalisiert wird. Littré, als Schüler Comtes nach dem Verhältnis von Metaphysik und Wissenschaft befragt, hat geantwortet, daß über dies Verhältnis die Geschichte bereits entschieden habe; die Metaphysik sei durch sie mit der Stabilisierung der positiven Wissenschaften schon jetzt zu einem nur noch Vergangenen herabgesetzt. In der gleichen Zeit aber kommt die auf die historische Methode gegründete Philosophiegeschichte auf. Sie übernimmt es, für die Gesellschaft wie in

41 Zum philosophischen Gebrauch des Begriffs der »Kompensation« vgl. O. Marquard, Skeptische Methode im Blick auf Kant, Freiburg, München 1958, S. 20, 31.

einer Gegenbewegung das, was für sie zu einem »nur noch Historischen« wird, als solches Historisches zu vergegenwärtigen; sie holt es in den Zusammenhang der Gesellschaft zurück. Das hat im Ergebnis dazu geführt, daß die Philosophie nicht nur aus der gegenwärtigen Welt *nicht* verschwunden ist, sondern daß sie im ganzen geschichtlichen Reichtum ihres Gedankens, jetzt als Element der Bildung, allen erreichbar und in einer Universalität zugänglich geworden ist, die kein Zeitalter vorher gekannt hat. Darin zeigt sich die allgemeine Funktion, die die Geisteswissenschaften im Verhältnis zu der abstrakten Wirklichkeit der Gesellschaft – Organ ihrer geistigen Kompensation – übernehmen. Was der menschliche Geist im Gange seiner Geschichte gebildet und geschaffen hat, rufen sie als die Summe der Erfahrungen, die der Mensch mit sich und der Welt gemacht hat, für die Gesellschaft in ihre Zeit zurück, dem realen Prozeß entgegen, in dem diese Gesellschaft, um den Menschen zum Menschsein zu befreien, als die Macht der Entzweiung in die geschichtliche Welt einbricht, sie umwälzt und von sich abtrennt. *So kann man sagen, daß die Gesellschaft selbst die Geisteswissenschaft als das Organ hervorbringt, das ihre Abstraktheit und Geschichtslosigkeit ausgleichen kann.* Dem entspricht die dialektische Einheit realen Entfernens und geistigen Einholens. Sie wird für die Geisteswissenschaft konstitutiv. Das wird unmittelbar an dem nur scheinbar abseitigen Vorgang der »Modernisierung« in seiner typischen Verlaufsform deutlich. Wo er einsetzt, ist immer die *reale* Bewegung das Erste, in der das alte geschichtliche Gut: Trachten, Einrichtungen, Gerät aus den Häusern und Orten des Wohnens und Lebens, verdrängt wird. Aber dazu gehört, daß das so aus der gegenwärtigen Wirklichkeit Entfernte gleichsam sein Sein verändert; es wird »das Historische« und zieht – als dieses sein reales Nichtsein hinter sich lassend – nunmehr der Bewahrung würdig in die Museen ein, die für es geschaffen werden.[42] In solchem Umschlagen ist das allge-

42 Als Beispiel für die Bewegung, in der ein Altes verlassen wird, um dann als »Historisches« denkwürdig und museal bewahrt zu werden, kann das Geschick des Goethe-Hauses am Hirschgraben in Frankfurt gelten. Frau Rat Goethe zieht aus dem alten Haus aus, verkauft die Möbel, sogar die Weine des Kellers und begreift in der neuen Wohnung, in »Luft, Licht und Sonne« nicht mehr, wie sie »45 Jahre lang auf dem Hirschgraben habe wohnen können«. Dann folgt

meine Verhältnis zur Gesellschaft impliziert, das in den Geisteswissenschaften zunächst unmittelbar für den Bereich vorausgesetzt ist, in dem sie es übernehmen, das Vergangene wie das vom Vergehen Bedrohte aufzusuchen, einzubringen, zu erschließen, zu schützen und zu erhalten, es in Sammlungen und Editionen zugänglich zu machen. Aber die gleiche Bewegungsform bestimmt sie auch sonst. Alles, was die Geisteswissenschaften in ihren historischen und hermeneutischen Methoden zum Gegenstand haben, Dichtung wie Kunstwerk, Vergangenes und Gegenwärtiges, ist immer dann, wenn es *unvermittelt* in Beziehung zur Gesellschaft tritt, dem Druck einer Bestimmung ausgesetzt, die es dem eigenen Wesen zu entfremden droht. Dem wirken die Geisteswissenschaften entgegen; sie haben, ohne daß sie hierin überhaupt ersetzt werden können, die unendlich wichtige Aufgabe, die Schöpfungen und Objektivationen des menschlichen Geistes immer aus ihnen selbst und in ihrem je eigenen Zusammenhang zu »verstehen« und zu begreifen, um sie so als sie selbst in die Gegenwart einzubringen: Von der Praxis getrennt und in die Freiheit reinen Erkennens gestellt, geben sie so dem Menschen die Möglichkeit eines Wissens von seinem nicht mit der Gesellschaft identischen Sein, das ohne sie ins Ferne gerückt oder seiner durch die Gesellschaft gesetzten Bestimmung geopfert würde.

III

An den Geisteswissenschaften wird beispielhaft das Allgemeine deutlich. In der Gleichsetzung der gesellschaftlichen Funktion der Wissenschaft mit dem, was sie als Basis und Substanz der gesell-

die »Merkwürdigkeit« des Historisch-Werdens: »Um dieselbe Zeit, als bis auf den Dichter alle dahingegangen waren, ... begann der Ruhm dieser Straße und ihres Hauses erst recht zu strahlen.« Die von Frau Goethe fortgegebenen alten Möbel und Einrichtungsgegenstände wandern nach 1860 – nunmehr »historisch« geworden – in das Haus zurück, das jetzt Museum und Gedenkstätte ist und nach der Zerstörung im Zweiten Weltkrieg Stein um Stein getreu wieder aufgebaut wird. Vgl. F. Schnabel a.a.O., E. Beutler, Essays um Goethe, 3. A., Band 1, Wiesbaden 1946, S. 28 ff.; z. o. Gesagten s. S. 65 ff. Zu der dieser Bewegungsform zugehörigen »Dialektik des Musealen« vgl. K. Gründer, in: Wort und Wahrheit 10, 1955, S. 791 ff.

schaftlichen Praxis ist, wird die wirkliche Situation nicht weniger vereinfacht als mit der Vorstellung, die Geisteswissenschaften seien in ihrer Beziehungslosigkeit zu den notwenigen Anforderungen der Gesellschaft das zusätzliche Geistige, das, dem Nutzlosen zugewendet, sich wie der Feiertag zum Werktag des Lebens verhält. Diese Bestimmung ist nicht die ihre. Die Meinung, die sie so zu begründen sucht, bleibt gegen den elementaren Bestand verschlossen, daß die Gesellschaft, wenn sie nicht das menschliche Sein auf ihre abstrakte Wirklichkeit einschränken und es mit dieser gleichsetzen soll, der Geisteswissenschaften als des Organs bedarf, das für sie gegenwärtig hält, was sie außer sich haben muß. Sie können daher ihrer gesellschaftlichen Aufgabe überhaupt nur in der Distanz zur Praxis und in der Abschirmung gegenüber allen Versuchen gerecht werden, sie für ihre Zwecke in Anspruch zu nehmen. Sieht man aber auf das, was sie als »Theorie« unmittelbar für die Gesellschaft und nicht in einem ausgesonderten esoterischen Raume des Geistes leisten, so wird deutlich, daß hier Bestimmungen im Spiele sind, die wesentlich und grundsätzlich von dem abweichen, wie Aristoteles das Verhältnis von Theorie und Praxis begründet hatte. *Der Gedanke drängt sich unabweisbar auf, daß die Geisteswissenschaften in der Eigentümlichkeit ihrer Aufgabe an einer allgemeinen Veränderung im Verhältnis von Wissenschaft und Praxis teilnehmen und sie voraussetzen, die im gleichen Sinne für die ihr auch geschichtlich vorausgehenden Naturwissenschaften konstitutiv ist.*

Der Begriff der philosophischen Theorie konnte so lange beanspruchen, mit der Philosophie auch die theoretischen Wissenschaften zu begründen und zu legitimieren, als das natürliche geschichtliche Dasein des Menschen in allen seinen Zusammenhängen und damit auch Praxis und theoretische Wissenschaft von der Einheit einer dem Menschen in den ihm von Natur gegebenen Möglichkeiten des Wahrnehmens und Erfahrens zugänglichen Weltnatur umgriffen war. Davon ging die aristotelische Begründung der philosophischen Theorie aus. Was die Dinge in ihren Gründen und Ursachen sind, ist je das schon in der praktischen Einsicht der Handwerke und Künste Gewußte. Die »theoretischen« Wissenschaften treten daher für Aristoteles allein in der Bestimmung zu ihnen hinzu, das in den Künsten vor ihnen bereits

Begriffene als »es selbst« und »an sich« zum Gegenstand zu machen und es so aus seiner Einziehung in die von der Notwendigkeit und den Bedürfnissen des Lebens gesetzten Zwecke zu lösen. Daher konnte Aristoteles von *einem* die praktischen und theoretischen Wissenschaften umgreifenden und aus den gleichen Elementen des Auffassens gebildeten Wissenschaftsbegriff ausgehen. Das Seiende, das die praktischen Künste – es nutzend – vor Augen haben, ist das gleiche Seiende, das die theoretische Wissenschaft als es selbst begreift.

Aber dieses Verhältnis von Theorie und Praxis wandelt sich auf dem Boden der Gesellschaft in seinem Grunde. Ihre Praxis beruht geschichtlich und sachlich – zuerst in der Nutzung der Natur – äußerlich darauf, daß an die Stelle des in den Künsten erworbenen und überlieferten Wissens die Naturwissenschaft tritt; sie wird zu ihrer Basis. Damit aber vollzieht sich die alles bestimmende Umwälzung. Sie besteht darin, daß die Praxis und damit die Gesellschaft als solche zu einer Natur in Beziehung tritt, die allein in der Vermittlung der Wissenschaft zugänglich ist und prinzipiell dem unmittelbaren, nicht in ihre Methoden eingeformten Wahrnehmen und Erfahren des Menschen verschlossen bleibt. Die Natur, die die Naturwissenschaft erschließt und die zum Objekt der gesellschaftlichen Praxis wird, ist als »Natur nach Begriffen« ohne Kontinuität zu der »Natur, wie man sie sieht« (Kant). Die »ptolemäische« Welt, in welcher der Mensch in seinem Dasein unter dem sich über der Erde wölbenden Himmel wohnt, bleibt – wie die Sonne des Hirten von der Sonne des Astronomen – notwendig von der Natur der Gesellschaft und ihrer Praxis getrennt, die doch zugleich die Wirklichkeit seines Lebens wird.

Das ist, im Verhältnis zur Natur bestimmt, die gleiche Entzweiung, in der sich die Gesellschaft aus der ihr vorgegebenen geschichtlichen Herkunftswelt löst. Doch genügt es, auf sie nur hinzuweisen, um deutlich zu machen, warum sich das mit der modernen Gesellschaft gesetzte Verhältnis von Wissenschaft und Praxis nicht mehr aus den gleichen Voraussetzungen begründen läßt, von denen Aristoteles ausgehen konnte. Wo die Praxis »verwissenschaftlicht« wird, schließt dies ein, daß die Wissenschaft, ihr vorausgehend, die Wirklichkeit allererst erschließen und geben muß, die dann die Praxis zum Objekt ihrer Nutzung machen kann. Sie folgt so der Wissenschaft nach; sie kann ohne die Fundierung durch ihre ihr als Praxis vorausgehende Erkenntnis nicht bestehen.

Damit hat sich mit der modernen Gesellschaft das im klassischen Theoriebegriff vorausgesetzte Verhältnis von Praxis und Wissenschaft umgekehrt. Nicht die Praxis gibt in der Einheit mit der Erfahrung des Daseins der theoretischen Wissenschaft den Welthorizont vor, sondern die Erschließung einer Wirklichkeit, die der unmittelbaren Erfahrung des Daseins überhaupt unzugänglich ist, durch die Wissenschaft ist die Bedingung dafür, daß die moderne gesellschaftliche Praxis allererst möglich wird. Das Verhältnis, in dem sie so zueinander stehen, läßt sich daher nur sehr unbestimmt durch Anwendung definieren. Entscheidend ist vielmehr, daß sich hier die Wissenschaft zur Praxis als eine Theorie verhält, die ihr, sie konstituierend, vorausgeht; sie wird so als freie, nicht in die Praxis eingelassene, sondern von ihr unabhängige Erkenntnis zu ihrer Basis. Aber diese Theorie hat zugleich die Schönheit und Göttlichkeit der klassischen Philosophie von sich getan, doch nicht, weil das Göttliche ihr nichts mehr ist, sondern weil sie ihren Ort gewechselt hat. *Sie ist für die Gesellschaft an die Stelle der natürlichen und geschichtlichen Wahrnehmung und Erfahrung getreten.* Sie hat da, wo die Gesellschaft zur Welt des Menschen wird, die elementare Funktion übernommen, die Wirklichkeit für sie erkennend zugänglich zu machen und offen zu halten, damit diese Wirklichkeit überhaupt die der Gesellschaft zu sein vermag. Während die Geisteswissenschaften als Theorie die auf die Gesellschaft und ihre Natur nicht abbildbare oder reduzierbare geschichtlich-geistige Welt des Menschen in ihrer Zugehörigkeit zur Gesellschaft einholen, gibt die Naturwissenschaft der Praxis die Naturwirklichkeit vor, die als ihr Objekt die Welt der Gesellschaft wird. In der Verschiedenheit der ihnen zufallenden Aufgabe haben so die beiden Wissenschaften für die Gesellschaft die gleiche Bedeutung. In der Begründung der gesellschaftlichen Praxis wie in der Kompensation ihrer Abstraktheit erfahren sie die Wirklichkeit, die als diese die Welt der Gesellschaft ist.

Humboldts Idee der Universität wurde in ihrem Grund von der Erwartung getragen, daß der in »Freiheit und Einsamkeit« gegen die Gesellschaft abgeschirmten Wissenschaft und der auf sie gegründeten Bildung die Kraft des Geistes einwohne, die jetzt von der Auszehrung bedrohten geistigen, sittlichen Substanzen des Menschseins nicht nur begreifend gegenwärtig zu halten, sondern sie auch in der Realität zu retten. Damit werden nicht nur die Wissenschaften, sondern der Geist selbst überfordert. Wo die Gesellschaft als die Macht der Differenz das geschichtliche und gesellschaftliche Sein des Menschen entzweit, haben allein der Staat und das Recht als Gesetz die Gewalt, das voneinander Getrennte zusammenzuhalten und *dem* Sein die äußere Wirklichkeit zu verbürgen, das das Gemüt in Einsichten und Gesinnungen als das »Seine« weiß.

Aber die Universität, die Humboldt geschaffen hat, ist im notwendigen Gang der Dinge längst zu dem Ort geworden, an dem in Lehre und Forschung die Wissenschaften als Theorie ihr Recht haben, die die Bedingung und Voraussetzung der modernen Gesellschaft sind. In der sachlichen Bestimmung, die diese so der Universität geben und setzen, ist zu konkreter Erfüllung gekommen, was Hoffnung und Wunsch – das überfliegend, was in der Wirklichkeit möglich ist – geplant und entworfen haben.

Darin liegt die Größe wie die Gefährdung der Universität. Sie wird nicht nur von den Zweckanforderungen der Praxis, sondern ebensosehr von dem Anspruch der Ideologien und Weltanschauungen bedrängt. Zumal die Geisteswissenschaften sollen als ein der Praxis nicht zugeordnetes Erkennen von ihnen politisch und geistig begründet und zu »höherer Bestimmung« gebracht werden. Aber alles dies steht im Widerspruch zu dem, was die Wissenschaften auf dem Boden der Gesellschaft und für sie sind und sein können: Organ des Erfahrens und Vergegenwärtigens in einer Welt, die zum ersten Male in der Geschichte auch in dem elementaren Bereich auf Wissenschaft verwiesen ist, in dem andere Zeiten aus dem in Dasein und Praxis erworbenen Wissen in einer Wirklichkeit leben konnten, die in Leben, Praxis und Theorie in gleicher Weise gegenwärtig ist. Wie die für die Gesellschaft konstitutive Herrschaft über die Natur nicht ohne die erfahrende Theorie der Naturwissenschaft möglich ist, so fordert auf der anderen Seite die mit ihr gesetzte Abstraktheit die Geisteswissenschaften, die dem Menschen in seinem gesellschaftlichen Sein die substantiellen Zusammenhänge des Menschseins vergegenwärtigen, die die Gesellschaft ihm nicht zu geben vermag. Darin liegt die gegenwärtige

Bestimmung der Universität. Sie unterscheidet sich von allem, was Universitäten und auf theoretische Wissenschaft gestellte Bildungsinstitutionen in der vormodernen Welt gewesen sind. In der von den Spannungen der politischen Interessen und den weltanschaulichen und ideologischen Gegensätzen bewegten Gegenwart ist sie – »letzte Freistätte der Wissenschaft« (Humboldt) – für sie die Institution geworden, die allein der Theorie und der Bildung den Ort gibt, die in der Teilhabe an ihr ihr Wesen hat. In dieser Bestimmung ist sie durch keine andere Schule, Fachschule, Bildungsinstitution in der Funktion zu ersetzen, die sie für die Gesellschaft übernommen hat.

Daran wird sich auch die Auseinandersetzung mit den Problemen und Schwierigkeiten halten müssen, die die Universität gegenwärtig in ihrem Bestande gefährden. Ihre Lösung und Meisterung setzen notwendig voraus, daß die elementare sachliche und nüchterne Funktion die Basis der Universität bleibt, die beide Klassen der Wissenschaften gemeinsam für die Gesellschaft erfüllen, damit sie die Welt des Menschen als Menschen bleiben kann.

Landschaft
Zur Funktion des Ästhetischen in der modernen Gesellschaft (1963)

Für Edith
11. Juni 1963

I

Am 26. April 1335 bricht Petrarca, nur von seinem Bruder begleitet, auf, um den Mont Ventoux zu besteigen, den er seit seiner Kindheit in Avignon und Carpentras immer wieder vor Augen gehabt hatte[1]. Mit dieser Bergbesteigung gehört Petrarca zu den Italienern, die (wie Jacob Burckhardt sagt) zuerst in einem vom »Forschen und Wissen« unterschiedenen »besonderen Sinn« der Natur nahetraten und als die »frühesten unter den Modernen ... die Gestalt der Landschaft als etwas mehr oder weniger Schönes wahrgenommen und genossen haben«[2]. Der Bericht, den Petrarca unmittelbar nach dem Abstieg in »bäuerlicher Herberge« schrieb, zeigt zugleich, daß es für ihn selbst ein neues, bis dahin nicht erprobtes und am Ende undeutbares Unternehmen war, einen

1 Brief an Diogini da Borgo San Sepolcro, in: Familiarum Rerum Libri IV, 1 Ed. Naz. d. op. di Fr. Petrarca X (Le Familiari ed. p. c. di Vitt. Rossi t. 1), Firenze 1933, S. 153-161, jetzt leicht in deutscher Übersetzung zugänglich in »Petrarca, Dichtungen, Briefe, Schriften«, ausgew. u. eingel. v. H. W. Eppelsheimer (Fischer-Bücherei) 1956, S. 80 ff.
Petrarcas Vater läßt sich, aus der Vaterstadt vertrieben, nach langem Wanderleben in Avignon nieder. P. verbringt mit seiner Mutter und mit seinem Lehrer da Prato die Kinderzeit in dem nahe gelegenen Carpentras und kehrt nach Studienjahren in Montpellier nach Avignon zurück. Zum biographischen Zusammenhang vgl. H. W. Eppelsheimer, P., Frankfurt 1934, S. 1 ff.; U. Bosco, F. P., Bari 1961, S. 273 ff. Vgl. a.a.O., S. 153, 1: Altissimum regionis huius montem, quem non immerito Ventosum vocant, hodierno die ascendi ... ab infantia enim his in locis ... versatus sum; mons autem hic late undique conspectus fere semper in oculis est.

2 Vgl. J. Burckhardt, Die Kultur der Renaissance in Italien, 4. Abschn. Gesamtausgabe, hg. v. W. Kaegi, Bd. 5, S. 211 f. Bereits A. v. Humboldt weist auf Petrarcas Besteigung des Mont Ventoux hin, s. Kosmos II, A. 1, S. 84, S. 47. Vgl. ferner A. Mühlhauser, Die Landschaftsschilderung in Briefen der italienischen Frührenaissance (Abh. z. mittl. u. n. Gesch., hg. von v. Below, Bd. 56), Berlin 1914, S. 3 ff.; Kenneth Clark, Landscape into Art [[1]1949] 1961, S. 23 f.

Berg zu besteigen – »einzig getrieben von der Begierde, die ungewöhnliche Höhe eines Ortes in unmittelbarer Anschauung kennenzulernen«[3]. Tags zuvor hatte Petrarca bei Livius vom Mazedonierkönig Philipp gelesen, der den thessalischen Haimon bestieg, weil er dem »Berichte Glauben schenkte«, man könne von seinem Gipfel zwei Meere zugleich, das Adriatische und das Schwarze, erblicken[4]. Das gibt Petrarca allererst den Entschluß frei, den bereits lange unbestimmt gehegten Plan[5] auszuführen: »Was bei einem greisen Könige nicht getadelt« werde, könne man einem »Jüngling ohne Teilnahme am öffentlichen Leben« wohl nachsehen[6].

Dann nach dem Aufbruch wird ihm das Ungewöhnliche und Neue seines Unternehmens noch einmal bewußt: er sieht, daß es auch dem ländlich an den Hängen des Berges wohnenden Volke durchaus fremd und unheimlich ist: »Einen sehr alten Hirten trafen wir, der sich mit vielen Worten bemühte, uns von der Besteigung abzubringen. Er selber habe zwar vor fünfzig Jahren im Ansturme jugendlichen Feuers ebenfalls den Berg bis zu seinem Gipfel erstiegen; doch habe er damals nichts als Reue, Erschöpfung und einen zerrissenen Leib und Rock heimgebracht. Man habe denn auch weder vor noch nach jener Zeit wieder davon gehört, daß irgend jemand Ähnliches gewagt habe.«[7]

3 a.a.O., S. 160, 35: hospitiolum rusticum; 153, 1: sola videndi insignem loci altitudinem cupiditate ductus.

4 a.a.O., S. 153, 2: apud Livium forte ille mihi locus occurrerat, ubi Philippus Macedonum rex – is qui cum populo Romano bellum gessit – Hemum montem thessalicum conscendit, e cuius vertice duo maria videri: Adriaticum et Euxinum fame crediderat cf. Livius XL, 21 seq. Nach dem auf Polybios zurückgehenden Bericht soll Philipp V. 181 a. C. diese Expedition in der Absicht unternommen haben, einen »strategischen Überblick vom Pontos bis zur Adria gewinnen zu können«. Hierzu u. zum Berg Haimos (oder Haimon) vgl. Oberkummer in: Pauly-Wissowa RE. 14. Hlbbd. 2221-2226. P. versteht das Unternehmen Philipps unmittelbar im Sinne des eigenen Vorhabens; dabei zeigt sich, wie bei ihm das Bedürfnis des »Erkundens« eine dann auch in der eigenen Reflexion zurücktretende Rolle spielt: Wenn für ihn »montis illius experientia« so leicht wie beim Mont Ventoux sei, so würde er es nicht lange im Ungewissen lassen, ob man in der Tat von ihm diesen Überblick haben kann (was Livius für unmöglich hält).

5 a.a.O., S. 153, 1: multis iter hoc annis in animo fuerat.

6 a.a.O., S. 153, 3: excusabile visum est in juvene privato quod in rege sene non carpitur.

7 a.a.O., S. 154, 7.

Als Petrarca später nach vergeblichen Versuchen, einen leichteren Aufstieg zu finden, erschöpft wie entmutigt ausruht, sucht er im »Aufflug des Gedankens vom Körperlichen zum Unkörperlichen« das Unternommene durch den Vergleich mit der Erhebung zum seligen Leben zu deuten und zu rechtfertigen, das auch »auf einer Höhe liegt, zu welcher, wie es heißt, der Weg steil hinaufführt«. Da die »Bewegungen des Geistes im Unsichtbaren und Verborgenen wie die Bewegungen des Körpers sind, die offen zu Tage liegen«, könne man den Mont Ventoux mit dem Gipfel vergleichen, der »das Ziel aller und des Weges Ende« sei, dem »unsere Pilgerfahrt zugeordnet ist«. Was er so »heute bei der Besteigung dieses Berges erleide, widerfahre ihm selber und vielen in gleicher Weise auch in der Erhebung zum seligen Leben«[8]. Doch dann zeigt sich, daß die Zuwendung zur Natur als Landschaft, die Petrarca in großem Aufbruch erprobt, sich einer Deutung im Sinne der Petrarca in der Vermittlung durch Augustinus vertrauten philosophischen und theologischen Erhebung zur Anschauung des Ganzen widersetzt. Sie führt aus ihrem Zusammenhang heraus.

Als Petrarca schließlich auf dem Gipfel steht und – vom ungewohnten Hauch der Luft und vom freien Rundblick betroffen – einem »Betäubten« gleicht[9] und sich jetzt im Angesicht der Natur ringsum, wiederum im Sinne Augustins, dem eigenen Sein und Leben, die »Bekenntnisse«, die er stets bei sich hatte, beliebig aufschlagend[10], zuwendet, kommt es zur Wende. Er liest: »Die Menschen gehen hin und sehen staunend die Gipfel der Berge und die Fluten des Meeres ohne Grenzen, die weit dahin fließenden Ströme, den Saum des Ozeans und die Kreisbahnen der Gestirne, aber sie haben so nicht acht ihrer selbst.«[11]

8 a.a.O., S. 155, 9-156, 15: a corporeis ad incorporea volucri cogitatione transiliens ... equidem vita, quam beatam dicimus, celso loco sita est ... arcta, ut aiunt, ad illam ducit via (cf. Matth. 7, 14) ... quod corporis motus in aperto sunt, animorum vero invisibiles et occulti ... in summo finis est omnium et viae terminus, ad quem peregrinatio nostra disponitur ... quod totiens hodie in ascensu montis huius expertus es, id scito et tibi accidere et multis accedentibus ad beatam vitam.

9 a.a.O., S. 157, 17.

10 a.a.O., S. 158, 26: Confessionum Augustini librum quem habeo semper in manibus.

11 »Et eunt homines mirari alta montium et ingentes fluctus maris et latissimos lapsus fluminum et Oceani ambitum et gyros siderum et relinquunt se ipsos nec

Petrarca ist wie geschlagen. Ihm geht auf, daß die Besteigung des Berges, die er doch unternommen hatte, um sich im genießenden Anblick der großen Natur ringsum liebend Gott zu vergegenwärtigen, von Augustinus als »Vergessen des Selbst« verworfen wird. Er bittet seinen Bruder, der »weiter zu hören begierig ist«, ihm »nicht lästig zu fallen«. Er schließt das Buch, nun im Zorn über sich selber, weil er noch »Irdisches bewundere«. Selbst die »Philosophen der Heiden hätten ihn lehren können, daß nichts außer der Seele der Bewunderung würdig« sei[12]. So vermag Petrarca das im Aufschwung der Seele Begonnene und Erfahrene nicht zu halten. Er hat jetzt, wie er berichtet, »genug von dem Berge gesehen« und wendet absteigend das »innere Auge« allein noch dem eigenen Inneren zu. Der Mont Ventoux, der ihn so mächtig in seinen Bann gezogen hatte, verliert allen Glanz. Er wirkt jetzt auf den Zurückblickenden wie eine »Höhe, die kaum eine Elle im Vergleich zu der Höhe hat, welche die Betrachtung des Menschen zu erreichen vermag«[13].

Die ungemeine und allgemeine Bedeutung, die diesem Bericht Petrarcas zukommt, liegt in der Reflexion auf die Motive seiner Bergbesteigung. In ihr wird der geistige Zusammenhang faßbar, aus dem einerseits geschichtlich die Zuwendung zur Natur als Landschaft hervorgeht und aus dem sie zugleich – in einer Wende,

mirantur ..«. (Conf. X, 8. 15) Die Sätze stehen bei Augustinus im Zusammenhang der Lehre von der memoria. Das Selbst und sein erinnerndes Gedächtnis seien im Vergleich zur »äußeren« Natur das Größere, sofern Berg, Meer, Strom und Gestirn, die ich sehe, und der Ozean, von dem ich nur durch Hörensagen weiß (credidi), innerlich im Gedächtnis in der gleichen gewaltigen Ausdehnung ohne sinnliche Vermittlung gegenwärtig zu sein vermögen, in welcher ich sie »außen« zu sehen vermag. Die Sätze haben also bei Augustinus nichts mit Naturgenuß und Naturbetrachtung zu tun; sie machen den ontologischen Vorrang des Unkörperlichen über das Körperliche und sinnlich vermittelte Außenweltliebe geltend. Petrarca dagegen liest die Stelle allein im Blick auf seinen Versuch, die Bergbesteigung als Form des Aufstiegs der Seele zum Gipfel seligen Lebens zu deuten. Er wird für ihn durch die Confessiones in Frage gestellt. Die Zuwendung zur Natur als Landschaft läßt sich nicht in die innerliche Bewegung des Selbst aufheben und als Form der Erhebung begreifen, in welcher die Seele innerlich zu Gott vom Körperlichen zum Unkörperlichen aufsteigt.

12 a.a.O., S. 159, 28: jampridem ab ipsis gentium philosophis discere debuissem nihil praeter animum esse mirabile.

13 a.a.O., S. 160, 33.

die diesem fremd bleibt – hinausführt. Alle Begriffe und Vorstellungen, mit denen Petrarca sein Unternehmen zu deuten und sich begreiflich zu machen sucht: Aufstieg der Seele vom Körperlichen zum Unkörperlichen in der Zuwendung des Selbst zu Gott, freie Betrachtung der Natur als innerliche Bewegung der Seele, die auf das »selige Leben« gerichtet ist, gehören – in das Neuplatonische und Christliche umgesetzt – in die Tradition der von Anbeginn mit der Philosophie identischen θεωρία τοῦ κόσμου[14]. Die Zuwendung zur Natur als Landschaft setzt sie geschichtlich und sachlich voraus. »Kosmos« ist »Weltordnung«. Wenn für »Kosmos« wie bei den frühen und ersten Philosophen und dann bei Aristoteles und in seiner Nachfolge in der spätantiken hellenistischen Philosophie als der ursprünglichere Begriff »φύσις«, »Natur« steht, ist immer – als Gegenstand der Theorie – die »ganze Natur« gemeint, die allem von Natur Seienden zugrunde liegt und in ihm gegenwärtig ist[15]. Daher hat philosophisch die Betrachtung (θεωρία) der Natur die Bedeutung, daß sich in ihr der Geist dem alles umgreifenden »Ganzen« und »Göttlichen« zuwendet. Nur so ist verständlich, warum Aristoteles die ionischen Naturphilosophen »Physiologen« und zugleich »Theologen« nennt: Als diejenigen, die »von der Natur reden«, sind sie auch diejenigen, die »sich um das Göttliche sammeln«. Θεωρία bedeutet anschauende Betrachtung. Aber das Wort meint mehr als ein beliebiges und unbestimmtes Betrachten von etwas. »Theorie« gehört in die Sphäre des Festes und des festlichen Spieles zu Ehren der Götter und meint so genau: Anschauen, das dem Gotte zugewendet ist und so an ihm Teil gibt. In diesem Sinne hat Aristoteles den Begriff der Theorie aufgenommen und auf die Philosophie übertragen; Philosophie ist »theoretische« Wissenschaft; sie kann so ihrerseits »theologisch« genannt werden[16].

Später wird diese Übertragung wie so vieles dem Pythagoras zugeschrieben; er soll, befragt, was Philosophie sei, dies geantwortet

14 Hierzu und zum Begriff der »Theorie« (θεωρία, ἐπιστήμη θεωρητική) vgl. J. Ritter, Die Lehre vom Ursprung und Sinn der Theorie bei Aristoteles, Arb.gem. für Forschung, Schriftenreihe Geisteswiss., Bd. 1, S. 32 ff. Dort auch die Belege für das Folgende (in diesem Band S. 9 - 33).

15 z. B. Aristoteles, Met. 1, 3 983 b 8 - 17.

16 z. B. Met. 1026 a 19

haben: es würden alle Menschen von Natur in die Weltordnung als in ein Fest des Gottes hineingeboren; während aber die Einen bei diesem Feste sind, um sich zu vergnügen, und, anderen Waren feilbietend, Geschäfte machen, seien die Philosophen diejenigen, die sich anschauend der Weltordnung zuwenden und so in ihrer »Theorie« den Sinn des göttlichen Festes erfüllten[17]. Diese Festbedeutung der Theorie bleibt dann über Jahrhunderte hin bewußt. Philon, der Alexandriner, sagt, daß für die »Jünger der Weisheit« fern vom Getriebe des Marktes der »ganze Kreislauf des Jahres ein einziges Fest« bilde[18]. Wer der Betrachtung lebt (so heißt es bei Bernhard von Clairvaux), wird »nicht irgendwo, sondern im Tempel« angetroffen[19]. Für Augustinus wie für die Platoniker ist das Schöne aller Dinge und der »ganzen Weltzeit« die »Stimme«, mit welcher alles, was ist, »Gott bekennt und preist«. Daher folgt der Mensch, der sich betrachtend der Welt und ganzen Natur zuwendet, dem Ruf dieser Stimme. Er wiederholt in seiner Theorie den Preis, in dem das Seiende Gott bekennt[20].

Mit dem Begriff der Theorie wird so zugleich die Philosophie gegen die Sphäre des praktischen Handelns abgegrenzt. Während »Wissenschaft« (ἐπιστήμη) sonst und ehe sie zur »theoretischen Wissenschaft« als Philosophie wird, zu den »Künsten« (τέχναι) als das sie tragende Wissen gehört und so im Dienste der Bedürfnisbefriedigung und der »Notwendigkeit« steht, ist Philosophie als theoretische Wissenschaft »freie« Erkenntnis; mit ihr geht der Mensch aus dem Bereich der Praxis und ihrer Zwecke heraus; er »überschreitet«, »transzendiert« ihn, um sich zur Anschauung des Ganzen zu erheben[21]. Augustinus hat dieses »Hinausgehen« im neuplatonischen Sinn der Erhebung zur Unsichtbarkeit Gottes

17 Cicero Tusc. v, S. 8 f.

18 Nom. 11 44 p. 279 M.

19 Tract. de Jesu 29, III 867 C: Invenitur .. contemplator non in quolibet loco, sed in templo.

20 Ennarr. i. Ps. 148, 15: omnium pulchritudo quodam modo vox eorum est confidentium Deum cf. Ep. 138, 5: universi saeculi pulchritudo … velut magnum carmen cuiusdam ineffabilis modulatoris. Conf. V, 1; X 6; X1,4.

21 Aristoteles, Met. 1, 2 982 b 24 seq.: δι' οὐδεμίαν αὐτὴν ζητοῦεν χρείαν ἑτέραν … οὕτω καί αὕτη μόνη ἐλευθέρα οὖσα τῶν ἐπιστημῶν. De Mundo 1 391 a 1 seq.: θεῖόν τι … φιλοσοφία ἔδοξεν εἶναι … μόνη διαραμένη πρὸς τὴν τῶν ὅλων θέαν.

dann auch als Wende vom »uti«, der gebrauchenden Nutzung, zum »frui« als der genießenden Betrachtung bestimmt[22].

So sind die Begriffe, mit denen Petrarca das von ihm Begonnene zu deuten sucht, Begriffe der »Theorie« im Sinne der von Griechenland herkommenden Philosophie: er geht aus seinem gewohnten Dasein heraus; er »transzendiert« es. Er ersteigt, alle praktischen Zwecke hinter sich lassend, den Berg, um auf dem Gipfel, getrieben allein von dem Verlangen zu schauen[23], in freier Betrachtung und Theorie an der ganzen Natur und an Gott teilzuhaben. Er besteigt den Berg frei »um seiner selbst willen und um den Blick von seinem Gipfel zu genießen«[24]. Er begründet dies aus dem geistigen Zusammenhang der »Theorie«. Das hat allgemeine Bedeutung. Für das ästhetische Verhältnis zur Natur als Landschaft bleiben dann die von Petrarca aufgenommenen Bestimmungen der philosophischen Theorie-Tradition konstitutiv. Das gibt der Ersteigung des Mont Ventoux epochale Bedeutung. Natur als Landschaft ist Frucht und Erzeugnis des theoretischen Geistes.

Wie es bereits die Begegnung Petrarcas mit dem alten Hirten zeigt, ist Landschaft dem in der Natur wohnenden ländlichen Volk fremd und ohne Beziehung zu ihm[25]. Berge sind Ort des Wetters,

22 De Doctr. Christ. 1, 4; es gilt grundsätzlich: utendum est hoc mundo, non fruendum cf. De Div. Quaest. LXXXIII, 30; De Civ. Dei XI, 25.

23 Das »sola videndi cupiditate ductus« bei Petrarca (153, 1) entspricht unmittelbar der »Liebe zum Sehen ohne jeden Bezug auf Nutzen« (ἡ τῶν αἰσθήσεων ἀγάπησις ... χωρὶς τῆς χρείας), mit der Aristoteles Met. 1, 1 980 a 22 die Zugehörigkeit der Theorie zum Menschsein begründet.

24 K. Clark, a.a.O., S. 23.

25 Die Nichtidentität der Natur als Landschaft mit der Natur des ländlischen Daseins wird in der Geschichte der Landschaft und ihrer Deutung immer wieder einmal geltend gemacht. So P. Cézanne in einem Gespräch mit J. Gasquet (in: J. Gasquet, Cézanne, Paris 1926, P. 11, Ce qu'il m'a dit p. 145; deutsch unter d. Titel: P. Cézanne, Über die Kunst. Gespräche mit J. Gasquet, übers. v. E. Glaser, hg. v. W. Hess, Hamburg 1957, S. 20 f.): »Bei den Landleuten habe ich manchmal gezweifelt, ob sie wissen, was eine Landschaft, was ein Baum ist ... Der Bauer, der auf dem Markt seine Kartoffeln verkaufen will, hat niemals den Saint Victoire gesehen ... Sie wissen, was da gesät ist, hier, da am Wege entlang, wie morgen das Wetter sein wird, ob Saint Victoire seinen Hut hat oder nicht, ... aber daß die Bäume grün sind, und daß dies Grün ein Baum ist, daß diese Erde rot ist, und daß dies rote Geröll Hügel sind, ich glaube wirklich, daß die meisten es nicht fühlen, daß sie es nicht wissen außerhalb ihres unbewußten Gefühls für das Nützliche.«

oder sie sind Göttersitze: vom böotischen Helikon steigen die Musen in Nebel und Nacht herab, um Hesiodos, den an seinen Hängen die Herde Hütenden, zum Dichter zu weihen[26]. Natur ist für den ländlich Wohnenden immer die heimatliche, je in das werkende Dasein einbezogene Natur: der Wald ist das Holz, die Erde der Acker, die Wasser der Fischgrund[27]. Was jenseits des so umgrenzten Bereiches liegt, bleibt das Fremde; es gibt keinen Grund hinauszugehen, um die »freie« Natur als sie selbst aufzusuchen und sich ihr betrachtend hinzugeben. Landschaft wird daher Natur erst für den, der in sie »hinausgeht« (transcensus), um »draußen« an der Natur selbst als an dem »Ganzen«, das in ihr und als sie gegenwärtig ist, in freier genießender Betrachtung teilzuhaben: »Wenn das liebe Tal um mich dampft (so heißt es im »Wer-

M. J. Friedländer (Essays über Landschaftsmalerei, Den Haag 1947, S. 12) weist im gleichen Sinne darauf hin, daß »die Menschheit weit entfernt von dem Zeitalter war, in dem sie ausschließlich von Viehzucht, Jagd und Landbau gelebt hatte, als ihr Blick auf Erde und Himmel seelische Regungen weckte und die Lust, diese Regungen bildlich zu bannen«, während der Bauer das Land kenne, das er bearbeitet, von der Landschaft aber »kaum berührt« werde. Die »genießende Schau« könne nicht aufkommen, wo »Not und Nutzen vorwalten«.

26 Hesiod, Theogonie 1 seq.; 22 seq.; 30 seq.

27 Vom werkenden ländlichen Dasein ausgehend, hat M. Heidegger die ihm zugehörige (vorästhetische wie vortheoretische) »ursprüngliche« Gegebenheit des von Natur Seienden als »Zuhandenheit« gegen die Reduktion von Gegebenheit überhaupt auf Perzeption gestellt. Vgl. Sein und Zeit, Halle 1927, § 15. J. Trier macht im gleichen Sinne die Herkunft der Namen von natürlichen Dingen aus der Werkgebundenheit geltend: »Viele natürliche Dinge dieser Welt werden benannt nach menschlichen Bedürfnissen, Nöten, Wünschen und Nutzungen. Sie bieten sich dar als eingebettet und verschlungen in die Not- und Werkwelt. Geistig sind sie gehandhabte Bestandteile des menschlichen Tätigkeitsraumes. Es dauert lange, bis sie daraus entlassen werden. Und auch wenn sie daraus entlassen sind, tragen sie in ihren Benennungen, etymologisch durchschaubar, die Spuren ihrer alten Werkgebundenheit an sich. Neuere etymologische Forschung hat es sich zum Grundsatz gemacht, den wortgebenden Menschen sich nicht als einen vorzustellen, der die Dinge betrachtet, sondern als einen, der mit ihnen wirkend, hoffend, sorgend umgeht« (Versuch über Flußnamen, Arb. gem. f. Forschung Geisteswiss., Bd. 15, Köln-Opladen 1960, S. 6 f.). Die Einsicht, daß das Gegebene zuerst in die an die Werkwelt gebundene Natur eingelassen ist, macht erst die Frage möglich und sinnvoll, was der nicht praktisch vermittelten und so »freien« theoretischen und ästhetischen Zuwendung zur Natur zugrunde liegt und was sie als Phänomen des Geistes hervortreibt.

ther«) und die hohe Sonne an der Oberfläche der undurchdringlichen Finsternis meines Waldes ruht« und »wenn's dann um meine Augen dämmert und die Welt um mich her und der Himmel ganz in meiner Seele ruhn«, dann fühle (ich) »die Gegenwart des Allmächtigen, der uns nach seinem Bilde schuf, das Wehen des Alliebenden, der uns in ewiger Wonne schwebend trägt und erhält«. Carus, Arzt, Maler und Schellingschüler, hat in seinen »Briefen über Landschaftsmalerei« (1815-1824) die Natur als Landschaft ausdrücklich und bewußt in Begriffen bestimmt, die als diese zur Tradition der philosophischen Theorie gehören. Was als Landschaft gegenwärtig ist, wird von ihm das »ewig waltende Leben der Schöpfung«, das »absolut Höchste, welches ihr (sc. der Natur) Urquell ist«, das »Große und Naturganze«, »einwohnendes Gesetz«, »Walten der ewigen Gesetzmäßigkeit«, »Urkraft und Seele der Welt« genannt. Daher wird für Carus der Himmel als »Inbegriff von Luft und Licht« und so als das »eigentliche Bild des Unendlichen« zum »unerläßlichsten und herrlichsten Teil der Landschaft« überhaupt[28]. Himmel ist in der Tradition der philoso-

28 Neun Briefe über Landschaftsmalerei, geschrieben in den Jahren 1815 bis 1824, hg. u. m. e. Nachwort begl. v. K. Gerstenberg, Dresden o. J., S. 36, 48, 50, 24, 44. Die Natur, die »als solche notwendig und durchaus schön« sei, werde als schön »um so mehr erkannt ..., je mehr die Göttlichkeit ihres Wesens sich offenbart« (52). Wie »Himmel« sind »Luft« (πνεῦμα), »Äther«, »Licht« (vgl. H. Blumenberg, Licht als Metapher, in: Stud. Gen. 10, 1957, S. 432 ff.) nicht anders als die von Carus aufgenommenen philosophischen Begriffe spekulativer und theologischer Herkunft, auch wenn sie in der Kunsthistorie wesentlich nur als Elemente der Sichtbarkeit und Darstellung genommen werden. Aus dieser Herkunft lebt ihre ästhetische Bedeutung. Das Aufkommen der Landschaft stellt so vor die Frage, was es heißt, daß das ursprünglich allein durch den Begriff der Theorie Vermittelte nunmehr nach ästhetischer Vergegenwärtigung verlangt.

Selbst die ästhetische Beachtung der kleinen, gewöhnlichen und unscheinbaren Dinge (Stilleben) kann so aus dem Zusammenhang des metaphysischen Himmels leben. Vgl. die Verse, die Goethe einer Mappe von Zeichnungen für Merck beigibt: »Gott geb' dir Lieb' zu dem Pantoffel / Ehr' gib jeder krippligen Kartoffel / Erkenne jedes Dings Gestalt / Sein Leid und Freud, Ruh und Gewalt / Und fühle, wie die ganze Welt / Der große Himmel zusammenhält.« Ladendorf macht (Geographie, Kartographie und neuere Kunst, in: Wallraf-Richartz-Jahrbuch 24, 1962, S. 384) auf die Bedeutung des Turmes aufmerksam, der »eine universalgeschichtliche Schicht, eine Qualität mehr« habe, als ihm allgemein zugebilligt werde. Er sei wie das Mal »groß«, nicht nur soweit man ihn sieht,

phischen Theorie immer die Sichtbarkeit des Kosmos als »Weltordnung« und seine scheinende Gegenwart. Alles, was »Himmel« dann in der Geschichte des Geistes bis zu Kants Verbindung des »gestirnten Himmels über mir« und des »moralischen Gesetzes in mir« bedeutet, lebt aus dieser alten Identität von Kosmos und Himmel[29]: »Wann aber werde ich den Sternenhimmel malen –

sondern auch, soweit man von ihm sehen und herrschen kann. Auch der Turm als Ort des Sehens gehört, wenigstens mittelbar, in den Zusammenhang der metaphysischen Tradition. »Spekulation« kommt nicht von speculum (Spiegel) her, sondern von »speculatio«: Ausspähen, Auskundschaften, und von »speculator«: Kundschafter (vgl. Spiegelturm, in Münster noch als Straßenname). Daher kann Nicolaus von Cues die cognitio speculativa der docta ignorantia ausdrücklich als Turmerkenntnis von dem diskursiven Erkennen unterscheiden, in dem der Mensch wie ein Jagdhund den Spuren über den Acker hin folge, die er vom hohen Turm des Spekulativen auf einmal und als Ganzes zugleich erblickt: »... attenderem doctam ignorantiam sic aliquem ad visum elevare quasi alta turris. ›Videt enim ibi constitutus id quod discursu vario vestigialiter quaeritur per in agro vagantem ...‹« (Apol. doct. ign., ed. Klibansky 1932, S. 16: 1 seq.), cf. »ti venaticus canis utitur in vestigiis ... discursu sibi indito« (ib. 14; 25 seq.).

1895 schreibt Fritz Overbeck zum Worpsweder Himmel: »Was hülfen uns unsere Strohbütten, Birkenwege und Moorkanäle, wenn wir diesen Himmel nicht hätten, welcher alles, selbst das Unbedeutendste adelt, ihm einen unsagbaren Reiz verleiht« (mitgeteilt v. F. Overbeck, dem Sohne des Malers, in: Stud. Gen. 3. 1950, S. 206). Die fortwirkende Mächtigkeit der metaphysischen Tradition im Felde des Ästhetischen und die Umsetzung ihrer Begriffe in eine ästhetisch vermittelte Gegenwart schließen die Bewegung ein, in welcher das, was ästhetisch die Gegenwart des metaphysischen und theologischen Gegenstandes vermittelt, dann auch im dialektischen Umschlag zur Sichtbarkeit seiner Abwesenheit werden kann. Baudelaire spricht in »Paysage« von den Himmeln, die von der Ewigkeit träumen lassen: »Coucher auprès du ciel comme les astrologues ... Je verrai ... les grands ciels, qui font rêver d'éternité.« In »Irréparable« wird gefragt: »Peut-on illuminer un ciel bourbeux et noir?« Hierzu gehört: »L'Irréparable ... attaque ainsi que le termite par la base le bâtiment.«

29 Kritik der praktischen Vernunft WW Akademie V, S.161. Kant kommt in der Kritik der Urteilskraft auf das Verhältnis von Himmel und Sittengesetz zurück. Es schließe eine »Ähnlichkeit« der moralischen Stimmung im Gemüt zum Gefühl für das Erhabene der Natur und so eine ästhetische Vermittlung ein (vgl. a.a.O., S. 266ff.). Wo die »Idee«, das »Übersinnliche«, die »absolute Totalität« nicht mehr dem vernünftigen Begriff der philosophischen Theorie zugänglich sind und wo wir diese nach der Einschränkung des wissenschaftlichen Begriffs auf mögliche Erfahrung »nicht bestimmen und erkennen«, sondern nur noch »denken« können, hat ihre Vergegenwärtigung das ästhetische Fühlen übernommen. Daher können auch Natur als »Darstellung derselben«

jenes Bild, das mich immer beschäftigt?«, so fragt van Gogh in einem Brief an E. Bernard[30]. Da treibt im Verlangen nach solchem Malen das, was von je Gegenstand der Theorie ist.
Die Beispiele und Belege, die sich für den inneren Zusammenhang von Landschaft und philosophischer Theorie der ganzen Natur anbieten, sind zahllos. Sie bestätigen, daß in Petrarcas Deutung der eigenen Bergbesteigung das für die Natur als Landschaft in ihrer Geschichte konstitutive Prinzip wie in einer geistigen Vorwegnahme zur Sprache kommt. Ihre Entdeckung entspringt aus dem Zusammenhang der Theorie-Tradition. Die freie Betrachtung der ganzen Natur – über die Jahrhunderte hin von Griechenland her allein Sache des philosophischen Begriffs – erhält in der Zuwendung des Geistes zur Natur als Landschaft eine neue Gestalt und Form.
Aber zugleich scheitert Petrarca mit dem Versuch, die Ersteigung des Mont Ventoux in die Tradition der Theorie einzuordnen. Es endet damit, daß Petrarca das von ihm Begonnene verneinen und als nichtiges Bewundern des Irdischen verwerfen muß[31]. Was bedeutet das? Es wäre durchaus falsch zu meinen, daß die sinnfällige Natur für die philosophische Theorie, auch in ihrer neuplatonischen und christlichen Spätform, nur das Wesenlose sei, welches der sich zum Unkörperlichen wendende Begriff außer sich hat. Das Sinnfällige behält hier immer die elementare positive Bedeu-

und Welt als Weltordnung in ihrem Verhältnis zum Sittengesetz allein noch im sinnfälligen »Anblick des bestirnten Himmels« als »erhaben« ästhetisch vergegenwärtigt werden. Kants ästhetische Theorie ist so in einem epochalen Sinne die Bestätigung der Herkunft der Natur als Landschaft aus der Tradition der philosophischen Theorie. Mit Kant erreicht die Geschichte der Landschaft die Stufe, auf welcher die Darstellung des »Übersinnlichen« der Natur dem Vernunftbegriff entzogen ist; ihre »Contemplation« hat sich daher in die ästhetische Betrachtung transformiert. Diesen Übergang vom spekulativen zum ästhetischen Weltbegriff hat jetzt O. Marquard in seiner grundsätzlichen Bedeutung dargestellt, vgl. Kant und die Wende zur Ästhetik, in: Zs. f. philos. Forschung 16, 1962, S. 243 ff., S. 363 ff.

30 Briefe, deutsche Ausg. bes. v. M. Mauthner, Berlin o. J., S. 53.

31 Es bleibt merkwürdig, daß dies Scheitern von J. Burckhardt in seiner Darstellung nicht beachtet wird. Das hat zur Folge gehabt, daß die Doppelheit von Kontinuität und Abbruch im Verhältnis der ästhetischen Landschaft zur philosophischen Theorie der Natur nicht beachtet worden ist, obwohl sie für ihre Entdeckung seit Petrarca entscheidend wird.

tung, daß in ihm das Seiende gegenwärtig und das in ihm Scheinende ist. Es weckt daher den Geist; es ruft ihn zur Betrachtung des Ganzen und Göttlichen[32]. Aber das Entscheidende ist, daß für die philosophische Theorie über alle Unterschiede der Schulen hinweg das im Sinnfälligen scheinende Ganze nicht auch in diesem Sinnfälligen begriffen und als Sinnfälliges vergegenwärtigt werden kann. Die Weltordnung, das Göttliche, das Sein, die ganze Natur treten allererst in ihrer Wahrheit mit dem vernünftigen Begriff der Philosophie und den ihr zugeordneten freien theoretischen Wissenschaften hervor. Die philosophische Theorie ist hier in einem sehr genauen Sinne das Element, auf welches das Ganze verwiesen bleibt, um als es selbst hervortreten und für den Geist gegenwärtig sein zu können[33]. Darin ist es begründet, warum man bei den Griechen (wie Schiller sagt) befremdlicherweise »so wenige Spuren von dem sentimentalischen Interesse« findet, »mit welchem wir Neuere an Naturszenen ... hangen können«[34]. Dies »befremdliche« Fehlen der Natur als Landschaft ist sachlich begründet: auf dem Boden der philosophischen Theorie gibt es keinen Grund für den Geist, ein besonderes, von der begrifflichen Erkenntnis unterschiedenes Organ für die Vergegenwärtigung und Anschauung der sichtbaren Natur ringsum auszubilden. Der Himmel über dem Haus und die Erde, die es trägt, werden bereits in den Begriffen gewußt und ausgesagt, in welchen die Theorie das Ganze begreift. Sie schließt so alles Sinnfällige und auch das Schöne in der Gewalt, die ergreift, in sich ein. Das vor Augen Stehende als die den Menschen umgreifende sichtbare Natur bleibt daher gewissermaßen

32 Platon, Pol. VII, 523 a seq.; Theait. 155 d; Plotinos Enn. 1, 3, 2, 3 seq. (Zeilenzählung von Bréhier): χωρὶς δε ὧν ἀδυνατεῖ καταμαθεῖν, πληττόμενος δὲ ὑπὸ τῶν ἐν ὄψει καλῶν.

33 Im Neuplatonismus wie bei Augustinus erhält das die Form, daß der Geist das Sinnfällige hinter sich läßt und zum Geist als zum Unsichtbaren aufsteigt cf. Plotinos Enn. 1, 3, 2, 12 seq.: ἀναβαίνειν ἐπὶ νοῦν, ἐπὶ τὸ ὄν; V, 9, 3, 25 seq.: ἀναβήσεται ἐπὶ νοῦν ποιητὴν ὄντως καὶ δημιουργόν.
Bei Augustinus heißt es formelhaft im Anschluß an Röm. 1, 20: invisibilia Dei per ea quae facta sunt intellecta conspicere. De Doctr. Christ. 1, 4 legt dies aus: hoc est, ut de corporalibus temporalibusque rebus aeterna et spiritualia capiamus.

34 Über naive und sentimentalische Dichtung WW Saek. Ausg. 12, 179, vgl. hierzu A. v. Humboldt, Kosmos 11, S. 6 f.

ohne Virulenz. Sie fordert kein Hinausgehen zu ihr. Sie wird bereits gewußt und gegenwärtig gehalten in der Theorie der Philosophie, die ihren Ort in den Schulen, in der Zelle des Klosters und im Grunde der Seele hat. Was die Stimme der Natur sagt, wird »innen« und nicht »draußen« vernommen[35]. Was bedeutet es dann, daß mit der Bergbesteigung Petrarcas – für ihn selbst am Ende unbegreiflich – die Geschichte beginnt, in welcher die Natur als Landschaft neben die in der Philosophie und Wissenschaft begriffene Natur tritt? Was zwingt den Geist dazu, auf dem Boden der Neuzeit ein Organ für die Theorie der »ganzen« Natur als des »Göttlichen« auszubilden, mit dem diese als Landschaft nicht im Begriff, sondern im ästhetischen Gefühl, nicht in der Wissenschaft, sondern in Dichtung und Kunst, nicht im transcensus des Begriffs, sondern in ihm als dem genießenden Hinausgehen in die Natur vergegenwärtigt wird? Warum wird die betrachtende »Bewunderung der Gipfel der Berge, der ungeheuren Fluten des Meeres, der weit dahin fließenden Ströme, der Kreisbahnen der Gestirne«, die Petrarca am Ende im Sinne der Philosophie Augustins als »Vergessen des Selbst« verwerfen muß, zum Element einer neuen, bis dahin unbekannten Form der »Theorie«? Was heißt es, daß schließlich die ästhetische Auffassung der Natur als Landschaft nicht weniger universal wird, wie es ihr Begriff als Objekt der Wissenschaften ist?

II

Landschaft ist Natur, die im Anblick für einen fühlenden und empfindenden Betrachter ästhetisch gegenwärtig ist: Nicht die Felder vor der Stadt, der Strom als »Grenze«, »Handelsweg« und »Problem für Brückenbauer«[36], nicht die Gebirge und die Steppen

35 Im Zusammenhang der Unterscheidung von uti und frui wird von Augustinus in einem Vergleich der »Pilgerschaft« des Menschen mit einer Reise in das »Vaterland des seligen Lebens« auch die Freude an den »amoenitates itineris« als Verstrickung durch eine »verkehrte« Süße und als Entfremdung von dem Vaterland, »cuius suavitates facerent beatos«, verworfen. Cf. De Doctr. Christ. 1, 4.

36 T. S. Eliot, The Dry Salvages, 1, Gesammelte Gedichte 1909-1962, cf. Bd. IV, Frankfurt 1972, S. 303

der Hirten und Karawanen (oder der Ölsucher) sind als solche schon »Landschaft«. Sie werden dies erst, wenn sich der Mensch ihnen ohne praktischen Zweck in »freier« genießender Anschauung zuwendet, um als er selbst in der Natur zu sein. Mit seinem Hinausgehen verändert die Natur ihr Gesicht. Was sonst das Genutzte oder als Ödland das Nutzlose ist und was über Jahrhunderte hin ungesehen und unbeachtet blieb oder das feindlich abweisende Fremde war, wird zum Großen, Erhabenen und Schönen: es wird ästhetisch zur Landschaft[37]. In einem Reisebericht

37 G. Simmel (Philosophie der Landschaft in Brücke und Tür, hg. v. M. Landmann, Stuttgart 1957, S. 141 ff.) geht ebenfalls davon aus, daß Landschaft in einem »eigentümlichen geistigen Prozeß erst erzeugt« werde (S. 141), in welchem unser Bewußtsein ein »neues Ganzes, Einheitliches« setze, über die Elemente hinweg und an ihre »Sonderbedeutung« nicht gebunden. Kennzeichnend für Landschaft sei so, daß mit ihr ein individuell begrenzter »Ausschnitt« aus der Natur »seinerseits als Einheit« betrachtet und so durch »Grenzen« bestimmt werde. Mit ihr werde je ein Teil aus einem Ganzen zum »selbständigen Ganzen« (S. 143). Diese Individualität ist in der Tat nicht nur für das Landschaftsbild, sondern auch für die Landschaften konstitutiv, die jeweils in die gesellschaftliche Lebenswelt hineingenommen werden. Die Landschaft Petrarcas ist der Mont Ventoux, die Rousseaus der Bieler See, die Cézannes der Saint Victoire usf.; die Geschichte der Landschaft ist die Bewegung, in der nacheinander bestimmte Bereiche der Erde ästhetisch entdeckt und sichtbar gemacht werden, so wie die Kunstgeschichte typologisch von klassischen, idealen, heroischen, romantischen Landschaften spricht. Man kann so alle zur gegenwärtigen Welt gehörigen Landschaften selbst noch in ihrer Umformung zur Reiselandschaft historisch durch diejenigen kennzeichnen, die sie ästhetisch entdeckten und ihr durch das Bild das ihr je eigentümliche Aussehen verliehen. Das der individuellen Vielfalt von Landschaften vorausliegende Problem bleibt, was es heißt, daß Landschaften mit der Neuzeit als eine bis dahin unbekannte Form der Vergegenwärtigung von Natur im Element des Ästhetischen hervorgebracht werden. H. Lützeler (Vom Wesen der Landschaftsmalerei, in: Stud. Gen. 5, 1950, S. 211) weist nachdrücklich darauf hin, daß »die künstlerische Begegnung des Menschen mit der Natur« ... in Wahrheit alles andere als »natürlich« sei und daß »unsere innere Nähe zur Landschaftsmalerei« uns »deren eigentümliche Problematik« gerade verdecke. Sie liegt geschichtlich wie sachlich darin, daß in das praktische und geistig durch die »Theorie« gesetzte Verhältnis des Menschen zur Natur ihre Vergegenwärtigung dann durch die individuelle Eigentümlichkeit eines »Ausschnittes aus der Natur« als Landschaft einbricht. Das kann nicht aus der jeweiligen Individualität der Landschaften, sondern allein aus dem Grunde begriffen werden, der dem Geist die Bildung der ästhetischen Kategorie abfordert und Bildkunst wie Dichtung die Funktion zumutet, die »ganze Natur« zu vergegenwärtigen. Das hat weder das

über Grindelwald von 1765/67 wird allein von den Gefahren erzählt, welchen hier der Reisende durch »Abgründe« und »überhangende Felsmauern« ausgesetzt sei; man höre das »Geschrei der Geier und anderer Raubvögel«, das »den Schauer dieser wilden Einöden vermehrt«, über denen die »fürchterliche Majestät der Schneegebirge« steht. Von der gleichen Alpenwelt kann es in der Sprache ästhetischer Zuwendung zur Natur heißen: »Man muß selbst da oben gestanden haben, wenn man sich einen Begriff von all der Großartigkeit und Pracht machen will, und dann wird man diese Stunde zu den schönsten und unvergeßlichsten seines Lebens zählen ..., zu jenen Stunden, wo man dem Weltgeiste sich näher fühlt«[38].

Mit diesem schwebenden, an die Zuwendung des empfindenden Betrachters gebundenen und ohne ästhetische Vermittlung verlöschenden Sein bleibt Landschaft einerseits Abkömmling der philosophischen Theorie in dem genauen Sinne, daß sie Gegenwart der ganzen Natur ist. Wir gehen so in die Landschaft hinaus, um in der »freien«, aus der Nutzung herausgelösten Natur als der Natur selbst zu sein. Daran hat Alexander v. Humboldt angeknüpft[39]. Er

Mittelalter noch die alte Welt gekannt. Simmel scheint in der Betonung der Individualität der Landschaft diese Funktion zunächst beiseite zu setzen: Die Landschaft werde durch »Grenzen« bestimmt, die »für das darunter in anderer Schicht wohnende Gefühl des Göttlichen, Einen, des Naturganzen nicht bestehen«. Gleichwohl wird auch von ihm gesagt, daß zur Landschaft die Präsenz der ganzen Natur gehöre. Die jeweilige Landschaft werde von dieser »umspült«; sie sei bei aller Verselbständigung von dem »dunkelen Wissen um diesen unendlichen Zusammenhang durchgeistet«. Die ganze Natur werde so zu der »jeweiligen Individualität einer Landschaft« »umgebaut« (S. 142). Sie sei in ihr immer im Element der die Einheit der Landschaft begründenden »Stimmung« gegenwärtig (S. 149 f.).

38 Christian Cay Lorenz Hirschfeld (1765/1767); Ch. Aeby (1865), zit. nach: Berner Oberland, Merian 15, 7, 1962, S. 74 f., S. 77 f.

39 A. v. Humboldt, Kosmos. Entwurf einer physischen Erdbeschreibung, 2 Bde., Stuttgart o. J. Vgl. zum Folgenden I, VII f., I, x f., I, S. 5 ff., II, S. 4 ff., II, S. 67. Landschaft ist in der für sie konstitutiven Beziehung auf den aus der Innerlichkeit der Subjektivität hervorgehenden »Naturgenuß, der aus Ideen entspringt« (I, 11; vgl. II, 47: »geheimnisvolle Analogie zwischen den Gemütsbewegungen und den Erscheinungen der Sinnenwelt«) für v. Humboldt ebenfalls durch ihren »individuellen Charakter«, so im Zusammenfließen der Umrisse von Wolken, Meer und Küsten, »Schönheit der Pflanzenformen und ihrer Gruppierungen« (I, 6) und durch die »Naturphysiognomie« gekenn-

hat – wohl zuletzt – die ästhetische Entdeckung und Vergegenwärtigung der Natur als Landschaft im Zusammenhang der auf den »Kosmos« gerichteten »Theorie« begriffen. Sein »Entwurf einer physischen Weltbeschreibung« sei (wie es in der Vorrede von 1844 heißt) aus dem »Bestreben« als »Hauptantrieb« hervorgegangen, »die Erscheinungen der körperlichen Dinge in ihrem allgemeinen

zeichnet, welche, »jedem Himmelsstriche« ausschließlich zukommend, im »dunklen Gefühl eines lokalen Naturcharakters ... den Totaleindruck einer Gegend« bestimmt (II, 66). Das wird dann für die Geographie wichtig. Während die ältere Geographie noch nahezu gänzlich von dieser Humboldtschen Bestimmung abhängig bleibt und sowohl vom physiognomischen Charakter der Landschaft wie von der für sie konstitutiven Beziehung auf den Betrachter und seinen Standort in einer »physiognomischen Landschaftsbetrachtung« ausgeht (so noch Friedrich Ratzel, Über Naturschilderung, 1904), wird Landschaft im wissenschaftlichen geographischen Sinn später aus dem Zusammenhang des »Subjektiven« und des »Ästhetischen« gelöst und ihr physiognomischer Begriff methodisch durch eine »möglichst wertfreie naturwissenschaftliche Definition« ersetzt. Unter »geographischer Landschaft« wird so ein »Teil der Erdoberfläche« verstanden, »der nach seinem äußeren Bilde und dem Zusammenwirken seiner Erscheinungen sowie den inneren und äußeren Lagebeziehungen eine Raumeinheit von bestimmtem Charakter bildet und der an geographischen natürlichen Grenzen in Landschaften von anderem Charakter übergeht« (C. Troll in der für den geographischen Begriff der Landschaft und seine Entwicklung grundlegenden Abhandlung: Die geographische Landschaft und ihre Erforschung, in: Stud. Gen. 3, 1950, S. 165. Nicht weniger wichtig ist die im gleichen Heft des Stud. Gen. erschienene Arbeit von H. Lehmann, Die Physiognomie der Landschaft, S. 182 ff.). Mit dieser Definition soll nach Troll die möglichst eindeutige Abgrenzung einer »geographischen« oder »natürlichen« Landschaft von »Ländern« gesichert werden, sofern diese »politisch oder verwaltungsmäßig umgrenzte, zum Teil historische Territorien oder von bestimmten Völkern bewohnte Gebiete« sind (a.a.O., S. 165). Diese Abgrenzung wird notwendig, weil »Landschaft« in einer älteren Bedeutung des Wortes bis heute ohne Zusammenhang mit ihrem ästhetischen Begriff politische Landstände, so z. B. in Westfalen und Friesland, bezeichnet und in Preußen die seit der Mitte des 18. Jahrhunderts entstehenden örtlich begrenzten landwirtschaftlichen Kreditvereine v. a. der Gutsbesitzer »Landschaften« hießen. Die Unterscheidung von Landschaft und Land in der Geographie schließt ein, daß ihr Landschaftsbegriff durch die Vermittlung v. Humboldts aus der ästhetischen Sphäre herkommt und in der Auseinandersetzung mit ihr gebildet wird.

H. Ladendorf (a.a.O., S. 381) weist auf den Zusammenhang von Kunst und Kartographie hin. Er bestehe seit alters. Dem äußeren Tatbestand, daß häufig »Kartograph und Künstler identisch« sind, entspreche geistig, daß diese Beziehung von Kunst und Geographie im Bereich der »Kosmologie als eines zeitlich überzeitlichen Weltverständnisses« gründe.

Zusammenhange, die Natur als ein durch innere Kräfte bewegtes und belebtes Ganzes aufzufassen«, um so ein allgemeines »Naturgemälde« als Übersicht über die Erscheinungen im Kosmos »von den fernsten Nebelflecken und kreisenden Doppelsternen des Weltraumes zu den tellurischen Erscheinungen« in einer »Geschichte der Weltanschauung, d.h. der allmählichen Auffassung des Begriffs von dem Zusammenwirken der Kräfte in einem Naturganzen«, zu geben. Doch diese denkende Betrachtung der Natur als »Einheit in der Vielheit« und als »Inbegriff der Naturdinge und Naturkräfte« und »lebendiges Ganzes« ist nicht mehr selbstverständlich. Humboldt wendet sich ihr im Angesicht der Gefahr zu, daß der Geist mit der schnellen Ausbreitung der physischen Forschung der »Masse der Einzelheiten« unterliegen könne[40]. Es soll daher noch einmal an die »erhabene Bestimmung des Menschen« erinnert werden, den »Geist der Natur zu ergreifen, welcher unter der Decke der Erscheinungen verhüllt liegt«, um so die Natur als Ganzes zu begreifen und »den rohen Stoff empirischer Anschauung gleichsam durch Ideen zu beherrschen«.
Aber dieses Begreifen setzt voraus, daß als ihr Organ neben die entdeckenden Wissenschaften und die »Thätigkeit der kombinierenden Vernunft« gleichrangig als »Anregungsmittel« zu solcher »Weltanschauung« der »Genuß« getreten ist, welchen der »Anblick der Natur ... unabhängig von der Einsicht in das Wirken der Kräfte« gewährt[41]. Mit ihm durchdringe uns im »Gefühl der freien Natur« ein »Ahnen ihres Bestehens nach ewigen Gesetzen«. Während in der Tradition der philosophischen Theorie bis in die Epoche der Wende zur Neuzeit hinein der vernünftige Begriff allein und als solcher die ganze Natur als Kosmos zu vergegenwärtigen vermag, ist für Alexander v. Humboldt das, was er in unmittelbarer Anknüpfung an die θεωρία τοῦ κόσμου »Weltanschauung«[42]

40 v. Humboldt spricht (a.a.O., I, 15) von den »Besorgnissen über den Verlust eines freien Naturgenusses unter dem Einfluß denkender Betrachtung oder wissenschaftlicher Erkenntnis«.

41 Das wird im Sinne von Kant begründet, vgl. a.a.O., I, 45: »Die Vielheit der Erscheinungen des Kosmos in der Einheit des Gedankens, in der Form eines rein rationalen Zusammenhanges zu umfassen, kann meiner Einsicht nach bei dem jetzigen Zustande unseres empirischen Wissens nicht erlangt werden«, vgl. I, 47: »wenn uns so ... auch das Ganze unerreichbar ist«.

42 vgl. I, 43 und I, 52 f. Anm. 3.

nennt, nunmehr auf die ästhetische Vermittlung verwiesen. Die Anschauung des Ganzen setzt voraus, daß zu dem »Kreis der Objekte«, wie sie »von der Phantasie entblößt, der reinen Objektivität wissenschaftlicher Naturbeschreibung« angehören, die »innere Welt« hinzutritt, die dem »Reflex des durch die äußeren Sinne empfangenen Bildes auf das Gefühl und die dichterisch gestimmte Einbildungskraft« entspringt. Die ästhetische Natur als Landschaft hat so im Gegenspiel gegen die dem metaphysischen Begriff entzogene Objektwelt der Naturwissenschaft die Funktion übernommen, in »anschaulichen«, aus der Innerlichkeit entspringenden Bildern das Naturganze und den »harmonischen Einklang im Kosmos« zu vermitteln und ästhetisch für den Menschen gegenwärtig zu halten: »Um die Natur in ihrer ganzen Größe zu schildern«, darf man daher »nicht bei den äußeren Erscheinungen allein verweilen«; die Natur muß auch dargestellt werden, »wie sie sich im Inneren der Menschen abspiegelt, wie sie durch diesen Reflex bald das Nebelland physischer Mythen mit anmutigen Gestalten füllt, bald den edlen Keim darstellender Kunsttätigkeit entfaltet«.

Hiermit spricht Alexander v. Humboldt großartig wie tiefsinnig das Allgemeine aus: In der geschichtlichen Zeit, in welcher die Natur, ihre Kräfte und Stoffe zum »Objekt« der Naturwissenschaften und der auf diese gegründeten technischen Nutzung und Ausbeutung werden, übernehmen es Dichtung und Bildkunst, die gleiche Natur – nicht weniger universal – in ihrer Beziehung auf den empfindenden Menschen aufzufassen und »ästhetisch« zu vergegenwärtigen. Descartes und Jan v. Goyen werden im gleichen Jahre 1596 geboren. Die kantische Philosophie der Natur Newtons hat die Dichtung neben sich, die da, »wo jetzt, wie unsere Weisen sagen, seelenlos ein Feuerball sich dreht«, die vom Göttlichen belebte Natur als das in der jetzigen Wirklichkeit Untergegangene im Gesange aussagt[43]. Sieht man auf die Reflexion, in der Dichter und Maler sich ihr Tun wie ihre Aufgabe zu deuten suchen, dann zeigt sich, daß diese Gleichzeitigkeit wissenschaftlicher Objektivierung und ästhetischer Vergegenwärtigung im Verhältnis zur Natur nicht zufällig ist. Der ästhetische Sinn wird von einer Macht ergriffen, die ihn zum Organ ihrer Darstellung macht, weil sie

43 Schiller, Die Götter Griechenlands.

ohne ihn ungesagt und ungesehen bleiben muß. Cézanne spricht gelegentlich (im Blick auf Tintoretto) von der »kosmischen Besessenheit, die uns verzehrt«. Malend verliere er sich als »optisches Werkzeug« in einer Bewegung an die Natur, in welcher sie ihrerseits sein »eigenes Ich okkupiert«, um sich als ein an sich Entschwindendes durch dieses zu manifestieren: »Ich will mich an die Natur verlieren, mit ihr wie sie keimen, die eigensinnigen Töne der Felsen haben, die vernünftige Hartnäckigkeit des Gebirges, die Flüssigkeit der Luft, die Wärme der Sonne. Vor uns ist ein großes Wesen von Licht und Liebe, das ungewisse Weltall, das Zögern der Dinge. Ich werde ihr Olymp sein, ich werde ihr Gott sein. Das himmlische Ideal wird in mir erstehen. Die Farben, sehen Sie, sind das sichtbare Fleisch der Ideen und Gottes, das Durchscheinen des Mysteriums ... ihr Perlmutterlächeln belebt von neuem das tote Antlitz der entschwundenen Welt«.[44] Malend zeichnet van Gogh auf, was ihm die Natur sagt: »Ich sehe, daß die Natur zu mir gesprochen, daß sie mir etwas gesagt hat, was ich in Schnellschrift aufgeschrieben habe. In meiner Schnellschrift mögen Worte sein, die nicht zu entziffern sind – Fehler oder Lücken, doch etwas ist geblieben von dem, was der Wald oder der Strand oder die Figur gesagt haben«.[45] »Die belebten, die erlebten, die uns mitwissenden Dinge«, so schreibt *Rilke* in einem Briefe vom 13. 11. 1925, »gehen zur Neige und können nicht mehr ersetzt werden. Wir sind vielleicht die letzten, die solche Dinge noch gekannt haben. Auf uns ruht die Verantwortung, ... ihr Andenken zu erhalten ...«.[46] Im

44 J. Gasquer a.a.O. in der deutschen Übersetzung von Glaser, hg. v. W. Hess, Hamburg 1957, S. 27 f. Vgl. ferner Gasquet a.a.O., II, 135: »La délicatesse de notre atmosphère tient à la délicatesse de notre esprit ... la couleur est le lieu où notre cerveau et l'univers se rencontrent.«

45 Brief von 1882 Nr. 228 i. d. Zählung der Gesammelten Briefe, hg. v. Johanna van Gogh-Banger, Amsterdam-Antwerpen 1952-1954.

46 R. M. Rilke, Briefe, hg. v. Rilke-Archiv in Weimar, Bd. II (Wiesbaden 1950), S. 483. Franz Marc in einem Brief v. 8. 4. 1915 (Briefe, Aufzeichnungen und Aphorismen, Berlin 1920, S. 48): »Ich habe auch gar nie das Verlangen, z. B. die Tiere zu malen, wie ich sie ansehe, sondern wie sie sind (wie sie selbst die Welt ansehen und ihr Sein fühlen).« A.a.O., S. 124: »Jedes Ding auf der Welt hat seine Formen, seine Formel, die nicht wir erfinden, die wir nicht mit unseren plumpen Händen abtasten können, sondern die wir intuitiv in dem Grade fassen, als wir künstlerisch begabt sind ... Wir Künstler alle, weshalb suchten wir ewig die metamorphen Formen? die Dinge, wie sie wirklich sind, hinter dem Schein?«

Element des Empfindens und der ästhetischen Produktion bezeugen Dichtung und Bild, was ohne ihre Vermittlung entgleitet und entschwindet. Was damit ästhetisch geschieht, hat daher nicht in der in sich verschlossenen Subjektivität, sondern in der Notwendigkeit den Grund, ein sonst nicht mehr Gesagtes und Gesehenes zum Scheinen zu bringen, es zu vergegenwärtigen.

In einer Kontinuität, die erstaunlich ist, wird diese Notwendigkeit ästhetischer Vermittlung in der Geschichte der ästhetischen Theorie mit dem Aufkommen der neuen Wissenschaft und ihrer Verdinglichung und Objektivierung der Natur in Verbindung gebracht und aus ihr begründet. Baumgarten, mit dessen »Aesthetica« 1750 überhaupt zuerst in der strengen Form eines Schulsystems eine auf Empfinden gegründete Philosophie der schönen Künste in die Geschichte tritt, hält zwar daran fest, daß diese durchaus dem vernünftigen Begriff der Wissenschaft untergeordnet seien. Aber zugleich werden sie von ihm als »gewichtiger Teil menschlichen Erkennens« anerkannt, dem sich der Philosoph – Mensch unter Menschen – nicht wohl entfremden dürfe.[47] Die schöne Kunst habe ihre eigene Wahrheit, die Wahrheit im Element des sinnlichen Empfindens und Fühlens und so »ästhetische Wahrheit« (veritas aesthetica) sei[48]. Ihr Recht wie ihre Notwendigkeit wird von Baumgarten begründet; die logische und metaphysische Wahrheit (veritas logica) sei zwar jenseits der ästhetischen Ebene allein der Vernunft zugänglich, doch schließe sie zugleich die »Abstraktion« von allem Sinnfälligen so ein, wie eine Marmorkugel die Fortnahme des ihre Form frei gebenden Steines fordere[49]. Was in den vernünftigen Begriff logischer Wahrheit nicht eingeht, wird daher von den schönen Künsten empfindend erkannt und zu »ästhetischer Wahrheit« erhoben. Ästhetische Kunst und logische Wissenschaft stehen so für Baumgarten im Verhältnis der Ergänzung zueinander. Was dies meint, wird von ihm in einem wenig beachteten Paragraphen der »Aesthetik« durch den Hinweis auf

Paul Klee, Schöpferische Konfession, Berlin 1920: »Kunst gibt nicht das Sichtbare wieder, sondern macht sichtbar.«

47 Aesthetica § 6: philosophus est homo inter homines neque bene tantam humanae cognitionis partem alienam a se putat.

48 a.a.O., § 423.

49 a.a.O., § 560: Quid enim est abstractio, si jactura non est?

die Natur erläutert, in welcher der Hirte mit seinen Gefährten lebt. Bereits Descartes hatte die »kleine Sonne« der sinnlichen Anschauung von der »großen Sonne« der Astronomie unterschieden[50]. Das nimmt Baumgarten auf, um die Funktion ästhetischer Wahrheit zu erläutern: Der Lauf der Sonne durch die Sternbilder im fortgehenden Jahre, den der Hirte, zu seinen Gefährten und seiner Geliebten sprechend, vor Augen hat, komme nicht in den Begriffen vor, in denen ihn der Astronom als Physiker und Mathematiker denkt[51]. Wo die ganze Natur, die als Himmel und Erde zu unserem Dasein gehört, nicht mehr als diese im Begriff der Wissenschaft ausgesagt werden kann, bringt der empfindende Sinn ästhetisch und poetisch das Bild und das Wort hervor, in denen sie sich in ihrer Zugehörigkeit zu unserem Dasein darstellen und ihre Wahrheit geltend machen kann. Kant hat dies zur großen Form des in seinem Grunde erhellten philosophischen Gedankens erhoben. Nachdem die Wissenschaft von der Natur dadurch zu sicherem Gange gekommen ist, daß sie sich darauf beschränkt, ihre Erscheinung allein im Felde möglicher Erfahrung zu »buchstabieren«, übernimmt es die ästhetische Einbildungskraft, die Natur in ihrer »Totalität« und als »Darstellung der Idee des Übersinnlichen«, die wir nicht mehr »im Begriffe von Welten« erkennen können, ästhetisch im Anblick des gestirnten Himmels, »bloß wie man ihn sieht«, oder des Ozeans »bloß nach dem, was der Augenschein zeigt«, für das Gemüt gegenwärtig zu halten[52].

Im gleichen Sinne wird für Carus die in allem gegenwärtige Natur und »ewig fortwirkende Weltschöpfung« da, wo die »zerlegende Wissenschaft« zur Herrschaft gekommen ist, auf das ästhetische

50 Meditationes de Prima Philosophia 111, 39-40 WW. Adam-Tannéry VII, 39.

51 Aesthetica § 429: veritas logica ... non nisi per intellectum cogitata ... supra horizontem aestheticum constituta ... Eclipsin annularem anni praeterlapsi cogita tecum, astronomus non physicus solum, sed et mathematicus, aut cum astronomis; eandem autem cogita, pastor, vel sodalibus vel tuae Neaerae: ohe! quot vera cogitasti prius, nunc omnino praetermittenda.

52 Kritik d. Urteilskraft 1, 2 Allgemeine Anmerkung ... WW Akad. V, S. 266 ff., vgl. hierzu oben A. 29; v. Mieses: Ernst Mach und die empiristische Wissenschaftsauffassung, Einheitswiss., hg. v. Neurath, H. 7, s'Gravenhage 1938, S. 3 f., nennt es die Grundlage der modernen Lebensauffassung, daß es »zweierlei Welten gibt, die eine, die unsere Sinne wahrnehmen ... und dahinter die wahre wirkliche Welt, in die nur der Scharfblick des Gelehrten hineinleuchtet«.

Fühlen und auf die »freie Pro- und Reproduktion des Kunstgenius«[53] verwiesen: Es sei, als wäre der unendliche Reichtum der Natur in einer Sprache geschrieben, welche jetzt der Mensch nur dadurch erlernen könnte, daß er »durch den Vorgang eines verwandten Geistes einen Teil dieser Worte in seine Muttersprache übersetzt erhält«[54].

So wird die Notwendigkeit ästhetischer vermittelter Wahrheit aus dem Verhältnis zur »kopernikanischen«, aus dem Zusammenhang des Daseins und seiner Anschauung gelösten »objektiven« Natur der Naturwissenschaft begründet. Was in der Wissenschaft ungesagt bleiben muß, ist die Gegenwart der »ganzen Natur« als der Himmel und die Erde, die zum Erdenleben des Menschen als seine sinnlich anschauliche Naturwelt gehören. Daher hat Carus die Landschaftskunst »Erdlebenbildkunst« genannt[55]. Landschaft ist die ganze Natur, sofern sie als »ptolemeische« Welt zum Dasein des Menschen gehört. Sie bedarf da der ästhetischen Aussage und Darstellung, wo die »kopernikanische« Natur diese nicht in sich begreift und außer sich hat. Wo der Himmel und die Erde des menschlichen Daseins nicht mehr in der Wissenschaft wie auf dem Boden der alten Welt im Begriff der Philosophie gewußt und gesagt werden, übernehmen es Dichtung und Kunst, sie ästhetisch als Landschaft zu vermitteln.

53 Neun Briefe über Landschaftsmalerei, S. 16.

54 a.a.O., S. 53. Die ästhetische Entdeckung der Landschaft wird so von Carus auch als Heilmittel gegen die »Künstlichkeit unserer sozialen Denkweisen« und überhaupt gegen die »künstliche Natur« verstanden. Vgl. Carus, Psyche, ausg. u. eingel. v. L. Klages, Jena 1926, S. 138 f.: »Wer auf diese Dinge genauer Achtung gibt, wird sich dann leicht überzeugen, daß jenes erst in unserer Zeit hervorgetretene Bestreben, sich zeitweise wie zu einer Art von Naturadoration hinauszustürzen in Wälder und Berge, in Täler und auf Felsen, wirklich gleichsam eine Art von Instinkt ist, um sich ein Heilmittel zu suchen gegen die Krankheit des künstlichen Lebens und die Einwirkung desselben auf geistige Entwikkelung.« Carus spricht hier zwar die Sprache der romantischen Distanzierung von der modernen »künstlichen« Welt, doch schließt das, was er sagt, das Allgemeine ein: die Entzweiung zwischen der »objektiven« Natur, die Wissenschaft und gesellschaftliche Praxis setzen, und der Natur als Lebenswelt. Zu dieser Entzweiung gehört in der modernen Gesellschaft die Bewegung des Naturschutzes. Die ursprüngliche und freie Natur soll gegen die Einbeziehung in die objektive Natur der Nutzung geschützt werden. Sie wird durch Gesetz dem Prozeß ihrer nutzenden Objektivierung entzogen.

55 Carus a.a.O., S. 100.

III

Wir sind – fast notwendigerweise bei der unübersehbaren Vielfalt und dem Reichtum der ästhetischen Welt in sich – daran gewöhnt, Dichtung und Kunst für sich und getrennt vom anderen zu begreifen. Wo aber gefragt wird, was es heißt, daß zur modernen Welt Natur als Landschaft gehört und warum Dichtung und Kunst die an sich in der Wissenschaft begriffene Natur ästhetisch wiederholen, wird man genötigt, die Isolierung des Ästhetischen hinter sich zu lassen und die Natur als Landschaft aus dem Verhältnis zu begreifen, in dem sie zur Gesellschaft und ihrer durch die Wissenschaft vermittelten »objektiven« Natur steht.

Es bleibt denkwürdig, daß Schiller dies in der Sturmzeit der Französischen Revolution 1795 in einer Dichtung getan hat. Sie trägt – Rousseau, dem »promeneur solitaire« zu Ehren – den Titel: »Der Spaziergang«[56]. In ihr begegnen zunächst in großer Zusammenfassung alle die Elemente, die konstitutiv für die Natur als Landschaft sind: der Wanderer, der hinausgeht und »endlich entflohn des Zimmers Gefängnis und dem engen Gespräch« sich »freudig« zu der Natur rettet und – in der Beziehung auf ihn – die ganze Natur, die sich »dem frei Empfangenden« im Anblick der »ruhigen Bläue des Himmels«, des »braunen Gebirges«, des »grünenden Waldes« öffnet. Der Berg wird als die erste und immer wiederkehrende Verkörperung der Landschaft genannt, auf dessen Gipfel die »Welt« »endlos« als »Äther« und »unabsehbar« dem Blick des Wanderers gegenwärtig ist. Es wird schließlich gesagt, daß der Wanderer – Subjekt der Landschaft – dem »glücklichen Volke der Gefilde« und seiner es »nachbarlich umruhenden« Natur entfremdet ist. Sie wird erst für den Hinausgehenden zur Landschaft, die so zu der Stadt gehört, die sich »aus dem felsigten Kern türmend hebt«.

Es kann zunächst so aussehen, als habe Schiller nur die Trennung von Stadt und Land und im Verhältnis zu ihr die Landschaft als idyllische, ästhetische Verklärung ländlichen Wohnens vor Augen[57]. Doch das Weitere zeigt, daß dem nicht so ist. Während nämlich das ländliche Dasein unter einem »eng« genannten »Gesetz« steht, wird die Stadt von Schiller als der Ort gepriesen, an dem »im

56 Schiller WW Saek. Ausg. 1, S. 131 ff., vgl. 1, S. 318 ff.

57 s. Exkurs I, hier S. 435-438.

Kampfe der eifernden Kräfte« die Freiheit zu dem »Bunde« erwächst, in dem, belebt von einem Geiste und einem Gefühl, »der Mensch an den Menschen näher gerückt ist«. Schiller spricht zugleich aus, daß die notwendige und unaufhebbare Bedingung der mit der Stadt gesetzten Freiheit des Menschen die Verwandlung der »umruhenden« Natur des ländlichen Daseins in die genutzte Natur als Objekt menschlicher Herrschaft ist. Wo Stadt ist, da »entbrennt, des Eigentums froh, das freie Gewerbe«; »zischend fliegt in den Baum die Axt«; aus dem »Felsbruch wiegt sich der Stein, vom Hebel beflügelt«, in der »Gebirge Schlucht taucht sich der Bergmann hinab«. Zur Stadt als Ort menschlicher Freiheit gehören unter dem Hammer der »Stahl«, die »Spindel«, das »webende Schiff«, »auf der Reede der Pilot«, die »Flotten«, die Ausfuhr »heimischen Fleißes«, die »Gaben der Ferne«, die »Märkte« in »seltsamer Sprachen Gewirr«, der die Früchte der Erde handelnde Kaufmann. Es wird weiter gesagt, daß die Stadt in Gewerbe, Arbeit und in den »Künsten der Lust« den »Weisen« voraussetzt, der forschend »den schaffenden Geist« beschleicht, »der Stoffe Gewalt, der Magneten Hassen und Lieben« prüft und »durch die Lüfte dem Klange, durch den Äther dem Strahl« folgt, um in »des Zufalls grausendem Wunder« das »vertraute Gesetz« zu suchen und so in dessen Erkenntnis Natur zum Objekte des Menschen zu machen. Daher schließt Freiheit für Schiller in Wissenschaft und Gewerbefleiß, die ihre Bedingung sind, die Entzweiung des Menschen mit der ihn ursprünglich umruhenden Natur ein. Die »heilige« Natur wird zur »verlorenen« Natur. Freiheit fordert deren objektive Verdinglichung; sie hat so in ihrem Grunde die Natur des Erdenlebens außer sich: Wo in der Stadt die Freiheit Existenz erhält, da werden des »Waldes Faunen« verstoßen; der Anblick der Natur wird dem Menschen geraubt; »die beharrlichen Sterne erlöschen«[58]. Gleichwohl preist die Dichtung die Stadt: Sie

58 Vgl. o. A. 28 die Bemerkungen zu Baudelaires Himmel. Im Erlöschen der beharrlichen Sterne kommt einmal der Verlust der Möglichkeit wie in einem Zeichen zur Sprache, den »Himmel« im Begriff der Weltordnung zu wissen, und damit zugleich der Grund, der im Verhältnis zur Natur als der jetzt »verlorenen Natur« die ästhetische Kompensation fordert. Es kennzeichnet sodann in der Zugehörigkeit zur ästhetischen und poetischen Präsenz des Himmels, »wie man ihn sieht«, die Instabilität des ästhetischen Verhältnisses, das nicht aus der Bewegung des subjektiven Fühlens herausgelöst werden kann und so im jähen

hat im Verlust der umruhenden Natur und im Erlöschen ihrer beharrlichen Sterne den Menschen als Menschen zum Freien gemacht; mit ihr »zerrinnen vor dem wundernden Blick die Nebel! Und die Gebilde der Nacht weichen dem tagenden Licht / Seine Fesseln zerbricht der Mensch / Der Beglückte«.

Die Verdinglichung der Natur zum Objekt und so die Trennung des Menschen von der ihn ursprünglich umruhenden Natur wird daher von Schiller nicht als Verfall und als Verlust eines im Ursprung noch heilen Daseins genommen. Verlust der umruhenden Natur ist vielmehr Bedingung der Freiheit. In den etwa gleichzeitigen »Briefen zur ästhetischen Erziehung« (1793/4) heißt es: »So lange der Mensch in seinem ersten physischen Zustand die Sinnenwelt bloß leidend aufnimmt, ist er noch völlig eins mit derselben«. Aber zur Freiheit gehört, daß er aus diesem Einssein heraustritt; sie schließt ein, daß er nicht mehr »Sklave der Natur« ist, sondern sie als ihr Gesetzgeber und Subjekt für sich zum Objekt gemacht hat: »Aus einem Sklaven der Natur wird der Mensch ... ihr Gesetzgeber. Was ihm Objekt ist, hat keine Gewalt mehr über ihn; denn um ein Objekt zu sein, muß es diese erfahren haben«[59]. So kommt Freiheit als Freiheit für den Menschen mit der Stadt und mit der Wissenschaft und Arbeit der modernen Gesellschaft zur Existenz, weil er sich mit ihr endgültig aus der Macht der Natur befreit und sie als Objekt seiner Herrschaft und Nutzung unterwirft. Daher kann es für Schiller keine Rückkehr in die ursprüngliche Einheit mit der Natur geben. Die Emanzipation aus ihr ist die Bedingung, an die Freiheit notwendig gebunden bleibt[60].

Umschlag dem Erlöschen ausgesetzt bleibt. Zum »Glanz des Schönen« gehört die »Wehmut« (A. Neumayer), zur romantischen Poesie der ihr einwohnende, die Zerrissenheit der romantischen Subjektivität hervortreibende Widerspruch der Prosa (F. Schlegel, E. Th. A. Hohmann). Brentano nennt daher die unmittelbare Naturbewunderung »einen sehr verdächtigen Zustand« (vgl. Sus. Herms, Cl. Br. und die Landschaft der Romantik. Würzburger Diss. 1932, S. 11 ff.). Schopenhauer spricht aus, daß die ästhetische Versöhnung und »Erlösung« nur die Wirklichkeit eines vorübergehenden Augenblicks zu haben vermag.

59 Über die ästhetische Erziehung des Menschen in einer Reihe von Briefen. 25. Brief WW Sack. Ausg. 12, S. 100

60 Die »objektive« Gegebenheit der Natur ist wie die Existenz der Freiheit ihrerseits geschichtlich. Sie setzt in sich den geschichtlichen Prozeß voraus, in welchem sich der Mensch aus der Macht der Natur über ihn befreit und sie – damit seine Freiheit zur Existenz bringend – zu seinem Objekt macht. Hegel

Erst aus diesem Zusammenhang, in dem für Schiller Freiheit und objektive Verdinglichung der Natur unlöslich miteinander verknüpft sind, läßt sich die Deutung der Landschaft begreifen, die Schiller in seiner Dichtung gibt. Wo die Entzweiung der Gesellschaft und ihrer »objektiven« Natur von der »umruhenden« Natur die Bedingung der Freiheit ist, da hat die ästhetische Einholung und Vergegenwärtigung der Natur als Landschaft die positive Funktion, den Zusammenhang des Menschen mit der umruhenden Natur offen zu halten und ihm Sprache und Sichtbarkeit zu verleihen; er muß ohne ästhetische Vermittlung in der Objektwelt der Gesellschaft notwendig ungesagt bleiben. Die Landschaft gehört so geschichtlich und sachlich als die sichtbare Natur des ptolemeischen Erdenlebens zur Entzweiungsstruktur der modernen Gesellschaft. Die große Bewegung des Geistes, in welcher der ästhetische Sinn die Aufgabe der »Theorie« übernimmt, um die ohne ihn notwendig entgleitende »ganze Natur« als Landschaft gegenwärtig zu halten, hat daher nichts mit bloßem Spiel und mit illusionärer Flucht oder dem (tödlichen) Traum zu tun, in den Ursprung als in eine noch heile Welt zurückzugehen. Sie ist das Gegenwärtige. Schiller begreift die ästhetische Kunst als das Organ, das der Geist auf dem Boden der Gesellschaft ausbildet, um das, was die Gesellschaft in der für sie notwendigen Verdinglichung der Welt zu ihrem Objekt außer sich setzen muß, dem Menschen zurückzugeben und für ihn einzuholen. Die zum Erdenleben des Menschen gehörige Natur als Himmel und Erde wird ästhetisch in der Form

wendet sich daher in unmittelbarer Anknüpfung an Schiller gegen »diejenige sogenannte Philosophie, welche den unmittelbar einzelnen Dingen, dem Unpersönlichen Realität im Sinne von Selbständigkeit und wahrhaftem Für- und Insichseyn zuschreibt«. Sie werde »von dem Verhalten des freien Willens gegen diese Dinge unmittelbar widerlegt«: »Wenn für das Anschauen und Vorstellen die sogenannten Außendinge den Schein der Selbständigkeit haben, so ist dagegen der freie Wille, der Idealismus, die Wahrheit solcher Wirklichkeit«, Grundl. d. Philosophie d. Rechts § 44. Daher bleibt jede Vorstellung von einem glücklichen Naturstande des Menschen und einer Rückkehr zu ihm, wie Hegel sagt, eine »unwahre Meinung«: »Die Vorstellung, als ob der Mensch in einem sogenannten Naturzustande, worin er nur sogenannte einfache Naturbedürfnisse hätte und für ihre Befriedigung nur Mittel gebrauchte, wie eine zufällige Natur sie ihm gewährte, in Rücksicht auf die Bedürfnisse in *Freiheit* lebte, ist noch ohne Rücksicht des Moments der Befreiung, die in der Arbeit liegt«, vgl. a.a.O., § 194.

der Landschaft zum Inhalt der Freiheit, deren Existenz die Gesellschaft und ihre Herrschaft über die zum Objekt gemachte und unterworfene Natur zur Voraussetzung hat.
Der Naturgenuß und die ästhetische Zuwendung zur Natur setzen so die Freiheit und die gesellschaftliche Herrschaft über die Natur voraus. Wo Natur zu der Gewalt wird, die ihre Ketten zerbricht und den Menschen, den schutzlos Gewordenen, fortreißt, da waltet im Furchtbaren der Schrecken, der blind ist. Freiheit ist Dasein über der gebändigten Natur. Daher kann es Natur als Landschaft nur unter der Bedingung der Freiheit auf dem Boden der modernen Gesellschaft geben[61]. Hegel hat in diesem Sinne allgemein gesagt, daß mit der Ausbildung der modernen Welt und ihrer Freiheit allererst die schöne Kunst zur »wahrhaften Kunst« werden kann. Sie läßt mit ihr die Sphäre hinter sich, in der sie als »flüchtiges Spiel« nur dazu dient, »unsere Umgebung zu verzieren, dem Äußeren der Lebensverhältnisse Gefälligkeit zu geben und durch Schmuck andere Gegenstände herauszuheben«. Sie erhebt sich in freier Selbständigkeit zur Wahrheit. Sie erhält erst ihre »höchste Aufgabe«, indem sie in den »gemeinschaftlichen Kreis mit der Religion und Philosophie« tritt, um so ästhetisch das »Göttliche und die tiefsten Interessen des Menschen und die umfassendsten Wahrheiten des Geistes auszusprechen«[62].
Wir sind gegenwärtig dem Druck einer Philosophie ausgesetzt, die die moderne Zivilisation als »totale Vernutzung der Erde« und »Entmenschlichung des Menschen« verwirft. Wir sind zugleich dem Druck einer Soziologie ausgesetzt, die die Zivilisation allein als die artifizielle Wirklichkeit rationeller Institution begreift, in denen der Mensch fortschreitend seinem eigenen Sein und der ihm aus seiner geschichtlichen Herkunft zugehörenden Welt entfremdet werden soll. Demgegenüber hat die geschichtliche Zusammengehörigkeit der objektiven Natur der Gesellschaft mit der Natur als ästhetischer vermittelter Landschaft allgemeine Bedeutung. An ihr zeigt sich, daß die gleiche Gesellschaft und Zivilisation, die dem Menschen in der Verdinglichung der Natur die Freiheit bringt, zugleich den Geist dazu treibt, Organe auszubilden, die den Reichtum des

61 s. Exkurs II, hier S. 438-441.
62 Hegel, Vorlesungen über die Ästhetik, I, WW Glockner 12, S. 26 f.

Menschseins lebendig gegenwärtig halten, dem die Gesellschaft ohne sie weder Wirklichkeit noch Ausdruck zu geben vermag. Man kann sich so nicht auf die eine oder auf die andere Seite schlagen. Wo der bedrängte Mensch dabei ist, das Vertrauen zu seiner gegenwärtigen Wirklichkeit zu verlieren, und in Ideologien und Weltanschauungen Halt sucht, die nicht in dieser gründen, hat die Philosophie die Aufgabe, die Einheit der sich äußerlich entgegensetzenden Mächte und so die unserer Welt an sich einwohnende Vernunft zu begreifen. Sie macht so nüchtern das geltend, was stärker und reicher als alles schweifende Vorstellen und Meinen ist.

Zwei Exkurse

I

E. Bloch weist (Tübinger Einführung in die Philosophie 1, 1963, S. 63 f.) auf die Verwandtschaft der »Wanderung« mit dem »Geschichtlichen sowohl in der rückwärts erblickten wie vor allem nach vorwärts mitgemachten Abfolge und Reihe« hin; er nennt Schillers »Spaziergang« ein »schönes Zeugnis« für diesen Zusammenhang. Schiller lasse hier »geschichtlich genau und blickreich« den Weg in die Landschaft zugleich in die Geschichte führen, die »diese Gegenstände gebildet und umgebildet« habe. Das trifft einerseits in der Verknüpfung des Ästhetischen und Historischen ein hier wesentliches Element, läßt aber zugleich offen, wie sie sich in dieser Verknüpfung zueinander verhalten. Die Natur, in deren Anblick sich der Wanderer rettet, ist zunächst das durch Pfade und »länderverbindende Straßen« zusammengefaßte »Gefilde« ländlichen Wohnens, wie es sich – dem Anblick vertraut – in »geregelten« Feldern, Wäldern, »munteren« Dörfern, in Hütte und Herden darstellt. Zugleich aber ist diese Gefildenatur geschichtlich die an sich vergehende und im Verhältnis zum Wanderer bereits vergangene Welt eines ursprünglicheren Lebens, das »noch« in die Natur, nachbarlich mit ihr wohnend – im hesiodischen Kreislauf der Ernten und des Tagwerks eingelassen ist. Ausdrücklich wird dieser Vergangenheitscharakter der Gefildenatur geltend gemacht; es wird gesagt, daß das *noch* nachbarlich mit der Natur wohnende »glückliche Volk der Gefilde« »*noch nicht* zur Freiheit erwachet« sei. In diesem geschichtlichen Vergangensein des Gefildes gründet seine ästhetische Funktion, doch so, daß das Geschichtliche keine Selbständigkeit im Verhältnis zum Ästhetischen hat; es bildet nur das Element seiner Vermittlung. Der den Anblick der Gefildenatur suchende und sich in ihn rettende Wanderer ist seinerseits geschichtlich über sie hinaus; sie hat für ihn allein noch in ihrem Anblick als Landschaft Bedeutung; das schließt ein, daß das sich dem Anblick öffnende »Liebliche« dem Wanderer real fremd bleibt; für ihn kann sich unmittelbar auch »ein fremder Geist schnell über die fremdere Flur verbreiten«. In ihrer »Fremdheit« hat die Gefildelandschaft ästhetisch daher überhaupt nicht die Bedeutung, daß sie etwa zur Rückkehr in sie ruft oder den Gedanken, ein an sich Vergangenes wiederherzustellen, provoziert. Sie ist vielmehr in dem genauen Sinne »ästhetisch«, daß an ihr und als sie die Natur selbst (die Schiller hier die »heilige Natur« nennt) im Element des sinnfälligen Scheinens für das in diesem sich findende Gefühl gegenwärtig zu sein vermag. Einzig in dieser ästhetischen Vermittlung der »Natur selbst« wird die Gefildenatur in ihrem geschichtlichen Sein als Landschaft zum Inhalt dichterischer Aussage, ohne daß dabei ihr Vergangensein als solches thematisch wird. Das Geschichtliche im ästhetischen Verhältnis zur Gefildenatur als Landschaft ist daher hier nicht deren geschichtliche Verfassung, sondern allein die Entfremdung des Wanderers von der zum Erdenleben des Menschen gehörigen ganzen Natur, die ihn dazu treibt, in der Gefildenatur diese als die für ihn »verlorene Natur« zu suchen. Das Ästhetische der Landschaft ist so in seinem Grunde das Scheinen der an sich verlorenen ganzen

Natur. Daher hat ihre jeweilige individuelle und physiognomische Bestimmtheit nur die Funktion, daß die Natur selbst an ihr im Element des Anblicks erscheint, gesagt und sichtbar gemacht werden kann. Schiller bringt dies in der Dichtung mit einer Genauigkeit zur Sprache, die bewunderungswürdig ist: Die ganze Natur biete sich darin dem Anblick dar, daß die Felder »friedlich« das ländliche Dach »umruhn«, die Rebe sich »traulich« an dem niedrigen Fenster emporrankt und der Baum »umarmend« den Zweig um die Hütte schlingt. Damit wird – in die Form ästhetischer poetischer Vergegenwärtigung übersetzt – der alte philosophische Begriff der ganzen Natur aufgenommen, in welchem sie als das alles »Umgreifende« und so in allem Gegenwärtige gedacht wird.

Für die ästhetische Konstituierung von Landschaft bleibt daher sowohl ihre jeweilige bestimmte Gestalt wie ihre geschichtliche Eigenart durchaus sekundär. Darin ist es begründet, daß die ästhetischen Landschaften, in sich ohne Halt und einander verdrängend und ablösend, geschichtlich in der Bewegung stehen, in welcher der ästhetische Sinn die Natur selbst als das je Ungesehene und Ungesagte fortgehend in immer anderen Landschaften zum Scheinen zu bringen sucht. Auch dies wird in Schillers Dichtung ausgesprochen. Im Fortgang der Wanderung wird die Vergegenwärtigung der ganzen Natur an Stelle der Gefildelandschaft von der »freien Natur« übernommen, wo im Wilden und Öden der »rohe Basalt« ist und »im einsamen Luftraum« nur der Adler noch »die Welt an das Gewölke« knüpft. Während der »Gärten und Hecken vertraute Begleitung« und mit ihnen »jegliche Spur menschlicher Hände« zurückbleiben, bietet sich jetzt dem Wanderer im Anblick der freien und wilden Natur die Natur selbst als »immer dieselbe« ästhetisch dar; sie nährt so – gegen die Besonderheit gleichgültig – überall und in allen Sphären des von Natur Seienden an »gleicher Brust« die »vielfach wechselnden Alter«; sie vereint über »dasselbe Blau« und das »nämliche Grün« die »nahen und fernen Geschlechter«.

Damit hat Schiller nicht nur den Prozeß in die Dichtung aufgenommen, in dem der ästhetische Sinn – die Natur suchend – über die bewohnte Gefildenatur hinaus in die freie, von menschlicher Hand unberührte Natur fortgetrieben wird; er hat dazu begriffen, daß der Grund dieser fortgehenden Bewegung das Verlangen ist, die Natur als sie selbst da ästhetisch zu vergegenwärtigen, wo das gegenwärtige Dasein ihr entfremdet ist und die Entfremdung ästhetisch aufzuheben sucht.

Diese *inhaltliche* Funktion des Ästhetischen macht begreiflich, warum mit der gesellschaftlichen Aneignung der durch Bildkunst und Dichtung erschlossenen Landschaften zwar einerseits die Lebenswelt der Gesellschaft um die Dimension eines freien, genießenden Verhältnisses zur Natur erweitert wird, zugleich aber die dann vertraut gewordenen und eingebürgerten Landschaften aus der Sphäre ästhetischer Repräsentation heraustreten müssen. Ihre Sichtbarkeit, ihr Aussehen wie ihre sprachliche Darstellung bleiben auch nach ihrer gesellschaftlichen Aneignung fest auf die Form fixiert, in welcher sie einmal ästhetisch entdeckt wurden. Das schließt aber zugleich ein, daß ihre fortbestehende, ursprünglich ästhetisch vermittelte Gegebenheit nicht mehr das Ungesagte und Ungesehene der Natur selbst zum Scheinen zu bringen vermag. Noch in der Reise- und Touristenlandschaft lebt nachklingend ihre ursprüngliche ästhetische Funktion nach. Die Sprache, in der sie angepriesen wird, gewinnt die Kraft der Werbung aus der euphorischen Potenz des Hinausgehens, des freien genießenden Anschauens wie des Glücks und des Beisichselbstseins in einer «romantischen« und »malerischen« Landschaft. Sie borgt so ihren Glanz von der Substanz der ursprünglich ästhetischen Repräsentation. In die Sphäre der »Erholung« (das Wechselspiel von Erholung und Glück des Beisichselbstseins im Felde der schönen Künste hat Aristoteles Polit. 8, 3, 1337 b 22 seq. zum Element der Theorie der Musik gemacht) und »Freizeit« übersetzt, werden die ursprünglich ästhetischen Begriffe und Orte der Landschaft wie Berg und Gefilde zum Element, in dem Landschaft sich jetzt als Erholungslandschaft darstellen kann. Ihre Zeit wird in Annoncen als »good time« angeboten: »What's your idea of a good time? – If you enjoy picknicking on a mountaintop, exploring quiet side-roads to picturesque fishing villages, strolling among scenes of colonial history or just dreaming under an appletree.« Das für die Landschaft ästhetisch konstitutive »Schauen« kann etwa in dieser Form wiederkehren: »Highways bring the finest landscape within easy reach of your camera.«

In solchem Fortbestehen verlieren notwendig die angeeigneten Landschaften jede ästhetische Funktion, gerade weil sie noch erkennbar die Zeichen ihrer ästhetischen Herkunft tragen. Sie werden daher zum Gegenspieler, gegen den sich die ästhetische Landschaft – die erworbene Vertrautheit mit der Natur negierend – durchsetzen muß. So hat Rilke 1902 im Bruch mit der »kurzsichtigen Wahrscheinlichkeit des Romantikers, der verschönt, indem er schaut«, die Funktion der Landschaft als Vergegenwärtigung der *fremden* Natur verstanden (»Von der Landschaft« und »Worpswede« [Einleitung], Ausgew. WW, hg. v. Rilke-Archiv, Bd. II, S. 221 ff., S. 221 ff.; S. 227 ff.). Die Voraussetzung, die den Weg in die Landschaft erst öffnet, sei in der Trennung von der heimischen Natur die Wende, sich »der Welt so weit zu entwöhnen, um sie nicht länger mit dem voreingenommenen Auge des Einheimischen zu sehen, der alles auf sich selbst und seine Bedürfnisse anwendet« (S. 225). Wer die »Geschichte der Landschaft« schreibt, befände sich daher »zunächst hilflos preisgegeben dem Fremden« (S. 228). Während unsere Väter noch in die Wälder wanderten und Berge und Burgen brauchten, »um sich zu finden«, könnten wir zwar noch die Schlösser und Schluchten verstehen, bei deren Anblick sie wuchsen, aber zugleich sei es so, daß wir uns dabei »wie in etwas altmodischen Zimmern« fühlen, »in denen man sich keine Zukunft denken kann« (S. 242): wir kommen mit ihrem Anblick nicht weiter. Daher erhält für Rilke das ästhetische Verhältnis zur Natur als Landschaft den Sinn, daß gerade die Vertrautheit der heimischen Natur aufgehoben und diese als die *fremde Natur* gesehen wird, deren Leben nicht unser ist und die an uns nicht teilnimmt: »Denn gestehen wir es nur: Die Landschaft ist ein Fremdes für uns und man ist furchtbar allein unter Bäumen, die blühen, und unter Bächen, die vorübergehen. Allein mit einem toten Menschen ist man lange nicht so preisgegeben wie allein mit Bäumen. Denn ... geheimnisvoller noch ist ein Leben, das nicht unser Leben ist, das nicht an uns teilnimmt und gleichsam ohne uns zu sehen, seine Feste feiert, denen wir .... wie Gäste, die eine andere Sprache sprechen, zusehen« (S. 228 f.). Während sich die ältere Landschaftskunst an die Gefildenatur hielt, um im Element ihrer Vertrautheit die umruhende ganze Natur zu vergegenwärtigen, hat für Rilke Landschaftskunst es seit Théodore Rousseau, Millet und mit den Worpswedern jetzt übernommen, die Vertrautheit aufzuheben und den Menschen in die fremde Natur zurück- und hineinzunehmen. So hat der Weg der Maler nach Worpswede nichts mit Rückkehr zur Natur oder mit einer Einbürgerung in die Welt der Moorbauern zu tun. Vielmehr sei zu sagen, »daß sie nicht unter ihnen leben, sondern ihnen gleichsam gegenüberstehen, wie sie den Bäumen gegenüberstehen und allen den Dingen, die, umflutet von der feuchten, tonigen Luft, wachsen und sich bewegen«. Sie seien von fernher dorthin gekommen, um (wie es nun unmittelbar im Gegenzug gegen jede Form der Vertrautheit mit der Natur heißt) die Menschen dort, »die nicht ihresgleichen sind, in die Landschaft hineinzudrücken«, und so alles, Menschen wie Dinge, in einem Atem zu sehen und »im stillen Nebeneinander als Erscheinungen derselben Atmosphäre und als Träger von Farben, die sie leuchten macht, zu empfinden«. Damit holen die Maler mit ihrer Kunst, wie Rilke sagt, »aus der Tiefe dieses Lebens eine Wahrheit heraus«; sie bringen ästhetisch in das Dasein der Zeit die in der Nutzung vergessene und in der Vertrautheit verdeckte fremde Natur als »Wahrheit« ein (S. 247). Rilkes Bemerkungen zur Landschaft lassen beispielhaft erkennen, warum »Fremdheit« zur Kategorie der ästhetischen Vergegenwärtigung der Natur werden muß, nachdem einmal Landschaften – aus ihrer ursprünglichen ästhetischen Funktion entlassen – in die Welt der Gesellschaft eingegangen sind. Die Möglichkeiten, Natur in ihrer Fremdheit zu vergegenwärtigen, sind zum Thema nachromantischer Kunst geworden. Was äußerlich als bloße Negation der klassischen und romantischen Landschaft erscheinen kann, hat in Wahrheit die Aufgabe übernommen, da, wo Landschaften zum Lebenselement der Gesellschaft geworden sind, im Verhältnis zur Natur die Funktion des Ästhetischen zu erfüllen, die zuerst mit der Entdeckung der Natur als Landschaft in die Geschichte getreten ist.

II

Während in der ästhetischen Vergegenwärtigung der Natur als Landschaft durch Bildkunst und Dichtung auch verborgen bleiben kann, daß ihr freies Spiel der Anschauung nicht zeitlos ist, sondern seine geschichtliche Möglichkeit und Bedingung in der durch Arbeit vermittelten Unterwerfung der Natur als Dasein von Freiheit hat, tritt dieser Zusammenhang in der Sphäre der Landschaft selbst da deutlich als sie bestimmendes Element hervor, wo an der Stelle der Malerei die »Gartenkunst« (art of gardening) es übernimmt, Natur in ästhetischer Vermittlung als Landschaft darzustellen. Was damit vor allem im England des 18. Jahrhunderts in großer Form geschieht, läßt sich zunächst als der Einbruch des ästhetischen Naturverhältnisses in die alte vorästhetische Welt des Gartens und der Gartenkunst verstehen. H. F. Clark hat in seinem bedeutenden wie grundlegenden Buch über den englischen Garten (The English Landscape-Garden, London 1948) gezeigt, daß die großen Parks, die damals wie Chiswick, Castle Howard oder Woburn Farm geschaffen werden, unmittelbar unter dem Einfluß von Claude Lorrain, Poussin und Constable stehen und so als »a composition obeying the rules of the painters« gelten müssen (S. 37 ff.). Noch im 19. Jahrhundert nennt Fürst Pückler-Muskau (für ihn sei auf die Studie nachdrücklich hingewiesen, in der K. G. Just jetzt Pücklers »Leben und Werk« dargestellt hat und den Zusammenhang überhaupt erst wieder zugänglich macht, in dem bei ihm Schriftstellerei und die Gartenkunst zueinander gehören, deren Werk in Muskau und Branitz die Zeitgenossen als »schöne großartige Dichtung mit smaragdenen Lettern« in den Boden geschrieben ansahen, vgl. Hermann von Pückler-Muskau, Leben und Werk, Würzburg 1962) den Park »ein Grundstück, das (in der Zuordnung zum wohnlichen Besitztum) einem aufzustellenden Naturgemälde« gewidmet sei und so den »Charakter der freien Natur und Landschaft« haben soll (in: Andeutungen über Landschaftsgärtnerei, 1834, Nachdruck 1933, S. 47, jetzt im Auszug abgedr. bei F. G. Jünger, Gärten im Abend- und Morgenland, München und Eßlingen 1960, S. 172). Das ist bereits festgewordenes Deutungsprinzip. Während die Gartenkunst (so heißt es bei Schiller; vgl. »Über den Gartenkalender auf das Jahr 1795«, WW Saek. Ausg. 16, S. 271-279, jetzt auch bei Jünger a.a.O., S. 159 f.) sich lange Zeit der »Baukunst« anschloß und so »die lebendige Vegetation unter das steife Joch mathematischer Formen beugte, wodurch der Architekt die leblose schwere Masse beherrscht«, empfinge mit den jetzt »allgemein beliebten *ästhetischen Gärten*« der »Gartengeschmack« das Gesetz »von der Einbildungskraft allein«. Er sei so »poetisch« geworden; man habe damit »die Gartenkunst in die Malerei hinübergeführt«. Dem entspricht, daß in die Gartenkunst alle die Begriffe eingehen, die, wie die freie Betrachtung der Natur selbst, genießendes Verweilen im Glück des Beisichselbstseins bei ihrem Anblick usf. aus der Tradition der philosophischen Theorie herkommend das ästhetische Naturverhältnis von Anbeginn bestimmen. So nennt Henry Home in den »Elements of Criticism« (zuerst 1760, dann Basel 1795; eine deutsche von J. N. Meinhard besorgte Übersetzung erscheint 1790 in Leipzig) die »art of gardening« »Lieblingskunst« des Zeitalters. Ihr Werk als »fine art« sei nicht der »kitchen garden«, sondern der aus der Nutzung herausgelöste »pleasure garden« (III, S. 204): Sie habe so die Bestimmung, »gewisse angenehme Empfindungen und Gefühle« (III, S.205: certain agreeable emotions and feelings; S. 206: emotions of grandeur, of sweetness, of gaiety, of melancholy) dadurch zu wecken, daß sie den Raum des Wohnens in Prospekten, Durch- und Fernblicken und im Anblick von Bäumen, Flüssen, Wasserfällen, grünen von Pflanzen belebten Flächen und Anhöhen kompositorisch in die Natur als ›Landschaft‹ (landscape) öffne. So biete sie dem im Parke Wandelnden Natur »in einem einzigen Anblick zusammengefaßt« (III, S. 216: comprehended in a single view) dar. Der Landschaftsgarten selbst sei so »an imitation of nature or rather *nature itself* ornamented (III, S. 215) ... representation of what really exists in nature (ib.) ... exhibition of what beautiful is in nature« (III, S. 217). Durchaus im Sinne der ins Ästhetische transformierten Theorie hat so für Home der Landschaftsgarten als Darstellung der »Natur selbst« im Verhältnis zum Empfinden und Fühlen die Funktion (wie es in einer deistisch gemilderten Sprache heißt), »die Güte der Gottheit und den reichen Vorrat, den sie für unsere Glückseligkeit bereit hält« (III, S. 227), zu vergegenwärtigen und damit die Seele zum Nachdenken und Betrachten und so in »a habit of humanity and benevolence« zu bringen (S. 227). (Vgl. hierzu auch bereits Addison in Spectator Nr. 477 v. 6. 9. 1712, jetzt ins Deutsche von C. Mayer-Clason übersetzt, abgedr. in: Jünger, a.a.O., S. 150 f.)

Die Bewegung, in die Garten und Gartenkunst mit dem Einbruch des Ästhetischen hineingerissen werden, läßt sich damit in genauer Entsprechung zur malerischen und dichtenden Entdeckung der Landschaft als Öffnen des Wohnens in den ästhetischen Anblick der Natur begreifen, während Garten und Park ehedem und noch in ihrer französischen Form die Natur in einen umhegten und gegen die freie Natur abgegrenzten Bezirk einbeziehen und in ihn einformen. Zeichen dieser in ihrer Wirkung radikalen Veränderung ist es, daß entgegen dem ursprünglichen sprachlichen Sinn von Garten und Park der ästhetische Landschaftsgarten bewußt und ausdrücklich durch den Fortfall oder das Verstecken des Umgrenzenden, des Zaunes, der Mauern, Verschwinden der den Blick verstellenden Gartenkulissen etc. in der zeitgenössischen Literatur gekennzeichnet werden kann. So wird in einer Schilderung der Anlagen von Wörlitz aus dem Ende des 18. Jahrhunderts hervorgehoben, daß der Park »weder durch eine Mauer noch durch eine Verzäunung eingeschlossen sei«; seine Grenzen würden so »teils natürlich durch den See bezeichnet, teils durch Kanäle, Wälle, Alleen, Hecken *versteckt*, teils auch unbestimmt gelassen«, so daß ein Fremder die den Garten umgebenden Triften, Äcker, Wälder und Wiesen dazu rechne (abgedr. bei Jünger, a.a.O., S. 151); Jünger kann daher Entgrenzung geradezu das »Grundgesetz« des englischen Parks nennen; er strebe eine einheitliche Komposition mit der Landschaft an; daher werde alles verneint, was ihn gegen sie »abhebt, konturiert, begrenzt«: »Mauern, Gitter und Zäune verschwinden« (a.a.O., S. 39). Bereits Fürst Pückler hat im gleichen Sinne den Park in seiner Bestimmung, den »Charakter der freien Natur und Landschaft« zu haben, als ein vom Garten »sehr wesentlich abweichendes Ganzes« genannt: während der Park eine »zusammengezogene idealisierte Natur« sei, bleibe der Garten nur »eine ausgedehntere Wohnung« (a.a.O., S. 48, 52, bei Jünger, a.a.O., S. 174).
Das Neue und qualitativ Andere des Landschaftsgartens aber in der Einheit der ästhetischen Vermittlung der Natur liegt darin, daß mit ihm die Natur durch den verändernden und gestaltenden Eingriff des Menschen zur Landschaft geformt und so dazu gebracht wird, selbst ihre ästhetische Präsentation zu vermitteln. In diesem Sinne nennt Home Landschaft »nature itself ornamented«. Was so als freie und gar als wilde Natur dem Anblick sich als Landschaft darstellt, ist von der Gartenkunst *zur Landschaft gestaltete Natur.* Berühmtes Zeugnis hierfür ist in Rousseaus »Nouvelle Héloïse« der Brief, in dem Saint-Preux den Garten Julies beschreibt: obwohl er nirgends »die geringste Spur von Kultur« in seiner Natürlichkeit erkennen lasse, könnte doch, was er ist, nur durch »Fleiß und Kultur« geworden sein. Die ästhetische Absicht ist es, die Natur selbst und ihre »rührenden Reize«, die sie den Menschen entzieht und auf einsamen Berggipfeln, im Waldesgrund und auf einsamen Inseln entfaltet, den Menschen, die sie lieben, nahezubringen, aber diese Absicht schließt ein, daß man sie als »Garten« darstellen und so »große Sorge« tragen muß, den Fleiß, der sie geschaffen, »auszulöschen«. Die Natur als Landschaft ist im Schein des freien Soseins – »nicht ohne etwas Täuschung« – Natur, der Gewalt angetan ist, um sie zu zwingen, Darstellung ihrer selbst zu sein (La Nouv. Héloïse IV, L. II). Fürst Pückler fordert wie Rousseau für den Park als Darstellung der freien Natur und Landschaft, daß in ihr »die Hand des Menschen wenig sichtbar« sein solle. Die Anlage eines Parks sei so zwar »wohl Natur«,

aber sie müsse zugleich auch als »zum Gebrauch und zum Vergnügen des Menschen eingerichtete Natur« gelten. Bei ihm gehört daher zur Landschaft – in seinen Briefen immer wieder zu Worte kommend – das Pathos der *Arbeit*, die vonnöten ist, die ästhetisch freie Repräsentation der Natur überhaupt erst zu schaffen. Die Vorarbeiten werden »ungeheuer« genannt; der Park in Branitz, der, »wo er fertig ist, nur eine üppige Gegend« zeige, sei zugleich (wie es in einem Brief vom 8. 4. 1868 heißt; vgl. Just, a.a.O., S. 57) eine »von mir *geschaffene* Gegend« mit ziemlich hohen Hügelketten und »mit tausenden schöner, schon dreißig bis achtzig Fuß hoch gepflanzter Bäume, mühsam oft von weit herantransportiert«. Gelegentlich wird beklagt, daß das Werk die Grenze habe, daß es sich »mit dem Pflanzen nicht erzwingen ließe« und daß man »Wachstum den Bäumen und Sträuchern leider nicht geben« könne.
Damit wird die Zugehörigkeit der ästhetischen Landschaft zu der die Freiheit setzenden, auf Arbeit verwiesenen Objektivierung der Natur faßbar. Die zur Gartenkunst gehörige »gestaltete« Landschaft kann in diesem Sinne als die Ergänzung der in ihrer Nutzung verschwindenden Natur durch das nicht weniger künstliche Werk verstanden werden, mit dem sie dazu gebracht wird, sich als freie Natur darstellend, im Horizont der Gesellschaft zu bleiben. Lucius Burckhardt hat in einer schönen Abhandlung zu »Natur und Garten im Klassizismus« (Der Monat 15, Nr. 117, Juni 1963, S. 43 ff.) gegen die ästhetische Vergegenwärtigung der Natur im romantischen Naturverhältnis, die »eine Natur sucht vor dem Sündenfall«, die »Landschaft als Gegenstand der Gestaltung« gesetzt und dafür auf das 18. Jahrhundert verwiesen, das die »Landschaftsgestaltung als vornehmsten Ausdruck ihrer Kunst wählte« (a.a.O., S. 44). In der Tat mag hier ein Schlüssel zum Verständnis der von der Gesellschaft assimilierten und damit aus ihrer ästhetischen Funktion herausgelösten Landschaften liegen. Sie können die Bestimmung haben, daß in einer dialektischen Aufhebung der die Landschaft einst konstituierenden Entgrenzung des Wohnens und so in einer Wiederkehr des *Gartens* die zur Landschaft gestaltete Natur zum Raum des durch die Gesellschaft gesetzten Wohnens wird. Jedenfalls ist dies die Meinung Burckhardts: »Die totale Besiedelung und Ausbeutung – oder andernorts die Nicht-Bewirtschaftung – des Bodens hebt den Gegensatz von Natur und Garten auf. So wird zur Notwendigkeit, was zu Beginn des Industriezeitalters ein Vergnügen großer Herren war: die Gestaltung der Landschaft« (a.a.O., S. 52). G. F. Jünger nennt es einen »schönen Gedanken«, daß »die Landschaft selbst zum Garten wird« (a.a.O., S. 50).

Nachwort von Odo Marquard

Positivierte Entzweiung
Joachim Ritters Philosophie der bürgerlichen Welt

Die Neuauflage von Joachim Ritters *Metaphysik und Politik* – ergänzt um drei Beiträge – erfolgt zum Gedenken an Joachim Ritter, der am 3. April 1903 in Geesthacht bei Hamburg geboren wurde und am 3. August 1974 in Münster gestorben ist. Er wäre in diesem Jahr – im Jahr 2003 – hundert Jahre alt geworden.
Der Band *Metaphysik und Politik* erschien zunächst 1969 in der Reihe *Suhrkamp Wissenschaft* und 1977 in der Reihe *suhrkamp taschenbuch wissenschaft*. Das Buch, das »Studien zu Aristoteles und Hegel« umfaßt und nun um die Beiträge »Subjektivität und industrielle Gesellschaft«, »Die Aufgabe der Geisteswissenschaften in der modernen Gesellschaft« und »Landschaft. Zur Funktion des Ästhetischen in der modernen Gesellschaft« aus Band 379 der Bibliothek Suhrkamp *Subjektivität* ergänzt ist, repräsentiert die entscheidenden Arbeiten Joachim Ritters aus seiner Zeit in Münster, in der er einer der prägenden Philosophen der beginnenden und entwickelten Bundesrepublik Deutschland wurde.
Ich versuche in diesem Nachwort in sieben Abschnitten folgende Hinweise: 1. Lebensdaten, 2. Moderne Welt und Metaphysik, 3. Bürgerliches Leben, 4. Positivierte Entzweiung, 5. Weltzivilisation, 6. Subjektivität und 7. Wirksamkeit.

1. Lebensdaten

Joachim Ritter, der Philosophie, Theologie, Deutsch und Geschichte in Heidelberg, Marburg, Freiburg im Breisgau und Hamburg studierte, wurde 1925 in Hamburg bei Ernst Cassirer zum Dr. phil. promoviert, war dessen Assistent und begleitete Cassirer als Protokollant 1929 zu den Davoser Gesprächen mit Martin Heidegger. Er habilitierte sich 1932 in Hamburg, war dort Privatdozent ohne Anstellung und in der Erwachsenenbildung tätig, arbei-

* Die Seitenzahlen in Klammern beziehen sich auf den vorliegenden Band.

tete auch mit Erich Rothacker und mit Heinz Heimsoeth, bevor er im Januar 1940 zum Kriegsdienst einberufen wurde. Wegen des Kriegsdienstes konnte er 1943 eine Professur in Kiel nicht antreten. Ab 1946 lehrte er – unterbrochen von 1953 bis 1955 durch eine Professur in Istanbul – bis zu seiner Emeritierung 1968 als ordentlicher Professor für Philosophie in Münster und blieb der Stadt treu – trotz Rufen aus Tübingen und Konstanz. Er war 1962/63 Rektor der Westfälischen Wilhelms-Universität in Münster. Ab 1961 war er Mitglied der Arbeitsgemeinschaft für Forschung (später Akademie der Wissenschaften) des Landes Nordrhein-Westfalen und förderte die Edition der Werke Hegels als Vorsitzender der Hegel-Kommission zunächst der Deutschen Forschungsgemeinschaft und dann der Düsseldorfer Akademie. 1964 wurde er Mitglied der Akademie der Wissenschaften und der Literatur in Mainz. Er war auch Mitglied der Gründungsausschüsse der Universitäten Bochum (ab 1961), Dortmund (ab 1963), Konstanz (ab 1964) und Mitglied des deutschen Wissenschaftsrates ab 1965.

Ritters frühe philosophiehistorische Studien – seine Dissertation *Docta ignorantia. Die Theorie des Nicht-Wissens bei Nicolaus Cusanus* (1927) und seine Habilitationsschrift *Mundus intelligibilis. Eine Untersuchung zur Aufnahme und Umwandlung der neuplatonischen Ontologie bei Augustinus* (1937) – bewegen sich im Interessenfeld der Philosophie der symbolischen Formen von Cassirer. In Arbeiten über Marx, Dilthey, Durkheim und Lévy-Bruhl formierte Ritter seine Position innerhalb dieses Feldes: 1933 in »Über den Sinn und die Grenzen der Lehre vom Menschen«[1] anthropologiekritisch – durch Abwehr von Subjektivismus und Weltanschauungsphilosophie – und 1938 in »Über die Geschichtlichkeit wissenschaftlicher Erkenntnis«,[2] in der Sachbezogenheit und Geschichtlichkeit sich verbinden müssen: So wurde die hermeneutische Einsicht Ritters vorbereitet, nach der systematische Philosophie und Philosophiehistorie nicht getrennt werden dürfen. Ritter interpretiert die Geisteswissenschaften als existentielle Antwort auf die Ausbildung der modernen Naturwissenschaften und kommt so zu einer differenzierten Theorie der modernen Welt. Das prägt fortan die Arbeiten, die Joachim Ritter ab 1946 auf

1 J. Ritter, Subjektivität, Frankfurt am Main 1974, S. 36-61.
2 In: Blätter für deutsche Philosophie, 12 (1938), 175-190.

dem Lehrstuhl für Philosophie der Universität Münster in seinen Vorlesungen und Seminaren vorbereitet hat, zunächst stärker im Sinne einer modernismuskritischen Bewahrungsphilosophie, dann schließlich dezidiert modernitätsbejahend: in *Subjektivität* (1974) und dem seit 1971 erscheinenden *Historischen Wörterbuch der Philosophie* und vor allem in seiner wichtigsten Schrift, in *Metaphysik und Politik*.

2. Moderne Welt und Metaphysik

Entscheidend für Joachim Ritters Philosophie – wie sie in *Metaphysik und Politik* sich darstellt – wurde folgendes: Er trennt nicht eine abstrakte Metaphysik der ewigen Wahrheiten einerseits von der Philosophie der aktuellen historischen Situation der modernen Welt andererseits, sondern er verbindet beide; die aus Griechenland kommende Tradition der Metaphysik gehört selbst zur modernen Welt, als ihre geschichtliche Bedingung und als verpflichtende Herkunftstradition. Die moderne Welt verhält sich zur metaphysischen Herkunftstradition in der Form der »Entzweiung«, indem sie sie neutralisiert und doch zugleich mit ihr zusammengehört. Als moderne bürgerliche Gesellschaft tritt sie – als Welt der Bedürfnisse, der Arbeit, der Sachen, des Eigentums und der Personen und insofern als abstrakte Freiheitswelt – aus dieser Tradition heraus und wird scheinbar beziehungslos zu ihr; aber als sittliche Welt des bürgerlichen Lebens muß sie diese metaphysische Tradition bewahren und gegenwärtig halten. Das ist die Entzweiungs-Verfassung der bürgerlichen Welt. So wird Joachim Ritters Philosophie in ihrer Münsteraner Gestalt zur Philosophie der bürgerlichen Welt, die zur Philosophie der positivierten Entzweiung wird.

Ritters Philosophie versteht sich als »hermeneutische« Philosophie. Sie gehört – hier Hans-Georg Gadamers Hermeneutik, die das »Sein zum Tode« durch das »Sein zum Text« ersetzt, ergänzend und überholend – zu demjenigen Flügel des hermeneutischen Denkens, der die praktische Philosophie rehabilitiert hat. Die Philosophie muß näherhin – wie Joachim Ritter zuerst 1940 in »Über das Lachen« analysiert hat – das geltend machen, was die offizielle

Ordnung und Verständigkeit »ausgrenzt«.[3] Zwei Sätze kehren bei ihm wieder: »Was geschieht hier?« und »Das muß man sehen«.[4] Die Philosophie muß das Ganze festhalten durch ihre Verpflichtung, nichts auszulassen, nichts zu übersehen und das Unbemerkte merken zu wollen. Das gilt nicht nur für das Negative, sondern auch für das verdrängte Positive. Philosophie – im Sinne Ritters – besteht (als Verzicht auf die Anstrengung, wegzusehen) dann darin: Bornierungen abzubauen und Sichtgrenzen kollabieren zu lassen, um – in dieser jetzt fälligen Gestalt vernünftiger Theorie – ungehindert sehen und sagen zu können: »So ist es.«

»Ritters Hermeneutik der geschichtlichen Welt verbindet die aristotelische Vermutung für die Vernünftigkeit des Bestehenden mit dem hegelianischen Vertrauen in den die Gefährdungen der Freiheit ausgleichenden Fortschritt der Vernunft.«[5] Darum blickt er auf die vorhandene Vernunft der bürgerlichen Welt, in deren »Zukunft« die metaphysische »Herkunft« sich geltend machen muß und die nicht – »unredlich« – durch Formen der Flucht aus dieser bürgerlichen Welt verdunkelt wird. Diese bürgerliche Welt ist die »Entzweiung« der »bürgerlichen, durch rationale Bedürfnisbefriedigung definierten Gesellschaft von ihrer eigenen geschichtlich-metaphysischen Herkunft«.[6] Dazu gehören Gefahren – die Entfremdungstendenzen moderner Entzweiungsverweigerung –, die verderblichen Versuche, dieser Entzweiung in eine wirklichkeitsverweigernde Identität zu entkommen: entweder – wie es insbesondere der Marxismus, dem Ritter zunächst nahestand, versuchte – durch revolutionäres Überspringen der bürgerlichen Welt in eine bürgerlichkeitsverweigernde heile Zukunft, oder – wie der Nationalsozialismus es unternahm – durch revolutionären Rückfall aus der bürgerlichen Welt in eine bürgerlichkeitsverweigernde antimoderne Vorgeschichte. Insofern ist Joa-

3 J. Ritter, Subjektivität, S. 61-92.

4 Vgl. K. Gründer, Erfahrung der Geschichte, in: Gedenkschrift Joachim Ritter. Schriften der Gesellschaft zur Förderung der Westfälischen Wilhelms-Universität zu Münster, Heft 65, Münster 1978, S. 21-58.

5 H. Ottmann, Joachim Ritter, in: Philosophie der Gegenwart in Einzeldarstellungen, hrsg. v. J. Nida-Rümelin, Stuttgart 1991, S. 507.

6 R. Spaemann, Philosophie zwischen Metaphysik und Geschichte. Philosophische Strömungen im heutigen Deutschland (1957), in: Neue Zeitschrift für systematische Theologie, 1 (1959), 312.

chim Ritters Philosophie – gegen die dominierenden intellektuellen Trends im zwanzigsten Jahrhundert: deren Verweigerung der Bürgerlichkeit[7] – eine Verweigerung der Bürgerlichkeitsverweigerung: eine Philosophie des bürgerlichen Lebens, die zur Philosophie der positivierten Entzweiung wird. Das ist, diesseits der Bürgerlichkeitsverweigerung, die Philosophie, für die Joachim Ritters Buch *Metaphysik und Politik* einsteht, dessen Grundgedanken – zu Aristoteles, zu Hegel, zur Weltzivilisation und zur Subjektivität – nunmehr kurz zu skizzieren sind.

3. Bürgerliches Leben

Die Arbeit des ersten Abschnitts von Ritters Buch *Metaphysik und Politik* konzentriert sich vor allem auf Aristoteles: zunächst in den Aufsätzen »Die Lehre vom Ursprung und Sinn der Theorie bei Aristoteles« (1953) und »Aristoteles und die Vorsokratiker« (1954), die die »episteme theoretike«, d. h. die Philosophie sowohl als Bewahrung – denn Theorie ist ursprünglich »Theologie« – wie auch in ihrer Zuwendungsleistung an die »Polis« interpretiert: Die Philosophie muß – ohne ihre theologische Tradition preiszugeben – zur »Wissenschaft« werden, um ihre Zusammengehörigkeit mit dem fortschreitenden praktischen, gesellschaftlichen und politischen Dasein zu sichern. Entsprechend ist die Tradition der Vorsokratik keine Zerstörung des Mythos durch den Logos, sondern Aristoteles zieht sie »zur Beratung« (47) – als »Weitergabe« (49), um »den eigenen Weg vertrauenswürdig zu machen« (40) – heran. Der Mythos wird bewahrt, aber er wird nun durch die Philosophie, die jetzt nach »Grund« und »Natur« fragt, durch Wissenschaft beziehbar auf den fortgeschrittenen Weg der griechischen Polis.

Der entscheidende Aufsatz ist die Abhandlung »Das bürgerliche Leben. Zur aristotelischen Theorie des Glücks« (1956): Er wird zur Grundlage für Joachim Ritters Philosophie der bürgerlichen Welt. Die eudämonismuskritische, moderne, nur noch normative

7 Vgl. O. Marquard, Verweigerte Bürgerlichkeit. Philosophie in der Weimarer Republik (1993), in: O. Marquard: Glück im Unglück. Philosophische Überlegungen. München 1995, S. 123-141.

Ethik verengt die menschliche Praxis auf eine Praxis nur mehr der menschlichen Innerlichkeit und Möglichkeit, während die aristotelische Ethik die menschliche Praxis in all ihren Formen – als höchstes »Gut« und »Glück« – der Verwirklichung durch institutionelle Formen der Praxis bedarf: und zwar durch die griechische Polis, die – durch die Verwirklichungsmächte Kunst, Wissenschaft und Vernunft – nicht gesellschaftliche Herrschaft überhaupt meint, sondern mit der »zuerst eine Gesellschaftsform in die Geschichte eingetreten ist, deren Subjekt der Mensch als Mensch ist« (71). »Sie ist ein bürgerlicher Staat«, und »Bürger (polites) ist derjenige, der als politisch vollberechtigtes Mitglied zur Stadt gehört« (72). Darum ist mit der griechischen Stadt – trotz Ausgrenzung der Sklaven – das Prinzip der politischen Freiheit zuerst geschichtlich wirklich geworden. Zum Glück gehört die Stadt: das bürgerliche Leben in der Polis. Das setzt die aristotelische Ethik des höchsten Guts und des Glücks voraus, die – anders auch als bei Platon – das Allgemeine des Staates nicht von der menschlichen Realität, den Sitten, Bräuchen, Gewohnheiten, abtrennt, sondern zugleich den einzelnen ernst nimmt. Die »aristotelische Lehre von der Sittlichkeit und Vernunft des bürgerlichen Standes« (104) hat dadurch – trotz des Untergangs der griechischen Polis und über sie hinaus – »Maßstäbe überliefert, die dann für alle Staaten und Gesellschaften gelten, nachdem einmal« – durch die griechische Stadt – »eine Gesellschaft des Menschen geschichtlich wirklich geworden ist« (105).

Die beiden weiteren Aufsätze Ritters zur praktischen Philosophie des Aristoteles unterstützen dieses Interpretationsergebnis. In der Abhandlung »›Politik‹ und ›Ethik‹ in der praktischen Philosophie des Aristoteles« (1967) wird gefragt, warum die »Politik« aus der gegenwärtigen philosophischen Ethik »emigriert« sei. Joachim Ritters Anknüpfung an die praktische Philosophie des Aristoteles erinnert daran, daß die Ethik »bei Aristoteles Theorie der ethischen Institutionen der Polis« (120) ist. »Man kann das Resultat der praktischen Philosophie daher auch als die Einsicht fassen, daß mit dem Geschichtlichen und dem geschichtlich Gewordenen« – der griechischen Polis – »ein universales Prinzip in der geschichtlichen Wirklichkeit aufgegangen ist« (130 Anm.): »daß sie in ethischen Institutionen die Wirklichkeit des Menschseins und so der

Freiheit zum Inhalt hat. Das erst macht sie – im Unterschied zu allen anderen Formen der Herrschaft – zur Politik« (132). Darum muß – in Ritters Aufsatz »›Naturrecht‹ bei Aristoteles« (1963) – das »Problem einer Erneuerung des Naturrechts« (133) – aus der Fehleinbindung zwischen positivem Recht und übergeschichtlichem Recht befreit werden. Gegenüber den abstrakten Formen des Normativismus, der Wertphilosophie und des Utopismus besteht das aristotelische »›von Natur Rechte‹ (...) nicht abgetrennt von dem bewegt Veränderlichen, sondern ist in diesem und als dieses gegenwärtig« (167) und muß – in Anknüpfung an die Tradition der praktischen Philosophie – auch und gerade in der modernen Welt unter der Bedingung ihrer »Entzweiung« (178) erneut bedacht werden.

4. Positivierte Entzweiung

Die Analyse der bürgerlichen Welt erfolgt bei Joachim Ritter insbesondere durch Interpretation der Philosophie Hegels. Das geschieht zunächst in der Abhandlung »Hegel und die französische Revolution« (1957); sie weist die Deutung Hegels als Philosophen der reaktionären Verabsolutierung der Staatsmacht zurück und macht Hegels Beziehung zur Französischen Revolution – zur Durchsetzung der bürgerlichen Gesellschaft – zum Zentrum: »es gibt keine zweite Philosophie, die so sehr und bis in ihre innersten Antriebe hinein Philosophie der Revolution ist wie die Hegels« (192). Ritters entzweiungsphilosophische Grundaussagen dieser Abhandlung über die moderne bürgerliche Welt besagen: a) die moderne bürgerliche Entzweiung von Zukunft und Herkunft entzweit Zusammengehöriges; und b) die moderne bürgerliche Zusammengehörigkeit von Zukunft und Herkunft braucht die Entzweiung, um zu gelingen.

a) Hegel hat – trotz seiner Kritik der »terreur« – zeitlebens die »Notwendigkeit und das geschichtliche Recht« (195) der Französischen Revolution, der Durchsetzung der bürgerlichen Gesellschaft, bejaht: Sie steht in der modernen Welt für die Heraufkunft der emanzipatorischen »Zukunft«. Hegels Philosophie – betont Ritter zugleich – bleibt gleichzeitig bis in ihre innersten Antriebe hinein Metaphysik: Für ihn ist und bleibt gerade »die traditionelle metaphysische Theorie (...) Erkenntnis der Zeit und der Gegenwart« (189). Was in der modernen Welt durch einen Bruch entzweit ist, gehört also, im Blick auf diese moderne Welt, bei Hegel und für Ritter gerade zusammen: also – das repräsentieren Revolution und Metaphysik – die »Zukunft« der geschichtslosen Sachen- und Egalitätswelt und die geschichtliche »Herkunft« ihrer Traditionen. Die erste entscheidende These Hegels und Ritters über die moderne – bürgerliche – Welt ist daher: die Zusammengehörigkeit der durch die moderne »Entzweiung« auseinandergetretenen »Zukunft« und »Herkunft«. Eine Konsequenz dieser These ist: Irrig ist – wo »die Gegenwart (...) in der Entzweiung lebt« (213) – die Zusammengehörigkeitsverweigerung ebenso des restaurativen Progressionsnegierers, der den Fortschritt abwehrt und nur die Tradition haben will, wie des supramodernistischen Traditionsnegierers, der die Tradition verdammt und nur den Fortschritt haben will. Ebenso schlimm wie die zukunftslose Herkunft ist die herkunftslose Zukunft; denn Herkunft braucht Zukunft, Zukunft braucht Herkunft. So bringt – nach Ritter – Hegel ins Spiel, was in der modernen, der bürgerlichen Welt durch ihre »Entzweiung« ausgeschlossen scheint: die Zusammengehörigkeit des Auseinandergetretenen. Zukunft und Herkunft gehören zusammen.

b) Hegels Philosophie, betont Joachim Ritter, positiviert die »Entzweiung«. »Zukunft« und »Herkunft« – zusammengehörig – brauchen die Entzweiung, um erfolgreich zu existieren: Die Entzweiung schützt sie davor, identisch gesetzt und gleichgeschaltet zu werden. So ist die moderne Entzweiung eine Art Gewaltenteilung. Sie bewahrt die Zukunft vor Alleinherrschaft der Herkunft und die Herkunft vor Alleinherrschaft der Zukunft und ermöglicht so beiden, sich in Eigenart zu verwirklichen: Sie schützt die modernen Bürger davor, in die totale Gesellschaft oder in die totale Substanznostalgie aufgelöst zu werden. Dabei sind – so hat Ritter Hegel verstanden – vor allem die Philosophie und der Staat die Hüter der Entzweiung: Sie sind – geistig und politisch – die Mächte, die verhindern, daß die Zukunft die Herkunft oder die Herkunft die Zukunft negiert. Es geht – in dieser modernen, der bürgerlichen Welt, in der wir leben – also nicht um Identität. Vielmehr müssen wir die Entzweiung von Herkunft und Zukunft ertragen (oder zugespitzt: wir müssen das Doppelleben, das Zweifachleben, als Zukunftsmenschen und Herkunftsmenschen lernen). So wird Joachim Ritters Philosophie der modernen Welt – im Anschluß an Hegel – zur Nichtidentitätsphilosophie: zur Philosophie der positivierten Entzweiung. Die »Entzweiung« ist für sie das Problem, das zugleich die Lösung ist: »Entzweiung« ist das letzte Wort über die moderne, die bürgerliche Welt, ein positives Wort. Das ist weniger, als die Weltverbesserer fordern, es ist mehr, als die Kassandren fürchten: Die moderne – bürgerliche – Welt ist weder Paradies noch Inferno, sondern geschichtliche Wirklichkeit. Sie ist nicht der Himmel auf Erden und nicht die Hölle auf Erden, sondern die Erde auf Erden. Indem sie das – diesseits der Illusionen – sichtbar macht, ist die Philosophie die nötigste aller Friedensbewegungen: die für den Frieden mit der eigenen Wirklichkeit und ihrer vorhandenen Vernunft, mit dem bürgerlichen Leben in der bürgerlichen Welt auch und gerade der Bundesrepublik.

Die drei anschließenden Aufsätze machen Hegels Rechtsphilosophie – gegenüber der abstrakten kantischen Ethik der »Moralität« – als realere Form der praktischen Philosophie geltend. Das gilt für die Abhandlung »Person und Eigentum. Zu Hegels ›Grundlinien der Philosophie des Rechts‹ §§ 34 bis 81« (1962). Wo Kant die »Moralität« gegen die »Legalität« setzt, rehabilitiert Hegel – in Form der »Person« und ihrer »Rechtsfähigkeit« durch Verfügung über »Sachen« als »Eigentum« – die »Legalität« gerade auch ethisch: Durch die – an die Französische Revolution sich haltende – Durchsetzung dieses Rechtsprinzips ist »Freiheit bereits geschichtlich zum Begriff positiven Rechts geworden« (259). Im Aufsatz »Moralität und Sittlichkeit. Zu Hegels Auseinandersetzung mit der kantischen Ethik« (1966) betont Ritter: Hegel sieht die Größe der kantischen Einsicht, mit der »Moralität« das »Prinzip der Subjektivität«, der »persönlichen Besonderheit« (283) und inneren Freiheit zum ethischen Standpunkt zu machen. Wo er ihre »Abstraktheit« korrigiert, indem er zur »Sittlichkeit« übergeht, bewahrt er zugleich ihren Ansatz. Hegel geht zur – an Aristoteles anknüpfenden – praktischen Philosophie der »Institutionen« Familie, bürgerliche Gesellschaft und Staat weiter. Er »erneuert« die aristotelische »institutionelle Ethik, aber so, daß sie das große Prinzip der Subjektivität und Moralität in diese einbringt« (300).

Im Aufsatz »Hegel und die Reformation« (1968) schließlich wird – wie Ritter zeigt – von Hegel der »Versuch« gemacht, »den Glauben zurückzurufen aus der Flucht in die Absonderung« (317), indem Ritter offenlegt: »die Reformation gehört (...) für Hegel in die Weltgeschichte der Freiheit, die damit beginnt, daß mit der griechischen Polis eine politische Bürgerschaft in die Welt tritt, deren Bürger Freie sind, und die« – einschließlich der Französischen Revolution, wo der Glaube politisch wird – »mit der bürgerlichen Gesellschaft, in der alle als Menschen zu freien Bürgern werden, zu ihrem Abschluß kommt« (311).

5. Weltzivilisation

Dieser Abschnitt unterstreicht Joachim Ritters Ergebnisse durch zwei konkrete Analysen. In »Die große Stadt« (1960) – in der Nietzsches Abschnitt »Vom Vorübergehen« aus seinem »Zarathustra« mit der ganz andersartigen Rolle des Sokrates in Platons »Phaidros« verglichen wird – wird die »Stadtflucht« des modernen zivilisationsmüden Aussteigers kontrastiert mit der »Stadtsucht« der philosophischen Tradition, die an die Polis anknüpft; sie beleuchtet den »weltgeschichtlichen Zusammenhang der bürgerlichen Gesellschaft« und ihrer Philosophie »mit der griechischen Stadt« (347) und warnt: »Zur Blindheit des Fortschritts für die geschichtliche Herkunft tritt die Blindheit der rettenden Subjektivität für die Zivilisation und ihre Humanität« (353). Darin steckt – so Ritter im Aufsatz »Europäisierung als europäisches Problem« (1956), in dem er seine Erfahrungen in der Türkei verarbeitet – das grundlegende Problem der Diskontinuität von »Zukunft« und »Herkunft«. Durch die »Europäisierung« wird die aus Europa kommende moderne Gesellschaft, die der »positive Fortschritt zu menschlicheren Verhältnissen ist« (330), zur Gesellschaft der ganzen Welt, reißt aber – wie vorher innerhalb Europas – nun auch die ganze Welt scheinbar los von ihren Herkunftstraditionen. Fortschrittsabsolutismus hilft bei diesem Problem ebensowenig wie die gewaltsame Abwehr des Fremden. Was in Europa in langer Zeit gewachsen ist – das Leben mit dem Problem »Zukunft« und »Herkunft« – muß jetzt weltweit gelöst werden und setzt die

Lösung dieses Problems – durch die Positivierung der Entzweiung – auch und gerade in Europa voraus.

6. Subjektivität

Dazu tragen die drei Abhandlungen bei, die in die Neuauflage von *Metaphysik und Politik* zusätzlich aufgenommen wurden, und zwar aus Joachim Ritters *Subjektivität* (1974).[8] Der Aufsatz »Subjektivität und industrielle Gesellschaft. Zu Hegels Theorie der Subjektivität« (1961) betrachtet die Rolle des »Christentums« in der Weltgeschichte der Freiheit: Es kommt darauf an, die Durchsetzung der bürgerlichen Gesellschaft, zu der die Freiheit der Subjektivität gehört, nicht als »Verfall« zu deuten, sondern als »Erfüllung« (365). Hinzu kommen zwei – klassische – Abhandlungen, die Joachim Ritters Grundthesen über die Geisteswissenschaften und zur Ästhetik enthalten.

»Die Aufgabe der Geisteswissenschaften in der modernen Gesellschaft« (1963) geht von der Befürchtung aus, daß die gegenwärtige Universität – in der Trennung von der Bildungsidee der griechisch-philosophischen »Theorie« – nur noch als Fachhochschule aufrechtzuhalten sei. Dem widersprechen insbesondere die »Geisteswissenschaften«, die gerade in der modernen Welt an der freien Forschung festhalten. Sie treten in ihr zeitlich nicht vor, sondern nach den Naturwissenschaften auf: Sie »kompensieren« (399) – ihrerseits ganz und gar »modern« – die »Geschichtslosigkeit« (398) der modernen Gesellschaft und ihrer harten Wissenschaften, um das geschichtliche Dasein der Menschen festzuhalten, das sonst aus ihr verschwinden müßte, so »daß die Gesellschaft selbst die Geisteswissenschaft als das Organ hervorbringt, das ihre Abstraktheit und Geschichtslosigkeit ausgleichen kann« (400). Dabei haben Naturwissenschaften und Geisteswissenschaften als unterschiedliche Formen des Festhaltens der freien Theorie die gleiche Bedeutung. »In der Begründung der gesellschaftlichen Praxis wie in der Kompensation ihrer Abstraktheit erfahren sie die Wirklichkeit, die als diese die Welt der Gesellschaft ist« (404), woraus für

8 Vgl. J. Ritter, Subjektivität, Frankfurt am Main 1974, S. 11-35, 105-140, 141-163.

die Universität folgt: Sie »ist durch keine andere Schule, Fachschule, Bildungsinstitution in der Funktion zu ersetzen, die sie für die Gesellschaft übernommen hat« (406).

Schließlich geht Joachim Ritters Rektoratsrede »Landschaft. Zur Funktion des Ästhetischen in der modernen Gesellschaft« (1963) aus von Petrarcas Aufstieg 1335 auf den Mont Ventoux: Er knüpft – während die Natur für den Menschen der Lebensfristung zugleich die nützliche und die feindliche war – an an die aus Griechenland kommende Tradition der »Theorie«, ohne sich in ihr wirklich wiederzufinden, so daß mit ihm »die Geschichte beginnt, in welcher die Natur als Landschaft neben die in der Philosophie und Wissenschaft begriffene Natur tritt« (419). Es ist die moderne Gesellschaft, »in welcher die Natur (...) zum ›Objekt‹ der Naturwissenschaften und der auf diese gegründeten technischen Nutzung und Ausbeutung« wird: Dort »übernehmen es Dichtung und Bildkunst, die gleiche Natur – nicht weniger universal – ... ›ästhetisch‹ zu vergegenwärtigen« (424) und »ästhetisch (zu) wiederholen« (429) und – beispielhaft – als Landschaft festzuhalten. Es ist – als moderne bürgerliche Welt – »die gleiche Gesellschaft ..., die dem Menschen in der Verdinglichung der Natur die Freiheit bringt«, die »zugleich den Geist dazu treibt, Organe auszubilden, die den Reichtum des Menschseins lebendig gegenwärtig halten« (433/434), insbesondere den »ästhetischen Sinn« (432).

7. Wirksamkeit

Joachim Ritter war einer der prägenden Philosophen der beginnenden und entwickelten Bundesrepublik Deutschland: Er ist »in den letzten Jahrzehnten, wenn nicht einer der bekanntesten, dann doch einer der einflußreichsten Philosophen Deutschlands gewesen«.[9] Seine literarische Wirksamkeit kam spät, etwa durch das Buch *Metaphysik und Politik*. In dieses Buch ging Ritters Erfolgsbuch *Hegel und die französische Revolution* ein, zuerst 1957 erschienen und 1965 in der *edition suhrkamp*. Das Buch wurde alsbald ins Französische, Japanische, Serbokroatische und Italieni-

9 H. Ottmann, Joachim Ritter, a.a.O. (Anm. 5), S. 505.

sche übersetzt; und es sei daran erinnert, daß Jürgen Habermas seine Heidelberger Antrittsvorlesung von 1961 der Auseinandersetzung mit Ritters These gewidmet hat.[10] Die »Erneuerung praktischer Philosophie in Deutschland« ist »zu einem erheblichen Teil Joachim Ritter zu verdanken«.[11] Auch die Kompensationstheorie der Geisteswissenschaften hat er begründet und angestoßen. 1987 haben Ante Pažanin und Pavo Barišić *Metaphysik und Politik* (»Metafizika i politika«) ins Kroatische übersetzt.

Gleichzeitig mit *Metaphysik und Politik* plante Joachim Ritter in Münster ab 1961 das begriffsgeschichtliche *Historische Wörterbuch der Philosophie*, das ab 1971 erscheinen konnte: Die ersten drei Bände hat Ritter vor seinem Tod noch selbst als Hauptherausgeber redigiert; inzwischen ist es von Karlfried Gründer und ab 2001 von Gottfried Gabriel fortgesetzt worden und kommt 2004 mit dem 12. Band und dem Registerband zum Abschluß. Die Durchführung dieses monumentalen Werks wäre Ritter nicht möglich gewesen ohne die enorme Wirksamkeit, die er – gerade durch die Münsteraner Vorlesungen und Seminare, die den Band *Metaphysik und Politik* vorbereiteten – als philosophischer Lehrer hatte. Er gewann jene Gruppe von Schülern, die dann als Mitherausgeber dieses Werk weitergetragen und zu Ende geführt haben, das – gleichzeitig mit den »Geschichtlichen Grundbegriffen« von Otto Brunner, Werner Conze und Reinhart Koselleck in den Geschichtswissenschaften – die begriffsgeschichtliche Forschung in der Philosophie entscheidend vorangebracht hat.

Joachim Ritter war ein bedeutender und herausragender Lehrer: durch Sachlichkeit, inspirierende Anregungskraft und jene Sorge, die er sich um jeden seiner Schüler machte.[12] Das legendäre »Collegium Philosophicum« – sein Oberseminar – bestand seit 1947. Ernst Tugendhat, selbst drei Semester in Münster, inhaltlich zunehmend kritisch, hat geurteilt: »Der Kreis um Joachim Ritter

10 J. Habermas, Hegels Kritik der französischen Revolution (1962), in: J. Habermas: Theorie und Praxis. Sozialphilosophische Studien, Neuwied 1963, S. 89-107.

11 H. Lübbe, Laudatio, in: Gedenkschrift Joachim Ritter, a.a.O. (Anm. 4), S. 17.

12 Vgl. U. Dierse, Joachim Ritter und seine Schüler, in: Philosophie im 20. Jahrhundert, Bd. 1. hrsg. v. A. Hügli und P. Lübcke, Reinbek bei Hamburg 1992, S. 237-278.

war damals wohl der lebendigste in Deutschland.«[13] Er war – vor der Erfindung dieses Namens – »interdisziplinär«: Das belegt die vielseitige Fachzugehörigkeit seiner Teilnehmer (neben Philosophen auch Theologen, Mathematiker, Juristen, Soziologen, Historiker, Literatur- und Kunstwissenschaftler), die Buntheit – Jürgen Seifert hat das beschrieben[14] – ihrer politischen Orientierungen und die Buntheit schließlich ihrer philosophischen Ansätze: Die Ritter-Festschrift »Collegium Philosophicum« von 1965, in der nur Schüler Ritters geschrieben haben, zeigt dies.[15] Ritter hatte wichtige Schüler, die zu wissenschaftlicher Bedeutung gelangt sind und – teilweise in Opposition zur Frankfurter »Kritischen Theorie« – für die bundesrepublikanische Demokratie richtungweisend geworden sind, darunter Hermann Lübbe, Robert Spaemann, Ludger Oeing-Hanhoff, Karlfried Gründer, Odo Marquard, Wilhelm Goerdt, Günter Rohrmoser, Heinrich Schepers, Willi Oelmüller, Rudolf Vierhaus, Ernst-Wolfgang Böckenförde, Martin Kriele, Friedrich Kambartel, Günter Bien, Reinhart Maurer, Bernhard Willms, Hans-Jörg Sandkühler, Gunter Scholtz: »Es gibt« – schrieb Hermann Lübbe – »viele Ritter-Schüler in vielen Fächern an vielen Orten, und stets ist es unverkennbar, daß sie es sind.«[16] Joachim Ritter – das begründet die extreme Liberalität seines Kreises – verpflichtete seine Schüler nicht auf seine eigenen Thesen. Diesseits seiner Thesen konnte man bei ihm lernen: daß Merken wichtiger ist als Ableiten; daß niemand von vorn anfangen kann, daß jeder anknüpfen muß, also den Sinn fürs Geschichtliche; daß Widersprüche notfalls ausgehalten werden müssen gegen den Schein ihrer Auflösung; daß solche Widersprüche eindrucksvoller präsent sind durch Personen als durch Lektüren und daß dies verlangt: mit fremden Einstellungen leben und von ihnen lernen zu können; daß also die buntere Philosophenkonstellation die bessere ist; im übrigen: den Sinn fürs Institutionelle und seine Pflichten;

13 E. Tugendhat, Philosophische Aufsätze, Frankfurt am Main 1992, S. 9.

14 J. Seifert, Joachim Ritters »Collegium Philosophicum«. Ein Forum offenen Denkens, in: Kreise – Gruppen – Bünde. Zur Soziologie moderner Intellektuellenassoziation, hrsg. v. R. Faber und C. Holste, Würzburg 2000, S. 189-198.

15 E.-W. Böckenförde u.a., Collegium Philosophicum: Studien Joachim Ritter zum 60. Geburtstag, Basel/Stuttgart 1965.

16 H. Lübbe, Laudatio, in: Gedenkschrift Joachim Ritter, a.a.O. (Anm. 4) S. 20.

und schließlich: daß Erfahrung – Lebenserfahrung – unersetzlich für die Philosophie ist. Man kann keine Philosophie wirklich haben, ohne die Erfahrung zu haben, auf die sie die Antwort ist. Erfahrung aber braucht Zeit. Darum konvergierten die Ritter-Schüler in ihren inhaltlichen Thesen nicht im Studium und in den Lehrjahren, sondern erst Jahrzehnte später: als sie ihrerseits über Erfahrungen verfügten, die ihnen nunmehr Ritters eigene philosophische Antworten plausibel machten. Es existiert in der Ritter-Schule eine Schulkonvergenz als langfristige Spätwirkung.
Sie entstand durch eine von vielen (nicht von allen) Ritter-Schülern sehr ähnlich absolvierte Replik auf die durch das Jahr 1968 symbolisierte Infragestellung der demokratischen Struktur der Bundesrepublik, die die Infragesteller – mehr oder weniger – als kapitalistischen Repressionsstaat verdammten. Dieser nachträgliche Ungehorsam lag für die Nachkriegsgenerationen der Studenten nahe, weil sie sich vor der Versuchung zur rechten Revolution, der nationalsozialistischen Verweigerung der Bürgerlichkeit, die sie verurteilten, schützen wollten durch die Konversion in die linke Revolution, die sozialistische Verweigerung der Bürgerlichkeit, und indem man diesen Schritt – der Marxismus wurde ja in beiden Teilen Deutschlands vor 1989 zur herrschenden intellektuellen Lehre – dadurch bekräftigte, daß man seinen Mitmenschen vorwarf, ihn nicht radikal genug vollzogen zu haben und zu vollziehen. Man entkam dem Tribunal, indem man es selbst wurde: durch die »Kritik« genannte Flucht aus dem Gewissen-Haben in das Gewissen-Sein. Joachim Ritter hat diesen Mechanismus früh durchschaut – das war, gegenüber den Naivitäten der »Kritischen Theorie« das Sensationelle seiner Philosophie, wie sie in *Metaphysik und Politik* auftrat – durch seine Philosophie der bürgerlichen Welt, die zur Philosophie der positivierten Entzweiung wurde. Die Bundesrepublik ist keine versäumte Revolution, sondern eine gelungene Demokratie. Das implizierte auch dieses: Das Gegenteil zum rechten Totalitarismus ist nicht der linke Totalitarismus, sondern die liberale Demokratie. Die Kontraposition zur einen Verweigerung der Bürgerlichkeit ist nicht die andere Verweigerung der Bürgerlichkeit, sondern die Verweigerung dieser Bürgerlichkeitsverweigerung: der – von Joachim Ritters Philosophie vertretene – philosophische Mut zur Bürgerlichkeit.

Drucknachweise

Die Lehre vom Ursprung und Sinn der Theorie bei Aristoteles, in: Veröffentlichungen der Arbeitsgemeinschaft für Forschung des Landes Nordrhein-Westfalen, Geisteswissenschaften Heft 1, Köln und Opladen 1953, S. 32-54.

Aristoteles und die Vorsokratiker, in: Felsefe Arkivi (Istanbul) Bd. III, Heft 2/3, 1954, S. 17-37.

Das bürgerliche Leben. Zur aristotelischen Theorie des Glücks, in: Vierteljahresschrift für wissenschaftliche Pädagogik 32, 1956, S. 60-94 (gewidmet Alfred Petzelt zum siebzigsten Geburtstag).

›Politik‹ und ›Ethik‹ in der praktischen Philosophie des Aristoteles, in: Philosophisches Jahrbuch der Görres-Gesellschaft 74, 1967, S. 235-253 (gewidmet Max Müller zum sechzigsten Geburtstag).

›Naturrecht‹ bei Aristoteles. Zum Problem einer Erneuerung des Naturrechts. (res publica. Beiträge zum Öffentlichen Recht Band 6) Stuttgart 1963. Die Abhandlung ist die ausgearbeitete und erweiterte Fassung eines Vortrags Zum Problem einer Erneuerung des Naturrechts, der im Oktober 1960 vor dem Erbacher Studienkreis gehalten wurde. Der Dank des Verfassers gilt Herrn Forsthoff für die freundliche Einladung, sie in der von ihm herausgegebenen rechtswissenschaftlichen Schriftenreihe zu veröffentlichen, und nun nochmals ihm und dem Verlag Kohlhammer in Stuttgart, den Wiederabdruck zu gestatten.

Hegel und die französische Revolution. Veröffentlichungen der Arbeitsgemeinschaft für Forschung des Landes Nordrhein-Westfalen, Geisteswissenschaften Heft 63, Köln und Opladen 1957 (gewidmet Heinz Heimsoeth zum siebzigsten Geburtstag). Die Abhandlung ist aus der Umarbeitung der Erweiterung eines am 20. Juni 1950 vor der Arbeitsgemeinschaft für Forschung gehaltenen Vortrags hervorgegangen. Eine zweite Auflage in der edition suhrkamp 114 (1965). Übers. franz. 1963 u. 1969, jap. 1967, serbokroatisch 1967, italienisch 1969.

Person und Eigentum. Zu Hegels Rechtsphilosophie §§ 34-81, in: Marxismus-Studien IV, Tübingen 1962, S. 196-218, zuvor ohne Nachweis in: Pädagogische Rundschau 15, 1961, S. 10-20 (gewidmet Ernst Lichtenstein zum sechzigsten Geburtstag).

Moralität und Sittlichkeit. Zu Hegels Auseinandersetzung mit der kantischen Ethik, in: Kritik und Metaphysik, Studien Heinz Heimsoeth zum achtzigsten Geburtstag, Berlin 1966, S. 331-351.

Hegel und die Reformation, in: Unbefangenes Christentum. Deutsche Repräsentanten und Interpreten des Protestantismus. Eine Sendereihe des Deutschlandfunks hrsg. von Wilhelm Schmidt. München 1968, S. 89-99.

Europäisierung als europäisches Problem, in: Europäisch-asiatischer Dialog. Vorträge der Tagung in Bottrop vom 25. bis 28. Oktober 1955. Hrg. v. Vorstand des Landesverbandes nordrhein-westfälischer Geschichtslehrer. Düsseldorf 1956, S. 9-19.

Subjektivität und industrielle Gesellschaft. Zu Hegels Theorie der Subjektivität. in: Anstöße, Bericht aus der Arbeit der Evangelischen Akademie Hofgeismar, Nr. 5, Oktober 1961.

Die Aufgabe der Geisteswissenschaften in der modernen Gesellschaft. Schriften der Gesellschaft zur Förderung der Westfälischen Wilhlems-Universität zu Münster, Heft 51, Münster 1963. (Die Abhandlung ist die erweiterte Fassung eines Vortrags, der am 2. August 1961 bei der Eröffnung des 15. internationalen Ferienkurses an der Westfälischen Wilhelms-Universität in Münster gehalten wurde.)

Landschaft. Zur Funktion des Ästhetischen in der modernen Gesellschaft, in: Schriften der Gesellschaft zur Förderung der Westfälischen Wilhelms-Universität zu Münster, Heft 54, Münster 1963. (Rede bei der feierlichen Übernahme des Rektoramtes am 16. November 1962)

Suhrkamp Verlag AG
Torstraße 44, 10119 Berlin
info@suhrkamp.de
www.suhrkamp.de